中国地理

大讲堂
双　色
图文版

刘凤珍◎主编　　彭静◎编著

中国华侨出版社
北京

图书在版编目（CIP）数据

中国地理大讲堂 / 彭静编著 . —北京：中国华侨出版社，2016.12
（中侨大讲堂 / 刘凤珍主编）
ISBN 978-7-5113-6544-6

Ⅰ . ①中… Ⅱ . ①彭… Ⅲ . ①地理—中国—通俗读物
Ⅳ . ① K92-49

中国版本图书馆 CIP 数据核字（2016）第 293094 号

中国地理大讲堂

编　　著 / 彭　静
出 版 人 / 刘凤珍
责任编辑 / 紫　夜
责任校对 / 王京燕
经　　销 / 新华书店
开　　本 / 787 毫米 × 1092 毫米　1/16　印张 /24　字数 /510 千字
印　　刷 / 三河市华润印刷有限公司
版　　次 / 2018 年 3 月第 1 版　2018 年 3 月第 1 次印刷
书　　号 / ISBN 978-7-5113-6544-6
定　　价 / 48.00 元

中国华侨出版社　北京市朝阳区静安里 26 号通成达大厦 3 层　邮编：100028
法律顾问：陈鹰律师事务所
编辑部：（010）64443056　　64443979
发行部：（010）64443051　　传真：（010）64439708
网　　址：www.oveaschin.com
E-mail：oveaschin@sina.com

前 言

Preface

　　有些知识对个人而言，多则有益，少亦无碍。但地理知识不是这样，缺少它不仅会给生活带来很多障碍和不必要的麻烦，而且会失去许多美好的东西。学习、工作之余，如果你想去领略祖国各地美丽的自然风光和多样的风土人情，但是却不了解那里的地理状况，那就会令你的感受大打折扣。当你置身祖国的心脏——北京，看到古朴静雅的胡同和造型新颖、前卫的国家大剧院时；当你奔驰在内蒙古辽阔的大草原上，想去参加那达慕大会时；当你畅游大兴安岭千里林海雪原，欣赏扎龙湿地上的丹顶鹤时；当你穿行于钟灵毓秀的江南园林时；当你乘火车赴圣域拉萨，看到虔诚的朝圣者时……你会很想知道这些地方是如何呈现其自然美和人文美的，乃至于当地的水文地质结构、资源禀赋、深厚的文化底蕴、旅游资源的价值特点等，以充分体验中国地理的文化魅力。

　　我们中国人评价一个人有学问，常用"上知天文，下晓地理"这句话，这可以从一定程度上反映国人对地理知识的重视。然而一个人掌握知识的能力（包括精力、理解力、时间）是有限的，对于一个普通读者，如何在精力有限、时间有限的情况下，掌握必需的地理知识，构建合理的知识结构，是一个亟待解决的问题。本书的编写目的正在于此，将中国地理知识和人文历史有机融合，使读者在短时间内纵览祖国锦绣山河、各地风土人情，同时了解相关的人文历史知识。

　　本书具备体例简明、信息丰富、轻松阅读的鲜明特点，真正做到了一册在手，中国地理知识全知道。全书共分上、中、下三篇，上篇对中华民族地理文化渊源、疆域、自然环境各要素的特点、经济发展等中国地理环境进行了概述性的介绍；中篇系统讲述了中国的自然地理区划及各自然区域，涉及华北区、内蒙古区、东北区、华中区、青藏区、西北区、华南区、西南区等8个自然区；下篇以省级行政单位为单元，用生动流畅的语言、科学翔实的数据，辅以民间传说、当地风俗特色、名品制作工艺等相关链接，分别介绍了中国 34 个省级行政单位的行政区划、人口与民族、历史文化、气候、经济、旅游等方面的知识。由此展示悠久的中华文明渊源、壮美绮丽的疆域风光、地域分异明显的环境资源、因地制宜的工农业生产和趋于完善的交通运输网，还有丰富多彩的旅游资源，分层次、多角度立体解读中国各地自然地理和人文环境，系统而又全面地展示了祖国各省、自治区、直辖市风格迥异的地域风情和人文特色。可以说，这是一部便捷实用的中国地理百科全书。

同时我们也没有忽视本书的审美要求，力图把它打造成一部艺术性与知识性相融合、包罗万象的工具书和优秀的旅游指南。因此，在配图方面，我们精心选取了数百幅精美图片，包括景色宜人的自然奇观、文化厚重的历史遗迹、宏伟壮丽的都会名城、独具魅力的民俗风情等等，结合新颖时尚的版式设计和简明科学的体例，全方位展现祖国各地的丰富多彩，使读者在学习地理知识的同时，获得更加鲜明而深刻的印象。

本书广征博引，融知识性、实用性及科学性于一体，图文并茂，蔚然大观。它可读、可藏、可用，能让你开阔视野，轻松增长地理知识，提升文化素养，同时得到更广阔的审美感受和愉快的阅读体验。

目 录
Contents

上篇 中国地理环境概述

国名、国旗、国徽、行政区划 .. 2
国名 2
国旗 2
国徽 2
行政区划 2

民族历史及文化渊源 2
石器时代 2
传说时代 3
夏、商、周时期 3
秦、汉、两晋、南北朝时期 4
隋、唐、宋时期 4
辽、金、元、明、清时期 5

中华文明发展成果 5

中华民族大家庭 6

疆域 6
地理位置 6
国土 6

地貌 8
地形复杂多样 8
阶梯状斜面地势 10
主要山脉 11
最典型的丘陵区 11

地质构造对地貌的影响 12
气候对地貌的影响 14
地表物质对地貌的影响 14

气候 15
太阳辐射对气候的影响 16
海陆位置对气候的影响 16
季风环流对气候的影响 16
地形对天气与气候的影响 16
大气环流与季风进退 18
主要天气系统 19
气温与热量资源 20
降水状况 23

流域和水系 26
流域概况 26
水系 26
河川径流的主要特征 27
湖泊 32
沼泽 33

植被与土壤 34
植物种属丰富 34
土壤发育古老 35
植被与土壤的水平分布 35

植被与土壤的垂直分布........... 36

隐域性植被与土壤的特征及分布... 37

珍稀动植物种及保护........... 38

自然资源........... 38

土地资源........... 38

水资源........... 38

能源资源........... 39

矿产资源........... 39

植物资源........... 39

动物资源........... 40

经济发展........... 41

农业........... 41

工业........... 41

交通........... 41

旅游业........... 42

对外贸易........... 42

经济发展与环境问题........... 42

🍃 中篇 中国自然区划与地理区域 🍃

自然区划........... 44

自然区........... 44

自然亚区........... 45

自然小区........... 45

华北区的自然概况及其划分... 45

华北区的自然概况........... 45

华北区的自然区划........... 48

内蒙古区的自然概况及其划分... 52

内蒙古区的自然概况........... 52

内蒙古区的自然区划........... 55

东北区的自然概况及其划分... 58

东北区的自然概况........... 58

东北区的自然区划........... 62

华中区的自然概况及其划分... 65

华中区的自然概况........... 65

华中区的自然区划........... 68

青藏区的自然概况及其划分... 73

青藏区的自然概况........... 73

青藏区的自然区划........... 78

西北区的自然概况及其划分... 84

西北区的自然概况........... 84

西北区的自然区划........... 87

华南区的自然概况及其划分... 92

华南区的自然概况........... 92

华南区的自然区划........... 96

西南区的自然概况及其划分... 100

西南区的自然概况........... 100

西南区的自然区划........... 102

🍃 下篇 中国各省级区域 🍃

北京市........... 106

行政区划........... 106

人口、民族........... 106

历史文化........... 106

气候........... 109

自然资源........... 109

经济 · 110
旅游 · 111

天津市 · 116
行政区划 · · · · · · · · · · · · · · · · · · 116
人口、民族 · · · · · · · · · · · · · · · · 117
历史文化 · · · · · · · · · · · · · · · · · · 118
气候 · 120
自然资源 · · · · · · · · · · · · · · · · · · 120
经济 · 120
旅游 · 121

上海市 · 125
行政区划 · · · · · · · · · · · · · · · · · · 125
人口、民族 · · · · · · · · · · · · · · · · 126
历史文化 · · · · · · · · · · · · · · · · · · 126
气候 · 127
自然资源 · · · · · · · · · · · · · · · · · · 127
经济 · 128
旅游 · 129

重庆市 · 131
行政区划 · · · · · · · · · · · · · · · · · · 131
人口、民族 · · · · · · · · · · · · · · · · 132
历史文化 · · · · · · · · · · · · · · · · · · 133
气候 · 134
自然资源 · · · · · · · · · · · · · · · · · · 135
经济 · 135
旅游 · 136

黑龙江省 · · · · · · · · · · · · · · · · · · 138
行政区划 · · · · · · · · · · · · · · · · · · 138
人口、民族 · · · · · · · · · · · · · · · · 139
历史文化 · · · · · · · · · · · · · · · · · · 140
气候 · 141
自然资源 · · · · · · · · · · · · · · · · · · 141
经济 · 142
旅游 · 143

吉林省 · 146
行政区划 · · · · · · · · · · · · · · · · · · 146
人口、民族 · · · · · · · · · · · · · · · · 147
历史文化 · · · · · · · · · · · · · · · · · · 148
气候 · 150
自然资源 · · · · · · · · · · · · · · · · · · 150
经济 · 151
旅游 · 152

辽宁省 · 155
行政区划 · · · · · · · · · · · · · · · · · · 155
人口、民族 · · · · · · · · · · · · · · · · 156
历史文化 · · · · · · · · · · · · · · · · · · 157
气候 · 158
自然资源 · · · · · · · · · · · · · · · · · · 158
经济 · 160
旅游 · 161

河北省 · 165
行政区划 · · · · · · · · · · · · · · · · · · 165
人口、民族 · · · · · · · · · · · · · · · · 166
历史文化 · · · · · · · · · · · · · · · · · · 166
气候 · 168
自然资源 · · · · · · · · · · · · · · · · · · 168
经济 · 168
旅游 · 169

山东省 · 173
行政区划 · · · · · · · · · · · · · · · · · · 173
人口、民族 · · · · · · · · · · · · · · · · 173
历史文化 · · · · · · · · · · · · · · · · · · 174
气候 · 176
自然资源 · · · · · · · · · · · · · · · · · · 176
经济 · 177
旅游 · 178

河南省 · 181
行政区划 · · · · · · · · · · · · · · · · · · 181

人口、民族 · 182
历史文化 · 182
气候 · 183
自然资源 · 183
经济 · 184
旅游 · 185

山西省 · **188**
行政区划 · 188
人口、民族 · 189
历史文化 · 189
气候 · 192
自然资源 · 192
经济 · 193
旅游 · 194

陕西省 · **199**
行政区划 · 199
人口、民族 · 200
历史文化 · 200
气候 · 202
自然资源 · 202
经济 · 203
旅游 · 203

江苏省 · **206**
行政区划 · 206
人口、民族 · 207
历史文化 · 207
气候 · 209
自然资源 · 209
经济 · 210
旅游 · 211

浙江省 · **215**
行政区划 · 215
人口、民族 · 216
历史文化 · 216

气候 · 218
自然资源 · 218
经济 · 219
旅游 · 219

湖南省 · **222**
行政区划 · 222
人口、民族 · 223
历史文化 · 224
气候 · 225
自然资源 · 225
经济 · 227
旅游 · 228

湖北省 · **231**
行政区划 · 231
人口、民族 · 233
历史文化 · 233
气候 · 235
自然资源 · 235
经济 · 236
旅游 · 237

江西省 · **240**
行政区划 · 240
人口、民族 · 240
历史文化 · 241
气候 · 242
自然资源 · 242
经济 · 242
旅游 · 243

安徽省 · **247**
行政区划 · 247
人口、民族 · 248
历史文化 · 248
气候 · 250
自然资源 · 250

经济 251
旅游 252

福建省 254
行政区划 254
人口、民族 255
历史文化 256
气候 257
自然资源 258
经济 259
旅游 259

广东省 262
行政区划 262
人口、民族 263
历史文化 264
气候 267
自然资源 267
经济 269
旅游 271

广西壮族自治区 273
行政区划 273
人口、民族 275
历史文化 276
气候 278
自然资源 278
经济 279
旅游 280

海南省 283
行政区划 283
人口、民族 283
历史文化 284
气候 285
自然资源 286
经济 287
旅游 288

台湾省 290
行政区划 290
人口、民族 291
历史文化 291
气候 293
自然资源 293
经济 294
旅游 294

香港特别行政区 297
行政区划 297
人口、民族 297
历史文化 297
地貌 298
气候 299
经济 299
旅游 300

澳门特别行政区 302
行政区划 302
人口、民族 302
历史文化 302
地貌 303
气候 303
经济 304
旅游 304

四川省 306
行政区划 306
人口、民族 307
历史文化 307
气候 308
自然资源 308
经济 309
旅游 310

贵州省 313
行政区划 313

人口、民族 · · · · · · · · · · · · · · · · · · 314

历史文化 · · · · · · · · · · · · · · · · · · 314

气候 · 315

自然资源 · · · · · · · · · · · · · · · · · · 316

经济 · 317

旅游 · 318

云南省 · · · · · · · · · · · · · · · · **320**

行政区划 · · · · · · · · · · · · · · · · · · 320

人口、民族 · · · · · · · · · · · · · · · · · · 321

历史文化 · · · · · · · · · · · · · · · · · · 321

气候 · 322

自然资源 · · · · · · · · · · · · · · · · · · 323

经济 · 324

旅游 · 325

内蒙古自治区 · · · · · · · · · · · **328**

行政区划 · · · · · · · · · · · · · · · · · · 328

人口、民族 · · · · · · · · · · · · · · · · · · 329

历史文化 · · · · · · · · · · · · · · · · · · 329

气候 · 330

自然资源 · · · · · · · · · · · · · · · · · · 330

经济 · 331

旅游 · 332

甘肃省 · · · · · · · · · · · · · · · · **336**

行政区划 · · · · · · · · · · · · · · · · · · 336

人口、民族 · · · · · · · · · · · · · · · · · · 337

历史文化 · · · · · · · · · · · · · · · · · · 338

气候 · 340

自然资源 · · · · · · · · · · · · · · · · · · 340

经济 · 341

旅游 · 342

宁夏回族自治区 · · · · · · · · · · **343**

行政区划 · · · · · · · · · · · · · · · · · · 343

人口、民族 · · · · · · · · · · · · · · · · · · 344

历史文化 · · · · · · · · · · · · · · · · · · 344

气候 · 346

自然资源 · · · · · · · · · · · · · · · · · · 346

经济 · 347

旅游 · 348

青海省 · · · · · · · · · · · · · · · · **349**

行政区划 · · · · · · · · · · · · · · · · · · 349

人口、民族 · · · · · · · · · · · · · · · · · · 349

历史文化 · · · · · · · · · · · · · · · · · · 350

气候 · 350

自然资源 · · · · · · · · · · · · · · · · · · 350

经济 · 352

旅游 · 352

西藏自治区 · · · · · · · · · · · · · **354**

行政区划 · · · · · · · · · · · · · · · · · · 354

人口、民族 · · · · · · · · · · · · · · · · · · 355

历史文化 · · · · · · · · · · · · · · · · · · 356

气候 · 357

自然资源 · · · · · · · · · · · · · · · · · · 358

经济 · 359

旅游 · 360

新疆维吾尔自治区 · · · · · · · · **362**

行政区划 · · · · · · · · · · · · · · · · · · 362

人口、民族 · · · · · · · · · · · · · · · · · · 363

历史文化 · · · · · · · · · · · · · · · · · · 364

气候 · 365

自然资源 · · · · · · · · · · · · · · · · · · 365

经济 · 366

旅游 · 366

上篇

中国地理环境概述

国名、国旗、国徽、行政区划

国名

中国是世界文明古国，全称为"中华人民共和国"。夏朝是中国历史上第一个朝代，约公元前2070年建立，立国号曰"夏"，自此中国历朝都立国号。"中华人民共和国"成立后，"中国"作为其简称，国名远播世界各地，成为世人所向往的东方文明国度。

国旗

中华人民共和国国旗又称五星红旗，是中华人民共和国的象征，颜色为红色，象征革命。旗面左上方有五颗黄色五角星，大五角星代表中国共产党，四颗小五角星环拱于大五角星，且都有一个角尖对着大五角星的中心，象征中国共产党领导下的全国各族人民大团结和全国各族人民对党的衷心拥护。

国徽

中华人民共和国国徽，中间是五星照耀下的天安门，周围是谷穗和齿轮。象征中国人民自五四运动以来的新民主主义革命斗争和工人阶级领导的，以工农联盟为基础的人民民主专政的新中国的诞生。

行政区划

中国现行的行政区，是根据《中华人民共和国宪法》规定划分的。中国行政区域划分如下：

全国分为省、自治区、直辖市，国家在必要时，设立特别行政区，实行"一国两制"；省、自治区下分市、县、自治州、自治县；县、自治县下分镇、乡、民族乡；乡、镇以下设村。

中国目前有4个直辖市、5个少数民族自治区、23个省、2个特别行政区。自治区、自治州、自治县都是民族自治的地方。北京是中华人民共和国首都。

民族历史及文化渊源

石器时代

旧石器时代

中国是人类的发源地之一。大约在距今1400多万年前的远古时代，就有被称为腊玛古猿的人类祖先生活在这里。距今一二百万年前，出现了会制造工具的"猿人"。这些猿人有170万年以前的"元谋人"（云南元谋）、80万年前的"蓝田人"（陕西蓝田）、77万年前的"北京人"（北京周口店）等。此后又相继出现了二三十万年前至十万年前的"早期智人"，如"马坝人"（广东曲江）、"长阳人"（湖北长阳）、"丁村人"（山西襄汾）等，以及四五万年前的新人，如"柳江人"（广西柳江）、"资阳人"（四川资阳）、"河套人"（内蒙古河套）、"山顶洞人"（北京周口店）等。这些猿人、古人、新人均属旧石器时代的古人类。

新石器时代

距今八千年至四五千年前，人类进入新石器时代。从时间上划分，先后以仰韶文化、大汶口文化和龙山文化为代表。其中仰韶文化以1921年在河南省渑池县仰韶村发现的文化遗址命名，是距今5000～7000年母系社会留下来的文化遗存的总称。除了渑池以外，在黄河中下游、黄淮海平原沿太行山山麓的许多地方，也都发现属于仰韶文化的遗址，其中 1953 年在西安东郊发现的半坡遗址最典型。此外，距今 4000 ~ 6000 年的山东大汶口文化、距今 4000 多年前的龙山文化，以及马家窑文化、宁夏及渭河上游地区的齐家文化等，都是新石器时代的主要代表。

古人类文化遗址与地理环境

古人类文化遗址的形成是和当时各地较为优越的地理环境分不开的。根据对各遗址伴生植物化石和古地理的分析，适于古人类生活的地方大多水草丰美，气候适宜。

例如：河姆渡遗址主要分布在杭州湾南岸的宁绍平原及舟山岛。经测定，它的年代为公元前 5000 年至公元前 3300 年，是新石器时代母系氏族公社时期的氏族村落遗址。河姆渡遗址位于长江下游地区，河湖泥沙沉积土壤肥沃，为原始农业的产生提供了良好的条件。遗址附近水源丰富，适合需要水的稻作物生长，这里普遍发现稻谷、稻壳、稻秆、稻叶的遗存，是中国水稻栽培起源的最佳例证。河姆渡文化的骨器制作比较先进，有耜、鱼镖、镞、哨、匕、锥、锯形器等器物，一些有柄骨匕、骨笄上雕刻着花纹或双头连体鸟纹图案。遗址中还有大量干栏式建筑的遗迹。在长江流域发现的其他古人类文化遗址还有马家浜文化、崧泽文化、良渚文化等遗址。

黄河中下游的关中平原和晋南、晋东南、豫西的河谷地区，这里除了主流外，还有一些大型支流，如渭河、汾河、洛河、沁河等。这些河流大多具有宽阔的谷地，谷地由河水冲积而成，地势平坦，土壤肥沃，又有近河水利，便成为农耕区域和古人类聚居的地方，文化发达。如仅在黄河流域的关中地区，就已发现了 400 多处仰韶文化的遗址。其中半坡遗址反映了当时西安地区不仅有林木葱郁的山丘和芳草茂密的沼泽，还有广阔的竹林，附近河流的水量也很丰富，自然环境十分优越。

传说时代

在原始氏族社会末期，各部落之间的争斗不断发生，一些弱小部落融入更强大的部落中。居于中原地区以轩辕氏为首领的黄帝族和以神农氏为首的炎帝族发生了激烈的征战。其间各族不断融合发展，逐渐形成了古老的中华民族。黄帝与炎帝被认为是中华民族共同的祖先。原始社会时期，部落联盟的首领通过"禅让制"产生，传说中的尧、舜、禹时代就是将部落首领的地位"禅让"于自己后任的，反映了当时在部落联盟内推举首领的一种制度。到了 4000 多年前的原始社会末期即禹后，"禅让"转变为"世袭制"，原始社会开始向奴隶社会过渡。

夏、商、周时期

禹治水成功，接受舜的"禅让"，成为中国第一个统一奴隶制大国——夏朝的创始人。夏朝于约公元前 2070 年建立，历经了 470 年的历史。到夏桀王时，于公元前 1600 年被属国商族的成汤灭掉。商朝约有 554 年的历史，公元前 1046 年，商纣王被周武王推翻。周王朝延续了 790 年，经历了西周和东周两个时期，到公元前 770 年，先后进入诸侯争霸的春秋战国时期（公元前 770 ~ 公元前 221 年）。其中春秋时期是中国奴隶制向封建制的转变时期，战国时期已是封建社会的开始。这一时期中华民族文化进入了一个新的阶段。商朝后半期的王朝也称为殷朝。在殷墟（河南安阳）曾出土大量甲骨文字，记载了商朝的政治、经济和社会生活情况，还记载了几百个大小地名和河流名。在殷墟出土的青铜器、玉石器品种多，制造精良，反映了当时手工业已相当发达。西周农业更进了一步，金属制作的农具开始大量使用，灌溉、施肥、除草已是农事活动的重要组成部分，尤其水利，已进入相当发达的时期。养蚕、缫丝、织帛、种麻、彩葛、染色、刺绣等工艺，已有专业分工。出现了历史典籍和文学作品，《尚书》《诗经》反映了商、周两代政治和社会各层面情况。春秋、战国时期是中国历史上人才辈出、百家争鸣、百花齐放的时代，涌现出一大批思想家、政治家、军事家、科学家和文学家，产生了儒家、墨家、道家、法家、杂家等学派和《论语》《老子》《墨子》《庄子》《韩非子》《孙子兵法》《周易》《左传》《楚辞》等传世之作，还出现许多有价值的地理著作，其中《禹贡》《山海经》尤为重要。

秦、汉、两晋、南北朝时期

公元前 221 年，秦始皇统一天下，建立了中国历史上第一个统一的多民族的中央集权封建大帝国。秦始皇在中国推行郡县制，确认封建土地所有制，统一文字、货币与度量衡，对巩固国家统一、促进各民族地区经济文化的交流与发展产生了深远的影响。汉武帝是继秦始皇之后的又一位雄才大略的封建帝王，他凭借强大的国力，北击匈奴，经营西域，南平南越，开发西南，他还两度派张骞出使西域，开辟了联结欧亚大陆、长达 7000 余千米的"丝绸之路"，加速了东、西方经济与文化的交流，对推进世界文化进步产生了积极作用。

东汉以来居住在北部和西部边疆地区的一些少数民族由于受到中原地区汉族经济文化的影响，逐渐向内地迁徙。到西晋时，匈奴、鲜卑、羯、氐、羌等族已在黄河流域与汉族错居杂处，华北平原、黄土高原以至汉中盆地成为各民族大杂居的地区。由于西晋统治者残酷剥削奴役内迁各族，民族矛盾不断加深、恶化，引发了随后 100 多年的战乱，北方相继出现了 16 个割据政权。公元 439 年鲜卑族的北魏统一，从此开始了长达一个半世纪南北对峙的南北朝时期。从十六国到南北朝是中国民族再融合的一个高峰。频繁的战争加速了民族迁徙和融合。中原汉族的大规模南迁，大大推进了江南地区的民族融合与经济发展；在北方，一些有远见的少数民族政治家，如北魏孝文帝主动接受汉族文化，迁都洛阳，加速封建化进程，客观上也为民族融合做出了贡献。在中外学术界影响深远的历史地理名著《水经注》就是在这个民族大融合的过程中产生的。

隋、唐、宋时期

公元 589 年隋朝统一天下，由于财政日益依靠江淮地区，加以东北用兵的需要，急需沟通南北通道，于是隋炀帝先后开凿了通济渠、山阳渎、江南运河和永济渠，形成了以东都洛阳为中心、西通关中盆地、北抵华北平原、南达太湖流域的全国运河系统，密切了南北文化交流，促进了社会经

鎏金铺首　唐

鎏金铺首原是唐大明宫宫殿的门环。铺首之大，前所未见，反映了大明宫建筑的富丽堂皇。

济发展，有利于隋帝国的统一与巩固。

封建经济的高度发展使唐朝成为中国历史上最强盛的一个王朝，是当时世界上最为繁荣富强、文明昌盛的封建国家。从贞观之治到开元盛世的百余年间是其全盛高峰，史称盛唐。随着经济、文化的繁荣，各族之间的联系出现了前所未有的盛况。唐太宗把文成公主嫁给吐蕃赞普松赞干布，进一步加强了汉、藏两族联系；支持立国于云南境内的南诏政权和立国于白山黑水之间的渤海国，分别促进了云南各族的融合和东北地区的开发。在对外关系上也有了新的发展。"丝绸之路"的经济文化交流在唐代趋于高峰，西域诸国频繁交往，使商路向西伸展到地中海边，甚至通过海路到达古罗马和埃及。"丝绸之路"成为中国同中亚、西亚和欧洲、非洲各国广泛交流的友谊之路。著名高僧玄奘和鉴真分别为促进中国同印度、日本的文化交流做出了贡献。

辽、金、元、明、清时期

除明代外，辽、金、元、清是中国古代少数民族（契丹、女真、蒙古、满族）统治中国北方以至整个中国的四个王朝，分别为促进民族融合和社会发展做出了独特的贡献。辽、金两个朝代将四分五裂的中国北方进行统一，在与中原王朝及中国南方政权数百年的对峙中也逐步促进了自身的文明发展。元代是中国历史上疆域最为辽阔的大帝国。清代初、中期有其独特的意义，特别是清代康熙皇帝，在削平"三藩"之后，相继统一台湾，平定西藏的骚乱，抗击沙俄的侵略，镇压噶尔丹叛乱，使中国历史上形成的多民族统一国家进一步巩固发展。

中华文明发展成果

中国人民在漫长的历史进程中创造了光辉灿烂的民族文化，在人类文明史上留下光辉灿烂的一页。科学技术方面，指南针、造纸术、印刷术、火药等四大发明产生于此时或在此时得到广泛应用；基础科学方面，地理学、算学、医学、天文学、农学等丰富全面；应用技术方面，陶瓷制造、家禽家畜饲养、养蚕、丝织、种茶、天文观测、地震测量、冶金、机械制造、水利工程等曾经享誉世界；在文学艺术方面，出现过多彩多姿的浪漫主义楚汉文化，闪烁青春活力的盛唐诗歌艺术，诗中有画、画中有诗的元代山水意境，儒雅共赏的明清市民文艺等一系列在人类文明史上永放异彩的奇葩；还有司马迁、李白、杜甫、白居易、关汉卿、施耐庵、曹雪芹等一大批文史学家。此外，矗立中华大地上的难以计数的各种中国古代建筑则是留存至今的人间瑰宝。其中如整齐对称的城市布局、丰富多彩的石窟艺术、雄壮威严的都城宫殿、玲珑剔透的江南园林、肃穆庄严的古刹宝塔、横跨江河的各类桥梁，数千年来不断发展，自成体系，是古国文明的象征。特别是万里长城，更是人世间的奇迹。保存最完整的明代长城西起甘肃嘉峪关，经宁夏、陕西、山西、内蒙古、北京，东到辽宁虎山，总长8851.8千米，是中华民族智慧的结晶。

中华民族大家庭

目前，具有悠久历史和灿烂文化的中华大地上生活着13亿多人口，组成了一个大家庭。这个大家庭共有56个民族，其中汉族人口占绝大多数，其次是壮族、满族、回族、苗族等。人口最少的民族是珞巴族。少数民族人口共计1亿多，占全国人口的9.4%，但其分布地域却占全国总面积的50%～60%。全国形成以汉族为主体和各民族"大杂居、小聚居"的局面。各少数民族除了与汉族错居杂处之外，大部分居住在边疆地区以及高原、山区和沙漠地带。内蒙古、西藏、新疆、广西、宁夏分别成立了以蒙古族、藏族、维吾尔族、壮族、回族命名的自治区。云南、贵州、四川、青海、甘肃、黑龙江等省，少数民族也较多，各有自己的自治州和自治县。少数民族人民在长期的历史发展过程中，形成了本民族的历史特点、民族文化和独特的风俗习惯，与汉族一道共同创造出光辉灿烂的历史文化，为缔造多姿多彩的中华文明和团结统一的多民族国家建立了功勋。

疆域

地理位置

中国位于亚洲的东部和中部，面临太平洋，是一个海陆兼备的国家。北起漠河以北的黑龙江江心，南达南海南沙群岛南缘的曾母暗沙，南北相距约5500千米。由于南北纬度的不同，太阳高度角的大小和昼夜的长短就有差别，广州和漠河两地，夏至日太阳高度角相差达30°左右。海南岛一年内白昼最短为11时2分，最长为13时14分，相差约两小时。但在漠河附近，一年中白昼最长达17小时以上，最短为7小时多，相差约10小时。西起新疆维吾尔自治区乌恰县以西的帕米尔高原，东至黑龙江省抚远县黑龙江和乌苏里江汇合处，东西相距约5200千米，东西两端的时差在4小时以上，当东北松花江上将近中午的时候，帕米尔高原刚迎来旭日东升的晨曦。

国土

陆疆

中国陆地领土面积约为960万平方千米，约占世界陆地面积的6.42%，占亚洲面积的21.8%，仅次于俄罗斯和加拿大，居世界第三位。中国陆疆长两万多千米。陆上相邻的国家，东北面有朝鲜，北面有俄罗斯和蒙古，南面有越南、老挝和缅甸，西面和西南面有哈萨克斯坦、吉尔吉斯斯坦、塔吉克斯坦、阿富汗、巴基斯坦、印度、尼泊尔和不丹。大陆海岸线北自鸭绿江口，南至中越边境的北仑河口，长达18000多千米。与日本、韩国、菲律宾、马来西亚、文莱、印度尼西亚等国家隔海相望。

厦门鼓浪屿

海洋与岛屿

我国领海及内水面积约为 37 万平方千米，管辖的海域面积约为 300 万平方千米，是世界上为数不多的海洋大国之一。中国大陆所濒临的海洋，由北至南分别为渤海、黄海、东海和南海，渤海为中国的内海。这四个海区中，除南海具有大洋海盆特征、深度较大外，大部分为深度较浅的大陆架，最适于鱼类繁殖洄游，为海洋水产事业的发展提供了有利条件。中国有广阔的大陆架并蕴藏着丰富的石油，在经济上具有重要意义。沿海岛屿共有 6500 多个，其中约 85% 分布在杭州湾以南的大陆近岸和南海之中。台湾是中国第一大岛，面积约 3.58 万平方千米。海南岛次之，面积 3.39 万平方千米。钓鱼岛等岛屿位于台湾岛东北的海面上，是中国最东的岛屿；南沙群岛则是中国最南的岛屿群。

中国近海地区冬夏季风交替显著，分四个气候区。渤海、黄海为暖温带季风气候区，东海为亚热带季风气候区，南海大部分海域为热带季风气候区。中国近海海域辽阔，自然条件优越，海洋资源十分丰富，计有鱼类2000 多种，虾、蟹、贝、藻类数千种，近海石油储量 100 多亿吨，其他海洋能源总蕴藏量共约 9 亿千瓦，以及适合发展盐业的滩涂数百万公顷。

[渤海] 渤海是中国的内海，也是中国最北、最浅的半封闭海域。渤海三面环陆，与辽、冀、津、鲁相邻，辽东半岛和山东半岛从北、南钳形扼守，形成渤海海峡与黄海相通。渤海南北长约 556 千米，东西宽约 236 千米，面积约 7.7 万平方千米，平均深度约 18 米。入海主要河流有黄河、海河、滦河和辽河，年径流总量达 888 亿立方米。地势由沿岸向中央和海峡倾斜，地势平缓。海底为前寒武纪变质岩。渤海为中、新生代沉降盆地，第四纪沉降物厚达 500 米，主要为陆源物质。

[黄海] 黄海是中国大陆与朝鲜半岛之间的大陆架浅海，因海水呈黄褐色而得名。黄海南北长 870 千米，面积约 38 万平方千米，平均水深 44 米。黄海南与东海毗连。主要入海河流有淮河河系、中朝界河鸭绿江和朝鲜的大同江、韩国的汉江等。地势由北和东西两侧向中央和东南倾斜。南黄海西部沿岸较浅，西北沿岸多辐射状沙

西沙风光

脊群，为船只航行的险滩。东部沿岸较深。

[东海] 东海是中国大陆架最宽的边缘海。东海西岸是上海、浙江和福建的东部，东面是中国台湾岛和日本琉球群岛的西部，西北与黄海相接，东北与朝鲜海峡沟通，南经台湾海峡与南海相连。东北—西南长约1296千米，面积约77万平方千米。平均水深370米，最大水深在冲绳海槽，为2719米。主要入海河流有长江、钱塘江、闽江、瓯江和浊水溪。东海为地震活跃区，地震发生较频繁。

[南海] 南海为中国近海中面积最大、水最深的海区，位于中国最南端。南海东接太平洋，西南通印度洋，与越南、马来西亚、菲律宾等国相邻。面积约350万平方千米，平均水深1212米，最大深度为5559米。入海的主要河流有中国的珠江、越南的红河、湄公河和泰国的湄南河等。地形似菱形，从四周呈梯状向中部加深，可分大陆架、大陆坡和深海盆地等地貌单元。南海岛屿和暗礁星罗棋布，中国的东沙、西沙、中沙和南沙诸群岛都位于该海域。

地貌

地形复杂多样

中国地形十分复杂，山地和高原面积占有很大比重。号称"世界屋脊"的青藏高原雄踞西部，高原上耸立着多条著名的高大山系。位于中尼边界上的珠穆朗玛峰海拔8844.43米，是世界第一高峰。中国西北为高山与巨大盆地相间分布的干旱区，有低于海平面154.31米的吐鲁番盆地，也有世界大沙漠之一的塔克拉玛干沙漠。中国东部有宽广的冲击大平原，散布着许多中山、低山和丘陵。不同水平地带内的山地各具不同的景观垂直带结构，从而加深了中国自然条件的复杂性和多样性。特别是青藏高原平均海拔4000米以上，面积约占全国面积的四分之一，它的存在明显地干扰了通常的水平地带结构，使中国自然地理分异具有世界罕见的独特性。

中国地貌的基本类型，按形态可分为山地、高原、丘陵、盆地和平原五大类型。海拔超过5000米的高山，有永久积雪覆盖，并有现代冰川发育。海拔高度在3500～5000米间的高山，大都没有永久积雪和冰川，但冻裂作用强烈，并有古冰川作用形成的地貌。中山的海拔高度为3500米以下，在中国东部温和湿润的气候条件下，化学风化作用显著，并在强烈的流水侵蚀作用下，河谷渐宽，山坡变缓，地形破碎，山体受构造走向的影响已不甚明显。丘陵的地势起伏较小，相对高度一般不到500米。山地垂直作用带的幅度在中国不同地区有所不同，西北地区的高山干燥剥蚀作用带可上升到 3000 米以上；东北大兴安岭海拔 2000 米左右就出现寒冻风化作用；西南地区的山地化学风化作用特别强烈，可到达海拔 2500 ～ 3000 米的高度。

四大高原

四大高原分布在地势第一、二级阶梯上，面积辽阔，由于高度、位置、成因和受外力侵蚀作用不同，高原的外貌形态特征各异。

青藏高原位于中国西部及西南部，主要包括西藏、青海、四川西部、云南西北部、甘肃西南部和新疆南部山区，在昆仑山、祁连山、横断山和喜马拉雅山之间。青藏高原地势高，平均海拔 4000 米以上，多雪山冰川，是世界上海拔最高的大高原。青藏高原面积大，占全国面积的四分之一。

内蒙古高原是蒙古高原的一部分，位于阴山山脉的北部，大兴安岭以西向西延伸到祁连山，北接蒙古国。内蒙古高原地势起伏缓和，山脉少，南高北低，西部多戈壁、沙漠，东部多草原。一般海拔 1000 米左右，地面坦荡，一望无际。

黄土高原是由大面积黄土覆盖的高原，位于秦岭以北、内蒙古高原以南、太行山以西、祁连山以东，包括山西、陕西北部、甘肃中东部及宁夏东南部和河南西部。黄土高原因地面覆盖厚厚的黄土层而得名，是世界上面积最大的黄土分布区。黄土高原地势由西北向东南倾斜，海拔 800 ～ 2500 米，由于黄土质地疏松和干旱导致植被稀少，夏季多暴雨，所以水土流失严重，高原上地表破碎，沟壑纵横。

云贵高原位于中国的西南部。包括云南东部、贵州省大部分地区、广西壮族自治区西北部、四川和重庆南部地区。云贵高原西高东低，地势崎岖不平，海拔 1000 ～ 2000 米。高原上峰岭众多，峡谷和小型山间盆地（即坝子）是高原上的主要耕作区。高原上石灰岩分布广，多典型的喀斯特地貌。

长江中下游平原风光

三大平原

中国东部地势低平，众多东流入海的河流携带着的泥沙在这里沉积，形成平原。中国的三大平原分布在中国东部地势第三级阶梯上。位置、成因、气候条件等的不同造成地形上各具特色。

东北平原又称松辽平原。位于中国东北部，大、小兴安岭和长白山环绕西北和东部，南临渤海。总面积约 35 万平方千米，主要由辽河、松花江、嫩江冲积而成。东北平原是中国最大的平原，海拔 200 米左右，地表广泛分布着肥沃的黑土。地势坦荡，沃野千里。低平的地表常年积水，形成沼泽。

华北平原位于燕山以南，黄河下游以北，西起太行山和豫西山地，东临黄海、渤海。主要由黄河、淮河、海河、滦河冲积而成。华北平原海拔多在 50 米以下，地表平坦，河湖众多，交通便利，经济发达，首都北京就位于华北平原的北部。

长江中下游平原，在淮阳山地和黄淮平原以南、江南丘陵及浙闽丘陵以北、湖北宜昌以东的长江中下游沿岸，由长江及其支流的泥沙冲积而成，东西延长呈狭长形。长江中下游平原的东部大部分地区海拔10米以下，地势低平，河网纵横，湖荡密布，向有"水乡泽国"之称，是中国著名的"鱼米之乡"。

四大盆地

四大盆地基本分布在地势的第二级阶梯上，由于所处位置不同，其特点也不同。

塔里木盆地是中国最大的内陆盆地，位于新疆南部、天山和昆仑山之间。塔里木盆地西起帕米尔高原，东至甘、新边境，面积50多万平方千米。塔里木盆地四周被高山环抱，是大型的封闭形山间盆地，盆地内比较平坦，沙漠广布，盆地中的塔克拉玛干沙漠是中国最大的沙漠，也是世界上第二大流动沙漠。盆地的边缘有绿洲。

准噶尔盆地位于新疆北部，南与塔里木盆地被天山相隔，北止于阿尔泰山。总面积约38万平方千米，为中国第二大盆地。准噶尔盆地呈三角形，盆地内多风蚀地形，沙漠面积较小。西侧山间有缺口。

柴达木盆地位于青海西北部，阿尔金山、祁连山和昆仑山环列其西北部、北部和南部，面积约22万平方千米。柴达木盆地地势高，自西北向东南倾斜。海拔2600～3100米，是中国地势最高的盆地，盆地内大部分为戈壁、沙漠，东南多盐湖、沼泽。

四川盆地位于四川省和重庆市境内，盆地四周被巫山、大娄山、秦岭、大巴山以及川西高原环绕，盆地内部低凹，丘陵起伏，海拔500米左右。四川盆地是中国著名的红层盆地，是中国各大盆地中形态最典型、纬度最低、海拔最低的盆地。

阶梯状斜面地势

中国地势西高东低，自西向东逐渐下降，构成巨大的阶梯状斜面。长江、黄河等主要大河均沿此斜面自西向东流，汇入太平洋。中国地势主要由三级阶梯构成。第一级阶梯是青藏高原，由特高山、高山和大高原组成，海拔平均达4000～5000米，有"世界屋脊"之称。青藏高原的外缘至大兴安岭、太行山、巫山和雪峰山之间，为第二级阶梯，主要由广阔的高原和大盆地组成。从青藏高原向东有内蒙古高原、黄土高原、四川盆地和云贵高原，向北则为高大山系所环抱的大盆地，包括昆仑山与天山之间的塔里木盆地、天山与阿尔泰山之间的准噶尔盆地。中国东部宽广的平原和丘陵是第三级阶梯，自北向南有东北平原、华北平原、淮河平原、长江中下游平原，它们从东北到西南，几乎相互连接，是中国最重要的农业区。此外，中国东部海岸带以外，分布着广阔的大陆架，水深不超过200米，宽度400～600千米，其外缘以陡急的边坡转入深海盆地。

中国陆地地势高度相差悬殊。位于中尼边境的珠穆朗玛峰海拔8844.43米，而吐鲁番盆地中海拔最低的艾丁湖湖面却低于海平面154.31米。青藏高原海拔大都在4000～5000米之间，而东部平原海拔大都在100米以下。横断山脉的许多山峰海拔超过

5000～6000米，一般也在4000米左右，与邻近的河谷高差达2000米以上，形成陡峻的"高山深谷"地貌。位于喜马拉雅山东端的南迦巴瓦峰，海拔7782米，其南部位于雅鲁藏布江谷地内的墨脱县，海拔为700米，两地水平距离约40千米，高差竟达7000多米，形成极为完整的垂直景观带序列。

主要山脉

中国的山脉按走向可分为如下几种主要类型。

东西走向的山脉主要有天山—阴山—燕山、昆仑山—秦岭—大别山和南岭。这些山脉都是中国地理上的重要界线。例如阴山构成内蒙古高原的边缘，天山是南疆与北疆的分界，昆仑山是南疆与西藏高原的界线，秦岭是长江和黄河、淮河水系的分水岭，南岭是珠江与长江水系的分水岭。

南北走向的山脉主要有贺兰山、六盘山和横断山脉等。川西、滇北的横断山脉由许多条成束的南北向断裂夹着非常紧密的褶皱组成，地貌上为一系列平行的高山和深谷，高差极大。

东北—西南走向的山脉分布于中国东部，即南北向构造带以东地区。主要受新华夏构造体系的控制，形成一系列坳陷和隆起带，地貌上为盆地、平原与山地相交错。自西至东有：呼伦贝尔盆地—鄂尔多斯盆地—四川盆地；大兴安岭—太行山—吕梁山—鄂西、黔东、湘西山地；松辽平原—渤海和华北平原—江汉平原—北部湾；吉辽东部山地、山区山地及浙、粤沿海山地，其中的局部坳陷表现在苏北平原及黄海南部；东海和南海的海盆。

西北—东南走向的山脉主要分布在中国的西部，山体受西式（或称华西式）构造体系的控制，形成一系列大型褶皱山地，发育了现代冰川，为西北干旱地区的重要水源地。主要有准噶尔山地、祁连山、巴颜喀拉山等，其中巴颜喀拉山是长江与黄河的分水岭。

弧形山脉主要是喜马拉雅山脉和台湾山地。喜马拉雅山脉呈弧形向南凸出，其东端在察隅附近突然向南转折，成为横断山脉；其西端在印度河上游，亦突然折向南行，成为苏里曼山脉。台湾山地是东亚大陆沿海的边缘弧（西太平洋岛弧）的一部分，从日本列岛、琉球群岛经台湾岛至菲律宾群岛，大致成向东凸出的弧形，故称为岛弧。

台湾太鲁阁峡谷
400万年前，亚欧大陆板块与菲律宾海洋板块相互撞击，剧烈的地壳变动，使台湾地层急剧上升。千万年来，立雾溪丰沛的河水不断切割太鲁阁这块台湾地质史上最古老的大理岩层，于是形成了最独特的太鲁阁大理石峡谷景观。

最典型的丘陵区

中国丘陵较多，东部分布尤为广泛，然而最典型的丘陵区是川中丘陵。川中丘陵西起四川盆地内的龙泉山，东止于华蓥山，北止于大巴山麓，南抵长江以南，面积约8.4万平方千米。区内以丘陵分布、溪沟纵横为其显著的地理特征，岩层经河流切割后，地表丘陵起伏，河谷迂回，海拔一般在250～600米，丘谷高差50～100米。丘坡多呈阶梯状，多达3～4级。川中丘陵水土流失严重，红层地区地下水贫乏，所以干旱是这一地区农业生产的主要限制因素。

地质构造对地貌的影响
用板块构造学解释地貌的形成

中国巨大的弧形山脉以及其他的一些地貌，一般可用板块构造学来解释。喜马拉雅山脉是两个大陆板块——印度板块和亚欧板块相互碰撞造成的，前者以很小的角度斜插到后者之下，挤压隆起，形成西藏地区的巨厚地壳（厚达70千米，是世界地壳最厚的地区）。印度板块和亚欧板块互相碰撞所产生的南北向的巨大压力，使中国西部山脉作近似东西走向。准噶尔、塔里木和柴达木都是比较刚硬的地块，它们在这样巨大压力作用下，碎裂成为菱形断块，长轴亦近似东西走向。同样，印度板块向北移动，受到亚欧板块的向南运移的抵抗，自然要向东西寻求应力的释放，西藏高原以东的扬子准地台受到释放应力的巨大压力作用，必然产生强烈的反作用力，于是形成了喜马拉雅山脉东西两端的突然向南转折。台湾岛山地以及东亚大陆沿海的边缘弧，则是太平洋板块（海洋板块）以较大角度斜插到亚欧板块之下造成的，由于海洋板块的地壳厚度很小，所以中国东部的一系列北东向隆起坳陷，也可能是受太平洋板块对亚欧板块的挤压影响造成的。

造山运动与地貌发育

中国山脉大都经过多次造山运动，是多旋回性的。但中生代以前的地壳运动，一般与现代地貌已很少有直接联系，只通过露在地表的岩石性质和褶皱程度等影响现代地貌的发育。如中国西南区的岩溶地貌，与古生代沉积的石灰岩相联系；现代的秦岭、祁连山、天山与阿尔泰山的走向，则又同加里东与海西运动的褶皱带有继承关系。

中国地貌格局是燕山运动奠定的，而现在的地势差别主要是喜马拉雅运动的结果。如以南北走向的贺兰山—六盘山—龙门山—哀牢山山脉为界，此线以东和以西巨地貌有十分明显的差异。东部，地势的绝对和相对高度都不大，地貌组合以平原、海拔不高的高原、丘陵和中低山为主。西部，绝对和相对升降运动很强烈，故地势的绝对和相对高度都很大，地貌组合以大型盆地、海拔很高的大高原和极度高山为主。

[中生代燕山运动] 中生代燕山运动使中国大地构造轮廓基本定形，对完成巨地貌格局具有决定性的意义。经过燕山运动，除喜马拉雅山地等个别地区外，海水撤出了中国大陆，分散的陆块互相联结起来。上述几个主要走向的山脉都在燕山运动中奠定了基础。华中和华南地区的许多红层盆地，也都在燕山运动中形成。

[新生代喜马拉雅运动] 新生代的喜马拉雅运动对中国现代巨地貌结构的形成有特别重大的意义。它除了形成巨大的喜马拉雅山脉和台湾山地外，并产生普遍的断裂运动，引起大幅度的垂直升降，这是造成中国目前地势差别的最重要的力量。

[新构造运动] 所谓新构造运动主要指喜马拉雅运动中的垂直升降。一般说来，新构造运动隆起区现在是山地或高原，沉降区是盆地或平原。中国新构造运动的强烈隆起区主要分布在西部，造成中国现在地势西高东低的总趋势。西藏高原、喜马拉雅山、昆仑山、天山等是中国最强烈的隆起区，如喜马拉雅山轴部从第三纪末以来，上升了近3000米。这些山脉在强烈隆起的同时，还发生强烈的局部断裂，造成一些高度差很大的地堑型山间盆地。例如天山山地中的吐鲁番盆地。此外，云贵高原也是由于上新世以来的隆起，才达到现在海拔2500米左右的高度。太行山、大青山、秦岭等在新构造运动的作用下继续隆起，它们的一侧常为高峻的断层崖，陡立于平原之上。

地壳运动与地貌形态

两个板块的接触带和断裂带是地壳运动最活跃的地带，也是地震、火山最多，地热最强的地带。

[地震] 中国大地震以台湾东部（包括台湾以东的海底）为最多，地震频度也最高，就是由于这里是太平洋板块与亚欧板块的接触带。新构造差异

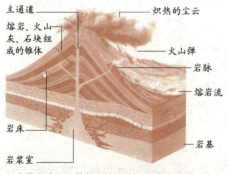
正在爆发的火山横断面除了从主火山通道喷出来，从附近被称为岩脉的通道熔岩也能流出来。

升降运动强烈的大断裂带附近，也是大地震经常发生的地带。如六盘山、四川省西部、云南、太行山东麓和燕山南麓等都是中国著名的大地震带，1970年云南通海的大地震、1966年太行山东麓邢台的大地震、1976年燕山南麓唐山的大地震，以及2008年四川汶川大地震。大地震往往能引起地面的明显形变。如邢台地震后，在较大面积内出现幅度达40～50厘米的地面升降；通海地震时，在原曲江断裂带发生了一条延伸60千米的新断裂，切过山岭与河谷，平移错动达0.14～1米。

[火山] 中国历史上曾经活动的火山，爆发频率最高的是中朝边境的长白山火山，在1597年、1668年、1702年曾三次喷发，并留有完整火口湖——天池。嫩江支流讷谟尔河上游1720年火山喷发，熔岩流阻塞白河，形成5个湖泊，称为五大连池。台湾地区的大屯火山群由16个火山组成，迄今活动犹未歇止，山坡上常可见到硫磺气体喷出。台湾以东海区还有四座海底活火山，其中有一座曾于1927年爆发。一般说来，中国活火山数目不多，海拔通常仅数百至千余米，相对高度也只有百米左右，所以在全国地貌上不居重要地位。

[温泉] 地震和火山分布区常有温泉，并有地热显示。中国温泉共约1900处，主要分布于云南、广东、福建和台湾省。云南西双版纳有两处过热水泉，水温分别高达103℃和104℃。西藏高原也有不少温泉，有的水温达90℃以上，超过了当地的沸点，最高一处温泉位于昂仁县的冈底斯山

上，海拔 5500 米。在日喀则地区发现了中国罕见的间歇泉，每天喷水 4 次，喷发时水柱冲出泉口，高达 20 多米。

气候对地貌的影响

降水的多寡对地貌的形成影响颇大，其地貌发育在中国东部地区以流水作用为主，随着降水量向西北方向的减少，风化作用逐渐占优势。西北地区干旱的大盆地中，年降水量大都不到 200 毫米，地面植被稀疏，温度变化急剧，机械风化强烈，风力侵蚀与堆积作用明显，分布着大面积的沙丘、戈壁，及岩石裸露、干沟纵横的干燥剥蚀山岭，山麓洪积平原。中国沙漠（包括戈壁的沙漠化土地）总面积有 128.24 万平方千米，约占全国土地总面积的 13.35%，其中沙质荒漠占 45.3%、沙漠化土地（沙地）占 10.3%、戈壁占 44.4%。

侵蚀

在中国东部秦岭—淮河一线以北，蒸发量超过降水量，地表径流不足，河网密度不大，但暴雨洪水的冲刷和泥沙堆积作用仍然十分强烈，风力作用也有一定的影响。秦岭—淮河一线以南降水增多，有发育良好的水系，流水侵蚀作用使地表破碎起伏，而流水的冲积作用又不断使平原加高。华南湿热地区，化学风化作用较盛，广泛发育了深厚的红色风化壳。如海南岛某些地区的红色风化壳厚达 30 米左右。在植被稀疏的地方，红色风化壳受暴雨强烈冲刷，往往发育"暴流地貌"，形成华南丘陵地表破碎的地貌特征。

冰川发育

中国西部分布着特高山、高山和大高原，气候寒冷，现代雪线高度在 4200~5000 米，并有现代冰川发育，冰舌下端沿河谷可下降至 3000 米左右。这些特高山和高山受现代冰川和第四纪古冰川的作用，冰川地貌发育。中国现代冰川分布范围，北起阿尔泰山，南至喜马拉雅山和云南丽江的玉龙雪山，西抵帕米尔和昆仑山慕士塔格，东到四川西部的贡嘎山，纵横 2500 千米，约有冰川 43000 条，总面积约 58700 平方千米，占亚洲冰川总量的一半多。冰川大都为山谷冰川和冰斗冰川类型。高山冰雪融水对中国西北干旱地区的农牧业生产有着巨大意义，提供了沙漠绿洲灌溉和城市供水的重要水源。

冻土

中国冻土面积达 215 万平方千米，占全国总面积的 22.3%，主要分布在东北区的北部和青藏高原。冻土的存在使地表水不能顺利下渗，地表因过度湿润形成沼泽；流水的下蚀作用受到限制，侧蚀作用得以发展，使河谷具有平浅宽阔的形态特征。冻土区还有各种冻土丘、局部融解陷落等地貌现象。

地表物质对地貌的影响

中国地貌形态的具体体现还受地表物质的组成成分、坚硬程度和物质结构的影响。巨大的花岗岩体因垂直节理特别发育，往往形成奇峰林立、陡峻高耸的山地，如华山、黄山等。大面积玄武岩熔岩流常构成阶梯状的熔岩台地，如长白山地、内蒙古南部及河北张北一带、海南岛北部等。古老的结晶岩大多为高峻的山地，如泰山、秦岭、横断山脉等；中生代红岩层比较易于侵蚀，多形成波状起伏的丘陵，如华中、华南的红岩丘陵和四川盆地的中部丘陵等。在干旱地区，地表缺乏植被覆盖，洪积—冲积物质在风力作用下形成沙丘。中国境内，由于地表物质差异而形成的大面积特殊地貌，要算黄土地貌、岩溶地貌和沙漠地貌。

黄土地貌

中国黄土大致分布在昆仑山、秦岭和大别山以北，位于温带荒漠地区的外缘，分布面积达44万平方千米，次生黄土分布面积约20万平方千米。若将华北和黄淮平原亦作为次生黄土覆盖区，则中国黄土和次生黄土的分布面积约100万平方千米，约占全国总面积的10.4%。甘肃中部和东部、陕西北部以及山西西部是著名的黄土高原区，黄土连续覆盖面积约27万平方千米，其厚度100～200米，构成了独特的黄土地貌区，是世界面积最大的黄土分布区。由于黄土土质疏松，因较干旱导致的植被稀少，且夏季多暴雨，所以这里沟壑纵横，地表支离破碎，水土流失现象十分严重。黄河泥沙90%即来自黄土高原。因此，黄土高原的存在，对于华北平原的形成具有十分重要的意义。

岩溶地貌

中国碳酸盐类岩石分布面积有130万平方千米，占全国总面积的13.54%，所以岩溶地貌分布广，我国是世界岩溶面积最大的国家。其中尤以广西、贵州和云南东部岩溶面积最广。中国地跨热带、亚热带和温带，岩溶地貌类型多，有两广的热带峰林，有华中的亚热带岩溶丘陵和洼地，有华北的温带岩溶泉和干谷。广西桂林一带的峰林举世闻名。碳酸盐类岩石分布区不但形成了独特的岩溶地貌，而且还发育有特殊的土壤和植被，对中国区域自然景观的形成有重要影响。

沙漠地貌

中国沙漠总面积约70万平方千米，如果连同戈壁在内，总面积为128.24万平方千米，占全国总面积的13.35%。中国西北干旱区是中国沙漠最为集中的地区，面积约占全国沙漠总面积的80%。主要沙漠有塔克拉玛干沙漠、古尔班通古特沙漠、巴丹吉林沙漠、腾格里沙漠以及库姆塔格沙漠等。

腾格里沙漠位于宁夏阿拉善地区东南部，面积约4.27万平方千米。沙漠内交错地分布着沙丘、湖盆、山地、平地等。其中沙丘占71%，盐湖7%，山地残丘及平地占22%。沙漠内大小湖盆多达422个，湖盆内植被类型以沼泽植被、盐生草甸植被等为主，这里是沙漠内部的绿洲。

气候

中国幅员辽阔，气候复杂。东部广大地区，一年中盛行风向的季节转换明显，冬季比较干冷，夏季湿热，雨量集中，是世界上季风发达区域之一，属于季风气候；西北部深居内陆，水循环很不活跃，降水少，是典型的干旱气候；青藏高原海拔过高，大部分地区的年平

中国气候之最

中国最冷的地方是黑龙江省最北端的北极乡（原漠河乡），冬季最低气温 −52.3℃；最热的地方在新疆吐鲁番盆地，夏季最高气温高达 49.6℃；最干燥的地方在新疆塔里木盆地中的塔克拉玛干沙漠，年平均降水量只有几毫米，有时甚至终年无雨；中国降水最多的地方位于台湾地区基隆以南，年平均降水量为6558毫米，最高可达8000毫米。

均气温低于 0℃，属于高寒气候。

太阳辐射对气候的影响

中国南北跨纬度将近 50°。太阳辐射的纬度差异显著，导致中国热量分布自南向北递减。冬季，太阳辐射总量由南向北迅速减少；夏季，随纬度增高白昼时间变长，北部在一定程度上弥补了正午太阳高度角偏小的影响，故南北差异不大。

中国各地年太阳辐射量大约为 $80 \sim 200$ 千卡／厘米^2。其中，140 千卡／厘米^2 年太阳辐射量等值线大致从大兴安岭西麓向西南延伸到云南和西藏交界处。以该线为界，西北部高于东南部，这是由于东南部阴雨日数较多。年太阳辐射量的分布，西北部为 170 千卡／厘米^2，青藏高原高达 $170 \sim 200$ 千卡／厘米^2，而云贵高原、四川盆地以及南岭山地则少于 100 千卡／厘米^2。

中国各地太阳辐射平衡值除北纬 40° 以北冬季出现负值外，大部分地区全年均为正平衡，一般为 $50 \sim 70$ 千卡／（厘米^2·年）。海南岛地区纬度低，日照时间较长，太阳辐射平衡值较大，达 $70 \sim 80$ 千卡（平方厘米·年）。川黔与南岭山地冬半年多阴雨，太阳辐射平衡值较小，只有 $30 \sim 40$ 千卡／（厘米^2·年）。这说明中国境内大部分地区热量资源比较丰富，有利于农业生产。

海陆位置对气候的影响

中国位于世界最大的大洋——太平洋和世界上最大的大陆——亚欧大陆之间，季风气候显著。印度洋为中国西南部输送水分和能量。北非大陆对中国气候也有一定的影响，如冬半年比较活跃的西南暖流（即热带大陆气团）。

季风环流对气候的影响

海洋和陆地的热学性质不同，引起海陆表面热力状况的差异，导致温压场的变化，从而为季风环流的形成提供了基本条件。冬季，东亚热力性质差异十分显著，蒙古高压势力强大，太平洋上为阿留申低压，冷高压几乎控制全国，气压梯度力由大陆指向海洋，盛行偏北气流，是为冬季风。夏季，海陆热力性质差异的作用方向与冬季相反，北太平洋上副热带高压势力大为增强，印度低压发展，气压梯度力由海洋指向大陆，盛行偏南气流，是为夏季风。春秋两季是冬、夏高低气压相互消长时期。高低气压中心势力的强弱，位置的年际变动，是制约中国气候季节变化的基本因素。同时，太阳辐射的季节变化、高空行星风系环流及其强度的变动，影响着对流层低层大气环流，从而也影响到中国各地的天气和气候。

地形对天气与气候的影响

地形对水热状况起着重新分配的作用，从而影响到天气与气候。中国境内山地分布很广，有不少绵延百里、千里的巨大山脉走向与气流运行方向近于直交，对气流起屏障与抬升作用。北方来的冷空气受到层层山地阻碍，其强度大大削弱，只是在穿越山口和东部平原时，冷空气势力才显现其强大。夏季暖湿气流在翻越山地时，迎风坡因气流抬升多雨，背风坡与谷地则因气流下沉，焚风效应显著，降水大为减少。青藏高原隆起后，对中国气候乃至其他自然环境都产生重要的影响。高原所处纬度是北纬28°～36°，平均海拔超过4000米，其上空多属高空西风盛行区。研究结果表明，青藏高原通过它的动力分支作用、阻挡作用、冷热源作用，对中国天气和气候产生多方面的影响。

高原的动力分支作用

冬季由于高空西风带南移，青藏高原迫使4000米以下的高空西风分为南北两支，北支在大高原的西北侧成为西南气流，绕过新疆后又转为西北气流；南支在大高原的西南侧成为西北气流，绕过高原南侧后又转为西南气流。这两支气流物理属性不一，并在高原东侧汇合东流，从而影响到中国东部地区的天气和气候。高原的动力分支作用，扩大了高空西风带的影响范围，其南界可达北纬15°～20°，使得中国江南地区冬季经常受到来自热带的暖湿气流影响。

高原的阻挡作用

高原本身巨大的海拔，阻挡了高原低空南北气流交换。在冬季，高原阻挡着西北冷空气南下，这既有利于冷空气在高原北侧堆积，又迫使冷空气行径偏东，从而加强了东部地区冷空气势力；在夏季，西南季风盛行，高原既

6月

印度次大陆

印度洋

温暖、潮湿的风

西南季风示意图
青藏高原的存在大大加强了西南季风的势力。

阻挡了西南季风北上，使高原内部和西北地区干旱程度加强，导致荒漠伸展到更高的纬度，又迫使西南季风绕高原东南侧循河谷北上，输送大量的能量和水汽，加强了高原东侧降水过程，使高原东侧热带范围循南北向河谷伸展到北纬29°附近。

高原的冷热源作用

在冬季，因高原海拔高，冰雪覆盖面广，大气透明，地面长波辐射强烈，广大高原面是个冷源，近地面形成低温高压中心，它叠加在蒙古冷高压之上，从而大大加强了蒙古冷高压势力，使中国东部地区冬季更加寒冷，以致中国亚热带北界比同纬度大陆西岸要向南推移4～5个纬度；在夏季，正午太阳高度角增大，太阳辐射大为增强，裸露的地表吸热迅速，地面增温很快，低空气温高于四周同高度大气温度，高原近地面形成高温低压中心，它叠加在印度热低压之上，从而大大加强了印度热低压势力，越过赤道的东南信风转向为西南季风具有更为强大的吸引力，这是夏半年西南季风势力强大的重要原因。因此，青藏高原的冷热源作用，对中国季风环流起着维持和加强作用。夏季，高原200毫巴上空则形成高温高压，称西亚高压或青藏高压，它的位置相当稳定，范围较广。由于它的存在，青藏高原等压面向高原南北两侧倾斜。其北侧维持一支强劲的西风气流，是夏季华北、华西降水形成条件之一；南侧维持一支东风气流，同副高南侧偏东气流一致，它们与西南季风交绥，形成热带辐合带，为夏半年台风的形成和

发展提供了环流条件。

在环流转变期间，某些重要的环流现象几乎同时或有顺序地出现。例如，西南季风的爆发与长江流域梅雨几乎同时开始。青藏高压是夏季东亚大气环流中的一个重要系统，它对中国东部地区的旱涝有一定影响。7、8月份，东经120°和东经110°上空高压脊线位置如果偏北，长江中下游大范围地区将出现干旱，华北多雨；高压脊线位置如果偏南，长江流域多雨，华北将出现干旱。青藏高原的动力和热力作用的综合影响，扩大了高原地形作用的有效高度，高原地区准静止高气压系统可以发展东移，使高原以东地区产生暴雨和洪涝。

大气环流与季风进退

大气环流的基本特征

[冬季] 蒙古高原中心气压值极盛时可达1050毫巴，势力强大，控制着亚洲大陆；盘踞在北太平洋的阿留申低压，中心气压在1000毫巴以下，势力大为扩展。前者是大陆反气旋中心，中纬度大陆气团的重要源地，后者是西来气旋的归宿。蒙古冷高压活动，影响到中国大部分地区冬季的天气与气候。大致说来，冬季的天气过程，就是一次又一次冷空气活动，并实现降温的过程。川西、云南高原，冬季主要受热带大陆气团（西南暖流）的影响，成为中国冬季的相对温暖中心。高空西风气流被青藏高原分为南北两支，南支自大高原南侧流过，转变为暖湿的西南气流，它与南下冷空气交锋，造成贵州高原、四川盆地等地区的冬季阴雨连绵。

[春季] 这是气压场转换的过渡季节。蒙古高压和阿留申低压势力衰退，海洋上副热带高压逐渐增强西伸，大陆热低压开始形成。因此，四个气压中心都影响中国，风向多变，南北气流交换复杂，中纬度地区气旋活动频繁。

[夏季] 与冬季相反，夏季亚洲大陆是强盛的热低压，中心气压值约为995毫巴，西北太平洋是强盛的高压区，中心气压值常在1030毫巴上下。中国大部分地区受热带、副热带气压系统控制，热带海洋气团盛行，影响范围广，历时亦较久。每年约在6月上旬，副高北移，西南季风势力增强，江淮梅雨随即开始。7、8月，当副热带高压再次北移，长江中下游产生伏旱、酷暑，华北与东北雨季先后开始。此时，副热带高压南侧以南是赤道辐合线位置所在，为台风的生成与发展提供了更为有利的条件。

[秋季] 这是夏季环流转换为冬季环流的过渡季节。9月上旬，蒙古高压出现，并可南侵到较低纬度，此时副热带高压仍在较高纬度，从而形成暂时的高低空高压重合现象。除西南地区仍受西南季风影响多阴雨外，全国大部分地区呈现秋高气爽天气。10月份西风带南移，西南季风撤离大陆。这时，北太平洋副热带高压向东南退缩，阿留申低压加紧扩展。11月上旬后，蒙古高压控制着大陆，冬季风迅速南下，出现冬季环流形势。

季风进退

3月上旬，中国南部开始受夏季风（东南季风）的影响。此后，夏季风逐渐北进。4月下旬，华南夏季风盛行，华中受影响。7月中旬华北夏季风盛行，内蒙古南部、东北南部受影响。盛夏夏季风到达最北位置我国东北。夏季风自北向南撤退，一般始于8月底9月初。冬季风随即南下，9月底或10月初到达华南。冬季风自北向南先后不到一个月即可影响全国，而夏季风从开始登陆到全国盛行，历时四个月。这表明，中国夏季风的来临是缓进的，它的退却是相当迅速的。中国西南部，夏半年受到西南季风的影响。西南季风在6月上旬以突然爆发的形式向北推进，极盛时可循青藏高原东缘影响到北纬30°以北。华南也可受到西南季风影响，但通常只能达南岭山地附近。在冬夏季风进退过程中，随着每一次季风进退，气象要素都相应地发生变化，其中以降水量空间变化尤为突出。从多年平均状况来说，4月中旬华南沿海出现雨带，以后有顺序地北移。6月上旬雨带北进到华南，6月中旬雨带跃进到江淮流域，7月中旬雨带跃过淮河而达黄河中下游，7月下旬华北雨季开始，8月中旬雨带达最北位置我国东北。

主要天气系统

寒潮、梅雨是对中国气候有重要影响的天气系统，涉及范围很广，东南沿海则还受到台风的侵袭。这三类天气系统与中国国民经济的发展有着密切关系，尤其影响到农业生产。

寒潮

在冬季，一次冷高压活动，会同时带来一股冷空气侵袭。当强冷空气南下时，其经过的地区急剧降温，出现严重霜冻，并伴随大风或雨雪天气过程，称为"寒潮"天气。由于中国幅员辽阔，地形复杂，一次强冷空气活动对各地的影响程度并不相同。中国气象部门规定：就全国来说，一次冷空气入侵，能使长江中下游及其以北地区48小时内降温10℃以上，长江中下游最低气温≤4℃，陆上有相当于3个大区出现5～7级以上大风，则称为"寒潮"。如果在48小时内降温14℃以上，大陆上有3～4个大区出现5～7级大风，沿海所有海区先后出现7级以上大风，则称为"强寒潮"。寒潮同时带来的大风降温天气对农牧渔业和交通运输等方面的负面影响很大，属灾害性天气。但寒潮活动又会给一些地区带来降水，有利于农业生产。

梅雨

梅雨是长江中下游和淮河流域每年6月中旬至7月上旬一段时间的大范围降水天气过程，多数年份为连续性降水，少数年份后期多降雨或暴雨。梅雨开始与结束的早晚，雨期雨量的丰歉以及年际变化均较大。据统计，正常情况下，梅雨开始的日期有50%在6月6日—15日这10天内，有24%出现在6月20之后。最早入梅（1971年5月26日）和最晚入梅（1947年7月4日）相差40天。正常梅雨结束日期最多出现在7月6日—10日，其

梅雨的物理机制

梅雨的物理机制十分复杂。一般说来，在一定的环流条件下，中纬度变性的大陆气团南下至江淮一带，与热带海洋气团交绥，形成准静止锋，锋面上相继产生气旋，出现持续阴雨天气。大气环流理论认为大气环流的季节变化与梅雨有联系。此外，海气之间的能量交换，夏季鄂霍次克海上空高压南下，北太平洋海水表面温度异常等，对东亚梅雨都有一定的影响。

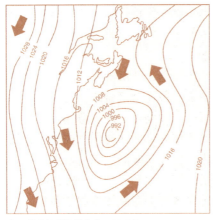

太平洋北部的热带气旋卫星图片

次是 6 月下旬。最早出梅在 6 月中旬，最晚出梅在 7 月底 8 月初，二者相差一个半月。正常梅雨期长约 20 天，最长达 63 天。而有些年份梅雨期极不明显，甚至出现"空梅"现象。

台风

台风是发生在低纬热带西太平洋和南海的低压系统，或称热带气旋。它是对中国东南沿海夏、秋两季有重要影响的天气系统。台风的发生源地有三：菲律宾以东洋面、加罗林群岛附近洋面以及南海。其中，前两个源地的发生次数最多。台风生成后，移动路径的变化很大，对中国有影响的主要有三条。一是西行路径。从菲律宾以东洋面上向西，经菲律宾或穿过巴林塘海峡、巴士海峡，进入中国南海，继续西行至海南岛或越南登陆。这条路线主要影响中国两广和海南地区。二是西北行登陆路径。从菲律宾以东洋面上向西北方向移动，先在中国台湾地区登陆，然后穿过台湾海峡又在福建登陆；或从源地向西北，穿过琉球群岛，然后在中国江浙沿海登陆，影响中国东南沿海。三是海上转

向路径。从菲律宾以东洋面上向西北方向移动，至北纬 25°附近转向东北，向日本方向前进。这条线路对中国影响不大，但如果转向点靠近中国沿海，则对中国沿海地区亦会有较大影响。通常，6 月前和 9 月后，台风主要取第一、三两条路径，7、8 月份以第二条路径为主。台风全年均可发生，以 5—10 月为多，7、8 月尤常见。根据一份长达 70 年的统计资料，平均每年发生 20 次。1939 年最多，共 32 次；1885、1901 年最少，有 9 次。登陆的台风，以在广东省和海南省登陆的次数最多，约占 50%，其次是中国台湾省和福建省。台风中心气压很低，中心附近风力强大，并带有暴雨或大暴雨。1962 年 8 月 5 日 12 时强台风在中国台湾花莲—宜兰登陆，14 时中心气压降至 900 毫巴，中心附近风速高达 75 米／秒。台风降水的强度亦很大。1963 年 9 月 9 日—12 日，台风侵袭中国台湾，台北附近一个山区观测站测得这次台风过程降水量为 1684 毫米；1975 年 8 月，受"7503 号"台风影响，河南省泌阳林庄 8 月 5 日～7 日三天降水量共达 1605 毫米。

气温与热量资源
气温分布

中国陆地面积广阔，位于大陆东岸，受季风环流影响，在气温上表现为明显的大陆性气候。例如，中国哈尔滨（北纬 45°41′）比法国巴黎（北纬 48°48′）纬度约低 3°，而气温年较差，前者为 42.4℃，后者仅 15.2℃。中国各地气温的年振幅，冬季低于同纬度的平均值，为负距平；夏季高于同纬度

的平均值，是正距平。但近海及低纬地区距平值较小，越向内陆或纬度越高，距平值则相应增大。在气温分布上，由于大部分地区处于亚热带和温带，所跨纬度广，地势起伏显著，致使南北温差较大，地形影响气温分布极为明显。以年平均气温为例，南海西沙（北纬16°51′）高达26.4℃，黑龙江省北部的呼玛（北纬51°43′）低至-2.1℃，两地相差28.5℃。气温分布的基本特征是：东半部自南向北逐渐降低；西半部地形影响超过了纬度影响，青藏高原大部分地区年平均气温低于0℃，而北面塔里木盆地的和田与吐鲁番则分别为12.1℃和14.0℃。

[冬季气温] 1月是冬季环流极盛时期，除海洋岛屿外，中国各地气温下降到最低值，所以1月气温可以代表中国的冬季气温。中国东部气温随纬度的增高而迅速降低，西沙比呼玛高50.5℃，等温线分布相对较密，与纬线大致平行。大致纬度增高1°，气温降低1.5℃。西部地区的高原和山地，因海拔高，气温偏低，等温线分布比较稀疏。有山岭屏障的盆地，冬季成为温暖中心。有寒潮、冷空气侵袭的地区，冬季气温偏低，如东北北部、内蒙古、长江中下游平原等。1月平均0℃等温线大致东起淮河下游，经秦岭沿四川盆地西缘向南至北纬27°左右折向西藏东南角。此线以北基本上都在0℃以下，东北地区大都在-10℃以下，大兴安岭北部低至-30℃，是冬季全国最寒冷的地方；内蒙古、宁夏北部、甘肃北部以及新疆境内，一般都在-10℃～-22℃之间；青藏高原除雅鲁藏布江谷地和横断山脉外，大部分在-10℃～-20℃之间；

华北地区为-2℃～-10℃。0℃等值线以南，长江流域在0℃～8℃之间；南岭以南、中国台湾中部和北部、云南南部大都在12℃～20℃之间；中国台湾和海南岛南部，已超过20℃；南海诸岛高达22℃～26℃。冬季强寒潮侵袭时，除南海诸岛外，各地均会出现低温或极端低温，华南可结冰，甚至海南岛也曾出现过0℃以下气温。1960年1月21日，新疆阿尔泰山南坡的富蕴，气温曾降至-51.5℃；1969年2月13日，黑龙江省漠河县曾出现过-52.3℃的低温，这是中国现有观测资料中的最低值。

[夏季气温] 除海洋岛屿外，7月份全国各地气温最高，所以可以代表中国的夏季气温。与冬季相反，夏季气温南北差异很小，西沙比呼玛仅高8.5℃。从等温线分布上看，东南部等温线十分稀疏，大致纬度增高1°，气温降低0.2℃；西部地区，由于内陆盆地夏季受热增温强烈，与高山间气温垂直变化大，等温线较密。全国7月平均气温大都在20℃～28℃，淮河以南在28℃～30℃，东北平原为22℃～24℃。青藏高原、天山、大小兴安岭等因海拔影响而低于20℃，其中藏北高原大部低于10℃。四川盆地、长江中下游谷地、渭河谷地等，受地形影响，成为中

秋季长城

国夏季的炎热气温中心。鄱阳湖附近，7月平均气温高达30℃。新疆吐鲁番盆地在闭塞地形与干旱气候双重影响下，7月平均气温竟高达32.8℃，最高气温≥40℃的天数平均每年有37天，绝对最高气温达48.9℃，是中国现有观测记录的最高值。华南地区高温期虽然较长，平均气温较高，但因午后多云或雷阵雨，并常受台风影响，其绝对最高气温反而比上述炎热中心低，一般都在40℃以下。

气温年变化

中国位于西风带亚欧大陆东岸，受季风环流影响，绝大部分地区最冷月在1月，最热月在7月，气温的年变化表现为大陆性气候的年变化。沿海地区受海洋热力的调节作用，夏季最热月可推迟到8月。受西南季风影响的地区，7、8月份雨日过多，最热月出现在雨季前的5月。各地气温年较差明显地随纬度增高而加大。黑龙江省大部、内蒙古东北部和新疆天山北麓的准噶尔盆地，气温年较差最大，大都在40℃以上，最高可达50℃左右。黄河流域、塔里木盆地和柴达木盆地约在30℃上下。长江中下游和青藏高原部分地区在22℃～26℃，其中四川盆地和雅鲁藏布江谷地只有18℃左右。珠江流域、云南高原和中国台湾大部地区平均在15℃左右，海南岛南部、南海诸岛和中国台湾地区山地则小于10℃。

四季划分

中国四季的划分，一般根据物候资料定出。每候（5天）平均气温低于10℃为冬，高于22℃为夏，介于二者之间为春、秋两季。如，北京平均气温10℃最早出现于4月1日，以这个日期作为北京的春始日期，在物候上与桃花初开的日期大致相符。又如长江下游地区一般在9月23日候温低于22℃，作为夏去秋来的日期，在物候上与家燕南归的日期大致吻合。按此标准，大致在东北黑河、嫩江直到内蒙古大青山一线以北为无夏区，冬长255天以上。青藏高原最热月候温很少高至22℃以上，所以没有夏季。南岭山地以南大致无冬，海南岛夏长超过8个月，南海诸岛全年皆夏。其余地区则四季分明。但中国西部地形复杂，四季分配实际情况比较复杂。全国各地四季的开始与结束，与大气环流、季风进退的年际变化也有密切联系。

[农耕期]当日平均气温高出0℃时，土壤解冻，农事活动开始，称为农耕期。秦岭—淮河一线以南的大部分地区，全年都是农耕期；该线以北，农耕期逐渐缩短。农耕期开始日期南北相差约3个月（1月下旬至4月下旬）。西藏北部6月份起，日平均气温才开始≥0℃。日平均气温≥0℃的终止日期，从黑龙江北部10月上旬开始，往南逐渐推迟，至长江流域已是1月上中旬。西藏北部9月始，日平均气温低于0℃。

[生长期]日平均气温5℃在春、秋两季的出现日期，和主要农作物及多数木本植物的生长期相符，因此日平均气温≥5℃的持续期称为生长期。其分布情况是：东北北部约130天，松花江流域和内蒙古北部为150～180天，辽江流域到燕山、河套一线为180～210天，辽东半岛、华北北部和汾河流域为210～240天，黄淮平原和汉水上游为240～270天，长江中

下游为270～300天，而北纬25°以南的东南沿海一带，全年均为生长期。在东经110°以西，四川盆地的生长期长达300天，川西高原、河西走廊和北疆不足200天，南疆在200天以上，吐鲁番盆地和塔里木盆地在250天左右，西藏东南部多达270天以上。而藏北高原仅100天上下，为全国生长期最短的地区。

　　[生长活跃期] 当日平均气温≥10℃时，多数植物的生长才见活跃，这一温度指标称为活动温度，其持续期称为生长活跃期。生长活跃期与活动积温对农业生产有重要意义，它相对地表示着植物生长有效热量的多少。中国境内≥10℃的持续期，大小兴安岭不足120天，东北平原和内蒙古北部为120～150天，黄土高原及河西走廊为150～180天，黄淮平原为200～220天，长江中下游为220～240天，四川盆地为250～280天，南岭山地以南超过300天，吐鲁番盆地和塔里木盆地约200天，新疆最北部不到120天。西藏雅鲁藏布江谷地大约150天。随着地势的增高，≥10℃的持续期迅速减少。从活动积温来看，青藏高原、北疆、内蒙古东北部和黑龙江北部各在2000℃与1500℃以下，东北及内蒙古大部在3000℃以下，华北在3000～4500℃之间，长江流域大部在4500℃以上，至北纬25°以南升至6500℃以上。西北干旱地区大都在3000℃以上，其中塔里木盆地可高出4000℃，库车为4329.0℃，和田为4297.0℃，吐鲁番高达5464.6℃，热量资源极为丰富。

　　[霜期] 中国的霜期，除青藏高原全年都可能见霜外，其他地区都随纬度和海拔的增高而加长。东北与北疆为9月～次年5月，南疆为10月～次年3月，黄河流域为10月中旬～次年3月中旬，长江流域大部为11月～次年3月，四川盆地为12月～次年2月，南岭以南仅在1月出现。各地初霜和终霜的迟早，因各年南下冷空气的早晚而异。地形及海拔高度对霜期有一定的影响。如，黄土高原霜期长于华北平原，长江中下游平原易受寒潮影响而霜期长于四川盆地。

降水状况
降水的空间分布
　　中国降水量空间分布的基本趋势

新疆的罗布泊为全国年降水量最少的地方之一。

是：从东南沿海向西北内陆递减，愈向内陆递减愈迅速。400 毫米等降水量线，从大兴安岭西坡向西南延伸至雅鲁藏布江河谷。以该线为界，可将中国分为两部分，该线以东明显受季风影响，属于湿润地区；该线以西少受或不受季风影响，属于干旱地区。这与中国内、外流区界线大致相符，在自然景观的形成与农、林、牧业生产上都有重要意义。

[湿润与半湿润区] 降水量随纬度的增高而递减。800 毫米等降水量线大致与秦岭—淮河一线相符，该线以南，水循环活跃，长江两岸降水量在1000 ~ 1200 毫米，江南低山丘陵和南岭山地为 1400 ~ 1800 毫米，广东沿海、中国台湾及海南岛大部可达 2000 毫米以上，云南南部及西南部、西藏东南部的察隅、波密一带，受西南季风的影响，年降水量达 1500 ~ 2000 毫米。在上述多雨区之间，昆明、贵阳以北及四川盆地，是相对少雨，年降水量一般在 800 ~ 1000 毫米之间。秦岭—淮河一线以北的黄河下游为 500 ~ 750 毫米，至东北平原减少为 400 ~ 600 毫米，但长白山地、鸭绿江流域可达 800 ~ 1200毫米，为中国北方的多雨区。

[干旱与半干旱区] 大兴安岭西部和内蒙古高原年降水量一般在200 ~ 400 毫米。其余地区年降水量少于 200 毫米，并向内陆盆地中心迅速减少。塔里木盆地的年降水量为 18.3 毫米；新疆的伊吾淖毛湖年降水量只有 12.5毫米。而吐鲁番盆地西侧的托克逊，年降水量平均只有 5.9 毫米，是中国现有年降水量记录的最小值。新疆地区降水量受到地形的影响，阿尔泰山、天山北坡相对多雨，年降水量可达 500 ~ 700毫米以上，准噶尔盆地的年降水量也比塔里木、吐鲁番两个盆地要多。

降水的季节变化

中国各地降水的时间分配，受季风的影响，11 月至次年 2 月，在冬季风的影响下，除中国台湾东北部相对多雨外，全国绝大部分地区降水显著减少。6 月夏季风极盛时期，降水明显增多，成为雨季。随着夏季风的到达与控制时间的不同，自南而北，雨季逐渐缩短，降雨愈见集中。东北、华北及内蒙古等地区，夏雨百分率高达60% ~ 70%。在南方多雨区内，夏季风控制的 5—10 月均有一定的降水量。但长江中下游及其以南地区，7 月中旬至 8 月，常在副高控制之下，降水相对较少。受西南季风影响的地区，如云南南部、西南部，雨季长达半年(5 ~ 10月)，降水量占全年总量的 70% ~ 80%左右。中国降水季节分配的主要特点是：第一，春雨最多的是两湖盆地及江浙地区，降水量约占年总量降水的三分之一，新疆伊犁河谷在 30% 以上，秦岭—淮河一线和西北地区约 20%，华北和东北在 10% ~ 15% 之间，青藏高原最少，不及 10%。第二，夏季是全国大部分地区降水最多的季节，除长江和南岭之间以及新疆北部山地不及年降水总量的 40% 外，华北和东北大于 60%，西北和西藏高原大部分在 70% 以上，拉萨以西的雅鲁藏布谷地高达 80% 以上。第三，秋雨较多的是雷州半岛、海南岛、秦岭山地、渭河及汉水上游，约占全年降水总量的30%，全国其他地区占全年降水总量的 15%～20%。第四，冬季全国少雨，大部分地区不足年降水总量的 10%，西南地区、青藏高原、东北、华北及黄土高原不及 5%。但台湾东北部受东北季风的影响，多地形雨，降水量可占年降水总量的 30%；新疆阿尔泰山区和伊犁谷地，因有来自北冰洋的水汽，冬季降水量可占全年的 20% 以上。

雨日

中国雨日的分布，与降水量分布形势相类似。以日雨量＞0.1 毫米算作雨日，冷湖、且末、吐鲁番等地的年雨日是 10～12 天，是全国雨日最少的地方。四川西部和贵州高原的年雨日最多，雅安 219.4 天，毕节 210.3 天，镇雄 232.1 天，峨眉山更高达 264 天，是全国雨日最多的地方。由于地形影响，山上比山下雨日明显增多，峨眉山年雨日比山下的多 80 天。华南沿海与长江中下游年雨日在 120～140 天，秦岭、淮河一带为 100～120 天，华北与东北为 75～100 天。

降水变率

中国季风性降水不大稳定，具有较大的年变率。这是由于大部分地区的降水属于锋面雨，东南沿海台风占有较大的比重，华北与新疆北部秋、冬季节降水与寒潮关系较大，因而降水是气象要素中最活跃多变的要素。中国各地年降水变率的基本特点是：降水量多的地区变率小，反之则大；气旋雨、地形雨为主的地区变率小，而稳定性较小的台风雨地区变率较大。中国东半部北纬 30°以南地区变率最小，大部在 10%～15%。这里纬度低、距海近，受热带海洋气团、赤道气团的影响，尤以夏半年活跃，所以降水的可靠性较大。

但从钱塘江口经福建沿海至雷州半岛一带和台湾海峡，地处气旋活动路径之外，冬季降水依靠寒潮，夏季降水主要来源于台风，所以年变率在 15% 以上。北纬 30°以北，年变率随纬度增高而变大，至华北地区，由于夏季以外的降水不可靠，故变率高达 30%～35%。东北地区纬度虽高，但接近海洋，水汽来源较多，气旋活动频繁，因而降水比较稳定，东北平原变率为 15%～20%，长白山地和小兴安岭降至 10%～15%。西南季风比较稳定，因而受其影响的地区，降水变率较小，哀牢山以西年变率小于 10%，为全国最小变率区。西藏高原降水变率为 10%～20%。新疆内流区高达 30%～50%，是中国变率最大地区。

降水强度

中国各地降水最大强度一般发生在夏季，往往一个月的降水量可占全年降水量的 1/4，甚至一半，而一个月的降水量又往往由几次大的降水过程所决定，这种情况华北等地最为显著。而东南沿海一带，降水最大强度一般与台风侵袭有关。在江淮一带梅雨期间，也常常出现暴雨，甚至大暴雨。中国东部和南部地区，最大日降水量一般都超过 100 毫米，有的甚至达 200 毫米以上。一般情况下，5、6 月最大降水多发生在长江以南，鄱阳湖盆地及其周围地区是一个范围较广的暴雨中心，湖北清江、湖南澧水、北江上游和桂北山地也是暴雨中心，它们都和气旋活动有关。7 月最大降水主要发生在长江北岸到黄河中下游平原，以及大巴山、巫山以东的江汉平原，暴雨中心在岷江中游、大别山、伏牛山、太行山、大巴山，以及山东丘陵和燕山南麓。东南沿海受台风影响较大，最大降水强度也可发生在 8 ~ 10 月。台湾地区是中国降水强度最大的地区。

湿润程度

湿润程度是降水量与可能蒸发量的比值，其倒数称为干燥度指数。中国干燥度指数的分布，秦岭—淮河一线以南均 ≤ 1.0，属于湿润气候。该线向北逐渐增大。东北与华北大部在 1.0 ~ 1.5 之间，属于半湿润气候。内蒙古为 1.5 ~ 4.0，属于半干旱至干旱气候。贺兰山以西都超过 4.0，属荒漠气候。江浙地区、两湖平原是最湿润地区，尤以冬、春两季最甚，秋季较干；东南沿海也较湿润，以 5、6 月最湿，10、11 月较干；西南地区最湿月出现在春季；西藏全年水分盈亏量不大，年变幅不足 100 毫米；而新疆荒漠区，全年都是亏水月，仅天山北麓的乌鲁木齐、伊宁等地冬季有一定量降水。此外，东北中部及西部、华北和内蒙古，夏季是湿月，4、5 月最干。

流域和水系

流域概况

中国河流的流域包括外流流域和内流流域两大部分。外流流域有太平洋流域、印度洋流域和北冰洋流域，总面积达 6114728 平方千米，约占中国领土面积的 63.97%。内流流域主要位于蒙新干旱地区和青藏高原内部，面积为 3444642 平方千米，约占中国领土总面积的 36.03%。中国内、外流流域的主要分界线，北起大兴安岭西麓，经内蒙古高原南缘、阴山山脉、贺兰山、祁连山、日月山、巴颜喀拉山、念青唐古拉山和冈底斯山，止于西端

国界。此线以东，除鄂尔多斯高原、松嫩平原以及雅鲁藏布江南侧羊卓雍湖地区有面积不大的内流区外，其余均属外流流域；此线以西，除新疆西北角的额尔齐斯河流域区外，其余属内流流域。内流流域的分水界以昆仑山和可可西里山一线最为明显，该线以南为西藏内流区。内蒙古内流区与西北内流区的分水界在地形起伏不明显的平坦戈壁上。

中国的外流河主要发源于：青藏高原的东、南缘；大兴安岭—冀晋山地—豫西山地—云贵高原一线；长白山地—山东丘陵—东南沿海丘陵山地一线。发源于青藏高原东、南缘的河流，大都是源远流长的大河，如长江、黄河、澜沧江、怒江、雅鲁藏布江等，它们构成了亚洲东南部河网的骨架。发源于大兴安岭—冀晋山地—豫西山地—云贵高原一线的河流，主要有黑龙江、辽河、海河、淮河、珠江的上源西江和元江等，它们亦为中国大河，但除黑龙江外，长度和水量都不及前者。发源于长白山地—山东丘陵—东南沿海丘陵山地一线的河流，主要有图们江、鸭绿江、沂河、钱塘江、瓯江、闽江、九龙江、韩江，以及珠江水系的支流东江和北江等，它们的源地离海较近，大多独流入海，长度和流域面积远较以上河流小，但因位于中国降水充沛的地带，所以水量都很丰富。

水系

中国水系的分布很不均匀，东部季风区，河流多而长，河网密度大。中国西北地区和藏北高原内流流域内，河流少而小，且多单独流入盆地。中国河流一部分注入海洋，另一部分流

入封闭的湖沼或消失于沙漠。中国的内流河，主要分布在西北内陆，内流河大部分是季节性河流。塔里木河是中国最大的内流河，河水补给主要来自天山、昆仑山等高山的冰雪融水。在中国外流流域中，受西高东低的地势影响，大部分河流自西向东，最后注入太平洋。太平洋流域面积约占全国总面积的56.7%，中国主要的大河，如黑龙江、海河、黄河、淮河、长江、珠江等均属这一流域。印度洋流域的面积居第二位，约占全国总面积的6.5%。这一流域的河流主要有怒江、雅鲁藏布江和印度河等，这些河流流经南亚各国注入印度洋。北冰洋流域面积只占全国总面积的0.5%，新疆维吾尔自治区境内的额尔齐斯河流经俄罗斯注入北冰洋。

河网结构

中国自然地理结构复杂，河网结构具有多种不同形式。山地面积很广，树枝状河网纵横交错，如长江、西江等大河的中上游以及一些山地河流。长白山地、东南沿海丘陵以及横断山区的河流，受断层线控制，往往形成格子状河网，如鸭绿江、瓯江及川西、滇北的河流。长江、珠江等大河的三角洲，河道纵横，为网状结构。东北平原和华北平原的河流多成线状结构。中国台湾地区和海南岛的河流具辐射状结构。此外，还有扇状河网，如闽江、海河、嘉陵江等，以及羽状河网，如乌苏里江、滦河、湘江、乌江等。中国内流流域的河流，在山区上游河网较密，形成梳状河网，其下游往往消失在沙漠或戈壁中。西藏内流区的河流往往与洼地湖泊相连，由山岭分割成无数的小流域，形成特殊的河网结构。

河网密度

中国河网密度的地区变化很大，总趋势是从东南向西北逐渐减小，与径流量的地域分布大致相对应。外流区的河网密度较大，大都在0.5千米／千米^{2}以上，山区在0.7千米／千米^{2}以上。长江三角洲和珠江三角洲的河网密度高达1～2千米／千米^{2}以上，杭嘉湖平原甚至高达12.7千米／千米^2，是中国河网密度最大的区域，显然这与人类活动有着密切关系。云贵高原和四川盆地雨量稍少，云贵高原又有大面积岩溶地貌分布，故河网密度都较小，除成都平原外，大都在0.5千米／平方千米以下。在秦岭—淮河以北，渤海滨海低地和东北三江低地的河网密度为0.3～0.5千米／千米^2，其余大部分地区在0.3千米／千米^{2}以下。内流区的河网密度，山区往往高达0.1～0.5千米／千米^2，但至山麓地带河网密度立即减小。内蒙古高原、塔里木盆地等是中国河网密度最小的区域，均在0.05千米／千米^{2}以下。西藏内流区的河网密度为0.1～0.3千米／千米^2，东部稍高于西部。

河川径流的主要特征

中国地表径流的形成、分布和变化，主要受气候和地形的影响，人类改造自然的活动影响也不可忽视。各地河川径流均具有一定的区域特性，彼此不尽相同。概括地说，中国河川径流的主要特征是：径流资源地区分布很不均匀；径流的季节分配和年际变化深受东亚季风气候影响，变率较大；地表水流侵蚀强烈，多数河川固体径流较多。

河川径流量

中国河川平均径流总量达 27115 亿立方米，仅次于巴西、俄罗斯、加拿大、美国和印度尼西亚，居世界第六位。中国河川径流资源的地区分布很不均匀。外流区面积约占全国总面积的 64%，其径流量占全国总量的 95.65%，而内流区面积约占全国总面积的 36%，径流量仅占全国总量的 4.35%。外流区内，长江流域径流资源最丰富，约占全国总量的 37%。其次是广东、广西沿海各河流域，约占全国总量的 17.2%。藏南、西南地区和浙闽沿海各河流域的径流量各占全国总量的 8% 左右。其余各地区径流量很少，其中黄河流域面积约占全国的 7.8%，但径流量仅占全国总量的 2.6%。

[长江] 长江是中国的第一大河，也是世界著名大河之一，它全长 6300 千米，流域面积 180 余万平方千米，占中国陆地总面积的近五分之一。长江支流众多，构成庞大的水系。由于长江流域面积广大，而且又处于中国亚热带季风区，降水充沛，所以水量十分充足。长江的流域面积只比黄河大 1.5 倍，其径流量（约 10000 亿立方米）却相当于黄河实际径流量的 20 倍。就径流量而言，长江仅次于南美洲的亚马孙河和非洲的刚果河，居世界第三位。长江的水量主要来自上游和中游，占总径流量的 90% 以上。

[珠江] 珠江是中国南方的大河之一，流域面积为 44.2 万多平方千米，约为长江的 1/4，但因处于中国降水最丰沛地区，径流量高达 3380 亿立方米，约占全国径流总量的 12.5%，接近于长江径流量的 1/3，为黄河的 7 倍左右，在中国河流中居第二位。

[黑龙江] 黑龙江以其与乌苏里江合流处以上河段计算，中、俄两国境内黑龙江的流域面积为 162 万平方千米，支流有 200 余条，其中以松花江为最大。黑龙江的径流总量为 2709 亿立方米，居中国河流径流量第三位。

[雅鲁藏布江] 雅鲁藏布江径流总量为 1167 亿立方米，居全国第四位。

[黄河] 黄河全长 5464 千米，流域面积 75.2 余万平方千米，为中国第二大河，也是世界著名大河之一。但因其大部径流在半干旱地区，地表产水量少，径流相当贫乏，径流总量只有 480 亿立方米，在中国大河中居第八位。目前黄河的灌溉面积已达 5000 万亩，多年平均灌溉用水量约为 90 多亿立方米。黄河的水量有 90% 来自上、中游地区，大约有 50% 的水量来自兰州以上的上游流域。黄河中游包头至陕县段，流经黄土高原，接纳了许多支流，流域面积增加 44%，但水量只增加 32%。陕县以下的下游段，河床高出平地，不但没有支流注入，反而向两岸渗漏，水量逐渐减少。

水量平衡

中国地域辽阔，各地区的自然条件复杂，因此水量平衡在地区上的变化很大。在北纬 30° 左右的长江中下游一带，年径流量与年蒸发量各占一半，即一半左右的降水形成了径流；长江以南，径流量超过蒸发量，山区尤为显著；长江以北，蒸发量超过径流量，愈往内陆蒸发所占比例愈大；长城以北和贺兰山以西，降水几乎全部蒸发，地表径流极为贫乏，尤其是塔里木等极端干旱的内陆盆地，地表径流几乎为零。

径流深度

在中国年平均径流深度图上，50毫米和200毫米等深线是中国水文地理上两条重要的分界线。50毫米径流等深线，与400毫米降水等值线相近，即自东北的海拉尔起，经齐齐哈尔、哈尔滨、赤峰、张家口、延安、兰州、黄河沿线，止于西藏南部，从东北向西南斜贯全国。这条线把中国分为东西两部分，东部湿润，径流丰富，基本上为农业区；西部干旱，径流很少，主要为农牧区。200毫米径流等深线，大致相当于800毫米降水等值线，即淮河—秦岭一线。此线以南以种植水稻为主，以北以旱作为主。

[东南沿海丘陵和台湾山地] 本区是中国地表径流最丰富的地区，径流深大都在1000毫米以上。浙闽沿海丘陵山地的迎风坡一般都在1200～1400毫米。台湾山地迎风坡大都在2000毫米以上，其中大屯山区超过4000毫米，为全国之冠。但浙闽沿海平原和山间盆地及台湾西部平原地区，地形不利于降水形成，径流深一般仅700～800毫米。

[南岭以南和海南岛地区] 本区地表径流也非常丰富，山地径流量均在1400～1600毫米，其中广西十万大山中心区可高达2000毫米。但沿海平原和谷地，如珠江三角洲、雷州半岛、海南岛西北部等地，径流深一般都不足800毫米。

[江南丘陵] 本区地形崎岖，成雨机会多，而且红、黄壤透水性差，故地表径流也相当丰富。山地是高径流区，如武陵山、雪峰山、九岭山、幕阜山、井冈山等多雨中心的径流深均在1000～1200毫米。其间的平原和盆地是低径流区，如鄱阳湖盆地和赣江中下游平原径流深不足700毫米，洞庭湖盆地和湘江中下游平原仅400～500毫米。

[四川盆地] 本区地形复杂，径流深的地区差别很大。盆地中的东部平行岭谷区径流深超过600毫米，盆地中心部分只有300毫米，其余大都在500毫米以下。盆地周围的山地径流深均达1000～1200毫米，峨眉山和雅安附近高达1600毫米以上。

[云贵高原] 本区西部和南部边缘山地是高径流区，径流深达1000～1800毫米，但背风谷地仅300～400毫米。贵州高原除西部盘县一带山地径流深可超过1000毫米外，其他地区为400～600毫米。云南中部及东部岩溶区是明显的低径流区，径流深不足200毫米，是长江以南径流深最小的区域。

[华北地区] 本区径流深呈现明显的经向分布规律。沿海的山东丘陵径流深在200～300毫米。华北平原降水少，蒸发旺盛，土壤透水性好。自黄淮平原向海河平原，径流深从200毫米降至50毫米以下，最低地区尚不足25毫米。燕山山地成雨条件较为有利，植被稀疏，径流深大都在100毫米以上，迎风地带可高达300～400毫米。黄土高原距海较远，降水少，蒸发强，黄土质地疏松，渗透性强，故径流深多数在50毫米以下。

[东北地区] 本区径流分布规律与华北大致相似。东部的长白山地径

流深一般在 300～500 毫米，鸭绿江中下游的山地达 700 毫米以上。小兴安岭降水较少，径流深降至 200 毫米左右。大兴安岭径流深地区差别很大，北部降水稍少，蒸发较弱，且存在岛状冻土，阻止径流下渗，径流深约在 150～200 毫米；南部已属半干旱地区，降水少，蒸发强，径流深只有 50 毫米左右。东北区的平原低地是低径流区，如三江平原沼泽区，地表径流大多消失在水泡子中，使蒸发量增大，径流深一般在 150 毫米以下。嫩江下游沼泽区则不足 25 毫米。

[内蒙古高原] 本区距海甚远，气候干燥，大面积草地阻截地面水流，增加集水面积上的蒸发，加上各类植物叶面的蒸腾，径流的补给条件变差，因此径流深均在 25 毫米以下，并有大面积无流区，尤其是贺兰山以西的阿拉善地区全无表流产生。

[新疆] 本区位于亚欧大陆中心，气候干燥，径流贫乏。戈壁荒漠雨量极少，而且几乎全部蒸发，径流深大都在 10 毫米以下，哈密盆地只有 8.5 毫米。塔里木盆地和准噶尔盆地中的沙漠地区终年无径流。伊犁河流因受西来水汽的影响，径流深为 343 毫米。山地有利于降水的形成，并有冰雪融水补给，径流比较丰富。阿尔泰山区径流深高达 750 毫米，天山一般在 200～300 毫米，昆仑山区比较干旱，径流深在 50～100 毫米。

[西藏] 本区径流深自东南向西北递减，藏东南雅鲁藏布江自大拐弯处直至国境一带，西南季风带来大量降水，汇流坡度又大，径流深可达

1000～2000 毫米。戴林、巴昔卡一带多年平均降水量高达 5000 毫米左右，径流深约 3500 毫米，是中国径流深度最大的地区。雅鲁藏布江中上游谷地，处于喜马拉雅山北侧雨影区，降水向上游逐渐减少，径流深在 100～300 毫米。自黄河、长江的源头到青海省南部，径流深自北而南增加，为 50～300 毫米。藏北高原海拔在 4500 米以上，四周受高山阻挡，降水稀少，气候干寒，河床浅平，局部低洼处潴水成湖，径流形成条件较差，径流深在 25 毫米以下。

河流补给来源

[雨水补给] 雨水补给是中国广大地区，尤其是东南半壁河流补给的一种主要形式。在浙闽丘陵山地、四川盆地和黄淮海平原等地，雨水补给可占年径流量的 80%～90%。云贵高原占 60%～70%。东北区和黄土高原一般占 50%～60%。西北内陆地区，因气候干燥、降水稀少，一般只占 50%～30%。中国大部分地区为东亚季风气候区，降水量的年内分配很不均匀，集中在夏、秋两季，因而洪水区大都发生在 5～10 月，枯水期出现于 1～2 月，丰、枯水量相差悬殊。如长江夏、秋季的径流量约占年径流量的 70%～80%，冬、春两季只占 20%～30%。在河流以雨水补给为主的地区，夏季的大暴雨往往造成峰高、量大的全流域特大洪水。

[冰雪融水补给] 冰雪融水补给主要作用在中国东北、西北和藏北高原的河流。东北河流的冰雪融水补给主要是季节性积雪融水补给，补给量占年径流量的 10%～15%，主要发生

在春季，并形成春汛。藏北高原和西北区河流的冰雪融水补给，主要是指高山地区的永久积雪或冰川融水补给。藏北高原有些河流的冰雪融水补给量可占年径流量的60%以上，西北地区的占40%～50%。以冰雪融水补给为主的河流，汛期出现在气温最高的7、8月份，6、9月份次之；枯水期出现在气温最低的冬季。径流的年内变化远较雨水补给的河流小。

[地下水补给] 地下水补给是中国河流补给的一种普遍形式，几乎所有河流都有一定数量的地下水补给。长江以南，除四川盆地和浙闽沿海丘陵地区地下水补给量占不到年径流量的10%～20%外，其余大部分占20%～30%。西南岩溶地区地下水补给丰富，可达30%～40%。黄淮海平原不及20%，山东丘陵占20%～30%。黄土高原沟壑区河床切割深，地下水补给可占40%～50%，无定河中上游高达60%。内蒙古一般在20%以下。藏北高原宽谷盆地内一般占50%～60%。西北地区山麓洪积、冲积扇地带，地下水补给普遍高达50%～60%。以地下水补给为主的河流，水量的年内分配比较均匀。

河流含沙量

中国河流众多，地表切割较甚，降水集中、多暴雨，加上历史上人类活动对天然植被的破坏，以致地表侵蚀强烈，河川固体径流较多。

[黄河] 黄河不仅含沙量高，而且输沙量也很大，约占中国东部外流区河流总输沙量的61.5%。黄河泥沙的来源，在地区上很不均衡，其中大部分来自黄土高原地区。在河口镇以上（即黄河上游），黄河的年平均输沙量仅有1.4亿吨，占黄河总输沙量的8.8%；河口镇至龙门区间的年输沙量达8.8亿吨，占黄河总输沙量的55%；龙门至潼关区间的年输沙量为5.8亿吨，占黄河总输沙量的36.2%。黄河泥沙的另一个特点，是季节分配高度集中。由于水土流失主要受暴雨的影响，因此泥沙主要集中于汛期几个月，而这几个月内又集中于几场暴雨。同时，黄河输沙量的年际变化也很大。年输沙量最多的年份与最少的年份相差几乎可达10倍，这在世界大河中也是罕见的。这不但与陕、晋黄土高原区降水量年变化率很大有密切关系，也与黄土高原地面组成物质疏松、植被覆盖差有关。由此可见，河流水文情况受流域自然地理条件的制约，能明显地反映流域的自然地理特征。

[辽河和华北各河] 辽河的含沙量为3.6千克／米^3，辽河上源老哈河高达90千克／米^3；华北的滦河含沙量为3.96千克／米^3。永定河官厅站在官厅水库修建前，含沙量高达60.9千克／米^3，都属含沙量较大的河流。

[长江流域各河] 长江流域各河的含沙量相对较小，除金沙江中游、嘉陵江中上游和汉江在1～10千克／米^{3}外，多数河流在1千克／米^{3}以下，上游各支流大多为0.5～1.0千克／米^3，中下游各支流只有0.2千克／米^{3}左右。长江大通站的多年平均含沙量为0.53千克／米^3。尽管长江的平均含沙量不及华北诸河，但其水量浩大，年输沙量有4.68亿吨，仅次于黄河。由于多年来在长江中上游山区盲目垦荒

和砍伐林木，致使水土流失加剧，长江的含沙量也随之增高。因此，在长江流域，尤其是在其中、上游地区进行植树造林，绿化荒山，防止水土流失，已成为刻不容缓的任务。

[浙闽沿海、珠江流域以及西南各河] 这些河流的含沙量很小，一般在0.3千克／米^{3}以下。中国南方河流含沙量虽然不高，但因流量丰富，因此输沙量也很多。如珠江（以西江为代表），输沙量仅次于黄河、长江和海河（以永定河为代表），居全国第四位。

[东北地区河流] 东北地区分布着茂密的森林和草原，加之气候冷湿，结冰期较长，河流含沙量都很低。如松花江为0.16千克／米^3；黑龙江更小，只有0.02～0.05千克／米^3，与黄河相比，相差200多倍。

[西北干旱区河流] 西北干旱区一般河流的含沙量只有0.1～0.5千克／米^3，其中以地下水补给为主的河流含沙量最低，高山冰雪融水补给为主的河流次之。由暴雨形成的临时性河流的含沙量最高，甚至可发生泥石流。

[天山南坡和昆仑山北坡的河流] 天山南坡和昆仑山北坡的河流含沙量最高。天山南坡的库车河兰干站，1958年的平均含沙量达28千克／米^3，输沙率为228千克／秒，年输沙量达720万吨。昆仑山北坡以叶尔羌河为代表，多年平均含沙量为4.56千克／米^3，年输沙量2910万吨。

[西藏河流] 西藏河流的含沙量一般不高，大都在0.5千克／米^{3}以下。如藏南宽谷中的雅鲁藏布江，含沙量也只有0.529千克／米^3，输沙量也比较小。

湖泊

中国湖泊分布甚广，总面积75610平方千米，总贮水量约7510亿立方米。面积在1平方千米以上的湖泊，全国共有2000余个，面积超过1000平方千米的大湖有12个。

东部的淡水湖泊

中国东部地区的湖泊，大都是吞吐性的淡水湖泊，含盐度一般在1‰以下。湖盆浅平，平均水深一般在4米以内。其中，属于河迹湖、牛轭湖的如长江沿岸的湖泊；属于海迹湖的如华北平原的七里海等；属于洼地湖的如华北平原的白洋淀、文安洼，淮河中游的城东湖、城西湖、瓦埠湖等。还有一些湖泊，其形成与构造运动的沉陷或断裂有关，如洞庭湖、鄱阳湖，云南的滇池、洱海、抚仙湖等。中国

青海湖鸟岛

东部淡水湖泊分布最密集的地区是长江中下游的干、支流沿岸，大小湖泊共有1200余个，其中较大的有鄱阳湖、洞庭湖、太湖、洪泽湖和巢湖，为中国著名的五大淡水湖泊。中国东部的湖泊，许多与河流相通，对江河洪水

有巨大的调蓄作用。如鄱阳湖可削减江西境内赣、修、饶、信、抚等五河来洪量的 15% ~ 30%；洞庭湖不仅承纳湘、资、沅、澧四水的全部水量，还能分蓄长江四口——松滋、太平、藕池、调弦的来水，从而减轻了洪水对长江的威胁；淮河中游及海河平原上的一些洼地湖泊，也都是良好的蓄洪区。此外，中国东部地区还有若干火山湖，如长白山的天池（中、朝界湖）和雷州半岛的湖光岩等。贵州高原上还有一些石灰岩溶蚀湖，如草海等。

西北干旱区的内陆湖泊

中国西北干旱区的湖泊大都是河流尾闾汇集于洼地而成的内陆湖。由于气候干燥，蒸发强烈，湖水矿化度高，多为咸水湖或盐湖。如内蒙古的吉兰泰盐湖，柴达木盆地的察尔汗盐湖、茶卡盐湖等都是著名的产盐湖泊。内蒙古东部的呼伦湖是内蒙古草原最大的微咸水湖，夏季水位升高时，湖水可流出注入海拉尔河。还有一些湖泊，其形成与构造断陷作用有关，如阿尔泰山西南麓的布伦托海、天山北麓的艾比湖以及天山南麓的博斯腾湖、吐鲁番盆地的艾丁湖等。

青藏高原的湖泊

青藏高原是中国湖泊分布集中的地区之一，湖泊面积达 30974 平方千米，约占全国湖泊总面积的 38.4%。主要分布在喜马拉雅山以北的藏南高原及冈底斯山、念青唐古拉山以北与昆仑山脉之间的藏北羌塘高原上。青藏高原上较大的湖泊大多由冰川作用或泥石流阻塞而成。除藏东南外流湖泊为淡水湖外，绝大多数为内陆咸水湖或半咸水湖。高原

上最大的湖泊是青海湖，面积 4635 平方千米，最大水深 28.7 米，湖水平均矿化度 12.49 克／升，是中国内陆第一大湖，也是中国最大的咸水湖泊。此外，还有纳木错、色林错、扎日南木错、班公错、羊卓雍错等。

沼泽

沼泽是一种特殊的自然生态体系。据初步估算，中国沼泽面积约 11 万平方千米（约合 1.65 亿亩），占全国总面积的 1.15%。中国的沼泽可分成泥炭沼泽和潜育沼泽两种主要类型。泥炭沼泽分布不广，泥炭层积累不厚，多为几十厘米或 1 米左右。潜育沼泽分布较广，这类沼泽地表长期过湿或有薄层积水，土层严重潜育化，有较厚的草根层，但无泥炭积累。

东北沼泽区

东北地区气候冷湿，蒸发量少，永久性和季节性冻土层广泛分布，地表排水不畅，形成了大面积的沼泽，总计 5000 万亩，占全国沼泽总面积的 30.3%。本区沼泽主要集中于三江平原，这里处于新构造运动的沉降地带，地势低洼，地表又有较厚的黏土和亚黏土层，因此特别有利于沼泽的发育，沼泽集中连片，大部分为草本潜育沼泽。在大小兴安岭的缓坡和较平坦分水岭、长白山区的沟谷和海拔 800 米以上的熔岩台地上，沼泽分布也很广泛，它们大都属泥炭沼泽，泥炭层厚度可达 1 米左右。此外，在嫩江、松花江中上游干、支流的河滩和低阶地上，也分布有大片的草本泥炭沼泽。

青藏高原沼泽区

青藏高原东部冷湿的水热状况、

神农架原始森林

和缓地形及冻土层，为沼泽的形成发育提供了有利条件。此区沼泽分布甚广，如黄河上源星宿海、长江上源旋马滩等，草本泥炭沼泽都发育良好。在海拔4500米以上的那曲地区，沼泽面积约1165万亩，主要分布在河漫滩、阶地、湖滨、扇缘洼地等排水不良地段。四川西北部海拔在3400米以上的若尔盖草原，沼泽分布也很集中，面积约400多万亩，含有大量泥炭，厚度在2～3米，厚度可达9～10米。藏北羌塘高原，海拔高，气候寒冷，也是沼泽分布比较集中的地区。

沿海沼泽区

中国辽宁、河北、山东的渤海湾沿岸，以及钱塘江口以北的沿海新淤滩都有大片草本潜育沼泽分布。因受海潮作用，它们均属盐化沼泽类型。钱塘江口以南沿海，尤其是广东沿海一带及中国台湾西部，也有零星沼泽分布。珠江三角洲河网地区与河口地区，多数沼泽地已改造为水稻田和鱼塘，成为富庶的鱼米蚕桑之乡。

西北沼泽区

中国西北干旱区内陆河流的尾闾地带，由于洪水汇注和地下水汇集，常分布有内陆盐沼泽。柴达木盆地东部的盐沼泽面积达1650万亩。新疆天山北麓的伊犁河、玛纳斯河、奎屯河等河流的中上游，南麓的开都河、博斯腾湖滨以及塔里木河沿河洼地等，也有大面积的泥炭沼泽分布。

植被与土壤

植物种属丰富

中国是世界上植物种属非常丰富的国家之一。北半球所有的自然植被类型在中国几乎都可见到。中国种子植物总计约有301科、2980属、24500余种。与世界上植物种属丰富的国家比较，仅次于巴西和印度尼西亚，居世界第三位。仅云南一省的植物种数，就有12000种，是整个欧洲植物的种数。若以森林树种而言，中国亦有2800种之多。世界上现有被子植物的木本属中，95%可见于中国。中国古遗留种属和特有种属计有72种、190个属，如珙桐科、杜仲科、钟萼树科（单科一属一种）等，金钱松、香果树等，以及被称为世界三大"活化石"的银杏、水杉和鹅掌楸；世界现存裸子植物11个科，除南洋杉科外，中国都有分布；中国是全球竹类起源中心之一，计有竹类300多种。上述三类居世界第一位。中国植被类型复杂多样，在森林植被中有针叶林、落叶阔叶林、常绿阔叶林、热带季雨林和它们之间的过渡类型；局部地区出现热带稀树草原类型；在草原植被中有温带森林草原、温带草原、高山草甸草原等；在荒漠植被中有干旱荒漠和高寒荒漠。隐域性植被类型中如盐生植被、草甸植被、沼泽植被等，在中国均有分布。

土壤发育古老

中国境内除极地苔原土、热带黑土和热带荒漠土之外，世界上各主要土壤类型都有分布，而且具有中国特色。中国北方草甸草原植被下发育的黑土与黑钙土，就有特殊草甸化过程，较北半球其他地区的草原黑钙土，有着更高的肥力。中国南方的砖红壤，富铝化作用不如世界其他热带地区那样强，肥力较高。此外，如四川盆地的紫色土、黄土高原的黑垆土等，都是在中国特有环境下发育的土壤类型。中国境内土壤的形成过程年代十分久远。特别是亚热带和热带地区，迄今还保存着第三纪的风化壳和古土壤，在古代富铝化酸性风化产物及现代土壤作用过程下，红壤、黄壤与砖红壤分布甚广。就是中国北方的黑土、棕壤、褐色土等，也有不同程度的黏化。所有这一切，都说明中国土壤发育古老。

植被与土壤的水平分布

中国植被与土壤的水平分布受季风和地形影响，从东南向西北依次出现森林、草原、荒漠三大基本区域。大致从大兴安岭经黄土高原东南边缘到横断山脉，迄于藏南，此线以东为森林区域，以西为草原和高山灌丛草甸、草原区域，从内蒙古自治区中部向西南到青藏高原西部，此线以西为荒漠区域。

森林

中国东部的森林区域约占全国总面积的二分之一，该区雨量丰沛，植被—土壤的变化主要受热量的控制，从北到南具有明显的纬度地带性。大兴安岭北部为寒温带落叶针叶林，主要为兴安落叶松林。自此向南，随着热量的递增，依次有：温带以槭、椴、桦为主的落叶阔叶林、红松混交林，暖温带以辽东栎为主的落叶阔叶林，亚热带以槠、栲、樟为主的常绿阔叶林，热带的有许多热带典型乔木（木棉、龙脑香、蝴蝶树、青梅等）的季雨林等。土壤的分布也主要与气候有关。东部森林区域在排水良好的情况下，土壤中的可溶性盐类（盐、石灰、石膏）易被淋溶，形成各类酸性的森林土。从北到南与上述植被带相适应，依次出现棕色针叶林土、暗棕壤、棕壤、红壤、黄壤、砖红壤等。

平原

东部地势比较平坦，除东西走向的秦岭山脉成为暖温带落叶阔叶林区和亚热带常绿阔叶林区的分界线以外，在平原上，植被—土壤都是逐渐过渡的，因而出现很多的过渡类型。亚热带就是温带与热带间的过渡类型，在中国东部占有很大的面积。

荒漠

秦岭—淮河以北，自东向西降水逐渐减少，植被—土壤随之发生有规律地递变，经度地带性规律明显，植被依次为森林、森林草原、草原、半荒漠和荒漠。由于降水渐少，土壤中的盐分、石膏虽被淋溶，但石灰仍保存在各层中，依次有黑钙土、黑垆土、栗钙土等各类草原土。到最西部的荒漠地区，土壤中的石灰、石膏都保存在表土内或接近表土，出现了各类荒漠土，即灰棕漠土、棕漠土和高寒漠土。其中，荒漠面积广大是中国植被—

土壤分布的一个显著特点。中国西部位于亚欧大陆中心，极端干旱是由于其地势极高、降水极少两个因素造成的，高寒荒漠成为世界上植被—土壤的一个独特类型。

植被与土壤的垂直分布

中国是一个多山的国家，山地植被—土壤类型十分丰富，其分布服从于垂直地带性规律，它们也深受纬度和经度的影响，与水平地带分布规律有密切联系。在一定的水平地带内，山地随着海拔高度上升，形成一系列植被—土壤类型，构成垂直带谱。由于山地水热条件的特殊性，山地植被—土壤类型和与其相当的水平地带植被—土壤类型有所不同。一般来说，山地植被—土壤垂直带谱的结构既随水平地带不同而有不同，也随山地的高度和坡向不同而有差异。因此，山地植被—土壤垂直带谱十分复杂，可根据基带的水热情况分成若干类型，如热带湿润地区、热带半干旱地区、温带湿润地区、温带干旱地区等类型，它们的垂直带谱结构各具特色。中国西北部山地，从山麓到山顶，随着高度的增加，气温逐渐降低，湿度增加，在一定的范围内还有较多的降水量。

荒漠上的植被

因此植被—土壤垂直带的变化，主要受湿润程度的影响，自下而上依次为荒漠、荒漠草原、山地灌木草原或草甸草原、森林、亚高山草甸，土壤则从荒漠土依次递变为山地栗钙土、山地黑钙土、山地灰褐色森林土、高山草甸土等。中国东部的山地，从山麓到山顶，湿度的增加不甚显著，垂直带谱结构的形成主要反映热量程度的改变，基本上以各种类型的森林为主。温带山地包括落叶阔叶林—棕壤、针叶落叶阔叶混交林—山地暗棕色森林土、冷杉云杉林—山地棕色针叶林土，山顶才有亚高山草甸—高山草甸土出现。亚热带山地下部为典型常绿阔叶林—红壤，混有杉木和竹林；高山山坡或中山上部为常绿阔叶与落叶阔叶混交林或含有常绿成分的落叶阔叶林或含有铁杉、柳杉等针叶林—山地黄棕壤；山顶出现南方杜鹃灌丛和中山草甸—山地灌丛草甸土。

热带湿润地区

本地区最有代表性的是海南岛五指山，最高海拔为 1867 米，植被垂直带自下到上都有热带科属植物成分，到 1800 米也没有亚热带的常绿阔叶与落叶阔叶混交林，而是出现了热带所特有的热带山地松林和常绿矮林。其土壤垂直带谱为：砖红壤—山地砖红壤性红壤—山地黄壤—山地灰化黄壤—山顶矮林草甸土。

热带亚热带地区

中国热带亚热带地区分别受到东亚季风和西南季风的影响，水热状况差异显著，以致山地垂直带谱结构明显不同。东部地区山地基带是湿性常绿阔叶林，分布上限一般为 800～1300 米；同纬度西部地区如横断山地，基带干热河谷环境下往往出现热带稀树草原，其上才是干性常绿阔叶林带，分布上限可达 2000～2500 米或更高。

青藏高原南缘的喜马拉雅山南坡

喜马拉雅山南坡受西南季风影响，且由于主脉山体的屏障，气候湿热，山前为热带季雨林和雨林，其垂直带谱结构的特点是各种森林植被及森林土壤发育，分布界限很高，完全没有草原植被及草原土壤，其表现为海洋性垂直带谱类型。

青藏高原北缘的祁连山

祁连山位于内陆荒漠区，受干燥气候的强烈影响，垂直带谱结构中山地草原及山地荒漠分布广泛，而森林植被及森林土壤很少，仅在阴坡呈片状分布，是内陆性垂直带谱类型。

隐域性植被与土壤的特征及分布

中国境内分布面积最广的隐域性植被与土壤，主要有草甸植被—草甸土、盐生植被—盐渍土、石灰岩植被—石灰土等，它们的地理分布虽受地下水、岩性、地表组成物质等非地带性因素的控制，但在形成发展过程中，仍不能脱离地带性因素的影响。

草甸植被

中国天然草甸在各地带内都有分布，多发育于河流三角洲平原、河漫滩或盆地内地势较低的地方，以及青藏高原的长江、黄河源地等。这里地下水水位比较浅，矿物质随地下水水流汇集，并通过毛管上升浸润土层，为中生草甸植物供应充足的水分。在地下水为淡水的情况下，草甸多已被开垦，草甸植被已为栽培植被，以水稻为代表。高寒地区则是优良的牧场，但草甸土还反映出不同的水平地带性特征。黑龙江省的草甸土有很高的有机质含量和深厚的腐殖质层（180～200 厘米），无碳酸盐；华北平原的浅色草甸土一般都含有碳酸盐，或多或少地发生盐渍化作用；长江北岸的草甸土含有碳酸盐，但除滨海地区外，不发生盐渍化；长江以南为无碳酸盐的中性草甸土；热带地区的草甸土不但没有盐渍化的特征，有时还呈酸性。在半干旱和干旱地区的湖滨、河边及局部洼地、地下水较浅之处，大都有盐生草甸分布，发育着草甸盐土。

盐生植被

中国的海岸线漫长，海边盐化沼泽植被也随热量变化有着纬度地带性特征。福州以北，沼泽内没有木本植物，只有香蒲、芦苇等草本植物。福州以南进入热带，海岸盐渍化沼泽上，断续地分布有红树林。由北向南，随着气温的增高，红树林的组成种类逐渐丰富，群落结构由简单变为复杂，高度由矮变高。在热带北部的福建沿海，红树林通常为高 0.5～2.0 米的灌木层，生长稀疏，组成种类只有 3～5 种。到热带南部的海南岛，即形成茂密的矮林，一般高 4～5 米，最高 10～15 米，组成种类增至 16～18 种。

石灰岩植被

石灰岩地区地表比较干旱，土层亦较薄，孕育着石灰性土壤如红色石灰土、黑色石灰土等。因石灰岩透水性强，形成较干燥的生态环境，故亚热带和热带石灰岩地区的森林多为喜钙的旱季落叶树种。局部地区因特别干燥，森林不能成长，也有一些原生石灰岩灌丛、矮林。

珍稀动植物种及保护

中国自然环境复杂，地理条件优越，丰富的植被类型中含有不少珍稀植物种属，在一定的植被条件下，为各类动物栖息、繁衍提供了有利的环境，其中含有若干珍稀或濒于灭绝的动物种。中国是世界上自然保护区类型和值得保护的珍稀动植物种丰富的国家之一。截至2007年底，中国已有各类自然保护区2531个，总面积15188万公顷（含海域600万公顷），约占中国陆地总面积的15.2%（不含海域所占的比例）。国家一级保护区303个，中国参加联合国人与生物圈保护区网的自然保护区26个，这些保护区在研究人类与环境关系、陆地生态平衡、古地理环境、拯救濒于灭绝的珍稀动植物种等方面都有着重要的意义。

自然资源

中国自然资源种类多，数量大，居世界各国前列，向来有"地大物博"之说。但是由于中国人口多，所以人均占有自然资源量并不多。这是中国自然资源国情的基本特征。中国自然资源地区分布很不平衡，以水、能源和矿产3种资源尤为突出。中国土地资源类型多样，但耕地、林地面积比重小，难利用土地面积比重大，后备土地资源不足。中国水资源丰富，河流总径流量达2.7万亿立方米，水力蕴藏量6.8亿千瓦，但水资源的分布不平衡，南方多，北方少。矿产资源方面，煤炭产量居世界第一，但已探明储量有近80%分布于中国北方，

石油探明储量98%在北方，天然气67%在四川。中国东、南部矿产资源储量较大，钨、锡、锑、锌、汞、铅等储量居世界前列。

土地资源

中国疆域辽阔，陆地领土面积约960万平方千米，占全球陆地面积的6.4%，居世界第三位。中国丰富的土地资源利用类型有两个显著的地理特色：一是海拔较高、起伏较大的山地所占的面积超过平地；二是土地资源利用类型以耕地为主，但土地资源结构形成草原多、耕地少、林地比例小、难利用土地比例大以及水土流失严重的特点。中国还有约3300万公顷的宜农荒地、6000多万公顷的草地草坡和9000多万公顷的宜林荒山、荒地和疏林地有待开发利用。中国的草原面积近4亿公顷，主要分布在海拔1000～5000米的高原上，属于温带半干旱地区。中国草原从东北到西南，绵延3000多千米。广阔的草原上分布着许多畜牧业基地。

水资源

中国河川径流总量为2.7万亿立方米，地下水资源为8700亿立方米。全国水资源总量为2.8万亿立方米。中国水资源的分布情况是南多北少，东多西少，空间分布不均，季节变化也很大。中国水能资源蕴藏量达6.8亿千瓦，可开发的水能装机容量约3.8亿千瓦，居世界第一位。其中以长江水系的水能蕴藏量为最多，其次为雅鲁藏布江水系。黄河水系和珠江水系也有较大的水能蕴藏量。目前，已开发利用的地区集中在长江、黄河和珠江的上游。中国河流多

分布在东部季风区内，夏季降水丰沛，冬季降水稀少，普遍具有丰、枯水期交替循环的特点。

能源资源

中国能源资源丰富。水力资源占世界总量的30%，蕴藏量达6.8亿千瓦，居世界第一位。煤炭地质储量约占世界煤炭地质总储量的12%，居世界第三位。石油和天然气资源丰富。从水力、煤炭、石油、天然气等常规能源的资源总量来看，中国是世界能源资源丰富的国家之一。煤炭是中国的主要能源。除常规能源外，中国的新能源，例如核能、太阳能、地热能、风能、潮汐能等亦有广阔的利用前景。中国的能源资源在地区上分布极不均衡，西部地区能源储藏丰富，经济发达地区的能源储藏极其贫乏。

矿产资源

中国是世界上为数不多的矿产资源种类较齐全、矿产自给程度较高的国家之一。一部分矿种的储量居世界前列或首位。中国已发现162个矿种，探明储量的矿种有148个。主要有：

能源矿产：煤、石油、天然气、油页岩、铀、钍等。

黑色金属矿产：铁、锰、铬、钒、钛等。

有色金属及贵金属矿产：铜、铅、锌、铝、钨、锡、镍、铋、钼、钴、汞、锑、金、银、铂等。

稀有元素、稀土和分散元素矿产：铌、钽、锂、铍、稀土族元素、锗、镓、铟、镉、硒、碲等。

冶金辅助原料：熔剂石灰岩、熔剂白云岩、硅石、菱镁矿、耐火黏土、萤石等。

化工原料：硫铁矿、自然硫、磷、钾盐、钾长石、明矾石、硼、芒硝、天然碱等。

建筑材料：云母、石棉、高岭土、石墨、石膏、滑石、水泥用原料、陶瓷黏土、大理石、玄武岩、珍珠岩、膨润土、刚玉、玉石、玛瑙、金刚石等。

中国的矿产资源分布相对集中，有利于大规模开采，如云南东川铜矿、个旧锡矿、贵州汞矿、华北地区的煤矿、鞍山的铁矿、新疆阿尔泰稀有金属矿等。但总体来说，中国的中低品位矿石中贫矿多，富矿少，而且人均占有量低于世界水平。

植物资源

中国幅员辽阔，地形复杂，气候多样，植被种类丰富，分布错综复杂。计有高等植物3.28万种，比欧洲还多。在东部季风区，有热带雨林、热带季雨林、南亚热带常绿阔叶林、北亚热带落叶阔叶和常绿阔叶混交林、温带落叶阔叶林、寒带针叶林及亚高山针叶林、温带森林草原等植被类型。在西北部和青藏高原地区，有半干旱草原、干旱草原、半荒漠草原灌丛、荒漠草原灌丛、高原寒漠、高山草原草甸灌丛等植被类型。有些植物如水杉、银杏等，世界上其他地区已经灭绝，成为残存于中国的"活化石"。从用途来说，主要有：药用植物4000多种；用材林木1000多种；油脂植物600多种；纤维植物500多种；果品植物300多种；蔬菜植物80余种。我国是世界上植物资源丰富的国家之一。

[森林资源] 中国森林面积约175万平方千米。由于各地自然条件的差异，加之植物种类繁多，森林植物和森林类

大熊猫

型极为丰富。但森林覆盖区相对较少，地区分布不均。东北地区是中国主要天然林区，也是中国第一大林区。这里多为针叶林及针阔叶混交林，经过采伐更新和植树造林，人工林的比重逐渐增加。青藏高原的东南部是中国的第二大林区，主要分布着亚高山针叶林和针阔叶混交林，这是长江的上游，森林涵养水源和保持水土的作用相当重要。南方山区面积大，气候条件好，中国的特有树种多产于此。华北地区林木散生，森林面积相对不大，需要大力保护和培育，从而改善气候条件，防止水土流失。此外还有华南的热带季雨林，西北地区的胡杨林、云杉林等。中国政府一直很重视植树造林、水土保持工作，在"三北"、南方山区培育了大面积的人工林。

[草原植被] 我国草原大约有45亿亩，其中可利用的草原面积约达33亿亩。草原可以分为天然草原和人工草原。我国天然草原大体可分为草甸草原、干旱草原和荒漠草原三种类型。草甸草原是由多年生禾草及根茎性禾草为主组成的草原植被，主要分布在东北三省、内蒙古东部及新疆部分地区。这里牧草种类多，生长旺盛，是良好的草场和牧场，适宜发展肉、乳牛和毛、肉兼用的细毛羊。干旱草原是以旱生的多年生草本植物为主组成的草原植被，主要分布在内蒙古中部，东北三省及西北山地、高原和青藏高原。本区水分条件较差，要注意在利用的同时保护好生态。荒漠草原是以非常稀疏的旱生多年草本植物为主组成的，主要分布在内蒙古西部、宁夏、甘肃、新疆等广大地区。我国人工草场建设发展很快，面积不断增加。此外，我国南方还分布着大面积的草山草坡。

动物资源

中国是世界上动物资源丰富的国家之一。中国陆栖脊椎动物约有2070种，占世界陆栖脊椎动物的9.8%。其中兽类400多种、鸟类1170多种、两栖爬行类184种。中国大陆的动物

我国农业区

我国农业的地域差异，首先表现为东、西部的不同，然后又体现在南、北之间的差异。根据彼此间的异同，我国农业区可以分为四大类。其一是东南水田农林区。本区包括长江中下游地区、华南地区及西南地区。这里人多地少，水热资源丰富，农、林、牧、副、渔业都比较发达，农业生产水平较高。其二是华北、东北旱田农业区。本区包括东北农业区、内蒙古及长城沿线农业区、黄淮海农业区和黄土高原农业区。这里作物多为旱田，是我国重要的小麦、杂粮、棉花、花生等产区及用材林、温带水果基地。其三是西北内陆农业区。本区包括青藏高原以北的新疆与甘肃、宁夏、内蒙古三个省区的西部地区，这里地广人稀、气候干燥，以沃洲农业和荒漠放牧业为主。其四是青藏高原农业区。本区包括西藏、青海大部、四川西部、云南西北部及甘肃小部，以农牧业为主。

区系分属于东洋界和古北界。长江中、下游流域以南属东洋界，为亚洲东部热带动物的现代分布中心地区。东北地区经秦岭以北的华北和内蒙古、新疆至青藏高原属古北界，为旧大陆寒温带动物的现代分布中心地区。由于中国东部地区地势平坦，缺乏自然阻隔，因而两大动物界呈现为广阔的过渡地带。中国海南和台湾两岛，动物类与大陆相似，但因地理环境孤立，有某些特有种和亚种的分化。另外，中国在第四纪以来，没有遭受广泛的大陆冰川覆盖，因而保存了一些比较古老或珍稀的动物种类，如大熊猫、金丝猴、白鳍豚、扬子鳄等。为保护这些野生动物及其生态环境，我国已建立了一系列自然保护区。

经济发展

中华人民共和国成立后，中国人民在 20 世纪初期战乱频繁、经济濒临破产的基础上开始了社会主义的建设事业，有计划地开展了以发展现代工业为主要内容的大规模经济建设。20 世纪 60 多年来，中国在"一穷二白"的基础上艰苦创业，建立了独立的、比较完整的工业体系和国民经济体系，实现了初步繁荣富强。进入 21 世纪后，国有大中型企业经过改革，企业效益和财政收入大幅提高，投资、消费和出口增长较快，农业基础设施建设进一步加强。国民经济整体实力快速增强，经济规模进一步扩大。2008 年国内生产总值为 300670 亿元，并保持着稳步增长，劳动就业情况得到改善。国际收支形势良好，外汇储备继续增加。

农业

中国疆域辽阔，大部分地区气候温暖，雨量充沛，土壤肥沃。中国土地资源类型多样，为农、林、牧、副、渔业的全面发展提供了有利条件。中华人民共和国成立后，经过 60 多年的建设和发展，全国农业（含林、牧、渔业）总产值从 20 世纪 50 年代初的 400 多亿元，提高到 2006 年的 4.2 万多亿元。经过农业生产结构调整，经济作物种植面积扩大，畜牧业、渔业生产稳步发展，植树造林取得新进展，农田水利建设进一步加强，随着农业机械化程度的不断提高，农业生产条件大大改善。但当前，仍然存在耕地、林地比重小，难利用土地比重大，后备土地资源不足等状况，对农业生产的发展有一定限制作用。

中国人口多而可耕地少，用占全世界 7% 的耕地养活了占全世界 1/5 的人口。合理利用每一寸土地是中国土地利用的基本国策。

工业

中国近代工业在 19 世纪中叶到 20 世纪 50 年代的百余年中，发展缓慢，结构不合理，技术水平低。到 1947 年，工业总产值占工农业总产值的 30%。新中国成立后，经过多年的工业基础建设，建立了钢铁、煤炭、石油、化学、机械、汽车、电力、纺织、核、航天、电子信息等工业门类，形成了一个比较完整的工业体系。20 世纪末，随着全球信息化步伐的加快，中国电子信息产业得到了迅速发展。

交通

中国近代交通始于 19 世纪中叶。

中华人民共和国成立前，中国极少有现代交通工具，交通运输业一直处于涣散状态。新中国成立后，随着工农业生产建设的发展，一个以北京为中心的四通八达的交通网络基本形成。20世纪90年代末，形成了一个以铁路为骨干，配合公路、水运、航空与管道等运输方式组成的统一运输网，极大地缓解了中国经济建设的交通"瓶颈"。截至2015年底，中国的铁路营运里程12.1万千米，内河航道通航里程12.7万千米，公路通车里程457.73万千米，民航里程786.6万千米。沿海万吨级及以上泊位2221个。交通运输的设施装备也有所改善。铁路复线率和电气化程度逐年提高，高等级公路通车里程占公路里程的比重逐年上升，民用航空机群也不断地扩大。随着经济的高速增长，中国交通运输业也得到了飞速发展。

旅游业

中国旅游业起步较晚，起点较低，20世纪80年代前，以外事接待为主，只具备产业雏形，不完全属于产业范畴。1978年之后，中国旅游业以其巨大的资源优势和国际市场积蓄多年的需求量一跃为中国国民经济中的重要产业，并成为国际旅游大舞台上异常活跃、极富生命力的新生力量。近几年来，旅游业发展势头强劲，2015年旅游总收入达3.42万亿元。

对外贸易

早在唐代、元代，中国就通过"丝绸之路"和海上运输，把陶瓷、茶叶、丝绸等商品源源不断地运到世界各地。到了近代，由于帝国主义的垄断、剥削，一度削弱、破坏了中国正常的对外贸易。中华人民共和国成立后，外国列强在中国的一切特权被废除，中国开始在平等互利的基础上，与各国政府和人民发展友好通商贸易关系。进入20世纪80年代，中国对外贸易体制改革和经济体制改革同步进行，中国的对外贸易也得到了飞速发展，进出口贸易额持续增长。2001年12月11日，中国正式加入WTO，融入世界经贸体系，为中国在国际市场创造了更多的商业机遇。

经济发展与环境问题

中国是一个发展中国家，正处在工业化发展过程中，因此环境污染和生态破坏与经济发展同时存在。工业比较集中的城市主要是环境污染、工业废气污染和家庭燃煤污染，城市空气质量恶化；工业废水及城市生活污水又成为水污染的主要原因。另外，城市垃圾和噪声也是一个普遍存在的环境污染源。而在以农业生产为主的广大农村，主要是生态破坏问题。经济发展对木材的需求使得大面积森林遭到过度砍伐，畜牧业的发展使得草地载畜量增加，草原以每年200万公顷的速度退化。另外，农业生产中不合理使用农药、化肥，使土地遭到严重污染，饮用水也受到不同程度的污染。上述两类问题形成复合效应，使中国的环境问题变得更复杂、严重。面对经济发展带来的严重环境问题，中国政府已采取了多项措施来保护环境，并已取得一定成效。

中篇

中国自然区划与地理区域

自然区划

中国自然区划分为三级，即区、亚区和小区。根据区域具有相似的自然地理特征和共同的利用与改造自然的方向，全国共分为8个区、28个亚区和42个小区。

自然区

中国共分为8个自然区，即东北、华北、华中、华南、西南、内蒙古、西北和青藏。东部四区即东北、华北、华中和华南区，本地区水分比较充足，地形以平原、丘陵和低山为主。自然景观的分异主要是由于热量差异，以及由此引起的植被、土壤等的不同。中国东部的四个自然区，每一个自然区约相当于一个热量带范围。东北区主要是温带，寒温带在东北面积很小，故不另划为一区；华北区大部分相当于暖温带；华中区相当于亚热带；华南区大致相当于热带。

大兴安岭以西和长城一线以北，东南季风的影响逐渐减弱，水分条件对自然景观的作用代替了热量条件而居主导地位，成为地域分异的主导因素，可划分为草原景观为主的内蒙古区和以荒漠景观为主的西北区。

西南区和青藏区的划分，主要是由于特殊的地形条件及由此引起的区域范围以内的生物气候的差异。西南区的主要特征是热带山原，即它在水平地带（基带）上属于热带，地形上为山原，故具有热带山原特有的"四季如春"的气候特征，以及由此引起的热带山原性的植被和土壤。热带山原景观的形成，主要由于大气环流的影响。即夏半年受西南季风的影响，冬半年受热带大陆气流的控制，因此可以热带大陆气流影响的范围来划定西南区的东界和北界。青藏区地形是自然地理特征形成和发展的主导因素，气候特点是高寒，自然景观主要为寒漠与高山草甸草原。它的北面以昆仑山—祁连山与西北荒漠区为界，东南大致以3000米等高线与西南区为界。

活动温度总和

划分热量带的主要参考指标是一年内日平均气温≥10℃持续期间日平均气温的总和，即活动温度总和，简称积温。各带的具体标准大致如下：

热量带	活动温度总和（℃）
热带北部	7000（或6500）～8000
热带南部	8000～9000
亚热带北部	4500～5000
亚热带南部	5000～7000（或6500）
暖温带	3000～4500
中温带	1700～3000
寒温带	＜1700

农业耕作制度

东北区属于寒温带，年积温1100℃～1700℃，全年无霜期70～100天，冬季长，且气温低，故普遍实行一年一熟的农作制。暖温带年积温3200℃～4500℃，全年无霜期为180～240天，农作制度主要是两年三熟，但黄淮平原（暖温带南部）也有一年两熟。华北区的南界大致为白龙江、秦岭、淮河一线，这是暖温带与亚热带的分界，也是农作制度上两年三熟与一年两熟地区的主要分界。其主要原因就是这条界限两侧的热量（积温）不同，因而农业制度也不相同。华中区位于秦岭、淮河与南岭之间，是中国的亚热带地区，年积温4500℃～6500℃或7000℃，无霜期240～300天，一年四季分明。农作制度北部一年两熟，南部两年五熟或一年三熟，还可以种双季稻。南岭以南是华南区，南岭是中国亚热带的南界，南岭以南便可称为热带。热带四季不明显，只有落雨的时候才有些凉爽。西南区包括云南和四川西南部，大致位于大、小相岭和北盘江以西。之所以要把它划为一个自然区，并不是由于地形的关系。西南区主要是一个海拔1500～2000米的山地高原。地面气候就热量来说，虽然也可划为亚热带，但只要认真地比较一下，就可以发现这种相似性是一种假象。因为华中亚热带地区的1500～2000米山原（如鄂西高原、黔西高原），其气候并不属于亚热带。

云南大理洱海

8个自然区的内部自然景观和土地利用方向还有一定的差异。根据各区内部区域分异的规律，再分出若干二级区，称为亚区。如，华中区跨纬度约12°，南北热量有一定差异，因而自然景观也有一系列明显的不同，可分为南部和北部2个亚区。又如，内蒙古区跨经度将近30°，自东至西，由于水分条件的差异，内部亦可分为东部草甸草原、中部典型草原和西部荒漠草原3个亚区。

自然小区

第三级自然区域称为小区，仍根据综合分析和主导因素相结合的原则，依不同的亚区内部区域分异规律进行划分。如柴达木盆地是景观上相对一致的内陆盆地，故可划为一个自然亚区。盆地内部，根据湿润程度的不同，可划为东部、西部两个小区，前者为荒漠草原地区，后者为荒漠地区。又如华中区的江南南岭亚区，面积较大，地形结构复杂，可根据地形及由此引起的气候和自然景观的差异，分为江南低山丘陵盆地、四川盆地、贵州高原、南岭山地和广西北部四个小区，各个小区各有其明显的自然地理特征。

华北区的自然概况及其划分
华北区的自然概况
地理位置

华北区位于北纬32°～42°，大部居于中国东部暖温带。北部大致沿3000℃活动积温等值线与东北区、内蒙古区相接；西部在黄河青铜峡至乌鞘岭一段与西北区相接；南以秦岭北麓、伏牛山、淮河与华中区为界；东至渤海和黄海。东西跨越经度20°以上，东西长而南北较短。全区面积约100万平方千米，占全国总面积10%左右。华北区是中国重要的农业区域。

自然地理界线——秦岭

秦岭为华北区和华中区重要而明显的自然地理界线，它不仅是黄河流域与长江流域主要分水岭之一，而且阻碍了夏季东南季风的深入。在热量与水分的对比关系上，秦岭也是一条主要界线，秦岭以北干燥度大于 1.0，已属水分不足地区。如西安年降水量 557 毫米，而秦岭以南的汉中年降水量达到 841 毫米，二者的湿度大不相同。这样，就影响到植物的生长和土壤的发育，也影响到农业生产，应采取不同的措施改造自然。

黄土景观

中国黄土面积约 44 万平方千米，基本上分布于秦岭、祁连山和昆仑山以北。其中黄河中游地区是中国黄土分布最集中的地区，地理上称为黄土高原。其范围大致北起长城，南界为秦岭，西抵乌鞘岭，东到太行山，面积约 40 万平方千米。黄土高原内，除了一些裸岩的山地以外，基本上构成了连续的黄土盖层，一般厚 30～60 米，厚度可达 200 米以上，两个较大厚度中心为甘肃的董志塬和陕西的洛川塬。黄土分布可达到海拔 3000 米的山坡，如六盘山和吕梁山的山顶。

黄土高坡牧羊

气候

华北区位于盛行西风带南部，地面高低气压系统活动频繁，环流的季节变化非常明显，表现着典型的温带大陆性季风气候特征。冬季在内蒙高压控制下，气温远较同纬度各地为低，1 月平均气温在 0℃以下，在强大的寒流过境时，气温骤降。夏季在大陆低压范围内，夏季风得以深入。这时气温急速上升，华北平原及渭河谷地为夏热中心，7 月平均气温在 26℃。渭河谷地受夏季风越秦岭后下沉"焚风效应"的影响，夏季温度很高，如西安绝对高温曾达 45.2℃。从农业指标温度来看，华北区全年生长期长，热量资源充足，是中国重要的农业区。由于华北区面积广大，各地热量资源有较大的差异，大致自淮北向黄土高原西部逐渐减少。

华北区年平均降水量约在 800 毫米以下，一般自南向北、自东向西减少，其中以泰沂山地最多。黄河中游年降水量东南部大都在 400～600 毫米，西北部 400 毫米左右。渭河平原因秦岭山地对冷锋有阻滞作用，降水较多，在 500～700 毫米，是华北区除沿海及山地外的一个多雨区。河北省中部石家庄以东平原地区居泰沂山地与太行山之间，为一显著少雨区，年降水量在 500 毫米以下，其中献县、深泽与衡水（子牙河上游）一带较少，低于 400 毫米。华北区年平均降水量在年内分配是不均匀的。春、秋两季天气波动频繁，但气团含湿量很小，不能产生大量降水。春季平均降水量只占全年 10% 左右。冬季完全在大陆极地气团控制之下，只有少量降雪。因此，华北区降水 60% 以上集中于夏季。尤其是河北平原，夏季降水量占全年的四分之三左右，为全国降水最集中的地区。

[干燥度] 华北区大部干燥度为1.0～1.5。干燥度大致自东向西增加，辽东、胶东和渤海沿岸在1.0以下，广大的黄土高原均为1.25～1.5。河南北部郑州—洛阳—开封一带特别干燥，干燥度达1.5以上。

植被与土壤

华北地区从现有的天然植被和土壤来看，它们基本上呈现地带性特征。由于热量资源在纬向上的差异较小，华北区植被与土壤的地带性现象主要表现在经向上的递变。即随水分自东向西减少，依次出现湿润落叶阔叶林—棕壤地带、半湿润落叶阔叶林—褐土地带、半湿润森林草原—黑垆土地带和半干旱草原—灰钙土地带。

[湿润落叶阔叶林—棕壤地带] 分布于气候较为温暖湿润的辽东半岛和胶东半岛。落叶阔叶树以辽东栎为主，混生有赤松，后者有时形成优势树种。此外有槲栎、栓皮栎、麻栎等。这一地带内还含有若干亚热带喜暖湿的种属。落叶阔叶树如榔榆、朴、槐树、盐肤木等，灌木如天竹、圆叶胡颓子等，藤本植物如葛藤，蕨类植物如裂叶凤尾蕨、全缘贯众等。地带性土壤称为棕壤，主要发育于片麻岩、花岗岩风化残积母质上，质地疏松，排水良好，有很好的淋溶过程。可溶性盐类含量不高，呈中性或微酸性。本地带是中国著名的柞蚕饲养区，也是中国苹果和梨的重要出产地区，栽培的农作物以高粱、玉米、花生、小麦等为主，也有水稻和棉花。

[半湿润落叶阔叶林—褐土地带] 包括华北平原、冀北山地、山西高原的东南部和渭河谷地。落叶阔叶林主要树种为栎树，太行山以东种类较多，太行山以西则以辽东栎为主。针叶树以油松为主，侧柏、白皮松也是常见的代表树种。栎树以外的落叶阔叶树亦多为北方树种，如桦、杨、槭、椴等，在低山丘陵形成杂木林，在平原地区则为散生。半栽培与栽培的落叶阔叶树以榆、槐、臭椿、枣、梨、柿、核桃等最为常见，分布于村庄附近的田间荒地。相应的土壤为褐土，主要发育于各种碳酸盐母质上，因此均具石灰性，呈中性或微碱性。但由于淋溶作用，碳酸盐往往沉淀，在土层中形成明显的钙积层，这是褐土与棕壤的重要不同之处，反映两个地带湿润程度的不同。褐土土质适中，保水肥性良好，肥力尚高。

[半湿润森林草原—黑垆土地带] 分布于黄土高原的东部，包括山西北部、陕西及甘肃东部。这里，绝大部分海拔1000～1500米，年积温较低，如甘肃的西峰镇积温仅2700℃，实际上已属温带。地带性植被为森林草原，主要为白羊草、黄背草、杂类草草原，由于黄土高原大都已开垦，天然植被只见于局部地段。在海拔1400米左右的山上，则分布有辽东栎、山杨、川白桦、油松、侧柏为主的稀疏林，树木一般较矮。地带性土壤为黑垆土，以具有深厚（厚达100厘米）的腐殖质层而得名，是森林草原和草原植被下发育的土壤，与黑土、黑钙土同属于黑土系列。黑垆土主要分布于地形平坦、侵蚀较轻的黄土塬区及河谷阶地上。其母质黄土疏松多孔，故土层深厚，全剖面呈强石灰性反应。黑垆土的特点是表面有一耕种熟化层，厚20～30厘米；耕种熟化层以下，才是

腐殖质层，又称垆土层；腐殖质层下面还有碳酸盐淀积层。黑垆土由于有较厚的耕种熟化层，故有人认为它是经过长期耕作熟化的草原土壤。

[半干旱草原—灰钙土地带] 分布于黄土高原西部，大致包括宁夏的黄河以南、甘肃兰州与平凉间的地区。这里的天然植被属于草原向荒漠草原过渡类型，二者交错分布。一般在丘陵南坡为荒漠草原，北坡为草原。灌木除枸杞、刺锦鸡儿等外，较常见的为阿氏旋花、蒔萝蒿、长芒草、甘草等旱生植物。草原以本氏针茅、短花针茅、小黄亚菊为主，草高仅 10～20 厘米，生长稀疏。由于黄土高原已经长期耕种，故上述天然植被的分布仅限于局部陡坡及丘陵顶部。黄土高原上的个别山地，如兴隆山等，因海拔较高（>3000米），比较湿润，尚有云杉、山杨等树木。这一地带相应的土壤为黑钙土，常与黄土状母质相联系，其实际占有面积并不大。灰钙土仍具有草原土壤腐殖质积累和钙积化过程，但由于降水量较少（一般400毫米），草矮小稀疏，故腐殖质层薄，颜色淡（浅

灰钙土

黄灰色），灰钙土的养分含量较低。

华北区的自然区划

华北区面积较大，根据热量、水分、地貌条件及农业利用上的差异，可分为下列 3 个亚区、8 个小区（见下表）。

辽东半岛与胶东半岛亚区	
华北平原亚区	下辽河平原小区
	黄淮海平原小区
	滨海平原小区
	冀北山地小区
	鲁中山地小区
黄土高原亚区	山西高原小区
	陕北、陇东高原小区
	陇西高原小区

辽东半岛与胶东半岛亚区

本亚区丘陵起伏，高度大都在500米以下，平原甚狭。这些丘陵往往伸入海中，故海岸线曲折，多深水港湾，如大连、青岛等。千山山脉为辽东半岛的骨干，主峰海拔超过1000米。胶东半岛的花岗岩构成一些较高山岭，如青岛附近的崂山（海拔1132.7米）。

[气候] 由于滨海的地理位置，本亚区水热条件较下辽河平原或华北平原都要优越，气温变幅较小，冬季比较暖和，夏季无酷暑。1月平均气温在0℃以上，7月在25℃左右，全年无霜期为165～250天。其中又以胶东半岛南部沿海条件最好，积温可达3900℃，年平均降水量为600～700毫米，辽东半岛东部和胶东半岛南部迎风部位则可达800毫米以上，局部迎风山区还可达1000毫米左右。但半岛的西北方向为背风坡，降水则显著减少。本亚区的年降水量约85%以上降于气温≥10℃的持续期内。干燥度≤1.0，是华北区最湿润的地区。而且，降水量变率不大，相对湿度又比较高（大连、青岛均在70%以上），

故春旱现象不严重，这是本亚区的特点，也是与华北区其他亚区之间的重要差异。

[植被和土壤] 天然植被由于数千年的开发、破坏，现在已保存极少，仅在千山山地尚有比较完好的森林，海拔较高的地方以沈阳油松为主，较低的地方以辽东栎为主。崂山的森林，海拔较高的地方为赤松林，较低的地方为栎类、榆、楝与赤松的混交林，山麓与河谷则为落叶阔叶林。由此可见，本亚区的原有天然植被应该是暖温带落叶阔叶林，主要林木为栎属与松属。松属中以赤松为主，沈阳油松只见于辽东而不见于胶东，马尾松则见于胶东而不见于辽东。这也反映了辽东与胶东之间的热量差异。与之相应的土壤为棕壤，又叫棕色森林土。本亚区因温暖季节较长，冬季土地冻结不深，故土壤黏化过程较温带湿润地区为强。易溶盐类和碳酸盐受强烈淋溶，形成积淀黏化土层。由于气候温暖、潮湿，微生物的作用几乎可以全年不断地进行，有机质多受分解、破坏，故棕壤的腐殖质含量不高。

华北平原亚区

本区以广大的平原为主，并包括河北省北部、辽宁省西部和内蒙古自治区东南部的山地，称为冀北山地；山东省中部山地，称为鲁中山地。平原可分下辽河冲积平原及黄（河）、淮（河）、海（河）冲积平原，山东南部及江苏省徐州一带，则为波状起伏的准平原。

[气候、植被及土壤] 华北平原亚区属暖温带半湿润地区，与辽东、胶东半岛相比较，干燥度较高，降水量变率较大，春旱比较严重，无霜期也较短，故大部分地区农业为两年三熟制。天然植被为中生落叶阔叶林及旱生落叶阔叶林，地带性土壤为褐土。由于淋溶作用，土壤中的碳酸盐明显下移，在土壤剖面中形成钙积层，这是褐土与棕壤的一个差别。

[地貌] 华北平原主要由黄河、淮河、海河、滦河冲积而成，海拔多在50米以下，地表平坦，河湖众多。东南部在安徽和江苏北部完全与长江和淮河下游平原相连。这里，华北区与华中区间约以淮河及废黄河为界，它大致与积温4500℃、1月平均气温0℃、年降水量900毫米、干燥度1.0等值线相符，是中国自然地理上的一条重要界线。

①下辽河平原小区

下辽河平原在地质构造上属于渤海坳陷带，因地面长期沉降，故第三系、第四系的松散沉积物厚达2000米以上。该区目前仍在不断沉降，导致松花江与辽河的分水岭逐渐向北推移，现在的分水岭位置已比过去向北推移了150千米左右。辽河下游河曲发达，堆积作用显著，河道中沙洲众多，河道变迁频繁。由于河床不断淤积，辽河下游宣泄不畅，常造成洪灾与内涝。辽河下游的盘锦地区（以盘山为中心的农垦区）过去十年九涝，有"东北的南大荒"之称。经过整治，盘锦地区已成为东北的水稻集中产区、辽宁省商品粮基地之一。下辽河平原小区以山海关为界与黄淮平原小区分开。

②黄淮海平原小区

黄淮海平原北部是海河平原，中部是黄河平原，南部是淮河平原。历史上黄河多次改道，黄河曾经流过的地区，北到天津，南至淮阴，故黄河冲积物分布到黄淮海平原的绝大部分地区。黄淮海平原是新构造运动强烈沉降区，全新世沉积物厚度最大可达 3000 米。黄淮海平原海拔一般不到 50 米，地势十分平坦，但平原上微地貌结构仍比较复杂。随着微地貌的变化，地表组成物质、地下水化学成分、土壤、植被以及农业也发生相应的变化。平原地势主要自西、西南向东、东北倾斜，自然景观相应地可分为山麓洪积—冲积扇平原、冲积平原和滨海平原三个地带，从山麓向海大体呈半环状分布。黄淮海平原是中国主要农业区域和人口集中分布区之一。

冲积平原是黄淮海平原的主要组成部分，海拔大部在 50 米以下，坡度在 1/10000 ~ 1/5000 之间。冲积平原的微地貌比较复杂，有多条相对高度 1 ~ 5 米的长条状缓岗，缓岗旁常有带状沙丘，缓岗之间往往为洼地，洼地与缓岗间则为倾斜很小的平地（当地称为"二坡地"）。与上述微地貌变化相适应，沉积物也呈有规律的变化：缓岗沉积多为沙质，洼地为黏土，微斜平原则为夹有黏土层的粉沙。地下水水质也随着发生变化，缓岗的地下水多为淡水，洼地的地下水则矿化度高，往往达到 2 ~ 5 克 / 升。以上特点对黄淮海平原的土壤和作物分布有很大影响。一般在天然堤、古河床及缓岗部分，土壤质地轻，耕种性好，无盐化，肥力较高。在黏质浅洼地，常因季节性积水，土壤有局部潜育现象，并有不同程度的盐化。在"二坡地"，因有黏土胶泥夹层，如果地下水水位高，则形成盐化黄潮土。

③滨海平原小区

本小区西以 4 米等高线为界，东至渤海海岸。地面坡降不到 1/10000。其形成除受河流冲积作用外，也受海洋

扇形三角洲示意图

沉积作用的影响。地表组成物质以黏土为主，地下水矿化度高，可达 20 克 / 升左右。土壤为盐土，表层的含盐量 1% ~ 3%，以氯化物为主。渤海沿岸盐渍土地区最宽可达 60 千米以上，其上生长盐生类灌木，如柽柳、白刺等。现代黄河三角洲以利津为顶点，面积约 5400 平方千米，主要是黄河 1855 年改造重新流入渤海以来造成的，由于黄河大量泥沙在河口淤积，使河口尾闾改道频繁。从 1855 年至今，已发生重要改道 11 次，平均每 10 年改道一次，现在河口仍以平均每年 1.4 ~ 1.8 千米的速度向海延伸。现代黄河三角洲大部仍是盐碱荒地，地势低洼，排水不良，在全国三大三角洲（长江、珠江和黄河三角洲）中，开发程度最低。但它是中国第二大油田——胜利油田所在地，在国家经济建设中有重要地位。

④冀北山地小区

此小区包括燕山和辽西一带山地，海拔最高处达 1000 米以上，走向多作东西向或北东向。山地内有一些断陷盆地，如密云、怀柔等。山地余脉直入渤海。人类建筑史上的一个奇迹——万里长城（全长 6700 千米），其东段就是利用冀北山地的地形修建的。渤海之滨山海相连的山海关，雄关屹立，向有"天下第一关"之称，为东北与华北的天然

分界。冀北山地为内蒙古高原与华北平原间的巨大斜面，有的山岭海拔较高，具有明显的植被垂直分带。如河北省的小五台山海拔2882米，1600米以下为落叶阔叶林，主要是栎、桦、椴等，1600～2000米为云杉林，除云杉外还有青冈、臭冷杉等。2000～2500米为华北落叶松林。2500米以上已超出树木分布上限，为亚高山草甸，以禾本科短草为主。

⑤鲁中山地小区

本小区包括泰山、沂山和蒙山等，最高海拔1000米以上。泰山海拔1532.7米，兀立于华北平原上，为平原上的最高峰。其余山地海拔一般在500～600米，多由前震旦纪的变质岩系组成，上有寒武—奥陶系石灰岩盖层。在鲁南，灰岩多近似水平地分布于山顶，形成陡坡、顶平的"方山"地形，当地称为"崮"，如孟良崮等。石灰岩地区有许多岩溶泉流出，尤以济南的趵突泉群最为著名，济南有"泉都"之称。本小区的气候条件大致与胶东相似，但春季偶有干旱。基本上无涝、无盐碱化灾害，这是它与黄淮海平原的不同之处。植被以松类与栎类为主，北坡生境比较湿润，森林较好，南坡比较干旱，植被较稀疏。泰山、沂山和蒙山有油松林，油松或与栎类混交。丘陵及山岭下部多栎树散生。

黄土高原亚区

本亚区由于地形及黄土覆盖层的不同，内部景观有明显差异，可分为三个小区，即山西高原、陕北陇东高原、陇西高原。本亚区内与内蒙古大致以长城为界，这条界线相当于积温3000℃、干燥度1.5等值线。本亚区的干燥度绝大部分在1.25～1.50，属半湿润偏干旱的气候。

①山西高原小区

本小区包括吕梁山以东、太行山以西的地区。它并不是一个平整的高原，而是由一系列褶皱断块山岭与陷落盆地组合而成的高地，由于其东侧与南侧都有陡峭山坡，能俯瞰华北平原与黄河谷地，故称为高原。山岭多作北北东走向，有太行山、五台山、恒山、吕梁山等，主峰海拔均超过2000米。山地的上部出露基岩，下部则为黄土所覆盖。但海拔超过2000米的吕梁山山顶，有时也有片状分布的黄土。高原中的许多山间盆地，均堆积有较厚的黄土，故山西高原虽岩石山岭较多，在大地貌上仍属于黄土高原的范围。黄土塬、梁、峁主要分布于漳河和沁河的中上游流域。山间盆地以汾河谷地最大，下游海拔不过400～500米。山西的一些主要城市如太原、临汾均位于汾河谷地内。高原上石灰岩出露面积较广，达6万多平方千米，为中国北方最大的岩溶区域。在高原的深切河谷和山前地带，往往有大型岩溶泉流出。如太原的晋祠泉等，为重要的地下水源。气候条件视海拔高度而有所不同，山间盆地由于海拔较低，热量条件较好，积温一般在3200℃以上。天然植被多被破坏，

五台山之秋

但有些山地还保存着半自然状态的残存森林，并保持着垂直带变化。

②陕北、陇东高原小区

本小区位于吕梁山与六盘山之间，黄土广布，海拔1000米左右，其间只有少数基岩低山凸出于黄土之中，状如孤岛，如子午岭、黄龙山、崂山等。高原的南部，黄土塬保存较好，地面比较平坦；北部则主要为切割破碎的黄土丘陵，即梁、峁区。高原上的积温一般不到3000℃，在热量条件上应属于温带，只有谷底川道热量稍高，但它们只占本小区的很小面积。年雨量400～500毫米，大部集中于夏、秋季，且多暴雨，地面植被较少，故河流的洪、枯流量相差极大。子午岭等山岭分布有次生幼林（梢林），组成以落叶阔叶为主，大部是辽东栎、白桦、山杨等，针叶树以侧柏较为普遍。栽植的果树主要是枣、梨、杏、核桃等。高原南侧与秦岭之间的渭河平原，古称关中，是一个地堑平原，可视为陕北黄土高原中的一个大型山间盆地。其北界是渭河北山，为一系列灰岩断山，南界即秦岭北坡大断层崖。渭河平原海拔较低，水热条件与黄淮平原相似，农作物一年两熟，是中国重要的小麦、棉花产区。

③陇西高原小区

本小区与陇东高原以六盘山为界。六盘山古称陇山，故六盘山以东叫陇东，六盘山以西叫陇西。它是一条北北西走向的狭长山脉，主峰海拔超过2900米，东坡陡，西坡缓。陇东高原海拔一般在2000米左右，地貌以黄土丘陵为主，华家岭一带极为典型。陇西高原上也有一些较高的基岩山岭凸出于黄土之上，因海拔较高，热量较低，广大高原地区积

温不到2500℃，所以陇西高原较陕北、陇东高原为冷。降水仍有400～500毫米，干燥度较陕北高原为低。高原中的一些河谷平原，如天水附近的渭河上游谷地、兰州附近的黄河谷地等，地势较低，热量稍高。兰州附近平原雨量少，蒸发多，旱田上常铺一层河流砾石以减少蒸发，景观渐向西北干旱区过渡。高原上的较高山岭目前尚有少数残存森林。如六盘山2000米以上有油松、侧柏、山杨、白桦、辽东栎等组成的松栎林；兰州以南的兴隆山有尖叶云杉、山杨、辽东栎林等。本小区天然植被亦保存无几，水土流失比较严重。

内蒙古区的自然概况及其划分

内蒙古区的自然概况

地理位置

内蒙古区位居中国北方内陆温带草原地带，东起大兴安岭北段的西坡和大兴安岭南段东坡的西辽河流域，西至贺兰山，横跨经度17.5°。其南界约与活动积温3000℃等值线相当，东段约至西辽河与大、小凌河及滦河之间的分水岭，其西界大致与干燥度4.0等值线相符，北起中蒙边境，经狼山西端、贺兰山西麓，迄于腾格里沙漠东南缘。故内蒙古区在行政上包括内蒙古自治区的大部，辽宁、河北、陕西三省的北部边缘，宁夏回族自治区的北部，以及吉林西部一角。

大草原景观

内蒙古区具有坦荡的地貌特征，除山岭外，海拔大部在1000～1500米。因太平洋季风受大兴安岭、燕山山地的阻滞，本区形成明显的内陆半干旱的自然环境，为多年生、旱生低温草本植

物的生长创造了有利条件，这里构成了中国北方最广大的草原。内蒙古区在阴山以北、大兴安岭以西，主要是海拔1000～1500米的高原，地面起伏和缓，没有显著的山脉与谷地，是"蒙古准平原"。这种单调的地貌结构，使温带草原在辽阔地域上连续分布，一望无际，形成"天苍苍，野茫茫，风吹草低见牛羊"典型的大草原景观。

[草原植物群落] 内蒙古草原的植被群落组成中，多年生、旱生低温草本植物占优势。建群植物主要是禾本科，即禾草，并随湿润程度不同，有或多或少的杂草及一些旱生的半灌木和灌木。禾本科草类以针茅和羊草最有代表性，前者是丛生禾草，后者是根茎禾草，根茎发达，横向蔓延成网状。针茅种类甚多，自东向西随着干燥度增加，主要种类逐渐由大针茅，克氏针茅，渐变为戈壁针茅、沙生针茅等。杂草类主要属菊科和豆科，有西伯利亚艾菊、各种黄芪、花苜蓿等。旱生灌木以锦鸡儿属为主。这些禾本科、豆科等植物，大多为各种家畜四季所喜食，故内蒙古草原一直是中国重要的畜牧业基地之一。而豆科等杂草类又盛产各种药材，如黄芪、桔梗、柴胡、沙参等，故内蒙古草原也是中国主要采药基地之一。

[山地垂直带] 山地的垂直带也表现了以草原为基带的景观结构特征。以内蒙古区内主要山地为例，大兴安岭南段植被类型基本上为山地森林与山地草原，其东坡1500～1800米高度上比较湿润，有块状分布的森林，如林东以西的罕山、黄土岗、桦木沟等地均为主要林区。树种在北坡有兴安落叶松、兴安白桦、山杨等，在南坡为蒙古柳与油松。林地之间及两侧坡麓为禾本科占优势的草原。大青山的植被大致分布在海拔1200～1500米之间，油松林和侧柏林呈块状分布，1700～1900米之间则为山地草甸带。

温带半干旱气候

内蒙古区草原景观的形成，及其自东向西的地带性递变，温带半干旱气候是一个主导因素。内蒙古区气候的基本特征是半干旱，冬寒夏温，多风沙，富日照，是典型的温带大陆性半湿润到半干旱的过渡类型。冬季在蒙古高压笼罩下，天气多晴燥，北方冷气流经常向南或东南流动，使全境盛行偏西北大风，寒潮猛烈。如果南来气流较强而持久，冷空气快速南下时，即出现大风降温天气。由于空气中水汽含量贫乏，降雪量一般不多。夏季蒙古高压消失，大陆低压形成，东南季风得以进入内蒙古高原。其前锋一般要到7月间才能推进至内蒙古的南缘，9月下旬即很快南移，雨季不过一两个月。随季风的盛衰强弱变化，降雨变率很大。

对温带草本植物及农作物生长而言，内蒙古区的热量资源是充足的。首先是日照丰富。终年云量不多，日照率均高达70%以上，年平均日照时数在3000小时左右。冬季丰富的日照对牲畜在天然条件下越冬有利。这里冬季寒冷，但夏季气温却普通较高。日平均气温 ≥ 10℃的持续期始于4月下旬至5月底，终于9月上旬至10月上旬。活动积温为1700～3200℃。生长期100～150天。阴山以北、锡林郭勒盟北部以及呼伦贝尔地区，冬季寒潮频率最高，强度最大，成为全区最冷地区，1月平均气温达到−20℃以下。东南

内蒙古大草原

部通辽、赤峰和河套平原地区冬季则较暖，1月平均气温在-12℃左右。

全区降水量在200～400毫米，由东南向西北减少。降水集中于夏季，6～9月降水占到全年的80%～90%。降水变率愈向西愈大，平均变率在20%～25%之间。例如呼和浩特在近20年的记录中，雨量最多的一年为658.7毫米，最少的一年为201.3毫米。春末夏初气旋过境较为频繁，东部地区6月降水已开始增多，但很不稳定。6月降水多寡对牧草和农作物生长有相当影响。7月中旬以后，东南季风前锋推至内蒙古东南边缘，才导致较为集中的降水。但东南季风9月初即开始南撤，所以内蒙古草原上雨季很短。随着夏季风各年盛衰不同，多雨年和少雨年降水量相差可达3倍以上，干旱现象频繁出现。

内蒙古区降雪量和积雪时间、积雪深度都是自东向西减少，东部呼伦贝尔和锡林郭勒草原地区稳定积雪期自11月中下旬至次年3月下旬，达120～130天，积雪平均深度20～30厘米，深处可达40～60厘米；向西由于降雪量很少，常不能形成雪覆盖。适量降雪对农牧业生产都是有利的，草场积雪可部分解决牲畜饮水问题。积雪到春季融化，会增加地表湿润程度，改善土壤墒情，有利于牧草返青和作物出苗，河湖水量及潜水也因得到融雪补给而增多。但较厚的雪覆盖（>15厘米时）或冻结而持久的雪覆盖易使牧草覆埋和牧场封冻，造成畜牧业的"白灾"。反之，少雪或无雪，不仅不能利用无供水条件的草场放牧，还会导致夏秋草场因过度放牧而退化，带来"黑灾"的危害。

[风力] 内蒙古区全年风力强劲，特别是北部地区，全年5级以上的大风日数可达100天以上。冬季大风多伴有寒潮，被称为"白毛风"，对放牧有很大威胁。大风以春季最多，这时地表积雪融尽，气温开始增高，相对湿度下降，往往形成旱风，灼枯作物和牧草，还容易引起草原火灾。在地表植被已被破坏的情况下，则形成风沙。

地貌结构

本区的地貌结构加强了内蒙古高原气候的干旱与寒冷。首先，草原的南缘，从林西至集宁为广大的玄武岩台地，台地顶面向南翘起，向北侧缓缓地倾没于高原面之下。其次，高原东侧为大兴安岭，南侧为阴山山脉（包括狼山、大青山），高峰海拔2000～2400米。高原边缘这些较高的山地和凸起的地形，阻碍东南季风的深入，使高原内部格外干旱。最后，高原地面平坦，北来寒潮无阻隔，可横扫全部高原，加剧了高原的低温和大风雪天气。内蒙古高原东缘、南缘的山地和高地，还是中国外流区域和内流区域的重要分界。

草原土壤

[栗钙土] 属于草原的地带性土壤是栗钙土，在内蒙古区内分布最广。西部荒漠草原植被下发育着棕钙土。栗钙土与黑钙土的不同之处是栗钙土腐殖质

层较薄，一般厚 25～45 厘米，按有机质含量多寡，分为暗栗钙土与淡栗钙土两类。暗栗钙土分布于呼伦贝尔、东乌珠穆沁以及大兴安岭南部，一般在缓坦的高原与丘陵面上。栗钙土腐殖质含量为 2%～4%，磷、钾的含量相当高。在生草过程旺盛的平坦积水之处有轻度潜育化现象，形成草甸暗栗钙土，其有机质含量可达 4%～7%，水分条件较好，牧草生长旺盛，其优质牧场也可供小面积开垦。大兴安岭东南地区黄土状沉积母质上所发育的暗栗钙土，腐殖质较薄，有机质含量低，从表层起即有石灰性反应，属碳酸盐暗栗钙土。其结构欠佳，易受水力和风力侵蚀，土中氮素较缺。在锡林浩特北部的典型草原地带，发育着淡栗钙土，其有机质含量通常在 1.5%～2.5%，从 10～20 厘米深度起即为钙积层，土层较薄，剖面发育欠佳。阴山以南也有从表层起即呈石灰性反应的碳酸盐淡栗钙土。

[棕钙土] 棕钙土在内蒙古区分布于淡栗钙土地带以西、百灵庙—温都尔庙以北的高原和鄂尔多斯西部。其特征是表层多砾石、沙，壤质土层很少，腐殖质层厚 15～25 厘米，但有机质含量仅 1.0%～1.5%，钙积层的位置不深，土层下部有时有石膏和易溶性盐类。这些特征表明，棕钙土的形成基本上仍以草原土壤腐殖质积累和钙积化过程为主，但已具有荒漠成土过程的一些特点，故棕钙土在中国的分布也介于栗钙土与漠境土之间。

内蒙古区的自然区划

内蒙古区自然景观分异的直接主导因素是地带性因素，表现在土壤和草原植被的分布规律上，故可按土壤与植被差异自东向西划为暗栗钙土草原地带、栗钙土与淡栗钙土草原地带和棕钙土荒漠草原地带。因地带性和地区的完整性因素，内蒙古区划为 3 个亚区、7 个小区（见下表）。

内蒙古东部亚区	呼伦贝尔高平原小区
	大兴安岭南段小区
内蒙古中部亚区	锡林郭勒高原小区
	集宁—呼和浩特盆地小区
	鄂尔多斯东部高原小区
内蒙古西部亚区	百灵庙高原小区
	河套平原、鄂尔多斯西部小区

内蒙古东部亚区

内蒙东部亚区大致与暗栗钙土草原地带相当，与东北平原黑钙土草甸草原地带相接，包括呼伦贝尔高平原、大兴安岭南段与西辽河平原。

①呼伦贝尔高平原小区

呼伦贝尔位于内蒙古区的最东北，是内蒙古高原上呼伦湖为中心的宽浅平坦低地，全区平均海拔在 640 米左右，仅有个别浅山，相对高度 100 米。中部是海拉尔台地，构成呼伦贝尔高原的主体。呼伦贝尔塔拉是坳曲下降的部分，其上覆盖着更新世的河湖沉积物和风成沙。海拉尔河沿岸及向南到白音诺尔一带均分布着固定沙丘，沙丘上植物丛生，还有天然生长的樟子松。呼伦贝尔是内蒙古区冬季最冷的部分，寒潮后往往出现 -40℃ 以下的低温，大部分地区全年有 6 个月月平均气温在 0℃ 以下，地下有残存的岛状冰冻层，厚度可达 7～13 米。东南季风越过大兴安岭带来一定数量的降水，全年降水量 323 毫米，其中 5～9 月占 80%，7、8 两月降水占到 50% 以上。夏季水热条件给多年生旱生和中旱生草本植物生长创造了良好生境。草原的种类组成繁多，大多为优质牧草，其中羊草或贝加尔针茅作为建群种分别可形成羊草草原和针茅草原。草群一般高40～60厘米，群落总覆盖度达50%以上。呼伦贝尔草原是中国很好的牧场之一。

②大兴安岭南段小区

大兴安岭南部和西辽河平原比呼伦贝尔地区气温高，降水量多。如通辽1月平均气温为−14.5℃，7月为23.9℃，年降水量为379毫米。因此，本地区的草原主要为杂类草草原，禾草所占比重较小，季相变化比较明显。在山地海拔1500～1800米高度上出现块状森林，树种主要为岳桦、白桦、山杨、油松、蒙古柳等，还有一些灌木。向西坡林地愈小愈分散，仅见于阴坡，树种仅见山杨、白桦和榆树。林间草原以禾本科植物占优势，这是由暗栗钙土草原向栗钙土典型草原的过渡特征。山地的东麓即为西辽河平原，平原南部为西辽河流域，北部为内流区。西辽河平原有广大沙地，称为科尔沁沙地，是中国水分和植被条件最好的沙区，固定和半固定沙丘占沙地面积的90%，目前为以蒿类—禾草草原为主的稀树沙生草原景观。农业用地主要分布在起伏和缓的固定沙坨上。丘

大兴安岭林区中的狼

间低地为甸子地，与沙丘呈有规律的相间平行分布。甸子地地势平坦，大部分用作放牧和刈草场，部分已开垦为农业用地。

内蒙古中部亚区

内蒙古中部亚区相当于淡栗钙土典型草原地带，东起大兴安岭西坡的东乌珠穆沁旗，西至鄂尔多斯长城附近，呈东北—西南带状分布。由于地形条件不同和热量差异，本亚区北部为锡林郭勒高原，中部为集宁—呼和浩特盆地，南部为鄂尔多斯东部高原。

①锡林郭勒高原小区

锡林郭勒高原具有典型的蒙古高原地貌特征，海拔800～1400米的平缓起伏的浅丘与宽阔的塔拉相间分布。多年平均降水量300～380毫米，冬季亦有平均约20厘米的雪覆盖，水分条件足以满足温带旱生低温草本植物的生长，草本植物生长较好，是中国重要的牧区。但地势平坦，河流短小，地表径流十分贫乏，广泛分布着玄武岩熔岩台地和泥岩塔拉，地下水埋藏很深，形成深水草场或缺水草场。一般只供冬季放牧。

②集宁—呼和浩特盆地小区

高原南部的小腾格里沙地东西长约300千米，南北宽30～80千米不等，面积约18000平方千米。沙地覆盖在第三、四纪湖沉积物和第三纪红色黏土之上，绝大部分已处于固定和半固定状态，流沙面积只有2%左右。固定、半固定沙丘上植被生长良好，以禾本科和蒿属为主。东部由于降水量较多，除草本外，还有较多的乔木、灌木，如榆树、山樱桃等，并零星分布有云杉和油松。沙丘与密集的塔拉交错分布，塔拉中植

物生长繁茂，覆盖率常在 50% 以上，为当地主要牧场。塔拉中心常为湖泊，湖水靠潜水补给，且大部能通过地下径流排泄，故水质较好，多为淡水湖。

③鄂尔多斯东部高原小区

黄河河套以南、长城以北，为鄂尔多斯高原。它是一个经长期剥蚀夷平的准平原，地表广泛出露白垩纪砂岩、砾岩，海拔为 1300～1500 米，仅西部桌子山海拔超过 2000 米。地形上，鄂尔多斯高原为一些低矮的平梁与宽阔的谷地相交错，起伏和缓。鄂尔多斯高原东部年降水量 400 毫米左右，干燥度 1.6～2.0，属温带干草原；西部年降水量 250 毫米左右，干燥度 2.0～2.8，为半荒漠。两者间大致以杭锦旗—鄂托克旗—盐池一线为界。故在东部的固定、半固定沙丘内有中生性沙柳、乌柳等灌木群落，而西部很少。在丘间滩地上，东部以寸草滩和芨芨草滩为主，西部则有成片的盐生植物（白刺和盐爪爪群落）。

[毛乌素沙地] 毛乌素沙地在鄂尔多斯的中、南部，降水较多，地表水和地下水也较丰富，无定河等河流纵贯本沙地的东南部，流入黄河。沙丘间低地的地下水一般埋深 1～3 米，水质良好。因此，天然植物生长也较好，沙丘上普遍生长油蒿群落，除沙生的油蒿、小叶锦鸡儿草外，还有真旱生禾本科草类及臭柏。在丘间低地和滩地上分布着盐生革甸及沼泽性灌丛，称为"柳湾林"，它由内蒙柳、沙柳和酪柳三种主要灌木形成，生长旺盛，是良好的牧场。这一片片天然绿洲，成为毛乌素沙地中的特殊景色。虽然这里水分条件优越，沙丘以固定和半固定为主，但流沙面积不断扩大，目前流沙已占沙丘总面积的 64%。流沙主要分布于毛乌素沙地的东南部，特别是在陕北的靖边、榆林、神木和内蒙古的乌审旗一带，密集成片。

内蒙古西部亚区

内蒙古西部亚区属棕钙土荒漠草原地带，包括乌兰察布市和巴彦淖尔市的大部、黄河河套平原和鄂尔多斯西部。

[乌兰察布和巴彦淖尔高原] 高原地势平缓，上有一些东北—西南向的宽浅盆地，多为挠曲作用所形成，其中以二连盆地较大。乌兰察布高原主要为戈壁针茅、冷蒿草原，土壤为棕钙土。巴彦淖尔高原因干燥程度增加，主要为沙生针茅、旱蒿、锦鸡儿草原，土壤为淡棕钙土。

[河套平原] 包括后套平原和银川平原，地质构造上是鄂尔多斯高原边缘的断陷带，靠近大青山和贺兰山都有明显的大断层，山前为缓斜的洪积—冲积平原。第四纪黄河沉积物填满了这个断陷带，厚度可达 2000 米以上。大青山以南的河套平原积温有 3000℃ 左右，可满足一年一熟作物生长的需要，可以引黄河水灌溉，成为著名的河套灌区，一向有"黄河百害，唯富一套"之誉。但河套地区年降水量仅 150 毫米左右，年蒸发量却高达 2200 毫米以上，重灌轻排，土壤中的盐分就上升到地表，造成大面积次生盐碱化。现已积极进行综合治理，实行灌排配套。

从青铜峡至石嘴山之间为银川平原，可利用黄河水引渠灌溉银川、平罗、惠农等地农田，西有贺兰山为屏障，风沙危害不大。这里自秦汉以来就是屯田地区，至今还留有古代开凿的渠系。

从磴口向北到乌拉山之间为后套平

原，海拔 1100 米左右，地面平坦，地势自西南向东北微倾，黄河两岸略隆起的自然堤使地势向两侧降低。引黄河水灌溉渠系自南向北，连五加河通乌梁素海。由于灌溉后地下水位增高，已引起土壤次生盐渍化。

在后套平原的西南部，介于黄河与狼山之间为乌兰布和沙漠。沙漠内，流沙占 39%，主要分布于东南部。其作为固定和半固定沙丘主要在西部，梭梭柴、红沙、白刺等生长较好，是优良的牧场。北部是古代黄河冲积平原，广泛分布有平坦的黏土质平地，且濒临黄河，地势由黄河岸向西缓缓倾斜，可引黄河水自流灌溉，条件优越。乌兰布和沙漠的流沙通过贺兰山与狼山之间的地形缺口一直延伸到黄河岸边，并越过黄河，在河套的黄河南岸形成库布齐沙漠。这里绝大部分是流动沙丘，以高 10～15 米的沙丘和格状沙丘为主，人口稀少，仅有少数牧民的放牧点。

[贺兰山] 银川平原以西的贺兰山是一条狭长的山地，宽为 20～40 千米，走向北北东，山顶海拔在 2000～2500 米，最高峰海拔 3000 米以上，西坡缓斜与阿拉善高原相接，进入荒漠，东坡则陡降 1000 余米，入银川平原。贺兰山植被具有垂直带变化，山麓部分海拔 1500 米以下为荒漠草原；1500 米以上出现覆盖较大、草本生长较好的干草原；大约 2000 米以上，有云杉、山杨、油松为主的森林，其中夹有杜松、侧柏、桧松等，林下显示出半干旱的生境，森林已被破坏，残存不多；林上有面积不大的山地草甸，可做夏季牧场。

东北区的自然概况及其划分

东北区的自然概况

地理位置

东北区位于中国东北部，纬度最高，北、东、东南三面至国境，西隔大兴安岭与内蒙古区的呼伦贝尔高原相接。大兴安岭北段是一条比较明显的自然地理分界线，约与干燥度 1.2 等值线相合，大致自根河河口向东南，经海拉尔与牙克石之间再向南止于阿尔山。东北区的南界不甚明显，约自阿尔山起，向东沿洮儿河谷、乌兰浩特南下，与活动积温 3200℃ 等值线相符，循彰武—法库—铁岭—抚顺一线，再向东南延伸经宽甸至鸭绿江边。在行政区域上，东北区包括黑龙江省的全部、吉林省的绝大部分、辽宁省的北部，以及内蒙古自治区的东北部。

地貌结构

东北区全区地势，最外的一环是黑龙江、乌苏里江等河谷谷地，其内紧接着高度不大的山地。西部山地以大兴安岭为主干，东与伊勒呼里山、小兴安岭山地相接；东部山地主要有张广才岭、长白山地等，这些山地和丘陵环抱着松嫩平原。而在东部松花江下游及乌苏里江左岸，是低湿的三江平原。

[大兴安岭] 为东北—西南走向的山系，是黑龙江左岸漠河至西拉木伦河左岸，全长约 1400 千米，大致以洮儿河为界，可分为南、北两段。北段长约 670 千米，山脉较宽，海拔 1000 米左右，个别山峰可达 1700 米以上。东坡较陡，水系发育，西坡平缓，切割也较弱。南段山势较低，但个别高峰达 1950 米，具森林草原景观，森林只在山地东

坡局部存在。其自然地理特征，西与内蒙古高原、东与西辽河平原有较大的相似性，故大兴安岭南段应划属内蒙古区。

[小兴安岭] 指黑龙江省北部呈西北—东南走向的山岭，平均海拔500～800米。西北段平缓，呈台地状丘陵；东南段起伏较大，为低山丘陵。

[东部山地] 为许多北东走向的平行褶皱断块山脉和宽广的谷地所构成，包括完达山、张广才岭、老爷岭、太平岭、长白山等，一般山地海拔500～1000米。山岭为河流切割，山势高耸，而河谷宽坦，常有一些湿地分布。

[松嫩平原和三江平原] 在大地构造上都是凹陷带，沉降和堆积作用迄今仍在继续进行，故地形平坦，低处为大片沼泽。

雪后的白桦林

气温

东北区处于北纬42°～53°33′，为中国最寒冷的自然区。冬季在强大的蒙古高压笼罩下，风力强劲，寒潮频袭，寒冷尤甚。1月等温线大致和纬线平行，南北梯度很大，自南部的-10℃至北部的-30℃，平均纬度每升高1°，温度降低1.5℃。大兴安岭北部山地是全国著名的"寒极"，极端低温曾降至-50℃以下。

[春季] 春季，蒙古高压势力大为减弱，北退，低压系统常自贝加尔湖移入本区。由于低压前部出现强劲的西南气流，低压后部有强烈冷空气侵入，故东北区春季多偏南大风，冷空气南下降温又常常造成晚霜。大风以松嫩平原和松辽分水岭出现次数最多，最大风速可达每秒30米，如公主岭曾有达每秒46.3米（1919年3月23日）的大风。松嫩平原西部，雪盖很薄而地表多沙，春季旱风和沙暴对生产仍有一定危害。

[夏季] 本区黑河以北，基本上没有夏季，即有亦不过1～2候（5天为1候）。7月是一年中最热的月份，全区绝大部分气温都升至20℃以上。等温线在中部平原地区有一致向北弯曲的趋势，等温线稀疏，平均每一纬度只相差0.4℃。在全国来说，本区7月平均气温虽然较低，但在太平洋高压伸入本区停滞的时候，也有短时炎热天气，往往出现35℃以上的高温。

[秋季] 秋季在东北区来临是极快的。随着蒙古高压的形成，各地气温逐月下降迅速，8～9月间一般下降7℃～8℃，9～10月间降低9℃～10℃，所以10月平均气温大多在10℃以下，最北部可到0℃以下，已进入冬季。

[冬季] 冬季漫长，低温持续期相当长。一般而言，大兴安岭地区每年10月初，日平均气温即稳定在0℃以下，到次年4月才回升。日平均气温0℃以下的持续期达6个月之久，松嫩平原与长白山地也长达5～6个月。这时土壤冻结，地表冰雪覆盖，河流封冻，农事清闲。而林业由于大地封冻，采运方便，则为生产繁忙季节。

降水

东北区降水主要源自东南季风。本区最东端的绥芬河一带，与海洋（日本

松花江畔的滑雪者

海）直线距离仅 100 千米，故东南季风可以直入。全区各地夏季降水量都占到全年的 60% 左右，多的达 70% 以上。降水量的分布受地形影响，山地迎风坡降水较多，西侧背风坡则减少很快。如长白山地东南坡最多可达 1000 毫米，小兴安岭东侧在 600 毫米以上，到嫩江平原减为 400～500 毫米，大兴安岭东坡又稍见增多，越过大兴安岭就降至 400 毫米以下。东北区全年降水总量不算丰沛，但由于温度较低，蒸发量小，其有效降水量相对较多。干燥度一般在 1.2 以下，东部山地和大兴安岭山地不及 1.0。冬季降雪和长期积雪使冬季降水得以保存，在春季融化后足以充分湿润土壤，并补给河川径流，形成春汛。夏雨集中率很高，哈尔滨夏雨占年总雨量的 68%。高温与水分充足的气候条件，加上大部分地方土壤肥沃，使东北区的农业一般能获得高产。

冻土

多年冻土大致分布于北纬 47° 以北的山地，其南界约与 1 月 -26℃ 等温线（或年平均气温 0℃ 等温线）相符合。多年冻土的分布主要受纬度地带的控制，自西北向东南，面积逐渐缩小，厚度相应变薄。西北部最冷，年平均气温低于 -5℃，多年冻土基本上呈大片连续分布，冻土层厚度可达 50～100 米。到东南部，年平均气温增至 -3℃～0℃，

多年冻土呈岛状分布，冻土层厚度亦减为 5～20 米。多年冻土的地表土层夏季也发生融化，称为季节融化层。在东北山地，最大季节融化深度在不同土层中为 0.5～3.5 米。但在季节融化层以下，则仍是永冻的。因此，在暖季，多年冻土构成了分布相当广泛的地下不透水层，阻碍了地表水与土壤水的自由下渗，使地表经常处于湿润状态。

季节冻土是随着季节性气温的改变土壤冻结或融解，即冬季土层冻结、夏季全部融化。秋季地表温度降至 0℃ 以下，即开始冻结。随着土壤温度降低，冻结层逐渐加深。在黑河至呼玛间的黑龙江河谷，冻层深度 11 月达 50 厘米，12 月达 1 米，次年 2 月深达 2 米，3 月可达 3 米。一年中仅 8、9 两个月冻层消失。这种季节冻土分布广泛，当暮春地表积雪融化时，土壤上层开始解冻，逐渐向下层融解，这时地下尚未融解的冻层构成了临时不透水层，土壤上层融水成为"上层滞水"，或随侧流缓慢渗注于较低部位，汇入溪河。夏季冻层逐渐融尽，有利于夏季降水的下渗，土壤透气状况良好。

温带湿润森林与森林草原景观

东北区地带性的植被与土壤分布规律很清楚。以山地而论，北部主要为寒温带针叶林—棕色针叶林土地带。东部和南部主要为温带针阔叶混交林—暗棕色森林土地带。以平原而论，东部三江平原以沼泽、草甸为主，在低山、丘陵上可见落叶阔叶林和薄层暗棕色森林土，松嫩平原则为草甸草原—黑土地带。

［寒温带针叶林—棕色针叶林土地带］寒温带针叶林主要分布于本区的极

北部及海拔 800 米以上的大兴安岭北部，因此寒温带在中国除了小面积属于水平分布以外，其余实际上属垂直分布。它的分布沿大兴安岭山地从北向南，略呈楔形，分布于海拔 800 米以上的地区。建群植物以最耐寒而冬落叶的落叶松为主，主要为兴安落叶松，还有一部分樟子松。寒温带针叶林的分布高程，在不同纬度的大兴安岭山地是不同的。如在北纬 47°～48°，大兴安岭东麓（海拔 400～900 米）为温带森林草原；由此向上到海拔 1200 米左右，为温带落叶阔叶林及针阔叶混交林；海拔 1200 米以上，才是寒温带针叶林。但在北纬 51°～52°的大兴安岭，寒温带针叶林从海拔 700～800 米开始广泛分布。寒温带针叶林下发育的土壤是棕色针叶林土。由于这里的气候长期湿冷，成土过程以酸性淋溶作用为主，土壤全剖面呈酸性（pH5.0～5.5）。这里是永久冻土分布区，地面土层冻结时间一般有 7 个月，夏季融化。由于季节融化层的影响，土壤中被淋溶的物质在融冻时会随上升水返回上部土层。因此，剖面上各土层中矿物质成分的分异不明显，无明显的淋溶层。

[温带针阔叶混交林—暗棕色森林土地带] 小兴安岭及东部山地的针阔叶混交林分布于海拔 500～700 米的低山、丘陵上，分布在小兴安岭及东部山地。在大兴安岭东坡亦有分布，但它只是垂直带谱的一个组成部分，出现于落叶松森林带以下海拔较低的山坡。以落叶阔叶林为主，主要是榆、椴、蒙古栎、枫桦等，含有数量不多的红松。由于地处近海，大气湿度高，林内藤本植物极为丰富，林下还有第三纪残留的草本植物——人参。针阔叶混交林受人为破坏后，常形成纯由落叶阔叶树组成的森林。阔叶林种类繁多，故当地称为"杂木林"。东北的三大硬木胡桃楸、水曲柳和黄菠萝，即产在这里。海拔 800～1300 米的山地，则有温带常绿针叶林，以红松林最为著名。红松常与落叶阔叶树混交，但有些地方也成纯林。海拔更高的地方，则有云杉、冷杉林，树种以鱼鳞云杉、臭冷杉为主。长白山地海拔 1100～1800 米的高处，常零星分布有黄花落叶松。黄花松的下界可降至山麓，在山地内低湿的沼泽化地段里，常形成纯林。东部山地气候极为湿润，如伊春等地干燥度仅 0.8。山地夏季多云雾，全年平均相对湿度达 70%～80%。故温带针阔叶混交林下，淋溶作用较强，土壤呈弱酸性，透水性良好，氧化作用显著，表土呈棕色，称为暗棕色森林土。其腐殖质含量可达 8%～15%，但土层薄，故一般宜林不宜农。

[温带森林草原—黑土、黑钙土地带] 大兴安岭与小兴安岭、东部山地之间的松嫩平原，位于雨影区，降水较少，干燥度在 1.0 左右。在小兴安岭和东部山地的西麓以及大兴安岭东麓的丘陵、漫岗，天然植被为森林草原。从丘陵、漫岗向下，海拔渐低，进入平原，降水量相应减少，天然植被渐变为温带草原、草甸。至平原中心（即安达市一带），干燥度达 1.3 左右。森林草原的草类多为多年生丛生禾草和杂草类，植物种类成分以禾本科、菊科、豆科为主，其中混生有蒙古栎及山杏、胡枝子、刺五加等灌木。相应的土壤为黑土，有深厚的腐殖质层，一般厚 30～70 厘米，个别可达 100 厘米以上，剖面中无钙积层，

亦无石灰反应，故其成土过程不仅有草甸形成的腐殖质积累过程，也有一些森林土壤形成过程，如盐基淋溶过程。土壤呈微酸性，pH5.5～6.5。表层腐殖质含量很高，常在3%～6%，高的可达15%以上，氮、磷等含量也多，加之有良好的团粒结构，故黑土是中国自然肥力很高的一种土壤，目前大部已开垦。

[沼泽] 全区沼泽面积近5000万亩，占全区土地总面积的2.7%。在山地中，沼泽分布于沟谷或熔岩台地上，泥炭化过程强盛，泥炭层厚度一般在0.5米左右。以长白山最厚，达1.0米。在平原中，沼泽主要分布于旧河道、平浅洼地和湖滨，其中以三江平原分布最广，其次为嫩江平原乌裕尔河、双阳河、阿伦河下游地区，其余呈零星分布，它们的表层泥炭积累薄而有盐渍化现象。东北区的沼泽由于地面长期或周期性积水，发育了湿生多年生草本植物所组成的沼泽植被，草类以莎草科和禾本科为主。苔草沼泽当地称为"塔头甸子"，因苔草等到密丛草类枯叶不断积累，形成草丘，故名。草丘之间则有各种藓类、地榆等。在形成时间不久的沼泽上，还长有一些矮灌木。苔草的一种——乌拉苔（即乌拉草）曾经是"东北三宝"之一。

[草甸] 东北区的草甸多形成于河流谷地和低阶地上，与沼泽往往交错分布，其地下水水位一般在1～2米。在植物生长和土壤过程活跃的季节里，地下水可不断上升至地表，使土壤保持湿润状态。草甸中植物覆盖茂密，由中生草甸植物及部分沼泽化草甸植物组成，经常可见到的有小叶草、苔草、地榆、金莲花等。在这种喜湿植被下，发育了白浆土。白浆土的最重要特征是上下土层性质相差十分悬殊。上层为腐殖质层，一般厚仅10～20厘米，疏松，黏粒含量不多；下层呈灰白色，紧实，铁子和锈斑很多，一般都是黏土。白浆土呈酸性反应，pH5～6。由于腐殖质层很薄，故土壤整个剖面的腐殖质总含量并不高。目前，白浆土已大部分被开垦为农田。

东北区的自然区划

由于地形的影响，东北区自然地带之间分界比较明显，分为3个亚区、4个小区（见下表）。在自然景观的地域分异中，地带性因素起着主导作用。在每个亚区内，随着局部地形条件及坡向的不同，自然景观有明显差异，故各种类型的自然景观呈复域分布于一个亚区内，每个亚区可包括两个或两个以上的自然景观类型。

大兴安岭北部亚区	
小兴安岭及东部山地亚区	小兴安岭及东部山地小区
	三江平原小区
松嫩平原亚区	山前低山、丘陵、漫岗小区
	松嫩平原小区

大兴安岭北部亚区

本亚区是中国最寒冷的地区，也是中国唯一的面积较大的寒温带地区。永冻层分布甚广，阴坡甚至盛夏积雪不化，河流封冻半年。按以候温划分的季节来说，本亚区全年无夏，冬季长达8个月以上。极端最低气温可达-50℃，如大兴安岭西坡的免渡河曾出现过-50℃以下的低温，漠河的极端最低气温曾达-52.3℃（1969年），创全国最低的温度纪录。漠河的无霜期全年只有81天。年降水量一般400～500毫米，由于气温低，干燥度仅 0.7。分水岭上的兴安，由于海拔较高，降水量可达 600 毫米，更为湿润。

大兴安岭多寒温带兴安落叶松林，为明针叶林，林内阳光充足，灌木层和草本层都很发达。在排水不良的地方和溪流附近，几为落叶松纯林。在排水良好的北向缓坡上，林内间或伴生有少数白桦、樟子松。漠河以北，针叶林基本上从山麓分布到山顶。本亚区的南部，由于热量稍高，海拔 1000 米左右以下的山坡，出现温带针阔叶混交林和落叶阔叶林，但这些在大兴安岭东坡所占面积很狭，是大兴安岭山地垂直带谱的组成部分。

森林为动物栖息创造了有利环境。这里有野生动物 232 种，是中国重要的毛皮兽产区。因气候寒冷，毛皮兽皮柔毛丰而富有光泽，在产量和质量上都居全国第一，在世界上也占有重要地位。毛皮兽中珍贵的当推紫貂、水獭、猞猁等，产量较多的是松鼠、东北兔、香鼬、狐等。此外，马鹿和梅花鹿的鹿茸、麝的麝香，也有很高经济价值。本区还分布有世界最大的鹿——驼鹿（堪达罕）。居住在这里的鄂伦春族主要从事狩猎，并畜养驯鹿。

小兴安岭及东部山地亚区

[小兴安岭] 小兴安岭是黑龙江沿岸至松花江以北的山地总称，从北向南绵延约 360 千米，宽 80 ~ 320 千米。平均海拔 500 ~ 800 米，一般山峰海拔不超过 1000 米，最高山峰海拔不到 1200 米。山势和缓，河谷宽展。小兴安岭两侧坡度也不对称，东北坡短而陡，西南坡长而缓。在地质构造上，小兴安岭以铁力—嘉荫一线为界，可分为南北两段：南段主要是古老的花岗岩和变质岩；北段则广泛出露第三纪沉积物，在第三纪时这里是与松嫩平原连成一片的低地，到上新世末更新世初，才沿断裂抬升成为山地。

小兴安岭中段和南段海拔多在 800 米左右，主要为针阔叶混交林，有大片红松林。红松树干高大挺直，材质轻软、耐腐，是世界稀有的珍贵树种，为良好的建筑和家具用材，并有多种工业用途。这里森林面积大，木材蓄量多，是中国主要天然林区之一。小兴安岭南段的伊春，是中国重要林业生产基地，有中国"林都"之称。小兴安岭北段，海拔一般 500 ~ 700 米，以落叶阔叶林为主，树种主要为蒙古栎、黑桦、山杨等。长白山比较高峻，垂直带结构是欧亚大陆东岸温带季风气候条件下的典型，自下而上可分为四个垂直带：一是海拔 600 ~ 1600 米为山地针阔叶混交林带，主要树种有红松、沙松等针叶树，及枫桦、水曲柳、柞树、紫椴、白皮榆等阔叶树。阔叶树在数量上虽超过针叶树，但随海拔高度的增加，针叶树比重增大，除红松、沙松外，还有

小兴安岭的森林小火车

臭松、鱼鳞云杉和红皮云杉。二是海拔1600～1800米为山地暗针叶林带，主要由鱼鳞云杉和臭松等组成，杂有落叶松和香杨等。三是海拔1800～2000米为岳桦林带，这是森林与高山无林地带的过渡带。岳桦林由岳桦组成纯林，呈疏林状或散生状况，林相比较简单。海拔较高处，因受强风袭击，岳桦呈半丛状，树干呈蛇状弯曲，称为"矮曲林"。四是海拔2000米以上为亚高山苔原带。因风力强、气温低，已无树木生长，主要有笃斯越橘、毛毡杜鹃、苍叶杜鹃、仙女木、松毛翠等小灌木和长白棘豆、轮花马先蒿、高岭凤毛菊、蒿草、龙胆、景天、珠牙蓼、高山罂粟等草本植物，以及砂藓、毡藓、石蕊、冰洲衣等苔藓地衣植物。

[长白山地] 松花江以南的山地，以长白山为主干，总称为东部山地，也叫"长白山地"。多数山峰海拔1000米以上。北段由许多东北—西南向的平行山脉组成，如张广才岭、老爷岭等，山脉之间为牡丹江、穆棱河等宽广河谷。整个山地的最高部分也称长白山，耸立在中朝边境。长白山顶是一个典型的复合式盾状火山锥体，称"白头山"。山顶群峰耸峙，海拔超过2500米的山峰有16座。朝鲜境内的将军峰是长白山的最高峰，海拔2749.6米。在中国境内，白云峰最高，海拔2691米，为东北地区第一高峰。白头山顶部的中朝界湖——天池，是典型的火山湖，湖面海拔2194米，面积9.8平方千米，平均水深204米，最深处373米。天池的水从北侧缺口外流，至1250米处坠落深谷，形成高达68米的天池瀑布，这就是第二松花江上源二道白河的源头。白头山

为一休眠火山，据历史记载，在公元1597年、1668年和1702年曾有过3次喷发。距天池瀑布900米处还有温泉水涌出，最高水温达82℃。

[三江平源] 本亚区向东凸出的部分为黑龙江、松花江与乌苏里江三江交汇处，是一片广大的沼泽平原，即三江平原（包括穆棱河—兴凯湖平原），面积5万多平方千米。在地质构造上，它是一个断陷区，第三纪末大规模陷落，并开始堆积，现在堆积物厚达千米以上，形成坦荡的平原。三江平原的地下有较厚的黏土层，地面排水不良，沼泽广布。许多沼泽性河流在广阔的河漫滩上曲折徘徊，多无明显河身。完达山作东北—西南走向，横贯三江平原，是一些平缓低山，海拔多在500米左右。此外，沼泽平原上还有少数孤立的小山、残丘散布其间，相对高度不超过20米。在松花江与挠力河之间，有一不高的阿尔哈倭集岭，其相对高度甚小，在大洪水年（如1932年），洪水可以直接连通两边的湿地。故三江平原的景观主要是沼泽，杂木林仅呈岛状分布。在本亚区广大的山地湿润森林之中，它是一个明显的自然小区。

松嫩平原亚区

松嫩平原西、北、东三面都有山地环绕，南面在地形上几乎与下辽河平原连成一片，故在地理上常称为松辽平原。松花江与辽河间的分水岭非常低矮，在长岭—公主岭一带，为一条北西西向的低平高地，海拔仅200～250米，由冲积与洪积物组成，上覆黄土。第四纪时，松辽分水岭在法库—铁岭一带，在现在分水岭以南约150千米。过去，西辽河向北流入松花江，故长岭—公主岭的分

水岭上分布有砾石、沙等古河流冲积物。

[降水] 松嫩平原大气降水较东部山地为少，在 400～600 毫米，集中于夏季，河流也多在此发生泛滥，使嫩江在齐齐哈尔附近宽达数万米。冬季干燥严寒，河流封冻，大地冻结，蒸发量也很小，所以松嫩平原除西南部外，水分还是充足的。嫩江下游东岸乌裕尔河下游一带，地势最为低洼，雨后连成大片沼泽，地表水不直接经河流排出，称为安达闭流区。以水禽类如丹顶鹤为主要保护对象的扎龙自然保护区即位于齐齐哈尔以东的沼泽地。

[气候分界线] 松嫩平原南面与华北区，西面与内蒙古区都没有明显的地貌分界，其分界线都是气候界线。南面与辽河平原的分界，是积温 3200℃ 等值线。这是中国作物一年一熟与两年三熟区的界线，故在自然地理上有重要意义。松嫩平原南部的长春，以及辽河平原北部的四平（在松辽分水岭以南）一带，积温均在 2700℃ 左右，与哈尔滨一带相似，沈阳积温达到 3414.2℃。因此，沈阳以北的彰武—法库—铁岭—抚顺一线，是东北区与华北区的界线。

华中区的自然概况及其划分

华中区的自然概况

地理位置

华中区大致位于秦岭和南岭之间，西起青藏高原的东侧，东迄于海，位于北纬 24°～34°、东经 103°～123°，主要包括长江中下游流域和浙闽地区，面积约 180 万平方千米。范围相当于中国亚热带，北与华北区接壤，南至南岭山地南麓，大致从福州以南，经广州和南宁以北，止于百色附近。

地貌结构

华中区以四川盆地及其以下的长江为主轴，地势自南北向长江河谷方向倾斜，并逐级由西向东降低。大致秦岭、大巴山地海拔超过 2000 米，贵州高原平均海拔 1000～1500 米，四川盆地海拔 500 米左右，丘陵与冲积或湖积平原海拔低于 200 米，长江三角洲平原及钱塘江、闽江等河口平原，海拔只有 10～20 米。

亚热带湿润季风气候

[热量资源] 华中区热量资源比较丰富，活动积温在 4500℃～7000℃。最冷月平均气温相差 10℃，等温线分布比较均匀。除四川盆地北有秦岭、大巴山屏障外，长江中下游在寒潮强烈侵袭下，各地绝对最低气温均可降至 0℃ 以下，愈北愈低，较北地点绝对最低气温可降至 −10℃，甚至 −20℃ 以下。夏季比较炎热。长江中游和四川中部由于受地形影响，7 月平均气温都在 30℃ 左右，最高气温在 34℃ 以上，重庆、武汉和南京向有长江沿岸"三大火炉"之称。所以，华中区冬冷夏热，和世界同纬度地方相比，显得相当突出，这是中国亚热带季风气候的特色。

[降水] 华中区降水比较丰沛，比华北区多 1～2 倍。降水量自北向南递增，淮河流域在 750 毫米，湘赣浙闽达到 1500 毫米。

冬季，华中区的纬度正处于中国北方与南方的过渡地带，又加上西部青藏高原的影响，所以大气环流具有独特的过渡形式。冬季正处在蒙古高压南伸的前方，高空又有南支急流通过，故气旋过境频繁，云雨较多，降水量约占全年的 10%，对冬季作物生长十分有利。

初夏，青藏高原南支急流消失，但高原以北的急流仍然存在，这支急流稳定在中国东部和日本列岛上空，出现了阻塞高压，挡住大陆气旋的去路。同时，从5月份开始，夏季风从南方进入华中区，热带海洋气团与中纬度变性大陆气团相遇，形成锋面雨。日本列岛上空阻塞高压的存在，使这种锋面雨或气旋雨在某一时期内连续出现于江淮流域的某一特定地区，形成连绵不断的阴雨天气，称为梅雨，这是华中区的一种特殊现象。随着夏季风的北进和极锋的北退，梅雨区也逐级向北推进。梅雨现象于5月下旬初见于福州、衡阳一线，6月中旬发展到长江河谷，6月底到达苏北、豫南。梅雨期一般长20～30天，愈北愈短。梅雨期的特点是雨日频率大、平均雨量多、相对湿度高，与梅前、梅后的天气状况相比十分明显。梅雨是华中区降水的重要组成部分，如梅雨时间太短或太长，则常形成涝年或旱年。梅雨降水主要是蒙蒙细雨，但也有暴雨成分。

梅雨锋北移后，7、8月间太平洋副热带高压笼罩，除秦岭南坡外，全区天气晴热，降水很少。由于夏季风空气含湿量较大，有因对流性不稳定而产生的热雷雨和冷锋雷雨现象，对缓和伏旱天气是有利的。9月初，北方蒙古高压初步形成，高压楔南伸，但副热带高压尚未完全撤退，仍留在高空，所以9、10月间高、低空高压重合，出现了以大湖盆地为中心的秋高气爽天气。这时，沿海一带有台风雨，西部川黔地区因北方冷空气南下，锋面受阻于地形，出现秋雨现象。

水资源及水文特征

华中区河川水量极为丰足，水系也十分发育。长江是世界著名的大河，年平均流量达3.2万米^3/秒，其年径流总量比黄河大20倍。长江主要支流如岷江、嘉陵江、沅江、湘江、汉水、赣江等，其流量也都超过了黄河。例如岷江流域面积不到黄河的五分之一，而多年平均流量却超过黄河的1倍。至于闽江与瓯江，虽然河短水急，流域面积不大，但其径流量颇丰，成为中国东南沿海的重要河流。以水资源模数而言，长江流域比黄河流域大8.5倍。

［鄱阳湖］鄱阳湖的水流是单向流入长江的，长江洪水一般不发生倒灌，因此鄱阳湖主要在于容蓄鄱阳湖系（赣江、修水、抚河、信江、饶河）的洪水，每年只有0.0088亿吨的泥沙停积湖内，这个数值与鄱阳湖总容积相比很小，淤塞现象是不严重的。

［洞庭湖］洞庭湖在汛期起着重要的调洪作用，它不但承载湘、资、沅、澧四水的全部流量，每年洪水期还能容蓄长江从四口（松滋、太平、藕池、调弦）分泄入湖的水量，这样就大大减轻了荆江河槽的排洪负担，也延缓了四水入江的洪水。洞庭湖夏秋季节，入湖水多，又受江水顶托，是湖水高涨时期。一般年份，洞庭湖洪峰出现在长江上游洪峰之前，洪水威胁少。在洪峰遭遇年份就形成洞庭湖区及长江中下游的特大洪水。据1954年7月30日观测资料，洞庭湖削减了长江洪水流量的39.7%，可见洞庭湖有巨大的调蓄功能。

植被与土壤

华中区的天然植被主要包括两种类型。长江和大巴山以北为含常绿阔叶树

珙桐

的落叶阔叶林，在更偏北地区，可含有少数暖温带树种。长江与南岭之间为亚热带常绿阔叶林带，南岭以南，则伴有少量热带树种，渐向华南区准热带过渡。

[落叶阔叶林] 落叶阔叶林分布在常年多云雾的山地，多为稍耐寒的常绿阔叶树，混生着一些温带落叶阔叶林的落叶针叶林，故亦称常绿阔叶林、落叶阔叶树混交林，是常绿阔叶林与落叶阔叶林之间的过渡类型。这类混交林的树种复杂，乔木层一般可分三层，第一层以落叶阔叶树居多，第二、三层则以常绿阔叶树占优势。林下有稍耐寒的大箭竹等。落叶阔叶乔木层中，最有代表性的是壳斗科的山毛榉树等，反映了当地气候较为湿润。

[常绿阔叶林] 亚热带常绿叶林主要分布于海拔 1100 米以下的低山。林内四季常青，有明显的乔木层、灌木层和草木地被层。在阴湿地方，林内有较多的藤本植物和附生植物，但不如热带雨林那样复杂。建群树种以壳斗科的青冈栎、甜槠栲、柯为主，伴生有山毛榉及胡桃科、槭树科等落叶树种。

华中区南部，南岭山地海拔 1200 米以下及南岭以南，为含热带树种的常绿阔叶林，建群树种极少有较耐寒的青冈栎，而以喜暖的刺栲、小红栲为主，樟

科和茶科树木亦为乔木层中的建群种。此外，还有一些属于热带科属的树种。

[针叶林] 针叶林以马尾松和杉木林最有代表性。它们虽然多属次生林或栽培后形成的半自然林，但分布仍有一定规律，只分布于干季不甚显著的我国东部亚热带地区，即华中区。马尾松林能耐干燥瘠薄的土壤，而杉木林在土壤深厚、阴湿的环境下生长良好，它们都是南方的主要用材树种。尤其杉木是中国特有树种，是优良建筑材料。马尾松和杉木林虽然适种地区较广，北面可分布到暖温带南部，南面可分布到准热带，但生长最好的是亚热带南部，即华中区南部，这里是它们的主要产区。由于热量条件的不同，华中区北部和南部马尾松林，乔木层的伴生树种以及灌木层和草本层有所不同，显示出明显的地带性特点。秦岭、大巴山地以及长江以北丘陵上的马尾松，伴生乔木由落叶阔叶树如枫香、白栎等组成，灌木层为落叶阔叶类树种，草本层多为常绿的铁芒萁。大别山和长江以南，马尾松的伴生乔木有甜槠栲、青冈栎、木荷等常绿阔叶树，灌木层有由毛冬青、油茶等组成的常绿阔叶灌木层片，草本层以常绿的铁芒萁为主。此外，华中区还有世界著名的第三纪孑遗植物——水杉和银杉。水杉混交林发现于湖北省利川水杉坝，生长于海拔 950～1150 米的山谷旁，常与杉木混交。银杉混交林现仅存于广西龙胜花坪（海拔 1420 米）和重庆金佛山。

[黄棕壤] 黄棕壤分布于亚热带北部，即长江以北及鄂北、陕南及豫西南的丘陵、低山区。在分布和发生上都表现出明显的南北过渡性。林地黄棕壤腐殖质的胡敏酸与富里酸的比

率一般在0.5左右,pH多在5.5~7.0,介于棕壤与红壤之间。由于气候比较暖热湿润,黄棕壤中原生矿物的风化程度较深,土壤黏土矿物主要为水云母—蛭石—高岭石,介于棕壤与红壤之间。由于黄棕壤中原生矿物变成次生矿物的过程比较快,黏粒含量较高,黏粒淋溶,聚积在剖面中形成黏重的棕色心土层,甚至形成黏盘,易于滞水。铁、锰亦淋溶,聚积常形成铁锰结核层。可见黄棕壤具有棕壤的一些特征,也表现黄壤的一些特征。

[红壤和黄壤] 红壤和黄壤主要分布于亚热带南部,是华中区分布最广的地带性土壤。红壤主要分布于长江以南广大的低山、丘陵,富铝化作用明显,黏粒部分的硅铝率为2.0~2.2,黏土矿物组成以高岭石为主,但仍有一定数量水云母。全剖面呈酸性反应,pH4.5~5.5。在山区林地,表层有机质含量可达4%~6%,表土呈灰棕色,称为暗红壤,自然肥力较高。森林受损坏后,有机质含量迅速降低,草地红壤仅1%~2%。在无天然植被覆盖的低丘地区,土壤侵蚀比较严重,红壤有机质含量不足1%,土壤黏重,耕作困难,必须加以改良。黄壤主要分布于云雾多、湿度大、日照少的地区,大面积分布于贵州高原以及亚热带南部山地的垂直带内。在干湿季不明显的湿润气候条件下,土壤中的游离氧化铁遭受水化,使剖面呈黄色。富铝化作用较红壤为弱,硅铝率较红壤稍高(在2.5左右),pH4.4~5.5。在天然植被下,黄壤的有机质含量较红壤为高,森林下为5%~10%,灌丛下亦有5%左右,故天然肥力较高,适于发展林业、农业。

华中区的自然区划

华中区划分为两个亚区,亚区内再按地形单元分为7个小区(见下表)。

江汉、秦岭亚区(华中区北部)	长江三角洲平原小区
	长江中下游平原、丘陵小区
	秦岭、大巴山地小区
江南、南岭亚区(华中区南部)	江南低山、丘陵、盆地小区
	四川盆地小区
	贵州高原小区
	南岭山地和广西北部小区

江汉、秦岭亚区(华中区北部)

本亚区位于亚热带北部,积温4500℃~5000℃,1月平均气温0℃~4℃,土壤一般有冻结现象,但寒潮强烈影响时降温显著,绝对最低气温在-10℃以下。无霜期一般在210~250天,初霜在10月下旬就有出现,终霜可推迟至3月底或4月初。本亚区东部因无山岭阻挡,冬季比西部为冷。

年降水量一般在800~1300毫米,大巴山1200毫米,大别山1500毫米,汉中盆地800毫米。但降水变率大,年平均降水变率为15%~20%,7月变率可高达60%以上,故有些年份干燥度可大于1.0。如上海便有32%的年份在1.0~1.25。

[植被] 地带性植被主要是含常绿阔叶树的落叶阔叶林,仅在海拔较低的谷地中才有零星的常绿阔叶树生长。由于本亚区农业历史悠久,人口密集,森林植被保存较少,尤其是平原地区几乎已全部耕垦。就残存的森林植被来看,主要是栎属树种最多,如栓皮栎、麻栎等,常与枫香、黄连木、化香等组成第一层乔木,下层乔木常见有鹅耳枥、椆

榆、三角枫等树种，有时也杂有女贞、青冈等常绿树种。在植物种属成分上，本亚区具有明显的过渡性。例如，棠梨、毛白杨等若干暖温带植物的分布，以本地区为南界；杉木、马尾松、油茶、油桐、乌桕、毛竹、棕榈、枫香等亚热带树种，又以本地区为分布北界。

[土壤] 地带性土壤为黄棕壤。由于东部近海，较为湿润，西部较为干热，所以淋溶作用东部较西部为强，黄棕壤的性质东西差异明显。如湖北襄樊地区与江苏南京地区约处在同一纬度，但前者年平均气温较高，降水量较少，故同是发育在下蜀系黄土上的黄棕壤，性质就有明显不同。

①长江三角洲平原小区

本小区大致以镇江为顶点，北至苏北灌溉总渠，南达杭州湾北岸，西界在长江以北，大致以大运河为界，长江以南，大致以10米等高线与江苏省西南部的低山丘陵区相接。本小区面积约有8万平方千米，但从沉积物组成来说，长江三角洲的真正面积（陆上部分）不过2.28万平方千米，到苏北泰州、海安以北，逐渐过渡为黄河与淮河的冲积平原。本小区地形极为平坦，北面没有山岭屏障，所以冬季温度偏低，无霜期较短。如本小区南部的上海，无霜期只有234天，与纬度几乎比上海高2°但有秦岭屏障的汉中盆地相同，这就限制了亚热带常绿阔叶树的生长。从北向南气候逐渐变化，植被也发生相应变化。在淮北，不种植茶和竹；在淮南，部分地区可种竹和茶。在北纬33℃以北，杉木、马尾松均受冻害，生长很少，村前屋后人工栽培的树木以华北区的树种较多。到北纬33℃以南，马尾松、杉木等已能

正常生长，可以植竹、刺杉等。此外，太湖东西洞庭山栽培常绿果树枇杷、柑橘已有数百年的历史，则与该处受太湖影响，1月平均及绝对最低气温均较附近（苏州、无锡、嘉兴）为高有关，这是受局部小气候的影响。洞庭山虽然天然植被保存较好，但并没有出现典型的亚热带常绿阔叶林。因此，本小区的南界仍划在太湖南岸。

②长江中下游平原、丘陵小区

本小区包括镇江以西、宜昌以东的广大地区。北面以伏牛山及淮河为界，包括河南境内的南阳盆地及淮河以南的信阳—固始平原。南面大致以汉水及长江为界，由于各地位置不同，受寒潮影响的程度不同。在地貌上，长江、汉水沿岸为冲积平原和湖积平原，淮河南岸为黄淮冲积平原，其余广大地区则为山地和丘陵、岗地。山地以伏牛—桐柏—大别山最为重要，是秦岭东西向构造带的向东伸延部分。伏牛山以南是南阳盆地，盆地东侧比较破碎、低矮，在方城附近，山间有宽阔低平的缺口，河南中部平原通过缺口与南阳盆地相连，向南可直通襄樊。湖北与河南交界的桐柏山、大别山低矮、破碎，海拔多在1000米以下，所以武汉一带冬季仍受寒潮的强烈影响。湖北与安徽交界处为大别山的最高部分，海拔高达1500米以上，最高峰海拔1774米，对寒潮有明显的屏障作用。大别山北坡的佛子岭一带，年平均气温14.6℃，无霜期222天左右，南坡的太湖，年平均气温16℃，无霜期255天左右，南北坡植物、土壤分布上的差异受此影响。大别山以南的岳西、桐城、英山等地，虽均位于长江以北，且纬度亦较武汉为高，但积温均高于

5000℃，为亚热带常绿阔叶林—红黄壤地区。再向东去，山势低矮，蚌埠与南京间的张八岭，是一群海拔不到 200 米的丘陵，故寒潮可长驱直下，南京冬季的寒冷程度几乎与淮南一带相似，冬长4 个半月，无霜期不到 240 天，所以长江以南的南京、芜湖一带仍属常绿阔叶、落叶阔叶混交林—黄棕壤地区。

[洪泽湖] 洪泽湖面积 2069 平方千米，是中国第四大淡水湖泊，湖底海拔 10 ～ 11 米，高出洪泽湖以东的苏北平原 4 ～ 8 米，成为高耸于苏北平原之上的悬湖。现在湖东有大堤拦住湖水，保护苏北里下河地区的安全。洪泽湖本来是淮河下游的一群湖荡，1194 年黄河决口，南下夺淮入海，黄河带来的大量泥沙淤积淮河下游，使水位抬高，原来的许多湖荡合并为一，形成了巨大的洪泽湖。

③秦岭、大巴山地小区

本小区包括秦岭、大巴山地及两者之间的汉中盆地，还有甘肃南部的白龙江中下游。秦岭位于渭河、黄河与嘉陵江、汉水之间，是中国地理上的重要界线，海拔 2000 ～ 3000 米。尤其陕西关中平原（宝鸡—西安）南侧一段最为高峻，主峰太白山海拔3767 米，是华中区最高的山峰。在地质构造上，它是一个掀升的断块，北坡是大断层崖，山势雄伟，如西岳华山即以险陡著名。沿断层线有温泉出露，如西安以东的骊山温泉，自古以来就非常著名。因此，秦岭的北坡短而陡，南坡长而缓，山脉的主脊偏居北侧。北坡的河流下蚀强烈，形成深刻的峡谷，称为秦岭"七十二峪"。南坡则坡度较缓，多山间盆地，为秦岭山

地的重要农业中心。

[神农架] 主峰神农顶海拔 3105米，这里海拔 1800 米以上的山区经常云雾弥漫，降雪期从 9 月至次年 3 月底，长达半年以上，气候十分凉湿。神农架是中国东西及南北植被的过渡地带，高等植物有 2000 余种，其中珙桐、水杉、银杏、领春木、鹅掌楸、水青树和山拐枣等，都是地质历史时期的孑遗植物。神农架是华中区的重要林区之一。山地植被基本上保持原始状态，具有明显的垂直带谱：海拔 1000 米以下主要是油桐、杜仲、乌桕等亚热带经济林；1000 ～ 1700 米为常绿阔叶、落叶阔叶混交林，由泡桐、栓皮栎、茅栗等组成；1700 ～ 2200 米为针叶、落叶阔叶混交林，以华山松、锐齿栎、山毛榉等为主；2200 米以上是以冷杉为主的暗针叶林带，其中有百龄树龄的冷杉。神农架动物种类繁多，仅野生脊椎动物就有 500余种，其中有许多珍稀动物，如金丝猴、小白熊、苏门羚、麝、马鹿等。

江南、南岭亚区（华中区南部）

包括四川盆地、贵州高原、湘、赣、浙、闽诸省以及广东和广西的北部，属于亚热带南部常绿阔叶林—红壤与黄壤地带。与亚热带北部相比，本亚区热量资源要丰富得多，活动积温在5000℃～7000℃。冬季温暖夏季炎热，1月平均气温由北而南，自 4℃增至 8℃，7月则大部在 28℃～29℃，绝对最高气温达 40℃以上。贵州高原因海拔较高，夏季较为凉爽，7 月平均气温在 25℃左右。

本亚区降水量都超过 1000 毫米，东部山地迎风坡如武夷山等达到 1800米，且多暴雨，成为中国大面积多雨区，地表径流丰富。西部川黔部分年降水

量在 1000 毫米左右，但空气湿度较高，四川多云雾，贵州多阴雨，日照也短。

[植被] 由于水分充足和良好的越冬条件，天然植被是常绿阔叶林。林中已有藤本植物和附生植物，藤本也多半是常绿的，林下或无林的山坡广泛分布有铁芒箕等常绿蕨类和灌木杜鹃。北部接近亚热带北部，常绿阔叶林树种以苦槠、甜槠、小叶栲为主，向南则以厚壳桂、红栲、樟等为主，并逐渐含有热带树种。马尾松、杉木和竹林是广泛培植的亚热带经济林，双季稻栽培已有长久的历史。

[土壤] 地带性土壤为红壤和黄壤。黄壤除在贵州高原大面积水平分布外，其他地方均分布于湿润的山地，一般山麓、丘陵为红壤，较高的地方为黄壤。黄壤分布的下限视各地气候的湿润程度而有不同。东南沿海地区降水较多，黄壤的下限一般为海拔 500～600 米，至湘西、赣南、桂北则升至 700～800 米。四川盆地西缘因气候特别湿润，黄壤分布的下限降至 500 米左右。

①江南低山、丘陵、盆地小区

主要包括湖南、江西、浙江及福建西北部、湖北和安徽的南部，是我国典型的亚热带地区，即亚热带常绿阔叶林—红壤地区。天然植被以常绿阔叶树占明显优势。如本小区北缘的江苏宜兴南部丘陵山地，局部残存的常绿阔叶林占 70%～80%，并有亚热带北部极少见的岩石栎、青栲、樟、红楠、紫楠等。针叶树有金钱松、中国粗榧等。此外，林下还有亚热带南部的典型地被植物——铁芒箕。杉木林和毛竹林分布普遍，也栽培油桐、油茶等。这些都与亚热带北部有明显不同。但本小区北缘，

如安徽西南部山地，仍有落叶阔叶、常绿阔叶混交林分布，反映从北向南逐渐过渡的特征。安徽黄山一带山地因北面无高山屏障，柑橘在大寒年份易受冻害，反之，大别山南麓则有柑橘、枇杷等。湖南、江西等省，纬度更低，热量条件也更好，柑橘、樟树等栽植普遍，红壤因母质、地形和气候的不同，可分为 3 个亚类。第四纪红色黏土上发育的土壤，称为红壤，土层深厚，黏粒含量较高，透水、通气性较差。第四纪红色黏土岗地分布很广，现在还有大片可垦的红壤荒地。分布在山区的土壤为暗红壤，因森林植被生长较好，表层有机质含量达 4%～7%，自然肥力较高，土壤较为湿润，有利于林木生长。本小区的北部和西部边缘地区热量稍低，土壤为红壤向黄棕壤过渡的类型，称为黄红壤。表土多呈棕色或黄棕色。

②四川盆地小区

四川盆地是华中区，以至全国的一个特殊的自然小区，其自然地理特征非常明显，区域界线也十分明确。四川盆地是地形上的一个完整盆地，四周为海拔 2000～3000 米的高山和高原，北面是大巴山、龙门山，西面是青藏高原边缘的邛崃山、大凉山，南面是大娄山，东面是巫山。这些山脉也就是本小区的天然边界。盆地本身则为海拔 300～700 米的丘陵和平原。盆地轮廓呈长方形，地势西北高而东南低，所以盆地内的长江支流以北侧较多，有乌江、赤水河等，构成了向盆地中心汇聚的不对称水系。长江干流在盆地东缘切穿巫山山地，向东流去，形成著名的长江三峡。长江三峡全长 193 千米，包括瞿塘峡、巫峡和西陵峡，陡峭的峡谷都位于石灰岩区域，有些峡

谷段两岸峭壁高出江面 500 米以上，江面宽只有 100 米左右。

③贵州高原小区

贵州高原包括贵州省的绝大部分，位于四川盆地与广西盆地之间，向东下降至湘西丘陵盆地。高原地面平均海拔约 1000 米。西部较高，为 1500～2000 米。乌蒙山地海拔 2500 米左右，向西与云南高原相连，构成云南高原面。高原上地形复杂，山岭、丘陵、河谷、平坝相交错。主要山脉有北部的大娄山和南部的苗岭，主峰海拔均达 2000 米左右，而一些山间盆地海拔多在 1000 米左右。乌江以北的遵义一带，则为一系列北东向的紧密褶皱，地形也大致是岭谷相间。高原上石灰岩分布面积广大，约占全省总面积的 70%，岩溶地貌十分发育，许多山间盆地，如平坝、安顺、贵阳等都是大型的岩溶洼地，为贵州的人口和农业中心。河流至高原边缘循地形斜坡下降，形成急流和跌水，河谷也往往下切到只有海拔几百米的高度。著名的黄果树瀑布就在贵州西南部高原边缘，是北盘江支流打帮河上游的一个巨大瀑布，高达 60 米，宽 20 余米，洪峰时流量 2000 米^3/秒，极为壮观。赤水河（长江支流）切割高原北缘，流入四川盆地，下游谷地很低，种植荔枝、龙眼，已属四川盆地景观。

④南岭山地和广西北部小区

南岭山地指湘、赣、粤、桂四省（区）边境的山地，从东至西包括大庾岭、骑田岭、萌渚岭、都庞岭和越城岭，又称为五岭，大部分是低山和丘陵，海拔不到 1000 米，但主峰则高达 1600～2200 米。这是由于东西向构造线受华夏式北东向构造的干扰，所以山岭走向比较杂乱，有的作东北向，有的作东西向，有的没有明显走向，地形上或为一片破碎的山地，远远没有秦岭那样高大完整。因此，河流深入到山地内部，形成许多低平谷地，主要河流有五条，即广东北部的浈水、武水，广西北部的贺江、恭城河和灵渠，都是历代南北交通的要道，也是冬季北方冷气流南侵的途径。

广西壮族自治区右江—南宁—大容山一线以北，属亚热带地区。这里，石灰岩分布很广，为大面积典型的石灰岩景观。广西地形上是一个盆地，海拔较低，广西盆地北面与西面分别为贵州高原和云南高原，东北面为南岭山地，东南面为十万大山、大容山和云开大山。盆地地势大致由西北向东南倾斜，右江、红水河、桂江等都循此倾斜面注入西江。盆地内山岭起伏，主要为受"山"字形体系控制的广西弧形山脉，其东翼为东北向的大瑶山和海洋山，西翼为西北向的大明山和都阳山，弧顶在黎塘以南。广西弧形山脉的最高峰可达 1500 米以上，而盆地内的一些岩溶洼地和河谷盆地海拔降至 200 米，甚至 100 米以下。这里岩溶地貌十分发育，是中国乃至世界著名的热带岩溶地区，形成峰丛、峰林与岩溶洼地镶嵌分布的地形组合，桂林、阳朔一带的山水极为著名。

[灵渠] 灵渠是 2200 多年前人工开凿的一条运河，位于广西北部越城岭与都庞岭之间的湘桂夹道。这里，谷地低平，湘江上源和桂江上源漓江之间的分水岭是一片低矮的台地，高山谷地平原只有 6 米，所以自古以来有"湘漓同源"

之说。灵渠又称兴安运河，长约34千米，现在主要用于灌溉附近农田4万多亩。

青藏区的自然概况及其划分

青藏区的自然概况

地理位置

青藏区以青藏高原为主体，青藏高原东西长2500千米，南北最宽处有1200千米，总面积230万平方千米，为中国面积最广的一个自然区，也是世界最高的高原。在行政区域上，包括西藏自治区全部、青海省的大部、四川省的西部、云南省的西北角、甘肃省的西南角及新疆维吾尔自治区南缘（昆仑山地）。青藏区北以昆仑山系与西北区相接，东部北起日月山，经夏河、临潭一线与黄土高原分界，向南与四川盆地之间大致以3000米等高线为界，并以康定—稻城—德钦一线之东南与西南区分野，向西至帕米尔、喀喇昆仑山的中国过境，与克什米尔相接。

高原寒漠景观

青藏高原具有特殊的自然地理特征。它的存在对其周围的地区和整个亚洲东部的自然环境产生着深刻的影响。自然综合体的形成、演变和地域分布规律主要决定于海拔高度及由此引起的水热差异。青藏高原位居中纬度西风带与副热带范围内，但因海拔影响，并不具有温带或亚热带景观，而表现为高原寒漠、草甸、草原景观。

最年轻的强烈隆起的高原

青藏高原的特征是高、大、新。因"高"有"世界屋脊"之称。平均海拔在3500～5000米，地势大致自西北向东南倾斜，西北部藏北高原海拔4500～5000米，更高的阿里地区谷地达5000米以上，故阿里被称为"高原上的高原"。高原中部黄河、长江上游地区海拔4500米左右，到东南部阿坝（四川）和甘南（甘肃）则降至3500米左右。高原面起伏微缓，高原面上的山岭除少数比较高峻外，大多形态浑圆，坡度很小，相对高度只有几百米，有"远看似山，近看成川（平地）"之称。高原边缘的巨大山系，海拔多在6000～7000米。高原北部的山脉主要有喀喇昆仑山、昆仑山，南部山脉主要有喜马拉雅山、冈底斯山、念青唐古拉山。高原中部的山脉主要有唐古拉山和昆仑山山系的可可西里山、巴颜喀拉山等。喜马拉雅山是一条由多列平行山脉组成的弧形山系，长2400千米，宽200～300千米，地势极为高耸，世界第一高峰珠穆朗玛峰海拔达8844.43米。在其周围5000多平方千米内，7000米以上高峰40多座，8000米以上高峰在中国境内还有洛子峰（8516米）、马卡鲁峰（8463米）、卓奥友峰（8201米）和希夏邦马峰（8027米）等四座。这里被称为"世界屋脊之巅"，地球之"第三极"。"大"就是面积巨大。青藏高原除东南部受河流切割，高原面散布于河间山岭顶部外，大部分地区高原面都比较完整，代表白垩纪末至新第三纪长期侵蚀、剥蚀所夷平的准平原。"新"就是青藏高原和高原上的巨大山脉如喜马拉雅山等，其形成的时代很新，主要是在上新世末至更新世才强烈隆起，达到现在的高度，是世界上最年轻的山脉。根据板块构造学说，青藏高原的抬升和喜马拉雅山系的形成是亚欧板块和印度板块互相碰撞的结果。印度板块向北俯冲到亚欧板块下面，大洋地壳被挤出，形成了顺雅鲁藏布江河谷出露的超基性岩和混杂岩带，它是两个大陆板块碰撞的缝合线，这是迄今陆地上最清楚的板块边界。喜马拉雅山地区地壳厚度仅48千米左右，而雅鲁藏布江南侧及青藏高原的地壳高度达70千米左右，约为正常地壳厚度的1倍。喜马拉雅山地区目前地震活动很强，说明板块边界仍在活动。

高原气候

全年大部分时间在高空西风范围内，不断有高低气压系统通过，冷锋也很频繁，有时达到寒潮的强度，使地面形成"冷高压"，高原面上气候极为干燥寒冷。夏季西风带北移，高原面迅速增温，与其周围自由大气相比成为一个"热源"，气流向高原辐合，降水有所增加，伴有雷暴雨。此时高原上气流的上升作用加强，在其上空则产生巨大的辐散气流，形成一个"高空的热低压"。此外，西南季风夏季可侵入高原上空，在高原东部，西南季风可深入到较北的纬度，与西风带间形成辐合线，是高原东部夏季降水的主要原因。

[气温] 青藏高原地面接受强烈辐射，其地面空气温度比同纬度平原地区上空的同一高度的大气温度要高，故青藏高原是一个热源。如以0.5℃／100米的气温递减率推算，海拔3650米的拉萨的气温折算至海拔100米处，其年平均气温约为26℃，与东部平原纬度相似的九江（海拔32米），高出9℃之多。尤其是冬季显然比较暖和，拉萨最冷月平均气温为-2.3℃，这与东部平原上的山地完全不同。

高原上大气稀薄清洁，太阳辐射强，日照丰富，且地面多裸露岩石、沙砾，使地面白天吸热多，增温迅速，夜间冷却很快，气温迅速下降，故气温日较差大。高原大部分地区日较差高达16℃～18℃，而东部平原地区的长沙、南昌只有7℃上下。由于高原年辐射总量大，且冬季多晴天，日照时间较长，白天并不阴冷，故年较差相对较小，大部分地区在20℃左右，而东部平原地区的长沙为24.6℃，汉口为25.8℃。海拔5000米以上的阿里地区，夏季8月，白天气温可到10℃以上，夜间溪水可结2厘米厚的冰，气温降至零下，日较差可达20℃左右。这种气温日较差大、年较差小的特点，与中国东部同纬度低地有明显区别，而与云南高原有一些相似。这表明西藏高原的南部，由于其基带是热带，气候已具有热带山地的某些特征。

[日照] 由于地势高，空气稀薄，海拔5000米处大气质量约为海平面的一半，二氧化碳含量不及海平面的二分之一，大气中水汽少，干净清洁，日照百分率高。如拉萨年日照时数3008小时，比东部同纬度的宁波（2087小时）高出近1000小时，故拉萨有"日光城"之称。定日更高达3393小时，与新疆的哈密相似。太阳辐射值很大，在珠峰北麓绒布寺（北纬28°13′，海拔5000米），年辐射总量达199.9千卡／厘米^2，比同纬度东部平原上的长沙要大75%。这在世界上是极其罕见的。

[风力] 高原干季多大风，增强了高原的干旱程度。从11月至次年5月，高原为强劲的西风急流所控制，天气寒冷，空气湿度小，地面经常吹偏西大风，各月平均大风（风速≥17米／秒）日数在10～20天。藏西北阿里地区大风持

续 6 个月，3 ～ 5 月尤为强劲。高原多大风的主要原因是：地面海拔接近对流层中部，受高空西风急流影响；其次，地面西高东低，高原上的山脉大都呈东西向伸展，高原地形与西风一致，使风速加大，大风次数增多。

[热量资源] 由于海拔高，高原上热量条件很差，≥ 10℃积温远远低于同纬度的亚热带低地，如江孜（北纬 28°55′，海拔 4040 米）积温仅 1482℃，比寒温带南界 1700℃的指标还要低。可见，约 4000 米的高差就使本区的热量条件好像从它所在的纬度北移了约 20°，而到了寒温带。但是，高原上日照丰富，气温日较差大，太阳辐射强，且光谱组成中紫外线和红外线部分有较大增加，对于植物的生长发育来说，其积温值与高纬度低地上的相同数值具有不同的意义，因而西藏高原的热量带并不是低纬度向高纬度的简单重复。如，冬小麦不但已种植在拉萨附近河谷，而且在拉萨以北海拔 4100 米处也有种植；青稞则已种到阿里地区日土县海拔 4900 余米的高处，这是迄今所知的中国乃至世界最高的农业种植上限。日照长，辐射强，气温日较差大，均有利于作物碳水化合物的合成，而夜间气温低又可减少作物养分的消耗量，故西藏冬小麦的千粒重一般达到 45 克，最高有 50 多克，比中国其他小麦产区冬小麦的千粒重高 15 ～ 20 克。西藏的蔬菜也长得硕大，萝卜一个 20 多斤，马铃薯一个 1 ～ 2 斤。

冰川

冰川是自然综合体的一个组成部分，其分布和特征深刻地反映当地的气候条件。珠峰地区北麓的一些大型山谷冰川雪线以下常有奇特的冰塔林，相对高 30 ～ 50 米，状如冰莹白洁的岩溶峰林。冰塔林长可达 3 ～ 7 千米，这在世界上只存在于喜马拉雅和喀喇昆仑山区。冰塔的形成是由于凹凸不平的冰面受热不均，因差别消融强烈发展的结果。珠峰地区纬度较低，夏季中午时的太阳高度角达 70°～ 85°，辐射强烈，

长江源头的冰川

且北坡降水少，比较干燥，有利于蒸发和升华。冰塔的塔顶湿度低，也利于蒸发和升华，抑制了消融；塔谷湿度高，在强烈的太阳辐射下，消融快，这样增长了冰塔的高度。

喜马拉雅山北坡及青藏高原上的高山气温低，降水少，比较干旱；喜马拉雅山南坡比较温暖，降水丰沛，十分湿润。因而，两地所发育的冰川有比较大的差异。前者称为大陆性冰川，后者称为海洋性冰川。大陆性冰川的雪线高，往往高出森林线 1000 米以上，如珠峰东北坡的东绒布冰川上，雪线高度为海拔 6200 米，是目前已知的北半球雪线的最高值。由于这里的降水量少，大大限制了冰川发育的规模，而且冰温很低，融水量小，冰川移动慢，年平约运动速度 30 ～ 100 米，冰川的地质地貌作用较弱，粒雪层厚度仅 1 ～ 2 米，再往下即见附加冰。反之，海洋性冰川则雪线低，

较同纬度的大陆内部约低 1000 米。如察隅的阿札冰川，雪线海拔只有 4600 米，与纬度比它高 10° 的祁连山中段相似，粒雪层一般厚达 20 多米，冰温较高（接近 0℃），冰内和冰下消融强烈，冰川作用活跃，冰川移动快，年速达 300～400 米，冰川末端降到海拔 2500 米左右，冰川下段已到达针阔叶混交林带内。阿札冰川所在的纬度为北纬 29°，但冰川末端却比北纬 44° 的天山博格达山的冰川还要低，这是中国现代冰川的非常特殊的现象，与喜马拉雅山东南段的湿润性季风气候有着密切关系。这两种不同性质的现代冰川的分界线，大致从丁青与索县之间唐古拉山东段开始，向西南经嘉黎、工布江达、措美一线，基本上与高原上森林分布的地理界线相一致。

冻土

青藏高原是中国最广大的多年冻土分布区，也是世界上中低纬度地带海拔最高、面积最大的冻土区。仅唐古拉山与昆仑山间连续分布的冻土宽度就达 550 千米，多年冻土层分布的最低海拔随纬度减低而逐渐升高，昆仑山西大滩为 4300～4400 米，长江河源地区 4500 米，唐古拉山为 4800～4900 米，喜马拉雅山北坡 5000 米，横断山脉地区 5200～5800 米。冻土层厚度可达数十米至百余米。如青藏公路经过的昆仑山垭口附近，冻土层厚度为 140～175 米，这是全国已知的多年冻土层最厚的地方。唐古拉山口附近的冻土厚度为 70～80 米。这种深厚的多年冻土推测应为高原大幅度整体抬升后第四纪冰期的产物。冻土的季节融化深度为 1～4 米，每年 5 月上、中旬地表开始融化，

至 8 月下旬或 9 月上旬达到最大融化深度，9 月下旬地表又开始冻结。高原气候严寒，有利于冻土的保存与发展，但短期的暖气候可使季节融化深度加大、发生局部融化现象。多年冻土的局部融化，常形成特殊的冰缘地貌现象，如冻融滑塌、冻融泥流、冻胀裂缝、多边形土等，对交通工程建设有很大影响。

内陆水系与湖泊

[内陆水系] 青藏高原是亚洲主要河流的发源地，河流呈放射状分布，如长江、黄河、怒江、澜沧江、雅鲁藏布江等向东或东南流，印度河、萨特莱季河向西南流，叶尔羌河、玉龙喀什河与喀拉喀什河等则为向北流入荒漠的内陆河流。河流在高原内部常循构造凹地而流，形成宽广河谷，在切穿山脉流向山前平原时，则形成陡险的峡谷。如藏南雅鲁藏布江河谷宽广，到东经 95° 附近，折向南流，切断喜马拉雅山，作"之"字形弯曲，即雅鲁藏布江"大拐弯"，这里两岸高峰与谷底的相对高差达五六千米，江面最窄处不到 8 米，河床坡降很大，水流湍急，滩礁棋布，有的河段流速达 16 米／秒以上。长江和黄河等大河上游都有宽广平坦的河谷和大片沼泽地。在流经高原边缘时，则横切山脉而成峡谷。这些河流上游受冰雪融水补给，地下水补给量也较多，故流量较稳定，上游落差巨大，水流湍急，水能蕴藏量极丰。在冈底斯山脉以北，唐古拉山与可可西里山以西的广大高原内部，为内流区域，面积为 60 多万平方千米。这里河流短而水量少，河水主要由冰雪融水补给，一年中多半时间是冰结的。

[湖泊] 青藏大高原上湖泊众多，尤以藏北高原和青海高原最为集中，是

世界上最高的高原湖区。据统计，高原上的湖泊有 1500 多个，总面积约 3 万平方千米，占全国湖泊总面积的 40%，和长江中下游平原形成中国的两大稠密湖区。高原上的湖泊大都是内陆湖和咸水湖。如青海湖面积 4583 平方千米，是中国最大的半咸水内陆湖。藏北的纳木错，湖面海拔 4718 米，面积 1920 平方千米，是中国第二大咸水湖，也是世界海拔最高的大湖。

高原植被与土壤

高原的海拔高度、冻土及水热条件等对植被与土壤的形成有深刻影响，其中水分状况的差异在很大程度上决定了植被与土壤的水平地带变化。随着整个高原从东南向西北的湿度的减小，地带性植被依次为高山（高寒）草甸、高山草原和高寒荒漠。

[高寒荒漠] 高原西北部海拔 5000米以上，气温低，年降水量仅 50 毫米左右，加上风力强大，植被稀疏，种类较少，高等种子植物不到 400 种。植被类型以垫状半矮灌木为主，覆盖度仅 5%～10%，形成匍匐半矮灌木高寒荒漠。植物种类以藜科和菊科为主，如垫状驼绒藜、藏亚菊等，高仅 15～20 厘米。硬叶苔草也是阿里北部高原最常见的植物，其间混生一些伏地水柏枝、麻黄等。这些植物都十分矮小，且多数呈坐垫状，或匍匐在地上生长，这是为适应阿里北部高原的特殊气候。这里严寒、干旱、风大，植物的生长高度受到强烈抑制，因而它们的茎伏地伸展，由基部大量分枝，形成平贴于地表的或半球形的座垫，垫内枝叶密实，使植物较少受到寒冻、过度水分消耗及强风的伤害。如伏地水柏枝高仅 1 厘米，而其枝叶平展可达 2 米。

[高山草原] 高山草原主要分布在青藏高原中部海拔 4500 米以上的半干旱地区。植物抗寒、耐旱，表现为矮小、密丛生状态，形成了密丛矮禾草高寒草原。禾草高不过 20 厘米，以紫花针茅和异针茅为主，并混有低温密丛嵩草、杂类草及垫状植物，但基本上不见灌木层片。垫状植物最常见的有垫状点地梅、蚤缀等。

高原上光能充足，空气稀薄，透明度高，紫外线强，有利于光合作用，可促进蛋白质的合成。故高山草原虽然草群低矮，且覆盖度较小，仅 20%～50%，产草量不高，但其蛋白质含量较高，牧草的营养成分高。加之草原面积辽阔，生产潜力很大，利于发展畜牧业。

[高山灌丛和高山草甸] 在青海东南部、四川西北部和西藏东南部，以及喜马拉雅山地森林线附近地区，地形和缓，植被以高山灌丛和高山草甸为主。如青海的玉树和果洛地区，分布较大面积的高山草甸，主要由疏丛禾草、根茎密丛嵩草和杂类草组成。疏丛禾草生长茂密，高达 80～100 厘米，主要有西伯利亚披碱草、草地早熟禾、藏异燕麦、狐茅等。杂草种类繁多，多属毛茛科、蔷薇科、菊科和豆科等，它们花色艳丽，花期不一，季相多变。这类草甸中的禾草比较高大，不仅夏季可做牧场，而且可割采干贮冬用。在湖边和河漫滩低洼地区，常分布有小面积的沼泽化草甸，以莎草科的西藏嵩草占优势，常形成许多丘状草墩。草墩之间生长着中生或湿生禾草和杂类草。这种沼泽化草甸产草量较高，是高原上良好的冬季牧

场。高山草甸土是在寒冷、半湿润气候下形成的，土体比较湿润。由于草甸植物覆盖度大，根系分布致密，很有利于土壤腐殖质的积累。因此，高山草甸土的表层有厚 3～10 厘米的草皮，根系交织似毛毡，故称为"高山草毡土"。腐殖质层厚 9～20 厘米，表层有机质含量达 6% 左右，土壤呈微酸性至中性反应。川西高原和西藏高原东部水热条件较好，高山草甸土的腐殖化程度略高，腐殖质层厚 15～30 厘米，有机质含量高达 10%～15%，土壤颜色较暗但仍呈毡状，故称为"高山黑毡土"。高山草原土是在寒冷、半干旱的条件下发育的，土体较干燥。由于植物覆盖度较小（一般为 30%～50%），故腐殖质积累过程较高山草甸土为弱，表层草根较少，有机质含量仅 1.5% 左右，且出现钙化特征，剖面下部有不大明显的钙积层，全剖面呈碱性反应，现改称莎嘎土，意即白色的石灰性沙质土。冈底斯山—念青唐古拉山以南地区的高山草原土，表层有机质含量较高，可达 3%～4%。

高原动物

青藏高原由于气候严寒，草类生长期很短，昆虫也很稀少，故鸟兽较为贫乏，只有适应高原寒漠和高山草原的特殊种类才能生存。高原上特殊动物主要有野牦牛和藏羚羊，它们成群散布于高原上，成为本区特色景观。野牦牛是西藏高原最典型的动物，分布高度可达海拔 6000 米，最能适应高原严寒气候。它披有长而厚的毛，下垂，以供卧雪御寒，并防雨雪之用。驯养的牦牛其分布范围均限于 3000 米以上地区。藏羚羊在高原上分布普遍，雄者有竖立的角，呈竹节状。此外，藏驴、岩羊、高原兔

藏羚羊

也可常见，岩羊有多至 50～80 头一群的。高原上的猛兽除狼、猞猁外，还有藏豹、藏马熊、雪豹等。啮齿类动物较多，主要有克什米尔鼠兔、柯氏鼠兔、高山田鼠、藏旱獭、灰尾兔、红鼠兔等。它们大都结群穴居，其中鼠兔和旱獭特别多。鸟类中特殊的要称髭兀鹰和大乌鸦，以死牲畜和死人为食物。鸟类飞翔一般都能超过 5000 米高度，黄嘴山鸦随登山队员营帐可达海拔 7070 米，登山队员们还曾看到岩鸽自南向北飞过 8300 米高的山脊，而秃鹫能在此山脊上空盘旋。

高原东南部边缘的山地及喜马拉雅山南麓森林茂密，垂直分布显著，为鸟兽的栖息提供了有利条件，故动物种类多而复杂，并有大熊猫、小熊猫、金丝猴等珍稀动物。

青藏高原陆栖脊椎动物已知有 684 种，其中鸟类占 473 种，哺乳类为 118 种，爬行和两栖类共有 93 种。青藏高原的动物分属古北界和东洋界两大区系，其分界线大致从喜马拉雅山南翼暗针叶林下限（海拔 3000 米左右），向东延伸至横断山脉中南部，大体沿巴塘—康定至黑水—若尔盖一线。此线以北辽阔的青藏高原属古北界地区，动物种类较少，以南的青藏高原东南边缘则属东洋界地区，种类丰富。

青藏区的自然区划

现在青藏高原自然地理特征的形成，是由于其巨大的海拔高度和广阔的

面积明显地改变了纬度地带性因素影响的性质，故高原上发育着主要由高山草原、草甸为基带的独特自然分带，很难与中国东部季风区的任何一个热量带相比较，充分显示了非地带性因素的主导作用，因而青藏高原一向被认为是一个独特的自然区域。但高原内部自然区域的分异则深受自然历史发展过程和现在水热条件差异的影响。据此，青藏区可初步划分为下列5个亚区、2个小区（见下表）。

川西、藏东分割高原亚区	
东部高原亚区	
藏北高原亚区	
阿里高原亚区	
藏南谷地与喜马拉雅山亚区	喜马拉雅山南翼小区
	藏南谷地小区

川西、藏东分割高原亚区

本亚区位于青藏高原东南部，是青藏区向华中区和西南区过渡的地区。本亚区东面约至夹金山和大、小相岭，西北可至西藏那曲地区的丁青、索县、嘉黎的林区。青藏高原东南部受金沙江、澜沧江和怒江等河流的切割，高原已较破碎。按照高原被切割破坏的程度及河谷的海拔高度，青藏高原东南部从西北向东南大致可分为三类地貌：一是西北部丘原，河流切割很浅，谷地平坦宽广，切割深度仅100～300米，谷底海拔一般大于3000米。谷地间则为坡斜平缓的浑圆丘陵状山地，称为"丘状高原"，简称"丘原"，大致分布于松潘—炉霍—邓柯—西藏与青海省界一线以北。二是中部山原，高原已受河流深切，但河间谷底海拔可降至2500米左右，自谷底至高原面高差多在1000～2000米。山原大致分布于理县—九龙—稻城—德钦一线以北，介于北纬28°～32°。三是南部高山峡谷，高原面已受强烈分割，被破坏殆尽，地面主要为高山与深谷（峡谷）相交错，谷底海拔多在2000米以下，甚至不到1000米。中部山原上的山岭大多是连绵的，如沙鲁里山（雀儿山、海子山）、大雪山（折多山、贡嘎山）等，西北—东南走向，绵亘数百千米。南部高山峡谷区的山岭虽然有的海拔也较高（如玉龙山），但都是分散的。

贡嘎山屹立于大雪山脉的中南段，山体南北向延伸，长90千米，宽60千米，主体山脊海拔均在5000米以上，主峰海拔7556米，是横断山系的第一高峰。贡嘎山由于面对东南季风，降水丰沛，是中国海洋性冰川较为发育的山地之一。现代冰川有71条，冰雪覆盖面积约300平方千米。冰川类型多样，其中山谷冰川最为发育，海螺沟冰川高达1080米的大冰瀑，为国内已知最大的冰瀑。贡嘎山东、西坡在自然景观上有明显差异。东坡以深度切割的高山峡谷地形著称，从大渡河谷底到贡嘎山主脊，水平距离仅29千米，相对高差竟达6400米，其比降为20%。东坡从大

贡嘎山远眺

渡河谷底到山顶可分出 8 个垂直自然带。河谷底部因焚风作用影响，热量丰富，盛产柑橘、油桐、油茶、蓖麻等亚热带经济林果木，并可种植水稻，农作物一年两熟或三熟。贡嘎山西坡从宽阔平缓的温带到寒带的垂直带，降水远较东坡小，气候较干寒，生长着半湿润的亚高山针叶林与灌丛草甸，农业以畜牧业为主，河谷可种植青稞和马铃薯。

[独特景观] 本亚区的东北部是甘肃、四川两省交界处的岷山山地，主峰雪宝顶（在松潘以北）海拔 5588 米，山顶部分终年积雪，发育有冰斗冰川，在海拔 2000～3200 米处普遍有钙华堆积，形成巨型的钙华堤、钙华滩、边石坝，以及许多不同水色的五彩池塘，构成巨型的钙华瀑布与彩池相间的独特景观。尤以九寨沟和黄龙寺沟最为著名，已成为中国著名的旅游区，也是中国第一个以保护自然风景为主的自然保护区。岷山北支为洮河和白龙江的分水岭，即迭山。岷山南支绵亘于岷江及白龙江一些支流之间，大致在朗木寺—班佑—毛尔盖一线以西即进入丘原。白龙江切割很深，其北岸支流腊子沟崖壁陡峭，形成著名的天险腊子口。越过腊子口，即为甘肃中部黄土高原。

[气候] 本亚区由于平均地势较高，积温一般在 1000℃～3000℃。大部分谷地最热月平均气温在 12℃～18℃，无霜期 120～200 天。它的西部夏半年受西南季风影响，东部受东南季风影响。西南季风越过高黎贡山、怒山和东南季风越过夹金山、小相岭后，势力渐弱，故本亚区降水量一般为 600～900 毫米。在深切的狭谷底部，因焚风作用，比较干燥，年降水量不足 500 毫米。如德钦以上的澜沧江河谷、德荣以上的金沙江河谷以及八宿附近的怒江河谷地，均出现旱生灌丛及山地灰褐土。澜沧江谷地上的昌都，海拔 3240 米，7 月平均气温 16.3℃，积温 2108℃，年降水量 495 毫米。

[植被] 本亚区是中国重要的寒温带林区之一。河谷一段为温带针阔叶混交林，主要有铁杉、槭树等。但其组成很复杂，既有亚高山阴暗针叶林的冷杉、云杉和红桦，又含有亚热带常绿阔叶林上段的某些成分，如北五味子、落叶樟等。这与本亚区的东侧和南侧均属亚热带，具有亚热带山地植被的特点有关。

森林带以上为亚高山灌丛草甸，广泛分布于海拔 3300～4200 米范围内，群落组成以莎草科的苔草、禾本科的垂穗披碱草、藏异燕麦及杂类草为主。由于杂类草比重较大，且植株较高（40～60 厘米），草场外貌华丽。群落中夹有稀疏的灌木，如高山绣线菊、忍冬、杜鹃等。

高山草甸位于亚高山灌丛草甸带以上，海拔为 4200～4500 米（如雀儿山等处）。群落组成以苔草、嵩草等小型莎草科植物为主，草丛低矮，一般不到 10 厘米，平铺如毡，没有灌木，杂类草也较少，群落外貌并不华丽。并有一些典型高山植物，如蚤缀、雪莲花等。

[土壤] 本亚区的高山草甸下发育的黑毡土，由于气候比较湿润温暖（与青藏高原其他地区比较而言），表层有机质积累多，且有蚯蚓活动，有机质略有分解，土色较暗。亚高山灌丛草甸下时有棕毡土发育，这里黑毡土与棕色针叶林土之间有过渡型土壤，其特点是剖面中部棕褐色的沉积层，表层有机质含

量也很高，为 14% ~ 22%。全剖面受淋洗较强，呈强酸性。

东部高原亚区

包括青海的大部分、西藏那曲（黑河）地区、四川西北部和甘肃西南部，大部海拔 4000 ~ 4500 米，四川西北部和甘肃西南部海拔降至 3000 ~ 3500 米。地面切割轻微，高原面保存完整，为起伏和缓的高原丘陵，相对高差 300 ~ 500 米，其间有一些宽谷和盆地。这里是黄河、长江、怒江、澜沧江的上源地区。本亚区北以昆仑山为界，南以念青唐古拉山为界，东南面逐渐过渡为黄土高原和川西分割高原，西面逐渐过渡到藏北高原亚区。

[四川西北部的若尔盖沼泽区] 若尔盖、红原、阿坝一带为典型的丘状高原，海拔 3400 米左右。丘陵形态浑圆，坡度和缓，丘间谷地宽阔，相对高度仅几十米至百余米。黄河支流黑曲和嘎曲下游比降极小（只有 0.2‰ ~ 0.3‰），沿河两岸牛轭湖星罗棋布。气候寒冷潮湿，年降水量只有 600 ~ 800 毫米，从南向北、从东向西递减。降水多为中、小雨，雨日达 150 天，日照少，日平均气温 ≥ 10℃ 持续期积温的干燥度仅 0.45 ~ 0.70，相对湿度平均在 70% 左右。这种气候和地貌条件下，地表经常过湿或有积水，形成大面积沼泽，总面积约 3000 平方千米。沼泽类型属于低位沼泽，以苔草沼泽面积最广，沼泽间的草丘则生长着以蒿草为主的草甸植物。这里，草本泥炭发育，形成时间亦长，泥炭积累很厚（可达 10 米左右），分布面积广，储量大，是重要的自然资源，可作为燃料、肥料和工业原料。近年来，已对沼泽进行排水疏干，改造沼泽地近

200 万田，扩大了草场，建立了大型农场。

[黄河和长江源地] 黄河河源为青海省曲麻莱县境内的卡日曲，海拔约 4400 米。卡日曲以南的山岭，即为黄河与长江水系的分水岭，最低处相对高度仅 20 米。卡日曲谷地宽浅，为一片草原和沮洳地。卡日曲由西南流向东北，注入星宿海。星宿海是一个长 20 ~ 30 千米、宽 10 多千米的盆地，因排水不畅，形成广阔的沼泽。沼泽草滩上散布着许多大小海子，"若天上列星"，故名星宿海。从星宿海向东，即入扎陵湖和鄂陵湖，两湖湖面海拔约 4200 米，是青藏高原上著名的大淡水湖，湖的周围地区是沼泽化草甸。长江的正源是沱沱河，发源于唐古拉山主峰各拉丹冬雪山（海拔 6621 米）西南侧的冰川丛中。上游河床中浅滩罗列，枯水时河水分流，成辫状河流。多年冻土分布广泛，一般深 20 ~ 80 米，最深达 120 米。河谷两侧的缓坡上几乎全是沼泽和沼泽化草甸。夏季有少数藏族牧民到此放牧。

藏北高原亚区

藏北高原包括西藏北部的大部地方及青海省的西部，北以昆仑山、南以冈底斯山为界，东与东部高原亚区约以年降水量 300 毫米等值线为界，即约自申扎、班戈至各大江河的河源区，西与阿里高原亚区约以年降水量 150 毫米等值线为界，即大致改则以西属阿里高原亚区。习惯上，本亚区又称羌塘高原，羌塘即"北部旷地"的意思。高原形态相当完整，平均海拔 4500 ~ 5000 米，地势由北向南倾斜，山地丘陵同宽谷湖盆相间分布。北部的喀喇昆仑山和唐古拉山被众多的湖盆所分隔，山峰部分均有现代冰川发育，规模也较大。高原面在

中部的海拔为4900～5000米，向外围逐渐降低到4500～4700米。众多的湖盆可分南、北两个湖群带，南部湖群带数量多，面积大，例如纳木错、色林错、扎日南木错、错那等。这些湖盆多数是断陷湖盆，形成于晚第三纪和第四纪初期，目前湖泊已显著退缩，有些湖泊只是季节性积水，趋于干涸。

[气候] 本亚区气候寒冷，年平均气温 –3℃～0℃，最热月气温10℃～12℃以下，几乎全年属于冬季。年降水量150～300毫米，90%以上集中于6～9月。由于高原上风大，蒸发强，年蒸发量在2000毫米左右，年平均相对湿度40%～50%，属寒冷的半干旱地区。

[河流] 河流均为内流河，且多数为间歇性河流，各地平均径流深一般在100毫米以下，南部纳木错一带可达200毫米，北部地区大多不足30毫米。河水矿化度多数在300毫克／升以上，少数超过1000毫克／升，河水化学类型以重碳酸盐为主。湖水矿化度也高，一般在20克／升左右，形成各种盐湖。

[植被] 植被主要为比较典型的高山草原。高山草原多分布在阳坡或宽谷中，植物组成以紫花针茅、异针茅、早熟禾等为主，约占80%，杂类草仅占10%～15%。由于草矮，覆盖率低，产草量较低（每亩一般仅40斤左右），但草质良好，为牲畜所喜食。在山坡下的沙地上，还有以藏芨芨草或固沙草为主的草地。藏芨芨草植株高，茎秆粗，可在夏秋收割，作为冬饲料。在湖边、河漫滩不易排水的低洼地，则有草甸分布，植物组成中嵩草和杂类草比重较大，覆盖度可达70%～80%，每亩产鲜草500～1000斤。湖盆河谷地势较低，气

温稍高，风小雪少，可以用作冬季牧场。

[土壤] 土壤主要为莎嘎土。由于气候较干，草群覆盖度小，故表层不形成草皮，有机质含量也较低（约1.5%），全剖面沙砾含量高，呈碱性反应，并富含碳酸钙，土层浅薄。但它仍具有一般草原土壤的某些特点，如表层沙砾化，有机质含量低，呈碱性，剖面中下部有不显著的钙积层等。

阿里高原亚区

本亚区位于西藏高原的西端，包括昆仑山西段和中段（在新疆境内）。海拔一般在4800～5000米，是青藏高原中最高寒的区域。阿里北部高原有一系列大致平行的、东西向的湖盆，它们联结成为宽坦谷地，宽谷之间则是昆仑山、喀喇昆仑山、冈底斯山等。宽谷谷底和湖泊湖面海拔已达5000米以上（如雅协错），故一些著名的山系从高原上看来，只不过是低矮的山丘。昆仑山山地总面积超过50万平方千米，平均海拔5500～6000米，横剖面极不对称，北坡陡降至海拔1000米左右的塔里木盆地，南坡则平缓地与羌塘高原相接，渐成为高原的一部分。靠近塔里木盆地的高山，一般海拔超过5500米，以慕士峰最高，海拔为6638米。西藏和新疆交界处玉龙喀什河上源为昆仑山主体，山体高大而宽平，在海拔6400米左右的夷平面上孤峰凸起，最高峰海拔7167米。这里现代冰川发育，冰川面积约3300平方千米，大冰川长度均在20～30千米，为西藏冰川最集中的地区。

[气候] 气候寒冷干燥，年降水量少于50～100毫米，年平均相对湿度30%～40%，冬春多大风，为高寒荒漠。从干旱情况来说，本亚区类似南疆，但

海拔高，气温极低，与南疆又有较大差异，其自然环境基本上仍是青藏高原的景观。植被以稀疏的高寒草原为主，覆盖率不到30%，生长有垫状优若藜等干寒高原的代表植物，但却没有南疆荒漠的典型植物，如琐琐、白刺、柽柳以及许多盐生种属。这里人迹罕至，故野生动物非常丰富，有大群藏羚、黄羊、野牦牛、野驴等。冬季时野牦牛常聚集到湖滨平地，数百头成群出现。

[土壤] 土壤主要为高山漠土。由于低温和干旱，且植物覆盖率低，生长期又很短，故风化和成土过程十分微弱。高山漠土剖面发育比较原始，土层薄。但仍具有漠境土壤的明显特征，如表层有机质含量低（0.4%～0.6%），呈碱性反应，含石膏、碳酸钙等，砾石表面并常有盐斑。

藏南谷地与喜马拉雅山亚区

[喜马拉雅山脉] 位于中国青藏高原南缘，南侧分别与印度、尼泊尔和不丹邻接。它西起克什米尔的南迦峰（8125米），长约2400千米，呈向南凸出的弧形，平均海拔6000米以上。世界上8000米以上的高峰大多分布在本山脉内，是地球上最年轻和最高大的山系。

[珠穆朗玛峰] 位于喜马拉雅山脉中段，中国西藏自治区和尼泊尔王国边境上，地质构造上在向南凸出的山弧顶端。珠峰是世界最高峰，海拔8844.43米，其附近还有许多8000米以上的高峰，如洛子峰、马卡鲁峰、卓奥友峰、希夏邦马峰等。现代冰川发育，主要是规模较大的山谷冰川发育。在北翼，冰川末端，一般向下延伸至海拔5200～5000米，在南翼则至海拔4500～3600米，个别冰川甚至下伸到

珠穆朗玛峰

海拔2500米。

珠峰是一座巨大的金字塔状高峰，它的北、东、西南三面均为大型冰斗围绕，峰顶是一个东南—西北走向的鱼脊形山顶，长10余米，宽仅1米左右。在珠峰北坡，冰雪和岩石的交界线约在海拔7450米，再往上去，由于崖壁陡峭，高空风力强劲，使冰雪无法积存，故珠峰的下部冰雪皑皑，而上部则是岩石裸露。珠峰的上空，白天经常有一种旗状的云，自西向东飘去，好似以珠峰为旗杆飘动着的旗帜，所以叫作"旗云"。旗云是世界上最高峰特有的气象。它的形成原因：一是珠峰在海拔7500米以上主要是岩石表面，白天受高空太阳照射，迅速变热，引起了上升气流的形成，为水汽向上输送创造了条件。二是珠峰的独特高度使水汽恰好在峰顶附近冷凝成云，并"挂"在峰顶上。而其他高峰由于缺乏这两个条件，无法形成旗云。珠峰的这种旗云有"世界最高风标"之称，从它的位置和形状，可以判断高空风速的大小。

①喜马拉雅山南翼小区

主要为雅鲁藏布江下游及恒河、布拉马普特拉河的一些支流强烈切割的山地，山高谷深。珠峰地区南翼的谷地海拔可降至1600米左右，墨脱以南的谷

地降至海拔 500 米左右，至国境线巴昔卡海拔仅 157 米。

②藏南谷地小区

藏南谷地为雅鲁藏布江——象泉河的东西向宽谷，介于喜马拉雅山脉与冈底斯山——念青唐古拉山之间，谷地十分宽广，海拔大部在 3500～4000 米之间，实际已为西藏高原的一部分，只是由于冈底斯山——念青唐古拉山的阻隔，才把它与西藏高原分开，成为一个地貌明显的自然地理单位。喜马拉雅山脉北麓有一系列湖泊，故本小区实际是高原宽谷与湖盆交错的地区。高原形态保存完整，因此亦称为高原湖盆区。著名的湖泊有西部的兰戛错和玛法木错，这里是亚洲南部三大河流的源地，马泉河向东南流，为雅鲁藏布江的上源；象泉河向西北流，为印度河支流萨特莱季河的上源；孔雀河向南流，注入恒河。马泉河上游海拔已在 4700 米以上，为一片高山草原。东部地区的湖泊主要有羊卓雍错、佩古错等，大部分为内陆湖。羊卓雍错原是向西北注入雅鲁藏布江的外流湖，其出口处曼曲一带至今保存着 40～50 米的河流阶地，由于气候逐渐变干燥，因此湖泊四周湖滨阶地并不发育，反映成湖的时间不长。由于湖泊的集水面积往往为湖泊面积的 5～10 倍，附近又有冰川融水补给，因此湖水的矿化度不高，一般在 400 毫克／升，几乎与中国东部湿润地区的淡水湖相近。

西北区的自然概况及其划分

西北区的自然概况

地理位置

西北区包括新疆维吾尔自治区、内蒙古自治区西部、甘肃河西走廊以及青海祁连山地和柴达木盆地，面积辽阔，占全国面积的 20% 以上。西北区西、北面至国境；东与内蒙古区以干燥度 4.0 等值线为界，经狼山、贺兰山西坡至河西乌鞘岭；南与青藏区的界线，西起帕米尔，经昆仑山北坡、布尔汗布达山，东至明山、拉脊山。居我国最干旱的中心地区，祁连山地北坡、西坡为荒漠，具有与天山相似的干旱区山地垂直带结构，故均划属西北区。本区位于亚欧大陆的中心，降水十分稀少，高大山脉所环抱的大盆地尤为干旱。它是中国最干旱的一个自然区，沙漠和戈壁分布面积甚广，著名的有塔克拉玛干、古尔班通古特、巴丹吉林、腾格里等沙漠。山前洪积砾石戈壁和阿拉善高原西部的北山戈壁，是著名的剥蚀石质戈壁。

干旱气候

本区气候干燥，云量少，日照丰富，尤其是塔里木盆地东部和甘肃西北部，年平均总云量在 4.5 成以下，相对日照在 70% 以上，日照时数达 3000 小时以上。丰富的日照和辐射，对作物的生长有促进作用，也为广泛利用太阳能提供了基本条件。耸立的高山对冷气流有阻碍作用，而气流越过高山后下沉也有显著增温现象。特别是南疆地区，热量资源较为丰富。本区各地气温变化突出表现了大陆性气候的特点。1 月气温北疆在 -20℃ 上下，南疆、河西走廊和柴达木约在 -10℃。1 月平均气温北疆比南疆低，东部比西部冷，山区比盆地冷。7 月平均气温大致 23℃ 以上。冬寒夏热（柴达木因海拔较高，冬寒夏凉），年温差大于 30℃～40℃。北疆的车排子最大年较差曾达 55℃，为全国之冠。气温日变化也很大，各

新疆阿勒泰

地年平均日较差都高于11℃，南疆和河西走廊可达16℃～20℃，新疆东部极端干旱的戈壁上可达35℃。敦煌日温差最大，接近40℃。"早着皮袄午换纱"是新疆气温日较差大的生动写照。

本区降水稀少。水汽来源，在西部主要来自西风，降水量一般由北西西向南东东方向减少；在东部主要来自东南季风，降水量由东南向西北减少。塔里木盆地为北冰洋冷湿气流和东南季风均不易侵入的地区，年降水量只有15毫米左右，成为中国降水量最少的地方。加之年平均气温较高（10℃以上），蒸发量极大，降水量往往不及蒸发量的1%，因而又是中国最干旱的中心。北疆受北冰洋气流影响，降水较多，盆地内降水量一般约有200毫米，干燥度约4.0，且降水季节分配比较均匀，冬春稍多，是全区水分条件最好的地区。西北区内其他地区，降水一般以夏季较多，降水量的年际和月际变化都非常大。在南疆和河西走廊，往往可以连续半年无半点雨，但会在1～2天内就降下全年降水量的1/2或2/3。降水多变也是气候大陆性强烈的一种表现。山地降水量一般随高度而增加，山坡上比山麓湿润，山麓又比盆地中心湿润。

地形

西北区的地形特征是具有高耸的山岭和巨大的盆地。南部有昆仑山脉，北部有阿尔泰山，中部横亘着天山、阿尔金山，东南部祁连山。天山与阿尔泰山之间为准噶尔盆地，阿尔金山、祁连山与昆仑山围绕着柴达木盆地，而祁连山以北为河西走廊，走廊北山以北、贺兰山以西还有阿拉善高原。这些山岭除河西走廊北山较低，海拔为2000～2500米外，都十分高大，一般均超出4000米，最高峰在7000米以上，现代冰川发育。山岭对西北区荒漠景观的形成等都起着十分重要的作用。

内陆河流与高山冰川

本区极端干燥的大陆性气候是造成河流水文特征复杂的重要原因之一。这里雨量稀少，蒸发强烈，土壤不受或少受淋溶，易溶性盐类大量积累，因此少量的径流即可溶解大量的盐分，使河水在很短的流程中即具有较高的矿化度。

[塔里木河] 塔里木河是我国干旱地区最长的内陆河，由上源叶尔羌河及支流阿克苏河、和田河汇合而成。全长2100多千米，76%的水量来自阿克苏河，田河只在洪水期才有水流入。塔里木河下游经常改道，有时东流，汇合孔雀河注入罗布泊，有时南下注入台特马湖。新中国成立后，由于大规模农垦，塔里木河上游支流引水增加，塔里木河水量显著减少。

[冰雪资源] 本区高山拥有丰富的冰雪资源，对农业发展具有重要意义。天山为我国最大的现代冰川区，有冰川8900条，面积9192平方千米，主要集中于降水比较丰沛的西段。这里发育着巨大的山谷冰川，如汗腾格里峰南侧的

南依诺勒切克冰川，长59千米，是天山的第一大冰川。祁连山现代冰川广泛发育于海拔4500米以上的高山区，有冰川3306条，面积约2063平方千米，大部分分布于祁连山的西段和中段。昆仑山西段靠近帕米尔的慕士塔格（7555米）和公格尔山（7649米）的冰川，面积有596平方千米，成星状分布于海拔5500米的雪线以上。自此向东，昆仑山冰川及永久积雪面积约10000平方千米。本区不少大河发源于高山冰川和永久积雪区，冰雪融水是河流的重要补给水源，补给量一般较为稳定，具有高山固体水库的作用。

荒漠植被与土壤

[荒漠植被] 西北区荒漠植被主要为旱生灌木和半灌木，植物种类贫乏，其组成以藜科最多，柽柳科、菊科、豆科等也占相当比重。由于气候干旱，土壤含盐量高，荒漠植被相应地具有下列生态特征：一是有些覆盖率一般不超过20%甚至小到1%，如极端干旱的北山、南疆和柴达木盆地则分布有大面积无植被的戈壁和流动沙丘。二是有些植物的叶子已退化为无叶或形成特殊形态（叶小、有毛、有刺等），以减少蒸腾作用，如麻黄属、沙拐枣属、蒿属等。三是许多植物有庞大的根系，以便从土壤中吸取水分，如沙竹的地下茎可向水平方向延伸27米，柽柳属的根可达30米。四是许多藜科植物是含有高浓度盐分的多汁植物，可从盐度高的土壤中吸取水分，以维持生活，如碱蓬属、盐爪爪属等。

[土壤] 本区的地带性土壤在温带干旱气候条件下为灰棕漠土，在暖温带极端干旱气候条件下为棕漠土，并有较大面积的风沙土。土壤基质主要是戈壁滩上的砾质洪积物，沙丘上的沙质风积物和裸露岩石低山上的风化残积物，局部为河流冲积物和湖泊沉积物。在气候、植被和土壤基质的影响下，荒漠土壤一般具有下列特征：一是成分中细粒较少，含砾石和沙粒较多。二是表土有机质含量很少，都在0.5以下，没有腐殖质累积层，这是荒漠土壤和草原土壤形成过程的区别之一。三是全剖面都含较多的石灰（碳酸钙），且极少淋溶下移，碳酸钙在表层积聚，表土（0～2厘米）碳酸钙含量常达7%～8%，向下逐渐减少。四是表层或剖面中含有石膏。五是含有一定量的盐分，多为硫酸钠和氯化钠。塔里木盆地由于极端干旱，土壤中还出现氯化物的盐层，这在世界荒漠土壤中是罕见的。六是全剖面呈中碱性到强碱性反应（pH8.0～10.0）。

荒漠中的动物

本区干旱的气候和荒漠为主的植

野骆驼

被，对动物区系的组成和生态特征有很大影响。本区动物相当贫乏，特别是在大沙漠的中心。代表性动物以啮齿类的跳鼠和沙鼠亚科为主。其余如五趾跳鼠、土跳鼠、三趾跳鼠、长爪跳鼠，具有特长的尾及后肢，能在风沙中迅速地做 60～180 厘米长距离的跳跃，足底具硬毛垫，能在沙地奔驰，通常夜出活动，一夜间能驰走 10 千米，活跃在荒漠半荒漠地区。在荒漠中生活的有蹄类动物有野骆驼、野驴、黄羊、羚羊、盘羊等，均有迅速奔跑的能力。其中野骆驼是世界稀有的野生动物，属于国家一级保护动物，集中分布于新疆东部星星峡以西极端干旱的砾质戈壁丘陵地区，这里地面上仅有十分稀疏的骆驼刺等植物，是野骆驼的主要食物。本区的食肉类动物除狼、猞猁外，还有沙狐、兔狲、虎鼬等。狼冬季成群地在开阔的地带上追猎有蹄类动物，特别是对放牧的牲畜威胁甚大。

西北区的自然区划

西北区大地形的明显轮廓，对生物气候状况的分异有明显作用，在水分来源、季节动态、风向、风的强度、热量条件等方面，往往由于高山阻隔而有很大差异。大地形的轮廓加强了景观的地域分异，故主要山脉一般可作为明显的自然界线。据此，西北区可划分为 6 个亚区、9 个小区（见上表）。

北疆亚区

本亚区包括新疆天山以北的地区，地形上主要为准噶尔盆地。盆地介于阿尔泰山、准噶尔界山和天山之间，呈三角形轮廓。其西北侧山地较低，且有许多缺口，北冰洋湿润气流可以深入，故比南疆塔里木盆地稍为湿润。但气温较低，平地 ≥10℃ 的积温大部分在 3000℃ 左右，属温带干旱荒漠。

①阿尔泰山及准噶尔界山小区

阿尔泰山居准噶尔盆地东北侧，中、蒙两国之间，西北走向，海拔一般 3000 米以上，主峰友谊峰海拔 4374 米，山势向东南降低，逐渐没入戈壁荒漠之中。山区气候比较湿润，降水量随地势升高而增加。海拔 1000 米以下的低山为 250 毫米，海拔 1000～1500 米的为 250～350 毫米，海拔 1500～3000 米的增至 350～500 毫米，甚至达到 800 毫米。阿尔泰山气温很低，≥10℃ 的积温低于 2000℃，故阿尔泰山分布有大片寒温带落叶针叶林，主要由西伯利亚落叶松组成，并常伴生西伯利亚云杉、桦、欧洲山杨等。其上限为海拔 2100～2300 米，下限随降水量的减少自西北向东南由 1300 米升至 1700 米。东疆的北塔山由于湿度较低，西伯利亚落叶桦林的下限升高到 2100～2300 米，林内并混生有雪岭云杉。额尔齐斯河发源于阿尔泰山东南部，是中国唯一的北冰洋水系河流。阿尔泰山南麓山前平原

北疆亚区	阿尔泰山及准噶尔界山小区
	准噶尔盆地小区
天山山地亚区	天山山地小区
	伊犁谷地小区
南疆亚区	塔里木盆地小区
	吐鲁番与哈密盆地小区
	北山戈壁与噶顺戈壁小区
阿拉善、河西亚区	河西走廊小区
	阿拉善高原小区
祁连山地亚区	
柴达木盆地亚区	

年降水量150～200毫米，为荒漠草原，建群种为沙生针茅，并有半矮灌木短叶假木贼、冷蒿等。荒漠草原的下限自西北向东南由500米升至2000米。阿尔泰山西段，海拔1200米左右则为山地狐茅、针茅草原。森林带以上也有宽阔草场，故阿勒泰地区是新疆重要牧区之一。准噶尔界山是一系列断块山地，海拔2000～4000米。山地间有一些断陷盆地，如塔城最低处海拔只有400米。这里也比较湿润，干燥度小于4.0。山地狐茅、针茅草原可从海拔1300米直到山顶广泛分布，只有个别高峰出现较完整的垂直带。小片森林存在于阴湿的斜坡上，草原和荒漠草原所占面积最大，草质良好，宜发展畜牧业。额敏河谷地以及塔城地区旱作农业早有发展，为北疆西部的农业区。

②准噶尔盆地小区

准噶尔盆地东西长约850千米，南北最宽处约380千米，地势由东南向西北和缓倾斜，东南最高部分海拔1000米左右（老奇台附近），西北部地势低下，有一系列内陆湖泊，如乌伦古湖、玛纳斯湖、艾比湖等。艾比湖湖面仅189米，是准噶尔盆地地势最低的地方。盆地东部因地壳抬升，形成剥蚀高地，为一片戈壁。盆地内大部分为古尔班通古特沙漠，海拔300～500米。

古尔班通古特沙漠位于准噶尔盆地中心，面积4.88万平方千米，是中国第二大沙漠。年降水量可达70～150毫米，冬季有积雪，故沙漠内部植物生长较好，沙丘绝大部分为固定、半固定式。植被覆盖度在固定沙丘上可达40%～50%，半固定沙丘上达15%～25%，为优良的

冬季牧场。沙漠内部沙丘形态主要为沙垄，占固定、半固定沙丘总面积的80%。

准噶尔盆地年平均气温在6℃左右，冬季早寒，全年有5个月平均气温在0℃以下。夏季较温暖，7月平均气温可达22℃～25℃，≥10℃的积温约为3000℃，生长期为150～180天，一般作物如小麦、甜菜等生长良好。盆地内海拔较低处，如石河子（海拔445米）等，夏季较热，≥10℃的积温在3200℃以上，可种植棉花。但由于霜期的早晚变动较大，往往使喜温作物产量波动。降水不能满足农作物需求，只在有水灌溉的地方才有农业，故山地径流是盆地农业的命脉。天山北坡面向西北来的湿润气流，降水量比昆仑山同高程丰富得多，高山积雪也较多，分布的位置较低，融雪较早，河流大部有春汛，对盆地中农作物的春播甚有利。准噶尔盆地的绿洲绝大部分都分布于盆地南缘。

天山山地亚区

天山是亚洲特大山系之一，横亘于新疆中部，长1700千米，西段宽达400千米，东段（乌鲁木齐以东）变狭，宽仅100千米左右。一些主要山峰海拔4000～6000米。西段较高，东段较矮。天山南北两侧的盆地，海拔仅有1000米左右，故天山山势高耸峻拔。天山是一条典型的褶皱断块山，山地内有许多断陷盆地。在地质构造和地貌上，天山可分为北、中、南三带。

天山北坡的前山带为一系列平缓丘陵和纵向谷地，海拔1100～1800米，年降水量一般为300～400毫米，较平原上显著增多。土壤主要为山地栗钙土。牧草生长良好，为天然牧场。由于前山带冬季有逆温现象，比较暖和，对放牧

天山

有利，冬牧时间可达 5 个月。这里也是新疆重要的旱农区，旱地农业的下限在 1200～1300 米。

[北天山] 北天山紧贴准噶尔盆地，山峰海拔多在 4000～5500 米。如乌鲁木齐以东的博格达峰海拔 5445 米，山中有著名的天池，为天山山地胜境。北天山位于迎风面，降水量比南天山多，高山冰川分布面积也较广，所以发源于北天山冰川区的河流较多，在天山北麓形成许多广阔的洪积冲积扇。北天山的垂直景观比较明显。海拔 3400 米以上为冰川和积雪；3200～3400 米为寒冰风化带，仅有雪莲及一些垫状植物；2800～3000 米为高山嵩草草甸，嵩草草甸是中亚典型的高山植被；2200～2400 米是亚高山草甸，由茂密的杂类草组成，双子叶杂类草占优势，禾本科和莎草科次之；1500～2200 米分布着森林草原和森林，林带最低可下至 1200 米，而在较干旱的精河附近南山则上升至 2000～2900 米。北天山的最东端伊吾附近，由于气候干旱，山地已没有森林带。在 2700 米以上，从山地森林草原—黑钙土带，直接过渡为高

山嵩草苔草—草甸土带。北天山的森林为雪岭云杉林，常呈岛状分布于阴坡和河谷底部。

[中天山] 中天山是一系列平行的山岭，夹有许多断陷盆地，山岭海拔一般不超过 3500 米。其西部的伊犁谷地是天山最大的山间河谷盆地之一。盆地三面环山，向西敞开，西来的潮湿气流得以深入，年降水量 300～500 毫米(从西向东增加)，为新疆最湿润地区，冬季积雪很厚。盆地北侧有高山屏障，相对高差近 3000 米，阻碍了寒流，且常形成深厚逆温层，故伊犁谷地比较暖和，天然植被主要为温带草原，上游巩乃斯草原为著名的伊犁马(古称"天马")产地。下游河谷平原产小麦、棉花、水稻等，为新疆重要的农业区。

[南天山] 南天山紧临塔里木盆地，山势最高，不少山峰海拔 5000～6000 米，天山最高峰托木尔峰就在这里。南天山在自然景观特征上与北天山有显著差异。由于北天山的阻挡，南天山的干旱程度更加严重。山南的塔里木盆地远比准噶尔盆地干燥，因此荒漠向山地侵入很深。天然植被主要是山地荒漠草原和草原，森林带消失，只有高山阴湿山沟有小片的雪岭云杉和桦木生长，林相稀疏，林下灌木不多，且多为中旱生多刺灌木。林下缺乏北坡所特有的草本植物。

南疆亚区

本亚区是中国暖温带极端干旱的荒漠，年降水量一般低于 50 毫米。除塔里木盆地外，尚包括河西走廊西端(北山戈壁和瓜州、敦煌一带)、吐鲁番及焉耆盆地。

①塔里木盆地小区

塔里木盆地是中国最大的内陆盆地，为山脉所包围，只有东面有宽约7千米的缺口与河西走廊相连。盆地东西长约1500千米，南北最宽600千米，地势自西南向东北缓斜，西南部海拔1400～1500米，东部罗布泊洼地最低不到80米。塔里木河流于盆地的北缘。

塔里木盆地干燥度为24～64，是中国沙漠分布面积最广的地区。塔克拉玛干沙漠位于盆地中央，向东与库姆塔格沙漠几乎相连，面积33.76万平方千米，占全国沙漠（不包括戈壁）总面积的47%左右，是中国最大的沙漠，也是世界上著名的大沙漠之一。

罗布泊是塔里木盆地最低洼的部分，海拔仅780米，位于第四纪的构造洼地中。塔里木河、孔雀河下游、罗布泊一起形成了一个广大的河流冲积及湖积平原。1952年塔里木河中游塔里木河大坝的兴建使塔里木河与孔雀河分离，塔里木河注入台特马湖，孔雀河注入罗布泊。1972年起，台特马湖与罗布泊渐趋干涸。现在罗布泊洼地的河湖面为坚硬的起伏不平的盐壳。疏勒河下游及罗布泊已完全干涸，湖相沉积层受风力侵蚀，形成风蚀土墩与风蚀凹地相间的"雅丹"地貌，使地面支离破碎。风蚀土墩一般高1～5米，其排列方向与主风向平行，大致为东北—西南走向。其中黏土组成的土墩顶面往往有盐壳层，故又称"白龙堆"。吐鲁番—哈密盆地以南则为噶顺戈壁。

塔克拉玛干沙漠东西长达1200千米，在于田的子午线上宽达430千米。其形成主要是因第三纪末特别是中更新世以来青藏高原的不断隆起，使高压反气旋系统的北移和强化，导致塔里木盆地气候变干。塔克拉玛干沙漠主要的沙漠地貌类型是高大的垂直于风向的新月形沙丘链、复合新月形沙丘和复合型沙丘链。在沙漠中部古河流三角洲地区，则以平行于风向的新月形沙垄、沙复合新月形垄和复合型沙垄为主。此外，还有金字塔沙丘、穹状沙丘等。

②吐鲁番及哈密盆地小区

吐鲁番—哈密盆地是天山山地中的一个山间断陷盆地。盆地北侧为博格达山、喀尔力克山，山势高峻，海拔多在4000米以上。南侧有觉罗塔格山（海拔1500米左右），大部地方和噶顺戈壁相连，加之气候又属暖温带极端干旱类型，自然景观与塔里木盆地完全相同，所以把它划入南疆亚区。

吐鲁番和哈密盆地地形上是相连的，中间仅有沙山（库姆塔格）相隔。吐鲁番盆地长245千米，宽约75千米，地势向南倾斜。盆地南部为广大低地，高程多在海平面以下，最低处艾丁湖，湖底海拔−154.31米，是中国最低的地方。哈密盆地的地势自东向西降低，盆地西南部的沙兰湖，海拔仅81米。

吐鲁番盆地地势低洼闭塞，西北气流越天山下沉增温作用强烈，形成焚风，加上地面辐射的热量不易散发，故夏季特别炎热，是全国闻名的"火洲"。吐鲁番夏长约4个半月，大致5月初入夏，比长江流域还早1个月。吐鲁番市7月平均气温为32.8℃，比长江沿岸的三大"火炉"——武汉、重庆、南京还高，绝对最高气温达49.6℃，这是全国的最高纪录。夏季地表（沙丘或岩石表面）温度可达80℃以上。

阿拉善、河西亚区

本亚区包括祁连山以北、贺兰山以西及北山戈壁以东的广大地区，降水量自东向西迅速减少，一般为150～50毫米，属温带干旱荒漠。

①河西走廊小区

南侧为祁连山，高峰海拔5000米以上。北侧为龙首山—合黎山—马鬃山，海拔在2000～2500米之间，个别高峰达3600米，山地地形起伏平缓，已趋于准平原化。介于祁连山与北山之间，有一条狭长平地，即江西走廊，因其位于黄河以西，故名。河西走廊东西长约1000千米，南北宽数十千米，海拔一般1100～1500米，大部为祁连山的山前缓斜平原。由于北山山势断续，中间有许多宽广的缺口，故河西走廊北部与阿拉善高原直接相连。河西走廊的河流全属于发源于祁连山的内陆水系，51条大小河流汇合为石羊河、弱水（即黑河，下游称额济纳河）和疏勒河三大水系。只有弱水较长，过去能穿过戈壁向北流注于居延海。河流出山口处总径流量约72亿立方米，为绿洲农业提供了丰富灌溉水源。现因上游用水增加，河水已不能到达居延海，居延海已渐干涸。

河西走廊的绿洲面积较大，沙漠零星分布于绿洲附近和绿洲之中，面积一般都在1000平方千米以下。流沙边缘的固定和半固定沙丘，由于水分条件较好，柽柳、白刺、沙蒿、沙拐枣等生长繁茂，为丰富的植物资源和绿洲边缘的天然防护林带。

②阿拉善高原小区

指河西走廊以北、中蒙国境线以南、弱水以东、贺兰山以西的广大地区，海拔1000～1400米，地势大致自南向北倾斜。高原上仍有一些山地，把高原分隔成若干低地，一些大沙漠即位于低地内。如东北—西南走向的雅布赖山，把沙漠分隔为巴丹吉林与腾格里两大沙漠。

巴丹吉林沙漠是中国第三大沙漠，高大沙山密集分布，一般高200～300米，最高可达500余米，为中国沙丘最高大的沙漠。沙山间有湖泊（海子）交错分布。由于这里降水稍多，沙丘及沙山上仍生长有稀疏的植物，如沙拐枣、籽蒿、沙竹等，有植物的地段约占整个沙山面积的1／3。湖泊周围的自然景观具有同心圆环状分异的特征。湖滨为沼泽化草甸，地下水埋深不到1米，主要为海韭菜、海乳草等；湖滩，地下水埋深1米左右，主要为芦苇、芨芨草等；再往外为白刺沙滩，地下水埋深超过3米；最外缘则为固定、半固定沙丘。这些湖盆主要利于放牧。沙漠中的固定居民点如巴丹吉林等地位于湖盆中。腾格里沙漠位于阿拉善高原东南部，流动沙丘与湖盆草滩交错分布，有大小湖盆422个，是沙漠中的主要牧场，也可作为治理沙漠的基地。沙丘上也有稀疏植被。

甘肃酒泉大峡谷

祁连山地亚区

祁连山和柴达木盆地位于青藏高原北部，海拔均在 2500 米以上，但柴达木具典型荒漠大盆地景观特征，祁连山具荒漠区高山垂直带特征，故它们成为中国西北区的组成部分。祁连山由一系列北西西走向的高山和谷地组成，山系长约 1000 千米，西宽东窄，最宽处在酒泉与柴达木之间，约 300 千米。山峰海拔多在 4000 米以上，最高峰疏勒南山团结峰海拔 5808 米。祁连山北侧与南侧分别以明显的断裂降至平原。北坡与河西走廊相对高度在 2000 米以上，而南坡与柴达木盆地间相对高度仅 1000 余米。祁连山 4500 米以上的高山有永久积雪与冰川覆盖，冰雪融水对河西走廊及柴达木盆地农牧业和工业发展有重要意义。

柴达木盆地亚区

柴达木盆地是由昆仑山、阿尔金山和祁连山所环抱的荒漠大盆地。东西长 850 千米，南北最宽 250 千米，面积约 22 万平方千米。盆地四周的山前洪积平原发育，向盆地中心倾斜，盆地海拔 2600～3000 米，是在西北区荒漠盆地中独特的高寒类型。盆地夏季凉爽，冬季严寒，降水稀少，风力强大，1 月平均气温低于 −10℃，7 月大都在 15℃以上，并可出现 30℃以上高温。如格尔木最高气温曾达 33℃（1959 年 7 月），因此气温的绝对年变幅可达 60℃。全年生长期自 4 月下旬至 9 月下旬、10 月上旬，活动积温 1300℃～2000℃以上，稳定持续 4 个月，可满足温带作物生长的需要。

柴达木盆地降水甚为稀少，年降水量分布的总趋势是自东向西急剧减少。如盆地东缘茶卡可达 200 毫米，至盆地西部则不及 20 毫米，干燥度在东部为 2.0～9.0，向西部增至 20 以上。柴达木盆地干燥度 2.0～20 之间，而羌塘高原年降水量虽不足 100 毫米，但气温低，蒸发弱，干燥度 ＜1.0。可见，属于西北区干旱荒漠的柴达木盆地，其自然地理特征与羌塘高原寒漠或青藏高原高寒草原显然不同。但柴达木盆地除具有一般干旱荒漠的共性处，还有它自己的特点。如海拔高、积温低、盐滩广等，因而不但在地形上可与塔里木盆地、河西走廊分开，在自然景观上也是西北区内的一个独特的亚区。

盆地西部的阿尔金山是一条长约 750 千米的山地，西与昆仑山相接，由一系列雁行状的山岭与谷地组成，平均海拔为 3600～4000 米。西段最高，山幅也最宽，东段渐低渐狭。如柴达木盆地北部的安极尔山，宽仅 20 千米。阿尔金山是我国最干燥的山地，完全没有森林，3500 米以上才有高山或亚高山草甸草原，5000 米以上的山峰出现高山寒漠。因此，将山幅狭窄的阿尔金山东段划入柴达木盆地亚区，并以明显的区别将北坡与塔里木盆地划开。

华南区的自然概况及其划分

华南区的自然概况

地理位置

华南区处于中国南方，包括大陆部分和岛屿部分。大陆部分包括广东、广西和福建的南部，岛屿部分包括台湾岛、海南岛和南海诸岛。北界大致从广西百色以北循右江北岸至南宁以北，经梧州以南沿西江北岸至广州、汕头以北，这段界线大致与北回归线走向一致。汕头以北向东深受海洋影响，界线折向北东，包括福建沿海、厦门及福州以南地区。华南区与华中区的分界也是中国热带与亚热带的分界。

湿热的热带气候

[气温] 本区是全国水热资源最丰富的地区，日平均气温≥10℃的活动积温为7000℃～9500℃，年平均气温20℃～26℃，平均气温高于25℃的天数达150天以上。华南区没有真正的冬季，夏季长6个月以上，中国台湾地区南部夏季长达9个月（3～11月），海南岛南部和南海诸岛全年都是夏季。气温年较差不大，海南岛不过10℃，台湾岛为10℃～14℃，大陆部分在12℃～16℃。气温日较差一般也比全国其他地区小，各地平均在6℃～7℃。冬季冷空气南侵，温度较低，大陆上最冷月平均气温可降至13℃左右，最低温则降至0℃以下。在强大寒潮南侵时，气温急剧下降，气温日较差可达15℃以上。华南区基本上没有霜和雪，只在强寒潮入侵所经地区可发生霜冻。如广州1955年、1967年和1976年受寒潮猛烈侵袭，曾发生过静水结冰现象。华南区热量自北向南增加，低温霜冻则自北向南减弱以至于消失。北部地区最冷月平均气温13℃～15℃，平均极端低温0℃～5℃，平均霜日2～5天，属轻霜区。湛江以南的雷州及琼北，最冷月平均气温15℃～18℃，平均极端低温5℃～8℃。除特强寒潮外，一般年份没有霜冻，属微霜冻或基本无霜冻区；海南岛南部至南沙群岛，冬季不受寒潮影响，最冷月平均气温18℃以上，平均极端低温大于8℃，属绝对无霜区。

[温度带] 根据植被特征，华南区可分为热带和赤道带。赤道带全年皆夏，积温9000℃以上。本区只有南沙群岛属于赤道带。热带可分为两个亚带，积温8000℃～9000℃为热带南部，简称热带，包括雷州半岛及以南地区、台湾南部。积温7000℃～8000℃为热带北部，简称准热带，包括两广的北回归线以南地区及福建沿海、中国台湾地区。准热带是热带内的一个亚带。其热带性较热带稍有不及，但其自然景观性质仍属于热带范畴，与亚热带有较大差异。准热带的北界在气候上是无雪线和基本无霜线的北界。准热带的典型植被是"季雨林型常绿阔叶林"，具有许多热带森林的特征。许多热带动物，如长臂猿、椰子猫、犀鸟、孔雀等分布于中国台湾、两广南部和福建南部，也分布于海南岛，但不见于江西、湖南。在农业植被上，准热带是许多热带果树集中分布的地带，赤道带的作物如橡胶，在准热带的有利小地形环境内也可生长、收获，但在亚热带内则不能生长。反之，亚热带代表性经济树木如油树、油茶等，在准热带也很少种植。

地形对本区准热带的界线有重要影响。两广的准热带北界并不完全与北回归线平行，曲折较大，这显然与南岭山脉的屏障作用有关。南岭山脉横亘于广东、广西与湖南、江西之间，主峰海拔2000米以上，是中国气候上的重要分界线。但南岭山地比较破碎，由于断层和其他原因，山岭间有若干较低的缺口，自古以来为南北交通的孔道，主要有赣粤间的梅岭隧道、湘粤间的折岭隧道和湘桂间的兴安隧道，它们的海拔最低只有250米，故成为寒潮南下的通道。位于寒潮通道上的地区，冬季气温偏低，常有霜冻，故准热带限于莲花山以南。同样，粤北的韶关、英德，受由武水谷地南下的寒潮影响，也不属准热带范畴。兴安隘道因地势最低，故到广西的寒潮一般可影响到武鸣、横县以北，而广西西部因有云贵高原及都阳山的屏障，冬季温度较高，少霜冻。因此，广西的冬季等温线在东部偏南，在西部偏北。准热带的界线循右江谷地北缘直达百色一带，向西与云南东部的剥隘一带准热带地区相连，即准热带北界伸入到北纬 24° 左右，而在广西东部准热带则限于大容山南坡，即在北纬 23° 左右。

[降水量] 华南区年降水量一般在 1500～2000 毫米。山地迎风坡降水更多，如台湾山地、戴云山、莲花山、云开大山、十万大山和五指山等山的东南坡，年雨量在 2500 毫米以上；反之，背风地区降水少，如海南岛西部年雨量不到 1000 毫米。台湾海峡正当东南季风的背风方向，属于雨影区，年降水量仅 750～1000 毫米。除南海诸岛，全年各季降水比较均匀。基隆、台北以雨为最多外，其余广大地区均以夏雨为最多，占全年 40% 左右。除夏雨以外，北部春雨多于秋雨，南部秋雨多于春雨，这是由于北部在春季冷暖气团交锋，锋面活动频繁，南部在秋季有台风和极锋活动。大部地区冬雨比较少，仅占全年 10% 左右，故冬季仍为干季。此外，最多雨月与最少雨月降水比值，除中国台湾北部以外，都达 5～10 倍以上，是典型的热带季风气候。

河流径流、汛期

[河流径流] 珠江流域的年降水量为 1500～2000 毫米，比长江流域几乎多 1 倍，故单位面积产水量居全国之冠，年平均径流模数达 25.9 公升／（秒·千米 ^{2}）。珠江流域面积仅为长江流域的 1/4、黄河流域的 3/5，但多年平均径流总量达 3492 亿立方米，约为长江的 1/3，为黄河的 6 倍多，在全国仅次于长江。因雨量多，流量大，河水矿化度很弱，小于 50 毫克／升，总硬度低于 1.0 毫克当量／升。

[河流汛期] 由于本区雨季较长，河流汛期一般长达 6 个月。每年 4 月以后河水便开始上涨，直至 10 月才逐渐下降。珠江的汛期可分三期：在清明至立夏之间，称为春汛，汛期短促，水位亦不甚高。立夏至秋分之间，称为夏汛，有两次较高洪峰，第一次在端午节左右，第二次在农历七月左右。夏汛较长，洪水水位亦高，对周围低地有很大威胁。秋分至霜降之间，称为秋汛，时间甚短，但与夏汛常紧接相连，形成长时期的高水位。

热带性植被与土壤

本区植被富有热带性。天然植被热带雨林和季雨林的特点是多层性（一般有 5～7 层）和多种性（一块几百亩林地内可以有 100 多科 300 多种植物）。海南岛的雨林内有典型的热带雨林种类，如龙脑香科的青梅、梧桐科的蝴蝶树等，还分布有热带针叶林——南亚松林。准热带的天然植被——热带季雨林性常绿阔叶林虽然含有较多的亚热带成分，但其优势种建群科常有 60% 以上为热带科属，如广东大陆有种子植物 1494 属，与越南共有者占 84%，与菲律宾共有者占 70.21%，与马来西亚共有者占 64%。热带科属，如桃金娘科、番荔枝科、大戟科、桑科、藤黄科、棟科、橄榄科、梧桐科和椴树科等在本区分布普遍。在群落结构上，发展到相对稳定阶段的群落均为乔木群落，而灌木群落和草本群落大都是次生植被。乔木群落层次多，一般有 4～5 层，多者可达 7～8 层。在较原始的乔木群落中，乔木层通常有 3 层，板根、附生植物、木质藤本、茎花植物、木本蕨类等亦可常见。此外，在海岸地带有红树林，石灰岩地区生长着蚬木林，还有鹧鸪草、蜈蚣草等组成的热带草原等。中国台湾、广西南部、广东南部不仅次生植物与海南岛相同，而且农业植被如香蕉、番木瓜、菠萝、木菠萝、木薯、冬甜薯等都是亚热带不能栽培的。广西南宁至滇桂边境剥隘的公路两侧普遍可见芒果树。福建东南沿海地带村旁路边栽种着连片的龙眼、荔枝等热带果树，并普遍种植芒果。双季稻田间生长着大片甘蔗，其农业景观与珠江三角洲极相似，也证明该地天然植被和农业植被都具有热带性质。

热带的土壤为砖红壤，准热带的土壤为砖红壤性红壤，亦称"赤红壤"。由于本区气候湿热，土壤的脱硅富铁铝化作用强烈，硅酸盐类矿物强烈分解，硅和盐基遭到淋失，铁铝氧化物则明显聚积，即钙、钠、镁、钾和硅等元素被大量迁移，而铝、铁等元素则相对富集。因此，土壤黏粒硅铝率较低，砖红壤为 1.5～1.8，赤红壤为 1.7～2.0。热带地区土壤渗滤水的 SiO_2 含量远较亚热带地区为高。由此可见，准热带的脱硅作用强度较亚热带南部高 1 倍左右，而与热带比较相近。土壤黏土矿物以高岭石为主，并有三水铝矿和氧化铁矿物，反映在热带气候条件下风化程度极高。中国土壤黏土矿物以高岭石为主的地带，其北界在华南基本上与准热带的界线相符合，这也表明准热带是属于热带范围的。

热带动物

本区由于森林林相茂密，植物种类繁多，给动物提供了优越的栖息条件和丰富的食料。因此，动物组成丰富，特有种类很多。在生态地理动物群上，本区属于热带森林、林灌、草地、农田动物群。其主要特征是组成复杂，优势现象不明显，树栖、果食、狭食和专食性种类多，一般不贮藏食物。换毛、繁殖和迁徙等季节性生态现象不明显。哺乳动物中以翼手类、松鼠科、灵猫科和家鼠属的一些种类最常见。灵长目动物中，主要有原始的体型似松鼠的树鼩、猕猴、叶猴、獭猴和长臂猿。鸟类种类繁多，羽毛华丽，不因季节而改变体色。南海诸岛是海洋性鸟类（以鲣鸟为主）的世界。两栖类、爬行类中也多树栖种类，如巨蜥、蟒蛇、绿瘦蛇、过树蛇等都是典型的树栖种类。在森林砍伐后的次生林灌和草坡上，动物种类趋于简单，地栖动物显著增多，形成优势。在农田环境中往往有 3～5 种鼠类占绝对优势，其中以黄毛鼠分布最广泛，鼠类对水稻和甘蔗等危害甚大。

本区特殊的热带海洋生物就是珊瑚。珊瑚生长在澄清而温暖的浅海中，其生存条件是海水平均温度不低于 20℃，13℃以下就要死亡。中国珊瑚在南海诸岛、海南岛、台湾地区以及大陆沿海均有分布。台湾地区东岸因终年受暖流影响（黑潮），水温较高，珊瑚分布北到北纬 25°左右。据调查，菲律宾造礁珊瑚种属有 67 属、200 多种，而中国西沙群岛仅有 38 属、127 种，海南岛有 34 属、110 种，粤桂沿海只有 21 属、45 种，而且大陆沿岸冬季受寒潮影响，如厦门附近海水温度可降至 12℃以下，故澎湖、厦门一带的珊瑚常有冻死现象，但有山地保护的海湾内，海水暖和，常成为珊瑚集中分布的地区，如大亚湾、大鹏湾等。这种情况亦表明华南的热带与典型的热带仍有差异。

热带作物

华南区农业植被富于热带性。热带作物（包括果树）大致可分两类：赤道带作物，要求热量高，无霜，如橡胶、可可、胡椒、椰子、油棕、槟榔等；热带作物，稍能耐寒，可生长于偶有轻霜的地区，如菠萝、芒果、香蕉、木瓜、咖啡等。热带地区可普遍种赤道带作物，准热带地区普遍可种热带作物，在地形环境较好的地方，也可种植赤道带作物（如橡胶）。但绝大部分热带作物的分布限于准热带北界以南。如椰子在雷州半岛和海南岛可正常生长、丰产，至广州、南宁一带虽能勉强过冬，但不结果，这反映了热带与准热带的热量差异。反之，一些热带作物的优质丰产区都在准热带内，如广州附近为菠萝、木瓜、香蕉、芒果优质丰产地区，供应出口及全国各大城市。八角、三七等是准热带山地的特产，喜夏凉、冬暖、霜害不重的生境，与亚热带山地以油桐、杉木等为主要产品不同。一些亚热带的典型树木，如杉、油茶等，到准热带或生长不良，或品种改变，如杉木在广西北部（亚热带）生长良好，在南宁和六万大山一带（准热带）生长很慢，且叶色枯黄，已不能作为主要造林树种。油茶在广西南部龙州、宁明一带为热带品种，即大果油茶，呈小乔木状，高达 4～8 米。

农作物方面，热带地区由于全年气温高，无霜，水稻不需另地育秧就可一年连作三熟，故为三季稻、冬花生、冬甘蔗区。冬小麦则因这里冬季气温高，不能正常通过春化阶段。准热带地区，甘薯、玉米、甘蔗等均可越冬生长，故为双季稻、冬甘薯、冬玉米、冬甘蔗区，而这些作物在亚热带都不能越冬生长。准热带地区内的某些地方也已发展三季水稻。由此可见，在农作物方面，准热带与热带基本上相同（冬甘薯、冬甘蔗等），而与亚热带则有质的差别。

华南区的自然区划

华南区明显地可分为 3 个自然亚区，即两广、闽南及台湾亚区，雷州、海南亚区和南海诸岛亚区。它们分别与准热带季雨林性常绿阔叶林—砖红壤性红壤地带、热带雨林—砖红壤地带和赤道雨林—热带磷质石灰土地带大致相当。在上述 3 个亚区内部，热量条件基本类似，但湿润状况和风力强度则有所不同，其差异与离海远近和地形条件密切相关，特别是在地理分布上往往随着地形条件而发生显著改变，以致引起自然景观的变化。因此，各亚区内部可根据地形因素划分为若干小区（见下表）。

以上 3 个亚区的界线，不完全与地带的界线相符合。赤道带雨林地带的范

两广、闽南及台湾亚区	中国台湾与澎湖小区
	闽粤沿海丘陵、平原小区
	桂南盆地小区
雷州、海南亚区	雷州半岛小区
	海南岛小区
南海诸岛亚区	

围虽仅限于北纬12°以南，但南海诸岛均为珊瑚礁，各岛上的植被、土壤大致相同，植被为珊瑚礁植被，土壤属热带磷质石灰土，气候虽有一些差别但不很大，因此，它们的自然景观是基本相同的，可把它们划为一个亚区。中国台湾南部平原虽属于热带，但若把它与台湾其他部分分割开来，显然也是不合适的。由于台湾大部属于准热带，所以应与两广和福建南部合为一个亚区。

两广、闽南及台湾亚区

本亚区包括福建东南部，广东和广西的南部，台湾及其附近岛屿。具有热带与亚热带之间过渡的自然景观与农业生产特征，但景观主要与热带相似。

①台湾与澎湖小区

中国台湾与澎湖小区包括台湾岛及其附近的澎湖列岛、兰屿、绿岛、钓鱼岛、赤尾屿等80多个大小岛屿，总面积约36000平方千米。台湾岛形似纺锤状，南北长约380千米，东西最宽处约145千米，面积为3.58万平方千米，是中国最大岛屿。它东临太平洋，西隔台湾海峡与大陆相望，海峡最狭处距离不到150千米。位于台湾海峡东部的澎湖列岛，面积126平方千米，为台湾本岛以外的第一大岛。其次为兰屿，面积约46平方千米。台湾海峡是东海最南部的海域，呈东北—西南向，南北延伸约380千米，平均宽度约190千米，是中国最长的海峡。

②闽粤沿海丘陵、平原小区

闽粤沿海丘陵、平原小区与桂南盆地小区大致以云开大山为界。云开大山以东，低山、丘陵与盆地、平原相间分布。山地主要由花岗岩组成，多呈东北走向，著名的山峰如莲花、罗浮山等，海拔均不过1000米左右。若干独流入海的河流在下游形成冲积平原和河口三角洲，较大的三角洲有珠江三角洲、韩江下游的韩江三角洲（潮汕平原）、九龙江下游的漳州平原等。沿海大小岛屿星罗棋布，较大的有海坛岛、金门岛、东山岛等。

[珠江三角洲] 珠江三角洲包括西、北江三角洲和东江三角洲，面积共约1.1万平方千米，土壤肥沃，是广东的主要商品粮和重要经济作物基地。珠江三角洲原为断裂下陷的大型河口湾，更新世以来的大量沉积物促使三角洲迅速淤长扩展，河口湾逐渐被充填，目前的零丁洋为其残留部分。珠江三角洲的水沙，80%～90%以上来自西江和北江，三角洲上汊河密布，主要水道大约有100条，总长1700多千米，河网密度高达0.8～1.0千米/千米^2，成为中国著名的"网河"区。河流主要由8个口门入海，其中尤以磨刀门、虎门等最为重要。珠江水系年平均输沙量8000余万吨，河海相沉积物使三角洲迅速淤积并向海伸长，平原上平均沉积速率为26毫米/年，第四纪沉积物平均厚度为25米左右，西、北三角洲近代平均伸展速率为35.1～48.7米/年，东江三角洲为8.2～13.4米/年，河口万顷沙、灯笼沙一带受堤围的影响，伸展速度达63.3米/年。珠江三角洲从成陆历史先后来看，可分为两部分。黄埔—顺德—江门一线以北，新石器时代以来就有人开垦、居住，称为围田区；此线以南，则是后来河流泥沙淤填海湾而成，为沙田区。三

角洲平原上耸立着 160 多个岛丘，海拔一般为 200 ～ 400 米。丘陵与台地占三角洲总面积的 1/5。分布在南部现代三角洲上的五桂山，海拔为 505 米，黄场山为 591 米，大部分由燕山期花岗岩组成。南海区西樵山（海拔 344 米）为南粤名山之一。

③桂南盆地小区

广西境内，碳酸盐岩石分布面积甚广，约占广西壮族自治区总面积的 40% 以上。本小区的西部为碳酸盐岩石区，地形主要为峰林和岩溶洼地相交错，多洞穴和伏流，土层薄，岩石裸露。而东部主要为非碳酸盐岩石区，山、丘坡度一般比较平缓，土层覆盖较厚，两者景观显著不同。

石灰岩丘陵与砂贝岩、花岗岩丘陵低山上的天然植被迥然不同。前者为蚬木林，后者为榄类林。蚬木林分布于海拔 1000 米以下石灰岩山地的阴坡和沟谷中，称为"热带半常绿阔叶季雨林"。上层大树主要为落叶的蚬木、核实木、金丝李、肥牛树、闭花木、木棉等，多为珍贵的硬材。灌木丛以越南剑叶木、滇木瓜、萍婆等为代表。榄类林主要树种有乌榄、白榄、长叶山竹子、沙拉木等，并有大药树、霍而飞和坡垒。灌木丛中，桃金娘、余甘子、大砂叶、黄牛木普遍可见，局部地区并有热带典型植物坡柳。山地的垂直带也反映热带山地的特征。如龙州大青山上部有以栲树为主的山地常绿阔叶林，但和广西北部亚热带地区的栲树林不同，含有较多的热带地区成分。

雷州、海南亚区

本亚区包括雷州半岛和海南岛，相当于热带雨林—砖红壤地带。热量丰富，最冷月平均气温 16℃ ～ 20℃，植物全年可以生长，椰子、油棕等均可正常生长，是中国发展热带作物的重要基地。在水分条件保证下，水稻一年可以三熟。

①雷州半岛小区

雷州半岛地形简单，主要为海拔 100 ～ 200 米的台地和丘陵，由浅海沉积的沙层和玄武岩组成。玄武岩台地上分布着一些孤立的火山锥，如湛江市附近的湖光岩（海拔 160 米）就是一个第四纪火山锥，山顶有完整的火口湖，面积 3.6 平方千米，水深 20 米以上。雷州半岛气候特点是雨少、风大、雾日少，如湛江年降水量仅 1300 毫米左右，年平均风速达 4 米／秒左右，年平均雾日只有 33 天，故蒸发强烈，呈干旱景象。

天然森林多已被破坏，现在植被主要为热带草原类型，由华三芒、蜈蚣草、白茅、鸭嘴草、坡柳等组成，并稀疏地散生针葵、大沙叶、黄牛等小乔木。土壤深受母质的影响，浅海沉积物上发育的砖红壤，含有 60% ～ 70% 的沙粒，称为硅质砖红壤。其有机质含量很低（＜ 1%)，磷的含量也很低，土体虽较松散，易于耕作，但保水保肥力弱，雨水易漏失，干旱的威胁大，如开垦不当，土壤侵蚀也很严重。且过去当地群众有铲草习惯，以致形成了大面积贫瘠的"赤地"。由于营造了大面积的防护林和护田林带，并开挖了雷州青年运河纵贯半岛南北，长 170 千米，粮食和橡胶等热带作物都有了很大发展。

②海南岛小区

海南岛面积 3.39 万平方千米，是中国第二大岛，北面隔宽 20 ～ 40 千米的琼州海峡与雷州半岛相望。环岛海岸线长达 1528 千米，水深 5 米以内的面积约有 1116 平方千米。近岸滩涂面积宽大，大有开发利用前景。全岛形状如雪梨，呈东北—西南向伸展，四周低平，中间为高耸的穹隆山地。中部为五指山山地，地势高耸，海拔 1000 米以上的山峰有 667 座，主峰海拔 1867 米，主要由花岗岩构成，山间夹有一些局部盆地，如通什、乐东等，海拔在 200 米左右。海南岛河流均由山地向四周流注，形成辐射状水系，如南渡江向北流经海口市入海，昌化江向西流至昌江县入海，万泉河向东流至琼海附近入海，这些河流都比较短小。北部为浅海沉积物和玄武岩组成的宽广台地，海拔多在 50 米以下，台地上也有一些近代火山锥，如临高的高山岭、琼山的雷虎岭等，地形与雷州半岛相似。玄武岩台地以南，儋州、屯昌一带多为花岗岩组成的丘陵。大致在岭口、南丰、和盛一线以南，为高丘（海拔 200 ~ 250 米以上）与低山相交错的地段；以北为低丘（海拔 100 ~ 200 米）与台地相间的地段。在丘陵分布的地区，常有局部避寒、避风的地形，形成种植热带作物最适宜的小气候。沿海平原主要分布在东、西两侧，大部分为海积平原，是主要的农业基地。由于强风搬运的大量沙粒堆积于沿岸地带，形成大片沙荒地，其宽可达 20 ~ 30 千米，多见于本岛的东北和西南沿岸一带。

南海诸岛亚区

南海诸岛包括东沙、西沙、中沙和南沙四大群岛以及黄岩岛，都是珊瑚礁、岛。虽然一般把赤道带与热带之间的界线划在中沙群岛以南，但由于这些大海中的珊瑚礁群岛气候情况基本相似，自然景观及利用方向也相同，故合并为一个亚区。珊瑚礁、岛是热带海洋中特有景观。

南海诸岛包括 200 多个岛、洲、礁、沙、滩，按其距离海面的位置可分为暗滩、暗沙（均位于水下）、礁（位于高潮位与低潮位之间）、沙洲和岛（均位于海面以上）。南海诸岛绝大部分是水下的暗滩、暗沙和暗礁，真正露出水面的岛屿不多。西沙群岛绝大部分岛屿都是生物沙砾在珊瑚礁盘上堆积起来的沙岛（或称灰沙岛），一般四周有高起的沙堤环绕，中间是低地潟湖，海拔为 5 ~ 8 米，面积 1 平方千米左右。

南海诸岛的珊瑚礁大部是环礁。由于南海海上的风向以东北风和西南风为主，故环礁多呈椭圆形，长轴呈东北—西南方向。如南沙群岛主要由上七、下八岛组成，下八岛是环绕着广阔潟湖的永乐群岛，即永乐环礁；中沙群岛由 20 多个暗沙和暗滩组成，排列成一个椭圆的大礁区，长轴亦呈东北方向；南沙群岛包括岛、洲、礁、滩、沙 100 多处，其中较大的岛有 10 多个，最大的岛太平岛平均高出海面 3 米多，面积 0.43 平方千米。

南海是处于岛弧内侧的一个新华夏系巨大构造盆地，为亚洲大陆边缘的大型陆缘海，南沙与中沙群岛之间为深海盆地，最深处达 5567 米。永兴岛地表以下 1000 多米处有一层相当于老第三纪的红色风化壳，厚度约 28 米，风化壳下部为变晶质花岗片麻岩，表明南海诸岛的海底为大陆型地壳，从老第三纪末开始下沉，下降过程中有火山喷发，为发育珊瑚礁提供了基础。距今 6000 ~ 7000 年，南海海底地壳才缓慢上升，平均每年上升 1~2 毫米，珊瑚体才逐渐被抬升到今日高潮位之上。

[气候] 具有热带岛屿季风气候的特征。终年皆夏，年平均温差很小，仅 4℃~6℃，年平均降水量约 1500 毫米。南海诸岛年内风向的季节更替非常明显，4~9 月盛行西南风，10 月至次年 3 月盛行东北风。由于南海诸岛位于广阔的海洋中，尤其接近台风源地，全年风速较大，西沙群岛年平均风速 5.4 米/秒，东沙群岛 6.4 米/秒。各月风速以 10 月到次年 2 月最大，这一时期初有台风盛行，继而东北季风与东北信风吻合，风力因而加强。

[植被] 珊瑚岛的成陆时间不长，经常受海水浸渍的影响。全年风大，蒸发量远大于降水量，土壤含丰富钙质。在这种环境下，植被为肉质常绿阔叶灌丛、矮林，这是热带珊瑚礁所特有的一种植被类型。植物种类贫乏，树木低矮（因风大），且具有旱生和盐生的特征。滨海珊瑚沙滩内侧为常绿灌丛，高 2~5 米，多为厚肉质、多浆汁的灌木，如草海桐、银毛树、海岸桐等。珊瑚岛中部有羊角树的矮林，高 5~12 米，没有附生植物，木质藤本植物很少，也不见茎花和板根现象。永兴岛麻风桐树极多，形成茂密森林，故永兴岛又称"林岛"。

[动物] 南海诸岛是海鸟栖息的良好场所。由于南海鱼类丰富，故岛上海鸟极多，主要为白腹褐鲣鸟等，西沙群岛有"鸟天下"之称。岛上地表的鸟粪，最厚约 1 米。在高温多雨条件下，鸟粪迅速分解，释放出大量的磷酸盐向下淋溶，并与钙相结合，形成了鸟粪磷矿，是优良的天然肥料。

西南区的自然概况及其划分

西南区的自然概况

地理位置

西南区位于青藏高原东南，贵州高原以西，几乎包括云南省全部和四川省的西南部一角。北起北纬 28° 左右，约自西昌以北，经九龙、木里至香格里拉（原中甸）附近；东界自大凉山向南经雷波、昭通、会泽、宣威、北盘江西部，至富宁附近。西面与南面至国界。

地形

西南区山原地形结构包括广大的夷平面、高耸的山岭、低陷的盆地和深切的河谷。在元江、雅砻江以西，山脉和河流南北纵列，高山深谷平等排列，常称为横断山脉区。这些平行的高山，大致在北纬 26° 以北，自西向东有高黎贡山、怒山、大雪山等，其间奔流着怒江、澜沧江、金沙江、雅砻江等大河。这里地质构造复杂，褶皱紧密，断层成束，河谷深切。河间准平原已被破坏殆尽，山岭则常高达 4000 米以上。金沙江在石鼓以下，雅砻江在洼里附近，因受断裂影响，都做"之"字形的大转折。石鼓以下的金沙江虎跳涧峡谷，江面海拔不到 1800 米，而两岸的玉龙雪山和哈巴雪山海拔均在 5000 米以上，从江面到两岸山峰高差达 3000 米左右。河流落差 170 米，最狭处河宽仅 30 米，水流湍急，汹涌澎湃，声闻数里，其险峻远胜过渝鄂间的长江三峡，是世界罕见的大峡谷。北纬 26° 以南，高原面尚有大面积保存，这就是"云南高原面"。山岭高度也渐降低，只有个别高峰超过 3000 米。山脉走向受构造作用做帚形分出，称为滇南帚形山系。自西而东有雪山、邦马山、无量山、哀牢山，其间为怒江、澜沧江、把边江和元江，相对高度不到1500米。哀牢山和元江谷地以东为海拔2200～2400米的云南高原，高原的东南部岩溶地貌十分发育，为典型的岩溶高原，以路南石林最为著名。西南区山原上还分布着许多低陷而宽阔的盆地，当地称为"坝子"。如海拔在1000米以下的盈江、芒市、景洪、勐腊等，还有海拔1300～2000米的文山、昆明、保山、丽江、西昌等。这些坝子是当地人口和农业的中心。

气温

云南中部海拔1500～2000米的盆地，如昆明等，一般没有夏天，春秋季长达9～10个月，冬天长约两个月，但1月平均气温达7.7℃，加之冬季晴天多，空气干燥，日照充足，白天气温容易升高，因此实际上并无寒冷的感觉。海拔1300米左右的盆地，如思茅等，则既无冬季，也无夏天，全年各月均为春秋季。西南山原一般气温年较差小，日较差大，反映出热带山地的特征。如昆明的年较差仅12.1℃，1月平均日较差却为14℃，盈江1月日较差竟达20℃以上。所以，云南中部高原的保山、昆明等地，虽然积温和年平均气温与华中区衡阳等地相似，但气候差异很大。因此，在物候上，昆明的桂花、菊花能四季开花，与华中区完全不同。如昆明月均温10℃以上有9个月，同期总平均气温只有16.7℃，故热量资源不够丰富，种植双季稻目前尚比较困难，但复种指数达150%。

热带山原植被与土壤

大致在海拔1000米以下的盆地和谷地，植被和土壤具有热带特征，植被属于热带季雨林，发育着砖红壤。海拔1000～2500米则具有亚热带特征，形成亚热带干性常绿阔叶林与山原红壤。由于云南高原寒潮不易到达，故亚热带常绿阔叶林可分布到海拔2800～2900米处。这里的亚热带常绿阔叶林亦与东部亚热带不同，槠属和栲属树种较为简单，主要由较耐旱的滇青冈、高山栲和白皮柯组成，林内极少藤本植物和附生植物，没有或极少有喜湿的蕨类植物。海拔2600～2900米处的针阔叶混交林也与东部亚热带不同，有耐旱的硬叶常绿阔叶的高山栎，而没有喜湿的山毛榉等。此外，云南松是西南区的代表性植物，它是强阳性树种，喜暖耐干，故广泛分布于云南高原的酸性土壤地区。上述植物特点都与热带山原冬季温暖、干旱的气候有密切关系。

西南区植被—土壤垂直带谱大体可归纳为两个主要类型，即具有山地黄棕壤、苔藓林的热带山地垂直带谱，具有山地漂灰土和草甸土、冷杉和落叶松林的亚热带山地垂直带谱。前者

	海拔（米）	植被—土壤
金平老岭	300～800	热带雨林—山地砖红壤
	800～2000	常绿阔叶林—山地红壤
	>2000	以石栎类为主的山地苔藓林—山地黄棕壤
沙鲁里山南端	<1600	谷干性草地—红褐土
	1600～2200	混有阔叶树的云南松林—山地红壤及黄壤
	2200～3200	云南松纯林—山地棕壤
	3200～3600	云杉、冷杉—山地暗棕壤
	3600～3900	冷杉林—山地漂灰土
	3900～4000	落叶松林—山地漂灰土
	>4000	高山匍匐灌木和草甸—高山草甸土

如高黎贡山南段、无量山、金平老岭、屏边大围山等，后者如点苍山、玉龙雪山、沙鲁里山南端等。对比如下：

云南西北部的横断山脉地区，大致从高黎贡山向东至金沙江岸的桥头（石鼓附近）一线，此线以南为湿润型植被，以北为干旱型植被。如铁杉的环境特点是温凉湿润，它仅分布于此线以南，尤以高黎贡山（2700～3300米高度）分布最广。此线以北，怒江沿岸多仙人掌，突出地反映这里的干旱环境。硬叶的黄栎在山坡上分布也很广。横断山脉东坡西坡也湿润程度不同，故其垂直带谱也有差异。例如高黎贡山2000～2500米的高度上，西坡迎西南季风，植被类型是带有苔藓林状态的湿性山地常绿栎林，以细叶青冈、石栎等为主，林内层林复杂，种类繁多。而在同高度的东坡，则为以云南松为主的亚热带松林。至于峡谷下部，则出现羊蹄甲、攀枝花、霸王鞭、仙人掌、牛角瓜等植物为主的稀树灌丛草原。

西南区的自然区划

以农业活动占优势的盆地和谷地为准，将西南区划为具有山原热带性景观的滇南山间盆地区和具有山原亚热带性景观的云南高原亚区。此外，横断山脉是一个特殊的高山深谷地区，也应划为一个亚区（见下表）。

云南高原亚区
横断山脉亚区
滇南山间盆地亚区

云南高原亚区

云南高原亚区包括云南省中部和东部以及四川省西南部。云南的点苍山和哀牢山以东地区是一个比较完整的高原，大部分地面海拔在1400～2200米，北部较高，渐向南部降低，滇东南的南盘江、普梅河与盘龙江等谷地降至1000米以下。

云南山原面积广大，由于岩石的组成不同，表现为不同的自然地理特征。滇中为紫色砂岩、页岩为主的红岩高原，滇东南为碳酸盐类岩层构成的岩溶高原。滇中高原是西南区中夷平面保存较完整的部分，其间以昆明至下关间最为典型。夷平面上中生代红色岩系分布甚广，质地较疏松，易被风化剥蚀，形成了高原上的平缓丘陵。高原新构造运动活跃，断裂下陷形成许多盆地，有时构成断裂湖。循南北向断裂发育的盆地有大理、昆明、澄江、昆阳、晋宁、开远、蒙自等，湖泊有洱海、滇池、抚仙湖、阳宗海等；循东西走向断裂发育的盆地有石屏、建水、鸡街等，湖泊有异龙湖、杞麓湖等。断层湖一般较深，如抚仙湖最大深度达151.5米。

[热量] 全年热量比较丰富，除海拔超过2500米的山地外，广大地区活动积温在4000℃～6500℃。冬季气温偏高，最冷月平均气温大多在8℃～10℃。由于北部有山地屏障以及热带大陆气团势力大而稳定，寒潮入侵极少，尤其是宣威、昆明、元江一线以西，基本上没有寒潮侵袭，冬季不见急剧降温现象。但在滇东南，可出现0℃左右的极端低温，由于降温时间不长，对农业生产的危害性不大。

[降水量] 本亚区年降水量在1000毫米左右，干湿季分明，降水量的80%～90%集中于下半年。其分布自南向北减少，金沙江南岸各支流河谷为背风坡，降水量少，如元谋、楚雄、祥云

等地年降水量一般不到 750 毫米。此外，在南部背风的河谷地段，如元江位居哀牢山东坡，年降水量只有 735 毫米，具有干热的稀树草原景观。

[植被] 滇中高原亚热带常绿阔叶林的建群种，主要为耐干旱的云南特有种云南松等。植被的生态结构也反映滇中偏干性的特征，如落叶树种多、硬叶、小叶、多刺、多毛的植物多等。在植物区系上，滇中高原的植被内含有大量热带的科和属，有的热带大叶型的木本如山玉兰等已适应于目前滇中高原环境，这也证明滇中高原的土壤为山原红壤或褐红壤。

横断山脉亚区

横断山脉亚区包括哀牢山—点苍山以西地区，这里南北走向的高山与深谷平行排列，大致在保山、下关一线以北，山岭与河谷排列紧密，相对高差最大。自然景观垂直分带明显，一些高山顶部还存在着小型的现代冰川和永久积雪。如玉龙雪山，在 2000 米以下的金沙江谷地内以中草、高草群落为主，间有旱生植物生长，沿江有仙人掌、霸王鞭、山枣子等，土壤为褐土、褐红壤；2000～3100 米主要为云南松林，低处有黄栎矮林，土壤为山地红壤；3100～3800 米为冷杉林，局部有丽江云杉和红杉林，林下发育山地棕榈和山地暗棕壤；3800～4500 米为高山草甸、杜鹃灌丛和高山寒漠群落，土壤为高山草甸土和高山寒漠土；4500～5000 米以上为永久积雪区和现代冰川。这一垂直带谱图式可代表本亚区内景观垂直带的一般规律。从高黎贡山到老君山（澜沧江与金沙江间分水岭），西部主要受西南季风控制，气候湿润，东部主要受

东南季风和高原极地气团影响，比较干燥，干湿季明显。大理—保山一线以南，地形上属于滇南帚状山脉区，山脉与河流在澜沧江以东，主要是西北—东南走向，以西多半是东北—西南走向。两河之间保存有一定面积的高原面，并有一些宽广的山间盆地。气候较滇中高原为湿润，年降水量 1400 毫米左右，干季的干旱现象也不如滇中显著。这里，海拔 2000 米左右的亚热带常绿阔叶林其组成成分及群落结构与滇中亦略有不同，主要有刺桫椤、山蕉等，藤本植物也较多。

滇南山间盆地亚区

滇南山间盆地亚区东起富宁，西至芒市、盈江，包括西双版纳及河口等地区，山岭海拔较低，大部已降至 1500 米以下，只有少数山岭可到 2000 米以上。元江、澜沧江、怒江以及龙川江谷地，海拔大都不到 800 米，至下游降至 300～500 米，元江下游的河口更降至 76 米，是西南区内海拔最低的地方。这些河流及其支流的河谷，分布着一些宽广的盆地，海拔一般不超过 1000 米，如景洪、芒市等，是本亚区农业和热带作物的中心。

[河谷盆地热量资源] 滇南这些海拔较低的河谷盆地，热量资源丰富，积温 >6500 ℃。最冷月平均气温 15 ℃～16 ℃，气温日较差为 10 ℃～16 ℃，年降水量一般为 1250～1600 毫米，最多地区可达 1800 毫米以上，年雨日 170～200 天，年相对湿度 81%～87%，且常风小，静风多，年平均风速 0.5～0.8 米／秒，为比较典型的热带季风气候。夏季，哀牢山以西地区主要受西南季风控制，哀牢山以

东则主要受东南季风影响。自中国东部来的寒潮往往可影响哀牢山以东地区，哀牢山以西则基本上不受寒潮侵入。

[哀牢山以西气候] 哀牢山以西气候一年可分三季：雨季，5月中下旬至10月下旬，降水量占全年90%左右；干凉季，11月上旬至3月下旬；干热季，4月上旬至5月上旬，此时太阳直射地面，天气晴朗无云，故气温为全年最高。7、8月因无日不雨，气温反稍低。滇南一些盆地的海拔较高，一般在500米以上，最热月气温25℃左右。每年10月至次年3月干季内多雾，平均每月20~28次，多雾日140~160天，为相同纬度所少见。如允景一带，全年的雾日达141天，大勐龙125天，每天浓雾持续时间达5小时以上，如下毛毛细雨，平均日雾量等于降水量0.1~0.3毫米。西双版纳即有"雾州"之称。

[哀牢山以西准热带雨林] 哀牢山以西准热带雨林为热带与亚热带之间的过渡性植被，上层乔木以栎类为主，下层草木则主要是热带种类，整个群落的区系组成，热带成分约占60%。林内的附生、寄生和藤本植物丰富，故森林结构与季雨林大同小异。典型热带植物如山姜、木质大藤本（沙拉藤、黄藤等）以及树干上附生的鸟巢蕨、麒麟叶等均常见。此类森林可以西双版纳的普文（海拔900米）为代表，这里环境十分潮湿，上层树木以山毛榉科、樟科及栎类为主，高20~50米，形成浓密的林冠，林内附生植物特别发达，以苔藓为主，最厚达12厘米。

动物也有较浓厚的热带性。如西双版纳的准热带地区有印度野牛、亚洲象、双角犀鸟、孔雀等热带动物。这里，准热带的北界是一明显的动物地理界线，如蓝纹老鼠、懒猴、卷尾熊狸、椰子猫等热带动物均仅分布于界线以南。同样，绿鹭、青足小鹧鸪、栗头蜂虎、竹啄木鸟等热带鸟类也仅分布于界线以南。

[西双版纳热带作物] 西双版纳是中国主要热带作物基地之一，有橡胶宜林地约200万亩，已种橡胶67万亩。这里昼夜温差较大，水热条件的有效性较高。白天有害高温少，有利于光合作用的进行；夜间气温低，呼吸所消耗的物质少，有利于物质积累。因此，西双版纳橡胶的单位面积产量为全国之冠，比海南岛约高出1/4，是中国植胶经济效益最高的地方。在云南省内，西双版纳橡胶单产较环境条件较差的红河、德宏约高1/3。最近，又在西双版纳推广橡胶与其他热带作物间种的人工生态系统，包括4层植物，最高为橡胶树，橡胶树下种萝夫木（灌木），树间植云南大叶茶，地面种砂仁，这样进一步提高了橡胶园的经济效益，并改善了橡胶树生长的小气候条件。

[哀牢山以东气候] 哀牢山以东，海拔较低的河谷一般较狭，无宽广的盆地，故热带面积实际不大。这里夏季受东南季风控制，并受台风影响，故降水量较多，每年有1500毫米左右。如河口年降水量达1800毫米。由于海拔低，热量丰富，积温有8220℃。云南东南部红河支流的一些河谷，最低海拔在200~300米，年平均气温21℃~23℃，与河口相近。在这种湿热条件下，海拔500米以下为热带雨林，上层树木有龙脑的滇龙脑类。毛坡垒、野麻科的四数木、隐翼科的隐翼等东南亚典型热带树木。土壤中含水量较高，黏粒中矿物赤铁矿含量较砖红壤少20%，故土壤呈黄棕色或黄色，称为黄色砖红壤。

下篇

中国各省级区域

北京市

行政区划

北京市简称京，中华人民共和国首都。北京市位于内蒙古高原和华北平原的交界处，地处东经 115°25′~117°35′、北纬 39°28′~41°05′。北京市东南和天津市接壤，西、南、北与河北省毗连。全市面积 1.64 万平方千米。辖东城、西城、朝阳、海淀、丰台、石景山等 16 个区，市府驻东城区。

[东城区] 东城区是北京市政府所在地，位于市中心区东部，面积 41.84 平方千米，常住人口 91.9 万人。全国铁路交通枢纽——北京站位于区境南部。王府井商业街、百货大楼、新东安市场等工商企业均在区境内。医疗卫生机构著名的有北京协和医院、北京医院、同仁医院、北京中医医院和北京市妇产医院等。中国协和医科大学等高等院校设立于此。文化体育设施众多。天安门广场、天安门城楼、太庙、社稷坛、故宫博物院等名胜位于区境内。天安门广场正中为人民英雄纪念碑和毛主席纪念堂，西侧是人民大会堂，东侧是中国国家博物馆，南侧是正阳门和箭楼。区内还有毛泽东、茅盾、老舍等名人的故居。历史上著名的五四运动就发生在该区内。

[西城区] 西城区历史悠久，是北京城的发祥地，现为京城商业文化区。西城区位于市中心区西部，面积 50.70 平方千米，常住人口 124.3 万。区内有多条交通干线贯通东西南北，还有环城地铁通过。大栅栏、珠市口西大街、菜市口等是传统的繁华商业区，驰名中外的琉璃厂文化街也在本区内。古迹有牛街礼拜寺、天宁寺塔、法源寺等。名胜有陶然亭公园、大观园等。还有纪晓岚、谭嗣同、鲁迅等名人故居，以及李大钊、毛泽东、周恩来等革命家从事革命活动的故址。

[海淀区] 海淀区位于市区西北部，面积 430.8 平方千米，人口 328.1 万。辖 22 个街道、5 个镇。区内地势西高东低，河湖密布，有高粱河、清河、万泉河、南长河、小月河、南沙河、北沙河、永定河引水渠、京密引水渠及昆明湖、玉渊潭、紫竹院湖、上庄水库等。农业主产小麦、蔬菜，兼产肉、禽、蛋、鱼、水果。海淀区是著名的教学园区，高校云集，其中有著名的北京大学、清华大学等。海淀区还是著名的高新技术产区，高新技术已成为区域经济发展的支柱，这里形成了电子信息、光机电一体化等四大支柱产业。

人口、民族

2010 年北京市常住人口 1961.2 万，其中外来人口近 704.5 万人，是世界上人口密度较大的城市之一。本市人口年龄构成属年轻型，正处于向成年型过渡阶段，劳动力资源充足。由于北京是中国政治、经济、交通和文化中心，所以各类专业人才云集。全国 56 个民族在北京都有分布，其中少数民族人口 80.1 万人，占全市户籍人口数的 4.1%。人口在万人以上的少数民族有回族、满族、蒙古族。

历史文化

北京有着悠久的历史和灿烂的文化。早在 70 万年前至 50 万年以前，原始人群部落"北京猿人"就在北京西南的周口店一带繁衍生息。北京人创造发展了旧石器文化，对华夏民族形成产生过深远的影响。秦始皇统一中国后，北京一直是北方军事交通重镇和地方政权的都城。北京又是六朝古都，作为燕国、辽朝、金朝、元朝、明朝、清朝六朝都城，北京拥有大量的文物古迹和深厚的文化内涵。是中国七大古都之一，也是世界历史文化名城和古都之一。1919 年北京爆发了伟大的五四运动，揭开了中国现代史的序幕。新中国成立后，北京成为现代中国政治、文化中心。

[北京猿人遗址] 北京猿人遗址位于房山区周口店龙骨山。1929 年中国古生物学家裴文中在此发现原始人类牙齿、骨骼和一块完整的头盖骨化石，因而定名为"北京猿人"。并找到了"北京猿人"使用的石器和生活、狩猎及用火的遗迹，证实了 50 万年以前北京地区已有人类活动。这一发现和研究，奠定了这一遗址在全世界古人类学研究中不可替代的特殊的地位。周口店遗址是世界上迄今人类化石材料最丰富、最生动、动植物化石门类最齐全而又研究最深入的古人类遗址。当时北京猿人的平均脑量达 1088 毫升（现代人脑量为 1400 毫升），身高为男 156 厘米，女 144 厘米。北京猿人属石器时代，加工石器的方法主要为锤击法，其次为砸击法，偶见砧击法。北京猿人还是最早使用火的古人类，并能捕猎大型动物。但北京猿人寿命较短，据统计，68.2% 死于 14 岁前，超过 50 岁的不足 4.5%。北京猿人创造出颇具特色的旧石器文化，对中国华北地区旧石器文化的发展产生了深远的影响。

[京剧] 京剧是中国国粹，于清光绪年间形成于北京。京剧的前身为徽剧，通称皮簧戏。经历 200 多年的演变发展，京剧已成为中国戏曲的代表剧种，它有优美、独特的唱腔和念白，并融入了中国武术技巧的舞蹈动作。象征性格和命运的脸谱是京剧的一大特色。红脸代表忠勇、黑脸代表刚正、白脸代表奸诈、金脸和银脸代表神妖等一目了然。京剧角色的行当划分比较严格，早期分为生行、旦行、净行、丑行、杂行、武行、流行（龙套）七行，以后归为生、旦、净、丑四大行。

[北京绢人] 北京绢人是传统的民族手工艺品，有 1000 多年的历史。它取材于中国民间故事中的历代仕女、戏剧人物和民族舞蹈造型等。艺人们经过雕塑、彩绘、服装、道具和头饰等十几道工序的精细手工制作，做成栩栩如生的立体人型。它的头脸和双手都是用蚕丝制作的，从头到脚、从里到外都选用上等的丝绸、纱绢做成，"绢人"由此得名。北京绢人制作精美，神态各异，色彩绚丽，风格高雅，具有很高的欣赏价值和收藏价值。

[北京国子监] 国子监位于北京安定门内成贤街，是元、明、清三代的国家最高学府，也是掌管国学政令的机关。北京国子监创建于元大德六年（1302），十年后完工。北京国子监第一任祭酒（校长）是元代著名理学家许衡。当时有学生 200 余人，在这里学习的学生叫"监生"。监生大致有三种来源：一是从全国各地的秀才中选拔的正途监生；二是外国留学生；三是"捐监"，挂名监生，只要交足银子，就可算是监生。

[五四运动] 五四运动是中国历史上首次由学生发起的反帝反封建的民

主运动。第一次世界大战后，美、英、法、日等协约国于1919年1月在巴黎召开和平会议。会上，中国代表团提出取消列强在华特权、取消中日不平等条约"二十一条"、收复山东等要求，但遭到列强拒绝，而且北洋政府准备在和约上签字。消息传出后，5月4日，北京学生3000多人从沙滩北大红楼出发，在天安门前举行集会，要求外争国权、内惩国贼，要求收回山东主权、取消不平等的"二十一条"等。会后举行示威游行，并火烧赵家楼曹汝霖宅院，痛打章宗祥。北洋政府派军警镇压，逮捕学生30多人，全北京市中等以上学校学生立即举行总罢课并通电全国。各地学生包括在日、法等国的留学生及在南洋等地的侨生也纷纷响应，举行游行、集会、演讲等爱国活动。到6月3日、4日，北洋政府又逮捕北京学生近千人。6月初，为支援学生的爱国行动，上海、天津、南京、武汉、九江及山东、安徽等地工人举行了中国历史上首次政治大罢工。6月6日至10日，北洋政府被迫释放被捕学生，撤去曹汝霖、陆宗舆与章宗祥的职务，并拒绝在巴黎和约上签字。五四运动是彻底反封建文化的新文化运动，推动了新文化运动在全国各地的展开。

[老舍] 老舍（1899—1966）中国现代著名作家。原名舒庆春，字舍予，满族，北京人。老舍出生于一个贫苦旗人家庭，1918年北京师范学校毕业，做过中学教员和小学校长。1924年赴英国任伦敦大学东方学院汉语讲师，其间阅读了大量英文书籍，并从事小说创作。1930年回国。抗日战争爆发后，老舍南下赴汉口和重庆，从事以抗战救国为主题的各种形式的文艺作品创作活动。1946年应邀赴美国讲学1年，后旅居美国从事文学艺术作品创作。中华人民共和国成立后应召回国，参加政治、文化和对外友好交流活动，曾因创作话剧《龙须沟》而被授予"人民艺术家"称号。"文化大革命"初期遭迫害而弃世。老舍一生创作了约计800万字的作品。主要著作有：小说《骆驼祥子》《火葬》《四世同堂》《月牙儿》，话剧《龙须沟》《茶馆》《春华秋实》《西望长安》，另有《老舍剧作全集》《老舍散文集》《老舍诗选》《老舍文艺评论集》和《老舍文集》等多部作品留给后世。老舍的作品大量使用北京口语，展示了特殊历史背景下北京普通老百姓的生活。

[北京胡同] 北京的胡同，绝大多数都是正东正西，正南正北，与宽阔笔直的大街一起构成了北京十分方正的布局。胡同是由坐北朝南的四合院并列成排而组成的，所以东西向的胡同多，南北向的胡同少。这一布局表明古城北京的建筑是经过合理规划，符合北方人生活习惯的。而这种规划正是吸收历代帝都的建造经验，体现中国历代城市规划的传承特色。北京城星罗棋布的胡同有6000条之多，很多胡同名称从元代经明

北京胡同之最

现今最长的胡同：东、西交民巷，全长3000米。最短的胡同：一尺大街，共长25.23米，现已并入杨梅竹斜街。现今最宽的胡同：灵境胡同，最宽处达32.18米。现今最窄的胡同：小喇叭胡同，北口尚不足0.6米。现今拐弯最多的胡同：九湾胡同。现今最古老的胡同：砖塔胡同，始建于元代。仅存的胡同过街楼：儒福里的观音院过街楼。仅存的胡同琉璃牌坊：神路街北的东岳庙牌坊。现存的胡同木牌楼：国子监街东口成贤街牌楼。仅存的胡同拱门砖雕：东棉花胡同15号院内的拱门砖雕。

清一直沿用至今。北京胡同的名称包罗万象，但大多数与老百姓的生产生活相关。柴棒胡同、米市胡同、油坊胡同、盐店胡同、酱坊胡同以及麻花胡同、烧饼胡同等，连日常用具砂锅、银碗、挖耳勺也皆成胡同名。

[北京四合院] 北京四合院，是中国北方住宅建筑中一种传统的布局格式，体现了中国古代"前堂后寝"的礼制规格。四合院形成于汉代，到唐宋时广泛使用，到明代已完整，历史非常悠久。北京现大量存在的都是清代建造的四合院。四合院一般的布局是东南西北四面建房，中间围出一个院子与胡同相连。四合院多为坐北朝南，院门都开在东南角，门内迎面建影壁，院内房子有正房、厢房、耳房之分。四合院有大、中、小之分，典型的四合院分"进"，一套四合院就叫一"进"，院子可从南向北层层递进，一进连着一进。北京四合院以二、三进居多，院子和房屋的比例适中，户外活动或家中起居都比较舒适，是符合普通市民长期选择所产生的民居建筑。

气候

北京四合院

北京属典型的温带大陆性气候，四季分明，冬季寒冷干燥、夏季高温多雨，春秋短、冬夏长。大部分地区无霜期在6个月以上，年平均降水量626毫米。夏季降水占全年降水量的70%。当东南季风边缘摆动到北京附近时，南来的暖湿空气与北方冷空气相遇，形成7、8月高温多雨天气，对农业生产有利；冬季盛行西北季风，经常出现大风、降温天气；秋季天高气爽，舒适宜人。旱涝为北京主要灾害，以春旱为多，对农业生产影响较大，平原洼地常有夏涝，山区时有雹灾发生。

自然资源

北京境内动植物资源丰富。有各类植物2000多种，其中野生植物约占一半。植被类型以暖温带落叶阔叶林、暖温带针叶林为主，针叶林以油松为主。百花山、妙峰山、东灵山等地是著名的天然植物园。北京境内有矿产数十种，其中煤和铁储量较大，还有金、银、铜、铅、镍、钼和石灰岩、大理石、耐火黏土等矿产。另外北京还发现多处地热异常带和地热田。

[月季] 月季，别名长春花、月月红、四季蔷薇等，是北京的市花。月季属蔷薇科，落叶小灌木。植株直立。枝干青绿色，基部为灰褐色，生有尖刺，或无刺，叶互生，奇数羽状复叶，小叶3～5枚，卵圆形至披针形，边缘有锯齿，叶表暗绿色，新生枝叶呈紫红色。花单生或簇生成伞房花序，生于枝顶，花瓣20～30片，花色有红、紫、黄色，偶有白色。花期2～12月。果实球形或壶形，冬季成熟，内含栗色种子多粒。月季原品种产于中国，已有千年的栽培历史，17～18世纪输入欧洲，被誉为"花中皇后"。因月季对环境适应性较强，喜温暖凉爽的气候和充足的阳光，耐旱、耐寒，所以中国很多省份都有栽培。月

季不仅有很高的观赏价值，而且对许多有毒气体有吸附作用，是保护和美化环境的优良花卉。

[遗鸥] 遗鸥属于鸥科，中型水鸟，国家一级保护动物。全长44厘米左右。上体灰色，头、上颈黑色，眼上、下各有一半圆形白斑，颈项、腰、尾白色，下体纯白，嘴、脚暗红色。栖息于大型水域，主食鱼类、水生无脊椎动物及植物嫩茎叶。遗鸥的繁殖地为干旱地区的湖泊，常在沙岛上筑巢，与燕鸥、噪鸥、巨鸥的巢混在一起。湖区生态环境单调，多为荒漠、半荒漠地区。每年5月中下旬遗鸥产卵，每窝2～3枚，卵灰绿色具黑斑，卵色变异大。孵卵期24～26天。遗鸥为晚成鸟，雏鸟约40天后具飞翔能力。遗鸥分布于北京、内蒙古、河北、山西、甘肃。遗鸥为世界濒危物种，近年内蒙古鄂尔多斯发现比较稳定的繁殖种群，为世界已知最大的群体。

[勺鸡] 勺鸡，别名柳叶鸡、松鸡。属于雉科，中型鸡类。全长约60厘米。雄鸟头顶前部黑色，后部暗绿色，头顶有棕黑色的长冠羽，下眼睑具一白斑。背羽灰色，具"V"形黑色纵纹，羽片披针形。飞羽暗褐色。尾上覆羽和尾羽褐灰色，具杂斑，末端白色。下体胸部栗色，越向腹部羽色越淡，杂有白纹。雌鸟头顶黄褐，羽基黑色，上体棕褐色，背羽也具"V"形黑纹。下体淡栗褐色。栖息于海拔700～4000米的高山针阔叶混交林中，也活动于山脚下的沟边灌丛间，常随季节的变化而做垂直迁移。勺鸡以草籽、草根、果食和种子以及菌类生物为食。4月底至7月初繁殖，用杂草和树叶在地面筑巢，每窝产卵5～7枚，乳黄色，带不规则浅红或

茶褐色的粗斑。孵卵以雌鸟为主，孵卵期21～22天。勺鸟属早成鸟，雏鸟出壳后能独立活动。勺鸟常成对活动，秋冬组成家族小群。北京的百花山有勺鸡分布。勺鸡为留鸟。

经济

北京工业门类包括冶金、煤炭、电子、机械、化工、轻工、纺织、印刷等行业，已形成较为完整的工业体系。其中高新技术产业对全市工业增长的影响越来越大，已成为带动工业增长的龙头。全市耕地总面积348.3万亩，可灌溉面积占80%以上，农业机械化已广泛应用。农业主产小麦、稻谷、玉米等。还建立了副食品生产基地。商业服务业发达，并已初步形成行业基本配套、门类比较齐全、营业网点大中小型结合的商业体系。北京是全国交通中心，铁路、公路和航空运输的总枢纽，并有多条国际列车、国际航线通往国外。

北京西客站

[农业] 北京全市土地总面积约占全国的0.17%，土地类型多样，在耕地中，水浇地、水田、旱地的比例大致是7：1：2。水田主要分布在南部和东南部洼地地区，山区水利化程度较低。20世纪80年代以来，北京调整农业结构，加速发展蔬菜、牛奶、禽蛋、肉类、果品、水产等农副产品，商品率有较大

提高。全市有林地 105.42 万公顷，在低山地带分布最广。从 20 世纪 50 年代至 80 年代末，农业种植比重逐渐下降，副业、畜牧业地位上升。

[工业] 北京工业三大支柱是电子及机械制造、化学及石油化工、纺织业。三者产值占全市工业总产值的半数以上。从全国角度来看，北京的有机化学工业居全国首位，文教艺术品居第二位，电子、毛纺织居第三位。在工业结构中，重工业所占比重相当大。自 20 世纪 80 年代以来，工业生产开始转变发展方向，逐步调整轻、重工业比例，食品、电子、轻纺工业获长足发展，轻工业比重有较大提高。

[交通] 北京是中国的交通枢纽。铁路方面，北京通往全国各地的主要铁路干线有京沈、京广、京九、京沪、京包、京承、京通、京原等线。此外还有直通蒙古、俄罗斯、朝鲜等国的国际铁路线。公路方面，由北京连接各省、市、自治区，通往各大港口及铁路干线枢纽和重要工农业基地的主要放射线有 21 条，公路质量不断提高。民用航空方面，北京有通往国内各地的民用航空线 168 条，连接各省省会、自治区首府、直辖市、重要工矿基地及重点旅游区城市。20 世纪 80 年代至今，北京的国际民航发展迅速，首都机场已成为重要国际航空港，有国际航线 69 条，可直飞亚、非、欧、美。环城地铁也在北京建成运营，现已发展成繁忙的地下通道。城际轻轨铁路也已出现。

旅游

北京是中国历史悠久的城市和古都之一。作为燕国郡城的最早记载见于《史记》。到元、明、清三代，北京作为都城，是中国的政治、文化中心。悠久的历史、灿烂的文化给北京留下了丰富多彩的人文景观。北京皇家宫廷、园林、朝坛及宗教建筑遍布，文物古迹荟萃，集中国文化之大成。宏伟的万里长城和规模宏大的紫禁城闻名世界；颐和园、北海、香山等皇家园林的优美景致和瑰丽建筑令人流连忘返。北京的自然景观与人文景观交相辉映。北京背靠万山，前拥九河，自然旅游资源很丰富，名山、森林、草原、溶洞、温泉、河湖不一而足。新中国成立后，现代建筑如雨后春笋般出现，古老的历史沉淀和现代风貌完美地结合在一起，使北京更加秀美，成为向世界展示中国的窗口。

[故宫] 故宫又称紫禁城，位于北京市区中心，天安门广场正北。故宫为明、清两代的皇宫，是中国现存最大最完整的古代宫殿建筑群。故宫始建于明永乐四年（1406），至永乐十八年（1420）完工，迄今近六百年。故宫占地 72 万平方米，呈端正的正方形，南北长 961 米，东西宽 753 米，周边有高 10 米的围墙合围，城墙四隅各有一座构造奇巧的角楼耸立城上，故宫外有 52 米宽的护城河环绕，构成一座壁垒森严的城堡。紫禁城有四座城门，南面的午门为正门，俗称五凤楼；北为神武门，正对景山；东西称东华门和西华门。宫城内建筑约 16.3 万平方米，有宫殿 70 座，屋宇 8700 间，主要建筑自南而北端正地排列在一条贯通紫禁城的中轴线上，配属建筑分别向东西两侧依次排列，全部建筑群分为外朝和内廷两部分。外朝区占地约 6 万平方米，以太和殿、中和殿、保和殿三大殿

乾清宫内景

为中心，气势磅礴，是皇帝举行大典和召见群臣、行使权力的重要场所。太和殿又称金銮殿，金碧辉煌，殿内正中端放着象征皇权的金漆龙宝座。内廷豪华壮丽，皇帝寝宫乾清宫、交泰殿、皇后正宫坤宁宫，合称"后三宫"。两侧各有六组宫院，为嫔妃住所，称东、西六宫。内廷与外朝的建筑气氛迥然不同。后廷中轴线北端是御花园，古雅富丽，布局紧凑。故宫建筑气势雄伟，豪华壮丽，古雅秀美，是中国古代建筑的艺术精华。

[故宫御花园] 故宫御花园原名宫后苑，在故宫的坤宁宫北。正中有坤宁门和园内相通。东南、西南两隅设门，分称"琼苑东门""琼苑西门"，可通东、西六宫。正北宁贞门外接神武门。园东西长 130 米，南北宽 90 米，占地约11700 平方米，占故宫总面积的 1.7%。园内有 20 多座建筑，采取了中轴对称的布局，钦安殿正处在中轴线上。东西两路建筑基本对称，东路建筑有堆秀山御景亭、璃藻堂、浮碧亭、万春亭、降雪轩；西路建筑有延辉阁、位育斋、澄瑞亭、千秋亭、养牲斋等。这些建筑多为游憩观赏或敬神拜佛之用。园之东北部叠石建堆秀山，上筑御景亭，是帝后嫔妃"重阳登高"之处。御花园是一座以建筑为主体的宫廷花园，亭台楼阁结构精巧，山石树木安排有序，五色石子甬道四通八达。

[香山] 香山位于北京市海淀区。距市中心约 20 千米，总面积约 2400 亩，这里重峦叠嶂，泉源潺潺，花木郁郁葱葱。最高峰香炉峰巍然挺立。山顶有二巨石，山势陡峭，人称鬼见愁。元、明、清历代帝王都在此兴建离宫别院。清乾隆十年（1745）在此大兴土木，修建亭、台、楼、阁共 28 景，并加石垒虎皮墙，取名"静宜园"。历史上多次被毁，后整修扩大，新中国成立后辟为公园。园中名胜遍布，自然景观更为独特，放眼望去风光旖旎。霜秋时节，萝栌换装，满山红遍，如火如荼，大有"霜叶红于二月花"的胜景。

香山红叶与香山马蹄形的地形及香山海拔高对温度的影响有关。在霜秋季节，由于天气变冷，昼夜温差增大，以萝、栌为代表的红叶树种叶子里所含的叶绿素合成受阻，而大量的叶黄素、类胡萝卜素、胡萝卜素、花青素成分增多，使叶子呈现出红黄、橙红等美丽色彩。

[圆明园] 圆明园位于海淀区东部，清华西路北。明代曾是皇族园林，乾隆、嘉庆、道光、咸丰朝重修扩建，前后历时 150 年，形成一座大型皇家御苑。圆明园占地 5200 亩，水域占 1/3，建筑面积 16 万平方米，园内拓湖垒山，架桥铺路，广植花木，造大小山丘 250 多座，各式桥梁 200 余座，有楼、台、殿、阁、亭、榭、馆等园林建筑 140 余处，既显北方园林之雄健，又具江南名胜之秀丽。景点设计多取自于神话传说中的仙境、历代名画中的意境、江南名园中的胜景，长春园北还建有一组富丽豪华的欧洲古

典宫苑，南北兼融，中西合璧，构成举世罕见的园林建筑群，西方人誉之为"万园之园"。著名的有皇帝听政的正大光明殿、宴会用的九洲清晏殿、祭祀用的安佑宫、藏书用的文源阁，以及仿桃花园建造的"武陵春色"和仿西湖十景建造的"断桥残雪""柳浪闻莺""平湖秋月"等。园中收藏有极为丰富的图书字画，文物珍宝，堪称文化艺术宝库。咸丰、光绪年间，遭列强劫掠焚烧。现仅有长春园西洋楼的部分雕塑残迹和大宫门、正大光明殿等遗址。

[颐和园] 颐和园位于北京市海淀区，距市中心15千米。原为皇帝的行宫和花园，金贞元元年（1153）设行宫。清乾隆十五年（1750）开始大规模扩湖堆山，历时15年完成，后为英法联军所毁，光绪十四年重建。作为皇家避暑游乐的场所，主要由万寿山和昆明湖组成，占地约290公顷，水面占3/4。计有各种形式的宫殿园林建筑近百处，共3000余间，可概括为勤政、居住、游览三大区域。勤政区是以仁寿殿为中心的政治活动区。居住区以玉澜堂、宜云馆、乐寿堂三大园林庭院为主。游览区为全园主体部分，由万寿山的前山、后山和昆明湖三个景区组成。前山景区宽敞开阔，建筑群雄伟豪华。后山景区清幽雅静。昆明湖水天相连，碧波荡漾，湖水、岛屿和堤岸景物交相辉映。东堤有知春亭、铜牛等景点，隔水有南湖岛，一座十七孔白石长桥由堤岸飞跨岛上，状若长虹卧波。西堤穿湖而筑，沿堤杨柳成行，玉带桥流畅挺拔，洁白如玉。湖北岸有一座700多米长，满布精美彩画的长廊。颐和园吸取了中国古典造园艺术的精华，把北方山川的雄浑与南方水乡的多姿融为一体，并置入了宗教寺宇、民间庭院、戏楼画廊，以及市井街巷，是集中国园林之大成的稀世之作，有"博物馆公园"之称。1998年联合国教科文组织世界遗产委员会确定颐和园为世界文化遗产，列入《世界遗产名录》。

昆明湖 万寿山以南就是碧波荡漾的昆明湖，昆明湖原为北京西部众多泉水汇集成的天然湖泊，后经多方开拓、引流成现在规模。湖的西部有仿杭州苏堤而建的西堤，西堤上连有界湖桥、玉带桥等六座桥，其中玉带桥以其洁白如玉、宛如玉带而闻名。与西堤相对的东堤是一道石造长堤，其中段是形若彩虹

皇家园林

中国的园林艺术源远流长，有着悠久的历史和独树一帜的艺术风格。从园林本身的隶属关系和使用性质上来说，皇家园林是中国园林中非常重要的一个组成部分。诸如颐和园、圆明园、北海（团城）、中南海、承德避暑山庄等，尽管它们的规模、格局及园林建筑处理的手法各有不同，但作为皇家生活环境的一个重要组成部分，皇家园林显示出了"皇家气派"。它不仅在外表上表现出宏大的规模和地形的整治，更主要的还显示在建筑方面"台榭金碧"的经营上，或表现为个体建筑的内外形象、建筑群体的空间组合和总体布局上。而在其内容上，它又几乎包罗了中国园林的全部形式，包括大型天然山水园、大型人工山水园、小型人工山水园、庭院等。皇家园林同宫城一样，都是帝王后妃日常活动和居住的地方。不论是在宫城里，还是在远离城郭的行宫皇家园林中，皇帝都可以召见大臣，行使统治国家的权力。所以，皇家园林的功能几乎包罗了帝王的全部活动内容。建筑的多功能，自然决定了建筑形式的多样性。同时，还荟萃了各地区、各民族极富特色的单体形象和组合形式。现在北京的皇家园林，大都是明清两代的遗存。

颐和园十七孔桥

的"十七孔桥"。此桥仿卢沟桥而建，长150米、宽8米，望柱上有神态各异的石狮544只。

佛香阁 佛香阁建在60多米高的万寿山前山山坡上，阁高41米，外形按武昌黄鹤楼设计，为八面三层四重檐，下有20米高的石台基，气势高大宏伟，是全园的中心建筑、颐和园的标志。佛香阁始建于乾隆时，是中国古建筑精品之一，有很高的建筑艺术价值。

石舫 石舫是乾隆引用唐代魏徵所说"水能载舟，亦能覆舟"的故事而造的，象征"永不能覆"的清王朝。舫体以大理石雕成，上面原为中式楼阁。1860年被英法联军烧毁后改建为洋式舱楼，名为清晏舫，取"河清海晏"之意。舫体有4个龙头突出在外，下雨时龙头就吐出水来，颇为壮观。

[八达岭长城] 八达岭长城位于北京市延庆区西南，距市区约75千米。八达岭地处要冲，是长城的一个隘口，因居庸关道路四通八达而得名。八达岭海拔805米，山势险要，悬崖上镌有"天险"二字。八达岭长城依山势而筑，绵延起伏，高低宽窄不一。建于岭上的八达岭关，是居庸关的外围关口和防卫前哨，始建于明初，弘治十八年（1505）以砖石重修，后屡有修葺。关城有两门，

东门题额"居庸外镇"，西门题额"北门锁钥"，威武雄伟，气势磅礴。城墙内侧为宇墙，外侧为垛墙，垛墙上有垛口，下有射口，以便瞭望和射击。关城和城墙均以条石和城砖砌筑，墙耳内部填满碎石及黄土，墙顶地面铺方砖，十分坚固。城墙平均高7.8米，最高处达14米，底宽6.5米，顶宽5.8米。沿城每隔三五百米筑有方形城台，四周有城垛，按不同功能分墙台、敌台、战台等多种结构。墙台是供守军巡哨避风雨之用；敌台分上下层，上层备燃放烟火设备，并有射口、望口，下层可供10余人住宿；战台多设在险要处，有3层，上层用作瞭望，称"楼橹"，中层储存兵器物资，有箭窗射口，下层筑高台。长城现逐渐失去防御的历史作用，演变成一处颇具代表性的旅游胜地。

[明十三陵] 明十三陵位于北京昌平区北部天寿山南麓群山环抱中，距京城约50千米，是明代十三个皇帝的陵园。陵区为三面环山，南面是平坦的小盆地，总面积约120平方千米。首选建造的是明成祖永乐帝朱棣的长陵，始建于明永乐七年（1409），最后建造的是明思宗崇祯帝朱由检的思陵，其间200多年中，建有献陵、景陵、裕陵、茂陵、泰陵、康陵、永陵、昭陵、定陵、庆陵、

德陵等明代皇帝的陵墓。各陵共有一个通道，正对长陵，长7000米。南端有一汉白玉石牌坊，面阔五间，六柱十一楼，上覆庑殿顶，夹柱石上雕有神兽、狮、龙等，高14米，宽28.86米，建于明嘉靖十九年（1540），是中国现存最大的古石坊。十三陵以地面建筑宏伟的长陵和已发掘的地下宫殿定陵最为著称。

[天坛] 天坛位于东城区正阳门外永定门内大街路东。始建于明永乐十八年（1420），清代曾多次重修改建，是明、清两代皇帝祭天祈谷处。天坛占地273公顷，是中国现存最大的古代祭祀性建筑。1998年被联合国教科文组织世界遗产委员会认定为世界文化遗产，列入《世界遗产名录》。天坛分内坛和外坛，有两重坛墙围隔。象征天圆地方的内坛，四周古柏森森，天坛的主要建筑都集中在这里。环绕坛周，在园内南北中轴线上依次排列着圜丘坛、皇穹宇、祈年殿、皇乾殿等，各有门墙相隔，由一条长360米、宽30米大道连成整体，大道高2.5米，称为丹陛桥。

北部的祈年殿为祈谷处，南部的圜丘坛为祭天处。祈年殿是天坛的主体建筑，殿高38米，直径32.72米，为三重檐亭式圆殿。殿顶九龙藻井，极为精美，中央的4根龙柱高19.2米，代表四季，外圈两排柱子各有12根，分别代表12个月和12个时辰。大殿台基为高6米的三层汉白玉圆台，以石栏环围。

皇穹宇的正殿和配殿都被一堵圆形围墙环绕，墙高3.72米、厚0.9米、周长193米的圆形围墙，俗称"回音壁"，是天坛最有趣的地方。墙的弧度十分有序，表面极为光滑，对声波的折射比较规则。两人分站东西两端，

一方对壁说话，声波就会沿墙壁折射前进，一直传到100多米外的另一端，如打电话一般。

[雍和宫] 雍和宫位于北京市东城区雍和中大街，是中国历史上唯一一座由行宫改建而成的藏传佛教寺庙。雍正三年（1725）由雍亲王府改建成，迄今已有280多年历史，现为北京市唯一一座保存完好、规模最大的藏传佛教寺院。清代这里曾是康熙皇帝为四子胤禛（雍正皇帝）改建的官邸。胤禛继位后，将雍和宫改为行宫。乾隆就出生在这里。出于稳固边陲、治国安邦方面的考虑，乾隆皇帝将父亲的行宫改为喇嘛庙，成为北京城里的一块佛土净地。

雍和宫占地广大，规模宏丽，主要建筑有影壁、牌坊、山门、天王殿、正殿、永佑殿、法轮殿、万福阁等，其中法轮殿具有典型的喇嘛寺建筑风格，万福阁为宫内最大的建筑，阁内有七世达赖喇嘛敬献的整根白檀木雕刻的弥勒大佛。佛像地面以上高18米，地下埋有8米，作为中国佛教文化的精英瑰宝，亦被载入世界吉尼斯大全。雍和宫集皇室珍品、高僧遗物、汉藏瑰宝、文物精品于一堂，蔚为大观。现在，雍和宫作为皇家园林景观、藏传佛教明珠而成为中国著名旅游胜地。

[卢沟桥] 卢沟桥位于北京市丰台区永定河上，距市中心15千米，是北京现存最古老的联拱石桥。因永定河原名卢沟河而得名，卢沟桥建成于金明昌三年（1192），清朝时毁于洪水，康熙三十七年重建。

桥长266.5米，宽9.3米，共11孔，全以白石建造。桥身、桥墩以腰铁加固，桥墩呈船形，迎水面砌作分水尖，尖端

北京卢沟桥

加装三角铁柱，以抗御洪水和春冰。中心主桥孔跨度最大21.6米，余孔渐收，近岸口跨度约16米。桥身两侧石雕护栏共有望柱281根，柱头上均雕有大小石狮，加华表顶拱共计485个。石狮神态各异，栩栩如生。因其数多，且小狮子多雕于隐蔽处，故明代即有"卢沟桥的狮子——数不清"的歇后语。桥两端东有石狮，西为石象，紧抵桥头望柱，风趣而实用。桥头碑亭立有清乾隆帝所题"卢沟晓月"汉白玉碑刻。卢沟桥以工程宏伟、石狮精美闻名于世，它宛如一带长虹，横跨永定河。1937年，"卢沟桥事变"亦称"七七事变"爆发。现为全国重点文物保护单位。

[前门大栅栏] 北京前门外的大栅栏，北京人称作"大栅(shí)栏儿"。明朝时这一地区已发展成为有名的繁华闹市，是一条历史悠久的商业街区。清乾隆年间，在街道两端安置铁栅栏，故"大栅栏"沿袭成为街名。大栅栏街东西长不过300米，却云集了众多的百年老店，同仁堂药店、马聚源帽店、瑞蚨祥绸布店、内联升鞋店、南豫丰烟店等老字号鳞次栉比。

[古观象台] 古观象台位于北京市东城区建国门内，是一座展示中国古代天文仪器及古代天文学的专题遗址博物馆。古观象台始建于明正统七年(1442)，至今已有560多年的历史，它是明清两代的天文观测中心，也是世界上最古老的天文台之一。古观象台由一座高14米的砖砌观星台和台下紫微殿、漏壶房、晷影堂等建筑组成。在青砖台体上，陈列着8件青铜铸就的宏大精美的天文仪器，有清代制造的天体仪、赤道经纬仪、黄道经纬仪、地平经仪、象限仪等，器身上雕刻着精美的游龙，栩栩浮动的流云，形象逼真，其中部分仪器仍具有实测功能。它是东西方文化交流的历史见证，也是中国古代铸造工艺高度发展的历史见证。古观象台是中国古代文明史上一座不朽的丰碑，是中华民族对于天文学的伟大贡献。

天津市
行政区划

天津市简称津，地处华北平原东北部，东临渤海，北依燕山，是环渤海和东北亚的重要国际港口城市。天津市南北长约187千米，海岸线长约153千米，位于北纬38°33′～40°15′、东经116°42′～118°04′，面积1.2万约平方千米。除西北部有小部分与北京接壤外，其余北、西、南部皆与河北相邻，东部面向渤海。天津所处的地理位置还是海河五大支流交汇处，是北京通往东北、华北地区铁路交通的咽喉和远洋航运的港口，有"河海要冲"和"畿辅门户"之称。辖和平、河西、南开等15个市辖区和静海等3个县。市政府驻和平区。

[和平区] 和平区是天津市府所在地，为天津市政治、文化、商贸、金融和信息中心。和平区位于市区中部，辖6个街道，面积10平方千米，人口27万。境内有各类商业设施4300多家，大型商业设施林立，大中型商业设施所占比重相当大，闻名全国的劝业商场、华联商厦、百货大楼、滨江商厦、国际商场及凯悦、利顺德、友谊宾馆、国际大厦等星级饭店位于繁华地段。狗不理包子饮食集团公司、亨得利钟表眼镜公司、冠生园食品公司、沈阳道古物市场位于境内，文化体育设施众多。和平区通信、新闻事业发达，有广播、电视、报刊等20余家中央和市级新闻媒体，电话局、长途电信局、市科技情报中心也都位于境内。

[河西区] 河西区位于天津市区中心东南、海河西岸，辖13个街道，面积37平方千米，人口87万，有汉、回、满等30个民族。河西区是天津市工业、商业、教育、服务等行业的重要组成部分。区内千人以上的大、中型企业有120多个。陈塘庄和土城两大工业区，就坐落在区境南部。区内既有历史悠久的造纸、化工、毛织、染料、棉纺等一批老企业，也有逐年兴起的电子、机械、食品加工等新兴企业。区内有4条店堂林立、各具特色的商业街和8座大中型商场，商业兴旺繁荣。区内教育、医疗、文化事业发达，全区有科研单位70个，高等院校11所，中等专业学校、中学等共86座，并有1座少年宫，1座文化宫，各类医院共33所。境内有天津电视塔、天津大礼堂、天津工业展览馆、国际科技咨询大厦、天津青少年活动中心、人民公园等文体娱乐休闲场所，杨柳青画社和泥人张彩塑工作室知名全国。

[南开区] 南开区位于天津市西南部，辖12个街道，面积39平方千米，人口83万，有汉、回、满等35个民族。南开区为天津市科研、高教、仪表电子工业、机械制造工业的集中地和商业的重要发祥地。区内地势平坦，河道纵横。境北和东北隅有南运河、海河环绕，中部有墙子河、红旗河、卫津河、复康河横穿。本区交通便利，津淄公路、津盐公路经过区内，地铁沟通南北。区内工业以仪表电子、机械制造为重点，高新技术产业对工业增长的影响增大。高等学府南开大学和天津大学位于市内。

人口、民族

2010年天津市常住人口约1294万，其中市区人口占全部人口的40%以上。

天津海河沿岸一景

全市人口平均密度每平方千米约1100人，以市区人口密度最大，和平区人口密度达到每平方千米 2.7 万余人。全市有回、满、蒙古、藏等 51 个少数民族，有 26.4 万人，占全市总人口的 2.53%，以回族居多，满族次之。回族和满族居住较集中，其他多是各民族杂居的居住形式。

历史文化

天津地区从新石器时代开始便有史前人类开始活动，历经商周、秦汉、隋唐、辽宋数千年的演变，逐步发展了早期文明。到了金朝，天津地区成为戍守要塞——直沽寨。元朝时开发海运和漕运，形成河港，改名为海津镇。明朝朱棣兴兵南征，从这里南渡夺取皇位，取太子渡口之意，又更名为"天津"，并设置了当时中国最大的卫所，征调了大量兵力驻扎在此。以后，历朝历代都在这里建城屯兵，故定名为"天津卫"。天津文化的主流，一度曾以军旅文化为核心，它的渗透和流传形成了天津人豪爽直率、爱憎分明、疾恶如仇的基本文化素质，至今遗风尚在。到清代中叶，天津发展成为北方的商业集散中心。作为距离北京最近的大都市，宫廷文化随之传入，市井文化也逐渐发达起来。被列入通商口岸后，天津出现了不少办理汇兑业务的钱庄，逐渐成为中国北方的金融中心、商业中心。西方文化也随着列强划分租界及通商活动而传入。不同地域、不同国家的文化在这里互相融合，最终形成了天津独特的地域文化。

[天津洋楼] 天津是通商口岸，又是中国租界最多的地方，因此留下了许多异国情调的建筑。马场道，全长约

3000 米，两边都是旧时的各色各样的洋楼，从独家住户到大教堂，种类不少，计有 100 多栋，美丽独特。如此多的建筑成了这条街的特色，像个小型的建筑展览。

[大沽口炮台] 大沽口炮台位于塘沽区东海河入海口，距市区 60 千米。大沽炮台创建于明代，兴建于清道光二十年(1840)，有炮台 4 座，安设大炮 30 尊，驻军八九千人。由于天津至关重要的地理位置，清代在津城周围要地曾建有炮台多处。众多炮台中，位于大沽口的炮台因处于北方海防要隘，水道入京之咽喉，自古有"津门之屏"之称。1858 年春，英、法、美、俄四国公使率领联合舰队 20 余艘，向大沽炮台进攻，守炮台的士兵奋勇反击，打沉了联军军舰 4 艘，后炮台被攻陷，联军又攻入北京，迫使清廷签订了《天津条约》。1900年，八国联军在大沽口外设军舰 30 余艘，向大沽炮台猛攻，守军伤亡惨重，大沽终被攻占，清政府被迫签订了《辛丑条约》。于是，大沽炮台连同其他沿海炮台、兵营被拆毁废止。从此，大沽炮台只剩下土基垒垒，成为中国人民反

抗列强的遗迹。

[杨柳青年画] 杨柳青年画是中国著名的民间木版年画。明中叶产生于天津西郊杨柳青镇，至今已有400多年的历史。到了清代，镇中年画制作已十分繁盛，"家家能点染，户户会丹青"，画的形式也多种多样，有门画、窗旁画、斗方、炕围画等。作品题材广泛，多取材于贴近普通老百姓生活的古代神话、历史故事、民间传说，对山水风景、花鸟草木及民俗民风的描绘，达2000多个品种。作画工艺技法采用印、画结合，先用木版水印套色，后用人工填色重绘，经勾稿、雕版、套印、彩绘、裱装等工序才能完成。杨柳青年画的艺术风格独特，画风写实，构图讲究，透视合理，并善用寓意、装饰、象征、夸张等手法，把版画的刀法韵味和绘画的笔触色调巧妙地融为一体，使两种艺术相得益彰。

[风筝魏] 魏元泰是清同治十一年（1872）生人，一生以研制风筝为主。魏元泰制作的风筝有五大特点：一是造型逼真，尤其飞鸟蝴蝶类风筝，放飞天上，

连年有余　清代　天津杨柳青
此画长73厘米，宽49厘米，谐莲花与鱼之音，取"连年有余"画名。在这个不断重复的画题之下，有种种的表现方式。此图选取娃娃、金鱼、莲花三个"上相"的形象，有机地组合起来，匠心独运，构图紧凑完整。不仅具有很强的形式美感，还把富裕有余与多子多福双重意义结合起来，颇为民众所喜爱。

足以乱真；二是色彩明快艳丽，重彩用在中心和重要部位，使风筝高空放飞色彩浓淡不变；三是做工精细，数丈长的风筝可折叠装进1尺大小的盒子里；四是飞行平稳灵活，能做特技表演，如能频频眨眼的"活眼儿"，在空中撒下纸片的"送饭儿"；五是品种多样，魏元泰一生研制的风筝种类共200多种。目前，"风筝魏"已作为一大品牌，深受人们喜爱。

[泥人张彩塑] 泥人张彩塑是指天津张姓一家祖孙创造的彩绘泥塑泥人作品的泛称。泥人张彩塑泥人艺术特色鲜明独特：一是作品形象生动，写实力强，所塑物像兼备，栩栩如生；二是色彩陪衬，七分塑，三分彩，用以突出作品表现的形式和内容；三是题材广泛，有取材于古典文学和民间传说的，也有取材于现实生活的；四是作品有故事情节。

[狗不理包子] 狗不理包子历史悠久，其创始人为清代高贵友，乳名"狗子"。因生意兴隆，无暇应答，便在柜上置一瓷碗，顾客只需把钱放入碗内，他便照数给包子，营业时从不言语，于是民间有"狗子卖包子，一概不理"之说。后又讹称为"狗不理"，沿用至今。这种包子皮薄馅大，肥而不腻，鲜香可口。如今，天津狗不理包子店在和平区山东路、南市食品街、风味食廊等处都设有分店，是天津最负盛名的风味小吃。此外，在京、沪、杭等10多个大城市也建有联营店。

[天津地毯] 天津地毯生产历史久远。早在清初，就开办了地毯厂。1860年，天津被列为通商口岸后，逐渐成为北方羊毛集散地，地毯织造原料充裕，地毯艺人也云集在这里，织造技艺有了很大

发展。天津的手工地毯有其自己独特的工艺技法，织出的地毯质地坚韧，富有弹性，牢固耐用。此外，图案品种多样，创造设计了古典式、敦煌式、彩花式等新类别，在国际上享有"软浮雕""锦缎毯"的美誉。联合国总部悬挂的长10米、高5米的"万里长城"大型艺术壁毯，是中国政府1974年秋赠送给联合国的礼品，这一艺术珍品就出自天津地毯工人之手。

气候

天津市属暖温带半湿润季风气候，四季分明。年平均气温12℃左右，全年无霜期约210天，港口冰冻约80天。冬季受内蒙古冷气团控制，多西北风，气温较低，降水也少；夏季主要受太平洋副热带高压控制，以偏南风为主，气温升高，降水也多。年降水量 $500 \sim 700$ 毫米，夏季降水量占全年的76%，春季有时会干旱。

自然资源

天津境内生长着大量耐旱涝盐碱的树种，如杨、柳、槐、椿、泡桐、白蜡等，北部山区分布着大片的天然林和果林，尚有银杏、水杉等古老树种零星分布，芦苇、藕、菱等水生、半水生植物，也有大面积分布。野生动物中，鸟类品种繁多，有235种。近海水域有对虾、海蟹、贝类等150多种，淡水鱼类也有近60种。天津的能源矿产极为丰富，有30余种。平原区有石油、天然气、煤、地热等能源资源，有丰富的地下水和山缘地带矿泉水。北部山区有水泥、溶剂用灰岩、熔剂用白云岩、水泥用页岩等。

天津市的陆地及渤海海域都蕴藏着丰富的石油、天然气资源。天津地区地热资源也很丰富，它属于非火山沉积盆地型中、低温热水型地热。热能通过传导方式以地下热水的形式释放出来。目前地热作为一种新的环保能源，在天津市已广泛使用。煤也是天津市的重要能源矿产，含煤地层主要出现在基岩深埋区和基岩浅埋区，含煤面积较广，数量也很大。

[紫砂陶土] 紫砂陶土是以伊利石矿物原料为主的黏土矿料。天津市蓟县紫砂陶土矿赋存于中上元古界二个层位，多为黑、灰绿、黄绿色含砂岩条带的粉砂质伊利石页岩。页岩混有粉砂，用沉降法所得黏土矿物主要是伊利石，这是紫砂陶器较好的原料。天津串岭沟组及洪水庄组伊利石页岩是一个大型黏土矿床，其数量和质量可与江苏宜兴陶器工业的紫砂泥黏土相媲美。

经济

天津市工业门类齐全。轻、重工业并重，机械制造业、轻工业、手工业产品在中国位居前列。农业生产基础雄厚，农业生产以粮食作物为主，粮田占总耕地面积的78.1%，小麦、玉米、稻谷为天津三大粮食作物。牧业、副业、渔业生产发展较快，其产值在农业总产值中的比重逐步上升。天津是华北经济区的贸易中心，并与东北、西北地区和华北其他省区有密切联系，多种商品畅销"三北"地区。对外贸易方面也有较大发展。和平路、滨江道、劝业场一带是市区最大的商业中心。天津市陆路、水路交通四通八达，是华北地区物资集散地。

[农业] 天津市农业为城郊型农业，以服务城市为重点。种植业、养殖业的产业结构比较合理，近郊及海河西

天津鼓楼商业街

岸处于海积—冲积平原区，为城市蔬菜供应和其他副食品供应基地。广大的平原区是重要的粮食产地，以种植小麦、玉米、高粱、薯类等旱粮作物为主，也有棉花、大豆、花生等经济作物，东部滨海平原等低平带是中国北方稻米的主要产区之一，"小站稻"以品种优良而闻名。西南静海一带多为盐碱洼地，以粮食、油料作物为重点，林、牧、副、渔各业俱全。北部山区及山前洪积—冲积平原区为果品林木生产基地，畜牧业有很大规模。海岸滩涂地区以海洋捕捞和海上养殖为主，沿海盛产黄鱼和大对虾等。

[工业] 天津是中国海洋化学工业的摇篮，也是全国主导工业之一。重点为海洋化工和石油化工，产品包括多种无机盐、化学试剂、橡胶、染料、农药、医药等。机械工业拥有动力机械、工程机械、机床、汽车、拖拉机、造船、电子、仪表、手表等30多个行业部门，能生产高级、精密、大型的多种产品。冶金工业初具规模，现已具备炼钢、轧钢、金属制品、耐火材料、有色金属等多类型及相互协作的工业部门，可生产耐热钢、不锈钢等多种优质合金钢和多种型号的金属制品材料。天津的纺织工业历史悠久，是中国主要纺织工业基地之一。

[交通] 天津是中国北方重要的陆运、水运、空运的交通枢纽。已经形成以港口为中心，海陆空各种运输相互衔接、相互补充、四通八达的立体交通网络。铁路方面，有京山、京沪、京九三大铁路干线及京哈铁路穿过。北经京哈线通往东北、南经京沪线直下沪、浙、闽，向西过北京与京承、京通、京坨、京广、京包、京兰等铁路干线相连。公路方面，津同、京福、京哈、山广等五条国道在这里汇集。京塘高速公路是中国第一条跨省市的现代化交通大动脉，是首都北京直达天津港的黄金通道。天津新港是中国最大的人工港，是中国北方最重要的国际贸易港口和水陆运输枢纽，也是中国目前规模最大的集装箱和粮食、散盐码头。天津滨海国际机场拥有现代化设施，是首都国际航线的备降机场，与国内十多个城市及世界十几个国家和地区通航，是华北地区最大的航空货运中心。天津境内交通也十分便利，市区内交通建成了"三环十四射"的道路骨架。

旅游

天津市以平原地貌为主，其自然景观主要集中在山区。京东第一山——盘山是主要的山地风景区，天津蓟县北部高山上的长城雄关也是一大景观。此外，天津河网稠密，为"九河下梢""河海要冲"，水岸风景别具特色。天津的人文景观比较独特。作为通商口岸，各地商贾聚集津门，所以宗教遗存也比较多。其中以独乐寺、天后庙最为著名。天津为京城门户，地理位置特殊，第二次鸦片战争期间八国联军多次在这里登陆，所以留下了许多抗击侵略者的战场遗迹，如大沽炮台、望海楼等。作为通商口岸，这里的建筑风格荟萃各国精华，美丽独特，堪称万国建筑博览。

[盘山]　盘山又名盘龙山、徐天山，在天津蓟县城西北12千米处，为燕山余脉，因山势如盘龙，故名。盘山总面积106平方千米，主峰挂月峰，海拔864米，有"京东第一山"之誉，为中国十五大名山之一。素以三盘、五峰、八石之胜著称。三盘有"上盘松树奇，中盘岩石怪，下盘响瀑泉，十里闻澎湃"之语。五峰为主峰挂月峰、北之自来峰、南之紫盖峰、东之九华峰、西之舞剑峰。八石为将军、晾甲、悬空、蛤蟆、摇动、夹木、天井石和蟒石。上盘挂月峰层峦峭壁掩映在青松红杏之中，绮丽动人。峰上有始建于唐的定光佛舍利塔，峰下有始建于唐的云罩寺，悬崖上有"摩天"大字摩崖，为龙山主要景观。中盘有八音洞、桃园洞、红龙池、文殊智地等名胜。但可惜寺庙多已废。下盘有莲花岭、天成寺、翠屏峰、飞帛涧、元宝石、迎客松、入胜亭等景点。涧水自翠壁中泻下，素练遥挂，如白帛飘飞。下盘泉水叮咚，飞流澎湃，与寺庙檐角铜铃和鸣，有如仙境。盘山盛产柿子，色橙黄，其甜美。柿霜、柿霜还具有较高药用价值，清代曾为贡品。盘山现已建为国家重点自然保护区。

[天尊阁]　天尊阁又名太乙观，位于天津市宁河县丰台镇内。天尊阁始建年代不详，清康熙、咸丰年间重修，是一座道教供奉元始天尊、西天王母和紫微大帝等神祇的庙宇，也是一座天津、唐山滨海地区仅存的古代木结构高层楼阁，整个建筑巍然矗立，气势庄严。天尊阁占地6000平方米，建筑面积240

挂月峰云罩寺

平方米，为砖石台基、三层楼阁式木结构建筑。其下层为天尊阁，中层为王母殿，上层为紫微殿。天尊阁全高17.4米，面阔5大间，进深4间。阁顶为九脊歇式，正脊砖雕二龙戏珠和双凤牡丹，两侧脊和飞檐上有各种兽站立。阁内有八根12米长的通天柱，纵贯三层楼板，直达阁顶五架梁下。3层前檐有楼板伸出的露台，可登临远眺。

由于其建筑结构科学合理，稳定牢固，1976年7月唐山发生的7.8级强烈地震，周围建筑均遭毁坏，唯独此阁安然无恙。

[石家大院]　石家大院是清末天津"八大家"之一的"尊美堂"石元仕宅邸。石氏家族久居杨柳青，历时已有200多年。从清中叶到明初，号称津西首富。石氏又有"兄弟联登"武举，可谓有财有势。而"尊美堂"石元仕一家财势最大。石家大院始建于1875年，至今已有130多年的历史。石家大院从北门估衣街到前门（南门）河沿街，长100米，宽70米，占地6000多平方米，其中建筑面积2000多平方米，房屋278间，是中国迄今保存最好、规模最大的晚清民宅建筑群。整个建筑典雅华贵，砖木石雕精美细腻，室内陈设民情浓厚。其规模之宏大、设计之精美可以和山西的"乔

家""王家"大院相媲美。

[大悲禅院] 大悲禅院位于天津市河北区天纬路 40 号，由新庙和旧庙两部分组成，是天津保存完好、规模最大的佛教寺院。

禅院始建于清顺治年间，历经修葺扩建。寺院由天王殿、大雄宝殿、大悲殿、地藏殿等组成，供奉 24 尊大悲观音像。殿内珍藏魏、晋、南北朝至明、清各代的铜、铁、木、石造像数百尊。大悲禅院因供奉过唐僧玄奘法师的灵骨而闻名于世。1956 年灵骨转送印度那烂陀寺。1976 年唐山大地震，大悲禅院遭到严重破坏。1980 年修葺一新。院内红墙绿瓦，柏树参天，佛坛高筑，庄严静穆。大悲禅院为中国重点佛教寺院之一，现为中国佛教协会天津分会所在地。

[霍元甲故居] 霍元甲是近代爱国武术家，于 1910 年 9 月 14 日逝世于上海精武会。次年其弟子扶柩归里，葬于小南河村南。1989 年按旧制修复的故居为青瓦土坯墙农家小舍，北房 3 间，堂屋挂有 1909 年在津拍摄的霍元甲遗像，遗像两侧为次子霍东阁题写的唁联，题"一生侠义，盖世英雄"。东屋为霍元甲生前的卧室。东西屋陈列有各种珍贵实物资料及霍氏生前所用兵器、家具、农具等物。故居院内西南有兵器房，为霍元甲当年习武放兵器之地。故居周围空地辟为"元甲公园"。

[天津市广东会馆] 天津市广东会馆位于天津市南开区南门内大街，是天津市保存最完整、规模最大的清代会馆乡祠建筑，建于清光绪三十三年（1907）。会馆像一座大四合院，砖瓦木料大多从广东购买，院门宏阔，罗汉山墙高耸。会馆由山门、大殿、配殿、戏楼及跨院、套房组成，占地约 7500 平米，房间 125 间，木石结构，内部装修华丽，有岭南特色。会馆东南面修建了"南园"，栽花种树，设立医药房，供广东同乡休息养病。戏楼是会馆的主要建筑，戏楼舞台深 10 米，宽 11 米，顶部是用细木构件榫接而成的螺旋式藻井，雕花工艺精美，所表现的人物、鸟兽、花卉等栩栩如生。戏楼音响效果良好，1912 年 8 月 24 日，同盟会北方支部曾请孙中山先生在此演讲。著名表演艺术家梅兰芳、杨小楼等人都曾在这座戏楼上演出。

[吕祖堂] 吕祖堂位于天津市红桥区如意庵大街，为清代供奉吕洞宾而建的道观。始建于明宣德八年（1433），康熙五十八年（1719）重建，乾隆、道光年间重修。主要建筑有山门、前殿、后殿、五仙堂和东西厢房。全院面积3000 平方米。1900 年，声势浩大的天津义和团运动以吕祖堂为大本营。著名的紫竹林、老龙头战斗及整个天津保卫战的战斗计划都是在此拟订的，院内曾是团民习武的地方。吕祖堂坛口是目前仅存的义和团坛口遗址之一。吕祖堂今已被辟为天津义和团纪念馆，馆内陈列有义和团简史、义和团运动在天津，以及义和团坛口、坛场复原陈列等，共展出文物、照片、史料 300 余件，还配有义和团群像雕塑和大型壁画等。

[独乐寺] 独乐寺位于天津市西门内西关大街路北，又名大钟寺。始建于唐代，辽统和二年（984）重建，明清两代多次重修。现存建筑中山门、观音阁为辽代遗物，其余为清代所建，是中国古代木结构建筑的代表作。因此寺西北有独乐水而得名。寺院由东、西、中三部分组成。东为行宫，西为僧房，中为

寺院主要部分。由山门、观音阁构成南北轴线。山门面阔3间，进深2间。单檐庑殿顶，坡度平缓，出檐曲缓远伸，檐角如舒展的飞翼，造型优美，为中国现存最早的庑殿顶山门。檐下"独乐寺"匾额传为明代严嵩手书。观音阁为重檐歇山式建筑，外观两层檐，内为3层，面阔5间，进深4间，高23米，建筑手法高超，历经多次地震，至今巍然屹立，为中国现存最早的楼阁建筑。阁中须弥座上有一辽代十一面观音塑像，高16米，躯体微向前倾，面容丰润，两肩下垂，体态端庄，似动非动，为现存辽代塑像之精品，也是国内现存最大的泥塑。两侧的胁侍菩萨和山门内的天王等也是辽代彩塑珍品。四壁绘有以表现十六罗汉和三头六臂明王为主，以及明代的山水、世俗题材的彩画等。

[天后宫] 天后宫又称天妃宫，俗称娘娘庙，位于天津市南开区东北角宫南大街北，南、北运河与海河交汇的汉河口西岸，为祭祀海神时演出及船工聚会场所。元朝始建，明、清多次扩建。当时这里是海运与内河航运的中转站，帆樯林立，水上输送十分繁忙。天后宫面对海河，坐西朝东，建筑面积2500平方米。现存大殿、配殿、钟鼓楼、山门和旗杆，均系明清遗物。殿内有天后塑像。相传每年农历三月初三为天后诞辰，届时民间举行隆重的祭祀活动，有许多游娱节目，如龙灯、高跷、舞狮、旱船等，通宵达旦。宫南、宫北大街是十分热闹的贸易市场。

[估衣街] 天津估衣街，东西长不过1000米，但店铺林立，生意兴隆。这里开设的绸缎、棉布、估衣、皮货和瓷器等各行业商店，驰名华北乃至全中国。如，秦和公瓷店、大丰泰皮货庄、同升号泥人庄、同泰成戏衣庄、达仁堂药店、文华斋南纸局、泉祥鸿记茶庄、永和百货商店等都是各具特色的商贸中心。

[黄崖关长城] 黄崖关长城位于天津蓟县境内，东起半拉缸山，西迄王冒顶山，全线总长3025米。黄崖关始建于北齐天保七年（557），明代又包砖大修。全段长城建在陡峭的山脊上，逶迤雄踞在崇山峻岭之中。关隘东有悬崖为屏，西侧的长城边墙因地制宜地筑有砖墙、石墙及险山墙、劈山墙等多种形式的城墙。沿线敌楼、烟墩有20座。其中雄踞关北1000米孤峰上的凤凰楼最具代表性。凤凰楼为砖砌圆形，底径16.1米，高18.3米，上、下两层，顶建砖构楼橹铺房，在长城建筑中较为罕见。它所扼守的地方两山夹峙、一水中流，地势极为险要。黄崖关关城的布局，采取了"丁"字形和曲尺形街巷的布局方式，易守难攻，当敌人撞入关城之后，就会到处碰壁，守关士兵则可依据有利地形将其歼灭。

黄崖关长城远眺

上海市

行政区划

上海市地处北纬30°23′~32°27′、东经120°52′~121°45′。位于太平洋西岸、亚洲大陆东沿，中国南北海岸线中心点，长江和钱塘江入海汇合处。它北界长江，东濒东海，北、西、西南与江苏、浙江两省为邻。总面积6340.5平方千米，辖18个区1个县，市府驻黄浦区。上海是世界特大城市和最大港口，也是中国最重要的经济、贸易、科技、交通、金融和信息中心。上海市简

上海南京路商业区

称沪，别称申，为中央直辖市。

[黄浦区] 黄浦区是上海市府驻地，为上海市行政、金融、商业中心。黄浦区位于市区中心，面积12平方千米，辖4个街道。人口42万，有汉、回、满等23个民族。黄浦区始设于1945年，称第一区，1956年与老闸区合并称黄浦区，2000年南市区并入。著名的苏州河、黄浦江分别流经区境北部与东部并于境内交汇。黄浦区内邮电通信设施完备，交

通发达，金融机构云集，有"中华商业第一街"之称的南京路商业街即在本区内。南京路上拥有许多现代的或历史的人文景观，外滩汇集各国风格的建筑，被称为"万国建筑博览群"。

[卢湾区] 卢湾区位于市中心区南部，面积8平方千米，全区人口有汉、回、满、蒙古等22个民族，卢湾区始设于1945年，以重庆南路和鲁班路以西区域设境名第六区，又名卢家湾区，1950年改称卢湾区。黄浦江沿区境南部流过。卢湾区交通便利，地铁1号线、南北高架道路、内环线穿越区境。淮海中路商业街是上海四大商业街之一，有近百年历史。城市建设发展迅速，境内文化氛围浓厚，革命史迹众多。中国共产党第一次全国代表大会会址、孙中山故居、中国社会主义青年团中央机关旧址等为全国文物保护单位。此外，区内的上海中华职业教育社是中国最早的职业教育机构。

[徐汇区] 徐汇区位于市区南部，面积55平方千米，辖12个街道1镇。人口约有108万，有汉、回、满、蒙古、朝鲜等33个民族，其中少数民族人口约有0.6万。因明代科学家徐光启后裔聚居于此而得名，历史非常悠久。徐汇区是上海市中心城区之一，上海市的科教文化中心，也是市商业中心之一。徐汇区地势低平，交通发达，是苏、浙、赣、闽、粤等省进入上海市中心的陆上门户，有总长超过200千米的主干道路，地铁1号线从南到北横贯区境，内环线高架路通向全市。徐汇区商业发达，区内有许多著名的大型商业企业，徐家汇商城已成为上海市商业中心之一。

[浦东新区] 浦东新区位于黄浦江

之东，"浦东"由此得名。浦东新区成立于1992年，以商贸、水运、农副业生产为主，全区面积523平方千米，浦东外高桥保税区已建成2.2万平方米商业街、10万平方米的保税生产资料交易市场，成为中国市场与国际市场接轨的连接点。浦东新区西侧的黄浦江岸一线，一直是上海的主要港区。连接国内外许多城市港口，东侧长江沿岸地区地势高、土质疏松，适宜植棉；沿海多水草，适宜发展饲养奶牛；临近黄浦江的地区是上海蔬菜基地之一。另外，这里有内河水域面积6000公顷，适宜发展淡水鱼类养殖。

人口、民族

作为中国第一大城市和经济贸易、科技、交通、金融和信息中心，上海的外来人口迁入不断增加，再加上自然增长人口，上海人口到2010年已达2302万，是世界上人口稠密地区之一。上海全市人口密度以市区为中心，市区人口密度高于郊区，近郊大于远郊，北部大于南部，东部大于西部。其中汉族占大多数，汉族人口占总人口的98.8%，少数民族人口仅占总人口的6%，其中人数较多的少数民族有回、满、蒙古、壮、

浦江江畔的"东方明珠"塔

朝鲜、维吾尔等，少数民族人口大多分布在普陀、黄浦、杨浦等区。上海在业人口的文化程度较高，在全国属前列，因此在发展经济方面，上海仍具有较大的人力资源优势。

历史文化

上海地区历史悠久。早在6000多年前，上海西部地区已有人类劳动、生息。战国时期，上海地区属楚，为春申君黄歇封地。相传黄歇疏凿黄浦江，故黄浦江又称春申江，上海亦别称"春申""申"。上海的文明史由来已久，经历了从海滨渔村到现代大城市的漫长发展过程。古代上海一带为海滨渔村，松江（今吴淞江）下游一带，有"扈渎"之称，后"扈"演变为"沪"，是上海简称"沪"的由来。随着江南地区经济的勃兴，上海一带生产也开始发展。因上海地处长江入海口，运输便利，遂逐渐发展成为一个繁忙的贸易港口。上海地处吴越古地，自古承袭吴越文化熏陶，当地人民生活中的点点滴滴无不体现着吴越文化的特色。上海的开放性使上海的文化中又渗透着一些西方文化特色。

[马桥古文化遗址] 马桥古文化遗址在闵行区马桥镇东俞塘村，1960年发现。遗址有三层不同时期的文化遗存。上层为晚期几何印纹陶文化，出土印纹硬陶坛、碗等，属春秋战国时代；中层为早期印纹陶遗存，属商代；下层为典型的良渚文化，属新石器时代晚期，距今约5000年。文化遗存下面还有一条贝壳河带，说明这里是古代海岸。遗址的发现，将上海的历史前推了2000年，也为上海地区成陆年代提供了重要

资料。

[中共"一大"会址纪念馆] 中共"一大"会址纪念馆位于卢湾区兴业路76～78号，过去是法国租界。这是两栋砖木结构的二层石库门楼房，建于1920年，它原是出席这次会议的上海代表李汉俊及其胞兄李书城的寓所。建党大会于1921年7月23日在李寓76号楼下客厅秘密举行。1952年9月，中共"一大"会址修复，成立纪念馆并对外开放。1958年将会址恢复原貌，并在近邻会址的房屋内辟设辅助陈列室。1967年正式定名为"中国共产党第一次全国代表大会会址纪念馆"。

气候

上海位于亚洲大陆东部、太平洋西岸。上海东濒海洋，西连太湖，北界长江，南靠杭州湾，属亚热带海洋性季风气候。气候温和湿润，四季分明。年均温约15.7℃，1月均温3.3℃，冬季较同纬度内陆温和，7月均温27.4℃，夏季较同纬度内陆凉爽。全年无霜期222～235天。全年10℃以上活动积温近5000℃，持续达232天。全年日照时数1908～2160小时，年太阳辐射总量每平方米达4532～4895兆焦耳，光热资源较丰富。全市雨量充沛，年降水量1143毫米，且季节分配较均匀，利于农业。6月中旬多台风和暴雨，秋季时有连阴雨，冬春秋偶有寒潮侵袭，均对农业生产不利。

[梅雨] 夏季，上海地区经常出现持续时间较长的阴雨天气，称为梅雨。梅雨是上海乃至华中地区降水的主要组成部分。梅雨期间，高温高湿，日照少，雨天多，雨量大，有时也出现暴雨。上海平均入梅日期在6月17日前后，出梅日是7月9日左右，持续期约22天。但梅雨出现的迟早、梅雨期的长短及梅雨量的多少，每年都不同。梅雨量过少或"空梅"年份，是水资源严重不足的年份；梅雨期长、梅雨量过多的年份，虽水资源丰沛，但由于上游洪水下泄，使境内江河水位上涨，易形成洪涝。故在多雨年和多雨季蓄洪储水，以供少雨年和少雨季应用，是上海地区水资源利用的一种主要措施。

自然资源

上海市地处冲积平原，从地质历史角度来看，上海成陆时间短，地域有限，矿产资源埋藏极其匮乏。此外，生态环境相对单一，天然植被资源比较少；目前，天然生物群落主要分布在沿海滩涂、大金山等岛屿。上海的地带性植被是常绿阔叶与落叶混交林，由于人类活动影响，原生植被大都遭受破坏，现存的主要分布在大金山岛和佘山的局部地段。天然植被占优势的还是草本植物。但是上海广阔的水域不但有丰富的海洋生物，还吸引来大量的候鸟，生活在近海海域中的动物资源是上海主要的天然动物资源。

[红楠] 红楠是樟科植物，常绿大乔木，高可达20米以上。红楠的叶片呈倒卵形或披针状长椭圆形，表面光滑，新抽出的嫩叶呈红色，所以称作红楠。又因状似红烧猪脚，而有"猪脚楠"的别称。红楠的花很小，有6片花瓣。核果球形。成熟时呈黑紫色。红楠号称"江南四大名木"之首，材质芳香、坚固、美丽，十分名贵，树皮粉末都可制造香料。红楠普遍生长在中低海拔山区，上海的大金山岛北坡山腰水热条件很好，

红楠生长有优势。

[黑脸琵鹭] 黑脸琵鹭又叫黑面琵鹭，属鹳形鹭科，国家二级保护动物。黑脸琵鹭是一种大型涉禽，全长80厘米。体羽白色，后枕部有长羽簇构成的羽冠，额至面部皮肤裸露，黑色，嘴也呈黑色，尖端扁平呈匙状，腿与脚趾均为黑色。雌雄羽毛相似，冬羽与夏羽有别。黑脸琵鹭栖息于沼泽湿地、河湖岸边及苇塘等低洼积水处，主要啄食鱼、虾、蟹、软体动物等，也吃水生植物。黑脸琵鹭现存的数量很少，主要分布在中国、俄罗斯、朝鲜和日本。在中国，黑脸琵鹭主要分布在沿海地带。目前上海的湿地状况得到不断改善，到这里栖息的黑脸琵鹭越来越多。

经济

上海是中国最大的综合性工业城市。由于地质环境所限，上海自然资源十分匮乏，主要靠从外地输入资源进行深加工。上海的工业门类齐全，技术力量雄厚，是中国综合性工业基地和科学技术研发基地，又是中国优良河口海港、水陆交通中心。工业结构以轻纺与重工业并重，化工、仪表等均有一定基础的综合型结构。上海在城郊农业中，粮、棉、油单产水平居全国前列，蔬菜、瓜果、奶、鱼等食品生产和其他多种经营均有较大发展，农业已由以种植业为主发展为综合性的经济结构。

[农业] 上海农业以粮食生产为主，林、牧、渔、副都有发展。上海郊区共有耕地30.3万公顷，有89%的耕地成为旱涝保收的稳产高产农田，是国内机械化、水利化和生产水平都较高的农业区域之一。种植业以水稻和小麦等粮食作物生产为主，稻谷约占粮食总产量的74%，小麦约占24%。现有棉田0.34万公顷，为全国著名的高产棉区之一，又是上海市棉纺织工业重要的原料产地。油菜是郊区主要油料作物。畜牧业是上海郊区农业重要组成部分，市区消费的鲜牛奶和大部分淡水鱼也都靠郊区供给。上海副业兴旺，已逐步建成市郊现代化的副食品生产基地，家禽、蔬菜、牛奶等副食品供应日益充足。

[工业] 上海是中国发展最早、规模最大、科技力量最雄厚的综合性工业城市，是中国重要的工业基地和科技研究开发基地，已形成门类齐全、结构完善、技术装备先进、布局合理、大中小企业相结合、协调配套能力强、经济效益高的工业体系。上海市工业以汽车制造、通信设备制造、钢铁生产、石油化工及精细化工、电站成套设备及成型机电设备制造、家用电器制造为支柱产业，产品在中国占相当大的比重。上海每年调出大量工业产品，丰富中国各地市场，并远销国外。上海的工业产品质量可靠，不少产品以质量优异而闻名国内外。

[交通] 上海地处中国南北交通中枢，交通四通八达。上海海运、河运、陆运、空运等各种运输方式齐全，对促进地区经济的发展和繁荣起着极为重要的作用。上海是华东地区最大的交通枢纽，上海港是中国最大的港口、世界第二大集装箱港。上海港地处中国大陆海岸线中枢，扼长江入海咽喉，作为近海天然河口港，具有发展内河航运和海上运输得天独厚的条件。凭借海上航道，可达沿海各城市，并且可沟通世界上160多个国家和地区的400多个港口，

是上海的经济命脉。在陆路方面，京沪线、沪杭线连接南北，稠密的公路网沟通城乡各地。市区建有磁悬浮列车，还有技术先进的地铁，使市内交通更加便利。以浦东国际机场为枢纽的航空业发达，可直达国内外近 100 多个城市。

旅游

上海地处东海之滨、是著名的国际大都市，也是东西文化、文明交汇地。上海的自然、人文旅游资源得天独厚，有江海之胜、湖岛之美、名城之壮、水乡之秀、人文荟萃之优，古今中外文明融合的独特优势。蜿蜒的黄浦江和吴淞江（苏州河）纵横交接，贯穿全境。青浦区境内的淀山湖和淀浦河一线，湖荡成群，极尽水乡之美。天马山、凤凰山等，山清水秀，美不胜收。

[龙华寺] 龙华寺位于上海市区西南的龙华街道旁，黄浦江岸，是江南地区的著名寺院，也是上海地区历史最悠久、规模最齐全、建筑最雄伟的佛寺。龙华寺始建于三国时期吴大帝赤乌五年(242)。相传，孙权之母吴国太笃信佛教，孙权为了孝敬母亲而建此寺。寺前有高40.4米的龙华塔，姿态雄伟美观，为上海市区唯一的宝塔。华龙寺历代多次修葺，现存的建筑为清光绪年间重建的，有弥勒殿、天王殿、大雄宝殿等，飞檐雕壁，庄严幽静，是一组完整的寺院建筑群。

[上海世博园] 上海世博园位于南浦大桥和卢浦大桥之间，沿着上海城区黄浦江两岸进行布局。2010年上海世博会以"城市让生活更美好"为主题，体现三大和谐的中心理念，即"人与人的和谐，人与自然的和谐，历史与未来的和谐"。而其中人与自然的和谐，表现为"人、城、自然"三者共存。

园内分为五大场馆群，分别是独立馆群、联合馆群、企业馆群、主题馆群和中国馆群。中国馆座落于世博会规划核心区，位于世博园区A片区。总建筑面积约为16万平方米。中国馆由国家馆、地区馆和港澳台馆三个部分组成。国家馆居中升起、层叠出挑，成为凝聚中国元素、象征中国精神的雕塑感造型主体——东方之冠。地区馆水平展开，以舒展的平台基座的形态映衬国家馆，成为开放、柔性、亲民、层次丰富的城市广场。地区馆和港澳台馆展示中国多民族的风采及城市变迁。世博会后，中国馆会作为我国中华历史文化艺术的展示基地，地区馆会转型为标准展览场馆，与周边世博轴、世博中心、主题馆、演艺中心"一轴四馆"和星级酒店等共同打造以会议、展览、旅游、活动和住宿为主要功能的现代化服务聚集区。

[大观园] 大观园游览区位于青浦区金泽镇境内的杨舍村，距上海市中心65千米，是淀山湖景区内规模最大的风景点。大观园，东临淀山湖，西濒元荡湖，似夹在两湖之间的一颗明珠。大观园是根据曹雪芹《红楼梦》原著、运用传统的中国园林艺术建造的一座仿古建筑群。其建筑既具北方园林巍峨庄严、气宇轩昂的特点，又有南方园林玲珑精致、秀美灵巧的特色。园内有省亲别墅（大观楼）、怡红院、潇湘馆、蘅芜院、秋爽斋、蓼风轩、藕香榭、暖春坞、稻香村、梨香院、栊翠庵、红香圃、滴翠亭、芒雪庭、石舫、沁芳亭、曲径通幽处等20多个景点。整个园子布局得体，建筑宏伟，雕镂精细，古木林立，其规模之大、设计之精、制作之美，堪称集

中国古典园林之大成。

[豫园] 豫园位于城隍庙的北面，是上海著名的古典园林。豫园是明代曾任四川布政使的潘允端为奉养他的父亲特聘园艺家张南阳设计并建造的，有"豫悦老亲"之意，所以取名"豫园"，后遭到破坏。1987年进行了一次修复，恢复了园内主要景观。目前园林现有面积2万平方米，小巧的内园，亭台楼阁兼容，山川湖泊并蓄，有亭、台、楼、阁、假山、池塘等30余处，景致各有不同，具有以小见大的特色。园内的砖雕形象生动，具有明、清两代南方建筑艺术的风格。全园5面龙墙把园中景色隔成6个迥然不同的风景区。遍布园内的砖雕泥塑造型生动别致，巧夺天工。

上海豫园

[玉佛寺] 玉佛寺位于普陀区安元路和江宁路口，为上海著名的佛教寺庙，已成为江南名刹之一。玉佛寺原址位于江湾，建于清光绪八年即1882年。1918年在今址重建。寺院占地约8000平方米，寺内主体建筑三进。前进为天王殿；中进为大雄宝殿；后进为玉佛楼。东西配殿为巨人佛堂、弥陀堂、观音堂等，结构精致，雄伟壮观。

清光绪年间，普陀山慧根和尚去印度礼佛朝拜，返国途中取道缅甸，请得大小玉佛5尊。途经上海时，留下白玉雕释迦牟尼坐像和卧像在寺内供奉。玉佛寺由此得名。玉佛楼上供玉佛说法坐像，坐像用整块玉石雕成，玉色莹洁，法相庄严。佛像迎请来沪后，经中国工匠再次精琢细磨，更为美观，堪称佛都艺术中的稀世瑰宝。

[东方明珠电视塔] "东方明珠"位于浦东新区浦江之畔陆家嘴，造型设计完全按最新的科研成果进行，是上海的标志性建筑之一。整个塔身置下球、上球、太空舱3个大型球体建筑，有3个直筒体贯穿上下，中间分布着5个小球体，塔旁散置一组球体建筑，高低错落、大小不一，呈现出现代建筑风格的奇异风貌。圆球体可视为这座电视塔的个性特征。为突出这一特征，周围附属环境的整体设计包括公交车站、游览码头，园林小品等，也以圆形为基本造型。在一片圆形的草坪上，这些大大小小的圆球体犹如盘中的珍珠，与高塔上如同巨大明珠的球体遥相呼应。塔总高为468米，其在电视塔家庭中位居世界第四、亚洲第二。

[南浦大桥] 南浦大桥是双塔双索斜拉桥。桥全长8346米，主塔高154米，塔座是由98根长52米、直径为91.4厘米的钢管打入地下层，加上4000立方米的承台坚实地凝聚而成的地基，其承受能力为6万吨。塔柱中间，由两根高8米、宽7米的上下拱梁牢牢地连接着，呈"H"形。浦东引桥全长3746米，可通向国际机场。两侧又配以马蹄形的分引桥，分别通向浦东南路和杨高路。浦西引桥全长3754米，呈复曲线螺旋形，

有 5 条分引道，上下两环分别衔接中山南路和陆家浜路。大桥东西两侧各设 4 座电梯楼，可供游人登顶观光。

[古镇朱家角] 古镇朱家角位于上海青浦区，这里小桥流水，清雅悠然，具有典型的江南水乡风光，与上海市区的高楼林立、繁华喧闹形成鲜明对比。久居都市的人来到这里，可以暂时忘却每日的忙碌和烦恼，回忆起一些温馨的往事。朱家角镇河道纵横，安谧恬静，老街街道狭窄，街两边的楼上人家可以伸手相互递物。朱家角镇东部有一座上海地区最大的石拱桥，名叫"放生桥"，桥全长 70.8 米，宽 5.8 米，5 孔联拱，造型精巧，气势宏伟，坚固省料，易于泄洪。

[鲁迅墓] 鲁迅墓坐落在虹口区江湾路 146 号鲁迅公园内。鲁迅遗体原葬在上海万国公墓，1956 年国务院做出迁建鲁迅墓的决定，同年 10 月迁葬于此。鲁迅墓前临大草坪，后枕土堆假山，周围芳草萋萋，绿树成荫，环境优美，地形开阔。进入墓地，两边墓道中间是一块长方形草坪，草坪中央矗立着一座高 3.7 米的鲁迅塑像，草坪前沿安放了一块上海市人民委员会设立的花岗石标志。草坪后是一长方形大平台，可容数百人谒墓。平台后面是一座具有中国特色风格的照壁式大墓碑，宽达十多米，上镌毛泽东手书"鲁迅先生之墓"六个金字。墓碑下面，安放鲁迅先生灵柩的墓椁上覆盖着花岗石。左右两株松柏是鲁迅先生的夫人许广平和儿子周海婴亲手种植的纪念树，如今已长得高大挺拔、郁郁苍苍。1961 年，国务院将鲁迅墓定为全国重点文物保护单位。

[城隍庙] 城隍庙位于上海市区方浜中路 249 号，是一处道教圣迹。庙中奉祀上海城隍秦裕伯，兼祀霍光，从而有"前殿为霍，后殿为秦"的说法。过去庙会盛行，香客不断，庙内外有许多小吃摊、百货摊和杂耍摊，后来逐渐形成以豫园九曲桥为中心的庙会市场。这里的居民多是上海的老市民，风情、习俗饶有特色。

重庆市
行政区划

重庆市位于中国西南部，位于北纬 28°10′~32°13′、东经 105°11′~110°11′，面积 8.23 万平方千米。东邻湖北、湖南两省，南靠贵州省，西依四川省，北接陕西省。重庆市原为四川省的一部分，1997 年成为中国第四个直辖市。辖 19 个区、15 个县、4 个自治县。简称渝。

[渝中区] 渝中区位于市区东南部，长江、嘉陵江交汇处，为重庆市市府驻地。辖 12 个街道，面积 22 平方千米，人口 63 万。境内地形狭长，雨量充沛。工业以交通机械、电子通信器材、印刷、建筑业，以及交通运输、邮电通信、批发零售贸易、餐饮业、金融保险、房地产为主。长江上游最大的客、货运港口和重庆火车站都在境内。有职工大学等成人高等院校、技术专科学校 10 多所，中学 40 多所。文化体育设施有劳动人民文化宫、少年宫、图书馆、体育场（馆）、人民大礼堂等。境内文物古迹有红岩革命纪念馆、曾家岩分馆、周公馆、桂园、《新华日报》营业部旧址，还有东周巴将军蔓子之墓、罗汉寺、清真寺等。

[涪陵区] 涪陵位于重庆市区以东，

因境内乌江古称涪水，巴国先王陵墓多建于此而得名。是重庆中部的政治、经济、文化中心，长江上游重要的枢纽港之一，乌江流域的物资集散地。全区面积2946平方千米，辖1个经济技术开发区、1个私营经济示范区和26个乡镇街道，总人口106万。涪陵是重庆市区联结渝东20个区县的城乡经济走廊，素有"乌江门户"之称。涪陵地处水陆要冲。渝怀铁路、319国道、规划中的重庆至湖北利川铁路及沿江高速公路穿越涪陵境内。涪陵港处于长江、乌江交汇点，境内河流纵横，呈树枝状分布，是重庆的黄金水道和物资集散中心，并已实现江海联运，可直通海外。便捷的交通为工业发展提供了有利条件，涪陵工业发展较快，效益较好。以榨菜、饮料为主的食品工业，以中成药为主的医药工业，以化肥为主的天然气化工工业，以苎麻、丝绸为主的纺织工业，以水泥、陶瓷为主的建材工业，以汽车、摩托车配件为主的机械工业已成鼎立之势。涪陵榨菜、涪陵水牛、涪陵红心萝卜是闻名海内外的三大特产，有"榨菜之乡"的美名。涪陵文物古迹众多，境内有被誉为"水下碑林"的国家一级保护文物白鹤梁，是世界上最古老、保存最完整的水文站。北岩寺点易洞是程朱理学的发源地，理学先祖程颢、程颐、朱熹曾在此留下踪迹。

[江津区] 江津区位于市境西南部，面积3200平方千米，人口123万。为中国的商品粮、柑橘、瘦肉型猪生产基地。境内地势南高北低，日照充足，雨量充沛，年均降水量1035毫米，年均温18.3℃，为农业生产奠定了基础。主产稻谷等。江津区有天然气、石灰石、沙金等矿产资源。工业以建材、轻防、机械、化工、食品为主，主要产品有水泥、柴油机、皮革、丝绸等。江津区交通便利，210国道和成渝、渝黔铁路横贯市境，江津长江公路大桥连接成渝高速公路。长江、綦江等33条河流呈叶脉状分布。兰家沱、猫儿沱、朱杨溪为中国西南地区水陆联运、中转港。

[万州区] 万州区位于重庆东北部、长江北岸，是渝东"水上门户"、长江沿岸主要港口城市、长江上游著名商埠及农副产品集散地。面积3457平方千米，人口156万人。民族以汉族为主，还有回、满、壮、土家等少数民族。万州区地处三峡库区腹地，农业主产水稻、玉米、小麦、薯类，主要经济作物有桐籽、柑橘、桑蚕、油菜、烟叶等，牧副业以养殖山羊、桑蚕等为主，为中国的柑橘、山羊板皮商品基地。工业有食品、化工、纺织、电力、皮革、建材等门类，轻工业比重大，占工业总产值的2/3。万州区为渝东、湘鄂西、陕南、黔北的物资集散地，有"万商之城"的称誉。万州区水陆交通网络发达，全区现有318国道纵贯南北、省道渝巴线连通东西，加上21条县道与各乡镇连接，长江航道过境80.5千米。万州区地处三峡库区，随着三峡工程的竣工，旧城区将有1/2被淹没。迁建的万州将成为重庆市的第二大城市。

人口、民族

重庆市人口2885万(2010)，以重庆市区等沿江地区城市人口密度最大。重庆市是个多民族地区，共有50个民族，以汉族为主，有土家、苗、回、满、彝、壮、布依、蒙古、藏、白、侗、维吾尔、朝鲜、哈尼、傣、傈僳、佤、拉祜、水、纳西、羌、仡佬等族。重庆境内少数民族人口最多的是土家族，142万人。苗族约52万人，主要分布在黔江地区的4个民族自治县和涪陵区。除土家、苗族外，人口较多的少数民族还有回、蒙古、彝、满、藏、侗等族。

历史文化

重庆地区历史悠久。早在距今3万年前～2万年前的旧石器时代末期，就有人类生活在这里。公元前11世纪商周时期，巴人以重庆为首府，建立了巴国。极盛时期，巴国疆域"东至鱼复（今奉节县一带），西至僰道，北接汉中，南及黔涪"，即今川东、陕西、鄂西、湘西北和黔北等区域。辉煌而又神秘的巴文化，使巴渝人具备了勇猛、热烈、执着的精神特质。南宋孝宗皇子赵惇于淳熙十六年（1189）正月被封为恭王，二月受禅即帝位，自诩"双重喜庆"，改封地恭州为重庆府，重庆由此得名，距今已有800余年。悠久的历史使中国传统文化在重庆留下了深深的印记，儒家思想的重要组成部分——程朱理学就发源于此。历代诗人如李白、杜甫、刘禹锡、苏轼、陆游等，也都在这里写下了许多脍炙人口的名篇佳句。现在的峡江号子、重庆火锅、铜梁火龙、綦江农民版画等也都展现着巴渝人独特的魅力。

[白帝城托孤] 关羽死后，刘备不顾诸葛亮及文武群臣的劝阻，率领全蜀军队进攻荆州，给关羽报仇雪恨。吴将陆逊利用刘备选择军队驻扎地点的失误，火烧蜀军700里连营。刘备大败而回，退守白帝城（今奉节县内）。不久，刘备病情加重，于是召诸葛亮等大臣到白帝城永安宫。病榻上，刘备先是对自己不顾三分天下的战略方针，草率进兵东吴而导致失败的行为表示懊悔。然后又把遗诏递给诸葛亮，说："先生的才能十倍于曹丕，一定能完成统一大业。刘禅软弱，先

诸葛亮像

生以为可辅佐则辅佐，若不可辅佐，则请先生自为成都王。"诸葛亮痛哭流涕，表示将"尽忠贞之节，死而后已"。刘备还让自己的儿子用对待父亲的礼仪对待他，诸葛亮更加感恩戴德。刘备又对其他文臣武将一一进行嘱托，之后离开人世。诸葛亮及其他官员多尽忠竭力，使蜀政权得以在很长一段时间内存续。

[钓鱼城保卫战] 钓鱼城建于1242年，为纪念当时重庆知府余玠抗击蒙古人南侵在嘉陵江南岸的钓鱼山上所筑。13世纪中叶，剽悍的蒙古铁骑从漠北草原踏进中原。1258年，蒙哥大汗分兵三路攻宋，并亲自率领一路军马进犯四川。在短短10个月内，占领了成都及川西北的众多府州。1259年2月蒙哥大汗攻到合川钓鱼城，遭到钓鱼城主将王坚和副将张珏的顽强抗击。7月，蒙哥向城内发起强攻，结果被城上的火炮击伤，逝于温泉寺内。蒙哥大汗死后，已横扫西亚、东欧，正在进军非洲埃及的旭烈兀及正在进攻武汉和长沙的忽必烈等蒙古贵族纷纷收兵，开始了争夺汗位的长期内乱。宋王朝因此得以残存20多年，

亚欧大陆的战火得以停息，非洲也避免了被蒙古占领的命运。钓鱼城因此被欧洲人誉为"上帝折鞭"处。1279年，南宋最后一个皇帝在广东崖山跳海自杀，钓鱼城守将保国无望才开城投降。纵观钓鱼城保卫战，历时36年，大小战斗200余次，是中外战争史上罕见的以弱胜强的范例，一直为军事学家所赞叹。

[重庆谈判] 抗日战争胜利后，国民党为争取政治上的主动、赢得内战的准备时间，于1945年8月三次电邀中国共产党领导人毛泽东赴重庆共商国是。为了避免内战，争取和平民主，中共中央决定派毛泽东等到重庆谈判。8月28日，毛泽东、周恩来、王若飞在美国驻华大使和国民党代表的陪同下飞抵重庆，受到重庆人民的热烈欢迎。在长达43天的谈判中，中共代表与国民党代表先后就和平建国的基本方针、政治民主化、党派合作、军队国家化、解放区地方政府等12个方面的问题进行了反复磋商。10月10日，双方签署了《政府与中共代表会谈纪要》（即《双十协定》）。11日毛泽东返回延安。周恩来等留在重庆继续谈判召开政治协商会议等问题。通过重庆谈判，中国共产党用实际行动向全国人民表明了自己的和平诚意，赢得了国内外人民的同情和支持，争取到了政治斗争上的主动地位。

[铜梁龙灯] 重庆铜梁龙灯有着悠久的历史，大约始于明，盛于清，繁荣于当代。早期的火龙用绳索、竹篾连接头尾，舞龙时龙身施放烟火，气氛热烈。中期的正龙头大颈长，以篾做节，节内点灯以代烟火，舞玩时龙首高昂，灯火蜿蜒，景象十分壮观。最后发展到以彩绘纸粘糊龙身，龙体完整，有骨有"肉"。舞玩时头尾摆动灵活，躯体伸缩自如，内部盏盏灯火映照出金甲赤脊的龙身，熠熠生辉。由于龙灯体态长大，舞玩时形如蠕动，故又称"蠕龙"。铜梁龙灯的特征可归为大、长、活三个字。"大"指体形大造型夸张，美工上集国画、素描、剪纸、刺绣等技巧于一体，并参考戏剧脸谱的描绘手法，彩笔走脊、描箸，着重突出龙的气质，使其神采丰腴，气势磅礴。"长"是指龙身长，一般在24节左右，比例适中，舞动灵活。"活"是说舞龙操作中引入机械原理，研制出手摇、发条、电动等各种方式，使龙在腾跃翻卷时更加灵动潇洒，活灵活现。

[山城火锅] 重庆的风味小吃颇多，最为有名的属山城火锅。山城火锅以水牛毛肚、牛腰、牛肝、黄牛背柳肉、鸭血、鳝鱼片、莲花白、豌豆尖等为原料，在烧沸滚开的牛肉汤、牛油、豆瓣、川盐、冰糖、辣椒面、花椒、姜末、料酒等配制而成的红汤卤水中自煮自涮而食，具有麻、辣、鲜、嫩、烫等特色。山城火锅店铺遍布全城，一年四季顾客满座，成为体现重庆居民饮食情趣的代表，故有"到山城不吃火锅、等于没到重庆"之说。

气候

重庆市属亚热带湿润性季风气候，受地形影响，气温较同纬度的长江中下游偏高，其气候特点为"春早气温不稳定，夏长酷热多伏旱，秋凉绵绵阴雨天，冬暖少雪云雾多"。年平均气温为18℃。1月平均气温为7℃，最低温为-3.8℃。7～8月气温最高，多在27℃～38℃，常出现连晴高温，最高温可达43.8℃，

与武汉、南京同为长江流域的三大"火
炉"城市。年无霜期可达 210 ~ 349
天。重庆雨季集中在夏秋，年降雨量为
1000 ~ 1100 毫米。常日晴夜雨，有"巴
山夜雨"之说。重庆秋冬多雾，年均雾
日达百天以上，有"雾都"之称。重庆
三面环山，沟壑纵横，因此风速较小。
但在夏季雷雨天气时，常常伴有大风。

自然资源

重庆市矿产资源较丰富，已发现
矿产 75 种，探明储量的矿产有 39 种，
主要有煤、天然气、锶、硫铁、岩盐、
铝土、汞、锰、钡、大理石、石灰石、
重晶石等。其中天然气储量 3200 亿立
方米；铝土、岩盐、锶矿储量均居中国
第一位，锶矿居世界第二，锰和钡矿储
量分别居中国的第二、三位。重庆是中
国生物物种较为丰富的地区之一。全市
有维管束植物 4000 种以上，国家一至
三级类保护植物 50 多种。其中有 1.6 亿
年以前的"活化石"水杉及伯乐树、飞
蛾树等世界罕见的珍稀植物，还有闻名
中外的银杉、杜鹃王树、大叶茶、方竹
笋等。重庆还是中国重要的中药材产地
之一，大面积的山区生长着数千种野生
和人工培植的中药材，有黄连、五倍子、
金银花、黄柏、杜仲等。重庆山地，森
林覆盖面积广，林木蓄积量大。野生动
物有 600 多种，水生动物及鱼类 200 多
种，其中国家一至三级类保护珍稀动物
100 多种，主要有毛冠鹿、林麝、大灵
猫、水獭、云豹、猕猴、红腹锦鸡等。

[红腹锦鸡] 红腹锦鸡，俗称金鸡、
山鸡，为国家二级保护动物。红腹锦鸡
是中国特产，分布于重庆、四川、青海、
甘肃、陕西、贵州、湖北、湖南、广西

红腹锦鸡

等地。生活在多岩的山坡，出没于矮树
丛和竹林间，主要栖息在常绿阔叶林、
常绿落阔叶混交林及针阔叶混交林中。
雄鸟头至枕部具有金色丝状羽冠，披肩
为橙棕色，上背浓绿色，余部金黄色，
下体通红，脖颈下面有个水囊，是专门
用来盛水的。雌鸟全身羽色以棕色为基
调。善奔走，飞翔急速、灵敏，能在密
林中飞行自如。听觉视觉均比较敏锐，
性情机警，受惊时多急飞上树隐没。每
年 3 ~ 6 月为繁殖期，通常 1 雄配 2 ~ 4
雌。孵卵、育雏的任务由雌鸟单独承担。
幼鸟为早成鸟，2 年后发育成熟。重庆
四面山自然保护区内有分布。

经济

重庆市是西南地区最大的综合性工
业基地，是一座集重工业、轻工业、贸
易等于一体的产业齐全、门类繁多、自
成体系的经济、政治和文化中心城市，
也是西南地区科学技术力量最强的城
市。重庆农业具有大农业、大农村特点，
农业和农村经济在全市经济中占有举足
轻重的地位。重庆采取以粮食生产为
主，农、林、牧、副、渔全面发展的方
针，已成为中国重要的商品粮基地。重
庆处于中国经济发展较快的东部和资源
富集的西部的结合地带，是长江流域和
西南地区经济的结合部，因此成为中国
西南地区的交通和邮电通信枢纽。重庆
有长江黄金水道、机场、桥梁密集的公
路、铁路及索道、扶梯等设施，水、陆、

空交通发达，与全国各地乃至世界许多大中城市交通联系便利。

[农业] 重庆农村地域广阔，地形地貌多样，为发展高效农业提供了条件。重庆农产以粮食为主。粮食主产稻谷、小麦、玉米等。农副产品种类繁多，柑橘、蚕茧、烟叶、茶叶等产品产量在全国各大城市居领先地位。梁平柚子、奉节脐橙、忠县豆腐乳等特产均闻名全国。

[工业] 重庆市工业门类齐全，轻、重工业综合发展，是中国老工业基地和国防工业集中的地区。重庆工业以汽车、摩托车、冶金化工为三大支柱产业，是中国重型汽车、摩托车、微型汽车、钢铁、铝材、化学药品、大型自动化仪表生产基地之一。并且有机电设备、电子通信、食品、建筑建材、玻陶、日用化工六大优势行业。境内设有国家级重庆经济技术开发区、高新技术产业开发区。重庆是西南地区最大的综合性工业基地。

[交通] 重庆市交通因其地理位置和地形地貌的特点有其独特之处。重庆城环水依山，沟多坡陡，城市的立体交通发展很快。长江公路大桥、嘉陵江石门公路大桥、长江李家沱公路大桥，和丰都、涪陵、万州、江津长江公路大桥等，将各条道路连接在一起，新辟了长江、嘉陵江沿江大道和贯通全市、连通全国的高等级公路，新建、扩建、改建了国际机场、火车站、客运码头，开设了通往城区各处及郊区的公共电汽车线路140多条，并修建了适应山城的独特的立体交通配套设施，有长江、嘉陵江客运过江索道、朝天门码头缆车、菜园坝扶梯、凯旋路电梯及南山、歌乐山、南泉观景索道等。重庆地处东西结合地带，又是长江流域和西南地区经济的结合部，是我国西南地区水、陆、空交通枢纽，每天有各航班往来于我国各大中城市，并有通往泰国、日本的不定期航班，有各航运公司的船舶航行于重庆至上海的长江沿岸城市港口，有多条始发旅客列车往来于北京、上海、广州、昆明、成都、西安、郑州等全国主要城市，有豪华空调汽车和长途汽车往返于重庆至成都、宜宾、乐山等周边城市。

旅游

重庆市面积虽然不大，但却是中国旅游发达的地区之一。四面山、缙云山、金佛山是中国重点的风景名胜区，著名的长江三峡中的瞿塘峡、巫峡二峡就位于境内，此外还有可与长江三峡相媲美的大宁河小三峡。江津四面山的望乡台瀑布高152米，宽40米，居中国高瀑之首，其壮观不逊色于黄果树瀑布。万盛石林号称中国第二大石林。诡谲幽冥的丰（酆）都鬼城、辉煌壮观的芙蓉洞、"上帝折鞭处"的钓鱼城等都是重庆引以为豪的景观。气势磅礴、精美典雅的大足石刻被联合国教科文组织列入《世界遗产名录》。重庆市区还以山城风光著称于世。

[万盛石林] 万盛石林位于重庆市万盛区境内，核心区面积4.2平方千米，是中国第二大石林。万盛石林形成于奥陶纪，是中国最古老的石林。万盛石林属喀斯特地貌特征，形态多柱状形，其次为蘑菇形，主要有石峰、石鼓、石塔、蘑菇石、石芽等形态。石林群峰壁立，千姿百态。还有的石头形似飞禽走

兽，被地质学家称为天然石造的"动物乐园"。万盛石林还有清泉碧池、悬崖飞瀑，景象瑰丽动人。主要景点有天门洞、神女峰、香炉山、巨扇石、地缝一线天、化石、石鼓、将军石等百余处。

[小寨天坑] 小寨天坑位于重庆市奉节县城91千米的荆竹乡小寨村，是一处典型的岩溶漏斗地貌。小寨天坑坑口地面标高1331米，深666.2米，坑口直径622米，坑底直径522米。坑壁四周陡峭，坑壁有两级台地。位于300米深处的一级台地，宽2~10米，另一级台地位于400米深处，呈斜坡状，坡地上草木丛生，野花烂漫，坑壁有几个悬泉飞泻坑底。坑底下边有自天井峡地缝流来的地下河，河道长约4000米，从迷宫峡排出。小寨天坑就是这个地下河的一个"天窗"。小寨天坑被誉为"天下第一坑"，属当今世界洞穴奇观之一。

[丰都鬼城] 丰都鬼城在重庆市丰都县城东北隅，距重庆市172千米的长江北岸，是一座以神奇传说而著称的文化古城。鬼城名山海拔288米，呈东西走向。山上林木苍翠，祥云笼罩，殿阁森严，临江矗立。自唐以来，这里陆续建造了40多座庙宇，有天子殿、大雄宝殿、无常殿、望乡台、鬼门关。黄泉路、二仙楼、奈何桥等，模拟人间的法庭、监狱等，以封建社会的统治模式营造出一个阴森恐怖、等级森严的"阴曹地府"，神秘怪诞。相传西汉的王方平和东汉的阴长生两人曾先后于平都山潜心修炼成仙，白日飞天，故道家把这里列为道家七十二洞天福地之一。后人将"王、阴"读作"阴、王"，后又称为"阴间之王"，丰都也就成了"鬼都"了。

《封神演义》《聊斋志异》等古典名著都将丰都描写为"阴曹地府""鬼国幽都"，更使"鬼城"之名远扬。

[芙蓉洞] 芙蓉洞位于重庆市武隆县江口镇4000米处的芙蓉江畔。芙蓉洞主洞长2700米，总面积3.7万平方米，其中"辉煌大厅"面积1.1万平方米，最为壮观。洞内钟乳石类型几乎包括世界各类洞穴近30余个种类的沉积特征。其中有宽15米、高21米的石瀑和石幕，光洁如玉的棕榈状石笋，粲然如繁星的卷曲石和石花，净水盆池中的红珊瑚和犬牙状的方解石结晶更是珍贵无比。芙蓉洞钟乳石其数量之多、形态之美、质地之洁、分布之广，为国内外罕见，被誉为世界奇观和地下艺术宫殿、洞穴科学博物馆。

[大足石刻] 大足石刻位于重庆市大足县。大足县距重庆市区约160千米，风景幽丽，石窟密集。大足石刻是对大足县境内石刻的总称。县内有唐宋以来的石刻作品70余处，造像5万多个。大足石刻兴起于唐代，南宋时期达到鼎盛，以摩崖造像为主，是中国南方仅有的儒、道、释三教造像并陈的石刻群。其中，以宝顶山和北山石刻最为著名，是1961年国家公布的第一批全国重点文物保护单位。大足石刻雕塑纤细、清秀、潇洒、柔和，以其丰富的内容、宏大的规模和精湛的艺术，在宗教、艺术、文化史上占有重要地位，是一座难得的文化艺术宝库。

[三峡] 长江三峡西起重庆市奉节县的白帝城，东至湖北省宜昌市的南津关，跨奉节、巫山、巴东、秭归、宜昌五县市，全长193千米，是长江沿线最为壮丽雄奇的山水画

廊，是世界上著名的以峡谷水道为主的河川风景名胜区。长江三峡两岸高差 500～1000 米，峡谷坡陡达 50°～70°。长江流到三峡时，江面紧束，一般宽 250～350 米，最窄处 100～150 米，船只航行三峡之中常有"峰与天关接，舟从地窖行"之感。三峡河段险滩、暗礁密布，有"三里一湾，五里一滩"之说，航行很艰难。20 世纪 50 年代以来，三峡航道经过不断整治，清除了险滩，设置了航标，航运条件显著改善。中国最大的水电站三峡水电站已开始发电，全部工程已完工。三峡为三座峡谷的总称，由西向东依次为瞿塘峡、巫峡、西陵峡。瞿塘峡西起白帝城，东至巫山大溪，长约 8000 米，是三峡中最短、最窄的峡谷。有夔门、粉壁墙、孟良梯、古栈道、盔甲洞、犀牛望月、风箱峡、大溪文化遗址等景点。以雄奇壮观著称，入口处的夔门被誉为"天下雄"。巫峡西起巫山大宁河口，东到湖北官渡口，全长约 44 千米，是三峡中最完整、最有观赏价

值的峡谷。两岸有秀丽多姿的巫山十二峰。十二峰中登龙峰最高，海拔 1210 米；神女峰海拔 940 米，最为俏丽也最为有名，通常人们把她看作巫山的象征。巫峡北岸有大宁河，由龙门峡、巴雾峡、滴翠峡组成大宁河小三峡，景色壮美独特。西陵峡西起秭归香溪口，东至宜昌南津关，全长约 76 千米，是长江三峡中最长的峡谷，以滩多水急而闻名，有兵书宝剑峡、牛肝马肺峡、崆岭峡、黄猫峡、灯影峡、青滩、泄滩、崆岭滩等名峡险滩和黄陵庙、三游洞、陆游泉等古迹。险峻的地形、绮丽的风光、磅礴的气势和众多名胜古迹构成长江三峡的独特魅力。现在，三峡库区经蓄水，昔日的百里峡谷变成烟波浩渺、一望无际的人工湖面。

黑龙江省

行政区划

黑龙江省位于中国国境东北部、黑龙江南岸，是中国最北部的省份。黑龙江省北部和东部分别隔黑龙江、乌苏里江与俄罗斯相邻，南与吉林省接壤，西与内蒙古自治区相连，是中国东北门户。黑龙江地处东经 121°11′～135°05′、北纬 43°25′～53°33′，面积 46 万多平方千米。全省辖齐齐哈尔、牡丹江、大庆等 11 个地级市，还有 1 个大兴安岭地区、64 个市辖区、18 个县级市、45 个县、1 个自治县。省会为哈尔滨，为副省级市。简称黑。因其境内河流黑龙江而得名。

[省会——哈尔滨] 哈尔滨市位于省境南部，南与吉林省为邻。面积约 53840 平方千米，辖 8 区 7 县，并代管 3 个县级市。全市人口 1064 万 (2010)，

长江三峡之巫峡

以汉族为多，还有满、朝鲜、回、蒙古等少数民族。哈尔滨市金代属上京会宁府。1949年为松江省辖，1954年改为黑龙江省辖市。市境地处松花江中游、松嫩平原中部，地势南高北低，属中温带大陆性气候。哈尔滨是东北地区第二大工业城市，工业门类齐全，以重工业为主，其中动力设备、发电设备是主导产品，石油化工、纺织、建材、食品等工业为支柱产业。农业主产玉米、大豆、小麦、稻谷。哈尔滨是东北地区北部最大的交通枢纽，哈大、滨洲、滨绥、滨北、拉滨5条铁路干线交会于境内。哈尔滨太平还是松花江中心港，哈尔滨机场是东北地区大型国际机场之一。哈尔滨还是中国历史文化名城，境内有太阳岛风景区、文庙等名胜古迹。

[齐齐哈尔] 齐齐哈尔市位于省境西部，距省会哈尔滨市270千米。西与内蒙古自治区为邻。全市面积4.3万平方千米，辖7区8县，并代管1个县级市，约有人口537万（2010），以汉族居多，还有达斡尔、蒙古、满等少数民族。齐齐哈尔市古时为室韦族的活动地区。1976年正式设为齐齐哈尔市。市境地处松嫩平原西部和大兴安岭东坡丘陵、平原地区，全市地势平坦，河流以嫩江水系为主，湖泊众多，有大片沼泽分布。属中温带大陆性季风气候。齐齐哈尔市工业以机械和钢铁为主体，以重型机械和机车车辆制造为核心，还有电力、化工、轻纺、塑料、建材、造纸、食品等行业。农业主要生产小麦、玉米、大豆、马铃薯、甜菜、葵花籽等。此外畜牧业发达，饲养牛、羊、马等。齐齐哈尔市交通便利，铁路方面有平齐、齐北、滨洲、富嫩铁路过境，公路有301国道，还有各等级公路沟通城乡。

[大庆] 大庆市位于省境西南部，全市面积22161平方千米，辖5区3县和杜尔伯特蒙古族自治县。人口290万（2010），以汉族居多，还有满、蒙古、朝鲜等少数民族。大庆地处松嫩平原中部，地势平坦，无山丘和天然河流，草原辽阔。大庆市是一座以石油生产为主的新兴工业城市。大庆油田是世界大油田之一，年原油产量占中国原油总产量近1/4。市内的大庆石油化工总厂、大庆乙烯联合化工厂已成为中国大型化工骨干企业。地方企业以建材、轻纺、塑料、食品等行业为重点。农业主要生产大豆、水稻、玉米，还生产甜菜、亚麻等。畜牧业发达，以大庆奶牛和细毛绵羊驰名。在交通方面，滨洲、通让铁路，301国道，由哈尔滨至大庆的高速公路穿过境内。市内的名胜古迹有敖木台抗日战争遗迹、松基三号井和铁人井、常家围子遗址、白金宝遗址和好田格勒古城遗址等景点。

人口、民族

由于历史原因，百年以前，黑龙江

东方第一镇——乌苏镇

乌苏镇在黑龙江与乌苏里江汇合处的小岛上，东临大海，西依小河。从经度上看，它是中国疆域的最东端，那里是每天早晨最早见到"太阳升起"的地方，故号称"东方第一镇"。在乌苏镇看日出，最是新奇有趣。北京时间2点钟，就可以看到太阳喷薄而出。乌苏镇附近是赫哲族人民的聚居地，赫哲族男女老少个个都是捕鱼能手。过去，他们吃鱼肉，穿鱼皮，住的是地下一半、地上一半、没有窗户的"地窝子"。现在他们的衣、食、住、行都有了天翻地覆的变化。乌苏镇虽小，却很富饶，是中国最大的大马哈鱼渔场。

省人烟稀少，主要是满族等少数民族的祖先在这里生息繁衍。清咸丰末年人口开始大量迁入，人口增长速度不断加快。20世纪50年代以后，人口增长速度更快，其自然增长和外省迁入基本相等。黑龙江省人口分布一般是南部多于北部，如哈尔滨及其周围各县，每平方千米平均为500多人，而大兴安岭地区平均每平方千米还不足6人。全省总人口中汉族人口约占95%，少数民族约占5%。省内共有53个少数民族，主要有满、朝鲜、回、蒙古、达斡尔、锡伯、鄂伦春、赫哲等族。

[赫哲族] 赫哲族主要分布在黑龙江省同江、抚远、饶河等市、县，是中国人口较少的民族之一。赫哲族有自己的语言，赫哲语属阿尔泰语系满通古斯语族满语支，无本民族文字。赫哲族的祖先自古就在黑龙江、松花江、乌苏里江流域繁衍生息。一般认为，赫哲族是以古老的赫哲族氏族为核心，吸收了鄂

此图取自《皇清职贡图》，描绘赫哲人的生产生活，图中女性在鞣制鱼皮，右边一对夫妇乘狗拉雪橇在冰面上行走。

伦春族、鄂温克族、满族等民族成分，在清初形成了较稳定的族体，并在此定居。赫哲族是中国北方唯一以捕鱼为主、使用狗拉雪橇的民族。在赫哲族居住的松花江下游、黑龙江、乌苏里江三江口盛产各种鱼，其中以鳇鲟和大马哈鱼最为著名。

历史文化

黑龙江是东北地区各族先民自古以来生息繁衍的地方。哈尔滨阎家岗遗址出土的"哈尔滨人"的头骨残片和十八站遗址出土的各种打制石器等，距今都已有1万多年的历史。还发现了具有传统北方民族特色的新开流古文化遗址等。古上京龙泉府和上京会宁府曾经是中国唐朝时期东北部小国渤海国都城、金代女真族的国都。黑龙江省是多民族聚居的边疆省份，长期的民族融合及邻国风俗的影响，逐渐形成了具有自己地方特色的文化内涵，既有丰富多彩、纯朴淳厚的民俗民风，又具有外国风俗的民族特色。

[十八站旧石器文化遗址] 十八站遗址位于黑龙江省塔河县十八站鄂伦春族自治乡，是旧石器时代晚期文化遗址，距今约有1万余年的历史。这里出土的石器标本1000余件，其中有刮削器、尖状器、切割器等。经学者比照研究，石器的类型和加工技术与华北地区出土的旧石器相比有许多相似之处。

十八站遗址是中国最北部地区发现的重要旧石器时代遗址，它扩大了中国旧石器时代文化分布范围，对研究原始人类活动环境、当地气候及原始文化起源有重要价值，同时为进一步探究中国和周边地区的原始文化关系，提供了重

要线索。

[新开流古文化遗址] 新开流古文化遗址在风光秀丽的大小兴凯湖之间的湖岗上。它距今已有五六千年的历史了，属新石器时代文化。遗址东西长 300 米，南北宽 80 米，面积 2.4 万平方米。出土文物有以鱼鳞纹、网纹、波纹为特征的陶器和以渔猎工具为主的石器、骨器、牙角器等。这些出土文物，表明当时这里水草丰，鱼虾肥，居住在这里的先民们以渔猎为生。新开流古文化遗址不同于国内其他新石器时代的文化，富有北方水城的地方特点。

[渤海国上京龙泉府遗址] 上京龙泉府遗址位于黑龙江宁安市境内，是中国唐代渤海国都城。上京是当时中国东北地区著名的大都市。上京城建在四面环山、三面临水的盆地之中，濒临牡丹江，城外有护城河，城池坚固，国运辉煌。698 年，粟末部首领大祚荣初建"震国"，建都敦化敖东城（今吉林省敦化市）。713 年，震国受唐朝册封，改称"渤海"。755 年迁都上京龙泉府。渤海上京龙泉府设五京十五府六十二州，它所辖疆域广大，东到日本海，北至黑龙江以北，南达辽东半岛，有"海东盛国"之称。上京城是仿唐都长安城形制建造，城有三重，分廓城、皇城、紫禁城。渤海国历时 229 年，延续 15 世，是中国东部强盛的番国之一。渤海国于 827 年被逐渐强大起来的契丹国所灭。

[金上京会宁府遗址] 金上京会宁府俗称白城遗址，在哈尔滨市东南阿城旧城南 2000 米处，是一座保存较为完好的唯一的金代都城遗址。1115 年，太祖完颜阿骨打称帝，建都上京会宁府，

至 1153 年海陵王完颜亮迁都燕京，金政权在金上京会宁府历经四帝，统治长达 38 年。遗址由毗连的南、北二城组成。南城内有皇城，在风格上保持着金代古城建筑特点，至今保存着午门、宫殿遗址。外城尚存城墙、瓮城、马面、角楼、护城河遗址。在金上京会宁府西 300 米处，是金太祖完颜阿骨打陵址。陵址正方形，高约 13 米，夯土筑就。此地为金太祖初葬地，在金初时称"太祖庙"。

气候

黑龙江省位于中国最北部，属于寒温带大陆性季风气候，为中国大陆气温最低的省份。黑龙江冬季漫长、严寒、干燥，1 月均温 −31℃ ~ −15℃，最北端的漠河极端最低温 −52.3℃。夏季温暖、短促、多雨，7 月均温 18℃ ~ 23℃，西南部的泰来极端高温 41.6℃。10℃以上活动积温 1400℃ ~ 2700℃。省内南北温度差异明显，大兴安岭北部属寒温带，冻土深厚，无霜期不足 3 个月；南部气温较高，无霜期 100 ~ 140 天。年降水量 400 ~ 650 毫米，可以满足一年一熟作物生长之需。全省降水量地区差异显著，东部年降水量 600 毫米以上，向西递减，平原西南部 400 毫米左右。

自然资源

黑龙江省矿产资源丰富。目前全省已发现的矿产有 130 多种，已探明储量的有 50 多种，储量居全国前十位的有 20 多种。优势矿产有石油、天然气、煤炭、黄金、石墨、铅锌等。其中石油储量高居首位，产量占全国近 1/4。其矿产资源储藏的特点是共生、伴生矿多，矿石成分复杂，地区分布不均衡。省境南北跨越中温带和寒温带，东西横贯湿

润、半湿润和半干旱三个干湿带，故植被种类繁多，生物资源丰富，生长量大。黑龙江森林面积 2007 万公顷，林木总蓄积量 16.5 亿立方米，其木材蓄积量、森林覆盖率和木材产量均居全国前列。在森林中和沼泽地带栖息繁衍的动物资源也极其丰富，有东北虎、丹顶鹤、猞猁、紫貂、驯鹿等数十种珍稀动物。

[钻天柳] 钻天柳是杨柳科植物。落叶乔木，高可达 30 米，胸径达 1 米。钻天柳树形高大美观，树冠圆柱形或椭圆形，树皮褐灰色，小枝红黄色或紫红色，有白粉，无毛，芽扁卵圆形，被一枚鳞片包裹。叶互生，长圆状披针形，长为 5～8 厘米，宽 1.5 厘米，两面无毛，上表面灰绿色，下表面苍白色，常有白粉，近全缘。雌雄异株。柔荑花序先叶开放，雄花序下垂，长 1～3 厘米，雄蕊 5 枚，比苞片短，着生于苞片的基部。花药球形，黄色，边缘长有长绿毛，无腺体。雌花序无腺体，花柱 2 枚，柱头 2 裂。钻天柳主要分布于黑龙江、吉林、辽宁、内蒙古，散生于海拔 300～500 米处的溪旁池边或近水的地方。朝鲜半岛、日本、俄罗斯也有分布。属国家三级保护树种。

[丹顶鹤] 丹顶鹤属鹤形目，个头很大，体长在 1.2 米以上。体羽主要为白色，喉、颊和颈部为褐色。头顶皮肤裸露，像戴着鲜红色肉冠，故得名"丹顶鹤"。 丹顶鹤栖息于沼泽地或沿海浅滩地带，涉游于近水的浅滩，用长嘴啄取鱼、虫、虾、蟹等，有时还吃嫩草、谷物等。它的脖子很长，气管更长，而且还盘曲于胸骨间，好像喇叭一样，因

丹顶鹤

此，它的鸣声格外洪亮。黑龙江的齐齐哈尔扎龙等地是丹顶鹤的繁殖场所，目前已辟为国家自然保护区。

[东北虎] 虎属食肉目猫科，是一种大型猛兽。虎是亚洲特产，根据虎的分布特点，共分为 8 个亚种，即孟加拉虎或印度虎、里海虎、东北虎、爪哇虎、华南虎、巴厘虎、苏门答腊虎、印度支那虎或东南亚虎。东北虎产于中国、俄罗斯和朝鲜北部，国际上又有"西伯利亚虎""乌苏里虎""满洲虎"之称。在中国，东北虎仅生活于黑龙江和吉林两省部分地区，属国家一级保护动物。在这 8 个虎亚种中，论个头之大，当推东北虎了，所以东北虎有"虎中之王"的称呼。

经济

黑龙江的石油储量高居全国首位，原油产量占全国的近 1/4。除原油生产，黑龙江相继建成了国家大型石油化工总厂、乙烯联合化工厂，并且已成为国家大型石油化工骨干企业。在农业方面，省内土壤肥沃，水肥条件好，植物生长量大，是中国重要的大豆、小麦、玉米等商品粮基地。境内草原广阔，畜牧业发

达。省内交通发达，公路干线多，内河航运便利，还有定期航班飞往国内外大城市。

[农业] 黑龙江农业资源丰富。省内平原面积辽阔，耕地面积1198.95万公顷，占全省土地面积的25.3%，是中国重要的大豆、粮食产区，主要粮食作物有玉米、小麦、水稻、谷子、高粱和马铃薯。大豆产量约占中国的1/3，居全国首位。省内农业机械化程度较高。黑龙江林地面积达2443.01万公顷，林业生产同样在全国占有重要地位，森林覆盖率达43.6%，森林面积占中国森林总面积的11.5%，木材蓄积量占中国的12.1%，是中国最大的林区。这里还是世界最大的山葡萄生产基地。黑龙江有大面积的草原、草坡和水面，畜牧业也占有一定的地位。西部有辽阔的优质草原，北部和东部山区有面积较大的荒坡草甸，发展畜牧业条件优越，以饲养牛、羊为主。其中奶牛饲养量和产奶量均居中国第一位。全省江河沼泽湖泊水面大部分可用来发展水产养殖。松花江的鳌花、哲罗、鳊花，镜泊湖的鲤、鲫，兴凯湖的大白鱼，黑龙江和乌苏里江的鳇鱼等都是著名特产。黑龙江依托当地环境和资源优势，大力开发绿色食品，使黑龙江的绿色食品事业得到了蓬勃发展。

[工业] 黑龙江省资源丰富，工业发展也以石油、煤炭、森林工业等为龙头，建成以石油、煤炭、机械、木材、化工、食品为重点，门类比较齐全、布局比较合理的国家重要工业基地。尤其是在大庆油田开发后，形成一系列以石油化工为主的相关产业。重工业产值居中国第六位，原油、木材、胶合板、纤维板、亚麻布、乳制品等产量均居中国第一位。天然气、黄金、汽油、柴油、轴承、联合收割机、食糖、煤炭、轮胎和化纤等产量在中国亦占重要地位。

[交通] 黑龙江交通事业发达，已形成陆运、水运、空运和地下管道运输并行的综合运输体系。黑龙江铁路现今营运里程已达5000多千米。以省会哈尔滨为中心的铁路运输系统，向北可通往俄罗斯，向南可通往广州，贯穿全省2/3以上的市县，为全国交通网骨干，基本形成四通八达的公路运输网。内河航运也十分便利，黑龙江、松花江等河流都可以通航，通航期可达六七个月。民航以哈尔滨为中心，有定期航班飞往国内外的大城市。随着大庆油田的发展，管道运输已经发展得相当完善，并已成为省内石油运输系统的主力。

旅游

黑龙江是中国火山遗迹较多的省区之一，火山活动为省内创造了著名的旅游景区，如五大连池、温泉、熔岩地貌、镜泊湖、吊水楼瀑布、火山口森林、熔岩隧道等。省内连绵的山地和广阔的沼泽地是动植物资源的宝库，有天鹅、丹顶鹤、东北虎、东北豹、麝等珍稀动物。目前全省已建有多处自然保护区，被誉为"丹顶鹤故乡"的扎龙自然保护区的

哈尔滨冰雕

观鸟旅游颇受青睐。省内还有桃山、乌龙、平山等狩猎场，吸引着众多的中外游客。黑龙江冬季漫长而寒冷，多冰雪，一些河湖与山坡成为开展冰雪活动的好场所。这里独特的少数民族风情和一些城市的欧式风格建筑也使游客慕名而来。

[镜泊湖] 镜泊湖位于黑龙江省宁安市南牡丹江上游张广才岭与老爷岭群山中。镜泊湖是中国最大的典型熔岩堰塞湖，以风平浪静、湖平如镜而得名，属国家级重点风景名胜区。湖面海拔350米，最深达62米，长约41千米，最宽处6千米，面积91.5平方千米。湖东岸是老爷岭，西岸为张广才岭，两岸峰峦叠嶂，林木丛生，花草密布。湖区周围有火山群、熔岩台地等景观。镜泊湖为新生代第三纪中期所形成的断陷谷地。第四纪晚期，湖盆北部发生断裂，陷落部分奠定了今日的湖盆基础。同时在今镜泊湖电站大坝附近，沿石头甸子河断裂谷又有玄武岩溢出，熔岩流与来自西北部火山喷发的岩浆汇集，在吊水楼附近形成一道玄武岩堰塞堤，堵塞了牡丹江及其支流，形成镜泊湖。湖内有由离堆山及山岬形成的小岛，如大孤山、白石砬子、小孤山、城墙砬子、珍珠门、道士山和老鸹砬子等。湖北端的湖水从熔岩堤坝上下跌，形成25米高、40米宽的吊水楼瀑布。瀑布下的潭深达数十米，是黑龙江省第一大瀑布。镜泊湖特产鲫鱼驰名全国，特称"湖鲫"。在镜泊湖发电厂西北50千米处大干泡附近有6座火山锥所组成的火山群。火山锥海拔750～1000米。在沙兰镇境内有火山口森林，通称地下森林，产有红松、紫椴、黄菠萝等林木，还有马鹿、青羊等珍贵动物，具有罕见的自然奇观。这些资源和景观与镜泊湖一起组成镜泊湖风景旅游区和自然保护区，是中国著名的旅游避暑和疗养胜地。

[吊水楼瀑布] 吊水楼瀑布位于黑龙江市宁安市南牡丹江上游，是镜泊湖水泻入牡丹江而形成的。吊水楼瀑布是黑龙江省内的第一大瀑布，在中国瀑布中也颇有名气。大约在1万年前，火山喷出的岩浆把牡丹江拦腰截断，河水被阻便形成了镜泊湖和吊水楼瀑布。吊水楼瀑布高约25米，水流到崖边突然下泻，随之卷起千朵银花，万堆白雪，形成腾腾水雾于空中，日光下形成绚丽彩虹，煞是好看，湖水飞流直下，具有很大的冲击力，年长日久，竟将瀑底冲出一个60米的水潭。由于流水落差大，水流急，瀑布发出雷鸣般的轰响，在很远的地方都能听到。瀑布下面的水潭水清如镜，可以清晰地看见水下的玄武岩。

[兴隆寺] 兴隆寺位于黑龙江省宁安市渤海镇西南。原名石佛寺，初建于唐代渤海国时期，渤海政权灭亡后，寺庙被毁，仅存大石佛。清康熙初年在旧寺遗址上建兴隆寺。兴隆寺原有三重佛殿，道光二十八年（1848）大火焚毁部分殿宇，咸丰年间重建。今存关帝殿、天王殿、大雄宝殿、三圣殿等，为木制斗拱建筑。殿前有重修兴隆寺碑记和渤海国时期的大型

石灯塔　唐（渤海国）
高6米，在黑龙江省宁安市兴隆寺。

佛教石刻，其雕刻细致，巍然壮观。兴隆寺是黑龙江省仅有的清初木结构斗拱建筑。

[哈尔滨文庙] 哈尔滨文庙位于哈尔滨市南岗区文庙街的哈尔滨工程大学院内，是东北地区最大的一座孔庙。它是祭祀中国古代的政治家、思想家、教育家、儒家学派的创始者、世界文化名人孔子的庙宇。哈尔滨文庙不仅是黑龙江省现存最大、最完整的仿古建筑群，而且是东北地区最大的一座孔庙。文庙建于1926年，建成于1929年。它是按照大祭祀仪式的规格建造的，以大成殿为中心，南北成一条中轴线，两边建筑对称排列，殿堂、两厢、门庭和围墙组成三进院落。前院松柏苍翠，丹墙围绕；中院是文庙的主体，正殿大成殿面阔9间，台基砌以玉石雕栏，气势轩昂庄重，殿内供孔子等牌位；后院的崇圣祠面阔7间，单檐歇山顶，现改为书厅。哈尔滨文庙雄伟壮观，是具有典型清代风格的建筑。

[瑷珲古城] 瑷珲古城位于黑龙江省黑河市瑷珲镇。清康熙二十二年（1683）修筑，并为镇守黑龙江等处将军的住所，称黑龙江城。1685年将旧瑷珲城移至黑龙江西岸，并改称新瑷珲城。现今周长约2.5千米的瑷珲古城，保留了一些清代建筑，矗立于江边的魁星楼，高20米，青砖红墙。古城中心有一八角楼，又称八封楼，楼为木结构，每层有走台回廊，相传为黑龙江义和团抗击沙俄的指挥中心。登上楼的最顶层，可俯瞰瑷珲城全景，离古城不远处有清朝古林将军富明阿墓。城西10千米为炮台山，城西南的北大岭是1900年中俄战争的重要战场。瑷珲古城是中国抗俄斗争历史名城。

[哈尔滨东正教堂] 哈尔滨东正教堂坐落于哈尔滨市市区内，建于清光绪二十五年（1899）。整座教堂为拜占廷式建筑，位于中央的主体建筑有个标准的大穹隆，红碑结构，巍峨宽敞。东正教传入中国，是清雍正五年（1727）中俄签订《恰克图条约》以后的事。中国在那一年开放了恰克图这个边城与俄国通商，俄国的东正教教士便开始进入中国东北边区传教。1903年，以哈尔滨为起点的中东铁路通车，哈尔滨便成为中国东北的重镇，也成了东正教教士传教的中心。

[五大连池] 五大连池位于黑龙江省五大连池市境内，为火山堰塞湖。1719～1721年，小兴安岭西南侧的火山爆发，火山熔岩堵塞白河河道，形成5个相连的火山堰塞湖，所以称作"五大连池"。五大连池面积18平

在五大连池火山群焦得布火山脚下有一冰洞，洞长310米，宽12米，高2米到4米不等，洞内的冰从形成之日起就已被"保温"而终年不化。玲珑剔透的各种冰雕挂满冰洞，在这里既可夏看冬景，又可在炎热的夏季进去一解暑热。

方千米，周围有巍峨耸立的火山群环抱，景色壮丽。五大连池夏天气候宜人，树木葱郁，花草芬芳，湖光山色融为一体，是一处非常美丽的地方。五大连池也是国家重点自然保护区和重点风景名胜区。

[扎龙保护区] 扎龙保护区位于黑龙江齐齐哈尔市东南部，乌裕尔河下游，面积约 21 万公顷。扎龙旺保护区大部分地区为沼泽芦苇丛和草甸草原，这里水草丰美，鱼虾众多，是各种水禽栖息繁殖的良好场所。扎龙保护区栖息鸟类 190 多种，很多是国家一、二、三级保护动物，世界濒危物种白鹳、草鹳、大白鹭、大天鹅等在这里均有分布，世界现存 15 种鹤类，在这里可以见到 9 种。

吉林省

行政区划

吉林省简称吉，位于中国东北平原腹地，南临辽宁省，北接黑龙江省，西靠内蒙古自治区，东边与俄罗斯毗连，东南以图们江、鸭绿江为界与朝鲜民主主义人民共和国为邻。边境线总长 1400 千米。位于东经 121°38′～131°19′、北纬 40°52′～46°18′。东西长约 650 千米，南北平均宽约 300 千米，全省面积 18.74 万平方千米。辖区内，长春市为副省级市，还有吉林、四平、辽源、通化、白山、松原、白城 8 个地级市和延边朝鲜族自治州，计 20 个县级市、20 个市辖区、17 个县和 3 个自治县。省会为长春市。

[省会——长春] 长春市位于吉林省境内中部，面积 20565 平方千米，人口 768 万 (2010)，以汉族最多，少数民族占总人口的 3.7%，有满、朝鲜、回、蒙古、锡伯等民族。长春市辖朝阳、宽城等 6 区和农安县，代管榆树等 3 个县级市。市境地处长白山地向松嫩平原的过渡地带。东部多丘陵低山，西部为台地平原。松花江及其支流饮马河、伊通河等流过市境。年均温 4.9℃，年降水量 579 毫米。地带性植被为温带森林草原。有煤、母页岩、石灰石等矿藏。工业有机械、轻工、纺织、冶金、煤炭、食品、石油、建材等行业，以汽车、铁路机车、客车、拖拉机、摩托车生产为主的机械制造业在全国居重要地位，享有“汽车城”的誉称。农业主产玉米、豆类、稻谷，兼产甜菜、向日葵等。长春市教育科技事业发达，有吉林大学、长春工业大学等高等院校。市区内有经济技术开发区、高新技术产业开发区。以汽车贸易城为主体的汽车及其配件贸易有相当规模。长春市为东部交通枢纽，京哈、长图、长白等铁路在这里交会，名胜古迹有长春电影城、净月潭国家森林公园、卡伦湖旅游度假村以及辽代农安古塔等。

[延边朝鲜自治州] 延边朝鲜自治州位于省境东部，东与俄罗斯毗连，南与朝鲜隔图们江相望，北与黑龙江省牡丹江市接壤，面积 15698 平方千米，人口 227 万 (2010)。延边朝鲜自治州有汉、朝鲜、满、回、蒙古、锡伯等 11 个民族，其中朝鲜族占自治州人口的 41%。州府驻延吉市，辖汪清、安图 2 县和延吉、图们、敦化、龙井、珲春、和龙 6 市。自治州境内多山地、沼泽和荒原。河流有图们江、松花江、牡丹江、绥芬河。属中温带湿润季风气候，农业发达，主产水稻，是东北著名

的水稻之乡。烤烟居全省首位，为吉林省烤烟基地。盛产苹果梨。特产有人参、鹿茸、貂皮、熊胆等。本区森林密布，森林占土地面积的70%～80%，木材蓄积量占全省半数，是吉林省最大木材产区，盛产松木、水曲柳、椴木、黄菠萝等。自治州所处的图们江流域为国际开发的热点地区，建有珲春经济开发区，有"东北亚金三角"之称。

[通化] 通化市位于省境东南部，东与朝鲜隔鸭绿江相望，面积15698平方千米。人口约233万（2010），以汉族居多，有满、朝鲜、蒙古、回、锡伯等民族。通化市辖东昌、二道江2区，通化、辉南、柳河3县，代管梅河口、集安2个县级市。本市地处长白山地，境内多为山丘。东部地区属鸭绿江水系，主要河流有鸭绿江、浑江、辉发河等。通化市年降水量681.7～955毫米，是全省降水量最多的地区，属温带半湿润季风气候。森林覆盖率达70%。矿藏丰富，是吉林省钢铁工业基地，也是本省新兴工业城市和长白山区木材、粮食、药材、土特产的集散地。以野生葡萄为原料的通化葡萄酒驰名中外。

[吉林] 吉林市位于省境中部松花江畔，为国家历史名城。市东北部与黑龙江省接壤，面积27722平方千米。人口441万（2010），民族以汉族为多，有满、朝鲜、回、蒙古、锡伯等少数民族。吉林市辖昌邑、龙潭、船营、丰满4区和永吉1县，代管桦甸、蛟河、舒兰、磐石4个县级市。吉林市地处吉东低山丘陵区，原名"吉林乌拉"，满语为"沿江"之意，是吉林省第二大城市。境内有松花江、辉发河、拉法河、饮马河等河流。年降水量661.1～748.1毫米，年均温

3.4℃～4.5℃，属中温带大陆性季风气候。矿藏及动植物资源丰富。吉林市以化工和电力为主，为中国化学工业基地。丰满、白山、红石三大发电厂，在东北区电网占有重要地位。长图、沈吉、吉舒等铁路在这里交会，吉林是东北地区铁路枢纽之一。吉林雾凇为中国著名四大自然奇观之一。

人口、民族

2010年吉林全省总人口2746万，每平方千米约145人，稍高于全国人口平均密度。人口分布不均，中部密集，东、西部较疏。长春市所属县、区每平方千米为300人以上，为全省人口稠密区，而西北部与东南部则较稀疏，延边朝鲜自治州每平方千米仅50人左右。由于历史上殖民地性商品经济的发展和铁路网的形成，全省原有城镇数目和城镇人口均较高。吉林是多民族省份，少数民族有朝鲜族、满族、回族、蒙古族、

朝鲜族婚礼

在新娘家举行的婚礼中，新娘的亲属在为新郎预备饭食时，会在碗底埋两个蛋。新郎一定要将其中一个分给新娘，寓意二人日后同甘共苦，白头偕老。

锡伯族等36个。朝鲜族主要聚居于延边朝鲜该自治州和吉林省其他一些地方，内蒙古族主要居住在西部地区。

[朝鲜族] 中国朝鲜族是从朝鲜半岛迁入中国东北三省的朝鲜人。最早的

舞蹈

朝鲜族以能歌善舞著称于世。朝鲜族的歌舞艺术具有悠久的历史传统和十分广泛的群众基础。不仅是青年人的爱好，连白发苍苍的老人和充满稚气的孩童也常常加入歌舞的行列，而且身手不凡。在民间，每逢喜事全家老少便会翩翩起舞，跳舞已成为他们表达自己欢乐情绪的常见方式。广泛的民间基础使朝鲜族歌舞不仅别具一格，而且达到炉火纯青的境界。朝鲜族舞蹈优美典雅、刚柔相济，或抒情潇洒，或热情奔放，充分表现了朝鲜族柔中带刚、文而不弱、雅而不俗的民族性格。著名舞蹈有农乐舞、长鼓舞、扇舞、顶水舞、剑舞等。农乐舞由古代庆祝狩猎丰收的舞蹈发展演变而来，因而节奏明快，气氛热烈。尤其是男子用力甩头部，使"象帽"顶上3米长的象尾绕身体旋转飞舞，更是独具风采，充满活力。朝鲜族歌曲旋律优美、自然流畅，著名的民歌《桔梗谣》《阿里郎》《诺多尔江边》，家喻户晓，几乎人人会唱。

体育之乡

朝鲜人不论男女老少个个都爱好体育运动。足球、滑冰等项目有非常厚实的基础，跳板、摔跤、打秋千等传统民间体育娱乐活动更具有广泛的群众性。打秋千、跳板和顶坛竞走是妇女的体育运动。她们荡秋千的特点是高、飘、悠、巧、柔、美、欢。秋千绳一般都拴在高大树木结实的横枝上，在秋千前方的上空悬有彩带或铃铛，荡起的秋千板能触及这个标志才能赢得欢呼与赞扬。民间跳板长5.5米，宽40厘米左右，厚5～6厘米。跳板中间下面立板垫，防止跳板掉下来。站在跳板两端上的姑娘轮番连续起跳，逐渐将对方弹送得更高。在身体腾空时能表演出惊险动作者最受欢迎，如剪刀跳、旋转跳、空翻跳，甚至跳藤圈、做造型等。灵巧优美、五彩纷呈，令人眼花缭乱，惊叹赞赏。

一部分在明末清初就已定居东北境内。自19世纪中叶起，陆续有较多的朝鲜人迁入，尤其是1869年朝鲜北部遭受大灾荒后，大批朝鲜人迁至延边等地。1910年，又有大批朝鲜人迁入中国东北各地。朝鲜人迁入东北后，很快和当地各民族人民融为一体。朝鲜族擅长在寒冷地区种水稻，他们在图们江、鸭绿江流域山多、荒原多、沼泽多的不利环境以及寒冷、无霜期短等不良气候条件下，开荒屯田，使水稻在中国东北生长。延边已成为东北地区著名的"水稻之乡"。所产大米，色白如雪，与京津的"小站稻"齐名于世。朝鲜族有自己的语言文字。朝鲜文创于1444年，有40个字母，拼写时，把同一音节的音素叠成字块构成方块形文字。在朝鲜族民间有"不论生活多困难，也要孩子把书念"的俗谚。因而在朝鲜族中涌现出一大批科学技术和文化艺术人才。朝鲜族传统体育项目有压跳板、荡秋千、摔跤等。朝鲜冷面、泡菜等特色食品驰名全国。

历史文化

历史上，吉林省长期活动聚居着朝鲜、蒙古、满等少数民族。西周、秦汉时活动在长白山一带的肃慎部族是本区的原始居民。在长期的社会实践中，吉林各族人民创造了独具特色的地域文化。吉林的文化形态大抵是满族、朝鲜族文化同中原文化相融合而成的。这种文化形态，既有东北独特的文化内容，又有中原地区汉民族的文化内容；既有满族先民的生活习惯和习俗基础，又有朝鲜族移民文化形态和中原文化内容的融入。另外，它还有开发者创业精神的丰富内涵。

[高句丽王国] 朝鲜三国时期国家。427年迁都平壤，668年被中国唐朝和新罗联军灭亡。高句丽原都于纥升骨城，即今辽宁省桓仁县，传至第二代琉璃王听说国内城，即今吉林省集安市这个地方山高水险，土壤肥沃，资源丰富，适宜建都。琉璃王经过亲临巡视

后，迁都于此。427年，长寿王将都城迁至平壤，与半岛南部的百济、新罗形成三足鼎立的局面。三国之间攻城掠地，征战不已。475年南攻百济，夺取汉江流域地区，为高句丽极盛时期。随后渐渐衰落。668年高句丽王国被新罗、唐朝联军消灭。

[将军坟] 在集安城东的龙山脚下，矗立着一座形似金字塔的石头坟建筑，古墓正方形，边长31.58米，高12.40米，用巨大的花岗岩石条砌成，它很可能是高句丽第20代王之墓，为高句丽石头建筑艺术的代表作。

将军坟

边长31.5米，高12.4米，吉林省集安市龙山，将军坟修建于5世纪末，为高句丽第二十世长寿王巨琏(413～491年在位)的陵墓。陵用花岗岩砌成，状如金字塔，构筑严谨，具有高句丽建筑特色。

[北山庙文化] 吉林北山除了北方民间常见的关帝庙、玉皇阁外，还有药王庙。在东北民间，药王庙、娘娘庙香火极盛，影响很大。农户人家种大田，生老病死都会去药王庙。娘娘庙更是姑娘媳妇喜欢去的地方。一是有什么心思，可对"娘娘"说说；二是可借此机会见见世面、会会情人。因此，北方的庙会是女人们借口出户外的重要理由。吉林北山庙会和辽宁千山庙会统称中国北方两大庙会。古时吉林民间曾有"千山寺庙甲东北，吉林庙会胜千山"之说。庙会既然是人的集会，当然也是民族民

间文化传承融合的重要场所。庙会还是民间各种身怀绝技之人的集合之地。据载，吉林北山庙会曾有过老道"坐罐"的义举。有位老者在一个木笼子里盘腿打坐，俗称"罐"，而老道的头心、眼心、耳心、前心、后心俗称"五心"，各处都有一根大钉尖对着，紧贴皮肉，稍一晃动便受其害。每到初八、十八和二十八吉林北山庙会，除来上香火的人外，各类小吃名厨、民间手工艺人、武功杂耍艺人和二人转民间艺人，都要在山下买或租一块"庙地"，以展示自己的手艺。久而久之，各路艺人以能在北山庙会施展身手而自豪。

[二人转] 二人转是一朵土色土香的艺术之花，是诞生于东北劳动人民中间的综合艺术，有着非常广泛的群众基础。吉林的二人转历史悠久，早在几百年前，二人转就以它灵活、明快的方式活跃在长白山狩猎、挖参、淘金人的窝棚和"大房子"里，几经流传、完善，二人转已相当成熟，成为雅俗共赏、喜闻乐见的一种独特的艺术形式。二人转名曰"二人转"，其实不是仅有两个人，还有多种演出形式，大体可分"单""双""群""戏"四类。"单"指"单出头"，一个人一台戏，一人演多角，类似"独角戏"。"双"指"双玩艺"，是名副其实的二人转。"群"，过去把"拉场戏"也叫"群活儿"，现在是指群唱、坐唱或群舞。"戏"指"拉场戏"，是以小旦和小丑为主的东北民间小戏。其中有两个人扮演角色的也叫"二人戏"。唢呐、板胡是二人转的主奏乐器。击节乐器，除用竹板外，还用玉子板，也叫手玉子。二人转的表演，有"四功一绝"。四功是指"唱、说、做(或扮)、舞"，"绝"是

北方风情剧《秋天的二人转》

这一台以东北二人转为基础的风情剧在全国各地进行了演出，演出中穿插的东北味十足的二人转表演让人过目难忘。二人转不仅在东北地区拥有大量的观众，而且在全国各地也有许多爱好者。

指手绢、扇子、大板、玉子板等"绝技"。二人转已扎根在东北人民的心里，有"宁舍一顿饭，不舍二人转"一说。

气候

　　吉林省属温带大陆性季风气候，春季干燥多风，夏季温暖多雨，秋季晴冷温差大，冬季漫长干寒。1月均温 −20℃～−14℃，7月大部分为20℃～23℃，日均温10℃以上活动积温 2400℃～3000℃。全省极端最低温为 −45.0℃，极端最高温为 38.9℃，全年无霜期 120～150 天，山区不足 100天。境南部山地气候冷湿，西北部平原接近内蒙古高原，气候干暖。年降水量 400～1000 毫米。降水分布自东向西递减。长白山地东南侧年降水量800～1000 毫米；西部平原的台地年降水量 500～700 毫米；平原部分年降水量多在 400～500 毫米，气候干旱。

自然资源

　　吉林省矿产资源种类多，分布广，已探明储量的矿种有 75 种，以煤、铁、铜、金为主，其中安山岩和浮石是国内

仅有的矿种，油页岩、硅灰石、火山渣储量居全国首位。石油和油页岩主要分布在中、西部，其余大部分矿种和大部分储量相对集中在东部地区。本省森林资源丰富，草原广阔，土壤肥沃。森林资源面积占全国森林面积的 5%，居全国第七位，主要集中在长白山区。全省有野生动物 1100 多种，野生植物 2700多种。设有长白山自然保护区、向海自然保护区等 4 个国家重点自然保护区。

　　[松毛翠] 松毛翠属于杜鹃花科，常绿小灌木，高 10～30 厘米。叶硬革质条形。松毛翠广泛分布于俄罗斯、蒙古、朝鲜半岛、日本及欧洲、北美。但在中国仅分布于吉林长白山和新疆阿尔泰山区，多生长于海拔 1700～2500 米处高山阴坡和半阴坡上。属国家三级保护植物。

　　[卷丹] 卷丹属于百合科，多年生草本植物，茎直立，株高 80～150 厘米，被白绵毛，叶互生，披针形，长 5～20厘米，宽 0.5～2 厘米。总状花序生茎顶，花被片 6 枚、反卷、橘红色，具褐色斑点，雄蕊 6 枚，长而伸展。蒴果卵形。地下鳞茎近扁球形，直径 4～8 厘米，可以食用，也可以入药。卷丹的花大而美丽，可以栽培供观赏。

[猞猁] 猞猁又叫猞猁狲、马猞狸，属食肉目猫科。猞猁体长 85 ～ 130 厘米，体重可达 18 ～ 32 千克，头小而圆，嘴鼻和眼窝较大，眼睛明亮，炯炯有光，最引人注目的是两只直立的耳朵，耳端生有一撮毛笔般耸立的黑毛，两颊有长毛左右垂伸。它的尾巴又短又圆，不到体长的 1/3，末端呈黑色。体背粉红棕色，有少量灰棕色斑点。猞猁昼伏夜出，善于爬树，故经常在树上活动，以捕食鸟类、猎取鸟蛋为食，偶尔也捕捉小型兽类。猞猁还会游泳，却很少下水。猞猁在捕食比自身大得多的动物时，常采用静待突击的方式。由于猞猁的耐性很好，所以它能在一处"静候"几昼夜，待猎物走近才下手出击。它的天敌是狼、虎和豹。猞猁在中国分布较广，东北各省、山西、四川、云南、青海、西藏等地都有它的足迹。

[梅花鹿] 梅花鹿别名花鹿，属偶蹄目鹿科。梅花鹿是一种中型鹿，体长 140 ～ 170 厘米，肩高 85 ～ 100 厘米，成年体重 100 ～ 150 千克。雄鹿较雌鹿为大，雄鹿有角，一般四叉。梅花鹿皮毛美丽，背中央有暗褐色背线，尾短，背面黑色，腹面白色。夏毛棕黄色，遍布鲜明的白色梅花斑点，故称"梅花鹿"。梅花鹿生活于森林边缘或山地草原地区，随季节不同，栖息地也有所改变。晨昏活动，以青草树叶为食，好舐食盐碱。

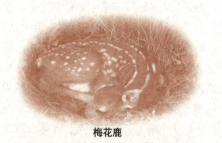

梅花鹿

雄鹿平时独居，发情交配时归群。9 ～ 11 月发情交配，雄鹿间争雌很激烈，各自占有一定的地盘范围。次年 4 ～ 6 月产仔，每胎 1 仔，幼仔身上有白色斑点。梅花鹿属于国家一级保护动物，主要分布在中国东北、安徽、江西和四川。

[岳桦林] 岳桦林是由单一的岳桦组成的矮疏林地，是乔木与灌草的过渡林型，分布于海拔 1800 ～ 2000 米处，像一条不规则的山裙，围绕在长白山火山锥体的下部。这里地面坡度陡峭，月平均气温为 10℃ ～ 14℃，生长季节常有八级以上大风，土层薄，雨量大，年平均降水量达 1000 ～ 2000 毫米。一般的树种已经不能适应这种恶劣的自然条件，唯有最耐寒的岳桦占据着这段垂直空间。岳桦能适应高山严寒的气候和瘠薄的土壤，矮曲多枝，形成半丛生状态。较发达的根系使它具有顽强的抵抗力，因此，岳桦林构成了长白山垂直分布结构系列的森林上部界限。岳桦林由于干形弯曲，分布面积不大，蓄积量不多，经济价值不大，但它对高山水土保持具有十分重要的作用。每年 7、8 月间马鹿、黑熊、野猪、狍子等常在此躲避酷暑。

经济

吉林省是农业大省，主产水稻、玉米、高粱、谷子以及大豆，是国家重要商品粮基地。人均粮食产量、粮食商品率、玉米出口量均居全国首位。西部草原地区牧业发达，存栏以绵羊为主。工业以机械制造、医药、电子、食品为主。机械制造以汽车产业为主体，铁路机车、客车和拖拉机、摩托车均有相当规模，具有较大的产业优势。交通以铁路为主，公路为辅，航运水运相衔接。省内铁路纵横，其密度居全国前列。省会长春是东北交通枢纽，航空业发达，有40多条国内外航线。

[农业] 吉林是中国重要商品粮基地，还是大豆重点产区和林业、甜菜基地，并有牧业、烟草及山林特产等多种农业经营。在各类用地中，农业用地占土地总面积的21.1%，林业用地占48.6%，牧业用地占8.1%。林地面积东部多、西部少，草原草坡面积则是西多东少。吉林省无霜期较短，冬季气温很低，作物越冬困难，因此为一年一熟区，吉林的主要粮食作物是水稻、玉米、高粱、谷子等，也是中国大豆的主产区之一，经济作物以甜菜、烟草为主。

[工业] 吉林工业基础雄厚，是国家重工业生产基地之一。吉林省的工业以机械制造、石油化工为主。机械、石油、石化、医药、食品、冶金、电子、森工等行业在全国都占有重要位置。长春的汽车、铁路机车、拖拉机及摩托车制造，吉林化学工业及电力工业，以及以长白山药用动植物资源为依托的医药工业，以高新技术产品开发为主导的电子工业等都比较发达。

[交通] 吉林省交通发达，铁路、公路、水运、航空及管道运输均有相当规模。铁路运输十分发达，全省铁路营运里程3622千米，是中国铁路网密度较大的省区之一。京哈线可以从北京直达哈尔滨、沈阳等主要城市。公路以长春、吉林、通化、白城、四平、延吉等地为中心，四通八达，可以连接全省所有乡镇和绝大多数行政村。高速公路总里程达924千米。省内有内河港口5处，水路运输以松花江为主干，松花湖及丰满以下可通轮船，4～11月为通航期。吉林拥有长春、吉林、延吉、柳

河等多座机场，其中长春机场为对外开放的国际航空港，开辟有通往全国各大城市和首尔、仙台、明斯克等国外城市的航线。还有从大庆油田通往秦皇岛、大连的输油管道。

旅游

丰富独特的自然景观是吉林省的一大特点。长白山的茫茫林海、巍巍高山、条条瀑布以及众多的火山遗迹等，组成一系列气象万千的自然景观，是中国的重点自然保护区之一，被纳入联合国"人与生物圈"保护网。此外还有向海、莫莫格等自然保护区，都是水草丰茂、珍禽集中的地方。松花江和松花湖，绰约多姿。吉林雾凇闻名全国。此外，位于辉南、靖宇之间的龙岗火山群共有72座火山，是中国第二大火山群。罕见的熔岩河、奇特的火山弹随处可见，多见于南方的溶洞景观在吉林也能找到。吉林的文物古迹也很多。

[洞沟古墓群] 位于集安市洞沟河畔，是高句丽王朝王室和贵族的墓地。洞沟古墓群有高句丽古墓近万座，排列有序，规模悬殊。从外形上可分为石坟和土坟两类。著名的石坟有太王陵、将军坟、千秋墓等；著名的土坟有舞俑墓、角抵墓、三室墓、四神墓、五盔坟四号和五盔坟五号墓。有的墓室内有绚丽多彩的壁画，壁画多为4～6世纪的作品，为研究高句丽的历史提供了宝贵的实物资料。太王陵是高句丽坟墓中营造工程最大的一座。将军坟可能建于5世纪初，它是洞沟古墓群中一座著名的古墓，被誉为"东方金字塔"。后侧原有4座陪葬墓，现仅存一座。据考古得知，此墓为长寿王的陵墓。

[灵光塔] 灵光塔位于吉林长白县

城西北1千米梨树沟村口。为唐代属国渤海国（698～926）砖塔。塔为方形密檐楼阁式，砖砌，今存5层，通高13米，由地宫、塔身和塔刹三部分组成。地宫系藏舍利处，砖砌四壁，顶盖石板，有排水暗沟通渗水井。塔身建于地宫盖石顶部的夯土层上，逐渐向上内收，各层檐部檐角微翘，凌空舒展。第一层高约2.8米，南设券门，四周镶砌青灰色大块花纹砖，东西为阴刻莲花瓣纹，南北阴刻卷云纹。花纹砖轮廓由"王立国土"四字构成。第2～5层砌有方形直棂窗，第2、3、5层有方形小龛。塔身内部为空腔式结构。原塔刹已毁，新塔刹于1984年安装。灵光塔是渤海国仿唐建筑，为现存东北地区年代最早的古塔，对研究唐代渤海国疆域、设置、佛教建筑，以及与中原文化的联系等，具有重要价值。

[鸭园溶洞] 鸭园溶洞离通化约25千米，属"岩溶"或"喀斯特"地貌，这类地貌北方少见。鸭园溶洞的形成过程非常缓慢，年代特别久远，构成溶洞的岩石距今已有4亿年的历史，为当时海洋环境下沉积形成的石灰岩。地壳运动使岩石形成断裂，地下水沿裂隙向下侵蚀，岩层不断被溶蚀，逐渐形成了地下暗河。同时在两条方向不同的断裂交叉处，岩石更为破碎，被溶蚀的程度更大，形成了一串大大小小的溶洞、溶潭。鸭园溶洞由4个较大的溶洞相互贯通构成，面积达4万多平方米，每个溶洞可容纳数百或上千人，洞内石柱如林，均为灰白色，粗细皆有，胜似冰雕玉琢，周围石幔簇簇，形态各异。洞内有地下暗河，河水清澈，流水潺潺。河道宽窄不一，有深有浅，暗河两壁熔岩绚丽多姿，也是洞中胜景之一。

[长白山脉] 长白山脉位于东北地区东部，因主峰白头山顶有很多白色浮石和积雪，因此得名。长白山脉由多列东北—西南向平行褶皱断层山脉和盆地、谷地组成。山地海拔多为500～1000米，最高峰为白云峰，海拔2691米。长白山山地以花岗岩分布面积最广。由于受风化和流水的侵蚀作用，出现了许多巍峨的山峰和狭窄深陡的峡谷。山间盆地、谷地盛产稻米、烟叶，是东北地区著名的山间"谷仓"。长白山曾有过频繁的地震和火山活动。白头山为著名的巨型复式火山，山顶火山口积水为湖，即天池。天池周围的群峰就是由火山爆发形成的。长白山地区的火山活动由新第三纪一直延续到人类历史时期，共有7次大的喷发。第一次火山喷发记载是在1597年。与此同时，天池附近发

长白山天池

生了地震，泉水变红，冒出大量的红色泥水。据记载第二次喷发在1668年，当时白头山附近下了一场"雨灰"，即火山灰。第三次火山喷发是在1702年。长白山最后一次火山喷发至今已有300多年了，如今仍处在活动中。据吉林地震台网的观测，近年来，长白山天池一带，多次发生小地震，主要发生在以天池为中心、50千米为半径的范围内。长白山天池内有温泉水外溢，外围海拔2000多米的高山上，温泉成群出现，而且水温很高，这些都与地壳内部灼热的岩浆活动有关。长白山脉是松花江、图们江和鸭绿江发源地，水资源丰富。长白山垂直自然景观明显，动植物资源丰富，有许多珍稀植物和动物分布。1960年已建立发长白山自然保护区，并被联合国列为国际生物圈保留地组成部分。保护区内自然条件复杂多样，有森林、苔原、湖泊、温泉、瀑布，是中国温带最大的森林生态系统、综合性自然保护区。

[长白山天池] 长白山天池又叫龙潭，位于长白山主峰火山锥体顶部，是中朝界湖。从长白山十六峰的峰顶探身俯视，只见群峰环抱中，嵌着一泓椭圆形的湖水，这就是天池。天池是一火山湖，湖面海拔2194米，面积9.8平方千米，湖水平静晶莹，仿佛一块硕大的蓝宝石，湖水中斑斓的峰影仿佛印在水面，天上的白云在水面上轻盈而缓慢地飘动。有观测记载，天池附近火山活动仍在继续。

[吉林雾凇] 雾凇俗称"树挂"，是由雾、水蒸气遇冷冻结凝聚在物体迎风面上的呈针状和粒状的乳白色疏松的

吉林树挂

微小冰晶或冰粒。远远看去，就像一层霜，薄薄地涂在枝条上。雾凇这一奇特的自然景观的形成需要特殊的气候条件才能形成。冬天，气温已降到 −20℃以下，由于丰满水电站巨大涡轮机组日夜运行，河水穿过涡轮机时，温度升高到4℃以上，所以从丰满水电站至吉林市区，数十千米的江面不结冻，而且水汽升腾，笼罩沿江一带。这样江面与寒冷的地面之间形成温差，飘浮的水蒸气与雾一夜间在江岸垂柳上凝华成晶莹乳白的晶状雾凇。吉林雾凇持续时间长，最盛时一个冬天有60多天可以看到这种千树万树冰花开的奇景。一般在春节前后，吉林雾凇最为壮观绮丽。吉林雾凇与桂林山水、长江三峡、云南石林并称为"中国四大奇特自然景观"。

[净月潭] 净月潭风景区位于长春市东南郊，地处省境东部山地向西部草原的过渡地带。面积150平方千米，分为潭北山色、潭南林海、月潭水光、潭东村舍四个景区，以水景为主，山林、村舍相映衬。这里古木参天，芳草如茵，环境清幽。风景区内森林植被十分丰富。有大片森林、山花、药用植物和60多种鸟类、80多种其他

动物。周围山势起伏，连绵不断，沟壑纵横，河湖相通。净水潭水面面积400公顷，形似弯月。风景区潭水映着群山，仙鹤野鸭在水中悠游嬉戏，山鸡、松鼠在丛林间奔逐跳跃。风景区有金代墓葬两处。现风景区内修有高速公路，建有林业科学研究机构、绿化宫、植物园、太平楼以及森林餐厅、游乐馆、度假村、舞厅、森林商店、水上餐厅等，已成为春夏郊游、冬季观雪的旅游胜地。

[阿什哈达摩崖石刻] 阿什哈达摩崖石刻在吉林市东南15千米的松花江北岸山上，为明代摩崖石刻文字碑。第一碑刻于断崖绝壁上，上承危岩，下临大江，高1.35米，宽0.7米，刻字三行；第二碑在第一碑西30米处，正文竖刻文字7行。碑文记述了明辽东都指挥使刘清三次率兵至此的事情，证明吉林市是明朝造船运粮基地。

[靖宇陵园] 靖宇陵园位于通化市浑江东岸的山岗上，是为了纪念杨靖宇烈士而修建。靖宇陵园东西宽100米，南北长200米。园内松柏苍翠，场景庄严。陵园建筑物，全是宫殿式的，黄釉屋瓦，红柱雕檐，精巧别致，庄严肃穆。陵园正中，是一座靖宇将军的高大戎装铜像，雄伟威武，昂首蓝天。灵堂中的建筑则具有浓郁的民族风格。杨靖宇烈士半身塑像位于中央，上悬朱德所书的"人民英雄杨靖宇同志永垂不朽"横匾，烈士的简历则镌刻在基座上。安置覆盖着黑绒的灵柩的陵墓位于灵堂的后面。展示烈士的遗物、照片、遗著以及战斗事迹的陈列室位于陵园的两侧。

辽宁省

行政区划

辽宁省简称"辽"，位于中国东北地区南部，位于北纬38°30′～43°24′、东经118°53′～125°46′。辽宁省东南部以鸭绿江为界与朝鲜民主主义人民共和国相望，东北部和吉林省接壤，西北部与内蒙古自治区交界，西部与河北省为邻，南临黄海和渤海，辽东半岛斜插入黄海与渤海之中，与山东半岛遥相对望。大陆海岸线东起鸭绿江口，西至绥中县西南端，长约2178千米。省境面积14.8万平方千米，辖2个副省级市、12个地级市、56个市辖区、17个县级市、19个县、8个自治县。省会沈阳市。

[省会——沈阳] 沈阳市为辽宁省省会，位于辽河平原中部，因在沈水（今浑河）之北而得名，为副省级市。面积12923平方千米，人口810万，以汉族为多，有满、朝鲜、蒙古、回、锡伯等39个少数民族。是东北地区最大的城市和交通、商贸、通信中心，为中国重工业基地。沈阳市辖和平、沈河、康平、法库等12个区县，代管县级市新民。

沈阳市区景观

沈阳市重工业发达,以机械制造业为主,有冶金、机电、医药、汽车、石化、食品等工业。沈阳农业主产稻谷、玉米,是全国商品粮的重要产区。沈阳为联系东北三省和关内的交通枢纽,主要铁路有京沈、哈大、沈丹、沈吉等干线,其中沈丹线可通朝鲜。沈阳处于全省公路运输网中心,有京哈、黑(河)大(连)、丹(东)霍(林河)、明(水)沈等5条国家级公路,沈大高速公路是国内最初建成的全封闭高速公路。沈阳也是东北最大的航空站,沈阳桃仙国际机场是东北地区最大的枢纽机场。沈阳科技力量雄厚,有各类科研机构400多家。

[大连] 大连市位于辽东半岛南部,为副省级市,西北濒渤海,东南临黄海与山东半岛相望,面积13238平方千米,人口669万,有满、回、锡伯、蒙古等35个少数民族。中国重要的港口城市,工业、商贸、旅游、金融中心城市之一。大连市辖中山等6个区和长海县,代管瓦房店等3个县级市。大连市工业基础雄厚,是中国重要的工业基地之一,以造船、机车制造、机械、化工、纺织、电子、冶金工业著称。大连市农业主产稻谷、小麦、玉米、蔬菜、水果,盛产苹果。远洋捕捞和滩涂养殖业发达。海产品

大连星海广场

有扇贝、鲍鱼、对虾等。大连市交通发达,有京大、长大铁路过境,公路以沈大高速公路和数千条干线公路为主。大连海运发达,大连港港阔水深,冬季不冻,是中国重要的对外贸易港口。大连民航可直飞国内各大城市。

人口、民族

2010年辽宁省总人口4374万,是东北地区人口最稠密的省份。人口分布平原多于山区,沿海多于内陆,城镇、交通沿线和工矿区人口稠密。近代辽宁人口的增长,主要是河北、山东农业人口的大量移入。由于历史上多次民族迁徙、屯田、戍边和朝代更迭等原因引起的人口变动,使辽宁成为多民族省份。现有汉、满、蒙古、回、朝鲜、锡伯等40个民族,其中汉族人口占总人口的94%。

[满族] 满族分布于全国各地,以辽宁省、河北省为多,人口1000万。满族直系先民为明代"女真"(中国东北古代民族),往上可溯至汉代挹娄和周代的肃慎。"女真"之称出现于唐末五代。12世纪,女真人起兵反抗辽朝奴役,建金国政权,不久灭辽和北宋,与南宋对峙。金代,大量女真人进入中原地区,融于汉族之中。而留住在今黑龙江、松花江及乌苏里江流域等地的女真各部则逐渐演化,于16世纪末17世纪初统一为共同体。1616年建国称后金,1636年改国号为清,1644年入关,统一中国。

木底鞋

满族妇女传统的鞋为木质底,底高达15～20厘米。它置在鞋底的中间,其底上宽而下圆,形似花盆,俗称"花盆鞋"。因踏地时印痕如马蹄,也称"马蹄底儿"。

马术图

满族人自古善于骑射，民风粗犷豪放，很早便创造了射柳比赛项目。每逢重大民族活动，都要举行射柳比赛，以保持善于骑射的文化传统，即使在满族入主中原以后热情仍不消减。这幅郎世宁的《马术图》很好地反映了这种情形。

1911年辛亥革命后，改称满族。满族有本民族语言文字。满语属阿尔泰语系满通古斯语族满语支，满文是16世纪末在蒙古文的基础上创制的。清代以来，满族和汉族交往增多，满族人民逐渐习用汉语、汉文。

满族妇女的头饰很讲究，不仅要戴钿子（一种青绒、青缎做成饰有珠翠的头冠），而且还要插上各种银饰。

[锡伯族] 锡伯族主要分布在辽宁、吉林、黑龙江等地，还有一部分居住在新疆察布查尔锡伯自治县，以及伊宁市、乌鲁木齐市等地。人口近20万，本民族大部分人认为自己是鲜卑遗民，民间传说很多。清代前，锡伯族繁衍生息于以伯都讷（今吉林扶余县）为中心的东自吉林、西至呼伦贝尔、北起嫩江、南抵辽河流域的广大地区。此后，锡伯族便分居于东北、西北两地。锡伯族有自己的语言文字。语言属阿尔泰语系满通古斯语族满语支，文字是1947年在满文的基础上略加改动而形成的。早期锡伯族人民世代以狩猎、捕鱼为业，现以农牧业为主。

历史文化

距今约28万年，辽宁已经出现了远古人类即猿人的踪迹。根据营口金牛山、本溪庙后山等旧石器时代的遗址，证明在原始社会的早期就有人类在辽宁地区繁衍生息。约六七千年前，辽宁进入了新石器时代，沈阳新乐新石器时代文化遗址出土的大量器物，显示了辽宁在原始社会末期的繁荣景象。而牛河梁发掘的红山文化遗址则表明，在大约五千年前，这里就已经存在着一个初具国家雏形的原始文明社会。公元前16世纪，辽宁省归属于商朝邦司，春秋战国时期属于燕。12世纪起，满族人的前身女真开始强大，以后一直是中国东北地区政治、经济和军事中心。辽宁是中国最后一个封建王朝清朝的发祥地。现今遗存下来的沈阳故宫、清初"三陵"，就反映了这一时期政治、文化、历史面貌。辽宁是一个移民和北方少数民族融合的省份。

[新乐遗址] 新乐遗址位于辽宁沈阳市北陵附近，是以新石器时代文化为主的遗址。该遗址下层年代大约为公元前5300年至前4800年。遗址内有半地

穴式房址、打制石器、磨制石器和细石器。陶器多为红褐陶。遗物中最重要的是一批煤精制品的出土。这些煤精制品是目前发现最早的煤精制品，系磨制而成，有的呈圆珠形，有的呈圆锥形，形状不一、乌黑光亮，可能是装饰品或文娱用品，一般都认为与巫术有关。这一发现显示了辽宁在原始社会末期的繁盛。

[努尔哈赤] 努尔哈赤（1559—1626）为后金开国君主，大清王朝奠基人，满族，爱新觉罗氏，庙号太祖。他早年丧母，后因生活所迫，离家从戎，投到明辽东总兵李成梁部下。因英勇善战，屡建战功。他勤奋好学，受汉文化的影响很深。努尔哈赤的先祖中有很多人受明朝册封，担任指挥使、都督佥事、都督等官职。万历十一年（1583），明廷命努尔哈赤回建州袭父职，任建州左卫指挥，给了他充分施展自己才智和远大抱负的机会。当时正值久经分裂割据、战乱不息的女真社会，出现了要求统一的历史趋势，努尔哈赤用了 30 多年的时间，东伐西讨，南征北战，统一了几乎所有女真部落，从而结束了女真社会长期分裂和动乱不安的局面。这对女真社会的发展，促进东北地区各族之间的经济文化交流，加快满族共同体的形成起了积极作用。

[九一八事变] 20 世纪前半叶，日本开始觊觎东北三省领土，寻找武力占领的机会。1930 年，世界资本主义经济危机波及日本，日本加快了武力侵华的步伐，由于国民政府实行妥协的不抵抗政策，日本遂于 9 月发动了大规模武装侵占东北三省的战争。9 月 18 日夜 10 时余，日本关东军按照预谋的计划，炸毁沈阳北郊柳条湖附近的一段南满铁路，然后诬称系中国军队所为，当即派兵突然进攻中国军队驻守的北大营和沈阳内城。一夜之间，北大营、沈阳内城相继为日军所占领。19 日中午，东大营及其附近地区也同时失守，沈阳完全陷落。同日，日军还攻占营口、凤凰城、鞍山、抚顺、安东（今丹东）、长春等 20 余座城。21 日，日本驻朝鲜军队越境增援关东军，一周后侵占了辽宁、吉林两省大部分地区。11 月 19 日占领齐齐哈尔。12 月下旬，日军进犯锦州，占领了辽西地区，直逼山海关，东北军被迫撤入山海关内。1932 年 2 月 5 日，日军占领哈尔滨。至此，东北三省全部沦陷。

气候

辽宁省属温带—暖温带、湿润—半湿润季风气候，冬季比较寒冷，夏天温暖。1 月均温 −18℃ ~ −5℃，7 月均温 22℃ ~ 26℃，年平均气温 4℃ ~ 10℃，无霜期 125 ~ 215 天，气温大致东北偏低，西南偏高，极端最低气温 −38.5℃，极端最高气温 40℃，年降水量 440 ~ 1130 毫米，是东北地区光照、热量、降水最丰富的省份。由于地势和海洋的影响，降水自东向西递减。年均温从东北到西南渐增，气候有明显的区域差异。

自然资源

辽宁省现已发现矿种 110 种，占全国的 67%。现已探明储量的矿种有 69 种，其中铁矿、菱镁矿、金刚石、硼矿、滑石、玉石、熔剂石灰岩、石油、天然气、硅石、高岭土、玻璃用砂、珍珠岩、膨润土、油页岩、铊、铼、钼矿、锰矿等22种矿产储量居全国各省区前列。辽宁的植物资源主要集中在东部山区，这里的林地面积占全省林地面积的60%以上，以天然次生林为主，主要的林木品种为落叶松、油松、红松、冷杉、紫杉、杨、柳、椴、核桃楸、刺楸等。此外，草原、灌丛、芦苇、谷地、沼泽等在省内各地也有分布。植被类型较多，复杂的生态环境为野生动物的栖息繁衍创造了条件。辽宁省各种陆栖脊椎动物达500多种。有34种两栖、爬行类动物，69种哺乳动物。鸟类分属22目59科，计404种。

[菱镁矿] 菱镁矿是一种天然矿物，主要化学成分是碳酸镁。菱镁矿是镁质耐火材料和金属镁的基础原料。菱镁矿经过燃烧，碳酸镁可分解为氧化镁和二氧化碳。氧化镁具有较强的耐火性能和绝缘性能，广泛应用于冶金、建材、轻工、化工、医药、航空、航天、军工、电子、农牧等行业。辽宁省菱镁矿资源非常丰富，累计探明储量为26.9亿吨，占中国总储量的85%，占世界储量的20%。辽宁省菱镁矿主要分布在辽南地区。辽宁的菱镁矿具有以下特点：一是资源集中矿床巨大；二是品位高，杂质少，氧化镁含量大于46%的一、二级矿石约占总储量的1/2；三是矿石赋存条件优越，表层覆盖浅，易剥离，好开采。

[岫岩玉] 岫岩满族自治县盛产玉石。这里的玉石，块大质坚，色泽清明，晶莹美观，因产于岫岩而名岫岩玉。很多著名的玉石雕刻精品，用料就是岫岩玉。岫岩玉料的质地、形体、颜色不同，加工雕刻时，需独具匠心，精心设计，巧用消色，才能生产出巧夺天工的珍品。

[牛皮杜鹃] 牛皮杜鹃为常绿灌木，株高10～25厘米，枝横卧，叶厚革质，卵状长椭圆形，长3～6厘米，宽1～2.5厘米，叶全缘，边反卷。花朵多集中于枝顶，花冠合瓣，漏斗形，花初开时米黄色，开后渐转白色。花后结蒴果长圆形，长1～1.5厘米。根系发达，枝叶密厚。牛皮杜鹃属国家二级保护植物，主要分布在长白山地区，老秃顶山和大秃顶山等地也有零星分布。

[疣鼻天鹅] 疣鼻天鹅是一种大型游禽，体长约1.5米。全身羽毛洁白，嘴赤红色，和天鹅的不同之处是疣鼻天鹅前额有一个黑色疣突。疣鼻天鹅颈粗壮，游泳时弯成"S"形，两翅向上半展。栖息于水草丰茂的河湾和开阔的大湖泊中。鸣声沙哑而低沉，故有"哑天鹅"之称。主要以水生植物的根、茎、叶和果实为食，也吞食水生昆虫、小鱼和沙砾。在繁殖期，集群营巢于芦苇丛中或湿地上，巢用水草的茎叶或芦叶等筑成，巢距很大，每对天鹅都要占据大片的芦苇滩和宽阔的水面。疣鼻天鹅每窝产卵4～6枚，孵化期30多天，雌雄轮流孵卵，轮流担任警卫。疣鼻天鹅在东北、内蒙古、甘肃、青海、新疆等地繁殖，长江下游鄱阳湖一带越冬。

[人参] 人参为五加科、多年生草本植物，为"东北三宝"之首。人参茎直立，有纺锤形或圆柱形的肉质根，根状茎很短，多不明显。人参叶为掌状复叶、轮生。一年生人参的叶子为一枚三片小复叶，称"三花"；两年生人参的叶子为一枚五片小复叶，称"巴掌"；三年生人参的叶子为两枚五片复叶，称"二甲子"；四年参有三枚复叶，称"灯台子"；

五年生有四枚复叶，称"四品叶"；六年生有五枚复叶，称"五品叶"；也有六枚复叶的，称"六品叶"。人参生长六年后，叶数不再变化。生长三年的人参方能开花结果。人参花顶生淡黄绿色，散形花序，果鲜红色，扁圆形浆果，种子通常两粒，花期6月，果期7～8月。野生的人参称"野山参"，生长于山坡密林下湿冷的排水良好和有一定光照的腐殖质较厚的土层中。栽培的称"园参"。

[冷杉] 冷杉属松科，是冷杉属植物的通称。为常绿乔木，冷杉树干端直，树冠呈塔形，小枝对生，叶为条形，螺旋状着生，辐射伸展，两个冷杉雌雄同株，球果直立，卵状圆柱形。种子具长

人参果实

人参

翅，成熟后与种鳞一同脱落。全世界约有冷杉50多种，广泛分布于亚洲、欧洲、北美及非洲北部的高山地带。中国约有20多种，分布于东北、华北、西北、西南等地的高山地带，常组成大面积纯林或混交林。主要树种有杉松、臭冷杉、新疆冷杉、鳞皮冷杉、岷江冷杉、冷杉、长苞冷杉。辽宁主要分布有杉松种的冷杉，高可达30米，胸径1米，垂直分布于海拔500～1200米的辽宁东部山区。其他的冷杉中，鳞皮冷杉、岷江冷杉、冷杉和长苞冷杉均为中国特有树种。

经济

辽宁省工业、农业、交通也都很发达。主要工业有机械、冶金、石油、化工、煤炭、造纸、建材、纺织等，为国家重工业基地。沈阳是重型机械、工矿专用设备、机电、飞机制造的重要城市，鞍山、本溪的钢铁生产有名，抚顺、阜新是煤炭基地，大连是北方重要的造船基地。辽宁省农、牧、渔业资源丰富，主要农产品有玉米、稻谷、大豆、棉花、油料、烟草。辽宁有14个县市是国家商品粮生产基地。辽宁朝阳是国家棉花生产基地。瓦房店、绥中、盖州是国家苹果生产基地。岫岩、开原是国家山楂优质产品基地。沿海渔业资源丰富。省内形成以铁路为骨干，公路、民航、海运和内河运输相配套的综合交通网。

[农业] 辽宁省农业在东北三省中开发较早，现有耕地7000多万亩，粮食和大豆播种面积占农作物总播种面积的86.3%。主要粮食作物有玉米、高粱、谷子、小麦、水稻以及薯类等。大豆是辽宁省传统农作物，播种面积大，质量好，产量高。经济作物主要有棉花、烟草、花生。东部山地林区，以柞林为主，形成大面积柞蚕场。辽宁是中国生产柞蚕茧最多、分布最集中的省区。辽宁还盛产水果，是全国著名温带水果产区之一，产量占全国第二位。辽宁南部黄海、渤海水产资源丰富，沿海渔场面积1.92万平方千米，鱼虾种类70多种，贝藻类30多种，产带鱼、青鱼、黄鱼、虾类和贝类，以对虾、毛虾最著名。近年对虾、扇贝等海珍品和海带、蛤贝

等养殖业有较大发展。

[工业] 辽宁省工业以重工业中的机械、冶金、石油、化工、建材等部门为主。机械工业是最重要的工业部门，在省内各工业部门中占第一位。全省机械工业企业分布普遍，以生产重型机械、工业专用设备、交通运输设备和电器机械及器材为主，所产矿产设备、金属切削机床、交通电动机等均处于全国领先地位，而且机械工业门类齐全，具有一定成套生产水平。辽宁省的钢铁工业在中国具有重要地位，主要集中在鞍山、本溪，所生产的铁矿石、生铁、钢材产量均居全国前列。辽宁省能源工业力量雄厚，有著名的辽河油田和东北最大的火力发电厂——清河电厂。抚顺和阜新的煤炭及沿海的盐业也很发达。

[交通] 辽宁省交通发达，铁路、公路、河运、海运、航空、管道运输等俱全。辽宁省铁路密度居全国前列，有京哈、沈大、沈丹、沈吉等铁路干线联结省内外，并有多条支线铁路以沈阳为枢纽向四周辐射。沈阳也是全省公路中心，其他大中城市附近也有稠密的公路网。沈大高速公路是国内最早建成的最长的高速公路。辽宁省海运发达，主要港口有大连、营口、丹东、庄河、锦州，其中大连和营口为国家级港口。航空运输以沈阳、大连两市为中心辐射全国。内河航运通航里程约500千米，主要通航区段在辽河、鸭绿江下游。管道运输初具规模，大庆原油经辽宁转输关内，并在大连港装船外运。

旅游

辽宁省是满族的主要居住地，其人文景观以清代遗迹为主。沈阳故宫不论其规模、文物价值，还是旅游资源的丰富性都是仅次于北京故宫的封建帝王宫殿。清朝入关前的三座皇陵也都座落在辽宁，而且保存完好。辽宁省境内的自然景观也独树一帜，以山和海取胜，千山、凤凰山为著名风景区，本溪水洞为中国北方罕见的地下河溶洞。辽东半岛海岸线长约2200千米，到处是优美的海滩与避暑胜地。大连海滨最为秀丽。鸭绿江沿线自然景观与人文景观荟萃，水秀山奇。辽宁省的动植物资源丰富，已建有仙人洞、老秃顶山、医巫闾山等自然保护区，旅顺口外的老铁山蛇岛自然保护区更是名闻国内。此外，旅顺口、锦州等地战略地位重要，曾分别是甲午海战、日俄战争与解放战争的战场或基地，战争遗迹遍布各处。

[沈阳故宫] 沈阳故宫位于辽宁省沈阳市旧城的中心，是清朝初期两代皇帝的皇宫。清顺治元年(1644)世祖在此即帝位，清朝入关后称奉天行宫。沈阳故宫始建于后金天命十年(1625)，清崇德、乾隆、嘉庆时又有增建，历时100多年才完全建成现在的规模。占地面积6万平方米，全部建筑有10个院落，房屋300余间，四周围以巨大宫墙，是一座仅次于北京故宫的宫殿建筑群。沈阳故宫建筑群以崇政殿为核心，从大清门到清宁宫为中轴线，属大内宫殿；大政

沈阳故宫全图——正前方为崇政殿，是皇帝与大臣议政的场所；两边是"十王亭"。

— 161 —

殿是东路的主体建筑，两翼辅以方亭10座，组成一组完整的建筑群；西路包括戏台、嘉荫堂、仰熙斋和文溯阁，是为存放《四库全书》和供皇帝看书、看戏娱乐消遣的地方，主体建筑是文溯阁。

[金石滩] 金石滩位于大连市金州区，景区陆地面积52.3平方千米，海域面积60平方千米，总面积112.3平方千米，分为玫瑰园、龙宫、南秀园、鳌滩、三叶虫化石园五个景区。金石滩有完整多样的石灰岩，还有丰富多彩的生物化石，为中国北方罕见的震旦纪、寒武纪地质景观。在绵延29.8千米的海岸线上，浓缩了古生代距今7亿～5亿年的地质历史，堪称天然地质博物馆。玫瑰园、龙宫、南秀园、鳌滩四个景区，有多种奇特的海蚀造型地貌，如蚀崖、溶沟、石牙、溶洞等，形成一个天然的海边雕塑群，被誉为"神力雕塑公园"。三叶虫化石园因崖面露出三叶虫化石而闻名，是古生物地质科学考察的处所。除此而外，金石滩景区内有长4千米、宽百余米的大型海滨浴场。海滩由鹅卵石、沙砾组成，水质清澈透明，能见度可达3米，为中国北方优质的天然海水浴场。海滨有渔村、田园、林木、别墅，风光秀美。盛产海参、鲍鱼，也是垂钓的好地方。

[千山] 千山位于辽宁省鞍山市东20千米处，原名千华山、千顶山、千朵莲花山、积翠山，素有"东方明珠"之称，是中国著名的风景区之一。千山之所以叫千朵莲花山，是因为乘飞机俯瞰千山叠翠的峰峦犹如千朵怒放的莲花。千山占地面积300平方千米，海拔约700多米。山中奇峰叠嶂，怪石嶙峋，塔寺星罗棋布，因有峰峦999座，故得名"千

山"。这里的千沟万壑、苍松巨石、古刹禅院、松涛林海、流泉飞瀑吸引着广大游客，自古为辽东名胜，有"千山无峰不奇，无石不峭，无寺不古"的赞誉。山中有五大禅林、九宫、八庵、十二观，与重峦密林相映生辉。千山风景区有悠久的历史。早在隋唐时代，这里就有建筑物。到了辽、金时代，寺庙建筑已初具规模。现在千山有4个游览区、12个景区、名胜古迹约200处，以峰秀、石峭、谷幽、庙古、佛高、松奇、花盛而构成山石寺庙园林风格的自然风景区。

千山弥勒大佛　在千山众多的奇峰中，最为奇特的是千山弥勒大佛。大佛位于千山风景区北部，是一座天然石峰，貌似弥勒。佛像身高70米，体宽46米，依山而坐，形象逼真，栩栩如生。据考证，它是约1亿年前形成的。

香岩寺　香岩寺在千山南部，是千山五座禅林之一。香岩寺始建成于唐代，明清都有扩建。寺修筑于双崖之间，前有将军峰，左有锦秀峰，右为仙人睛，千山第一高峰仙人台雄峙其后。寺宇分前后正殿和左右配殿。殿宇壮丽辉煌，彩画秀丽，是辽宁优秀的古建筑之一。由于寺建在阳坡，山花很多，春夏花开满山，香气扑鼻，故曰香岩寺。

仙人台　仙人台又名观音峰，位于千山南部，是千山第一高峰，海拔708米。大安、中会、香岩诸寺和五龙宫诸庙宇拱卫之中。峰奇，地险，绝顶有一峭石，呈四棱形，高7米，直径约20米，向北伸出，状如鹅头，俗称鹅头峰。西、南、北三面均为峭壁深渊，唯东面可行。明朝初年，在峰顶大兴土木，将峰顶变成一平台，修建成仙人台。上面基石上刻有棋盘，周围安放八仙和南极寿星的

五佛的来历

　　五佛顶位于千山北沟西端，是千山第二高峰。五佛顶上有五尊石佛，传说这五尊石佛是一个叫普安的和尚用法力请来的。当年千山一带有个洪水怪常兴风作浪，据说只有把庙修到佛头山山顶上才能镇住它。普安和尚喝过千年参汤，便自以为修成正果。一天，他游到四川峨眉山的时候，看到那里的大小石佛雕刻得像活的一般，就在那里找石匠雕刻6尊石佛。石匠雕完佛交工那天，普安便拎起6尊石佛腾空而起，驾着白云向东飘去。不一会儿，普安便回到佛头山山顶上了。这时他才发现不知何时丢了1尊石佛，只剩5尊了。普安这才明白，自己还没有最后修行成。不过五佛来了以后，真把洪水给镇住了。

石雕坐像。鹅头下峭壁上，有一佛龛，内浮雕一尊观音菩萨像。佛龛之上横刻"仙人台"三个篆字，系清光绪年间举人徐景涛所题。仙人台又称观景台，登台远眺，千山奇秀，尽收眼底，素有观渤海、观日出、观莲花、观云飞、观松风之说。

　　[北镇庙] 北镇庙位于北镇市城西2.5千米的岗峦之上，是医巫闾山的山神庙。北镇庙建于金代，元、明、清各代多次重修，现有各殿都是明清所建。北镇庙南北长280米，东西宽178米，占地面积4.98平方千米，其中建筑面积5000平方千米。庙宇就岗势而建，有殿阁七重，均为宫殿式建筑，依次为神马殿、钟鼓楼、御香殿、正殿、更衣殿、内香殿、寝殿等。正殿是庙内主要建筑，为歇山式大木架结构，绿琉璃瓦覆顶，殿内壁画是32个宿星人物，为各朝代忠臣像。庙内还保存有元、明、清三朝告祭与题咏石碑58方，有"辽宁碑林"之誉。

　　[崇兴寺双塔] 崇兴寺双塔位于北镇市城内东北隅，始建于唐代，以后历代都有维修，至今保存完好，是国内现存宝塔中最壮观、最完整的大型双塔。双塔东西对峙，相距43米，东塔高43.85米，西塔高42.63米，均砖筑实心，为八角十三层。塔座八面，每面宽7.3米，下部为石砌，每角雕一力士，做负重状，塔身每面中央都有拱龛，内雕坐佛，外立胁侍，上饰宝盖、飞天和铜镜。第十三层作八攒尖收顶，塔顶的莲座、宝瓶、鎏金刹杆、宝珠、相轮均保存完好。双塔建在崇兴寺前，故称崇兴寺双塔。

　　[奉国寺] 奉国寺位于义县东街路北，因大雄宝殿内塑有七尊大佛，故又名七佛寺或大佛寺。始建于辽代开泰九年(1020)。后经战火的破坏，金、元、明、清等均重修。今仅存大雄宝殿、无量殿、碑亭、牌坊等建筑，但仍不失为现存最大的辽代寺院。大雄宝殿雄伟壮丽，是当今仅存的辽代木结构单层殿宇建筑。大雄宝殿建在砖砌高台上，高21米，面阔55.6米，进深32.8米，殿内七尊大佛为辽代塑造，后代曾经重新装饰，梁枋、斗拱及梁架底面上，至今保留着辽代的飞天、荷花、牡丹等彩绘数十幅。这些彩绘笔法细腻，形象生动。四壁有元代壁画。奉国寺不仅是研究辽代文化的宝库，也是游览观光的胜地。

　　[凤凰山] 凤凰山位于辽宁省凤城市区东南2.5千米处，是辽东第一名山，素有"辽东景胜首凤山"的说法。凤凰山属于千山山脉，地形呈环状，南面开口，中间是裂地，好像一个人的手臂合抱的状态。凤凰山以峰奇石异见胜。远望奇峰突兀，怪石嶙峋，入山后则是峰回路转，清幽静雅。山上有古寺庙与奇峰异洞互相辉映，淙淙泉水与松涛相映

成趣，显示出凤凰山的绚丽和活力。据载，从唐代以来，此山即为名胜游览地。摩崖石刻甚多，笔体雄浑苍劲，气势豪壮。凤凰山的主要景观有紫阳观、观音阁、凤凰洞、老牛背、凤泪洞等。最高峰名箭眼峰，巨石对峙，形成隙洞，远望如箭穿孔，故名。山上有"天女木兰"，"天女木兰"是世界有名的珍贵花卉。

[老虎滩] 老虎滩公园位于大连市区东南，距市中心5千米，是一座三面环海一面靠山的天然海滨公园，兴建于1959年，面积约10公顷。老虎滩一带海滨的沙滩由石英岩砾石组成，在波浪的推动下，黄色的石英岩在滩面上滑动，恰似被风吹动的斑驳虎皮。风景秀丽的老虎滩公园，以老虎洞及海滩上的六只老虎雕塑最负盛名。六只老虎雕塑是目前世界上最大的花岗岩动物雕塑，长36米，高7.5米，是用500吨黑白花岗岩雕塑成的。望之栩栩如生，形态各异。老虎洞洞口有一石碑，上书"老虎洞"，洞口左立一石雕老虎，怒视大海。老虎洞是被海浪经过漫长岁月冲击剥蚀而成的，它是上窄下宽的楔形洞，洞上方宽约1米，洞深约七米，由南向北延伸，在老虎洞中可听到阵阵涛声，犹如老虎在怒吼。此外，天台日出、老虎滩浴场、"百鸟乐园"也是公园中有名的景点。

[辽宁古长城] 辽宁古长城位于辽宁省西部，自西向东横贯辽宁，直跨鸭绿江边。远在春秋战国时期，各诸侯国先后开始修筑长城。今辽宁西部地区在战国的时候属燕国管辖，辽宁境内的燕长城约在燕昭王后期修建。建平县燕长城遗址是战国时代燕国所筑长城保存最完好的一段，长城自西向东，穿高山，跨河谷，气势雄伟。秦统一中国后，大规模修筑万里长城，沿用燕国的"外线"长城。西汉又在燕、秦长城基础上加以修复，同时，修筑了一道别具风格的墩台长城，建平县内的一段长城有墩台50座。辽宁的明长城主干线，是绥中西沟长城，东西走向，盘踞蜿蜒于崇山峻岭之上，素有"第三八达岭"之称。

南面正中为正红门，成对的骆驼、狮子、马等排列在门内甬道两侧。另有雕着蟠龙的琉璃袖壁嵌于门东西墙上。正红门正北立有康熙亲撰"大清福陵神功圣德碑"的碑楼。茶果房、省牲亭、涤器房、斋房等用于祭祀的建筑位于碑楼左右。北面的方城是陵园的主体建筑。明楼在方城北面正中，楼内有一块石碑，上刻"太祖高皇帝之陵"几个大字。四角有角楼。隆恩殿在方城正中，旁有东、西配殿。方城后为月牙形的宝城，被称为月牙城。努尔哈赤和叶赫那拉氏便埋葬在宝城的下面。清福陵为全国重点文物保护单位。

[清昭陵] 清昭陵位于沈阳旧城北部，是清太宗皇太极和其皇后博尔济吉特尔的陵墓。始建于清崇德八年(1643)，历时8年。清昭陵又称北陵，是清"关外三陵"中规模最大的一座。占地面积为450万平方米。其建筑形式与福陵相似，但建筑物比福陵要多，雕刻则更为精美，气势更为宏伟。

昭陵南面正中为正红门。下马碑、华表、更衣亭、石牌坊、石狮、石桥、宰牲亭等建筑位于门外。门两侧的墙上嵌有造型非常生动的五彩琉璃蟠龙壁。门内北部正中有内竖的"昭陵神功圣德碑"牌楼。方城是陵园的主体建筑。方城正中为隆恩殿，隆恩殿是供奉清祖牌位的地方，清王朝也常在这里举行皇家

清昭陵全貌

的祭祀活动。隆恩殿东、西有配殿，四角建有角楼，是典型的中国城堡形式。明楼位于隆恩殿之后，中立"太宗文皇帝之陵"石碑，碑文用汉、满两种文字写成。宝城呈半月形，内有宝顶，皇太极及其后妃的地宫便在宝顶之下。昭陵为全国重点文物保护单位。

河北省

行政区划

河北省简称冀，位于华北平原北部，跨内蒙古高原东南部，东临渤海，南瞰黄河，故名河北，又因古属冀州而简称"冀"。它位于北纬 26°03′～42°40′、东经 113°27′～119°50′。面积 18.77 万平方千米。河北西接山西省，北连辽宁省与内蒙古自治区，南临山东、河南两省，中部与北京、天津两个直辖市毗邻。全省海岸线 487 千米，辖 11 个地级市、36 个市辖区、22 个县级市、108 个县和 6 个自治县。省会石家庄市。

[省会——石家庄] 石家庄市是河北省省会，河北政治、经济、文化中心。石家庄市位于省境中南部，西倚太行山，东、南、北三面为广阔的华北平原，辖 6 区 5 市 12 县，面积 15722 平方千米，人口 1016 万。市境坐落于太行山麓滹沱河冲积扇上，地势微向东南倾斜，地表平坦，土壤肥沃，地下水储量丰富。石家庄市年均温 12.9℃，年降水量 566 毫米，无霜期 194 天，非常适宜作物生长，盛产棉花和小麦。石家庄市煤炭资源丰富，井陉煤矿是本市最大的能源基地。石家庄是京广、石太、石德三条铁路的交会处，公路四通八达，交通便利。石家庄市工业布局有序。市区东北部有以轻纺、机械、医药、冶炼为主的工业区；东南和西南部有以轻工、机械为主的工业区；新辟的邱头工业区，以炼油、化工为主。市区中部为生活区和文化、教育、机关单位。市内有河北师范大学等 10 余所高校。

[保定] 保定市位于河北省境中部京广铁路线上，辖 3 区 4 市 18 县，面积 22159 平方千米，人口 1119 万，是河北省的轻工业城市以及冀中物资集散地。保定市历史悠久，春秋战国时便为燕赵所倚重。金、元定都北京后，成为"京畿重地"。清为直隶省首府，曾为河北省省会。市境坐落在太行山麓冲积扇上，西高东低，海拔 17 米，地下水储量丰富。一亩泉河、侯河、白草沟和清水河流经市区，农业生产条件极为优越。保定交通便利，京广铁路贯穿市区。保定是一个新兴的以轻工业为主的城市，以纺织、机械、化学工业为主，食品、造纸、电力、建材等行业都有发展。出产人造丝、电影胶片、机制纸、大型变压器以及地毯、

仿古泥皮壁画、工艺美术蜡烛等，中国第一座现代化化学纤维联合企业和第一座感光材料企业均建于此，也是中国第一个列车电站基地。保定曾为四方文人荟萃之处，金末就建有"万卷楼"专藏经史，并设有莲池书院。市内现有河北大学、河北农业大学等多所高等院校。

[邯郸] 邯郸市位于省境南部，辖4区1市及邯郸县等14县，面积12087平方千米，人口917万。是河北省新兴的工业城市，中国重要的焦煤基地之一，也是著名历史古城。邯郸市早在春秋时已是列国争夺的重要城堡，后为赵国国都达158年之久。至汉末仍为全国五大都城之一。手工业、商业和冶铁铸造发达，有"冶铁都"之称。市境西倚太行山，东临滏阳河。东部盛产棉花。邯郸市矿产资源丰富，有煤、铁、石灰石和陶瓷土等。交通便利，京广铁路纵贯市区，邯郸—长治铁路西连山西，市区铁路环形布局，另有窄轨铁路联结附近各县。工业以纺织、电力、煤炭、钢铁、机械、陶瓷为主。邯郸是中国十大陶瓷产区之一。境内名胜古迹众多，赵王城遗址和南、北响堂山石窟为中国重点保护文物，邯郸碑林也是很有价值的文物古迹。市区内还有华北水电大学等高等院校。

[沧州] 沧州市位于省境东部，辖2区4市9县及孟村回族自治县，面积13419平方千米，人口713万。沧州市坐落于海河平原上，地势低平，海拔约10米。南运河和京沪铁路纵贯市区，沧港铁路东连渤海大口河港，水陆交通方便。沧州市是新兴的石油化工城。20世纪50年代以前沧州仅为内河码头和商业集镇，现已发展成以石油炼制、化

肥、塑料加工、橡胶、医药等工业为主体的城市。沧州炼油厂、沧州化肥厂均为中国重点企业，前者有输油管连接任丘油田和大港油田，后者为河北省最大的氨肥生产企业。机械、食品、纺织、电力工业发展也很快。沧州铁狮子是中国最大的铁铸狮子，高5.78米，长5.34米，宽约3.17米，重约40吨，有"狮子王"之称，为中国重点文物保护单位。沧州武术历史悠久，素有"武术之乡"之称。

[廊坊] 廊坊市位于河北省中部偏北，京沈铁路线上，辖2区2市5县和大厂回族自治县，面积6330平方千米，人口435万，是中国历史文化名城之一。市境坐落于河北平原北端，地势平坦，海拔15米。矿产以石油、天然气为主。工业有机械、纺织、食品、化工、建材等部门。廊坊红小豆、三河玉器、香河和三河的地毯等特产，闻名中国。

人口、民族

2010年11月1日，全省常住人口达到7185万人。与2000年第五次人口普查时相比，增长6.55%，年平均增长率为0.64%。

河北省是个多民族的省份，除汉族外，还有满族、回族、蒙族、壮族、朝鲜族、苗族、土家族等53个少数民族，少数民族人口约占总人口数的4%。依据《中华人民共和国宪法》，实行民族区域自治，河北省现有6个少数民族自治县。

历史文化

河北省历史文化悠久，新石器时代早期，就出现了以农业活动为主的原始人群，远在夏禹时代就属九州之一的冀州。春秋战国时代，分属燕、赵两国。

游侠风气盛行，尚武精神代代相传，是多种武术门派的发源地。沧州是中国著名的武术和杂技之乡。邯郸则是战国、西汉时期著名的大都市，为当时北方的经济文化中心。古代河北地处北方边陲，"天下第一关"山海关雄踞在渤海湾边。河北"自古多慷慨悲歌之士"，历史名人有战国时代的名医扁鹊、西汉的大思想家董仲舒、南北朝时南朝的科学家祖冲之、北魏的地理学家郦道元、唐朝初年的政治家魏徵、宋朝开国皇帝赵匡胤、元代的天文学家郭守敬、元代戏曲家关汉卿和清代的文学巨匠曹雪芹等。

[磁山文化] 磁山文化遗址位于河北武安磁山。磁山文化大约出现在公元前5400年至公元前5100年，是华北新石器时代早期的重要文化。磁山文化主要分布在冀南、豫北等地。农业是磁山文化的主要代表，在磁山的80个窖穴中发现粟的腐朽籽粒堆积，埋藏深厚。当时的农业生产工具有石斧、石刀、石镰、石铲和石磨盘等。石器的制作工艺多为磨制，也有少部分为打制，较为精致。遗址出土的骨镞、鱼镖、网梭以及鹿类、鱼类、龟类、蚌类、鸟类的骨骸，表明渔猎活动也占有重要位置。出土的家畜家禽骨骸有猪、狗、牛、鸡等。从当前已获得的材料看，"磁山文化"的主人是世界上最早培植粟和饲养鸡的人。出土的陶器有红、褐、夹褐色3种。测定红色陶样片的烧成温度为700℃～900℃，说明磁山人的制陶技术已达到了一定水平。

[蔺相如回车巷] 回车巷位于邯郸市丛台区南门里路西，东西长约75米，宽1.8米，传为战国时期大臣蔺相如为大将廉颇让路的地方。蔺相如出身微贱，后因出使秦国，确保完璧归赵，渑池之会，又使赵王免受屈辱，赵王拜他为上卿，地位在大将军廉颇之上。廉颇很不服气，私下对自己的门客说："我是赵国大将，立了多少汗马功劳。蔺相如有什么了不起! 凭借口舌之能，倒爬到我头上来了。我若见到蔺相如，一定要羞辱他。"这话传到蔺相如耳朵里，蔺相如就装病不去上朝。据说有一天，蔺相如坐车出门，老远就瞧见廉颇的车马迎面而来。他叫车夫把车退到一条小巷里去，让廉颇的车马先过。蔺相如手下的门客认为他不该这样胆小怕事。蔺相如对他们说："你们看廉将军跟秦王哪一个势力大？"他们说："当然是秦王势力大。"蔺相如说："天下的诸侯都怕秦王，我敢当面责备他。怎么见了廉将军反倒怕了呢？因为强大的秦国之所以不敢来侵犯赵国，就因为有我和廉将军两人在。要是我们两人不和，秦国就会趁机来侵犯赵国。所以我宁愿避让。"廉颇听说此事后，十分惭愧，于是负荆请罪，与蔺相如言归于好，在历史上留下了一段"将相和"的佳话。

[祖冲之] 祖冲之（429—500）是河北省涞水县人，生活在南北朝时代，是中国古代杰出的数学家、天文学家。祖冲之在数学上的杰出成就，是关于圆周率的计算。秦汉以前，人们以"径一周三"作为圆周率。后来发现误差太大。直到三国时期，刘徽提出了计算圆周率的科学方法——"割圆术"，求得 $\pi \approx 3.14$。祖冲之在前人成就的基础上，经过刻苦钻研，反复演算，求出 π 在3.1415926与3.1415927之间。祖冲之究竟用什么方法得出这一结果，现在无从考证。而外国数学家获得同样结

果，已是 1000 多年以后的事了。祖冲之还与他的儿子（也是中国著名的数学家）一起，用巧妙的方法解决了球体体积的计算。他们当时采用一条原理是"幂势既同，则积不容异"。意思是，位于两平行平面之间的两个立体，被任一平行于这两平面的平面所截，如果两个截面的面积恒相等，则两个立体的体积相等。这一原理，在西方被称为卡瓦列里原理，但这是在祖氏父子一千多年之后由卡氏发现的。祖冲之在天文学上的贡献体现在他对历法的纠正和重新编写。祖冲之博览当时的名家经典，坚持实事求是，从亲自测量计算的大量资料中对比分析，发现过去历法的严重误差，并勇于改进。在他 33 岁时编制成了《大明历》，开辟了历法史的新纪元。

[河北女红文化] 河北把女红作为衡量女子德、才的标准，男子择偶，婆婆择媳，对此十分苛刻，这与当时女红是农业人口的主要收入有极大关系。女孩子从七八岁，就开始学习女红。新房的门帘、帐沿、床围、被子、枕套、嫁衣、绣鞋等一切结婚用品，都是妇女用双手绣出来的。这些绣品内容多取材于民间故事，表现了吉祥美好、多子多孙的永恒主题。现在这种传统观念已打破，但当地女子巧夺天工的针丝绣品仍是当地特产之一。

气候

河北省地处中纬度亚欧大陆东岸，属于温带—暖温带、半干旱—半湿润大陆性季风气候。四季分明。冬季寒冷干燥；夏季炎热多雨；春季干旱、风沙较多；秋季天高气爽。大部分地区的年平均气温为 4℃ ~ 13℃。1 月均温 -14℃ ~ -3℃，且寒冷季节较长，极端最低气温

为 -42.9℃。7 月均温 18℃ ~ 27℃，极端最高温为 43.3℃。全年无霜期 110 ~ 220 天。年降水量 300 ~ 800 毫米，燕山南麓和太行山东麓是河北两个降水较多的地区，降水量达 700 ~ 800 毫米。张北高原地处内陆，是少雨区，降水量一般不足 500 毫米。

自然资源

河北省已发现各类矿产资源 109 种，其中已探明储量的有 66 种。铁矿储量仅次于辽宁、四川，居全国第三位。钛矿储量居全国第二位，熔剂用灰岩储量居全国第三位，熔剂用白云岩储量居全国第一位，大理石储量居全国第二位，花岗岩储量居全国第六位。此外，煤炭、石油的储量也很丰富。

山地丘陵几乎全为原始次生林或次生温带灌木丛所覆盖。河北坝上干旱，植被为草原。冀北山地 200 ~ 1000 米的地区是落叶阔叶林主要分布区，以次生落叶栎林为主。此外有白桦、山杨、河北杨等。200 米以下的低山丘陵植物种属以酸枣、荆条、白羊草等为主。河北省珍稀动物有褐马鸡、猕猴、鹊鹨等。

经济

河北省工业门类齐全，布局比较合理，主要有纺织、机械、煤炭、钢铁、石油、化学、陶瓷、建材等部门，多种工业产品居全国前列。农业比较发达，灌溉和机械化水平高，土地垦殖指数高于全国平均水平。农作物以小麦、玉米、棉花、谷子为主，干鲜果品中板栗和梨的产量居全国第一位。交通发达，有京广、京沪、京九、京山、京原、京通、石太等 10 余条铁路和京石高速公路过境，是首都通向全国的必经

之路。空运和水运也有相当规模，秦皇岛港是中国最大的煤炭输运港。商贸发达，高碑店的白沟市场、石家庄的新华集贸市场和南三条小商品市场是中国主要的小商品批发市场。

[农业] 河北省农业发展历史悠久，土地开垦程度高于全国平均水平，是中国重要的粮食产区。河北的粮食作物播种面积占农作物总播种面积的77.7%，粮食总产量居全国前列。全省小麦的种植面积最大、产量最高，占全省粮食作物的1/3以上，居第一位，总产量居全国第四位，为中国小麦的重要产区。玉米是主要杂粮，种植面积和产量仅次于小麦，居第二位。水稻种植发展较快，

资源之乡

永年县，河北蔬菜之乡；魏县，河北食用菌之乡；临城县，河北蓖麻之乡；巨鹿县，河北枸杞之乡；赵县，河北芦笋之乡；新乐市，河北西瓜之乡；冀州市，河北辣椒之乡；景县，河北芝麻之乡；安国市，河北药材之乡；安新县，河北芦苇之乡；廊坊市，河北蜜瓜之乡；文安县，河北杂粮之乡；沧县，河北大豆之乡；泊头市，河北鸭梨之乡；山海关，河北樱桃之乡；涿鹿县，河北葡萄之乡；宣化县，河北仙客来之乡。

薯类、豆类也是重要的粮食作物。经济作物约占作物总播种面积的10.07%，是中国经济作物较发达的地区。以棉花、油料为主，是中国棉花重要产区，棉花生产居全国第四位。经济林木种类较多，水果总产量居中国第三位，其中梨产量居中国之首。低山丘陵地区历来为中国梨、枣、柿、栗的重要产区。畜牧业和渔业也是本省重要农业部门，张北是主要牧区，秦皇岛、白洋淀分别是海产和淡水渔业的重要产地。

[工业] 河北省的工业种类齐全，以纺织、机械、钢铁、煤炭、石油、化工、陶瓷、建材等为主，煤炭以燕山南北和太行山东麓为主要产区，开滦煤矿是省内最大的煤矿。化学工业拥有化肥、农药、有机合成、塑料等多种部门，其中抗菌素、合成氨、胶片等产品在全国很有名。石家庄华北制药厂是中国规模最大的综合性医药联合企业，生产多种抗菌素，产量居全国前列。河北还是中国重要的陶瓷产区之一，年产量居中国第五位。唐山和邯郸是河北两大日用瓷生产中心。石油、机械、纺织等工业在中国也占据着重要地位。

[交通] 河北省交通有陆运、水运、空运等形式。陆运为主，其中铁路运输是河北交通运输网的主体。河北铁路网密度居关内各省（区）之首，有石家庄、山海关等枢纽。京广、京沪、京通等铁路纵贯南北，京沈、京包、石德、石太等铁路横贯东西，还有京承、锦承、丰沙、邯长等铁路和干线相接，将全省连接在一起。全省铁路干线基本实现复线，并新增京秦、大（同）秦两条电气化铁路。公路是河北交通运输网的重要组成部分，高级、次高级路面通车里程占总里程的50%以上。海上运输发展很快，是河北省对外联系中仅次于铁路的重要运输方式。位于渤海西北岸的秦皇岛港是中国最大的煤炭输运港，也是中国现代化大型海港之一。

旅游

河北省风光独特，历史悠久，文物古迹和自然景观众多。有以出土金缕玉衣而闻名世界的满城汉代墓群，有南、北响堂山及苍岩山桥楼殿等宗教遗存，有气势宏伟、石雕精美的清东、西陵，还有中国最大的皇家园

林——避暑山庄。丘峦起伏、草木茂盛的木兰围场，是清代皇家秋猎或习武之地。风雨千年巍然屹立的赵州桥更是天下闻名，在世界桥梁史上地位显著。河北山势险峻，拥有"天下第一关"山海关等重要关隘。河北省海岸线漫长，其中最负盛名的是秦皇岛北戴河，一直延伸到昌黎黄金海岸的海水浴场。涞水野三坡自然保护区因富有山水之野趣而备受关注，被列为国家级风景区。

[山海关] 山海关位于河北省秦皇岛市山海关区东北部。北枕燕山，南临渤海，地势险要，是东北、华北的咽喉要冲，兵家必争之地。山海关始建于明洪武十四年(1381)，大将徐达在此构筑长城，建关设卫。因关在山与海之间，故名"山海关"，有"万里长城第一关"之说。明长城经山海关蜿蜒越群山之巅向北而去，景色异常壮观。山海关土筑砖包，高14米，厚7米，周长44米，呈正方形，高大雄伟。城有四门，东门面向关外，叫镇东门，西门面对关内，叫迎恩门；南门面海，称望洋门；北门临北疆，称威远门。在四个城门中，气魄最大、保存最完整的是镇东门。镇东门为一长方形城台，高12米，台的中部为一巨大的砖拱门洞。台上建筑两层，

天下第一关——山海关

重檐九级瓦顶，檐高13米，宽20米，深11米。上层便是山海关箭楼，箭楼上的横额巨匾"天下第一关"五个大字，字体浑厚，笔法苍劲有力，庄重洒脱，系明成化八年进士萧显所书。登上箭楼，南眺渤海，波涛浩渺，一望无际；北望长城，蜿蜒山巅，异常壮观。

[承德避暑山庄] 承德避暑山庄位于河北省承德市北部丘陵地带，是清代帝王在北京之外处理政务、消闲避暑的重要场所。承德避暑山庄原名热河行宫，又称承德离宫，因康熙亲笔题"避暑山庄"的匾额而得今名。它始建于清康熙四十二年(1703)，于乾隆五十五年(1790)竣工，占地564万平方米，山庄环绕着蜿蜒起伏的宫墙长达10千米，是中国现存最大的古代园林、帝王宫苑。这里山峦起伏，草木繁茂，宫殿亭榭掩映，湖面江波潋滟，湖沼洲岛错落，风光旖旎，美不胜收。园内建筑物共有百余处，分为宫殿区和苑景区两大部分。宫殿区集中在东南部，有正宫、松鹤斋、东宫和万壑松风四组建筑，是皇帝处理政务及寝居之处。苑景区又可分为湖区、山峦区和平川区。湖区位于山庄东南部，由上湖、下湖、镜湖、澄湖、如意湖等湖泊组成，水面达60余万平方米，一派江南风光。平川区在湖区以北，主要景点为万树园和试马埭，富有北国草原景象。山峦区在山庄的西部和北部，层峦叠嶂，林壑幽静，寺、庙、斋、轩建筑优美俏秀，别具一格。1994年联合国教科文组织世界遗产委员会确定承德避暑山庄为世界文化遗产，列入《世界遗产名录》。

烟波致爽殿 烟波致爽殿位于避暑山庄宫殿区，为清帝寝宫，建于康熙四十九年(1710)。面阔7间，建筑高敞，外表

淡雅古朴，室内陈设富丽精巧。当中两间设宝座，两间设佛堂。西暖阁是皇帝寝室，嘉庆和咸丰都病死在这里。东西两侧各有一小院，与正殿有侧门相通，为后妃居所。殿宇四周秀丽，湖面如镜，每当春夏或雨后初晴，烟波浩渺，置身其中，令人心旷神怡。康熙皇帝以此为殿取名"烟波致爽"，并定为山庄一景。

烟雨楼　烟雨楼位于避暑山庄澄湖中的青莲岛上，建于清乾隆四十六年（1781），是仿浙江嘉兴湖之烟雨楼而建。楼高二层，上下各面阔 5 间，进深 2 间，回廊环绕。二层中悬挂乾隆所题"烟雨楼"匾额。此楼是澄湖视高点，登上烟雨楼，凭栏远眺，湖面蒙蒙，雨雾如烟，水天一色，万树园、热河泉等景色尽收眼底，如在画中。

[外八庙]　外八庙位于河北省承德市区北部，避暑山庄外围的东部和北部的山丘地带。陆续建成于康熙五十二年（1713）到乾隆四十五年（1780）间，原有溥仁寺、溥善寺、普宁寺等 11 座寺庙，因其中八处有朝廷派驻的喇嘛，而且在京师之外，所以称作外八庙。这些寺庙全为宫殿式建筑，宏伟壮观，融合了汉、藏、蒙古、维吾尔等族的建筑艺术，有浓厚的民族色彩。外八庙建筑不但庄严雄伟，而且寺庙建筑与园林建筑巧妙结合，华贵秀丽，其建筑格局如云排星拱，象征着边疆各族人民和清中央政权的关系。其中普宁寺、普乐寺、普陀宗乘之庙、须弥福寿之庙、安远庙、殊像寺为全国重点文物保护单位。外八庙的建筑、园林及大量的碑刻、雕塑、壁画、佛像、祭器等文物是研究清代历史、文化、宗教、园林艺术的宝贵遗产。

[木兰围场]　木兰围场位于河北省承德市围场满族蒙古族自治县境内，周围 500 多千米，历史上总面积 1 万余平方千米，建于清康熙二十年（1681），共有 72 围（围猎点），是清代帝王习武狩猎、联络少数民族上层人物场所。围场北部是内蒙古高原，南部是燕山山脉，这里森林密布，河流纵横，雨量充沛，适合动物繁衍生息。木兰为满语"哨鹿"之意，是一种用木制长哨模仿鹿声、诱捕鹿的方法。围场建成后，康熙皇帝几乎每年都于中秋时节率八旗官兵和王公大臣来此围猎，声势浩大。蒙古各部的上层人物也会集于此，康熙通过行猎、宴会、赏赐、召见等活动，与其修好，以巩固边疆。雍正时期，将木兰秋猎定为制度，乾隆、嘉庆遵循不改，并沿围场边缘设哨所，禁止百姓入内。道光以后，围场管理渐疏，百姓也渐渐入内垦殖。

[北戴河]　北戴河位于河北省秦皇岛市西南 15 千米处。因戴河流经其西而得名。北戴河南临渤海，北靠联峰山，西起戴河口，东至鹰角石，长约 10 千米，宽约 2 千米，面积约 17 平方千米，是一处狭长的滨海风景区。由于地势优越，远在汉代就已是舟船聚集停泊的地方，清光绪二十四年（1898）辟为避暑区。有英、德、日、美等 50 多个国家在此修建别墅，至 1934 年已达 700 多栋。北戴河因地处海滨，气候温和，盛夏日平均气温仅 23℃，湿润凉爽宜人。海滩平缓辽阔，沙软潮平，海水清澈，是避暑、疗养的胜地。海滨风景秀丽，西部景点有联峰山、莲花石公园、观音寺等，中部有老虎石、平水桥浴场等，自然景

观千姿百态，名胜古迹引人入胜。北戴河冬无严寒，夏无酷暑，春无风沙，到了金秋时节，海阔天空，碧波万顷，蟹满鱼肥，瓜甜果香。这里，可朝看日出，暮眺晚霞，昼观大潮，夜赏明月。风景区东北的山海关、北戴河秦皇行宫遗址为全国重点文物保护单位，"天下第一关"关楼是著名的雄关。

[磬锤峰] 磬锤峰位于河北省承德市武烈河东岸，山上有一巨大石峰，立于岩石基座上，石峰上粗下细，形状如同倒立的洗衣棒槌，所以又名棒槌山。磬锤峰从台基到顶峰总高59.42米，"棒槌"本身高38.29米，上部直径15.04米，下部直径10.7米，体积650868立方米，重16200吨。峰顶矮树丛生，半腰有一株古桑，树龄估计在3000年左右，传为中国今存最早的桑树。此峰形成于二三百万年以前，北魏郦道元《水经注》称它"在层峦之上，孤石云举，临岸危峻"，形象地描写出磬锤峰的挺拔孤傲。

[赵州桥] 赵州桥位于河北省赵县城南2.5千米处的洨河之上，因赵县古为赵州，故称赵州桥，又称安济桥。桥建于隋代，由著名工匠李春等人设计制造。赵州桥为敞肩式单孔纵向并列石拱桥，全长64.4米，宽9米，主拱净跨37.02米。主拱采用"切弧"原理，跨度大而弧度平，扩大了通水面积，又降低了桥面坡度。桥体由28道独立石拱纵向并列砌筑，并用勾石、收分、蜂腰、伏石"腰铁"连结加固，提高了整体牢固性。大拱两肩各建两个小拱，增强了泄洪能力，并减轻了桥身自重。桥上两侧的望柱、栏板上面雕画有龙、兽、花草等图案，精美多姿。该桥设计科学，构造合理，用材精良，为世界桥梁史上的创举，历经千年风雨仍巍然屹立，其桥身坚实、巨大、空灵、轻秀，寓秀美于雄伟之中，被列为全国重点文物保护单位。

[白洋淀] 白洋淀是河北省最大的淡水湖和水产生产基地，位于安新、高阳、任丘、雄县等市县境内。白洋淀由白洋淀、马棚淀等143个淀组成，总面积336平方千米，水面积可达300平方千米。整个水域位于大清河南支中游，是潴龙河、唐河、孝义河等河流的汇合点，是大清河缓洪滞沥重要的天然注淀。淀区内地势低平，一般海拔5.5~6米，最低5米，最高9米，岗地纵横，沟壕相通，绿洲星罗棋布，田园交错。白洋淀水域辽阔，气候宜人，景色秀丽，物产丰富。有鱼类约35种，盛产鲤鱼、鲫鱼及青虾、河蟹等。水生植物以苇、菱、藕著称。

山东省

行政区划

山东省位于中国东部，渤海之滨，地理位置处于东经 114°50′~122°50′，北纬 34°30′~38°15′。东部山东半岛凸出于黄海和渤海之间，北与辽东半岛相对，东与朝鲜半岛、日本列岛隔海相望。陆地部分自北而南分别与河北、河南、安徽、江苏毗邻。全省总面积 15 万多平方千米，海岸线长约 3024 千米，位居全国第三。山东是沂源猿人的故乡，距今 6000 年前的商的始祖契曾生存于此，后孔子创立儒家文化使山东驰名世界。沿海滩涂面积约 3000 平方千米，近海域面积达 17 万平方千米。现辖 2 个副省级市、15 个地级市、60 个县、31 个县级市、49 个市辖区。简称鲁，因处于太行山之东而称山东。

[省会——济南] 济南市位于山东省中西部，北临黄河南岸，南倚泰山，处于齐鲁腹地，为副省级市。全市面积 8177 平方千米，济南古称"泺"，素有齐鲁雄都、海右名城之称，是龙山黑陶文化的发祥地。殷末建谭国，西汉始称济南。1929 年正式设济南市，现已成为山东省的交通枢纽和重要工业中心。机械、冶金、纺织、食品、电子业等发展很快。1990 年济南被列入中国沿海经济开放区，频创奇迹。济南相传古有 72 泉，为旅游胜地，有千佛山、趵突泉等著名景点，手工艺绣花、发绣等颇负盛名。

[烟台] 烟台市位于省境东北部，三面环山，北面临海。面积 13745 平方千米。烟台古为东方青州隅夷地，秦为胶东郡。因明初建烽火台抗倭，该地称"独烟台"，故名。1983 年设烟台市。烟台市地形以低山丘陵为主。但因临海，是中国最大的远洋海产基地。工业主要有冶金、电力、化工、食品等门类。土特产有烟台大花生、苹果、大樱桃、莱阳梨、葡萄等，是世界知名的"葡萄酒城"。地下硫磺丰富。有金、铜、锌、石墨等 70 多种矿藏，已探明的黄金储量居全国第一位。烟台是中国对外贸易港口城市之一，也是著名的旅游基地。如蓬莱阁、秦始皇东巡三登芝罘岛的射鱼台遗址等。

[青岛] 青岛市位于山东省东部，山东半岛南部，为副省级市，三面濒海，是中国的第五大港，有"东方瑞士"之称。全市面积 10654 平方千米。青岛原为一渔村，昔称胶澳，明中叶为倭寇侵占。1930 年设青岛市。青岛是中国北方五大老工业城市之一。工业有纺织、机械、化工、石油化工、钢铁、橡胶、卷烟等。青岛是全国闻名的游览、避暑和疗养城市。滨海有海产博物馆和海水浴场。特产有青岛啤酒和崂山矿泉水等。

[威海] 威海市位于省境东部，山东半岛东端，三面环山，一面临海，是著名的港口城市。面积 5436 平方千米。殷商至春秋，这里是莱夷之地，为一小渔村，汉称石落村。明洪武年间为防倭寇侵扰设威海卫，故名。是连接山东半岛与辽东半岛的交通枢纽。地下资源丰富。境内以轻工业为支柱。威海特产有手工羊毛地毯、机织羊毛地毯、钓鱼竿、丝绸、轮胎、皮革制品闻名遐迩。农业以果业、渔业为主体，还建有刘公岛避暑胜地。

人口、民族

2010 年底总人口约 9579.31 万，人口平均密度以平原地区为最。济南、青岛、淄博河谷平原，人口密度超过了700人/千米²。山东是一个多民族杂居的省份，全省共有56个民族，少数民族人口占全省人口的0.7%。少数民族中回族人口最多，约占全省少数民族人口总数的90%以上。少数民族在各市县区都有分布。

历史文化

山东省是中华文化的重要发祥地之一，北辛文化、大汶口文化、龙山文化遗址都出现在山东。沂源猿人和北京猿人一样，都是华夏民族的祖先。春秋战国时期，山东以齐国和鲁国为主，独具特色的齐鲁文化在中国传统文化中占有重要地位，后世对孔子的尊崇也促进了山东的经济文化发展。

[大汶口遗址] 大汶口遗址位于泰安市大汶口镇的汶河之畔，属黄河下游地区的新石器时代文化，因1959年发现于山东省泰安县大汶口而得名。大汶口文化约始于公元前4300年，到公元前2500年发展成山东龙山文化。大汶口文化以农业经济为主，种植适合在黄河流域生长的耐旱作物——粟。手工业较为发达，农业生产工具有石铲、鹿角锄等，木质农具如耒、耜等。大汶口文化的陶器制作已经把具有欣赏性作为重

彩陶涡纹壶　大汶口文化

要条件，其最高水平的代表为薄胎高柄杯。随葬猪下颌骨成为当时的风尚，猪颌骨的多少成为衡量财富占有量的标尺。随葬的獐牙钩形器则为权力和地位的象征。大汶口文化分布广，遗存丰富，反映了大汶口文化各个时代层面的真实面目，如今陈列有地穴和墓葬出土的陶器等实物。

[《春秋》] 中国史学源远流长，至少到西周时，已经有较为完备的史官记事制度。《春秋》是中国现存先秦典籍中年代最早的编年体史书。

周平王四十九年（前722）春天，鲁国开始编《春秋》。它的记事以鲁国十二公为序，起于鲁隐公元年（前722），终于鲁哀公十四年（前481），共242年。《春秋》记载的许多事例其真实度十分可靠，如日蚀与国外记载符合的就有30余次。

[孔子] 孔子（前551—前479），名丘，字仲尼，生于鲁国。中国古代最伟大的思想家、教育家、政治家，为儒家文化的创始者。孔子对于当时"礼坏乐崩"的时代有深切的感受，自认为"斯文（即先朝的礼乐典章制度）在我"。他一生中四处奔波，推广自己的儒家学说，但他的思想没有被采纳，晚年致力于讲学。从汉代开始，董仲舒提出独尊儒术，使儒家文化成为2000多年来中国社会政治、文化的基石，孔子的思想成为历代最高道德规范的理论，并在唐代以后传播到日本、韩国等周边国家，构成了所谓的儒家文化圈。

历代皇家尊孔子为"大成至圣文宣王""至圣先师"。孔子的思想对中国人的思想、行为产生了巨大的影响。孔子的理论就是使原始礼乐制度理性化、伦理化。"仁"即爱人，通过"忠恕之道"

达到人与人之间的普遍和谐。孔子也是中国历史上第一位面向民众的教师。孔子提倡"因材施教""有教无类"，他提出教育的内容首先是怎样做一个真正的"人"，教授知识多采用启发的方式，鼓励学生谈论自己的观点，对后世的教育影响很大。

[孔府] 孔府位于曲阜市孔庙东侧，又名衍圣公府，是孔子嫡长孙的衙署。从宋代起沿用了30多代900余年。府内存有著名的孔府档案和大量文物。随着孔子后世官位的升迁和爵封的提高，孔府建筑不断扩大。至宋、明、清达到现在规模，有"天下第一家"之称。现在孔府占地约7.5万平方米，有楼、房、厅、堂463间，分前后九进院落，中、东、西三路布局。圣府大门为3间5檩悬山式建筑，匾书"圣府"二字，为明相严嵩所书，特别是收藏的各个时代的服装等珍贵的实物资料，是中国最有名的一座"公府"。

[孔庙] 孔庙是孔子后裔祭祀孔子的地方。始建于公元前178年，仅有"庙屋三间"，后被正式列为国家寺庙，占地面积为9.6万平方米。

在中国，几乎每一个城市或县城都有孔庙，曲阜孔庙是其中规模最大的一座。共有厅堂殿庑466间，包括三殿、一阁、一坛、三祠、两堂、两斋、十七亭、五十四门坊，前后共九进庭院，布局严谨，气势雄伟。处于孔庙中央的大成殿是孔庙的主体建筑，是中国现存很大的古建筑。大成殿最引人注目的是殿前的10根盘龙石柱，均以整石刻成，为深浮雕双龙戏珠。孔庙里共有碑碣3000余块，有汉、满、蒙等多种文字，在圣迹殿有明刻孔子周游列国的线刻石画120幅，同受祭祀的还有历代儒学大师等。

[孔林] 孔林位于曲阜城北门外1000米处，亦称至圣林，占地200多公顷，为孔子及其家族的墓地，也是目前世界上延时最久、面积最大的家族古墓和人造园林，有2400余年的历史。孔林建造于公元前479年。自汉代以后，历代统治者对孔林重修增修过13次，以至形成现在的规模。其总面积约2平方千米。园内有古树2万余株，古木森森，在密林深处有孔子墓及后代兴建的楼、亭、坊、殿、大小碑碣与石雕6000余块。孔林中央是孔子墓，墓门北甬道两侧有宋明刻的巨型石雕4对，即华表、文豹、角瑞、翁仲，孔子墓东为其子孔鲤之墓，南为其孙孔伋之墓，古称"三龙墓地"。清代著名戏剧家孔尚任墓在孔林东北角。整个孔林中现已有历代墓葬10余万座，碑刻4000余块。孔林为"孔氏家族的一部编年史"。

孔子杏林讲学图

古代称圣人之墓为林，故称孔林。

[李清照] 李清照（1084—1155），号易安居士，济南章丘人，我国杰出的女词人。早年跟随父亲李格非住在汴京、洛阳，受过很好的文化教育。她工诗，能文，更擅长词。其夫赵明诚是当时的金石世家。她在词的艺术水平上超过了诗和文。前期的词比较真实地反映了她的闺中生活，题材集中于写自然风光和离别相思。到南宋时期其夫去世，国破家亡，颠沛流离中，李清照的作品出现了比较明显的变化。国破家亡和个人生活的种种悲惨遭遇，使她的词作一改早年的清丽、明快风格，而充满了哀婉、凄切之音。成为南宋婉约派创始人之一。

[苏禄王墓] 苏禄王墓位于德州市东部。相传苏禄国位于菲律宾西南部，从明洪武五年（1372）开始即与中国有频繁的友好往来。明永乐三年（1405）郑和下西洋，三访苏禄国，打开双方的海上通道。永乐十五年（1417），东王巴都葛叭答剌王亲率西、峒两王连同眷属、随从约340余人漂洋过海回访中国。在京期间，三王受到明成祖热情接待。在南归途中时，东王巴都葛叭答剌病逝于山东德州，为此明成祖派礼部郎中陈世启赴德州为东王举行隆重的葬礼。东王王妃葛木宁、次子温哈剌、三子安都鲁及侍从10人留居中国，为其守墓三年。永乐十六年（1418），明朝修建了祭庙，树立了"御制东王碑"。后来，母子去世后，附葬在东王墓的东南隅。在清朝时期，东王八代孙安汝奇、温崇凯向清廷申请加入了中国籍。

[山东梆子] 山东梆子又名"高调梆子"，简称"高梆"。山东梆子剧目多为历史题材，其中以描写反抗强暴、大忠大奸、杀富济贫、除暴安良内容的为主。流行于曹州府（今菏泽市）的叫"曹州梆子"，流行于济宁、泰安一带的叫"汶上梆子"。其行当则以红脸、黑脸为主要角色，唱腔慷慨激昂，动作架势夸张，吸收了山东快书、山东大鼓等的特点，体现了山东人民的艺术创造精神。

气候

山东属暖温带季风气候，降水集中，光照充足，四季分明。春季少雨多风，夏季炎热多雨，秋季冷暖适中，冬季干燥寒冷。年均温为 11℃ ～ 14℃，由南向北递减。无霜期 180 ～ 220 天。省境光照充足，年均日照时数 2300 ～ 2900 小时。年降水量 500 ～ 1000 毫米，降水季节分配不均，春旱多有发生。以鲁中南山地和胶东半岛为最多，达 900 毫米。

自然资源

山东省水资源十分丰富，矿产资源储量大，质量优，分布广泛，金、硫储量居全国第一；石油、金刚石、钴等十余种矿产资源储量在全国位居第二，且大多易于开采，已开发矿产有 20 余种。山东的地形复杂，林业资源分布全省。生物资源主要有陆栖野生脊椎动物 450 种，居全国前列。各种植物 3100 余种。银杏、百合、文昌鱼、中华鲟等珍稀动植物约有百余种。

[金矿] 山东金矿的储量丰富，金储量占全国探明储量的 30% 以上，居全国首位。山东的金矿以胶东半岛为主，山东最大的金矿在招远和莱州境内，山东是中国五大黄金生产基地之一。焦家金矿区，是中国目前最大的金矿床。

[蓝宝石] 山东的蓝宝石矿产储量集中在沂蒙山地，含矿面积350～400平方千米。具有颗粒较大、纯度高、晶体完好、透明度较高等特点。质量居全国之首。山东蓝宝石的原生矿分布在昌乐五图、乔官、南郝、北岩、潍城等地，现大部分得到不同程度之开发，驰名全球的常林钻石即产于此。在蒙城还发现了罕见的与蓝宝石共生的自然银。

[胜利油田] 胜利油田位于东营市一带，是中国20世纪50年代初自力更生发展起来的大油田，已探明的储量达95%以上。胜利油田是中国第二大油田，包括胜采、孤岛、淄博、烟台、滨州、临邑等20个产油区。现东营附近的辛店成为我国东部较大的石油工业基地。为方便石油运输，还铺有专门通向江苏的鲁宁管网。

[芫花] 芫花是瑞香科植物，又叫药鱼草、头痛花、石棉花、老鼠花、闷头花等。为落叶灌木，高30～100厘米。茎呈紫褐色，有软毛。叶对生，具有短柄，椭圆形或倒披针形。花蓝紫色，先于叶开放，花期90天左右。芫花常在春季开花，花被垄形，尖端四裂、裂片卵状椭圆形，外被绢状短毛。花蕾可治疗水肿及褚痰。芫花主要产于中国黄河以南，茎皮为优质造纸和人造棉的原料。一般由虫媒传粉，果主为肉质，借助鸟类或风传播繁殖。

[青岛百合] 青岛百合是百合科植物，为山茶花卉产业中著名经济作物，多年生草本。高40～85厘米，叶片多为轮生，有1～2轮，还有少数为散生叶，每轮有叶5～14片。花单生，2～7朵排列成总状花序。青岛百合，花朵向上开放，花瓣质地厚而有光泽，有橙黄色、橙红色和紫红色。青岛百合喜欢生长在朝阳的山坡上，其不仅可药用，有润肺、止咳、清热、利尿功效，而且花径大，观赏价值高。经济作物用途上主要用于提取芳香油。

[白肩雕] 白肩雕属鸟纲隼形目，又叫老雕、御雕。因有显眼的白色肩羽而得名。翅强健，嘴、趾锋利。它栖息环境多样，但多栖息在海拔1400米以上的山地。它可以在高空持久盘旋和翱翔，通常捕食鼠类和野兔，在密林中筑巢并繁衍后代，为典型的"一夫一妻制"动物。白肩雕已被列为中国一级保护动物。多为候鸟，其寿命可达20～40年。

经济

山东省从20世纪80年代起经济发展进入快车道，连续多年保持全国前三名的水平。山东的农业较发达，现在是全国最大的"菜篮子"工程基地，其换季蔬菜占据了全国的大部分市场。由于山东资源丰富，依山傍海，2007年工业生产总值占全省生产总值的51%。优越的地理环境使全省形成了一批名牌产品，在全国树立了经济强省的形象。

[农业] 山东省农业结构调整十分成功，以种植业为主的格局已调整为农、林、牧、副、渔业并重。主要粮食作物

烟台国际葡萄酒节

烟台国际葡萄酒节始于1992年，张裕醇酒公司建厂100周年庆典时，有国内知名葡萄酒企业的彩车参加游行，还有蓬莱市仿古乐队、海阳秧歌队、牟平宁海农民军乐队等艺术团体各具特色的器乐演奏。南山公园举办中秋花灯会，并有中外来宾中秋赏月会。节日中，开办不夜城一条街、葡萄酒城文化知识大奖赛、烟台旅游等活动，每年吸引千百万人参与，现固定为每年一次。

有小麦、玉米等。花生产量居全国首位，棉花、烤烟、麻类的产量也很大。山东花生籽粒硕大，品质优良，出口量占全国一半以上。山东现在是中国蔬菜的重点产地，每年调出各种干鲜菜近百万吨。建立了日照、莱芜等大宗商品菜生产基地。胶州大白菜、章丘大葱、苍山大蒜、张裕葡萄、莱芜生姜、潍坊青萝卜均为名产。山东渔业水产发展很快，依靠沿海优势，相关加工产业形成一定规模。

[工业] 山东重工业以煤炭、石油、电力、黄金等开发生产为主。轻工业以纺织、建材、电器等为支柱。其中纺织工业是全省传统的最重要的工业部门，一直是全省的创汇行业。丝织业集中在周村、青岛，织造绸缎和印花绢绸。山东还是中国北方的陶瓷基地之一。淄博陶瓷制品产量大，质量好，行销国内外。同时海尔等一批全国闻名的私营企业崛起，直接带动了山东省的经济发展。

[交通] 山东经济发展，直接带动了交通的改善，境内以济南、兖州、淄博为枢纽，有京沪线、蓝烟线、新兖线、兖石线等，京九铁路经过山东西部临清、聊城和菏泽等地。省内高速公路里程在全国居于前列，全部公路达21万多千米。主要有206国道、205国道、104国道、105国道和310国道。山东海洋航运发达，拥有青岛、烟台、龙口、日照、黄岛、石岛、威海等日吞吐量5万吨以上的大型港口和码头。内河航道1012千米，多为季节性航道。空中航线至北京、上海、深圳、珠海、香港、澳门等地的国内航线，基本构成了立体式的交通网络。

旅游

山东省以齐鲁文化为代表。大汶口文化是中国早期的文化代表之一。其旅游资源的特点是以圣人圣迹、名山名泉和临海风光取胜。圣人圣迹有曲阜"三孔"、邹城"三孟"、德州苏禄王墓等。名山以泰山为"五岳之首"著称，崂山、千佛山也各具特色。名泉有大明湖与七十二泉，使济南获"泉城"美誉。临海风光以青岛、烟台、蓬莱、威海等都是避暑胜地为代表。现在山东旅游业蓬勃发展，开辟了济南—泰山—曲阜和青岛、蓬莱众多旅游区。

[临淄齐国故城] 齐国故城位于山东省淄博市临淄西北。公元前9世纪中叶，齐献公将国都由薄姑（山东博兴）迁到临淄，临淄作为齐国国都达638年。故城分大、小两城，小城建筑在大城的西南隅，系国君居住的宫城；外城为官吏、平民及商人居住地。两城总面积15平方千米以上，有城门13座，街道繁华，道路、排水系统等排列规整。现故城已湮没，但城墙残垣尚存，夯筑痕迹依稀可见。现已发现炼钢、铸钱、冶铁和刻骨作坊多处，齐桓公检阅兵马的桓公台及由晏婴冢、二王冢、三士冢和四王坟等150多座古墓葬组成的临淄古墓群等。

[泰山] 泰山位于山东泰安城北，古称岱山，亦名岱宗。春秋时改今名。总面积约426平方千米，主峰海拔1532.7米。泰山形成于太古代，经深度变质而形成中国最古老的地层——泰山群。泰山山势雄伟，是中国的文物宝库，受历代皇家与名人推崇，尊为"主岳独尊""天下第一山"。泰山封禅被视为最高权力的象征，是"受命于天"的记载。周以后，秦始皇、汉武帝、唐

高宗、宋真宗、清康熙乾隆等都曾到泰山祭天封禅。1987年被联合国教科文组织列入"世界首例自然与文化双遗产"。主要风景名胜点有56处，如经石峪、五盘池、十八盘、碧霞祠、黑龙潭瀑布等。摩崖刻石1000多处，随处可见如秦二世的"泰山刻石"、经石峪北齐人刻的"金刚般若波罗密经"、唐玄宗"纪泰山铭碑"等，均为不多见的历史文物。在泰山斗母宫东北的山峪中，大片石坪上刻着《金刚经》，原有2500余字，共29行。经1400余年的风雨剥蚀，尚存1067字，篆隶兼备，书法刚健质朴，雄奇壮观。这一书法石刻被誉为"大字鼻祖，榜书之宗"，是千年的书法杰作。登泰山可分东路与西路，交会于中天门直达岱顶。岱顶可观"旭日东升"、"云海玉盘"、"黄河金带"和"晚霞夕照"四大自然奇观。现登山开辟了专用公路。山脚已建成现代化索道两条，方便游客。泰山特产以赤色鳞鱼、泰山参、何首乌等最为名贵。

秦二世泰山刻石　秦二世泰山石刻现存于泰山脚下的岱庙中。原存于泰山顶碧霞祠西侧玉女池畔，也称"封泰山碑"，为秦始皇东巡刻石遗存。碑立于始皇二十八年（前219）。三面为秦始皇诏，有"登兹泰山，周览东极"之语；另一面为秦二世诏，刻于二世元年（前209），79字（宋拓本）。至元代，拓本仅存50余字，明末残存29字，后碑移至碧霞元君祠内。传世拓本以明代安国藏本最著名。清乾隆五年（1740），毁于火。嘉庆二十年（1815），泰安知县在玉女池井中寻到残石两块，仅存秦二世诏

纪泰山铭
唐开元十二年（公元725年），唐玄宗登封泰山，次年御书《纪泰山铭》，即削崖为碑，刻于其上。俗称"唐摩崖"，被誉为泰山一大名胜。

石刻10字，嵌于山顶东岳庙新筑之宝斯亭内。曾有人在石上刻曰："零星两片石，旧越两千年。"刻笔似锥画沙，有"玉箸篆"之称，高度概括了此碑历经劫难之史。

泰山主峰——玉皇顶　玉皇顶位于泰山南天门，海拔1532.7米，是泰山的主峰，是山东省第一高峰。因顶上有玉皇庙而得名。玉皇顶东有观日亭，可观旭日东升，是泰山四大奇观之一；西有观河亭，可远眺黄河；西北有古登封台碑，历代帝王即临此登山祭天；东南平坦处为平顶峰，玉皇顶石刻众多，有"五岳独尊""登峰造极"等大字石刻；西南孔子崖，据说孔子曾于此祭祀天地，但此说无历史根据。

[趵突泉] 趵突泉位于济南市中心西门桥南。趵突泉昼夜喷涌，声若隐雷，水涌若轮，故名。与珍珠泉、黑虎泉和五龙潭一起为济南四大泉群，是济南最大涌泉，为济南泉群之冠，有"72名泉之首"的盛誉。与大明湖、千佛山并称为"济南三胜"，清乾隆皇帝曾封此为"天下第一泉"。水盛时，涌水量为每秒1.87立方米，恒温18℃，现已辟为公园，泉北有初建于宋代的泺源堂，泉西为明建的观澜亭，在漱北泉相传宋代女词人李清照曾于此居住，故辟为李清照纪念馆。

[崂山] 崂山位于青岛市以东40千米处，古称牢山、劳山。其东、南两面临海，全山面积为300平方千米。奇花异木与宫观庙宇遍杂其间，是道教圣地之一，自古即有神仙窟室，灵异之府。李白有诗曰："我昔东海上，劳山餐华霞。"全盛时有九宫、八观、七十七庵。太清宫又称下清宫、下宫，太清宫又有"道教全真天下第二丛林"之称。崂山历史最久、规模最大的道观，位于崂山东南蟠桃峰下，崂山湾畔，三面环水，一面环山，环境清幽。建于西汉建元元年（前140），现存三宫殿、三清殿、三皇殿三院。三清殿前碧水一泓。还有上清宫，蒲松龄曾于崂山脚下设茶摊搜集鬼怪故事，《聊斋志异》故事多以崂山为背景，书中狐仙也多居于崂山，更增神话色彩。

[栈桥] 栈桥位于青岛市南的青岛湾中心，栈桥北端与市内最繁华的中山路相连，另一端由海岸伸入海，现已成为青岛市的象征。栈桥始建于清光绪十七年（1891），1931年由军用的铁木桥改建为钢筋混凝土结构。栈桥长为440米、宽10米，南段建有三角形防波堤和一座名为回澜阁的双层八角亭。登阁可凭窗远眺大海景色，是观海纳凉的好地方。与栈桥隔海相望的小青岛，又名"琴岛"，青岛市之名始见于此，现建长堤与陆路连接。小青岛上耸立着白色的八角式灯塔。

[千佛山] 千佛山位于济南市历城区柳埠镇与四门塔隔谷相望的白虎山崖上，古称历山。相传虞耕于此，也称舜耕山，因山上千余佛窟而得此名。千佛山为唐代佛教胜地，山顶千佛崖面积达4000平方米，大小窟龛100多个，佛造像210尊，题记43则。千佛崖中部的悬崖上宝崖藏珍，有一群体造像，大小均匀，共35尊，北边大佛高2.8米，南边佛像高2.65米，四周佛像19尊。最北的石窟有造像6尊，正中大佛高2.65米。千佛岩佛像雕刻精巧，线条流畅，体态各异，体现了隋唐时期高超的石刻造像艺术水平和审美标准。千佛山上还有龙泉洞、极乐洞、一览亭等名胜，风光秀丽，被誉为"济南第一名山"。

[刘公岛甲午战争纪念地] 刘公岛甲午战争纪念地位于威海市东部的海面上，离市区约有2.1海里。北洋水师提督衙门署在刘公岛正中央，于清光绪年间(1875—1908)在危岩处兴建。刘公岛是海防重地，素有"东隅屏藩"之称。衙门署依山傍海，气势雄浑壮观。衙门署由三进庭院组成，当年北洋水师提督丁汝昌和他的副官、参将们即在这里坐镇议事。第一进院的西边设有展览室，陈列有甲午海战中英勇抗击强寇的英雄遗像和历史照片，以供游人瞻仰。水师学堂在刘公岛丁公府西北，与天津水师学堂、北京昆明湖水师学堂并称为北洋海军兴办的三大水师学堂。现存东西辕

蓬莱阁景观

门、马厅、照壁、堞墙和小戏台等建筑。刘公岛甲午战争纪念地现为全国重点文物保护单位。

[蓬莱水城] 蓬莱水城位于山东半岛北端，蓬莱市城北丹崖山东麓，为古代传说蓬莱、方丈、瀛洲海上三仙山。蓬莱阁高居山顶，依山而建，水汽弥漫，云烟袅绕，故素有"仙境"之称。蓬莱阁创建于北宋，明清重修。北宋庆历二年(1042)，为防御契丹在此设"刀鱼寨"。明洪武九年(1376)为防御倭寇侵扰，于"刀鱼寨"旧址修筑水城，称"备倭城"。水城为土、石、砖混合结构，沿丹崖绝壁构筑，蓬莱阁即坐落在水城西北角城垣之内。整个水城由小海、水门、城墙、炮台、空心台、码头、灯楼、平浪台、防波坝等部分组成，负山扼海，可攻可守，是中国现存的古代海军基地之一。由于蓬莱阁对面的长岛县海面在夏秋之际常会出现海市蜃楼奇观，此处被誉为"海上仙境"。现蓬莱阁与吕祖殿、天后殿、龙王宫、三清殿、阿弥寺、苏公祠浑然一体，组成规模庞大的古建筑楼群。

河南省

行政区划

河南省简称豫，位于中国中东部黄河中下游，地处中原。位于东经110°21′~116°39′、北纬31°23′~36°22′，周边与山西、河北、山东、安徽、湖北、陕西等省接壤。面积16万多平方千米，辖17个地级市和1个省直辖单位济源、50个市辖区、21个县级市、88个县。河南省历史悠久，50万年前就有人类活动的遗迹，一直是中国历代统治的重要地段，为中华民族发祥地之一。

[省会——郑州] 郑州市位于省境中部偏北，黄河南岸。面积7446平方千米。西周时郑州古地为管国，春秋为管邑，属郑。历史上因有"九州腹地、十省通衢"之称而享盛名。1948年，设郑州市，属河南省辖市。郑州市属暖温带半湿润气候。矿藏有煤、铝矾土、铁、耐火黏土、石棉等。工业以轻纺工业为主，被称为"纺织城"。农业生产主要有小麦、大豆、花生等，特产金银花、大枣、黄河鲤鱼等。郑州是全国主要铁路交通枢纽，京广、陇海两铁路在此交会，被誉为"中国铁路的心脏"。由于地处中原要冲，历来是群雄角逐之地，境内名胜古迹较多，著名的有商代古城、大河村遗址、少林寺、嵩山、黄河游览区等，是河南省重要的旅游胜地。

[洛阳] 历史文化名城洛阳市位于省境西部，北临黄河而始名，是中国七大古都之一。面积15492平方千米。东周、东汉、三国魏、西晋、北魏、隋、唐(武则天)、后梁、后周先后定都于此，建都时间长达934年，是中国历史上建都时间最长的城市，素有"九朝都会"之称。从五代以后逐渐衰落。1955年设洛阳市。境内主要河流有黄河、洛河、伊河、涧河、汝河等，属暖温带季风气候。洛阳市内主要矿藏有煤、黄铁、

洛阳石刻艺术馆

洛阳石刻艺术馆在洛阳城南关林庙内，1981年开放。该馆专门收藏洛阳历年来出土的石刻文物，有藏品近千件，共展出石刻513件。在石刻艺术陈列室展出自东汉至明代洛阳出土的陵墓石刻宫苑石刻和宗教石刻精品96件，辅助展品43件。其中1955年在洛阳孙旗屯出土的一对东汉天禄、辟邪，高109厘米，长166厘米，颈背部阴刻隶书"缑氏蒿聚成奴作"七字；1970年出土于隋唐东都宫城遗址的隋代石狮，高96厘米，在颈部和胸部雕成宽厚的隆起上面规律地浅刻出图案化螺旋形毛卷北魏皇陵前的石翁仲，高314厘米；还唐东都上阳宫的泻水蟾蜍及宋元祐七年(1092)的泗州大圣像等。在碑刻墓志陈列室中展出自东汉至明清的碑刻墓志有441方，其中90%未曾著录，是当地的珍贵史料。

铝矾土、石灰石、石英等。工业以机械工业为主体。农业以生产小麦、棉化、苹果为主。洛阳素有"牡丹花城"之称。牡丹为洛阳市市花，自古有"洛阳牡丹甲天下"之说。每年4月20日前后还要举行牡丹花会。市内的白马寺为佛教传入中国后兴建的第一座寺院。风景游览地有王城公园、牡丹公园、白云山、花果山等，土特产有杜康名酒。

[开封] 开封市位于省境东部，是中国七大古都之一，也称汴梁。面积6243平方千米。开封一名始于春秋时期，郑庄公在今城南筑仓城，取开拓封疆之意，距今已有2600余年。战国魏时称大梁。五代梁、晋、汉、周、北宋及金朝均设都于此，有"七朝古都"之称。开封地处黄河冲积扇。市内主要河流有黄河、贾鲁河、涡河、惠济河。气候湿润，属暖温带大陆性季风气候，为农业生产创造了得天独厚的条件，以生产小麦、棉花为主。开封是全省最大的硫酸、硝酸、盐酸生产中心。菊花为开封市市花，因养菊历史悠久，被称为菊城。市内的相国寺、铁塔、龙亭大殿、禹王台、山陕甘会馆，都已对外开放。

[安阳] 安阳市位于省境北部、京广铁路线上，是中国七大古都之一。距省会郑州190千米。安阳古地在商初称北蒙，商王盘庚迁都于此后称殷，共历254年。后东晋十国时又有后赵、冉魏、前燕等相继在此立国建都，古称"五朝故都"。秦时改称安阳。安阳市地势西高东低，属暖温带大陆性季风气候。20世纪初，安阳甲骨文的发现和殷墟的发掘使安阳成为世界关注的文化中心。现在，这里有中国最早的宫殿遗址殷墟、商代关押周文王的国家监狱等。

人口、民族

河南人稠地窄现象古即有之。据统计，2010年底河南省人口总数为9402万人，居中国第一位。河南的人口密度是全国人口平均密度的4倍以上。由于河南农业主要从事单一的种植业，人口过多成为其经济发展中的重要问题，20世纪80年代以来，工业的发展相对改善了这种状况。河南全省人口主要分布在平原、盆地、河流两岸的交通沿线两侧。河南省是全国少数民族杂居但并不集中的省份之一。除汉族外，还有回、蒙古、满、朝鲜、壮等55个民族，少数民族人数不多，但分布较广。

历史文化

中州大地上遗存的古城廓、古陵墓、古建筑、古石刻星罗棋布，反映了河南在历史上各个时期的文化面貌，可以说是华夏民族的历史博物馆。有8000年前后的新郑裴李岗原始聚落遗址、6000年历史的渑池仰韶村文化遗址及郑州大河村文化遗址，显示了河南先民同大自然斗争的历程。殷墟文化代表了河南作为中华民族发祥地的见证，并使中国商朝开始形成文字得到证明。河南地域广阔，各民族在此杂居交融，形成了淳朴的民风民俗，是中原文化集大成地带。

[大河村遗址] 大河村遗址位于郑州市北 12 千米处，大河村遗址距今已约 5000 年，属新石器时代仰韶文化晚期。于 1964 年挖掘发现，面积约有 30 万平方米。1972～1980 年郑州博物馆曾在此进行 11 次发掘，发现了大量墓葬、灰坑、房基等遗迹和遗物。经研究认定，这是一处包含有仰韶文化、龙山文化、商代文化 3 个不同历史时期的遗址，其文化层堆积深达 4～7 米，最引人注目的是居住房屋的留存。其中一号房基的墙壁高达 1 米，为目前国内该时期房基中所仅有。白衣彩陶、彩陶片上绘有各种天文图像，如太阳纹、月亮纹、日珥纹等。

[殷墟] 殷墟位于安阳市西北约 2 千米处。公元前 14 世纪商王盘庚迁都于此，称殷。总面积 24 平方千米，东西长约 6 千米，南北宽约 4 千米，分布着大量的文化遗址。殷墟于清光绪二十五年 (1899) 小尘村发现甲骨文，

世界文化遗产——殷墟

证实此地即为殷之故都。1928 年开始科学发掘，发现宫殿建筑遗址、大型陵墓、祭祀坑、车马坑等，还出土了 10 万多片记载有 3000 年前古文字的甲骨、重 832.84 千克的稀世珍宝司母戊青铜大鼎以及象牙杯等珍贵文物，现建有殷墟博物苑。殷墟是中国第一个有确址可考的古都遗址，有文字、有青铜器的中国第一古都，确立了中国最早的文字甲骨文、世界青铜器之冠"司母戊"大方鼎形玉器等历史。

[少林武术] 少林武术起源于北魏时代，一般分拳术和器械两大类。其拳术的套路结构、招式编排、演练方法有"拳打一条线、拳打一口气"之说，是中国武术史上的一朵奇葩。从唐代少林十三棍僧助秦王李世民之后，唐代给少林寺赐封田地，谕立 500 "僧兵"允许僧人公开习武和破除"五戒"，使少林武术得以进一步发扬光大。

气候

河南省是典型的大陆性季风气候，热量、水分、光照较充足，全省绝大部地区年均温为 13℃～15℃，10℃以上活动积温为 4200℃～4900℃，无霜期 190～230 天，可满足一般作物的两年三熟或一年两熟的生长发育之需。伏牛山至淮河干流一线以南地区属北亚热带范围，以北属暖温带。春季干旱多风沙，冬季寒冷少雪，夏季炎热少雨，秋季温和凉爽。省内年降水量一般为 600～1000 毫米，自东南向西北逐渐减少。降水最长时间可达 2600 小时。

自然资源

河南省矿产资源已发现有 107 种，探明储量有 80 多种，其中得到开发利用

的有 70 种。全省有 16 种矿产储量名列全国前三位，有 43 种矿产储量居全国前十位。河南省栾川钼矿是世界六大钼矿之一，储量居全国第一。黄金、石油、煤炭的储量也十分丰富。河南地域广阔，属北亚热带向暖温带过渡区，气候条件差异显著，拥有丰富的动植物资源。

[钼矿] 河南的钼矿资源丰富，累计探明储量约占中国的 1/3，保有量 259.35 万吨，目前已探明的钼矿产地数、储量和品位居中国首位。钼是银白色有光泽的金属，钼在高温下具有高强度、高硬度、机械性能强的特点，主要用于炼钢，掺入钼的合金钢具有高强度、高韧性、突出的耐热强度和抗腐蚀性能。钼的化合物在化学和石油炼制工业上被用作催化剂，也是一种微量元素化肥。钼矿主要分布在河南豫西的栾川、卢氏、嵩县，矿石中主要钼矿为辉钼矿。钼矿开发以来，河南的豫西地区已有矿山企业近百个。

[厚朴] 厚朴属木兰科植物，又名川朴、紫油朴，是一味广泛使用的中药。厚朴为落叶乔木，高 15 米，胸径 35 厘米。叶近革质，7～9 枚集生于枝顶，叶片呈椭圆状倒卵形，尖端圆形或有短突尖。花与叶同时开放，而且单生于枝顶，白色，芳香，花被片 9～12 片，厚肉质。厚朴为原始物种之一，分布于河南、陕西等地，喜湿耐严寒，为无性繁殖。它的树皮有温中、下气、燥湿、消痰的作用，为理气常用药。

[华中山楂] 华中山楂属蔷薇科植物，落叶灌木，高约 7 米。伞房花序，花白色。花期 4 个月。果实红色。生于海拔 1000～2500 米的山坡阴处，河南的大别山、太行山森林深处，环境适宜，利于华中山楂的生长。

[金雕] 金雕雕属隼华形目，又叫鹫雕、洁白雕、红头雕等，体长约 1 米，是雕属中的最大成员，因头部和后颈部羽毛呈金黄色而得名。它上体棕褐色，下体呈褐色，翅膀下有很明显的白斑，鸟尾羽毛尖端黑色，后为灰褐色。金雕主要生活在高山草原和针叶林区。金雕寿命为鸟类中最长的，可达 60 多年。

经济

河南省黄淮平原地区旱灾不断。经过 20 世纪 50 年代后期治理后，多数灾区变成了良田。现在的河南是中国的小麦、烤烟、棉、麻类等重要产区。省内的经济也迅速发展起来，交通状况得到改善。

[农业] 河南农、林、牧、副、渔业发展潜力大，小麦、芝麻产量均居全国首位，粮食总产量居全国第 1 位，棉花居全国第 2 位。种植业产值占全省农业总产值的 70% 左右，而且主要集中在平原地区。种植业以小麦、玉米、水稻、豆类及薯类为主，产量约占粮食作物总产量的 85%。河南是中国重要的冬小麦产区。近几年围绕农业发展起来的轻工业成为河南省的一个亮点。

[工业] 河南工业在 20 世纪 50 年代得到很好的发展。工业城市主要集中于京广铁路和陇海铁路沿线。平顶山市已成为中国煤炭基地之一；郑州是中国纺织工业基地之一；豫西已成为中国五大黄金生产基地之一；中原油田为全国主要油田。矿产资源的综合开发使河南省工业跃居全国前列。

[交通] 河南省位居中原，自古交通相对便利。省内的长途运输以铁路运输为主，公路运输在短途运输中也占重

要地位。全省铁路通车里程约 4571 千米，京广、陇海两大铁路干线交会于省会郑州，使郑州成为全国重要的路网性铁路枢纽。现在郑州也成为全省的航空枢纽，可直达全国各大城市。

旅游

河南省自夏商以来，先后有 20 多个朝代在此建都，华夏文明在此源远流长，不同的时代有不同的实物见证，从上古的仰韶文化到商代殷墟，从少林古迹到近代历史，可谓洸洸大观。全省由太行山、伏牛山、桐柏山、大别山四大山系环绕。风景名胜得到了很好开发。现属于国家公布的第一批重点风景名胜区有 3 个，即洛阳龙门、登封嵩山、信阳鸡公山，还有 30 多个省级风景名胜区和自然保护区。旅游业是其经济的重要命脉之一。

[嵩山] 嵩山位于郑州登封市西北，春秋时称外方山，西汉确定为中岳。由太室山和少室山组成，东西绵延 60 多千米，为五岳中的中岳，属伏牛山脉。太室山山体如醉卧苍龙，故有"嵩山如卧"之称。少室山山体陡峭耸拔，形如莲花，故有"九朵莲花山"之名。嵩山最高峰为峻极峰，海拔达 1491.7 米。嵩山是历代帝王游览禅祭场所，法王寺为中国较早寺院之一，北魏时又成为中国禅宗发祥地，称少林寺祖庭，故儒、道、释文化并存。知名的景点有嵩阳书院、中岳庙、嵩阳观、奉天宫、少林寺、嵩岳寺塔、永泰寺等。嵩山文化胜迹很多，有"中原名胜之乡"的称号。山上辟有嵩山国家森林公园和风景名胜区。

[红旗渠] 红旗渠位于河南省北部林州市境内。1960 年始建，1969 年建成。

整个工程基本是人工施工，从山西省平顺县侯壁断下绝引漳河水入林县，在太行山悬崖绝壁上凿通 180 个隧道，架起 150 座渡槽，建成总长近 2000 千米渠道，使林县初步形成了"能灌、能排、能蓄"的水利网，解决人、畜吃水困难，提供工业用电，全县形成了引、蓄、排结合的水利网。

[相国寺] 相国寺位于开封市中心，是中国著名佛教寺院之一，原为战国时魏公子无忌——信陵君的故宅。寺院始建于北齐文宣帝天保元年 (550)，时称建国寺。712 年，唐睿宗李旦更名相国寺，并亲笔御书了"大相国寺"匾额。北宋时相国寺占地 545 亩，向有"大相国寺天下雄"之称，这里成为当时的宗教、文化、经济中心。明末因水淹被毁。现存相国寺的主要建筑为乾隆三十一年 (1766) 的遗物。相国寺内悬一口重 1 万余斤的巨大铜钟，高约 4 米，为清乾隆年间铸造。其木刻 7 米的千手千眼金身金面佛属国内罕见。

[中岳庙] 中岳庙位于登封市城东 4 千米的嵩山太室山，原名太室祠，是历代帝王祭祀"中岳神"的地方。现占地面积 10 万平方米。相传始建于秦，庙址在万岁峰上。中岳庙四周群山环抱，景色秀丽。庙内古木参天，建筑精美。庙坐北向南，主要建筑为清代重修。从中华门起，经遥参亭、天中阁、配天作镇坊、崇圣门、化三门、峻极门、嵩高峻极坊、中岳大殿、寝殿到御书楼，共 11 进。中岳大殿，又称峻极殿，是此庙的主体建筑，共 45 间，面积仅为 420 平方米。殿内神龛中塑中天王坐像，龛内外又配以侍臣、将帅等塑像。大殿后建有垂花门楼一座，其内为寝殿院、御

书楼。庙中有北宋铸造的四大铁人，称为"镇库将军"，是中国现存镇库铁人中最大、保存最好、造型完好的艺术珍品。春秋两季的中岳古庙会是当地的盛会，分别在农历三月初十和十月初十开始，会期长达 10 天，许多民俗民风可得一见。

[嵩阳书院] 嵩阳书院位于登封市 2.5 千米处，嵩山南麓太室山脚下，建于北魏孝文帝太和八年 (484)，由原嵩阳寺改建。宋时改为太室书院，后又改为嵩阳书院，历经金、元、明、清各代重修增建，是一所历史悠久、规模宏大的官办书院，为中国古代六大书院之一。宋代理学大师程颢、程颐和司马光、范仲淹、欧阳修、朱熹等都曾于此讲学，故书院人气较盛。现存房舍都是清代晚期建筑，院内原有古柏 3 株，现仅存 2 株，距今 4500 年左右，汉武帝册封为大、二将军。此古柏是中国现存古老的

嵩岳寺塔
嵩岳寺塔位于嵩岳寺内，北魏正光元年 (520) 建造，塔高 40 余米，15 层，平面呈十二角形，为我国现存最古老的砖砌佛塔。塔身分上下两部，用青砖黄泥砌成，虽经历 1400 余年，仍巍然屹立，体现了当时高超的建筑技术。

树木之一。院外有唐天宝年间的大唐嵩阳观纪圣德感应碑，高达 8 米。

[嵩岳寺塔] 嵩岳寺塔位于登封市城西北 5 千米的山谷中，是中国现存最古老、最独特的十二角形密檐式砖佛塔。始建于北魏孝明帝正光元年 (520)，已有 1400 余年的历史。塔有 15 层，高 40 多米，周长 33.72 米，壁厚 2.45 米，塔身呈抛物线形，密檐外叠向内收达 1 米多宽，塔的平面为 12 角，精巧独特。外涂白灰，腰檐以上的砖柱均涂红色。塔刹为石雕圆柱，覆檐宝刹由宝珠、相轮、仰莲状受花等组成，高约 2 米，呈螺旋形，保留了印度佛塔的风格。塔心室自上而下直达顶部，分为 10 层。第 1 层呈 12 角形，第 2 层以上呈 8 角形。原为北魏武帝的离宫，今已毁废，仅存一墙。

[龙门石窟] 龙门石窟位于洛阳市南郊 13 千米处的伊阙峡谷间。凿于北魏孝文帝迁都洛阳 (494)，直至北宋才完成。同甘肃的敦煌石窟、山西大同的云冈石窟并称为中国古代佛教石窟艺术的三大宝库。龙门又有"伊阙"的别称，龙门石窟南北长达 1 千米，具有两千余座窟龛和十万余尊造像的石窟遗存。龙门石窟的宫造历时 500 余年，包含着北魏和盛唐两个造像的高潮阶段。保存在伊阙两山的这些像龛，绝大多数都是这两个时代的文化遗产。龙门北魏时期的大型洞窟，主要有古阳洞、莲花洞、宾阳中洞、火烧洞、石窟寺、魏字洞及普泰洞、路洞等；唐代的主要洞窟则有宾阳北洞、宾阳南洞、潜溪寺、万佛洞、敬善寺、双窑、大卢舍那像龛、惠简洞、擂鼓台三洞、看经寺、高平郡王洞、唐字洞、麻崖三佛龛、极南洞等。

[奉先寺] 奉先寺是龙门石窟中第一大窟。开凿于唐高宗初年至上元年间，历时达25年之久。摩崖像龛南北宽30～33米，东西长38～40米。卢舍那佛高17.4米，头高4米，耳长1.9米，面容丰满秀雅，眉若新月，双目宁静含蓄，姿态庄严肃穆而又淳厚慈祥。据说是武则天的化身，充分体现了唐代丰满的人物造型特点。菩萨头戴宝冠，身佩璎珞宝珠，端庄矜持。北壁天王，身穿甲胄，脚踏夜叉。力士蹙眉怒目，面向前方，气势逼人，是研究古代历史、艺术的珍贵实物资料。

奉先寺是龙门唐代石窟中最大的一个石窟，洞中的佛像明显体现了唐代佛像的艺术特点，面形丰肥，形态圆满、安详开阔的胸怀和典雅的外貌，完美地结合在一起。

[洛阳博物馆] 洛阳博物馆位于新市区中州路。始建于1973年，1974年5月1日正式对外开放。洛阳博物馆的陈列以河洛文化为主体，以仰韶文化、龙山文化、夏、商、两周和两汉文物为主要内容，分为原始社会、奴隶社会、封建社会等5个陈列室，展出文物1700件。其中一级品有商周时期的"母"方罍、"玉姒"方彝，有组合的西周铅器和多种器形的"原始青瓷"、春秋时期的"齐侯宝盂"、战国时期的金村大鼎和"繁汤之金"剑、西汉的彩绘壶、北魏王侯的仪仗俑以及绚丽多彩的唐三彩等。

[鸡公山] 鸡公山位于信阳市以南45千米处，是大别山最西部的山峰，海拔744.4米。主峰鸡公头，远望如雄鸡屹立于群峰之巅，鸡公山由此得名。山两侧有灵华山、长岭，宛如雄鸡两翼；山的南岗呈椭圆形，似鸡腹；山侧两条

白马寺山门，我国最早的寺庙，建于东汉初期。

沟壑，如鸡的两足。形象逼真，造化神功。山中因雨量较多，山上常为云雾笼罩，故又有"云海公园"之称。以"山明水秀，泉清林翠，气候凉爽，风景雄奇"而得名，现为我国著名的疗养胜地。

[白马寺] 白马寺位于洛阳市老城东13千米处，是佛教传入中国后兴建的第一座寺院，所以又被称为"中国第一古刹"。建筑面积4万余平方米，建筑面积3400平方米。初建于东汉明帝永平十一年(68)。为了纪念白马驮经，就称这所佛院为白马寺，被誉为"释源"和"祖庭"。主要建筑有五重大殿，由南向北依次为天王殿、大佛殿、大雄宝殿、接引殿和毗卢殿，两侧有门头室、云水堂、祖堂、客堂、禅堂、成丈院等，共有殿堂百余间。现在建筑为明代嘉靖年间扩建，宏伟肃穆，布局严整。此外寺内还有碑刻40多方，以宋、元苏易简、赵孟頫书刻最为珍贵。白马寺山门东边有一座13层的齐云塔，高50米，又称释迦舍利塔。

[关林] 关林位于洛阳城南7千米处关林镇，即关羽的庙堂和陵墓，古人将圣人之墓称林，故名。整个关林占地百余亩，有古柏千株，多为明清所植。建安二十四年(219)，关羽被东吴吕蒙

杀死后，孙权将其首级献给了曹操，曹操敬佩关羽，将首级按王侯之礼葬于洛阳。因此正门为五开间、三门道，朱漆大门镶有81个金黄乳钉，这是中国帝王的尊贵品级。厅中塑有关羽头戴十二冕旒王冠、身着龙袍的坐像。关羽身旁有捧大印的儿子关平和持刀的周仓立像。在其两翼有"张飞殿"和"五虎殿"，被称为陪殿。三殿即春秋殿，厅内有关公秉烛夜读《春秋》的坐像及卧像。四周有关公战吕布、镇荆州、战长沙的彩饰画。这是我国三大武圣关帝庙之一。

山西省

行政区划

山西省简称晋，位于华北平原以西，黄土高原东部，西、南直抵黄河，东接太行山，故名山西。又因春秋时期大部分土地属晋国，故简称"晋"。战国初期韩、赵、魏三国分晋，故又称"三晋"。山西省位于北纬34°36′～40°44′、东经110°15′～114°32′。总面积15万多平方千米，占全国陆地面积的1.6%。山西东连河北省，南接河南省，西与陕西接壤，北和内蒙古自治区为邻。山西省行政区划可分为11个地级市、23个市辖区、11个县级市、85个县。省会太原。

[省会——太原] 太原市位于山西省中部，地处黄土高原晋中盆地北端，东、西、北三面群山环抱，南面开阔平坦。汾河自北向南纵贯其间。太原市辖6区和古交市及清徐、阳曲、娄烦3县，面积6959平方千米，人口420万。太原盆地平均海拔约800米。这里地势平坦开阔，排水良好，机械化程度高，农业发达，为城市发展提供了有利条件。西山一带煤炭、地下水资源丰富，是中国重要的能源、合金钢、重型机械和重化工基地。太钢是中国最大的优质合金钢生产基地。太原的煤化、轻工业也在迅速发展中。太原是山西省交通中心，铁路、公路四通八达。太原名胜有晋祠、天龙山石窟等。高等院校有山西大学、太原理工大学等。

[大同] 大同市位于山西省北部，地处黄土高原东北边缘地带，大同盆地中心，介于内外长城之间，海拔1000～2000米。大同市三面环山，北部山区属阴山山脉，西部山区属吕梁山脉，东部山区属太行山脉。主要山峰有恒山、采凉山、雷公山、武周山、七峰山等。大同市境内河流有100多条，分为两大水系：一为黄河支流水系；另一为永定河水系。桑干河为大同市内最大的河流，从朔州市的怀仁县进入本市，流经大同县、阳高县后出山西境，注入永定河。另有御河、十里河、口泉河流经本市。大同素有"煤海"之称，煤田面积约1827平方千米，煤炭蕴藏量为376亿吨，可采煤层13层，总厚度在40米以上，是中国国内重要的优质燃料煤基地之一。著名的大同煤矿集团公司就坐落在这里。大同还是中国历史文化名城之一。公元398年，北魏在这里建都，大同成了中国北方政治、经济、文化中心，著名的云冈石窟就是这个时期开始开凿的。大同现存历史文物、名胜众多，云冈石窟、上下华严寺、悬空寺等名胜古迹中外驰名，其中云冈石窟被联合国定为世界文化遗产。

[临汾] 临汾市位于山西省西南部，地处黄河中游，汾河之滨。东依太岳，西靠吕梁，中部沃野千里，是富饶的临汾盆地。临汾是唐尧古都，

历史悠久，文化灿烂，是中华民族的发祥地之一。临汾还是山西能源化工基地的重要组成部分。现已探明的矿种有41种之多，其中煤、铁、石膏、石灰岩、白云岩等在全省甚至全国都具有重要的意义。煤炭资源尤为丰富，全市煤的总储量960亿吨，主要煤种有主焦煤、气肥煤、无烟煤等。其中乡宁主焦煤为中国三大主焦煤基地之一。铁矿是临汾市第二大矿产资源，总储量4.2亿吨。同时，富饶广袤的盆地为临汾农业发展提供了有利条件，临汾已成为山西省主要棉花、小麦生产基地。

[长治] 长治市位于山西省东南部，有"据太行山之巅，地形最高，与天为党也"之说，古时又称上党。因其山大沟深，地势险要，自古以来为兵家必争之地。抗日战争时期，中国共产党在这里创建了以太行山和太岳山为依托的抗日根据地，后来发展成为晋冀鲁豫边区，是当时华北最大的根据地。八路军总部曾长期驻扎在这里。百团大战等许多战役战斗都是在这里指挥发起的。在解放战争初期，中国人民解放军在刘伯承、邓小平同志指挥下，在这里发动了名震中外的上党战役，揭开了解放战争的序幕。长治市市区就坐落在太行山与太岳山山间的长治盆地内。

人口、民族

2010年山西省人口3571万。大体上盆地人口大于山区。人口密度最大的地区是太原市。其次为晋东南、晋南、晋中、忻定等盆地地区。全省人口以汉族为主，汉族人口占全省总人口的99.17%。另有回、满、蒙古、朝鲜、壮等34个少数民族，散居在全省各地。省内的少数民族，又以回族人口最多，占少数民族人口的81.7%。其次为满、蒙古、朝鲜、壮、苗等民族。

历史文化

山西省地处黄河中游，属黄河流域的中原文化圈。滔滔黄河至山西河曲转弯南下，环绕半个山西，记下了悠久的山西历史，也孕育了丰厚淳美的山西民俗文化。远在100万年以前的旧石器时代，中华民族的祖先就在这里生息繁衍。山西境内的襄汾丁村文化遗址、朔州桑干河上的峙峪遗址都是原始文化的重要见证。上古时期的优美神话和传说，如黄帝斩杀蚩尤、尧帝建都平阳、舜帝躬耕历山、大禹治水等都与山西有关。《诗经》中的"唐风""魏风"，讽喻时政，咏叹劳作，都是来自山西土地上的劳动人民的口头创作。在长期的民俗传承中，山西民俗形成了古朴淳厚、粗犷豪放、多元交融、博采兼收的区域特征，使之成为黄河民俗文化中极富代表性的类型之一。

石厚三棱尖状器：丁村文化最富特征的石器，是用来挖掘的工具。

[丁村人遗址] 丁村人遗址在汾河中游临汾宽谷的南端，即今天山西襄汾

丁村等地。丁村人属旧石器中期，在早期智人中颇具代表性。丁村人的人骨化石顶骨较薄，说明脑容量较大，进化明显。丁村人门齿很像后来的黄种人，臼齿的咬合面纹理结构介于直立人与现代人之间。从遗址可以看出，早期智人抵御恶劣自然环境的能力低下，所以大多活动在温和湿润的环境中。旧石器时代中期文化较早期文化的进步主要表现在打制石器技术的不断提高上，石器的形状比较规整，类型比较确定，种类也有增加，表明当时的生存质量较旧石器时代早期有所提高。在丁村人遗址中还出现了一定数量的鱼类和软体动物遗存，说明丁村人除以狩猎为主外，捕鱼也是重要的谋生手段。

[峙峪文化] 山西朔州桑干河上游的峙峪遗址，距今约3万年至1万年，遗址中发现了2万余件石器，它们大多为规整的尖状器、雕刻器等细小石器，对研究细小石器的特征、弓箭的使用等方面具有重要意义。

[武则天] 武则天（624—705）是中国历史上唯一的女皇帝，今山西文水人。武则天14岁入宫，封为才人。高宗

武后步辇图　唐　张萱

继位后被召入宫中，封为昭仪。永徽六年（655）高宗废王皇后，改立武则天为

后。武则天精明机智，而且精通文史。高宗让她协助裁决政事。从此武则天逐渐掌握了国家权力，威势日重。高宗去世，中宗李显（武则天第三子）即位，武则天临朝称制。以武代李的趋势日见明显。690年，武则天称帝，改唐为周，时年67岁。武则天从655年开始参与政事，到705年退位时止，前后长达50年。她曾鼓励农桑，削减税赋，化解战争，免减劳役，使人民休养生息，人口也有明显增加。她上承贞观之治，下启开元盛世，是中国历史上一位有作为的女皇帝。无字碑位于陕西乾县城北梁山，是按照武则天临死遗言而立的。遗言说，她的功过，由后人来评，故不刻文字。

[晋商文化] 明末清初，国家从战乱中逐步得到稳定发展。随着商业的日益发达，山西与全国各地的银钱往来日益频繁，数目也越来越庞大，钱庄、账局、镖局等不能适应商品经济发展，以经营汇兑和存款、放款三大业务的金融机构——票号，便应运而生了。平遥作为山西票号的发祥地，家数最多，时间最早，容量最大，在中国票号史上拔得头筹，创造了凝聚晋商文化之精髓的平遥票号文化，也留下了一批使用功能与建筑艺术完美统一的票号建筑精品。直到20世纪初，山西仍是中国的金融贸易中心和财富的中心。

[杨家将] 杨家将的业绩在中国历史上占有光辉的一页。杨业（928—986），又名杨继业，山西并州（今太原）人。初为北汉将军，屡立战功，被人称为"杨无敌"。北汉灭亡后，归属宋朝，担负着防御外族入侵的重任。杨业智勇双全，作战身先士卒，与士兵同甘共苦，深受士兵爱戴。杨业死后，他的儿子们

继承父业，继续抗辽，其中最有名的是杨延昭。杨延昭曾跟随父亲杨业多次出兵打仗。他镇守边关20多年，英勇善战，多次打退辽军的进攻，阻止了敌军南下。杨家父子前仆后继、忠心报国的英雄事迹，在后世广为传颂，有关杨家将的小说、戏剧、传说都是根据这些历史史实演义加工而成的。杨家将的传说和故事，在人民的口头文学里，经久传诵，历千年而不衰。杨家满门忠烈，高尚的民族气节和大无畏的牺牲精神为世人所景仰。山西忻州地区的代县（古代州）就是杨家将长期驻守、抵御辽兵的地方。在代县县城东10千米的鹿蹄涧村，至今仍保留着为纪念宋代爱国将领杨业父子而修建的杨家祠堂。

[司马光] 司马光（1019—1086）是中国著名历史学家，字君实，北宋陕州夏县（今属山西）涑水乡人。宝元元年（1038）司马光中进士。神宗时，擢翰林学士。王安石推行新法，司马光极力反对，并认为祖宗之法不可变，但其意见未被采纳。以后退居洛阳15年，全力编修《资治通鉴》，历时19年。《资治通鉴》全书294卷，上起周威烈王二十三年（前403）三家分晋，下迄五代之末，共12代，1362年，取"鉴前世之兴衰，考当今之得失"之意，是一部有极高文学与史学价值的编年巨著。元丰八年（1085），哲宗继位，司马光因是反对变法的领袖人物，而被召为门下侍郎。次年升任尚书左仆射兼门下侍郎，主持朝政。元祐元年（1086）逝世。司马光学识渊博，除编修史学巨著《资治通鉴》外，还有《温国文正司马公文集》《稽古录》《涑水记闻》等。

[山西人和山西醋] 公元前479年，山西一带就有醋的酿造了。以后随着生产方式和制醋工艺的逐步完善，醋在山西得到长足发展。就生产方式来看，主要有熏制、发酵两种。醋的品种各式各样。按制醋原料分，有米醋、麦醋、糖醋、果醋等；按生产工艺分，有薰醋、黄醋、淋醋、回流醋、封缸醋等；就品种来看，有老陈醋、陈醋、特醋、双醋、名特醋等。山西酿醋的地域广，品种全，并各具特色。诸醋之中，太原清徐老陈醋可谓"醋中之王"。醋在民间被广泛用作调料，逐渐形成了"无醋不成味"的风尚。山西人为什么爱吃醋？大体上有这么四种传说：一是山西省内不少地方是盐碱地，水的碱性大，吃醋可以起到酸碱中和的作用；二是山西人爱吃面条、拌凉菜，调点醋味道好，又便于消化；三是山西盛产煤炭，所以家家户户取暖、做饭多烧煤炭，吃醋可以消减煤气；四是山西酿醋有悠久的历史，规模大，味道纯，吃醋条件"得天独厚"，吸引着一代又一代的山西人吃醋。

[中国人寻根圣地] 山西洪洞县旧城北1千米的贾村西侧，有历史上著名的"古大槐树处"，古槐为汉代所植。由于元末明初战争连年，鲁、冀、豫、皖、苏等省出现了大片无人区、无人村，明太祖朱元璋采纳大臣建议，于明洪武三

山西洪洞大槐树公园

年（1370）从山西向外大批移民。至永乐十年（1416），共移民72次，出发地就在大槐树处。后有"要问家乡在何处，山西洪洞大槐树"民谚。因此，古大槐树处成为后人寻根问祖的象征。

气候

山西属温带大陆性季风气候，四季变化明显，冬季干燥寒冷，夏秋暴雨集中，春天干旱少雨。山西省水热条件地区差异大，垂直差异大于水平差异。南部运城盆地和黄河谷地热量丰富，永济年均温13.8℃，无霜期221.5天，属暖温带，接近亚热带；北部右玉热量最低，年均温约4℃，和永济相比，年均温低约10℃，无霜期99.3天，属温带。省内暖温带与中温带的分界，大致沿恒山—内长城一线，此线以北极端低温在－27℃以下，冬小麦难以过冬，为春小麦区。山西历年来各地降水量悬殊，多雨年雨量为少雨年的2～3倍。由于降水变化大，季节分配不均，地表又缺乏植被，故旱情普遍。

自然资源

山西是驰名中外的煤炭之乡，煤炭、化工资源丰富，省内煤炭储量约占全国煤炭储量的1/3，居全国首位。矿产资源除煤炭外，铝、铁、铜、石膏、盐等储量居全国前列。此外，还有硫、铅、锌、黄金、钴、云母等矿藏。省内多为次生植被。省境东南部为落叶阔叶林和针阔叶混交林。此外以柔毛绣线菊、胡枝子、沙棘、荆条、酸枣等旱生落叶灌丛居优势。中部以中旱生落叶灌丛和针叶林为主，乔木以云杉、细叶云杉、华北落叶松、油松、白桦为主，灌丛有柔毛绣线菊、胡枝子、毛榛、黄蔷薇、沙棘、虎榛子等。北部和西北部为半干旱疏林草原，优势植物有本氏针茅、茭蒿、狗尾草等。山地有白桦、山杨、落叶松等次生林分布。野生动物资源种类甚多，有鸟类290多种，哺乳类74种。属于国家保护的动物有褐马鸡、黑鹳、大天鹅、鸳鸯、梅花鹿等。

[乌金之乡] 3亿年前，山西正好在一块靠近赤道的古大陆板块上，那时正是裸子植物鼎盛时期，炎热潮湿的气候滋长了大片的森林。随着地壳的下沉，植物遗体被泥沙掩埋，经过地下深处岩浆的烘烤和地壳的压力，形成了今天山西储量丰富的煤。省内煤储量约占全国煤炭资源总量的三分之一，居全国首位。全省三分之二的县内都有煤田，煤质优良，是理想的能源宝库。

[庞泉沟自然保护区] 庞泉沟自然保护区位于吕梁山主峰关帝山下，在方山和交城两县境内，是汾河最大支流文峪河的发源地。关帝山在保护区东北部，海拔2830米。山体南北走向，由于长期侵蚀作用，沟壑众多，地形复杂。草木繁荣，以华北落叶松为主，其次为云杉和油松，针阔叶混交林也有一定分布。丰富的森林资源为野生动物栖息创造了良好的条件，褐马鸡、麝、豹、狍子数量较多，梅花鹿也偶有出没。保护区内风景优美，盛夏季节气候凉爽宜人，是避暑的好地方。

[褐马鸡] 褐马鸡又叫角鸡、黑雉、褐鸡，全身羽毛浓褐色，头和颈灰黑色，两颊无羽呈鲜红色，耳后有一簇白色羽毛，朝头后伸出，似角状，故称角鸡。其尾羽发达，长而蓬松，共有22枚。褐马鸡栖息于山地林区，成群活动。白天多活动于灌草丛中，

晚上则栖息在大树的枝杈上。它的食性很杂，以植物的块茎、细根、芽、嫩枝叶、种子以及昆虫、蚁卵、蠕虫等为食。在它们的繁殖期内，成双成对的褐马鸡将巢筑于茂密的树林下灌木丛间。褐马鸡产卵多枚，孵化期26～28天。2～3个月大的幼鸡就能够上树过夜了。褐马鸡身体比较笨重，通常重量在2.5～3.5千克，加之翅膀短尾羽又长，所以飞翔本领不高。但善于奔走，遇到强敌追击时，一般不扇翅飞逃，而是迅速钻入极密的灌丛里。在情况危急时，褐马鸡也会成群飞出1～3千米之外。野生褐马鸡仅分布在山西宁武、岢岚一带及河北西北部小五台山区，数量已经很少，已被列为国家一级保护动物，被国际红皮书列为濒危物种。

[山罂粟] 山罂粟属罂粟科，多年生草本，全株被粗硬毛。叶基生，长7～20厘米，羽状全裂。花顶生，橘黄色。花期6～7月。特产于山西五台山、河北、湖北、陕西、甘肃。生长于海拔1700～3000米的山坡草地。

经济

山西省是中国内地工业较发达的省份，以重工业为优势，是中国最大的煤炭能源基地。现有大同、西山、汾西、晋城、潞安、阳泉等煤炭生产基地。山西每年有三分之二以上煤炭产量支援全国20多个省区的经济建设。目前，中国作为世界第一大煤炭生产国和第二大煤炭出口国，有四分之一的产量和一半以上的出口量来自山西。山西还是中国重要的合金钢、重型机械和重化工基地，传统工业有杏花村汾酒、清徐陈醋等。山西农业以恒山山脉为界分南北两部分：雁门关以北无霜期短，作物一年一熟，以耐干旱的莜麦、胡麻、豆类为主，也种成熟期早的玉米种类；雁门关以南地区作物两年三熟，种植冬小麦、玉米、高粱、花生和棉花等。汾河下游平原、运城盆地是山西重要的麦棉产区。畜牧业是农村重要副业，晋西北尤为普遍。优良畜种有兴县四红牛、万荣大黄牛、广灵驴等。干鲜果品中，稷山、运城、太谷的枣，汾阳核桃，永济清柿，清徐葡萄，原平梨，潞城党参等都很有名。

[农业] 山西省现有耕地面积约占全省土地面积的30%，南部一年两熟，中部两年三熟，雁门关以北一年一熟，主要粮食作物是小麦，其次是玉米、高粱和各种小杂粮。经济作物以棉花为主，还有花生、豆类。畜牧业以晋西北一带为主，主要牲畜为牛、羊等。林业以关帝山、管涔山等为主，华北落叶松是主要树种。水果分布较广，稷山大枣、原平梨、清徐葡萄、汾阳核桃等都是优良品种。

大寨

大寨位于山西昔阳县城东南5千米的虎头山下，阳涉铁路和207国道穿境而过。大寨地处太行山腹地，平均海拔1000米，总面积1.88平方千米。大寨原是贫穷落后、生存条件恶劣的小山村。解放以后，大寨干部群众依靠集体经济力量，艰苦奋斗、自力更生，改变生产条件，发展农业生产，创造了可歌可泣的不凡成绩，成为全国农业战线的先进典型。20世纪80年代以来，大寨人高举改革开放和艰苦奋斗两面旗帜，解放思想，更新观念，使大寨的经济建设和精神面貌出现了快速的发展。今天的大寨农业现代化初具规模，农业科技全面普及，保证了粮食作物的稳产和高产。同时，大寨还结合自身条件，内引外联，开办了衬衫厂、乳品加工厂、水泥厂等企业，并大力发展旅游业，如今的大寨经济发展了，农民富裕了。

汾酒

汾酒产于山西汾阳市杏花村，是中国八大名酒之一。汾酒的酿造始于南北朝时期，至今已有1500多年的历史。汾酒色泽晶莹、清香绵软，饮后余香回味无穷，久藏香味更佳。汾酒以优质高粱为原料，以特别大曲作引，加以陈酿勾兑而成，饮而不醉，醉不上头。杏花村汾酒所以古今闻名，备受称道，不仅在于它的工艺独特和水质优良，也得益于唐代著名大诗人杜牧"清明时节雨纷纷，路上行人欲断魂。借问酒家何处有？牧童遥指杏花村"的优美诗句。汾酒于1916年巴拿马万国博览会上获得一等优胜金质奖章。在近半个世纪内，数十次获国内外多项褒奖。自1953年以来，汾酒连续入选全国"八大名酒"和"十八大名酒"之列。1980年，又获国务院颁发的金质奖章。

山西的畜牧业以饲养大牲畜和猪羊为主。牛占大牲畜的1/2以上，多为役畜。体型高大的万荣县黄牛最有名。太原市郊和沁源、山阴等县饲养乳牛；和顺、祁县饲养改良肉牛。山西养羊有悠久的历史传统，是中国东部农业区养羊较多的省。主要分布在东、西山区。黎城大青羊是著名良种山羊。

［工业］ 山西工业以采煤、电力、冶金、机械制造为主。大型煤炭企业遍布，如大同、平朔、阳泉等，地方煤矿众多。山西省电力充足，是全国拥有装机百万千瓦以上电厂较多的省份之一。山西电力在华北电网中具有举足轻重的作用，是全国向省外输电最多的省份，如今北京1/4的电力来自山西。山西作为能源化工基地，已初步形成了现代化的工业生产体系。此外，冶金、化工、建材、机械、电子、军工、医药、轻纺、塑料制品工业等，已具有了相当的规模和实力。

［交通］ 山西省交通以铁路、公路为主，航空为辅的交通运输网络。纵贯山西境内的同蒲铁路与京包、太焦、石太、京原、大秦、侯西、邯长、侯月铁路相连接，构成通往境外的交通网。铁路通车里程达3100多千米。公路以太原、大同、长治、临汾、侯马为中心，向周边延伸。全省公路总里程约12万千米，高速公路建设正在快速发展，民航线路60多条。

旅游

山西省地貌、水文等条件复杂多样，造就了山西形态万千的自然景观。中国五岳之一的北岳恒山、四大佛教名山之首的五台山幽雅秀美以及北武当山五老峰，山色不同，形态各异。境内河川以黄河、汾河为代表。上千条河流或汹涌澎湃或涓涓细流，岸边秀峰林立，景象万千。黄河是山西、陕西两省的天然分界线，流经山西19个市县，流程965千米，壶口瀑布、大禹渡等景观闻名中外。山西又是中华民族文明的发祥地之一，历史悠久，源远流长，有"中国古代艺术博物馆""文献之邦"的美称。人文景观丰富多彩。山西现存古代建筑数量多，文化价值高，居全国前列。云冈石窟、恒山悬空寺、应县木塔、晋祠、平遥古城、乔家大院、永乐宫等名扬天

恒山远景
恒山横亘塞上，绵延数百里，谷大沟深，天险重重，自古以来因为关隘险要，而为兵家所争，被称为"天下形胜处，兵家卧虎地"。

下。形态万千的自然景观和丰富多彩的人文景观共同构成了山西得天独厚、古今兼备、多姿多彩的旅游资源。

[恒山] 北岳恒山位于山西省北部和河北省西北部的塞上地区，是海河支流桑干河与滹沱河的分水岭。恒山西起阴山，蜿蜒向东，至河北省曲阳县境，横跨晋冀两省，东西绵延250千米，莽莽苍苍，横亘北国塞上。恒山主峰居于山西浑源县城南，海拔2016.1米，山高为五岳之冠。据传，早在4000多年前，舜帝巡守四方，来到恒山，见山势险峻，峰奇壁立，遂封北岳。恒山以自然景色的雄奇秀美著称，恒山主峰分为天峰岭与翠屏岭。两峰各居东西，对峙而望。在天峰岭与翠屏岭之间，是峭壁侧立、流水奔泻的金龙峡，现已修筑起碧波荡漾的高山水库。这里曾是古往今来的绝塞天险，交通要冲。恒山作为道教圣地由来已久，传说"八仙"之一的张果老就是在恒山隐居后修炼成仙的。西汉初年，恒山建有寺庙，位于飞石窟内的主庙，始建成于北魏，后经唐、金、元历代重修，到了明清，恒山的建筑群已规模宏大，主峰四周的山水胜处、寺庙亭台多达100余处。恒山与山东的泰山、陕西的华山、湖南的衡山、河南的嵩山并称为"五岳"。

[云冈石窟] 云冈石窟位于大同市西16千米处的武周山南麓。石窟依山开凿，东西绵延1千多米。石窟开凿于北魏和平元年（460），大部分完成于太和十八年（494），后世曾多次修缮，并增建寺院。现存洞窟53座，石雕造像51000余尊，大佛最高者17米，最小者仅数厘米，是中国最大的石窟群之一，也是世界艺术宝库中的艺术珍品。

云冈石窟的大型菩提石雕像

云冈石窟以其石雕造像气势雄伟、内容丰富多彩闻名于世，与敦煌莫高窟、洛阳龙门石窟并称中国三大石窟。云冈石窟中的昙曜五窟是开凿最早、气魄最为宏伟的石窟群，其第五、六窟为云冈艺术之精华，第二十窟是云冈石窟的代表作品。

[晋祠] 晋祠位于太原市西南25千米的悬瓮山麓，晋水在这里发源。背山面水，坐西向东。晋祠始建于北魏，是为纪念周武王次子叔虞而建，后多次重建修葺。晋祠古建筑群分中、北、南三部分。中部为全寺主体，自水镜台起，依次经会仙桥、金人台、对越坊、献殿、钟鼓楼、鱼沼飞梁到圣母殿，殿前鱼沼飞梁国内独有，殿内有宋代彩塑，生动逼真，神态各异，是宋塑中的精品。北部从文昌宫起，有东岳祠、关帝庙、三清祠、唐叔祠、朝阳洞、待凤轩、三台阁、读书台和吕祖祠，建筑随地形自然错综排列，崇楼高阁鳞次栉比。南部从胜瀛楼起，有白鹤亭、三圣祠、真趣亭、难老泉亭、水母楼和公输子祠，水榭台楼颇具江南园林风韵。祠内还有著名的

周柏、隋槐，至今老枝纵横，郁郁苍苍。难老泉水出自断岩层，终年涌水，因此得名。周柏、难老泉、圣母殿中宋代彩塑侍女像并称"晋祠三绝"。

[悬空寺] 悬空寺坐落在大同市浑源县城南 5 千米，北岳恒山翠屏峰下金龙口西岩峭壁上。始建成于北魏晚期（约公元 6 世纪），金、元、明、清屡有修葺。悬空寺坐西朝东，背靠翠屏，面对恒山。全寺有殿宇楼阁 40 间，峭壁上凿洞穴插悬梁为基，基上立柱，嵌固在悬崖斜壁上，连成整体，支撑起悬空寺的主要建筑之教殿。中隔断崖，飞架栈道相连，造型极其惊险。悬空寺不仅建筑惊险奇特，而且位置布局、形制装饰，都是对称之中有变化，分散之中有联系，参差有致，虚实相生。远远望去，犹如一群上不着天、下不着地的层楼飞阁，镶嵌在万仞峭壁之间，惊险神奇，动人心魄。寺内共有各种铜铸、铁铸、泥塑、石雕的佛像 80 余尊，颇富艺术价值。

[善化寺] 善化寺俗称南寺，位于大同城区南部，创建于唐代开元年间，辽代毁于兵火，金初重建成，是中国现存最完整的一座辽金寺院。善化寺占地 1.39 万余平方米，沿中轴线依次为山门、三圣殿、大雄宝殿，西侧为普贤阁，东侧为文殊阁。山门，又称天王殿，面阔 5 间，进深 2 间，内有明塑四大天王像，造型夸张，姿态威严。三圣殿俗称过殿，面阔 5 间，进深 4 间，建成于金天会年间。殿内有金塑立像三尊，中为释迦，右为普贤，左为文殊，统称华严三圣。大雄宝殿为辽代建筑，面阔 7 间，进深 5 间，殿内正中莲台上有泥塑金身如来五尊，姿态凝重、端庄，衣纹饰物

流畅自然，陪侍菩萨恭谦微谨，两侧的二十四尊天神装饰不同，神情各异，西南两壁上壁画，线条流畅，人物生动。山门、三圣殿、大雄宝殿均采用了号称尊贵的单檐庑殿顶，且层层叠高，形成了一个殿宇高大、布局严谨、主次分明的建筑群，整个寺庙显得庄严雄伟，疏朗整肃，是辽金建筑中的珍宝。

[天龙山石窟] 天龙山石窟在太原市的西南 23 千米龙山之巅，是中国稀有的道教石窟，元太宗六年（1234）由道士宋德芳主持开凿。龙山石窟规模不大，整个石窟造像浑厚古朴。全窟八龛，凿有老子、三清等雕像 40 余尊，大都保存完好。这些石雕造像风格古朴、庄重，手法凝练，衣纹简洁、典雅。窟顶雕有莲花龙凤图案，西侧及前壁有元代题记，与佛教石窟艺术风格截然不同。

[壶口瀑布] 壶口瀑布是中国黄河唯一的大瀑布，位于山西吉县西 45 千米处的晋陕峡谷中。黄河巨流至此突然缩为一束，从 17 米高处跌入只有 30～50 米宽的石槽里，激流澎湃，惊涛怒吼，然后巨龙一般夹在只有数十米宽的石槽里滚滚向下奔流，形成了"源出昆仑衍大流，玉关九转一壶收"的景象，故名壶口瀑布。壶口瀑布奇绝，壶口的水雾烟云，也是一大景观。瀑布倒悬倾注，水雾腾空，景色奇丽。壶口瀑布是由于地壳运动，岩层断裂，形成阶梯状断层，从而引起跌水现象。壶口瀑布仅次于贵州黄果树瀑布，为中国第二大瀑布。

[历山] 历山位于山西沁水、翼城、垣曲和阳城四县的交界处。历山属于山西南部的中条山脉，是一块面积约 300 余平方千米的原始山地，主峰舜王坪海拔达 2358 米，是华北地区南部山地的

最高峰。历山是一座充满历史文化色彩的地方，此地已知的上百处山水景观，无不与舜的传说故事有着非常密切的关系。在历山腹心地区约上百平方千米的范围内，居住着固定居民，从明清以来就始终未超过数千人，而且这里的村庄与村庄之间相距很远，交通环境又十分恶劣。然而就是在这样一个特殊、原始、闭塞的地理区域之中，流传着很多有关舜与当地山水的美丽传说。在舜王坪西南方向大约30余千米处有一古井，人称舜井，即传说中舜的继母推舜落井处。井附近又有诸马山，传说是舜的出生地。与诸马山相距不远又有山称瞽冢山，传说此山则是舜的瞎眼父亲瞽叟的坟墓之所在。历山不但保存着历史文化的奇迹，而且同样保留了自然生态的奇迹。在其数百平方千米的地域内，有茫茫无际的原始森林，有特大型的刀削斧劈般的大峡谷，有典型的更新世原土层高山草甸，有古老绮丽且深不可测的岩溶洞穴，有苍劲雄险的悬崖叠嶂，有四季长流的山涧泉瀑，还有黑鹳、林麝、猕猴、金钱豹、大鲵与鸳鸯等许多珍贵动物。

[老牛湾长城] 偏关境内有明代长城遗址约40千米。此段长城多有黄河悬崖天险屏障，故多数地段未筑墙体，只在沟口崖头筑寨据守，沿岸多建成望台设防。石城墙均沿黄河崖头的走向修筑。数百年来虽有自然或人为破坏，仅存土墙，但气势不减当年。土墙平均底宽7米，顶宽5米，残高5～7米。老牛湾长城是山西黄河边上的重要文化景观之一。

[乔家大院] 乔家大院位于山西省祁县的乔家堡村正中。大运公路自北而南从它身边通过。它始建于清乾隆二十年（1755），占地8724.8平方米，建筑面积达3870平方米，共分6个大院，19个小院，213间房屋。乔家大院是一座城堡式的建筑，集中体现了中国清代北方民居建筑的独特风格。远望乔家大院，四周是青砖筑就的全封闭高墙，墙上筑有垛口，四周有耸立的角楼。既能有效地防盗护卫，又给人以高大的感觉。乔家大院之所以远近闻名，不仅在于它高大壮观，更重要的是因为它那精湛的建筑艺术。大院建筑布局严谨，井然有序，从大院的形式看，有四合院、穿心院、偏正套院、过庭院。尤其引人注目的是满布全院的雕刻艺术，剔透玲珑，技艺精巧，而且与民俗传统紧密相连，每一幅画就是一轴形象的民俗图，或讲述一个优美动人的故事，有着丰富的民俗意蕴。

[五台山] 五台山位于山西省五台县东北，属北岳恒山山脉，北望恒山，西望代县雁门关，地跨五台县、代县、繁峙县和河北省的阜平县，东北—西南走向，方圆250千米，由东南西北中五座环抱而立的山峰组成。五座峰顶虽高却平，故名"五台"。其中北台峰顶海拔3061.1米，是华北地区最高的山峰，素有"华北屋脊"之称。五台山是中国四大佛教名山之一，山中寺庙林立，流水潺潺，山青水绿，风光秀美。东汉永平年间，印度僧人来中国传教，到达五座峰峦环抱着台怀镇一带，就奏请汉明帝在此建寺，并认为五台山与印度灵鹫峰相似，故将五台山第一座寺庙起名大孚灵鹫寺，即今天的显通寺。此后，魏、齐、隋唐及清末屡有修建。寺院最多时曾达306座，现存塔院寺、显通寺、佛光寺等47座。五台山气候寒冷，9月积雪，

盛夏凉爽，故又名清凉山。虽然它处于与北京大致相同的纬度，但气候特征却和中国东北部的大兴安岭差不多。

[平遥古城] 平遥古城位于山西省中部，是一座具有2700多年历史的文化名城。平遥古城始建于公元前827年至公元前782年间的周宣王时期，最初用以屯兵驻防，以后人口增加，城池扩建，逐渐演变为居民区。以后几经变迁，到了明清时代，平遥古城已成为商业繁荣、店铺林立的繁华城府。现在的平遥古城主体包括城墙、店铺、民居等，多为明清建筑，成为国内唯一一座明清时期的中国古代县城的原型。

平遥古城有"中国古建筑的荟萃和宝库"之称，文物古迹保存之多、品位之高也是国内所罕见。其中有规模宏大、气势雄伟的古城墙；有始建于北汉天会七年(963)、现存最珍贵的木结构建筑镇国寺万佛殿；有始建成于北齐武平二年(571)、被誉为"中国古代彩塑艺术宝库"、现存宋元明清彩塑2052尊的双林寺；有中国宋金时期文庙的罕见实物——文庙大成殿；有中国金融业的开山鼻祖、被誉为"天下第一号""汇通天下"的"日升昌"票号。同时，平遥古城是中国古代民居建筑的荟萃中心之一。1997年12月3日，平遥古城作为世界文化遗产被联合国教科文组织世界遗产委员会列入《世界遗产名录》。

[明清商业古街] 明清商业古街地处古城中心，位于平遥古城的南大街上，该街是古城文化遗产的精华之一。平遥古城以南大街为轴线，以古城最高建筑市楼为中心，形成"左祖右社""左文右武"的对称布局，750多米长的古街上，会集大小古店铺78处。早在19世纪，平遥作为中国金融贸易中心，是最有影响的票号总部所在地，商业非常繁荣。明清街上有票号、钱庄、当铺、中药店、绸缎庄、杂货铺以至扇子铺、灯笼铺、戏装铺等，几乎包容了当时商业的所有行当，中国金融业的开山鼻祖"日升昌"票号就诞生在这里。现在"百川通"票号旧址开设了"票号财东宅用器物陈列馆"，以展览当年富甲一方的票号财东宅用的家具、观赏床、榻、柜、凳、镜，直至书画、器皿等。平遥明清商业古街上鳞次栉比的店铺是明清商业古街的真实遗存，至今仍然热闹非凡。

[佛宫寺释迦塔] 佛宫寺释迦塔俗称应县木塔，位于山西应县境内，是辽代木结构塔。木塔建于辽清宁二年(1056)，位于佛宫寺的中轴线中部。塔的平面为八角，塔身外观是五层六檐，内藏四层，实为九层，总高67.13米，底层直径30米，是世界上现存最高的古代木结构建筑。全塔未用一个铁架，全靠斗拱架把所有木结合成完整稳固的整体，为中国建筑史上一大奇迹。塔内明层都有塑像，头层释迦牟尼佛高大肃穆，三层塑四方佛，面向四方，五层塑释迦牟尼坐像于中，八大菩萨分坐四方。塔顶为八角攒尖式，立有铁刹、仰莲、复钵、相轮、火焰、仰月、宝瓶、宝珠组成刹柱，显得雄伟壮观。木塔保持了中国固有的楼阁特色，被称作"楼阁型"塔。

[永乐宫] 永乐宫元代称大纯阳万寿宫，是集元代建筑、绘画、雕塑诸艺术于一体的重要古建筑群。宫纵深230米，主要建筑均位于中轴线上，依次为宫门、龙虎殿、三清殿、纯阳殿、重阳殿。其中宫门为清代所建，其余各殿都

是元代建筑。龙虎殿又称无极门，基址呈凹形，殿阔 5 间，进深 6 间。中柱上 3 间安门，门上悬"无极门"竖匾一方。殿内壁画以诸神为主，手持兵器，横眉怒目，反映了元代风格。三清殿，又名无极殿，为永乐宫主殿，是供"太清、玉清、上清元始天尊"的神堂。殿内壁画人物 286 个，为诸神朝拜道教始祖元始天尊的场面。主次分明，场面浩大，被称为"朝元图"。纯阳殿，又名混成殿，亦称吕祖殿。面阔 5 间，进深 3 间。殿内奉吕洞宾，因吕道号"纯阳子"，故名纯阳殿。殿内壁画为"纯阳显化图"，内容是吕洞宾从诞生到得道成仙普度众生的连环画故事。重阳殿，又名七真殿，殿身 5 开间。殿内供奉道教全真派首领王重阳及其弟子"七真人"。殿内壁画表现王重阳从诞生到得道度化"七真人"成道的神话故事。永乐宫各殿精美的元代壁画总面积 1000 多平方米，题材丰富，笔法高超，是中国绘画史上杰作。

[解州关帝庙] 解州关帝庙位于山西运城解州镇西关，其东南 10 千米的常平村是关羽故里，故解州关帝庙为武庙之祖，共占地 1.8 万平方米，有正庙、结义园、三义阁、君子亭等建筑。解州关帝庙为中国国内最大的宫殿式庙宇建筑。

陕西省

行政区划

陕西省位于中国中部，东濒黄河。位于东经 105°29′～111°15′、北纬 31°42′～39°35′。与山西省、河南省、湖北省、重庆市、四川省、甘肃省、内蒙古、宁夏回族自治区等接壤，是中华民族的发祥地之一。战国时为秦之疆域。面积 20.58 万平方千米。辖 1 个副省级市、9 个地级市、24 个市辖区、3 个县级市、80 个县。因位于陕原（含河南陕县）之西而得名，简称陕或秦。

[省会——西安] 西安位于关中平原中部，渭河之南，古称长安，有"秦中自古帝王州"之说，曾有十余个朝代相继在这里建都。面积 9983 平方千米，气候温和，属于半湿润气候。西安是华北、华东联系西北、西南陆空交通的重要枢纽。西安是"丝绸之路"的起点，自古以来是中国与世界各国进行经济、文化交流的重要城市，已有 1000 多年的历史，文物古迹荟萃，堪称"立体历史博物馆"。拥有骊山、华山、翠华天池等风景名胜。与埃及的开罗、希腊的雅典、意大利的罗马并称世界四大文明古都。新中国成立后，西安曾是直辖市，1954 年改为省辖市，现为副省级市。

[延安] 延安位于省境北部，陕北高原、延河之滨。面积 36713 平方千米。旧称肤施。由于"东带黄河、西控灵夏"，为陕北重镇，素有"塞北咽喉""秦地要冲"之称，是世界闻名的中国革命圣地。延安曾为中共中央所在地和陕甘宁边区首府，存留着革命旧址 140 多处。以延安为中心的公路干线四通八达。延

陕北窑洞

陕北窑洞是当地人根据气候特点发明形成的民居形式。陕北窑洞随处可见，或傍山而律，或平地而箍，或沉入地下，构成黄土高原一种独特的风貌。陕北的窑洞主要有石窑、砖窑和土窑。土窑的工艺十分简单，就是在土崖上挖出窑洞，安上门窗即可入住。土窑有一种是在黄土断崖边，并列向里掘入，成为若干不相干的单窑；另一种自平地掘入，先成一大平底四方井，然后从四壁各自向里挖成若干单窑。这里雨水稀少，地表干燥，土窑成为一种普遍的民居形式。

陕北延安枣园窑洞

安不但革命旧址多，而且还有轩辕黄帝陵、凤凰山等重点文物保护单位。民间艺术剪纸、腰鼓、刺绣等丰富多彩。

[宝鸡] 宝鸡位于省境西部，关中平原西缘，渭河北岸。面积18167平方千米。素有"川陕甘咽喉"之称。周在此建都，秦统一中国后，属内史地，西汉时隶属扶风，三国晋时为扶风都。古称陈仓，楚汉之争时"暗度陈仓"的故事就发生在这里。1971年宝鸡市升为省辖市，是新兴的工业基地之一。石油设备和钛材产量居中国首位，而且还有丰富的金矿资源。凤翔县柳林镇生产的西凤酒已有2400多年的历史，有酸、甜、苦、辣、香"五味不出头"之说，是我国名酒之一。

人口、民族

陕西省人口有3732万(2010)，高于全国平均密度。人口分布不均，陕北较低，仅为70人／千米²。关中平原最多，在东起渭南、西至武功、北抵铜川的三角地区达500人／千米²以上，为全省人口最稠密地区。汉族人口约占总人口的99.53%，少数民族人口约占0.47%，主要有回、满、蒙古、壮、藏等民族。

历史文化

陕西是中华文化的发源地之一。境内曾出土距今80万年的蓝田猿人头颅骨化石，距今18万年至20万年的大荔智人化石。仰韶文化、龙山文化遗址在这里分布非常丰富。中华民族的始祖炎帝、黄帝的族居地和陵寝都位于陕西，其中黄帝陵是中华民族敬仰的圣地。中国农业的发祥也是基于此地。陕西"文物古迹甲天下"，有13个王朝在陕西建都，古文化遗址、帝王陵墓、兵马俑等诉说着陕西久远的历史。近代，中国共产党曾在延安艰苦革命13年，领导中国人民进行抗日战争和解放战争。陕西有宝大福地之说，是世界文化研究关注的焦点之一。

[蓝田遗址] 蓝田遗址位于陕西省西安市60千米处，蓝田县公王岭一带。约80万年至75万年前，有一些低平的前额上隆起粗壮眉脊骨的原始人类生息活动。旧石器时代的早期，他们打制的石器外形又粗又大，但已经有不同类型石器分工的迹象。1963—1965年考古学家在当地更新世早期地层中发现证实。考古研究表明，蓝田人比稍后的北京人大脑容量较小一些，大约778毫升。他们是已发现的亚洲北部最早的直立人。现建有遗址保存所，供游人和专家参观、研究。

[半坡遗址] 半坡遗址位于西安市城东6千米，是新石器时代"仰韶文化"一个典型的母系民族公社村落遗址。约在公元前5000～公元前4300年，仰韶人在这里生活。现发现40余座建筑遗址。现建为博物馆，分为制陶、居住、墓葬三部分。半坡遗址的工具用石、骨、角、陶制成，有开垦耕地、砍劈用的石斧、石锛、石铲，收割禾穗的石刀、陶刀，加工谷物的石碾、磨盘、石磨棒等。还发现遗存的粟。饲养的主要家畜是猪、狗、鸡和黄牛。渔猎经济仍占重要地位，出土许多石、骨镞和石网坠，还有些带

倒钩的鱼叉、鱼钩以及石矛。陶器以粗质和细泥的红色、红褐色陶为主，最常见的是粗砂陶罐、小口尖底瓶和钵所组成的一套生活常用器。在圆底钵口沿的宽带纹上，发现有22种不同的刻画符号，为研究新石器时代的生活提供了现实的佐证。

[秦始皇开创帝制] 始皇二十六年（前221），秦统一了六国，建立了中国历史上第一个中央集权封建王朝。秦王嬴政仿"三皇五帝"而改称始皇帝，定都咸阳。秦始皇听取丞相李斯的建议，废分封制为郡县制，把全国分成36郡。在吏府的设置上，秦始皇以战国时期秦国官制为基础，确定了三公九卿制及郡县制。中央设丞相、太尉、御史大夫，丞相、太尉、御史大夫以下是分掌具体政务的诸卿；地方行政机构分郡、县两级，郡设守、尉、监，县、万户以上者设令，万户以下者设长。封建帝制在中国延续了2100多年的历史，为国家统一起到了很大的作用。

[三边剪纸] 剪纸在陕北农村十分普遍，而以三边的剪纸最为著名，艺术成就也最高。所谓三边是指靖边、定边及定边所辖的安边镇的合称。三边剪纸是陕北剪纸艺术的一个地方流派，剪纸内容丰富，题材广泛，大多取材于现实生活或民间传说，是当地人民文化的一项重要活动，在表现手法上，大胆取舍，变形夸张，既纤细秀美，剜空透亮，又粗犷大方，浑厚古朴。现在三边剪纸已开发成为一种产业，产品行销国内外。

[唐三彩] 唐三彩就是唐代陶器的代表。唐三彩的工艺复杂，因釉色有绿（铜）、赭（铁）、蓝（钴）三色，故称"唐三彩"，是低温铅釉陶器，用白色黏土做胎，用铜、铁、锰、钴等矿物做釉料着色剂，釉里还加入铅做助熔剂，最后经低温（800℃左右）烧制而成。唐三彩陶器主要用于明器和俑，表现建筑、家具、日用品、牲畜、人物等，式样繁多，是唐代社会生活风貌的真实写照，被誉为唐代社会的"百科全书"。其价值连城，是国内收藏中的珍品，也是中华文化源远流长的佐证。

[西安碑林] 西安碑林位于西安市三学街，是北宋元祐二年(1087)为保存唐开成年间镌刻的《十三经》而建立的碑石集中地。经过历代的保存、扩建，至今已收藏历代碑碣2300余方，荟萃了历代名家手笔。其中，有唐刻《周易》《尚书》《诗经》《春秋左氏传》等大型"石质书库"《开成石经》。"大秦景教流行中国碑""中尼合文之陀罗经幢"和"唐大智三藏碑"等是研究历史的重要文物。期间各种书法碑刻琳琅满目，特别是在唐代书法名家欧阳询、颜真卿、柳公权、虞世南、张阳、李隆基等手迹刻石最为珍贵。114石的《开成石经》还是大型的石质书库。

[汉长陵] 汉长陵位于咸阳东20千米的三义村北。长陵是汉高祖刘邦及皇后吕雉的合葬陵墓。刘邦陵在西，吕后陵在东，相距约250米。刘邦（前256～前195），字季，沛县（在今江苏）人，秦末率沛县子弟三千抗秦，后灭秦并击败楚霸王项羽而称帝建国，是中国第一个"以布衣提三尺（剑）有天下"的皇帝。汉长陵现在实物较少，据说其墓已被多次盗挖过，但也不失为凭吊历史的绝佳去处。

[司马迁] 司马迁（前145—约前

87) 字子长，夏阳（今陕西韩城南）人。西汉史学家、文学家。从 19 岁开始游历大江南北，后继承文职，任太史令。公元前 99 年因对李陵军败降匈奴事有所辩解，得罪了汉武帝，被治罪下狱，处以腐刑。出狱后任中书令，并发愤继续完成所著史书，终于完成了著名的传世之作《太史公书》，即后来的《史记》。全书共 52 万字，是我国第一部纪传体通史，后世赞为"史家的绝唱，无韵之离骚"。司马迁死后葬于故乡，司马迁的墓和祠位于韩城市区南 10 千米的芝川镇。

气候

陕西省具有明显的季风气候特征，受季风气候和大陆性气候的影响都较大。由南至北可分为北亚热带湿润气候、暖温带半湿润气候和暖温带温带半干旱气候。秦岭山脉横亘省境中南部，是南北气流的天然屏障。年均温为 12℃～16℃。陕北黄土高原约为 9℃，关中平原 13℃，陕南汉江谷地则达 15℃。年降水量由南向北递减，山区则由下而上递增。7～9 月降水量常占全年一半以上，且多暴雨，是造成黄河含沙量大的重要原因之一。

自然资源

陕西省自然资源具有明显的过渡性和复杂性特点。省内的自然资源种类繁多，矿产中煤、钼、铜、重晶石、磷等储量在中国居于前列。动植物种类繁多。在太白山区还辟有保护朱鹮、黑鹳等珍稀鸟类的自然保护区。

[钼矿] 陕西省钼矿资源储量居全国第二位，主要分布在渭南和商州地区，有 20 多处。钼主要用于钢铁工业，制特种钢，也用于电器生产中。渭南地区有钼矿 5 处，产于华县及华阴市，其中华县金堆城和桃园两处属大型矿床，且伴生有铜、铼、铅、银、稀土元素及硫等矿产。金堆城钼矿驰名省内外，探明储量列中国钼矿之首，且矿石易选，浮选后钼精矿品位高，回收率也高。矿体大部分裸露地表，适于露天开采。安康地区有钼矿 8 处，为花岗岩与围岩接触带上的接触交代型钼矿，如月河坪和大西沟等地。

[太白红杉] 太白红杉属落叶乔木，高 15 米，胸径 60 厘米，是陕西省特产。太白红杉林面积不大，主要分布在秦岭的太白山、玉皇山等几座海拔较高的山峰上部。这类针叶林喜居高，性寒湿，一般与高山疏林灌木丛相连接。在涵养水源、保持水土方面的作用很大，并具有很高的观赏价值。

[朱鹮] 鸟纲，鹮科，又叫朱鹭。全身呈白色，翅膀和头部为粉红色，头顶、额、眼周和喙基裸露，呈朱红色。头后枕部有冠羽，嘴长而向下弯曲。朱鹮体长近 80 厘米，雌鸟稍小。栖息在河滩、沼泽地和山溪等附近，以小鱼、软体动物、甲壳动物等为食，广泛分布于亚洲东部。在中国秦岭、东北、华北一带数量较多。现已被列为国家一级濒

朱鹮

危保护动物。

[金丝猴] 金丝猴属猴科动物，又名仰鼻猴、金钱猴。主要分布在中国陕西、四川等地。金丝猴是中国特有的猴类。鼻孔向上翘，嘴唇显得宽厚，因而又称"仰鼻猴"。金丝猴头顶的毛呈深灰褐色，颈、颊侧及腹部的毛由红黄至黄褐色，尾呈灰白色。金丝猴喜群居，食物以野果、树叶、嫩枝芽为主。4岁性成熟，每年夏季产1仔。幼仔毛色乳黄，2岁以后变成金黄色。在中国四川、云南、陕西都有分布，并建有生态保护区。

经济

陕西省经济在20世纪50年代基本以自给自足的农业经济为主，现在工业、交通运输和旅游业在西北地区发展很快，形成了国防工业、航天工业、煤炭工业、纺织工业等为主的经济格局。在交通方面，以西安为中心，陆路和航空运输皆很方便。地上、地下的文物使富有特色的旅游业成为省内经济发展的重要部分。

[农业] 陕西全省现有耕地6000万亩左右，大致为陕北一年一熟、关中两年三熟、汉中一年两熟。水稻种植面积陕南最多，占全省80%以上。秦巴山地以玉米为主，主要粮食作物以谷子、糜子为当地名产。渭河平原是人类文明发祥地之一，灌溉发达，是中国著名麦棉产区，耕作精细，占全省粮食产量的40%，小麦、棉花产量占90%。耕畜"秦川牛""关中驴"等优良畜种闻名全国，现成为中国最大的奶山羊基地。经济作物以胡麻最为重要，烟草、甜菜也有较大发展。

[工业] 陕西煤田开发以铜川、榆林为中心，铁、锰、铜、铝、钼、铅、锌、金、磷、石油、石灰石、石墨、石膏、天然碱、耐火碱、耐火黏土等储量也相当丰富，大部分得到了开发。新建和扩建了电力、石油、钢铁、机械、仪表、水泥、化肥、造纸、钟表、塑料、搪瓷、纺织、印染等工业，特别是机械、燃料、化工、纺织等在中国占重要地位。西安、宝鸡、咸阳、铜川为陕西主要的工业中心。近几年小型企业、乡镇企业得到了很快的发展。

[交通] 中华人民共和国成立后，陕西交通发展一日千里。在秦巴南部山地河谷间兴建了襄渝、宝成、阳安等铁路，天水—宝鸡、宝鸡—成都、阳平关—安康、安康—襄樊各段路线已实现电气化。公路网络遍布城乡，实现县县通公路的公路网，已达9万余千米。水运仅以汉水为主，可通行木船。航空以西安为中心，通往北京、乌鲁木齐等。

旅游

悠久的历史与名山大川构成了陕西丰富的旅游资源。巍峨的秦岭山脉横亘陕西中南部，滚滚黄河纵穿秦晋峡谷，造就了华山、骊山、太白山、天台山和黄河壶口等著名的风景名胜区。陕北的黄土高原沟壑纵横，陕西的岚山毓色可与江南媲美。"秦中自古帝王州"，宫阙遗址、名寺古刹在陕西随处可见。秦皇陵兵马俑、宋代碑林彰显着华夏文明的不朽。

[华山] 华山位于陕西省华阴市南，为中国五岳之一，号称"西岳"。海拔2154.9米。《山海经》称"远而望之，又若华伏"，远望之若花状，由此而得名，又名太华山。华山是一座由花岗岩组成的山体，但纵横节理发育，易风化

侵蚀，加上南北两大断层错动和东西两侧流水下切，将华山分割成座座俊秀山峰，其中最著名的有东（朝阳）、西（落雁）、南（莲花）、北（云台）、中（玉女）五峰。自古华山就以雄奇险峻著称，有青柯坪、千尺幢、擦耳崖、苍龙岭、长空栈等景点。其中千尺幢有"一夫当关，万夫莫开"之势，长空栈道有"奇险天下第一山"之誉。华山崖陡路险，诸峰间仅南北一径，有"自古华山一条路"之说。从山麓至绝顶，庙宇古迹、天然奇景处处可见。南峰为华山最高峰。

[大小雁塔] 大小雁塔皆位于西安市东南面，相距 3 千米。一大一小，遥遥相望。古人曾把雄伟高大的楼阁式大雁塔称为"伟丈夫"，而将秀丽玲珑的密檐式小雁塔称作"娇夫人"。大雁塔位于西安市南郊大慈恩寺内，为保存高僧玄奘从天竺（今印度）取回的 657 部佛经而建。塔高 64 米，呈方形角锥状，共 7 层。塔身磨砖对缝，结构坚固，底层四面有砖券拱门，是我国楼阁式砖塔的典型。小雁塔为唐高宗献福所建。塔为密檐式方形砖建筑，高 15 层，现存完整的 13 层，高 45 米。雁塔晨钟为"长安八景"之一，是早期密檐式塔的代表作。底层有唐代书法家褚遂良书写的唐太宗、唐高宗撰文碑，至为珍贵。

[陕西历史博物馆] 陕西历史博物馆位于西安市城南，占地 7 万平方米，建筑面积 4.2 万平方米。馆藏文物 11 万多件，是中国第一座现代化的国家级博物馆。主体"陕西古代史陈列馆"，集周、秦、汉、唐等历史朝代在陕西出土文物的精华，有 3000 多件珍贵文物，以商周青铜器，秦汉瓦当，陶俑和盛唐的唐三彩、金银玉器、瓷器等为主。充分地反映了周、秦、汉、唐等 10 余个封建王朝建都西安的历史风貌，是研究古代文化的重要史料。

[秦始皇陵] 秦始皇陵位于陕西临潼城东 5 千米的下河村骊山北麓。始建于公元前 246 年，至公元前 208 年竣工，历时 38 年。总面积约 56 平方千米。有内城和外城两重，外城矩形，周长 6210 米，四角各有门址一处。内城周长 3840 米，底基呈方形。据《史记》载："穿三泉、下铜而致椁，宫观百官，奇器异怪徙藏满之。令匠作机弩矢，有所穿近者辄射之。以水银为百川江河大海，机相灌输，上具天文，下具地理。以人鱼膏为烛，度不灭者久之。"相传建有豪华宫殿，并设百官位次；以明月珠为日月，铸金银为雁凫，刻玉石为松柏。现挖掘的各类建筑主要有陪葬墓坑、兵马俑坑、珍

皇　陵

陕西的皇陵可以说堪称全国之最。较为典型的有黄帝陵、昭陵、乾陵。黄帝陵在距西安以北约 200 多千米处，是中华民族的始祖——轩辕黄帝之陵。据史载，黄帝姓公孙，号轩辕，建国于有熊，亦称有熊氏，被誉为中华"人文之祖"。黄帝陵高 3.6 米，周长 48 米，墓前有"桥山龙驭"玉石碑。据说，黄帝乘龙升天后，人们将他的衣冠埋在这里。相传有汉武帝手植的古柏，约有古柏 8 万余株，是全国最大的古柏群之一。昭陵位于西安西北约 70 千米处的九峻山上。相传为唐太宗李世民的陵寝。李世民是唐朝第二个皇帝，开创了"贞观盛世"。昭陵始建于贞观十年（636），历时 13 年之久。它开创唐代帝王"以山为陵"的先例，是陪葬最多的一座皇陵，是初唐文物的集中代表。乾陵位于乾县城北 6 千米的山上，距西安 80 千米，是唐朝第三代皇帝李治和女皇武则天的合葬陵，是唐十八陵中最有代表性和迄今保存最好的一座陵墓。乾陵的地面设施，遗留到现在的主要是陵墓石刻。它是中国帝陵中唯一的皇帝夫妇合葬陵。

禽异兽坑、石料加工场等遗址。陵墓工程浩大，气势雄伟，是世界上规模最大、结构最奇特、内涵最丰富的帝王陵墓，实际上它是一座豪华的地下宫殿。秦始皇陵是一个巨大的文物宝库，现挖掘面积只有三千平方米，但出土文物就有四五万件，对研究中国秦朝政治、文化、军事和冶金技术等提供了实物资料。现陵墓封土堆47.6米，有石阶可攀登而上。

[秦兵马俑坑] 秦兵马俑坑位于西安秦陵外城东侧1.5千米处。1974年和1976年发现挖掘1号坑，共出土武士俑、战车、马匹有6000余个，是个古代大型军事长方阵形，为中军；2号坑面积6000平方米，有兵马俑1600件，由骑兵、战车、步卒和射手混编而成，为右军；3号坑平面呈凹形，面积520平方米，内有战车一乘，卫士俑68个，配有大批武器，似为指挥部，为后军；4号坑为右军，有坑无俑，只有回填的泥土。4个坑有机地形成了一个军阵体系。陵旁还出土两组铜车马俑，每组配4匹马同时还有驭手。车、马、人雕镂精致，镏金镀银，金碧辉煌。兵马俑的发现展示了秦朝当年行军作战、统一六国的雄伟阵容，被誉为"世界第八奇迹"，现已

彩绘陶俑　秦
陕西省西安市临潼区秦兵马俑2号坑出土，彩绘陶俑因大火的焚烧失去了原来的色泽，大部分彩绘脱落。

开辟为地下博物馆。

秦陵彩绘铜车马　秦陵彩绘铜车马出土于秦始皇陵西侧20米外，车、马和俑的大小约相当于真车、真马、真人的1/2。铜车马主体为青铜所铸，一些零部件为金银饰品。铜马车通体彩绘，马为白色，彩绘时所用颜料均为有胶调和的矿物颜料，利用胶的浓度塑造出立体线条。秦陵铜车马共有3000多个零件，秦代工匠巧妙地运用了铸造、焊接、镶嵌、活铰连接、子母扣连接、转轴连接等手段进行组装，比例合格，构图科学，体现了中华民族工艺的博大与精细。特别是一、二号车的伞盖，其厚度仅0.1～0.4厘米，而面积分别为1.12平方米和2.3平方米，整体用浑铸法一次铸出。秦陵彩绘铜车马是20世纪考古史上发现的结构最复杂、形态最大的古代青铜器，被誉为中国古代的"青铜之冠"，具有极高的技术价值。

[黄帝陵] 黄帝陵位于陕西省黄陵县城北，碑陵高约3.6米，周长48米。墓前碑亭内立有"桥陵龙驭"碑和"黄帝陵"碑。黄帝号轩辕氏，有熊氏，是少典之子，原为氏族部落首领，在阪泉战胜炎帝，统一黄河流域，他被视为中华民族的祖先。相传黄帝创文字、定算术、制衣冠、造舟车、定音律，被誉为中华"人文之祖"。中华民族散布世界各地，每年都要举行祭祀活动。因《史记·五帝本纪》上有"黄帝崩，葬桥山"的记载，故历代均有桥山黄帝陵举行祭祀大典。在黄帝庙内有一株高19米的千年古柏，相传为汉武帝手植，每年都吸引世界各地华人来此寻根问祖。

[大明宫遗址] 大明宫位于西安市北龙首塬上。唐是贞观十一年（634）

初建，最初名永安宫，是太宗李世民为其父李渊修建的夏宫。大明宫是唐代著名宫殿之一。据史载，全宫占地12平方千米，有33个门，丹凤门为正门，含元殿为正殿，其北是宣政殿，中书、门下两省以及弘文、史馆分列左右，此外还有30余处宫殿、亭、观等毁于唐末战乱。现存遗迹有含元殿、麟德殿、翔鸾和栖凤两阁以及太液池、蓬莱亭等，尚可辨识。考古工作者于1957～1959年发掘了四座城门和含元、麟德两殿遗址，其中麟德殿遗址台基高5.7米，南北长130米，东西宽70米。大明宫于1961年被公布为全国重点文物保护单位。

[华清宫] 华清宫位于西安市区30千米的临潼山区。从骊山山麓直至山顶布满门楼殿宇。自古即以温泉和风光优美而著名，为唐代离宫。据载，唐贞观十八年(644)，唐太宗派当时的建筑师阎立本负责设计，把骊山改建为汤泉宫。唐天宝六载(747)，唐玄宗再次大规模扩建，改名华清宫。唐玄宗常带杨贵妃来此游乐，唐玄宗住在这里的寝宫叫飞霞殿，殿南的御用浴池名莲花池，全用白石砌成，池中有两朵白石雕成的莲花，温泉从在花心隐藏的泉眼中流出。莲花池西面的芙蓉池，是杨贵妃专用的浴池。现有周幽王"烽火戏诸侯"的烽火台遗址和"西安事变"的"兵谏亭"等。

[党家大院] 党家大院位于陕西韩城市东北9千米，是当地保存较好的北方传统民居建筑。始建于元至顺二年(1331)，现仍保留明、清四合院140余座，祠堂12座，戏楼2座，贞节牌楼1座。村内巷道用条石铺砌，每户宅院全是青砖砌筑的高大门楼，门楼两侧墙上有传统治家格言、诗文及砖雕、木雕图案，是研究明清文化不可多得的实物。

江苏省

行政区划

江苏省地处东经116°18′～121°57′、北纬30°45′～35°20′。位于国境东部沿海，居长江、淮河下游，东濒黄海，西邻安徽，北接山东，南与浙江、上海毗邻，京杭运河纵贯全省南北。面积约10.26万多平方千米，全省辖1个副省级市、12个地级市、54个市辖区、25个县，还有27个县级市。简称苏。

[省会——南京] 南京市位于省境西南部，面积6598平方千米，为副省级市。全市辖11区2县。南京历史悠久，战国时期越王勾践灭吴后在今中华门西南建越城，这是南京历史上最早的城墙。解放后南京为中央直辖市，1953年1月并入江苏省，为江苏省会。南京地处长江下游平原，境内山地、江河、平原交错。南京属北亚热带季风气候区，四季分明。南京是中国东部地区重要的综合性工业基地，电子、汽车、化工产品生产在全国有重要意义。南京是华东地区铁路、公路、空运、管道运输的枢纽，京沪、宁铜铁路在此交会，有60多条公路沟通境内外，南京港是中国

南京明孝陵博物馆陈列馆

最大的内河港。南京还是全国六大通信中心之一、长江流域四大中心城市之一。南京名胜古迹众多，有石头城遗址、六朝古墓、栖霞山石刻、划悉湖等景观多处。南京是中国七大古都之一，又是国务院首批公布的 24 座历史文化名城之一。南京市简称宁，是江苏省政治、经济、文化、交通中心。

[扬州] 扬州市位于江苏省境中部，长江下游北岸，面积 6678 平方千米，辖 3 区 1 县，代管 3 个县级市。人口 445 万，居民以汉族为多，还有回、土家、蒙古等 41 个少数民族。扬州为中国历史文化名城。春秋战国时期扬州为邗国地，称邗。市境内的主要河流有长江、京杭运河，并有白马湖、宝应湖、高邮湖、邵伯湖连通长江。扬州属北亚热带湿润气候区，气候温和，四季分明。农业较发达，素有"鱼米之乡"的美称，主要农作物有水稻、棉花、油菜等。扬州工业以机电、纺织、轻工、化工为支柱，主要产品有汽车、船舶、内燃机等。扬州水陆交通便捷，境内河网密布，自古水运就十分发达。境内著名的风景名胜区有瘦西湖等，瘦西湖还被列为具有重要历史文化遗产和扬州园林特色的国家重点风景名胜区。

[徐州] 徐州市位于省境西北部，面积 11517 平方千米，是淮海经济区重要的中心城市。徐州市辖 5 区 4 县，代管 2 个县级市，居民以汉族为多，有回、满、蒙古等 48 个少数民族。徐州古称彭城，东汉末年始称徐州。历代或为诸侯王都城，或为路、州、道、府、郡、县治所。徐州地处黄泛冲积平原和沂沭河冲积平原，属暖温带湿润和半湿润季风气候。农业发达，是国家商品粮基地，

农作物以种植水稻、小麦为主，其他农副产品如蚕桑、肉类、禽蛋、淡水鱼等，均畅销国内外。矿产主要有煤、铁、石灰石等，其中煤炭年产量高，徐州素有"江苏煤都"之称。工业已形成以煤炭、火电、建材为基础，机械、化学、轻工、电子相应发展的工业体系，徐州电厂规模居全国火力发电行业前列。徐州是全国交通枢纽，京沪、陇海两大铁路干线在此交会。徐州市现有很多文物古迹，两汉文化为徐州文化特色，徐州是国家历史文化名城之一。

人口、民族

2010 年江苏省人口为 7865 万，其中汉族占大多数，达 99% 以上，此外还有 40 多个少数民族。少数民族中以回族人口最多，其余为满、蒙古、壮、苗等族。由于自然条件的差异，开发历史的先后和经济发展水平的高低，造成江苏的人口分布地区差异显著。长江三角洲沿江各地水利条件好，交通便利，多种经营发展，人口密度大，而丘陵山地和滨海各地，尽管面积较广，但人口较少，人口密度不及沿江地区的一半。

历史文化

江苏省具有悠久的历史，是中国文明的发源地之一。考古研究发现，人类较早就在江苏定居繁衍，新石器时代的湖熟文化、北阴阳营文化遗址是迄今为止在江苏发现的较早的文化遗存。这些文化的发源地——宁镇地区的地理位置与中原较为接近，因此江苏的古文化在一定程度上受到中原文化的影响。在上古的时候，江苏是九州中徐、扬二州的一部分。春秋时江苏一带分属吴、楚、宋、鲁等国，战国时分属越、楚、齐等

国。江苏人民在如此厚重的历史积淀中创造了灿烂的吴文化、汉文化等。随着历史的进一步发展，江苏人民不断地将它们深化，形成了独特的文化形态。

[孙权称帝] 公元 229 年，孙权在武昌称帝，改元黄龙。自公元 200 年起，年仅 19 岁的孙权接替了其兄孙策的职位，成为江东最高统治者。孙权对外采取了联弱蜀抗强曹的正确策略。208 年，孙刘联军在赤壁大败曹操，巩固了在江东的统治。221 年，派将领陆逊火攻蜀军，取得大胜。229 年，孙权称帝于武昌，国号吴，后迁都到建业，即今江苏省的南京市。为开发沿海，孙权于公元 230 年，派出万人船队，由将军卫温和诸葛直率领出海，到达夷洲，即今台湾。孙权的政治才能，曾得到他的劲敌曹操的赞扬，曹操说："生子当如孙仲谋。"公元 252 年，孙权去世，终年 71 岁。死后被追尊为吴大帝。

[郑和下西洋] 明代，中国的造船和航海事业有了很大的发展。为了加强同海外各国的联系，明成祖派遣郑和出使西洋。1405 年，郑和率领 2.7 万多人，共 200 多艘海船，浩浩荡荡从苏州刘家港出发，第一次出使西洋。到 1433 年，郑和前后出使西洋 7 次，经历了亚、非 30 多个国家和地区，最远到非洲东海岸和红海沿岸，成为当时世界航海史上的壮举。

郑和七次下西洋，不但扩大了东方这个古国的知名度，加深了各国对中国的了解，而且极大地推动了明朝海外贸易的发展。之后，亚洲许多国家都先后派使节访华。永乐二十一年（1423），古里等 16 国的使节和商团随郑和船队到达南京。郑和七下西洋，促进了中外经济文化的交流，也推动了 15、16 世纪世界航海贸易的进步与发展。

[徐霞客游天下] 徐霞客（1586—1641）名弘祖，字振之，号霞客，明末南直隶江阴即今无锡江阴人，是明代也是中国古代杰出的旅行家、地理学家和文学家。徐霞客少时聪慧过人、博览群书，22 岁摈弃仕途，开始漫游中国大地。30 余年间，足迹遍及 16 个省区的名山大川，他对山脉、水道、地质、地貌等方面的研究取得了超越前人的成就，成为世界上考察研究岩溶（即喀斯特）地貌的先驱者。在游历期间，他每到一处，即按日记记事，将所见所闻写成日记体裁的游记。徐霞客留意考察各地名胜古迹、险壑陡崖、幽岩暗洞和风土民情，并做翔实记录与分析考证，对山形地貌、河川地质等的记述尤为翔实。崇祯十三年（1640）徐霞客在游历途中生病而返乡，著述《徐霞客游记》20 万字。其中《粤西游记》专门记述他在广西的游历见闻和分析评论，是世界上最早的关于石灰岩溶蚀地貌的考察记录。

[桃花坞木刻年画] 苏州桃花坞木刻年画与天津杨柳青木刻版画是中国木刻年画的南北两大中心，素有"南桃北杨"之称。明清时期，随着苏州经济发展，阊门一带集中了许多手工艺作坊，以年画铺为最多。在此出品的民间木刻年画，使桃花坞名闻天下。苏州桃花木刻年画始于何时很难考评，但从中国刻版印刷发展史和已形成独特的风格判断，清雍正、乾隆时期是它的鼎盛时期。当时的画铺作坊分设于苏州阊门外的山唐街和阊门内的桃花坞一带，桃花坞木刻年画不仅规模和印刷数量达到了空前的程度，而且年画内容、形式、风格、

构图、雕版、套色等方面都达到相当的艺术高度。不仅畅销全国各地，还传入日本、东南亚等国家和地区。

[梅兰芳] 梅兰芳（1894—1961），本名澜，艺名兰芳，祖籍江苏泰州。梅兰芳1894年10月22日出生于北京铁树斜街的梨园世家。是中国杰出的京剧旦行表演艺术家、举世闻名的中国戏曲艺术大师。他是中国京剧史鼎盛期和新中国成立后繁荣时期承上启下最具有代表性的人物，以其精妙的艺术和高尚的品德赢得全国人民的高度赞赏。他在50余年的舞台生涯中，精心创造，善于革新，塑造了众多优美的古代妇女艺术形象，积累了大量优秀剧目，发展了京剧旦角的表演艺术，形成一个具有独特风采的艺术流派，世称梅派。他与程砚秋、尚小云、荀慧生并称"四大名旦"，并居"四大名旦"之首。他不仅在京剧旦角艺术的发展中起到继往开来的重要作用，而且是最早将中国的京剧艺术推向世界舞台的先行者。他曾多次到国外演出，在国际舞台上的精湛表演使国外广大观众和戏剧专家为之倾倒。通过他的不懈努力，终使京剧艺术跻身于世界戏剧之林。梅兰芳于1961年8月8日病逝于北京，终年68岁。

[苏绣] 苏绣是流行在苏州地区传统的民间工艺。苏绣的历史悠久，在春秋时期就已经出现，主要用于服饰。宋代是苏绣发展的成熟阶段，除宫廷设有刺绣工艺的专门机构"丝绣作坊"外，许多妇女都学习刺绣。到明代，苏州的刺绣得到了更进一步的发展，苏绣成了群众性的家庭副业，并不断地进行变化、改进，形成自己独特的风格。苏绣以细腻活泼的针法创作出生动逼真的形象。苏绣的题材以花鸟、人物、楼阁为主。苏绣又分为单面绣、双面绣、双面异色绣等种类，其中双面绣是苏绣中独具风格的绣品。这种绣品可以从正反两面欣赏。苏绣在艺术上讲究"平、光、齐、匀、和、顺、细、密"。

苏绣因其精美、细腻、雅致、生动而享誉中外，与湘绣、蜀绣、粤绣并称中国四大名绣。

气候

江苏省地处暖温带季风气候和亚热带季风气候的过渡地带，作为暖温带和亚热带分界线的0℃等温线大致沿淮河、苏北灌溉总渠一线通过。江苏气候温和，雨量适中，四季分明。年平均气温13℃～16℃，由北而南递增。1月均温−1.5～3.5℃，7月均温在26℃以上，由东北沿海的26.5℃递增到西南内陆的29.1℃，无霜期210～240天。10℃以上的持续期和活动积温值分别为210～230天和4352℃～5045℃。年降水量800～1200毫米。淮河、苏北灌溉总渠一线以北的暖温带地区，雨季较短，年降水量在1000毫米以下；以南的亚热带地区由于深受梅雨和台风影响，雨季较长，降水较多，江淮间为900～1100毫米，沿江为1100毫米，宜溧山区为1200毫米左右。4～10月降水量占全年降水量的70%以上，徐淮一带在85%以上。

自然资源

江苏省地理位置和气候条件使江苏的自然资源丰富。江苏的水资源丰富，土壤类型多样、土地质量高，气候条件也很适宜。江苏的生物资源很丰富，种类繁多，这里还存在许多世界著名的珍稀濒危动植物，如麋鹿、丹顶鹤、秤锤树等。但是重要的能源矿产和铁矿均较贫乏，铜铝土矿也很少。金属矿中的锶、锗、铅、锌和非金属矿中的蓝晶石、高岭土、陶土等矿产资源储量较丰，质量也较高。

[秤锤树] 秤锤树是安息香科植物，其果实形状似秤锤，故名。秤锤树系落叶小乔木或灌木，高 3～7 米，胸径达 10 厘米。花、果均下垂，花白色，果卵圆形或卵圆状长圆形，顶端呈喙状。秤锤树多分布在南京及其附近地区，生长于海拔 300～800 米处的林缘、疏林中或丘陵山地。已濒于灭绝，为国家二级保护濒危种。

[白穗花] 白穗花是百合科的多年生草本植物。根状茎圆柱形。叶有 4～8 片，倒披针形。花葶高 13～20 厘米，花白色。浆果近圆形，直径约 5 毫米。白穗花为中国特有单种属植物，仅分布于江苏、浙江、安徽、江西、四川，生长于海拔 630～900 米处的山谷溪边和阔叶林下。

[独兰花] 独兰花属兰科植物，是国家二级保护稀有种。因花单生，故名。假鳞茎淡黄白色，顶端生 1 叶。叶阔卵形或阔椭圆形，下面带紫红色。花葶生于顶端叶腋，花较大，淡紫色或浅粉红色，单朵顶生，直径 5.5～7 厘米，唇瓣 3 裂，侧裂片斜卵形，中裂片肾形，边缘稍呈皱波状，具紫红色总疣和腺点，长约 2 厘米，稍弯。独兰花分布于江苏、浙江、安徽、江西、湖南、湖北、陕西、四川，生于海拔 400～1500 米处的阴坡常绿阔叶林和常绿、落叶阔叶混交林下潮湿的沟边和山谷岩壁下。

[宝华玉兰] 宝华玉兰属木兰科植物，落叶小乔木，高 7～11 米，胸径 30 厘米。花芳香，花被片上部白色，下部紫红色。宝华玉兰对于生长环境要求较高，故濒于灭绝，现仅于江苏宝华山残留 18 株，散生于海拔 220 米处的低山稀疏阔叶林中，为国家三级保护濒危种。

[白腹海雕] 白腹海雕属于鹰科大型鸟类。白腹海雕体长71～76厘米，头、颈和下体纯白色，上体灰色，尾黑色呈楔形，尾羽外缘三分之一为白色。它栖息在海岸边，常单独活动，主要以海鱼为食。在国内，这种鸟分布于江苏、广东、海南、福建等地。白腹海雕在中国数量已相当稀少，现已将白腹海雕列为国家二级保护动物。

[麋鹿] 麋鹿属偶蹄目鹿科，是一种非常特殊的大型鹿类。它体长约 2 米，肩高可达 1.3 米。雄鹿较大，雌鹿较小。雌鹿无角，雄鹿有角，角枝形态十分特殊，没有眉叉。主干离头部一段距离后，分前后两枝，前枝再分两杈，后枝长而近于直。一般随年龄的增长，角枝次级的分杈更趋为复杂。麋鹿曾濒临灭绝，经过保护和精心管理后，现在麋鹿数量已经增多。中国已在江苏建立了大丰麋鹿保护区。

经济

江苏省平原辽阔坦荡，河流湖泊众多，自然环境条件优越，交通运输发达，为工农业的全面发展创造了有利的基础条件。江苏省工业以机械、电子、纺织、石油化工等为支柱产业，并且形成了门类齐全、技术含量较高的工业体系。目前江苏已成为全国工业发达的省区之一。江苏还是中国重要的农业区，是粮、油、棉、薄荷生产基地。江苏境内的长江水道和京杭运河河段构成全省内河航线的主干线，航道总里程居中国第一，还有吞吐量10万吨以上的港口近300个。南京、徐州还是全国重要的铁路枢纽。便利的交通使江苏原料、产品输入输出方便快捷，加速了江苏省经济的发展。

[农业] 江苏省平原辽阔坦荡，河网密布，湖荡众多，平原和水域面积约占全省总面积的85%，加上良好的气候条件，十分有利于农、牧、渔业的发展。江苏土壤的垦殖指数高，种植业发达，是全国农业发达的省区之一，也是中国重要的粮油产区。粮食作物以水稻、麦类为主，经济作物以棉花、油料为主，林木以毛竹、松、杉为主。随着农业技术的发展，全省农业基本实现了耕作、植保、脱粒等机械化和半机械化。江苏省水域面积约占全省总面积的18%，鱼类上百种，水产养殖捕捞技术先进，渔业发达。海洋水产资源也十分丰富，海洋渔场15.4万平方千米，经济鱼类40余种。

[工业] 江苏的工业发达。江苏工业以加工业为主，已形成以机械、电子、电力、石油化工、纺织等为支柱产业的门类齐全、技术含量高的工业体系。江苏省的乡镇工业异军突起，产值居全国首位。省内现有大中型企业2000多家，各类企业集团也近2000家，此外还有很多外商在江苏创办外资企业，给江苏的经济发展增加了动力。江苏手工业也很发达，以苏州刺绣、无锡泥塑、宜兴陶器、南京云锦、扬州玉雕和漆器等最为著名。

[交通] 江苏是华东地区交通枢纽。本省交通运输种类齐全，水运更是发达。全省已形成以长江、京杭运河为骨干、江河湖海相连、四通八达的水路运输网，95%以上的县市可通机动船。南京、镇江、张家港、南通等是长江上的重要港口。内河航运里程居全国第一位。全省公路里程13万多千米，其中高等级公路占22%，100多条公路干线连接1500多条县乡支线，构成四通八达的公路网络。铁路有陇海线、京沪线和宁铜线，南京、徐州是两大交通枢纽。南京、常州、无锡、徐州、连云港建有飞机场，定期或不定期航班通往北京、上海、广州、深圳、香港、澳门等地。江苏还有一部分管道运输，而且运输量较大。发达的交通运输条件，使物资能在最短的时间内到位，给省内的经济发展提供便利。

旅游

江苏名山秀水广布，历史悠久，经济发达，旅游资源极为丰富。这里是山水园林、名胜古迹和旅游城市高度集中的地区，如有"虎踞龙蟠"之称的南京，有"天堂"之称的苏州，有"淮左名都"之称的扬州及镇江、淮安、徐州、常熟等历史名城。这些城市中的文化古迹，南京的"石头城"、明孝陵、中山陵，徐州的刘邦"大风歌碑"，常州的"东南第一丛林"天宁禅寺，苏州的虎丘塔、寒山寺等堪称代表。江苏丘阜散布，水网密布，如钟山、云台山、惠山、金山、太湖、玄武湖等，这些自然景观不但风景秀丽，而且为构筑园林提供了良好的基础，所以江苏名园荟萃，形成诸多风景园林名城，苏州、扬州、镇江皆以此名闻世界。

[周庄] 周庄位于昆山市西南，始

建于北宋时期，为著名的江南水乡古镇。周庄北临急水港、南滨南湖、西邻蚬湖、东邻淀山湖，为一"四面环水、港汊分歧，咫尺往来，皆需舟楫"的水乡古镇。周庄面积36平方千米，镇区内保持着完好的宋代"水陆平行，河街相邻"和"小桥流水人家"的风貌。小镇内河汊纵横，四条水道将古镇分割成"井"字形，形成八条长街。满街房屋粉墙花窗，傍水而筑，素有"水中桃源"之称。全镇有近百座古宅大院，以江南民居之最的"七进五门楼"的沈厅和"轿从前门进，船从家中过"的张厅最为著名。水巷两岸，富有水乡特色的建筑过街骑楼、临河水阁、穿竹石栏比比皆是，河道上横跨着保存完好的元、明、清历代石桥14座。悠久的历史，给周庄造就了诸多独具特色的人文景观。

[苏州园林] 苏州园林地处长江三角洲，风光秀丽，物产丰富，气候宜人，交通便利，旧时官宦名绅年老后多到苏州择地造园，颐养天年。苏州以园林美景享有盛名，有"江南园林甲天下，苏州园林甲江南"之称。明清时期，苏州封建经济文化发展达到鼎盛阶段，造园艺术也趋于成熟，出现了一批园林艺术家，造园活动达到高潮。这些园林可分为宅园林、市郊园林和寺庙园林三大类，这些园林反映出历代园林的不同风格，为中国园林艺术的代表作。古代的造园者都有很高的文化修养，能诗善画，造园时多以画为本，以诗为题。通过凿池堆山、栽花种树，创造出具有诗情画意的景观，被称为是"无声的诗，立体的画"。苏州园林中建筑、山水、花木、雕刻、书画的综合艺术品，集自然美和艺术美于一体，构成了曲折迂回、步移

景换的画面。苏州的私家园林最多时达280余处，现存园林60多个，其中拙政园和留园与颐和园、承德避暑山庄并列为中国四大名园，并同网师园、环秀山庄一起于1997年12月被联合国教科文组织列入《世界遗产名录》。

[留园] 留园位于江苏省苏州市阊门外，为苏州四大古名园之一。留园始建于明嘉靖年间，清嘉庆时归刘蓉峰所有，改名"寒碧山庄"，也称"刘园"。刘与留同音，后又叫留园。面积50余亩，园中分四个景区。中部以山池为中心，池居中央，四周环以假山、亭台、长廊，明净清幽；东部则以建筑为主，厅堂宏丽轩敞，重楼叠阁；西部是土山枫林，

留园

景色天然清秀；北部是桃杏紫藤，一派田园风光。全园建筑布局结构严谨，装饰别致多彩，建筑空间处理得当，为苏州园林之冠。

[狮子林] 狮子林在江苏省苏州市园林路，与拙政园、留园、网师园并列为苏州四大名园。狮子林至今已有600多年的历史。狮子林始建于元代至正二年（1342），名僧天如禅师维则的弟子"相率出资，买地结屋，以居其师"。因园内"林有竹万固，竹下多怪石，状如狻猊（狮子）者"，又因天如禅师维则得法于浙江天目山狮子岩，为纪念佛徒衣钵、师承关系，取佛经中"狮子座"之意，

拙政园水廊

故名"狮子林"。狮子林素有"假山王国"之美誉。既有苏州古典园林亭、台楼、阁、厅、堂、轩、廊之人文景观，更以湖山奇石、洞壑深邃而盛名于世。

[拙政园] 拙政园在江苏省苏州市娄门内。唐代这里是诗人陆龟蒙的住宅，元时为大宏寺。明正德年间，御史王献臣弃官回乡，买下寺产改建成园林住宅。后经多次修建，成现在规模。拙政园面积约4万平方米，分东、中、西、住宅四部分。园内以水为主，建筑亦多临水。池广树茂，景色自然，台馆分峙，回廊起伏，装饰华丽，布局有序。

[盘门] 盘门位于苏州市古城南隅，为古苏州西城的水、陆门，是苏州最古老的城门，也是中国仅有的水陆并存的城门。盘门始建于公元前514年，即春秋吴王阖闾元年，古名蟠门，上刻有蟠龙，后因水陆萦回曲折，改称今名。现存盘门是元代至正十一年（1351）重建，经明、清续修。盘门以古运河为护城河，水、陆两门比肩而立。内城河水经门洞流出城外，过水关桥注入运河，水门设水闸与栅门两道闸，均以青石为拱券。水门可调节水位，还是重要的防御工事，雉堞、女墙、绞关石一应俱全；陆门位于水门北侧，也有内外两重，两门之间构成瓮城。盘门是苏州最有江南特色的保存较完整的古城遗址。

[沧浪亭] 沧浪亭位于苏州市南人民路三元坊，原是五代吴越国广陵王钱元璙花园，是现存历史悠久的古园林之一。北宋诗人苏舜钦临水筑亭，有感于渔父歌《沧浪之水》和孟子"沧浪之水清兮，可以濯吾缨"，故为其所筑亭题名为沧浪亭。沧浪亭不同于一般公园的围墙高筑，沧浪亭疏朗开放，与周围景致连成一体。整个园子的造园风格独树一帜，以假山为中心，重岩复岭、翠竹丛生，巧妙地将园内、园外的远山近水融为一体，可以两面观景。水绕园而过，山山可以隔河相望。沧浪亭翼然山顶，掩映于古林怪石之间。山下有闻妙香室、瑶华境界等，还有镶嵌着594幅与苏州有关的历史名人石刻像的五百名贤祠。

[虎丘] 虎丘又名海涌山，位于苏州阊门外西北郊山塘街。山高仅30多米，面积约20公顷，但气势不凡，让人有绝岩纵壑之感。相传春秋时吴王曾在此建行宫，后来，吴王夫差葬其父阖闾于此。因丘如蹲虎，故名虎丘。虎丘山上建有虎丘塔，虎丘塔又称云岩寺塔，始建于隋文帝时。塔身为平面八角形，共有七层。1955年重修塔顶时，在第三层夹层内发现有石函、经箱、铜佛、铜镜等珍贵文物。由于地基原因，虎丘塔自明代起就向西北倾斜，被称之为"东方比萨斜塔"，已成为苏州古城的象征。虎丘古木荫翳，名胜遍布，有历史名人雅士品题诗咏，加之神话传说之渲染，

有"吴中第一名胜"之誉。

[中山陵] 中山陵位于南京市东郊钟山中部第二峰茅山南麓，系孙中山先生的陵墓。中山陵兴建于1926年1月，1929年春落成，同年6月1日孙中山遗体由北京香山碧云寺停厝地移此安葬，陵墓呈木铎式，傍山而筑，由南往北渐次升高，依次为牌坊、墓道、陵门、碑亭、平台、祭堂和墓室等建筑。墓道入口至墓室的距离达700余米，共有花岗石台阶392级。祭堂为孙中山石雕全身坐像，四周浮雕表现孙中山革命事迹。祭堂后面是穹隆状墓室，中央是长方形大理石墓穴，棺上镌有孙中山卧像。附近有音乐台、光华亭、流徽榭、孙中山铜像、藏经楼等辅助建筑。

[寒山寺] 寒山寺原名妙利普明塔院，位于苏州市阊门外枫桥镇，始建于南朝梁天监年间。唐贞观年间，高僧寒山、拾得由天台山来此，故称寒山寺。唐张继在天宝年间赴京赶考落第，路经寒山寺作《枫桥夜泊》诗，寒山寺因此名扬天下。寒山寺屡建屡毁，现存建筑为清末重建。清光绪三十一年(1905)，日本人仿铸唐钟一对，一留日本寒山寺，一送中国寒山寺。寒山寺重建时，按原样式铸了一口大钟，置于寺内供游人观赏。寒山寺的夜半钟声闻名于世，名刹听钟为其一大特色，不少人慕名专程前来聆听寒山寺的夜半钟声。

[天下第二泉] 天下第二泉又称惠山泉、陆子泉，在无锡市惠山山麓，因唐代陆羽品题而得名。陆羽，字鸿渐，嗜饮茶，著《茶经》三篇，对茶之源流、饮法以及茶具论述详尽，有"茶圣"之称。天下第二泉凿于唐大历年间即公元766～779年，泉水甜美，到了

宋代身价倍增，宋徽宗列其水为贡品。池壁上有明弘治十四年（1501）杨理雕刻的螭首，形制苍劲古朴，泉水由螭口流入池中，叮咚有声，池分为上、中、下三池，上池水质最好。池北墙上有清王澍所书"天下第二泉"，苍劲雄伟。中国民间艺人瞎子阿炳（华彦钧）二胡独奏曲《二胡映月》，描绘的即是此处景色。

[鼋头渚公园] 鼋头渚位于无锡市西南太湖之滨的充山西端，其三面环水，形如突入湖中的鼋头，故名。1918年开始建园，先后辟有横云小筑、郑园、退庐等。全园依山临水，四季景色异，阴晴雨雪意境各别。全园可分为四大区，从大门至"太湖佳绝处"牌坊的新建区、长春桥经湖山深处到万浪桥的游览区、从飞云阁至劲松楼的眺望区以及后山区。鼋头渚公园的特点是天然风景为主、人工修饰为辅，园林布局依山傍水，别具一格，是观赏太湖最佳之地。

[瘦西湖] 瘦西湖位于扬州新北门，原名保障河，又名炮山河，也叫长春湖。自六朝以来，即为风景胜地。与杭州西湖相比，瘦西湖湖身狭长曲折，自有一番清瘦秀丽的天韵，故名瘦西湖。瘦西湖原是纵横交错的河流水道，明清以来，巧妙运用园林艺术，沿湖造园、固水成景，成为精美的古典园林。人们在西湖湖畔相继建筑了小金山、白塔、五亭桥、月观、钓鱼台等建筑，组成若干小园，园中有园，景中有景，形成了山环水绕、楼阁掩映、游程曲折、具有"南方之秀，北方之雄"的独特园林风格。

整个瘦西湖长5千米，犹如一幅山

水画卷，既有天然景色，又有扬州独特的园林建筑艺术，是中国著名的风景区之一。

浙江省

行政区划

浙江省位于东海之滨，毗邻福建、江西、安徽、上海、江苏等省市，位于东经118°～123°、北纬27°12′～31°31′。全省陆域面积10.18万平方千米，山地、丘陵较多，平原集中在沿海、河口。全省大陆海岸线长约2200多千米，沿海有大小岛屿3061个。其中舟山岛面积472平方千米，是中国的第四大岛。明代设浙江承宣布政使司。全省辖杭州、宁波2个副省级市及9个地级市、32个市辖区、22个县级市、35个县、1个自治县。因钱塘江旧称浙江，故名。简称浙。

[省会——杭州] 杭州市是浙江省省会，位于省境北部，钱塘江下游北岸，大运河南端终点，沪杭、浙章、杭甬、杭长等钱路线的交会处。面积16596平方千米，历史上曾为吴越、南宋都城，是我国历史文化名城和七大古都之一。杭州市地势由西南向东北缓缓倾斜，境东北为长江三角洲杭嘉湖平原南端，海拔2～10米，平川沃野，河港纵横，气候温和湿润，是江南鱼米之乡。杭州的丝绸业发达，素称"丝绸之府"，以丝绸工业为中心，相应发展了多种轻纺工业和重工业，形成了轻重工业相结合的产业结构。

传统手工艺品绸伞、檀香扇、张小泉剪刀、丝绸织锦等深受消费者欢迎。杭州农业是以种植业、养殖业与加工副业并举的城郊型农业，其中西湖龙井茶叶是杭州的特产。杭州诸山多泉水，尤以虎跑、玉泉、龙井称著。又因绮丽的西湖而誉满中外，一年四季适宜旅游，是世界闻名的风景旅游城市。

[宁波] 宁波市位于省境东部，是浙江省第二大城市。甬江是奉化江、姚江两大源流汇合处。地处东海之滨，长江三角洲的东南角。面积9365平方千米。岛屿星罗棋布，沿海南部多滩涂，北部多沙岸，东部为岩岸，中部属宁绍冲积平原。"宁波"一名取意于"海定则波宁"。唐宋以来曾为我国著名对外通商口岸，宁波港口众多，是全国南北海运的中转枢纽。工业门类齐全，有石化、机械、丝绸、塑料、玻璃制品、食品加工等工业部门，传统手工艺品有宁波草席、金丝草帽、骨木镶嵌等，产品还远销欧、美、东南亚。农业多以产粮棉为主。名胜古迹有天一阁、保国寺、天封塔、河姆渡文化遗址等。

[温州] 温州市位于省境东南部，瓯江下游南岸，面积11784平方千米。市境内矿产丰富，其中苍南县矾山盛产明矾石矿，号称"世界矾都"。泰顺县龟湖的叶蜡石矿闻名全国。工业主要有电力、造船、机械、陶瓷等。农业以种植业为主，农产品主要有稻谷、甘薯、油菜籽、茶叶，还盛产柑橘。渔业以海洋捕捞为主，兼海涂与淡水养殖。传统手工艺品有瓯塑、草席、瓯绣等。温州机场辟有40条航线直通全国各主要城市。温州是浙南最大城市和海港，是瓯江流域货物集散地。有雁荡山、楠溪江、瑶溪、泽雅、仙岩等风景名胜。

[绍兴] 绍兴市位于浙江省中部偏北，杭州湾南岸，是宁绍平原西部经济重镇。全市地势南高北低，南部多山地，

北部多平川，是典型的"江南水乡"。全市面积8256平方千米。绍兴有4000多年的历史，因大禹会诸侯于此而又名会稽。春秋时为越国都城，几经变更后，于南宋置绍兴府。1983年设地级市绍兴。绍兴的工业主要有冶炼、纺织、机械、酿酒、化纤等。农作物有稻谷、大麦、油菜籽、茶叶等。市境内交通较发达，有多条铁路和公路过境。绍兴是中国共产党创始人之一周恩来总理祖居和鲁迅先生的故乡，其旧居皆开放供游人瞻仰。

人口、民族

浙江省人口为5442万（2010），北部和东部沿海地区的人口最多，其次为低丘盆地，山区的人口最少。浙江全省汉族人口占99%，少数民族人口为1%。少数民族中畲族人口有近20万，其他千人以上的少数民族有回、壮、苗、满、土家、布依等族，多居住在城市。

历史文化

浙江地区自古地灵人杰，历史悠久。已考证有新石器时代的河姆渡、马家浜、良渚三个文化遗址，禹时曾于此大会诸侯，以后吴越争霸揭开江浙文化新的一页，是儒家文化的重要起源地之一。后世的王充、王阳明、黄宗羲、龚自珍、贺知章、骆宾王、孟郊、陆游、沈括、李渔、洪升等为这里积淀了丰富的文化内涵。明清时期，浙江又开"商文化"先河，形成了"义利并重""工商皆本"的文化传统。秋瑾、鲁迅、周恩来更是浙江文化孕育成长起来的革命先驱。

［河姆渡文化］河姆渡文化遗址位于浙江省余姚市河姆渡镇。据科学测定其年代为公元前5000～前3300年，处于中国新石器时代。从河姆渡文化遗址发掘出的1000余件文物中，发现骨器制作比较发达，有耜、镞、鱼镖、哨、锥、匕、锯形器等器物，磨制精细，一些有柄骨匕、骨笄上雕刻图案花纹或双头连体鸟纹。从实物看，当时农业以种植水稻为主，在其遗址第四层较大范围内发现了迄今中国最早的稻谷实物，也是世界上最古老的人工栽培水稻。河姆渡文化的农具除石斧等石质工具外，已开始使用骨耜。主要建筑形式是栽桩架板高于地面的干栏式建筑，这与当时所处的环境有很大关系。河姆遗址体现了"河姆文化"的多样性，揭示了当时人类的活动场景和范围。

［良渚文化］良渚文化的代表器物以玉器最为闻名，其遗址位于浙江余杭良渚镇，属新石器时代晚期文化。良渚文化的石器农具磨制已非常精细，农作物品种很多，养蚕和织布开始成为当时的主要经济活动。良渚文化的陶器有泥质灰胎磨光黑皮陶、黑陶和夹砂灰陶等，造型规整，少数有精细的刻画花纹

山形玉饰　良渚文化

和镂孔。玉器数量多，工艺精，是中国新石器时代所特有的。其中玉琮和玉蝉都是中国早期玉器中的珍品，印证了《周礼》上记载的"璧琮以敛史"的记载，反映了当时民族装饰和习俗。其挖掘出

的玉器价值连城，为世人所瞩目。

[卧薪尝胆] 春秋末期吴、越争霸。周敬王十四年（前506），吴王阖闾破楚入郢，越军乘虚侵吴。周敬王二十四年（前496），吴王阖闾为报此仇却失败致死，其子夫差继位后立志报仇。周敬王二十六年（前494）春，吴王夫差在伍子胥辅助下率军攻越，在夫椒（今浙江绍兴北）打败越军。越王勾践退保会稽山（今浙江绍兴东南），卑事夫差。勾践在吴三年。周敬王二十九年（前491），吴王夫差不顾伍子胥以死劝阻，放虎归山赦勾践归国。勾践回国为了磨砺志气，他把苦胆挂在室内，吃饭时先尝苦胆，睡觉时身下垫着柴草，以提醒自己不得丧失报仇雪恨的决心。他亲与百姓一起耕作，"食不加肉，衣不饰彩，与民同甘苦"。"十年生聚，十年教训"，越国终于重新崛起。并以煮熟的稻种充良种送吴，使吴连续三年绝收。周敬王三十八年（前482）夏，越王勾践乘夫差远出，以大军破吴都。周元王三年（前473），勾践再次大举攻吴，击败吴军，夫差自杀，吴国被越国吞并。从此，"卧薪尝胆"广为流传，为后世效仿。

[开凿大运河] 开凿大运河劳民伤财，是隋炀帝政变人亡的主要因素之一，但对江浙文化的发展融合起到了积极作用。

从大业元年（605）起，隋炀帝3次共征江南、淮北、河北200多万民工，在北方修通济渠，开永济渠，南接黄河，北通涿郡。前后用了不到6年的时间，大运河的全线工程告成，沟通了海河、黄河、淮河、长江、钱塘江五大河流。它以东都洛阳为中心，西通关中盆地，北抵华北平原，南达太湖流域，使货运成为当时的主要运输形式，促进了经济的发展。

[鲁迅] 鲁迅，原名周树人，现代文学家、思想家、革命家，浙江绍兴人。1904年鲁迅赴日本学医，后改学文。1918年5月，发表第一篇白话小说《狂

杭州名菜西湖醋鱼

人日记》。主要作品有短篇小说集《呐喊》《彷徨》《故事新编》，散文集《朝花夕拾》，散文诗集《野草》，杂文集《坟》《华盖集》《且介亭杂文》等。编著《中国小说史略》《汉文学史纲要》对中国古籍研究贡献很大。

[杭州老字号] "上有天堂，下有苏杭"的杭州，在法国记者马可·波罗笔下被誉为"世上最美丽华贵的天城"，早在唐朝时就已成为著名的大都市。历经千年不衰，长期的手工业、商业活动造就了众多的老牌名店，胡雪岩创建的胡庆余堂与同仁堂齐名，张小泉剪刀流传全国，王星记扇子是宋代贡品。杭州酒楼与名吃遥相辉映，楼外楼"西湖醋鱼""宋嫂鱼羹"等使食客如织；奎元馆的虾爆鳝面和小笼包，令人"知味停车，闻香下马"的回春堂、素春斋、高义泰、杭州酒家、老正兴、天香楼伴有动人的传说俱为名垂一方的老招牌。

杭州老字号数不胜数，是中华文明古国文化的精华、人文历史的真实记载，

伴随着杭州的兴衰，飘动着千载的文化情结。

[胡庆余堂]"胡庆余堂"由晚清红顶商人胡雪岩创办。胡雪岩在时任总督的左宗棠和浙江巡抚王有龄的支持下，为打败太平天国军队和对苏作战筹集资金，因而受到慈禧太后的赏识，官至候补道政使。胡雪岩有经营头脑，开设钱庄，兼营丝业，成为杭州巨富。清同治十三年（1874），胡雪岩耗银 30 万两，在杭州清和坊创办了胡庆余堂国药号，将招牌定名为"胡庆余堂雪记国药号"。他广请名医，罗致人才，收集民间古方，精心配制各种中成药，很快在国内打出了名气。胡雪岩亲笔为胡庆余立下的"戒欺"匾，至今为药家供奉为座右铭："凡百贸易均着不得欺字，药业关系性命，尤为万不可欺。余存心济世，誓不以劣品代取厚利，惟愿诸君心余之心，采办务真，修制务精，不至欺余以欺世人，是则造福冥冥，谓诸君之善为余谋也可，谓诸君之善自为谋亦可。"胡庆余堂和同仁堂齐名，历百年不衰，与"不欺"有很大关系。

气候

浙江省属亚热带湿润气候。全省除山区外，各地年均温在 15℃～18℃，1 月均温为 2.5℃～7.5℃，7 月为 29.5℃～36.5℃。无霜期长 243～276 天。全省年降水量 1100～1900 毫米，最高可达 2200 毫米，省境西南部和山区的降水量高于沿海平原区。

自然资源

浙江省境内矿产资源在种类、数量的分布较为贫乏，浙东为主要的矿产资源开发地，在金属矿产开发上具有一定的优势，明矾石、叶蜡石储量居全国首位。因浙江独特的地理环境，浙江成名世界保存古遗留植物最丰富的地区，有银杏、百山祖冷杉等活化石树种。还有许多珍稀动物。

[明矾矿]浙江明矾石储量在国内位居第一。现开发有明矾石矿点 14 处，其中大型矿床 2 处。明矾石产地主要在浙江东部沿海一带。明矾石矿存于酸性与中性火山岩中，目前已探明的储量占全国总储量的 52%。

[银杏]野生状态的银杏，零星分布于浙江天目山，现仅存于中国。银杏又名公孙树、白果树，是国家二级保护稀有种。银杏科植物，属落叶大乔木，叶扇形，又状平行纵脉。雌雄异株。种子核果状，具长梗。银杏是中国特有种，与恐龙同时代，是著名的"活化石"。银杏种子为著名干果。种仁含组氨酸等微量因素，可供药用。

[百山祖冷杉]百山祖冷杉是松科植物，常绿乔木，高达 17 米左右。枝叶轮生，叶芽鳞、雄蕊、苞鳞都呈螺旋状排列，芽鳞、雄蕊、苞鳞都雌雄同株，是中国的特有种。仅分布于浙江南部百山祖南坡海拔 1700 米的丛林中，属国家二级保护濒危种。

[黑麂]黑麂又叫毛额黄麂、蓬头麂。体背毛棕黑色，体长约 120 厘米，高 50 厘米。仅雄兽有角，尾长约 20 厘米，尾背黑色，尾下白色。黑麂在麂属中体形，仅次于赤麂。黑麂数量稀少，仅产于中国，是中国珍稀特有种。浙江、安徽、江西、福建等省的交界处有少量分布。一般以嫩树叶、蕨类为食。

[黄腹角雉]黄腹角雉是雉科角雉属的种类，俗名呆鸡、角鸡、寿鸡等，

也称喀伯角雉。体形较家鸡大。雄鸟头上的羽冠前黑后红，身上羽毛大多为栗红色，略有黄色镶黑边的小卵圆斑。雌鸟头上黑色较多。黄腹角雉生活于海拔700～1600米的高山，行动笨拙，喜潜伏。黄腹角雉仅分布于中国的浙江、江西、福建等地，是国家一级濒危种，《国际贸易公约》中的第一类禁贸动物，主要供观赏。

经济

浙江省在明清时即有商品经济萌芽，特别是改革开放30多年来，全省经济产值稳步增长。由于靠海，便利的交通给浙江的经济发展带来很多机会。浙江农业生产水平较高，多种经营较发达，轻工业占优势。

[农业] 浙江农林牧渔全面发展，农副产品的种类多、产量高，农业集约经营化和专业化水平、农业总产值都领先于全国。全省耕地面积191.75万公顷，占土地总面积的18.8%，主要分布于浙北和东部沿海平原；林业用地面积667.97万公顷，占全省土地面积的65.6%。浙江的西湖龙井茶、花雕酒是全国的优质产品。

[工业] 中华人民共和国成立后，浙江的水力资源得到充分开发。新安江等水电站的建成，为工业的发展提供了必要条件。原有的轻纺、食品工业迅速发展，并利用地利之便，产品大量出口海外。轻工业特别是丝绸工业、酿酒工业在全国享有盛名，浙江至今仍享有"丝绸之府"的美称。工业经济增长连续多年在全国排名靠前。

[交通] 浙江省内河航道网公路网，遍布全省，交通十分便利，宁波和温州是全省最大的海港，海上交通运输和吞吐能力都较大，是当地经济的支柱。民航以杭州为中心，辐射国内的许多大城市，为经济发展提供良好的外运条件。

旅游

"天堂胜景出古城，自古俊秀多浙江"概括了浙江省丰富的旅游资源。浙江人杰地灵，有海天佛国普陀山，仙霞山关山重重；名城是人间天堂杭州城，天下师爷数绍兴景随人兴；江河有美景璞玉楠溪江，浓妆淡抹西湖而诗情画意；古文化有河姆渡、良渚玉器而开一代先河。历史知名人物，文物古迹比比皆是，人文荟萃，山水相依，铸成了灿烂的江浙文化。

[西湖] 西湖位于杭州市区西部，水域面积5.6平方千米，古称上湖，唐后称西湖。湖位于钱塘县故又称钱塘湖。西湖三面环山，湖水相映，经历代

绸　伞

绸伞从选材到做工包括各种工艺达10多种。伞骨选用富阳淡竹，篾匀皮薄，轻便灵巧。伞面选用特制的杭绸覆盖，质薄轻柔，透风耐晒。伞面的颜色有红、黄、蓝、绿等22种，图案用刷花、绘花、刺绣、刷绣等不同方法制成，生动逼真，至今畅销不衰。

龙井茶

杭州独特的优势适宜龙井的生长，从唐朝时龙井茶已经驰名全国，漂洋到日本、韩国等地，距今已有1300多年的历史，位列中国十大名茶之首。茶农每年从3月底开始采茶，一直采到10月。龙井茶以色翠、香郁、味醇、形美而著名。特级龙井茶，采于每年清明时节前几天。这种茶过去只进贡皇室，故又称"进贡"茶。龙井茶的炒制加工十分讲究，在采制中即分品质不同而加工手法不同，质量高的原茶炒制工艺也明显增多。

建修或浚湖成为一个具有东方艺术风格的"巨型山水盆景"，有"东方明珠"之称。西湖以白堤、苏堤为界，分为外西湖、北里湖、岳湖、西里湖和小南湖，各湖区水体有桥洞沟通。西湖6个景区，有湖中区、湖滨区、北山区、西山区、南山区和钱江区。主要景点有定名于南宋的西湖十景：断桥残雪、平湖秋月、三潭印月、双峰插云、曲院风荷、苏堤春晓、花港观鱼、南屏晚钟、雷峰夕照、柳浪闻莺等。西湖风景区有白居易、苏东坡为代表的吟咏西湖的名篇佳作，有济公、许仙、白娘子、李慧娘等神话传说。西湖风景随四季、晴雨而各不相同，变幻莫测，别有风姿。

湖随山转，山为湖绕，山水交融，岸线曲折，是西湖景色胜出的一大特色。

花港观鱼采取自然式布局，有红鱼池、牡丹园、大草坪、密林、花港等景区："花""港""鱼"突出了这一特色。

西湖断桥，民间故事《白蛇传》中的白娘子和许仙"断桥相会"即在此处。

三潭印月，即西湖中三个小石塔，它们鼎立于湖面，塔身中空，呈球形，塔顶为葫芦形，造型十分优美。

苏堤全长2.8千米，苏堤春晓是西湖十景之首。苏东坡曾于宋代熙宁四年（1071）、元祐四年（1089）先后两次到杭州上任，他看到西湖长年不治，决心治理西湖。他组织20万民工浚西湖，

杭州西湖（远处为雷峰塔）

并利用淤泥葑草筑成了一条从南屏山下直通栖霞岭的长堤，又自南而北在堤上建造了"映波""锁澜""望山""压堤""东浦""跨虹"等六座石拱桥。

[雁荡山] 雁荡山位于浙江省乐清市、平阳县境内，以山水奇秀闻名，景区面积约为450平方千米，分为中、北、南三部分。最高处百岗尖海拔1150米，号称"东南第一山"。因次高峰雁湖岗岗顶有湖，秋雁南飞，栖宿于此，故名雁荡。奇峰怪石、古洞幽谷、层峦叠嶂、飞瀑流泉，为雁荡自然景观的四大特色，有"诸岳之精，名山之优，兼而有之"的美誉。雁荡胜景集中在北雁荡山"一龙二灵"的景色，即大龙湫、灵峰、灵岩，又称雁荡风景三绝。雁茗、香鱼、观音竹、金星草、山乐官鸟世称"雁荡金珍"。

[千岛湖] 千岛湖位于浙江省西部，也称新安江水库。千岛湖是新中国成立初期中国自行设计的第一座大功率水力发电站的"蓄水库"。湖区岛屿密布，林木繁盛，共有岛屿1000多个而得名。千岛湖风景名胜区分为富阳、桐庐、建德、千岛湖和梅城5个景区，分别以名胜古迹和自然风景吸引了大量游客。主要景点有海瑞祠、瑶林洞、葫芝三景等。

[六和塔] 六和塔位于杭州市区钱塘江北岸，"六和"又名六合，塔象征佛家的六种规约，"六合"就是"天地四方"之意。始建于北宋开宝三年（970），为了镇钱塘潮而建。宣和三年（1121）毁于兵火。现存塔身是南宋绍兴二十六年（1156）重修，外观十三层，塔内七层，高59.89米。清光绪年间重建。登塔，可观钱塘潮，可观铁路、公路双层的钱塘江大桥。

[天台山] 天台山位于浙江省东部

天台县北 3.5 千米处，是曹娥江、奉化江、灵江的分水岭。主峰华顶山海拔 1094 米。名胜古迹有石梁飞瀑、华顶日出、国清寺、隋塔、智者塔院等，其中以国清寺最为著名。国清寺始建于隋开皇十八年 (598)，是中国佛教四大禅林之一，是日本佛教天台宗的祖庭，是我国保存完好的寺庙群之一。

[普陀山] 普陀山位于舟山市莲花洋上的小岛，岛呈狭长形，环岛一周约 33 千米，面积为 12 平方千米。普陀山为典型的海岛风光和佛教圣地，是中国四大佛教名山之一，还以海天佛国著称。景区内佛教文物约有 1000 余件。寺院林立，有普济、法雨、慧济三大寺。《西游记》中的南海即指此处。相传在宋代时为"观音道场"。岛上另有八十八名庵，尤以紫竹林、鹤鸣、大泉、梅福诸庵为最。普陀山佛像雕塑，精美绝伦。普济寺的毗卢观音跌坐像、三十二石像、大乘庵的卧佛像、千佛楼的阿弥陀佛木雕像，最早的建于五代。这里奇石泾洞，皆与佛名有缘。如观音跳、朝阳洞、二龟听法石都极富有谐趣。

普陀山金刚宝石

[钱塘江] 钱塘江旧称浙江、浙水，源出安徽省休宁县怀玉山脉（六股尖海拔 1629.8 米），长 605 千米，流域面积约 4.88 万平方千米。径流补给以雨水占绝对优势，地下水仅占少量。钱塘江流总量达 431 亿立方米，径流深 880 毫米。钱塘江潮是世界著名的大潮之一。20 世纪 50 年代以来，205 万千瓦的水力资源得以不断开发，兴建了新安江、富春江、黄坛口和湖南镇等水库和水电站。钱塘潮虽为壮观，但海水倒灌形成潮患，为此历代都很重视海塘工程，以避免河床提高，影响航运和水产业。

钱塘江大桥

钱塘江大桥位于杭州市市区南部的钱塘江上，是连接浙赣、沪杭等过境铁路的纽带。大桥建于 1934 年 8 月，历时三年，是由中国著名桥梁专家茅以升主持设计的，也是中国自行建造的第一座现代化铁路、公路两用桥。铁路桥长 1322 米，单线行车。公路桥长 1453 米，宽 6.1 米。南北引桥长 643 米，现为当地的风景名胜之一。

[楠溪江] 楠溪江位于浙江永嘉县境内，全长 145 千米，沿江两岸有许多自然人文景观，共计 800 余处。以水秀、岩奇、瀑多、村古、林幽、滩美而著称，大量保持远古风貌。沿江划分为大楠溪、大若岩、石桅岩、北坑、陡门、水岩和四海山 7 个景区。大楠溪中心景区，水深林茂，千岩竞秀，江水清澈，滩林众多，潭水时急时缓，景色变幻莫测。芙蓉村、苍坡村，保存着"七星八斗""文房四宝"以及阴阳风水构思。龟蛇两山对峙在楠溪江的两侧，山巅各有一座七级浮屠，被称为罗浮双塔。泛舟江上，物我两忘，犹如人在画中。

[灵隐寺] 灵隐寺位于杭州市，建于 326 年，民间广为流传的"济公活佛"曾长期居住于此。距今已有 1600 多年历史，殿宇雄伟壮观。寺内大雄宝殿高达 33.6 米，殿内正中有金装释迦牟尼

佛像，以唐代禅宗著名雕塑为蓝本，高达9.1米。柱上有对联："古迹重湖山，历数名贤，最难忘白傅留诗，苏公判牍；胜缘结香火，来游初地，莫虚负荷花十里，桂子三秋。"这副对联点出了灵隐寺不平凡的历史和山水风光特点。岩洞崖壁上的石刻造像，是中国古代石刻艺术瑰宝。

[阿育王寺] 阿育王寺位于鄞州宝幢镇，西距宁波20千米处，是中国禅宗五大名刹之一。唐代高僧鉴真曾长期居住在此而得名。始建于西晋太康三年(282)，相传寺内藏有释迦真身舍利，并建舍利塔保护。寺始建于南朝宋代，占地1.17万平方米。阿育王寺的前面有一巨大的水池，长约100米，宽有50米，池水清澈。这些建筑依山而筑，逐层递高，现存古建筑群为清以后重建。寺前的"先松"、寺内的上下两塔等均为珍贵文物。寺内还有大量的明清代书刻。

湖南省

行政区划

湖南省地处北纬24°34′～30°08′、东经108°47′～114°15′，东南宽约660千米，南北长约770千米，面积21.18万平方千米，因位于洞庭湖以南而得名。湖南省位于长江中游南岸，北邻湖北，东连江西，南接广东、广西，西邻重庆、贵州。辖长沙、岳阳、衡阳、邵阳等13个地级市和湘西土家族、苗族自治州，还有34个市辖区、16个县级市、65个县、7个自治县。简称湘，省会长沙市。

[省会——长沙] 长沙市位于省境东部，湘江下游长浏盆地西缘，是中国历史文化名城之一。长沙市面积11828

平方千米。人口704万。民族以汉族为多，有回、土家、苗、满、侗等24个少数民族。辖岳麓、芙蓉、天心、开福、雨花5区和望城、长沙、宁乡3县，代管县级市浏阳。市府驻岳麓大道。长沙市地势西南高东北低，湘江纵贯南北，是湘中丘陵和洞庭湖平原交接部。长沙市自然资源丰富，矿藏有铁、矾、铜、硫、磷、重晶石、花岗石、煤等40余种，非金属矿产储量也较大。工业形成以轻纺、机械、化工、冶金、食品工业为主的门类比较齐全的工业体系。湘绣为四大名绣之一，历史悠久，蜚声中外。农作物有水稻、油菜、茶叶、蔬菜等。所辖各县市均为国家商品粮基地和生猪生产基地。长沙还是中国四大米市之一，鲜鱼产量也位居全省前列。长沙市交通便利，京广铁路和长石铁路纵横境内，长沙站为京广、湘黔、浙赣三大干线中转枢纽。106国道、107国道、310国道和其他公路干线、高等级公路交织密布。湘江、浏阳河、捞刀河流经境内，可常年通航。民航以长沙为中心，可通往北京、上海、广州等大城市。长沙市历史悠久，名胜古迹有马王堆汉墓、麓山寺、开福寺等10余处。岳麓书院为中国古代四大书院之一。

[岳阳] 岳阳市位于省境东北部，西濒洞庭湖，北临长江。面积14896平方千米，人口546万。岳阳市为长江沿岸对外开放城市，是湖南省第一大港，素有"湘北门户"之称。岳阳市辖岳阳楼、云溪、君山3个区，岳阳、华容、湘阴、平江4县，代管汨罗、临湘2个县级市。市府驻岳阳楼区。岳阳市境地处洞庭湖平原区东部和湘东低山丘陵区北端，东部有连云

山、幕阜山绵亘，最高处海拔 1600 米，西部平原区除桃花山等少数丘岗外，地形平坦。境内河流湖泊众多，东洞庭湖水域面积广，南有湘江注入，北与长江相连，是当今洞庭湖最大的通江水域盆体。境内主要河流湖泊有汨罗江、新墙河、华容河、南湖、芭蕉湖、白泥湖等。东部低山丘陵区森林资源丰富，主要为松、杉、楠竹、油茶等。西部平原农业发达，是中国重要的商品粮、鱼、猪、茶生产基地。岳阳市的工业基础较好，是国家石油化工、轻纺基地之一，有石油、化工、轻纺、造纸、电力能源、机械、食品等支柱行业。"君山银针""洞庭春"属全国十一大名茶之列。岳阳市是中国历史文化名城，古迹有洞庭山、岳阳楼、湘妃墓等。

[衡阳] 衡阳市位于省境东南部，距省会长沙市 190 千米，面积 15279 平方千米，人口 714 万，是湖南第二大城市，为湘江中游水陆交通枢纽和物资集散中心。因位于南岳衡山之南，故名衡阳。衡阳市地处湖南连通粤、桂的要冲，历来为兵家必争之地。衡阳市除汉族外，有瑶、壮等少数民族。辖雁峰、珠晖、石鼓、蒸湘、南岳 5 区及衡南、衡阳、衡山、衡东、祁东 5 县，代管常宁、耒阳 2 个县级市。市府驻蒸湘区。市境处于衡阳红层盆地中部的残丘和阶地上，平均海拔约 60 米。湘江纵贯市区，城区分布于湘江东、西两岸。衡阳是湘南交通枢纽，京广与湘桂铁路在此交会，公路呈辐射状与四邻相通。工业以矿山机械制造业为主，此外有冶金、化工、煤炭、食品、建材等工业。郊区农业以产水稻、蔬菜、鲜鱼、水果等为主。衡阳是中国历史文化名城，

群山环抱的韶山冲孕育了一代伟人毛泽东。

纪念地和名胜古迹有衡阳抗战胜利纪念塔、南岳忠烈祠、南岳风景名胜区、江口鸟洲、蔡侯祠、杜甫墓、禹王碑、回雁峰、双蹲书院、培元塔等。

[湘潭] 湘潭市位于湘江及其支流连水汇合处，在省境的东部，是一座新兴的工业城市。湘潭市主要工业有冶金、电机、纺织、轻工、采矿、塑料等，湘黔铁路从湘潭经过，湘江等河流可四季通航。市西北 45 千米的韶山冲是毛泽东的故乡，现建有韶山毛泽东同志纪念馆。

人口、民族

湖南全省人口为 6568 万，人口平均密度为 310 人／千米^2，全省市镇人口多集中分布于湘江、资水、沅江沿岸及铁路沿线城市。其中长沙、株洲、湘潭三市人口平均密度为 465 人／千米^2。省境西、南、东部人口较稀。湖南是多民族省份，有 41 个民族，其中世居的有汉、苗、土家、侗、瑶、回、维吾尔、壮、白族。少数民族大多聚居在湘西和湘南山区。少数民族人口共 657.53 万人，占全省总人口的 10% 左右，其中苗族和土家族人口最多，主要分布于湘

土家族的民间工艺品——西兰卡普织工细腻, 色彩鲜艳, 是难得一见的民间工艺珍品。

西北, 设立有湘西土家族苗族自治州。

[土家族] 土家族是一支历史悠久的少数民族, 主要聚居于湖南省武陵山区, 在湖北省西部、重庆市东南以及贵州东北部, 还有少量分布。土家族以"毕兹卡"为族称, 即自称"本地人"的意思, 属氐羌族群。土家族先民秦汉时称"岁板蛮""赛人"等, 此后多以地域命族名, 被称为"酉酉蛮""嵝中蛮"等。宋代, 出现了区别于武陵地区其他族别而专指土家的"土民""土兵"等。以后随着汉族居民大量迁入, "土家"作为族称开始出现。土家族语言属汉藏语系藏缅语族, 是比较接近于彝语支的一支独立语言, 无本民族文字。大部分土家族人民兼通汉语, 一般用汉字记载自己的思想语言, 承传本民族的历史文化。民族特征是"敬土王, 信土老师, 说土语, 过土家族节日, 跳土家族舞, 织土花布,

以及基于前'六土'的客观存在而形成的民族自觉意识"。土家族以农业生产为主。

历史文化

湖南地域广阔, 气候适宜。在距今8000多年前, 就有先民栖息于这里, 并转入定居的农耕生活。商中期后, 在中原文化影响下, 湖南进入青铜器时代。春秋战国之际, 楚国势力越过长江、洞庭湖南下, 融合原有土著文化, 形成了具有独特风格的楚文化。湖南成为楚文化的腹地, 也是楚文化发展和传播的重要地区。伟大的浪漫主义诗人屈原被楚王流放到湖南, 留下了《离骚》《九歌》《天问》等不朽诗篇, 后投湖南的汨罗江自尽。两宋时期, 受战争影响, 中原居民大量南迁, 湖南人口增加, 经济发展起来, 文化教育也逐步发展起来, 湖湘文化诞生。宋初中国的四大著名书院, 湖南就有两所, 即长沙的岳麓书院和衡阳的石鼓书院。在这种文化背景下, 湖南相继涌现出许多著名的思想家和政治家。如宋代理学始祖、道州的周敦颐, 明代的大学士、茶陵的李东阳, 明末清初伟大的思想家和爱国者、衡阳的王夫之, 中华人民共和国的缔造者之一、韶山的毛泽东等。

[蔡伦] 蔡伦 (? —121) 是东汉桂阳即现湖南耒阳人, 和帝时, 掌管宫廷御用手工作坊。当时文字都是在木简、竹简或丝帛上写的, 很不方便, 竹简和木简太笨重, 丝帛太贵, 不可能大量使用。于是, 他开始研究造纸, 带领工匠用廉价易得的树皮、麻头、破布和破渔网等原料来造纸。先把这些材料剪碎、切断, 放在水里浸渍相当长时间, 再捣

烂成浆状物，蒸煮后在席子上摊成薄片，放在太阳底下晒干，这样就造成了一种既轻又薄的纸。元兴元年(105)，蔡伦造的这种纸呈报朝廷，受到皇帝的称赞。从此造纸术得到推广，为以后书籍的印刷创造了物质条件。到了公元3～4世纪，纸取代了竹简、木简和丝帛，成了中国通行的书写材料。

[湖南花鼓戏] 花鼓戏是湖南各地民间小戏的总称。由当地花鼓、花灯发展而来，是人们在劳动中创造的一种民间歌舞演唱形式。湖南花鼓戏形成于清乾隆年间。曲调朴素自然，语言清新活泼，是湖南花鼓戏的共同特色。由于地方语言、表演风格不尽相同，又可分为长沙花鼓戏、岳阳花鼓戏、邵阳花鼓戏、衡阳花鼓戏等。其中，长沙花鼓戏最负盛名，它以长沙官话为舞台语言，曲调多样，语言诙谐，生活气息浓郁。

[湘菜] 湘菜起源可追溯于2000多年前，源远流长。早在2000多年前，腊肉就出现了。湘菜地方特色浓厚，辣味菜和熏、腊制品是其主要特色，在菜肴的烹制上讲究原料入味，口味偏重辣酸，烹调方法以煨、蒸、煎、炒为擅长。湘菜主要由湘江流域、洞庭湖区和湘西山区三地风味组成，以湘江流域菜为主要代表。湘江流域菜又以长沙为代表，洞庭湖区菜以烹制河鲜和禽畜见长，讲究芡大油厚，咸辣香软，多用炖、烧、腊的技法。湘西菜常以柴炭做燃料，有浓厚的山乡风味，善制山珍野味、腊肉及腌肉，注重咸香辣口味。湘菜风味的主要名菜有东安鸡、腊味合蒸、麻辣仔鸡、红煨鱼翅、吉首酸肉、红烧全狗、炒腊野鸭条、冰糖湘莲等。

气候

湖南省属亚热带季风湿润气候，气候温和，热量丰富，降水充沛，无霜期长，利于农业生产。全省均温为16℃～18℃，东南高于西北，东高于西，1月均温4℃～6℃，7月均温多在27℃～30℃，最高温大部分地区超过39℃，长沙、益阳、零陵曾出现43℃以上的高温。无霜期自北而南增多，为270～300天。大部地区能满足喜温作物特别是双季稻对热量的要求。全省年降水量1200～1700毫米，是中国雨水较多的地区之一。

自然资源

湖南省矿藏丰富，已探明储量的80多种矿藏中，锑的储量居世界首位，钨、铋、钶、锰、钒、铅、锌以及非金属雄黄、萤石、海泡石、独居石、金刚石等居全国前列，素以"有色金属之乡"和"非金属之乡"著称。植物类型多样，约有种子植物5000多种，主要树种有马尾松、杉、樟、檫、栲、青山栎、枫香、山毛榉和油茶、油桐、茶叶以及竹类。原始林有银杏、水杉、珙桐、黄杉、杜仲、伯乐树、鹅掌楸、巴东木莲等60多种珍稀树种，是中国植物资源丰富的省份之一。野生动物种群丰富，主要有华南虎、金钱豹、穿山甲、羚羊、白鳍豚、花面狸、刺猬等。

[斑竹] 斑竹又名湘妃竹，产于君山，集中生长在斑竹山上，是湖南省特产，也是一种极具观赏价值的珍奇植物。斑竹是刚竹的变形，君山的斑竹上有云纹紫色斑迹，宛如泪痕。若将斑竹移栽别处，第二年斑迹就消失得无影无踪，如果再将这株斑竹移回

君山，下一年又是斑痕累累的了。原来斑竹的生长与土壤、气候条件密切相关，它们的花纹实质上是真菌寄生腐蚀幼竹而成的。竹竿刚脱去笋衣的时候，它们浑身油光并没有斑点，当长到九月时，才渐渐长出斑痕来。

[金钱松] 金钱松属于松科，为落叶大乔木，可高达40米。短枝上叶片20～30枚簇生，呈金钱状，因此得名金钱松。金钱松在地质年代的白垩纪时期曾经在亚洲、欧洲、美洲都有分布，更新纪的冰河时代各地的金钱松都相继灭绝，唯有中国长江中下游残留少数。现广泛分布于湖南、湖北和华东地区海拔1500米以下的针叶林和常绿、落叶阔叶混交林中，是中国特有的单种属植物，为国家二级保护稀有种。

[白鳍豚] 白鳍豚属于哺乳纲鳍脚目喙豚科，仅分布于中国长江，是中国特有的珍稀水生哺乳动物。白鳍豚身体呈纺锤形，全身皮肤裸露无毛发。有长吻，上下颌左右侧各有30～34颗同型犬齿。背鳍呈低三角形，鳍肢和尾鳍均向水平方向平展。白鳍豚背部为青灰色，腹部为白色。头、颈部两侧、耳孔后及鳍肢上方的区域内，有一半圆形的白色宽纹。白鳍豚雌性一般大于同龄雄性个体。最大雄性个体体长为216厘米，体重125千克。

白鳍豚

[穿山甲] 穿山甲属哺乳纲鳞甲目穿山甲科，生活在中国南方各省丘陵山区的森林、灌丛、荒山草坡之中。为中国二级重点保护动物。穿山甲体长40～50厘米，尾长约30厘米，体重1.5～3千克。因身上长满坚硬的角质鳞片，挖洞迅速，好似有"穿山之术"，故得名穿山甲。它喜欢白天在洞中休息，夜间外出觅食，多单独活动。穿山甲动作迟缓，走起路来头部左右摇晃。当它遇到危险时，能快速行走。有时穿山甲还能用后肢和尾巴支撑地面，站立起来四处张望。穿山甲听觉和视觉较差，但嗅觉灵敏。以蚂蚁、白蚁、蜜蜂等昆虫为食，由于牙齿已经退化，主要靠胃中的砂石来帮助研磨食物。

[湘橘] 湖南气候和土壤特别适应柑橘类水果的生长，所以湘橘就成了湖南的名特产品。代表品种有雪峰蜜橘、黔阳冰糖橙、安江香柚和浏阳金橘等。雪峰蜜橘因为主产于雪峰山一带而得名，外形美观，色彩鲜红，酸甜可口，营养丰富，果肉无核，还含有多种维生素。黔阳冰糖橙主产于黔阳县（今洪江市），外形俏丽，味道甘美，被誉为"橙中之冠"。安江香柚主要产于洪江市安江一带，个儿大，渣少汁多，甜香爽口，不仅含有大量的糖分、脂肪、蛋白质和抗坏血酸等营养成分，还有一定的药用价值。浏阳金橘是湖南柑橘中的珍品，明朝时曾被列为贡品。其肉质脆嫩，汁甜味美，既有很高的营养价值，又有补脾健胃、化痰理气的功效。

[华南虎] 华南虎属哺乳纲食肉目猫科，主要分布于中国中南、华东、西南各省，但现在野生数量极少，1996年被国际自然保护联盟列为极度濒危的十

大物种之一，是唯一仅存于中国的虎的亚种，国家一级保护动物。华南虎体型比东北虎小，体长 145～180 厘米，雄性体重达 150～225 千克，雌性体重 90～120 千克。体毛也比东北虎短，4～5厘米，颜色橘黄略近赤，背部较深，全身具较宽的黑色纵纹，色深且较密。华南虎两眼上方有一块显著的白斑，所以通常又称为"白额虎"。华南虎生活在森林、丛林和野草丛生的地方，特别喜欢在针阔叶混交林中栖息。没有固定巢穴，活动区域特别大，属夜行性动物，白天休息，晨昏活动最频繁。善于游泳，但不会爬树，捕食勇猛，喜欢单独行动，视觉、听觉极为发达，脊柱关节灵活，行走时爪能收缩，主要以偶蹄动物为食。

经济

湖南省矿产资源丰富，有色金属和稀有金属在国内占有重要地位，所在湖南的工业以采矿、冶金为主，其他还有电力、机械、建材、轻纺、化工、电子和食品等门类。传统工艺产品醴陵瓷器、长沙湘绣、浏阳花炮、邵阳竹雕、益阳竹器等在国内外享有盛誉。湖南的农业在中国居于重要地位，盛产稻谷、棉花、苎麻、油菜籽。淡水养殖和水产品捕捞业发达，素称"鱼米之乡"，是中国重要的商品粮、鱼基地和油菜、茶叶、柑橘产区。铁路有京广、枝柳两线纵贯南北，湘桂线斜贯西南，湘黔线横穿东西。长沙、株洲、衡阳、怀化是重要的铁路交通枢纽。湖南水运发达，全省水运航道 10051 千米，乘船经城陵矶港口，可达重庆、武汉、南京、上海。全省公路里程 17 万多千米。长沙黄花国际机场和张家界国际机场都是国内较大的机场。

[农业] 湖南的自然地理条件特别适应农业生产的开发发展，湖南省的农业历来较为发达，是中国主要的农业生产基地之一。粮食作物在耕作业中居主导地位，产量大，用地多，分布广，商品率高。全省耕地约 330 万公顷，其中约有 4/5 为粮食生产用地，主要种植水稻，稻谷产量占省内粮食产量的 93%，占中国稻谷总产量的 13.1%，居中国首位。其中滨湖区水稻产量大，质量高，为中国著名产区。经济作物以油菜、棉、麻、茶为主，油菜发展快，是中国油菜籽的主产区之一。湖南森林资源丰富，森林覆盖率 56.1%，以杉、松、楠竹为主，木材蓄积量 4.02 亿立方米，经济林木以油茶、油桐和果松为主。湖南是中国重要的木材生产基地之一。湖南淡水养殖和水产品捕捞业都比较发达，是中国的淡水鱼产区之一，主要经济鱼类有鲤、青、草、鲢、鳙、鲫等 40 余种。畜牧业以养猪为主，全省每年有数百万头肉猪销售国内外，是中国重要的商品肉猪基地之一。

[工业] 湖南为中国有色金属工业的重要基地之一。锑、铅、锌和钨的产量最多，已跃居中国前列，其次为锡、汞、金等。锑的生产主要集中在冷水江锡矿山，既是中国也是世界最大的锑产地，供应世界用锑的 70% 左右，有"锑都"之称。湖南为中国最大的铅、锌生产基地，也是中国最大的铅、锌冶炼基地。机械制造业以矿山冶金机械、机车车辆制造和电机制造为主。衡阳市是中国南方矿山冶金机械制造的重要基地。株洲为中国南方的最大机车车辆制造中心。湘潭为中国电机制造中心之一。轻

工业中的纺织、造纸和陶瓷比较发达。湘潭是江南纺织工业基地之一。

[交通] 湖南水、陆、空交通极为便利，省内平均每百平方千米有1.38千米铁路，是江南铁路密度较大的省份。全省铁路纵横交错，南北向的京广铁路与东西向的浙赣、湘黔、湘桂等铁路在株洲、衡阳交会，构成湖南东部与省外往来的陆路主干。湘西南北向的枝柳铁路与东西向的汀黔铁路交会于怀化，成为西部陆路交通的"十"字形主干。省内的内河通航河流达110多条，里程约1.14万千米，湘、资、沅、澧四水和洞庭湖是联结长江和省内的重要航道。加上四通八达的公路，形成水陆交通网。湖南省交通运输的特点是长途运输以铁路较快，次为水运，公路主要以短途客货运输为主。交通运输枢纽有长沙、株洲、衡阳、湘潭、怀化、邵阳、常德、岳阳等。长沙还是江南航空运输来往的必经之地，有定期航班与全国各地联系。

旅游

湖南省山清水秀，文物古迹、革命遗址多，少数民族风情独特，是旅游大省。衡山、九疑山、岳麓山等自古就属名山之列，古寺、书院、瀑布、清溪闻名全国，万里长江滔滔过境，湘、资、沅、澧四水绵绵不断，洞庭湖碧波千里，水上岸边之景美不胜收，更有武陵源、桃花源神秘幽远。湖南战国时为楚地，汉代属荆州，境内有许多文物古迹。马王堆汉墓、岳阳楼、蔡侯祠、柳子庙等，都是古人留下的丰厚遗产。湖南还是中国民主革命发源地之一，有毛泽东、刘少奇等革命领袖故居，秋

洞庭湖畔

收起义、平江起义等旧址。湘西众多的少数民族风土人情各异，尤以土家族、苗族风情令人神往。

[洞庭湖] 洞庭湖位于荆江南岸，跨湘、鄂两省。湖区面积1.878万平方千米，天然湖面2740平方千米，另有内湖1200平方千米。是中国第二大淡水湖，为长江中游重要的吞吐湖泊。洞庭湖北有分泄长江水流的松滋、太平、藕池、调弦（1958年堵口）四口；东、南、西三面有湘、资、沅、澧等水直接灌注入湖，形成不对称的向心水系。洞庭湖水量充沛，年径流变幅大，年内径流分配不均，汛期长而洪涝频繁。汛期（5~10月）径流量占年均径流量的75%，洞庭湖水位始涨于4月，7~8月最高，11月至次年3月为枯水期。素有"洪水一大片，枯水几条线""霜落洞庭干"之说。百余年来，长江数次大水往南溃决，形成四口分流局面，江水挟带大量泥沙入湖，湖泊迅速淤塞萎缩，现有水域不及全盛时期的一半，由全国第一大淡水湖退居第二。洞庭湖区地势平坦、土壤肥沃，雨水充沛，湖内水产丰富，是中国主要的淡水鱼产区之一。

[岳阳楼] 岳阳楼位于岳阳老城西门城台下、洞庭湖畔，楼下就是浩瀚的洞庭湖。岳阳楼与武昌黄鹤楼、南昌滕王阁齐名，并称"江南三大名楼"，有"洞庭天下水，岳阳天下楼"的盛誉。岳阳楼始建于三国，为吴国鲁肃的阅军楼。

唐开元四年张说任岳州太守，修建南楼，正式定名为"岳阳楼"。北宋庆历五年(1045)，知岳州军州事的滕子京重修岳阳楼，请范仲淹撰《岳阳楼记》，从此岳阳楼声名鹊起。后几经兴废，现存建筑为清同治六年(1867)重建。岳阳楼主楼通高19.72米，三层三檐，纯木结构。

岳阳楼

顶层为黄琉璃瓦盔顶，顶下有蜂窝斗拱。腰檐设平座，可凭栏远眺。楼内有清初书法家张照所书《岳阳楼记》的木雕屏和晚清书法家何绍基书刻的楹联。主楼左侧有"仙梅亭"，始建于明崇祯年间，当时有人在湖滨沙碛中拾得一块有枯梅花纹的石板，传为仙人所画，故名。右侧有"三醉亭"，建于清代，根据吕洞宾三醉岳阳的传说取名。主楼前有平台两座，沿洞庭湖岸建有石栏。南北各有一门，分别额书"南极潇湘""北通巫峡"。楼下洞庭湖边，有"怀甫亭"，为纪念杜甫而建。现附近地区已辟为公园。

［炎帝陵］炎帝陵位于湖南省东部炎陵县塘田乡炎陵山。据史书记载，始建年代当不晚于五代。宋太祖于乾德五年(967)在陵前建庙，分前、后二殿，祭祀炎帝和赤松子(炎帝的药师)，并设置七户守陵。明、清两代多次重修。炎帝，也称神农氏，是华夏农耕文化的创始人之一，也是华夏中草药的第一位发现者和利用者。炎帝是中华民族的始祖之一，因而从古至今对炎帝陵的祭祀举办得都极为庄重、盛大。据史载，在唐朝时就已开始祭祀炎帝陵，宋朝自宋太祖建庙后定例为三年一大祭，清朝进行的祭典更加频繁。炎帝陵高6米，底径27米，陵前是道光年间镌刻的有"炎帝神农氏之墓"碑文的墓碑。炎陵庙位于炎帝陵之前，坐北朝南，分为三进，整个院落有红墙围绕。殿内神龛中供奉炎帝神农氏金身像，他左手拿稻穗，右手拿灵芝，像前有一个装有五谷和药材的竹篓，此外还有天池、永丰亭、味草亭、奉圣寺、天使馆、飞香亭、龙墀、行礼亭、午门、左右朝房和左右碑亭等建筑，以及鹿原洞、龙垴石、龙爪石、洗花池等景观。整个陵区处于群山环围之中，洣水在山下缓缓流淌，林荫浓郁，氛围静谧，景色幽中透雅。

［九疑山］九疑山，也叫九嶷山，又名苍梧山，位于宁远县城南30千米。传说舜帝南巡，病死在苍梧，葬于此。山有九峰，峰峰皆相似，故名九疑山。九峰的中心为舜源峰，娥皇、女英、桂林、杞林、石城、石楼、朱明、潇韶八峰簇拥周围。主要景点有舜庙、紫霞岩、玉琯岩、三分石。紫霞岩在舜源峰左侧500米处，又名紫霞洞，岩石呈紫红色，远望如霞。岩分外、内两层。外岩足有数丈高是紫色岩顶。内岩为石钟乳洞，洞内有唐代诗人元结书刻的"无为洞"三个篆字。三分石位于紫霞岩南面，北距宁远县城50千米，又名三峰石。山

衡山重锁烟云间

上三峰并峙，相距2.5千米，为九疑山最高峰，海拔1959米。据说舜帝就葬在这里。三峰石上，清泉垂崖，如白练悬空，其中一条为潇水之源。

[衡山] 衡山位于湖南省中部，为五岳之一的南岳。南起衡阳市南回雁峰，北至长沙市西岳麓山。山势雄伟，盘绵数百里，有大小山峰七十二座，其中，以祝融、天柱、芙蓉、紫盖、石禀五峰最为高大。主峰祝融峰，海拔1300.2米，登顶可俯瞰群山。在五岳之中，南岳衡山森林覆盖率最大，可达67%以上，处处古木参天，奇花异草，有"五岳独秀"之称。

六朝以来，南岳就是宗教圣地。现存黄庭观为晋代魏夫人修道处。水帘洞上的九真观，是唐代道士司马桢修行的遗址。方广寺、福严寺、南台寺，为创建于南朝梁陈间的佛教名刹。唐高僧希迁在此创立了禅宗的南台宗。衡山在南宋时，还一度成为理学的渊源，理学家胡安国、胡寅、胡宏曾隐居衡山，朱熹曾当过监南岳庙的祠官，陈子昂、宋之问、张九龄、李白、杜甫、韩愈、柳宗元、黄庭坚、范成大等历代名人，都曾游览南岳，留下诗篇3700多首，摩崖石刻375处。

[武陵源] 武陵源位于张家界市境内，地处湖南省西北部的武陵山脉中，由张家界、天子山、索溪峪、杨家界四个各具特色的风景区组成，方圆369平方千米。武陵源以罕见的大峰林、壮观的大峡谷、浩瀚的大森林、多姿的湖泉瀑、变幻莫测的云雾和淳厚质朴的民族风情为特色，为世人所向往。大峰林是由石英砂岩构成的峰林地貌，峰林高耸，峡谷深幽，奇形怪状，千姿百态，岩柱多达3103座，有被誉为"武陵之魂"的天门山、金鞭岩等丹霞景观。武陵源属山原型湿润气候，云雾多，经常出现流动的云带、云烟和壮阔的云海、云湖、云涛、云瀑等，景象非常壮观。武陵源内水源丰富，沟谷遍布，溪涧纵横，流泉、飞瀑、石潭、绿池随处可见，素有"秀水八百"之称。这里的岩溶地貌发育也很好，溶洞、落水洞、天窗等岩溶景观遍布，既有黄龙洞、白羊洞等特大溶洞，又有多达90多个溶洞的虎穴洞群。景区内还有神秘莫测的神堂湾、一年一发光的石峰、红月亮等奇观。山峻、峰奇、水秀、峡幽、洞美是武陵源的五绝。武陵源森林覆盖率达85%，植被覆盖率则达99%，是一座巨大的天然生物宝库。景区有植物3000余种，其中28种属国家重点保护植物；有动物116种，其中30种为国家重点保护动物。神堂湾、黑枞脑两处，是至今仍人迹罕至的原始次生林，有"自然博物馆和天然植物园"之称。

1992年，联合国教科文组织确认武陵源为世界自然遗产，列入《世界遗产名录》。

[猛峒河] 猛峒河位于永顺县西部。河源在龙山县猛必村，水从一岩洞流出，全长 200 千米，流经永顺县城南的不二门，在古镇王村附近汇入酉水。景区总面积约 500 平方千米。猛峒河上游河道狭窄，岩高壁陡，浪急滩险，最适合漂流。下游河道渐宽至 80 米，可乘船游览沿途的天门峡、百鸟峡、鸡笼峡、磨盘峡等峡谷景点。其中猴儿跳峡最为有趣，水面只有十几米宽，两岸崖壁高达百丈，游艇需擦壁而过。崖壁深黑，不见天日，河谷光线暗淡，似断不断的崖壁叠嶂上，岩松虬枝搭成树桥，群猴攀跳其间。由此停船上岸，可观赏沿岸的溶洞瀑布，著名的有大龙洞、小龙洞、鸳鸯洞、阴阳洞等溶洞和哈尼宫瀑布、捏土瀑布、落水坑瀑布等瀑布。沿岸还有野生动物 190 余种，树木 500 余种。猛峒河是一个集山势、水色、洞景和珍稀动植物于一地，汇古镇风貌、民族风俗、山野情趣于一体的水道旅游胜地，人称"张家界后花园"。

[浯溪] 浯溪位于祁阳县城西南 2.5 千米，是湘江西岸的一条小溪。溪水源自三泉岭双井，北流 1.5 千米，汇于湘江。浯溪胜景天成，一木一石无不雅趣。中唐诗人元结从道州刺史卸任，途经此地，因喜爱这里的风景，于是定居在溪畔。浯溪靠湘江处有几块巨石组成的高地，即悟台。台后有一高约 3 米的孤石，传为元结垂钓处。元结当年的住宅称为"浪漫宅"，历代修葺，保存至今。浯溪与湘江汇合处的崖壁上有"浯溪"摩崖石刻。周围几千米内刻满了唐宋以来历代名家如皇甫湜、秦观、李清照、范成大、沈周、董其昌、顾炎武等 300 余人

的书、画、诗、赋、词、文、铭、记等作品，具有宝贵的历史、文化、艺术价值。石刻大者 9.6 平方米，小者 0.9 平方米，字径大者 3 米，小者 5 厘米，篆、隶、楷、行、草兼备，风格各异，是研究书法艺术的珍贵实物。最著名的是元结撰的《大唐中兴颂》，由颜真卿楷书，全文高 3 米，宽 3.2 米，共 21 行，每行 20 字，共 332 字，字径约 14 厘米。此碑书法磊落奇伟，雄阔刚劲，自古为学者、艺术家所重，誉为颜真卿"生平第一得意书"，因文、书、岩均奇绝，称为"摩崖三绝"。

湖北省
行政区划

湖北省地处东经 108°21′~116°07′、北纬 29°05′~33°20′，面积 18 万多平方千米，因位于长江中游洞庭湖以北而得名。湖北省北接河南省，东接安徽省，南邻江西、湖南两省，西靠重庆市，西北与陕西省为邻。辖 1 个副省级市武汉及黄石、襄阳、十堰、荆州、宜昌、荆门、鄂州、孝感、黄冈、咸宁、随州 11 个地级市，恩施土家族苗族自治州及神农架林区，38 个市辖区，24 个县级市（包括 3 个省直管市），37 个县和 2 个自治县。简称鄂，省会武汉市。

[省会——武汉] 武汉市位于湖北省东部，长江与汉水交汇处。武汉的汉口是我国古代四大名镇之一，今为国家历史文化名城。武汉又是中国东南部特大中心城市之一、长江沿岸著名港口、中国第二大河港、华中地区水陆交通枢纽。武汉由武昌、汉口和汉阳三地组成，俗称武汉三镇。现面积 8483 平方千米，人口 978 万，以汉族为多，有回、苗、

土家等42个少数民族。市政府驻江岸区。辖江岸、江汉、青山、洪山、东西湖、汉南、蔡甸、江夏、黄陂、新洲13个区。

武汉过去为商业城市，现已形成以冶金、机械、纺织为主，有食品、化工、轻工、电子、汽车、船舶、建材等门类的工业体系，建有武汉、东湖、阳逻三个经济技术开发区，是中国重要工业基地。武汉农业主产稻谷、小麦、棉花、油菜籽，盛产鲜鱼、莲藕。武汉是国内重要的交通枢纽、长江航运中心和重要外贸口岸。京广、京九、汉丹、武九4条铁路干线纵横交织，公路干线有汉宜、汉沙、岱黄、武湘等线，水运以长江、汉水为主，武汉天河机场为国家一级机场，航空线直通全国各主要城市和香港特别行政区。武汉还是国内的商业贸易中心。科技力量仅次于北京、上海、南京，在全国居第四位。武汉大学等高等院校享誉中外。名胜有中国三大名楼之一的黄鹤楼和东湖风景区、归元禅寺、古琴台等。

[十堰] 十堰市位于省境西北部武当山西北麓，是中国新兴汽车工业城市、东风汽车制造厂所在地。十堰市北邻陕西省商洛市和河南省南阳市，西界陕西省安康市和重庆市。面积23720平方千米。辖茅箭、张湾2区和郧县、郧西县、竹山县、竹溪县、房县5县，以及丹江口市。

十堰市是个新兴的城市，由一个山村小镇发展起来。十堰市区多分布在神定河干支流两旁的山间小盆地和沟谷中，建筑群依山就势，各自形成独立的居住区，市区街道大都背山面河，具有单面街的特点。工业以机械、水电、建材、纺织、化工、卷烟、食品和木材加工等为主，大型企业有东风汽车集团公司、东风轮胎公司、丹江口大型水力发电厂，是中国汽车生产基地之一，素有"汽车城"之称。农业以种植水稻、小麦、油菜为主，有油桐、漆树、柑橘等经济林。十堰交通便利。襄渝铁路横穿中部，丹江口为汉丹铁路终点，318国道、209国道在境内房县交会，并和其他公路组成公路交通网，汉水、堵河均可通航。

[宜昌] 宜昌市位于省境西南部，长江三峡出口，为长江上、中游的分界处，素有"川鄂咽喉"之称。面积21033平方千米，是中国最大的水电基地。宜昌市府驻西陵区。辖西陵、伍家岗、点军、猇亭、夷陵5区，秭归、远安、兴山3县，长阳、五峰2个土家族自治县和宜都、当阳、枝江3个县级市。宜昌境内丘岗起伏，仅中部长江北岸较平坦。长江出三峡后，折向南流，进入市区，江面展宽至2200米，为葛洲坝、西坝面小岛阻隔，自西而东分为大江、二江和三江，葛洲坝水利枢纽大坝即横跨此3水道。市区紧临长江北岸，沿长江呈带状分布，干道多与长江平行或垂直。宜昌市已成为著名的大水电城及华中的电网中心。宜昌市还有机械、化工、医药、食品、纺织、冶炼、卷烟、轻工、建材、煤炭、电子、印刷等工业。农业主产稻谷、玉米、薯类、棉花和油料。著名土特产有柑橘、茶叶、蚕茧、桐油、油茶等。除长江航道之外，境内有焦枝铁路、318国道、209国道、宜黄高速公路以及1个飞机场，形成了水陆空立体交通网络。市区名胜古迹以三游洞最著名，并有陆游泉、天然塔、南津关、下牢溪、西陵公园、紫阳龙洞等胜迹及以葛洲坝水利枢纽大坝和库区为主体的

平湖风景区。

人口、民族

湖北省是中国人口数量较多的省份，2010年全省人口5723万。湖北地形复杂，地区发展不平衡，故人口分布不均。

湖北为多民族省区之一，有汉、土家、苗、回、侗、满、壮、蒙古等50个民族，汉族占全省总人口的95.63%，少数民族以土家族最多，占全省少数民族人口的88%，苗族次之，占全省少数民族人口的10.3%。

历史文化

湖北是古人类活动的主要地区，是中华民族的发祥地之一。先秦时期，湖北属楚国，也是国都所在地。湖北山川瑰丽壮美造就了古代楚人张扬浪漫的思想。在这片土地上古楚人创造了光辉灿烂的古代文明，即与中原文化并列为华夏文明两大源头的楚文化。与严肃深沉的中原文化不同的是，楚文化是张扬而绚烂的。中国浪漫主义文学的杰出领袖屈原、主动请嫁匈奴和亲的王昭君、唐代著名大诗人孟浩然等都是在这一文化氛

秭归屈原祠

围中孕育出来的湖北人。由于湖北位于中国腹地，地跨长江天险，所以历来是兵家必争之地。三国孙刘抗曹、宋末襄阳之围、清末武昌起义等这些重大的、改变历史进程的军事活动就发生在这里。

[屈原] 屈原（前340—前278）名平，楚国人，生于公元前340年，卒年不详。大约是公元前278年左右。屈原出生于楚国贵族家庭，受过很好的文化教育，有很高的政治和文学才能，青壮年时期就有远大的政治抱负。屈原向往贤能政治，主张法度正直，从而达到国家富强。但屈原的时代正是楚国由强转弱的时代，君主无能，不恤其政，而群臣相妒以功，谄谀用事，良臣斥疏，百姓心离，城池不修。屈原多次力谏，不但被谗见疏，而且被多次流放，直至投汨罗江自尽。在流放期间，屈原面对政治的腐败、国家的衰弱写下许多悲惨沉痛、忧国忧民的诗歌，《离骚》《涉江》、《哀郢》《九歌》等都是屈原这时期作品。其中《离骚》是屈原的代表作，最具影响力。

[诸葛亮出山] 诸葛亮（181—234），字孔明，是三国时期著名的政治家、军事家。东汉末年，天下大乱，诸葛亮隐

居在南阳隆中，即今湖北襄阳附近，以种田为生。当时刘备投靠荆州的刘表，暂时屯驻新野。司马徽、徐庶等人都向他推荐有"卧龙"之称的诸葛亮，说他有管仲、乐毅的才能，于是刘备带着关羽、张飞前往隆中邀请葛亮出山。但前两次都没见到孔明的面。第三次去时天降大雪，恰好诸葛亮在家中睡觉。刘备就在门外大雪中等候他睡醒。诸葛亮非常感激刘备的知遇之恩，为他分析了时局，提出西据荆、益，南和夷、越，东联孙吴，北抗曹操，三分天下，待机进据中原的战略思想。这就是著名的"隆中对"。孔明出山后，通过火烧博望坡、火烧新野，遏制了曹操南下的势头。帮助刘备占据荆州这个战略要地，休养生息，为后来攻取益州，进而三分天下打下了坚实的基础。

隆中山脚下有一座四柱三楼的青石牌坊，牌坊背面刻为"三代下一人"五个大字，这是宋代文学家苏轼对诸葛亮的评语，意思是诸葛亮是夏、商、周三代以后最高尚最伟大的人，没有人可以与他相提并论。

[茶圣陆羽] 陆羽（733—804）字鸿渐，是复州竟陵郡（即今湖北天门）人。生于唐玄宗开元年间。3岁时因相貌丑陋被父母遗弃。龙盖寺的积公禅师收养了他。积公禅师喜欢喝茶，茶艺水平很高。陆羽在他的熏陶下对茶艺有了初步的认识。安史之乱时，他流亡到湖州。湖州是名茶产地，陆羽到各大茶区游历考察，学习茶农种茶的经验技术以及烹茶方法，分析茶叶质的优劣，并总结出一套规律。公元760年，陆羽开始编写《茶经》。公元780年，《茶经》正式刻印，这是世界上第一部茶叶专著，是唐代和唐以前有关茶叶生产和制作的科学知识和实践经验的系统总结。陆羽也因为这部书的卓越贡献，被后人誉为"茶圣"。

[武昌起义] 1911年，摇摇欲坠的清政府为了多敛钱财，限制民间经济活动，以铁路国有为名，将民办的川汉、粤汉铁路收归国有，并以铁路修筑权为抵押，与英、法、德、美四国银行团签订借款合同。此举激起众怒，四川、广东、湖北、湖南等省掀起轰轰烈烈的保路运动，并成为辛亥革命的导火线。这场运动迅速发展，革命党人受到鼓舞，在全国各省积极准备起义。湖北新军中的文学社和共进会等革命团体乘革命热

陆羽烹茶图　元

图绘远山起伏，山水清远，水面辽阔，临溪筑有草阁，丛树掩映。阁内一人坐于榻上，当为陆羽，一童子拥炉烹茶。画题诗："山中茅屋是谁家，兀会闲吟到日斜。俗客不来山鸟散，呼童汲水煮新茶。"

潮发动武昌起义，揭开了辛亥革命轰轰烈烈的序幕。9月下旬革命党人召开会议，决定10月6日起义。因形势瞬息变化，改期10月10日，10月9日共进会领导人孙武制作炸弹失事暴露行动，在汉口的机关被破坏，文学社领导人蒋翊武决定当夜行动，起义爆发。但由于太过仓促，未能全面行动。10日晚7时左右，武昌城外的辎重营和城内工程第八营几乎同时发动，各标营继起。经一夜苦战，革命军占领总督署，汉阳、汉口也先后被革命军占领，11日宣布成立中华民国湖北军政府。军政府随即发布各种文电，号召各省为推翻清朝建立共和而奋斗。武昌起义点燃了辛亥革命的烈火，最终将清政府推翻。

气候

湖北省属亚热带季风性湿润气候，具有从亚热带向暖温带过渡的特征。全年光照充足，热量丰富，无霜期长，降水丰沛，雨热同季，利于农业生产。湖北四季变化明显，春季多雨，夏天湿热，秋高气爽，冬季干寒。年均温15℃～17℃，鄂东沿江和三峡河谷在17℃左右，鄂北低于16℃，山区气温则随海拔的增加而降低。7月平均气温为27℃～29℃，江汉平原最高温在40℃以上，为中国酷热地区之一；1月平均气温3℃～4℃，三峡河谷高于5℃，北部和山区2℃左右。无霜期大体是南部长于北部，平原河谷盆地长于山区。全省降水充沛，年均降水量800～1600毫米，自东南向西北逐渐减少。由于受地形抬升作用影响，神农架南部和竹溪县光顶山东部年降水量达1400～1600毫米，为全省多雨中心。

夜宿街头纳凉

武汉地处江河谷地，上空受热带高气压控制，地面热量难以向外散发，气温显著增高，使武汉成为长江流域"三大火炉"城市之一。再加上武汉地区湖泊众多，水田密布，空气湿度大，高温加高湿，使得人体热量不易散失，尤其在夏日夜晚，城内闷热无风，根本无法在屋内安睡。每当夏日的骄阳刚刚退去，市民们就忙着向滚烫的地面泼水，随后纷纷从家里搬出竹床、铺板、躺椅等沿街铺排起来，街道为之堵塞。晚饭后，人们坐在床铺上摇着蒲扇边聊天边纳凉直至深夜，而后沉沉睡去。天刚亮时，人们又纷纷起身收铺，街道上很快恢复了往日的喧嚣。

自然资源

湖北省矿产、水能、生物等资源都比较丰富。湖北省已发现矿产136种，其中已探明储量的88种。在已探明储量的矿产中，磷、金红石、硅灰石等矿产储量居全国首位。金属矿产中，黑色金属矿产资源主要有铁、锰、铬、钒、钛等；有色金属及贵金属主要有铜、铝、锌、铅、镍、钴、钨、钼、汞、金、银等，其中以铜矿资源为主。水能源尤为突出。湖北省是丰水区，有大小河流千余条，湖泊约300多个，水库6000多座，且具有完整的水系系统，可开发的水能装机容量3310万千瓦以上，居全国第四位。全省动物资源达700多种，约占全国动物种类的1/4。其中属国家规定的珍稀保护动物如白鳍豚、金丝猴、江豚（江猪）、大鲵、小灵猫、大灵猫等50多种。全省种子植物3700多种，森林覆盖率为31.14%，木材蓄积量2.31亿立方米。神农架为中国中部最大的原始森林，被誉为"华中林海""天然动植物园"。世界观赏名木金钱松、中国特有的"鸽子树"珙桐、名贵绿化树白皮松，活化石水杉等珍稀树种就生长在这里。

[珙桐] 珙桐属蓝果树科，为落叶乔木，高 15 ~ 20 米。珙桐花形奇特，在头状花序基部有两个白色苞片，形如飞鸽的翅膀，故有鸽子树之名，为第三纪古热带植物区系孑遗种，是国家一级保护稀有种，也是闻名于世的观赏树种。珙桐分布于湖北、湖南、陕西，生于海拔 1250 ~ 2200 米处的常绿阔叶林或常绿、落叶阔叶混交林中，偶有小片纯林。

[水杉] 水杉属于杉科，为落叶大乔木，高度可达 35 ~ 42 米，胸径为 1.6 ~ 2.4 米，生长在海拔 1000 ~ 1200 米的山谷潮湿的轻度积水的地方。水杉是中国特有种和世界著名的孑遗植物，有"植物界的大熊猫"之称，是国家一级保护稀有种。在 1 亿年以前，水杉曾广泛分布在亚、欧、北美各地。在 200 多万年前的第四纪冰川的影响下，世界各地的水杉相继毁灭。植物学家以为它已经绝迹，直到 20 世纪 40 年代才被发现于湖北、四川、湖南三省交界地区。现在经引种已经在世界各地广泛栽种。

[大鲵] 大鲵别名娃娃鱼，属西栖纲有尾目隐鳃鲵科，为国家二级保护动物。分布于华中、华北、华南和西南各省。大鲵最长可超过 1 米。头部扁平、

娃娃鱼

钝圆，口大，眼不发达，无眼睑。身体前部扁平，至尾部逐渐转为侧扁。体两侧有明显的肤褶，四肢短扁，指、趾前五后四，具微蹼。尾圆形，尾上下有鳍状物。体表光滑，布满黏液。身体背面为黑色和棕红色相杂，腹面颜色浅淡。大鲵生活在山区的清澈溪流中，一般都匿居在山溪的石隙间，洞穴位于水面以下。每年 7 ~ 8 月间产卵，每尾产卵 300 枚以上，雄鲵将卵带绕在背上，2 ~ 3 周后孵化。大鲵为中国特有物种，因其叫声似婴儿啼哭，所以俗称"娃娃鱼"。

[武昌鱼] 武昌鱼属鲤科鳊亚科，又名团头鲂，是名贵的淡水鱼。武昌鱼产于湖北鄂州梁子湖通江口处。梁子湖湖面辽阔，直通长江，春暖花开时江水会倒灌入湖。湖水水质良好，水深、水温、流速非常适合武昌鱼的生存。湖中盛产的"黑丝草"，是武昌鱼最喜爱的饲料。武昌鱼呈扁平状，重约二三斤，肉质嫩白，含有丰富的蛋白质和脂肪，对贫血、低血糖等有辅疗作用。用武昌鱼可以烹制出数十种不同风味的鱼菜，如清蒸武昌鱼、花酿武昌鱼、蝴蝶武昌鱼、茅台武昌鱼、鸡粥奶油武昌鱼、红烧武昌鱼、杨梅武昌鱼、白雪腊梅武昌鱼等，其中清香扑鼻、肉嫩味鲜的清蒸武昌鱼最为有名，是驰名中外的上等好菜。

经济

湖北省农业实行一年两熟耕作制，粮食作物以水稻、小麦为主，高粱、红薯次之，经济作物以棉花、油料为主，产量均居全国前列。江汉平原是中国重要的商品、粮棉基地，畜牧业以饲养猪、牛、羊为主，禽蛋产量居全国前列。湖北还是中国重要的淡水鱼养殖基地，荆

州以下长江段盛产鱼苗，供应全国。主要林副特产有苎麻、生漆、桐油、柑橘、茶叶、木耳、木梓、黄连、天麻等，在全国均占重要地位。湖北省是中国工业发展较早的地区之一，主要工业部门有钢铁、电力、机械、汽车、建材、纺织、食品等。武汉是全国大型钢铁基地之一。宜昌是中国最大的水电基地。湖北水陆空交通发达，京广、京九、焦柳、武九、襄渝5条铁路干线通过省境。8条国道与省级公路联成公路交通网。长江、汉江是两大水运干线。武汉素有"九省通衢"之称，是全国最大的内河港口，也是省内最大的航空中心。

[农业] 湖北农业以耕作业为主，一年两熟，兼有南、北方农耕作业特点。粮食生产居首要地位，是中国重要的粮食产区之一，粮食商品率高。耕作业以水稻、小麦为主，又以水稻所占比重为大。江汉平原为重点的商品粮基地。杂粮主要产于鄂西山区。经济作物以棉花、油料为主，次为麻类、烟草、药材等。棉田集中于江汉平原、鄂东和鄂北三棉区。油料作物有芝麻、油菜、花生，以芝麻最重要，产量居全国第二位。畜牧业以饲养猪、牛、羊为主，生猪饲养量最大。渔业以湖泊、水库养殖为主，为国内著名的淡水渔业基地之一。全省可供养殖利用的水域面积居全国第二位。境内长江水系有经济鱼类50余种，著名的武昌鱼（团头鲂）即产于樊口附近梁子湖一带。荆江以下长江段是淡水鱼产卵场所，为鱼苗生产基地，盛产的鱼苗可大量供应全国。

[工业] 湖北省工业起步较早，建立了以钢铁、机械、电力、纺织、食品为主体，门类齐全的综合性工业生产体系，是中国重要的工业生产基地之一。以十堰、武汉为中心的汽车等运输机械制造在工业体系中占有突出地位。动力机械以矿山所需的破碎设备和选矿设备为主，主要产于武汉。电力工业以水电为主，建有葛洲坝、汉江、丹江口、堵河、黄龙滩等水电站，三峡水电站也已完工。纺织工业包括棉、麻、毛丝、化纤等部门，以棉纺织工业为主，是省内轻工业中最重要的部门。武汉是省内最大的纺织工业基地，也是中国著名的棉纺织中心之一。

[交通] 湖北地处中国腹地，历来为中国水陆交通运输枢纽。武汉自古就有"九省通衢"之称，长江、汉江和京广铁路相交于武汉市。京广线是中国运输繁忙的运输线之一，纵贯省境东部。焦枝、枝柳、汉丹、襄渝四线共同构成省内外陆路交通运输的主干线、主要公路干线有汉孟线、汉沙线、汉宜线；与邻省相通的公路干线有鄂赣线、鄂皖线以及老白线。内河运输在省内居重要地位，以长江与汉江为两大水运干线。武汉港为长江中游最大的内河港口，开辟有武汉至香港特别行政区、日本及东南亚诸国的江海货运航线。此外，黄石、宜昌、沙市、枝城等也是重要河港。汉江是沟通鄂西北和江汉平原的重要航道，襄阳和老河口为汉江的重要河港。武汉市是中国航空运输中心之一，有航线通往北京、上海、广州、成都等以及省内的沙市、宜昌和恩施。

旅游

湖北省境内山水名胜与文物古迹兼备。境内河网密集，湖泊众多，又与山地峡谷相结合，故多山水风光，以

紫霄殿

紫霄殿是武当山上较大的宫观之一，整个建筑群坐落在一片台地上，前有龙虎殿，殿内有青龙、白虎两神君像。

长江三峡为代表，香溪河、下牢溪、洪湖、东湖、莫愁湖、龙泉瀑布、吊水岩瀑布、清江三峡等都是闻名遐迩的水景。此外还有众多的古泉、古井和地下温泉。湖北东、西、北三面环山、奇峰峻岭之中有名扬天下的道教圣地武当山和九宫山、当阳的玉泉山等。湖北历史悠久，文化古迹众多，秭归屈原故里、兴山昭君故里、纪南故城、黄鹤楼、东坡赤壁、三国赤壁等历史遗迹，也都是

武当拳

　　武当拳全称为"武当太乙五行拳"，属于内家拳，是中国重要的武术流派之一，与北方的少林拳齐名，闻名中外。它的创始人是武当山著名道士张三丰。传说当年他在武当结茅修道时，偶然目睹了蛇猫的争斗，从中悟出练功就要像蛇一样，柔中有刚，静中有动，含而不露。于是他认真推演，悉心锻炼，在武当山历代武术招法的基础上，终于开创了太极十三式。到明弘治年间，武当山紫霄宫第八代宗师张守性，结合华佗的气功五禽戏，把张三丰的太极十三式发展成为武当山道士世代相传的一种独特拳术，也就是现在的武当拳。武当拳看似柔软，但却内藏生机，变化无穷。它最大的特点是随曲就伸。讲究手脚并用，以静制动，以柔克刚，以点穴擒拿为主，常运用于防守自卫，非困不发，纯用内功。练武当拳还可强身健体，长期练习可以延年益寿。

湖北的旅游胜地。

　　[武当山] 武当山又名太和山、玄岳。位于湖北省西北部丹江口市境内，在汉江南岸，是秦岭、大巴山的东延部分，为中国名山之一。武当山主峰天柱峰、海拔1612米，景区总面积约240平方千米，号称"八百里武当"。山中峰奇谷险，气势雄峻，洞壑深邃，风光秀美，被誉为"亘古无双胜境，天下第一仙山"。有七十二峰、三十六岩、二十四涧、十一洞、三潭、九泉、十池、九井、十石、九台等胜景，上、下十八盘险道，"七十二峰朝大顶""金殿叠影"等奇观。相传西周时，净乐国五太子真武来此修炼，后被道教尊奉为执掌北方天界的"玄天真武大帝"。山"非真武不能当之"，因名武当山。真武大帝也被认为是武当山的主神。历代道教名流如汉代阴长生、晋代谢允、唐代吕纯阳、宋代陈抟、元代张守清、元末明初张三丰等，均曾在此修炼，武当山因此成为道教名山。明成祖自命为真武转世，奉武当山为太岳太和山，列为天下名山之首，大兴土木，建成33处规模宏大的宫观群，计有八宫、二观、三十六庵堂、七十二岩庙、三古九桥梁、十二亭台，殿宇达2万多间，建筑面积160多万平方米。现存建筑基本上保留了明初的建筑格局。其中金殿和紫霄宫、玄岳门为全国重点文物保护单位。其他宫观如太和宫、南岩宫、五龙宫、遇真宫、玉虚宫、复真观、元和观等均保存完好，内有大量神像、法器、经籍等道教文物，具有较高的艺术和历史价值。

　　[九宫山] 九宫山位于湖北省通山县东南幕阜山脉中段。面积68.64平方千米。主峰老鸦尖，海拔1656.7米，为鄂南第一峰。相传南朝晋安王率兄弟

9 人来此建九宫，故名为九宫山。其后逐渐成为道教名山，北宋张君房称其为第二十一洞天。南宋淳熙十四年 (1187)，道士张道清至九宫山立坛传道，兴建宫观，九宫山于是名声大振，成为道教五大道场之一。后宫观屡毁屡建，至清乾隆时期，香火仍很兴盛。在咸丰年间遭到战乱毁坏，大部分建筑均已不存。今仅有九王庙、真君石殿、石城门、一天门等。山中多石刻、著名的有宋代的"万山"、明代的"曲曲入胜"、清代的"拔剑中行"等。九宫山人文景观虽遭毁坏，但九宫山自然景观却以其独特风格为世人所向往。九宫山由花岗岩构成，断崖高耸，峡谷深切，云雾、林涛、竹海、泉瀑为景区四大特色。尤以瀑布最胜，达 50 多处，著名的有大崖头瀑布、喷雪崖瀑布、龙潭瀑布、寺上三叠瀑布等。云中湖、桃花谷、蝴蝶谷、一线天等处风景清幽。山下牛迹岭有明末农民起义军领袖李自成墓。九宫山植被丰茂，山中"千峰苍翠、万壑荒幽"，大片原始森林，一派清凉世界，空气清新，盛夏气温仅 28℃，有"天下第一爽"之誉。山中盛产中华猕猴桃、九宫云雾茶以及竹荪、香菇等，还有属于国家各级保护动物白颈长尾雉、蓝翅八色鸫、红嘴相思鸟、白鹤等。

[黄鹤楼] 黄鹤楼位于武昌蛇山西端的黄鹤矶头。相传始建于三国吴黄武二年 (223)，最初是用于军事的瞭望楼，后来成为人们登高览胜的地方。到唐朝时就已成为著名的游览胜地，与岳阳楼、滕王阁并称江南三大名楼。历史上不少名人如李白、白居易、苏轼、岳飞、陆游、袁宏道、袁枚等，都曾到此借景抒怀。唐人崔颢写诗道："昔人已乘黄鹤去，此地空余黄鹤楼。黄鹤一去不复返，白云千载空悠悠。"此诗奠定了黄鹤楼的文化基调，也使黄鹤楼名闻千古。

历史上黄鹤楼屡毁屡修，现在的黄鹤楼建成于 1985 年，是以清朝同治年间的黄鹤楼为原型设计建造的，为仿木结构建筑，整个屋面覆以黄色琉璃，崇楼五层，飞檐五舒，内外遍施彩绘，第五层以攒尖顶为核心，四方各有一座"歇山式"的小楼牌，宝顶为黄色琉璃的葫芦瓶，直径 2 米，高 5 米。在楼的正面有"黄鹤楼"三个大字，背面书"楚天极目"，整个建筑设计大气，布局别致，高低错落，上下交辉，望去俨如宫殿，宏伟壮丽。

[神农架] 神农架位于湖北省西部，面积 3250 平方千米。相传炎帝神农氏曾在此搭架上山采药，因而得名。神农架处于大巴山东部，横卧于三峡以北的长江、汉水之间，为湖北省西部长江和汉江的分水岭。区内群峰林立，由石灰岩、砂岩构成脊岭高耸、屈岭盘结的雄伟山体，一般高度在千米以上，有六座山峰高达 3000 米以上，被誉为华中屋脊，分布有大面积的原始森林。林区西南部的大神农架海拔 3053 米，其北之神农顶则海拔 3105 米，为华中第一峰。第四纪冰川时期，中国中部陆地处于冰川活跃期，而神农架鲜受波及，成了当时动植物的避难所，使众多生物得以生存繁衍至今，故有"中国冰川时期'诺亚方舟'"之称。神农架地理条件得天独厚，地处中国东西、南北植被过渡地带，植物种类非常复杂，加上山地陡耸，植被垂直分布规律十分明显，呈现"山脚盛夏山岭春，山麓艳秋山顶冰；赤橙黄绿四时备，春夏秋冬最难分"的奇妙

景象。神农架共有植物 2000 多种，其中药用植物近千种，珍贵树种 30 多种。动物有 500 多种，其中 20 多种为国家保护的珍贵动物。1978 年，在神农架西南部大小神农顶建立了以金丝猴、毛冠鹿、珙桐、双盾木为主要保护对象的国家级自然保护区，现已被联合国教科文组织组织列入"国际人与生物圈保护区网"。

江西省

行政区划

江西位于中国东南部，长江中下游南岸，地处北纬 24°29′～30°05′，东经 113°35′～118°29′。北与安徽、湖北省相邻，南依南岭与广东省交界，东与浙江、福建省接壤，西以罗霄山脉同湖南省为邻。面积 16 万多平方千米。辖 11 个地级市、19 个市辖区、70 个县、10 个县级市。简称赣，别称豫章、江右，因唐代其境属江南西道，故得名江西。

[省会——南昌] 南昌市位于省境中部偏北，赣江鄱阳湖滨，面积 7402 平方千米。西汉高祖六年（前 201）立豫章郡置南昌县，古为"南方昌盛之地"而得名，别称洪都。南昌市境内地势东南平坦，西北丘陵起伏。属中亚热带湿润气候。市内工业主要有冶金、电力、航空、电子、化工、纺织等行业。农作物有水稻、棉花、油菜等。南昌水陆空交通便利，是江西的主要枢纽。1927 年 8 月 1 日，中国共产党在南昌领导武装起义，打响了武装反抗国民党反动派的第一枪。

市内名胜有江南三大名楼之一的滕王阁和许多革命遗址，中国第一架飞机制造厂洪都机械厂即坐落于南昌。

[九江] 九江市位于江西省北部，处于湘、皖、赣交界。面积 18887 平方千米。九江市秦属九江郡（郡治安徽寿县），汉代灌婴筑城为建城之始，清代末期成为重要的开放港口。历史上曾与无锡、芜湖、沙市共称"中国四大米市"；与福州、武汉同称"三大茶市"。地势西高东低，属中亚热带湿润气候，市内水网交错，为农业发展创造了良好条件。农业主产稻谷。有铜、钨等 40 余种矿产，工业十分发达，工业是当地重要经济来源。

九江的庐山是全国重点风景名胜区和著名避暑胜地。

[景德镇] 位于江西省东北部，素称瓷都。景德镇制瓷历史悠久，唐代制瓷业已比较成熟，宋代即已成为全国重要的产瓷区。元代，这里发展成为制瓷技艺最先进的窑场，元王朝在此设立了"浮梁瓷局"。明朝以来，一直是全国的瓷业中心，景德镇的历史可以追溯到东晋，古有新平、浮梁等名称。北宋景德年间，这里受命烧制御用器物，器质精良，为世人所赞誉。因器物上书有"建年景德"字样，故得名"景德镇"。今天的景德镇以生产瓷器为主，同时汽车、制冷、食品等门类也迅速崛起，以昌河汽车、华意无氟制冷压缩机和景德板鸡等最为著名。景德镇还保存有很多古代窑址、明代民居以及宋塔等古建筑。

人口、民族

江西全省人口约为 4456 万（2010），分布较为均匀，人口平均密度 267 人／千米²，高于全国平均水平。人口稠密处达 500 人／千米²，边缘山区每平方千米不足百人。

江西民族构成较为单一，汉族占全省总人口99%以上，有畲、满、壮、苗、瑶、蒙古、侗等51个少数民族，少数民族总人口10多万人。少数民族多以务农为主，他们长期与汉族杂居，交往十分密切。

历史文化

江西省由于地理环境因素，有史可记的文明史不过万余载。春秋战国时属越，后归楚。秦统一天下于此设九江郡。至元代，始立江西行省。江西文化与中华民族文化一脉相承，有"江南昌盛之地，文章节义之邦"之誉。省内龙虎山、庐山分别为道教和佛教净土宗的发源地。庐山五老峰下的白鹿洞书院是南宋理学泰斗朱熹的讲学书院。南昌市的滕王阁号称江南第一名楼。"瓷都"景德镇瓷器更是名垂天下，为中华一绝。

白鹿洞书院的思贤台

白鹿洞书院位于五老峰的一个山谷中，是中国历史上的高等学府之一。这里最早是唐代李渤、李涉兄弟隐居读书的地方，因李渤养一白鹿，故又被称为白鹿先生。李渤于825年任江州（今九江）刺史后，就在这里扩建书堂，名白鹿洞。到了宋初，被扩为白鹿洞书院。

江西还是革命摇篮，八一南昌起义旧址、井冈山革命根据地奠定了江西在中国近现代史上的不平凡地位。

[**白鹿洞书院**] 白鹿洞书院位于庐山五老峰下，是中国古代第一座完备的书院，建于宋代。唐贞元元年（785），洛阳人李渤、李涉兄弟隐居地此，因李渤喜养白鹿而得名。唐末兵乱，颜真卿之孙颜翠曾率弟子30余人授经洞中。与应天、石鼓、岳麓被称为"中国四大书院"。南宋淳熙六年（1179），理学家朱熹为南康军守，在此讲学，并奏请煦宗赐额及御书。书院现存石刻100余处，刻有朱熹手制书院学规、历次修建文记及名人书法等，这里环境清幽，是做学问的好地方。

[**客家方形围屋**] 客家人聚族而居，其赣南的客家方形围屋位于赣南九连山北麓，被人称为汉代"坞堡"活化石。现在赣南的围屋约有450多座，依山而建，面临小河。为便于观摩外部情况，四角都构筑有碉堡楼和监视孔，外墙坚实全封闭。建有围屋，两三层，最多不过四层，为悬挑外廊结构。围屋外墙多是由麻石、鹅卵石、青砖用糯米灌浆构筑，厚约2米。现已开辟为旅游景点，供中外游人观光。

[**南昌采茶戏**] 南昌采茶戏反映当地茶民生活，是农闲娱乐的主要剧种之一。起源于清代道光年间，由"茶灯"和"十二月采茶调"等融合而成。20世纪50年代正式定名为"南昌采茶戏"。南昌采茶戏以喜剧和歌舞为主要形式。活泼生动的小丑和小旦，一般必不可少，是剧中渲染气氛的重要角色。其传统唱法讲究朴实、大方，感染力强，当地流传广泛的剧目有《鸣冤记》《辜记》《花

轿记》《南瓜记》，合称"南昌四大记"。多取材于南昌民间故事，从不同层面反映了茶民的喜怒哀乐。

气候

江西省气候温暖湿润，春秋短、夏冬长，年均温 16.3℃～19.5℃，气温自北向南递增。极端最高气温在 40℃以上，是长江中游炎热的地区之一。江西冬季较短，无霜期长达 300 多天。有利于双季稻和喜温的亚热带经济林木生长。年降雨量达 1341～1943 毫米，一般是南多北少，东多西少，山区多，平地少，是我国雨量较丰富的省区。

自然资源

江西省矿产资源十分丰富，全省已发现 135 种矿产资源，有 28 种矿产储量居全国前五位，其中铜、钨、钽、铀为全国之最。钨的开采量大，江西省有"钨都"之称。江西是中亚热带植物王国，有珍稀树种 150 多种，其中有 110 多种是中国的特有种，有许多种类已濒临灭绝。如冷杉、连香树、白豆杉、野生杜仲、乐东拟单性木莲等，森林覆盖率达 60.5%。金丝猴、梅花鹿、丹顶鹤、白鳍豚等 20 余种珍稀动物在江西广为分布。

[钨矿] 世界钨储量以中国为最，江西钨储量居全国第一，分布遍及全省。江西省钨矿床类型众多，主要有岩浆作用、沉积改造或叠加作用、风化作用三类钨矿床。主要分布在赣南大余、崇义、于都等地区。修水县香炉山钨矿床是江西省最大的钨矿床。

[穗花杉] 穗花杉属红豆杉科，为常绿小乔木或灌木，高 7～10 米。叶线状披针形，绿色边带，近等宽的粉白色气孔带。雌雄异株。雄球花交互对生，呈穗状。假种皮鲜红色。穗花杉分布于江西、湖北等 8 省，生于海拔 500～1400 米处的阴湿溪谷旁或林内，属国家三级保护濒危种，近几年人工种植，数量和种群明显扩大。

[鹅掌楸] 鹅掌楸属木兰科鹅掌楸科，为落叶大乔木，高可达 40 米，胸径 1 米以上。叶片古色典雅，马褂形，也叫马褂木。花被黄绿色，杯状，近基部处有 6～8 条黄色条纹。第四纪冰川期以后鹅掌楸属仅在中国和北美各存 1 种。分布在江西、湖北、湖南、安徽等地，喜于海拔 900～1800 米温凉湿润的山地阔叶林中生长，保存了木兰科的原始共同特征，在白垩纪的化石中多有发现。其花叶可入药。

[婺绿] 江西属江南茶区，茶园以上饶地区、景德镇市的修水流域最为驰名。婺源所产"婺绿"以"色碧天然，香味浓郁，叶清厚润"的特色而广为流传，在明清两朝被列为贡品。婺绿种类繁多，著名的有茗眉、奇峰、天香云翠等，有生津去火等特殊功效。

[白鹤] 白鹤属鹤科，又叫黑袖鹤、亚洲白鹤。白鹤全身羽色洁白，初级飞羽是黑色外，自嘴基、额至头顶及两颊皮肤裸露，呈砖红色。白鹤栖息于开阔浅水的泥沼、沙滩地带，中国白鹤是濒危种，仅在鄱阳湖越冬时可见，多集群活动。白鹤的寿命较长，一次产卵 2 枚，孵卵期为 33 天左右，雌雄轮流孵化，90 天成长为成鸟。

经济

江西省境内瓷器业很早就是当地重

要的经济产业。从 20 世纪 50 年代开始，冶金、电力、煤炭、有色冶金工业发展很快，门类齐全。省内农、林、牧、副、渔立体式发展。

[农业] 江西省农业自然条件好，历史悠久，是全国的商品粮基地。以吉安盆地和鄱阳湖平原为主，是中国重要的农业生产基地之一。农业用地约占全省土地总面积的 81.3%，其中耕地 309.15 万公顷，林地 1032.77 万公顷。江西还是华东地区木材和毛竹生产基地，林业生产是当地国民经济重要组成部分。中国淡水渔业重点省份之一。经济作物种类多，有油菜籽、花生、芝麻、茶叶、油茶、甘蔗、棉花等。江西是中国著名的“鱼米之乡”，水产品产量 2008 年达到 209.5 万吨。畜牧业由于山地广阔，畜牧业发展很快，畜牧业产值逐年提高。

[工业] 江西省内矿产资源丰富，但江西最主要的工业是景德镇瓷器业。制瓷工业历史悠久，现已实现机械化，所出产的瓷器世界闻名。但随着矿产资源的不断开发，冶金、电力、煤炭、化工、皮革、造纸、有色冶金工业后来居上，生产规模逐渐扩大。这几年电子产品、机械产品发展很快，使工业结构偏重的情况得到根本改善。

[交通] 江西省的交通运输以铁路和内河航运为主，公路运输次之，航空也得到较大发展。目前铁路线主要有浙赣线、鹰厦线、向九（南浔）线、皖赣线和京九线。公路主要有纵贯全省的 206 国道、105 国道等 6 条干线。南昌、鹰潭、萍乡、赣州、瑞金为公路交通枢纽，公路通车里程超过 13 万千米，90% 以上的乡村都已通车。内河航道有长江、赣江、鄱阳湖区等，航线长 5638 千米，主要港口为南昌、樟树、吉安、赣州、鄱阳、九江等。民用航空在南昌、景德镇、九江、赣州建有飞机场，从庐山可直达广州和北京等地。

旅游

江西自然旅游资源和人文旅游资源遍布全省，以名山、名城、名楼、名台而驰名，庐山甲天下之秀，有龙虎山、三清山、井冈山等道教圣地和革命圣地。南昌的滕王阁集自然景观与人文名胜为一体，丹霞地貌、古溶岩洞各具特色，景德镇瓷都古窑等上古遗风犹在。中国五大淡水湖之首的鄱阳湖是中国著名的珍禽王国，湖畔还有含鄱口、石钟山等名胜。赣江纵贯南北，沿江有吉安青原山等胜地。赣粤交界处的大庾岭梅花遍山，龙虎山、圭峰则以丹霞地貌奇观而闻名。江西自古即有“文献之邦”的美誉。庐山白鹿洞书院是“海内第一书院”，儒、道、佛融为一体，孕育出无数的文人志士。

[庐山] 庐山位于江西省九江市南，南临长江，东傍鄱阳湖畔，交通遍利，古迹遍布，天下驰名。又称匡庐、匡山。面积为 250 平方千米，99 峰拔地而起，主峰大汉阳峰海拔 1473.4 米。山势雄奇，清泉飞瀑，云雾弥漫，自古就有“匡庐奇秀甲天下”之称，庐山是中国著名的避暑胜地。庐山名胜古迹有 200 多处，如龙首崖、含鄱口、五老峰、陶渊明故居、温泉楼等。庐山还是一座佛教名山，是中国佛教净土宗的发源地。早在东晋、南朝时期，庐山的佛教就有了很大的发展。寺院林立，最多时达百余座。庐山景区内森林荫郁，已建有庐山植物园和

庐山名称的传说

庐山的得名是由于殷末周初时，臣民兄弟结庐而居于此而得名。当地民间传说对此却说法不一，流传较为广泛的是在周初有一位匡俗先生，在庐山学道求仙。后来匡俗在庐山寻道求仙的事迹为朝廷所获悉，周天子屡次请他出山相助，匡俗先生却回避潜入深山，后人把其隐居之地称为"神仙之庐"。还有的说法是周武王时期，有一位名叫方辅先生的人同道教的创始人老子李耳一道入山炼丹，二人"得道成仙"后，只留下一座空庐，"人去庐存"，称为庐山。也有一说，西汉的越庐君曾在此求仙学道，普度众生，做了不少好事，后人为纪念他而称此为庐山。

九江珍稀濒危植物种子资源库，庐山中心牯岭镇为"云中花园"。山上景点三叠泉与雁荡龙湫、黄山石并称为"天下三奇"。在庐山观云亭上，可欣赏到庐山云雾缥缈、云峰相衬的美景。

庐山特产云雾茶为中国十大名茶之一。石鸡、石耳、石鱼、石砚并称为"四石奇产"。

[鄱阳湖] 鄱阳湖位于江西省北部，长江以南，面积3583平方千米，是中国最大的淡水湖，长江下游大型吞吐湖，水系完整，是中国第一大吞吐型季节性湖泊。主要支流以江西境内的赣江、抚河、信江、饶水和修水五条大河。鄱阳湖的水文年变化较大，4～9月为汛期，10月至次年3月为枯水期，故有"洪山一片，枯水一线"之说。由于喜马拉雅造山运动时，西侧断裂上升为庐山，东侧陷落为湖，形成鄱阳湖区。鄱阳湖及周围自然环境良好，捕鱼是周围居民收入来源之一。

[瓷都景德镇] 景德镇位于赣东北昌江上游，皖赣铁路线上，在江西、安徽和浙江三省交界处，古有"昌江通衢广"之称。烧瓷已有2000多年历史，故称"瓷都"。东晋始设东平镇。制陶起于汉时，唐武德年间改为新平，别称陶旧镇。宋景德元年(1004)改称景德镇。景德镇有地域之便，适于制陶。拥有丰富瓷土，尤以质地优良的东港高岭瓷土负盛名，并产釉果、煤、钛、金、石灰石和耐火材料。唐、宋时景德镇陶瓷进入蓬勃发展时期。明、清时景德镇制瓷业进入鼎盛时期。与广东佛山镇、湖北汉口镇、河南朱仙镇齐名，合称"中国四大名镇"。年生产瓷器约占全国的20%，达千余种，产品远销世界百余个国家和地区。境内有陶瓷研究所、陶瓷学院和陶瓷历史博物馆，保存有中国历代陶瓷珍品。清代遗存的窑具、瓷片历千百年至今人物、花草仍清晰可见。景德镇的特产有"一瓷二茶"，瓷器中有青花、玲珑、粉彩和高温颜色釉四大传统名瓷，为此，景德镇世称"千年瓷都"。

瓷国明珠——青花瓷 景德镇四大名瓷以青花瓷为最。青花瓷工艺最早始于元代，根据记载可能到明代逐步成熟。有史载："宣德青'凝重'，成化青'雅致'，嘉靖青'幽青'。"青花瓷晶莹柔润，白中泛青，属釉下装饰品种。它无铅毒危害，不受酸碱腐蚀，具有永久不褪色的显著特点，因此被人们称为"瓷国明珠"。青花瓷大致可分为手绘、贴花、印花三大类，其中又以手绘青花梧桐画面的中

鄱阳湖

青花云龙纹双耳瓶

此瓶为元代景德镇的青花瓷精品，造型精巧，胎质厚重，从瓶口至瓶足满是花纹，富丽堂皇。

西餐具为最佳。20 世纪 50 年代以来，由于制瓷业现代化代替了手工业，青花瓷的瓷质更具稳定性。它在莱比锡国际博览会、布尔诺国际博览会、波茨坦国际博览会上连获三枚国际金质奖，是国内外收藏家收藏的珍品之一。

粉彩瓷 粉彩瓷工艺自清康熙晚期形成并得以稳定，有 300 多年的发展历史。粉彩瓷粉润柔和、色彩丰富、画工细腻，是景德镇四大传统名瓷之一，被称誉为"画比荆关字比苏"。粉彩瓷是中国瓷艺与中国传统文化的结合精品，许多彩瓷将优美的民间传说和名山秀水作画于其上。传统的画面如八仙过海、群仙会、红楼梦、桂林山水、西湖佳景等广为流传。大的粉彩瓷有花瓶、屏风、文具、餐具、酒具、咖啡具，高达数米。小至毫件的瓷瓶、鼻烟壶等。

颜色釉瓷 颜色釉瓷工艺始创于宋代，到清代进入鼎盛时期。颜色釉瓷是以多种金属氧化物和天然矿石为着色剂，涂抹在坯胎上，经过高温或低温焙烧而成。明清时期，景德镇颜色釉风行海内外，烧造的颜色釉瓷五彩缤纷，晶莹夺目，有祭红、郎窑红、窑变花釉、乌金釉等名贵色釉。其中结晶釉最为珍贵，晶花爆发的花案，光芒四射，被誉为"人造宝石"。

[井冈山] 井冈山位于江西、湖南两省边境的罗霄山脉中段，方圆 500 里，海拔 1000 米以上。以中国革命的摇篮而驰名中外。

井冈山的风光以奇险著称，地势上易守难攻。现开辟的风景名胜区有茨坪、龙潭、黄洋界、主峰、笔架山、桐山岭、汀州、仙口八个景区，以中国共产党的革命遗址和革命纪念建筑物为主。当年中国共产党创始人之一的毛泽东曾率领秋收起义队伍挺进井冈山，创立中国第一个农村革命根据地。自然景观有峰峦、奇石、瀑布、溶洞、温泉和珍稀动植物。现有各类植物 3800 余种，为同纬度保存较为完好的植物区之一。1982 年开辟为国家自然保护区。

[文天祥墓] 文天祥墓位于吉安县文家村鹜湖大坑，文天祥纪念馆位于吉安文山公园内。墓地面积为 100 多平方米，墓前有石翁仲、石羊、石马等。墓门碑额刻"为国捐躯"四个字，墓联为"忠烈千秋志，芳名万古存"。墓前有新立石碑，上刻"宋丞相文信国公文天祥之墓"几个大字。文天祥纪念馆为一组仿宋建筑，雄跨松竹山岗之上，内有文信国公殿，殿为二层阁楼，底层中央为文天祥塑像。纪念馆为四合院结构，中间为天井，四周长廊连接四贤祠、文山阁、竹居、诗碑楼、状元楼等。馆内陈列物包括文天祥生平及其遗物、著作、手迹等，还有当今名人赞誉文天祥的书画作品。

[婺源县明清建筑] 婺源县在江西省东北角，西距景德镇 80 千米。

官宅、府第、祠堂、民居等明清建筑。为研究我国明清时代的建筑风格提供了宝贵的资料。在婺源，明清建筑主要集中在沱川、江湾、流头、浙源、思口、龙山、许村等乡镇所辖的某些村庄。有的村还遗有廊桥、路亭、门楼、店面、戏台等。这些村镇已发展为江西旅游的新景点。

沱川乡里坑村的官邸建筑群保存的比较完整，整体气势雄伟，金碧辉煌。官邸大门多为石库门，地面用水磨青砖铺成，梁上雕刻着花卉和戏剧人物。思口乡延村的清代民居古建筑群也很有特点，多为富商住宅，雕工精细。松柏花草、戏曲人物被雕刻在梁枋、斗拱、门楣、窗棂上，而且全村宅邸用游廊连通。古坦乡的黄村黄氏宗祠又名"百柱宗祠"，清康熙年间修建，全是砖木结构。大梁上雕刻精细，全装饰着中国传统吉祥图画，1982年其照片曾在法国巴黎展出。

[三清山] 三清山位于江西省东北部上饶地区玉山县、德兴市交界处。景区面积220多平方千米，主峰玉京峰海拔1817米。因玉京、玉华、玉虚三峰峻拔，犹如道教三位最高神玉清、上清、太清列坐其巅，故又称三清山，为"江西第一仙峰"。相传晋朝方士葛洪曾在此山修道炼丹，至今仍存有遗址。由三清宫和梯云岭两部分组成，奇峰、奇松、云温、幽潭、清泉，有"小黄山"之称。

[滕王阁] 滕王阁位于江西南昌市城西，西依梅岭，面对赣江，占地3.3公顷。始建于初唐永徽四年(653)，系唐太祖李渊次子李世民之弟滕王李元婴所建故名。唐代诗人王勃一篇《滕王阁序》使文章与阁楼名扬天下。滕王阁与

南昌滕王阁

黄鹤楼、岳阳楼合称为"江南三大名楼"。后楼有小篆韩愈记："愈少时，则闻江南多临观之美，而滕王阁独为第一，有瑰伟绝特之称。"历史上滕王阁曾多次毁于兵火，重修达28次。现今的滕王阁是1985年重建。为仿宋建筑，共9层，高57.5米。台基12米以上取"明三暗七"格式。面积1.3万平方米。可观"落霞与孤鹜齐飞，秋水共长天一色"的奇景。

[石钟山] 石钟山位于九江市东北30千米处，在湖口县城双钟镇，分为上石钟山、下石钟山。风浪击石有如钟声，故名。宋代大文豪苏轼曾于月夜泛舟，写下《古钟山记》。石钟山因扼江带湖，居高临下，号称"江湖锁阴"，为兵家必争之地。下石钟山屹立在鄱阳湖与长江汇合处，山势峻拔，为主要景观。主要景点有江天一览楼、大雄宝殿、锁江亭、听涛眺雨轩等40多个景点，唐代以来的亭阁建筑和名人题咏最多。

安徽省
行政区划

安徽省位于中国东南部，地跨长江、淮河流域。位于东经114°54′~119°37′、北纬29°41′~34°38′。安徽虽然是一个内陆省份，但距海很近，四周同江苏、浙江、江西、湖北、河南、山东6省毗邻。面积13.96万平方千米。在4000年前安徽省就有人类居住，据《左传》记载，"禹会诸候于涂山，在西周是曾建立封地皖国"。于清康熙六年（1667）正式建省。安徽省辖17个地级市、44个市辖区、5个县级市、56个县。简称皖。

[省会——合肥] 合肥市位于省境中部，合肥盆地中部。面积7029平方千米，因东西淝河与此合流而得名。合肥为历史悠久的名城，古为淮夷地，商称虎方，秦统一中国后置合肥县，别称庐州。1952年为安徽省省辖市。合肥属亚热带季风气候，兼有南北过渡特点。在交通方面，淮南、合（肥）九（江）两条铁路贯通市区，公路可达全省各地。水运经巢湖可达长江。合肥为全国重要的科教基地之一。工业以机械、电子、冶金、化工为主。农作物有水稻、小麦、油菜、大豆等。合肥市内比较著名的古迹有14处，还以茶、酒小吃驰名中外。

[安庆] 安庆市位于省境西南部，长江北岸，与江西省相望，是长江流域至要河港。全市面积15398平方千米。历史上，三国时曾于此建山口城、吕蒙城，北宋时在此设德庆军，南宋改安庆军，后升安庆府，元改为安庆路。1949年设安庆市，1979由省直辖，1988年安庆地区并入安庆市，别称"宜城"。长江自西南向东北流经市南界，纳华阳河、皖河等支流，区内湖泊众多，水运发达。安庆属于亚热带湿润性季风气候。农作物以水稻、棉花、油料为主。盛产茶叶、鱼虾。工业有石化、制造、有色、轻工四大种类。

[巢湖] 巢湖市位于省境中部，巢湖东岸，南倚长江。全市面积9433平方千米。巢湖市古称巢伯国，秦时为九江郡地，元属庐州路，明、清置庐州府。巢湖市地处江淮丘陵和沿江平原结合地带。巢湖市属亚热带湿润性季风气候，夏初梅雨显著。农业以生产稻米、油料、瓜菜和畜禽、水产品为主。绒蟹、银鱼、白米虾为巢湖"三珍"。巢湖市素称"鱼米之乡"。

[芜湖] 芜湖市位于省境东南部，长江与青弋江汇合处，面积3325平方千米。汉朝设县。1973年正式设为省辖市。芜湖市地处长江下游平原，长江流经市境，流程70余千米。芜湖市属于亚热带湿润性季风气候。地势低平，河湖密布，素有"鱼米之乡"之称。元明时期为全国四大米市之一，著名的港口商品集散地之一。境内矿藏有铁、铜、石灰岩等。工业以轻纺为主，还有机械、造船等门类。农业以种植水稻、油菜、棉花为主。城市名称素以"三画"（铁画、堆漆画、通草画）、"三刀"（剪刀、菜刀、剃刀）、"三鲜"（鲥鱼、刀鱼、金盾大毛蟹）而知名。

[亳州] 位于安徽省西北部，苏、鲁、豫、皖四省结合部，因地处商成汤国都之南亳而得名。亳州是中华民族较早的发祥地之一。自商成汤建都到今天，亳州已有3000多年历史。这里人文荟萃，是老子、曹操、华佗的故里。唐代著名诗人李绅、大画家曹霸也出生在这

里。悠久的历史，灿烂的文化，为亳州留下了众多珍贵的文物古迹。花戏楼巧夺天工、遍施彩绘；尉迟寺遗址震动考古界，誉称"中国原始第一村"；曹操地下运兵道，被专家誉为我国最早最完整的"地下长城"；华祖庵八景乃郭沫若先生亲笔题写馆名。此外还有曹氏宗族墓群、天静宫、商成汤王衣冠冢、清真古寺、明清古街巷等。这里还是原始社会大汶口文化、龙山文化遗址所在地。亳州古井贡酒是全国著名的酒类产品。

人口、民族

2010 年底全省人口总数为 5950 万。其中沿江平原东部和皖北平原西部的人口密度较大；皖西山区和皖南山区的人口密度较小。全省有少数民族 36 个，占全省人口的 1%。其中以回族最多，占总人口的 0.5% 左右。此外，还有满、壮、苗、彝、畲、壮等少数民族。

历史文化

安徽省有旧石器时代"和县猿人"遗址，以 4000 年前"龙山文化"为代表。安徽省南北民俗风情丰富多彩，省境内佛教广为传播，同时其他教等也有分布。历史文化源远流长，孕育了徽派建筑、徽墨歙砚、徽戏等众多的文化瑰宝。

[华佗] 字元化，沛国谯县（今安徽亳县）人，东汉末年的著名医学家。他精通内科、外科、儿科、妇科、针灸科等，曾游学徐州，行医足迹遍及现在的河南、江苏、安徽、山东等地。华佗在医学史上首先采用了以麻沸散麻醉全身对患者进行手术治疗的方法，将外科手术的范围空前地扩大，同时也为医学的发展开辟了新的道路。他还是体育疗法的创始者，创造了"五禽戏"，通过模仿虎、熊、鹿、猿、鸟的动作而保证血脉通畅，使消化能力加强，从而达到锻炼身心的目的。华佗对后世的中国医学产生了深远的影响，不但在当时被称为"神医"，而且被历来的医家推崇为"外科鼻祖"。

[醉翁亭] 醉翁亭位于滁州琅琊山半山腰，始建于北宋仁宗庆历年间，为中国古代四大名亭之一。相传是琅琊寺主持智仙为贬谪至滁州的欧阳修所建，欧阳修为其作《醉翁亭记》。始建时仅一小亭，后多次扩建，多次遭毁。光绪七年（1881）重修。亭东有刻"醉翁亭"三字巨石，亭西建有宝宋斋，内藏高约 2 米、宽近 1 米的《醉翁亭记》石碑两块，石碑文字为苏东坡手书，号称"欧文苏字"。亭西并有古梅一株，传为欧阳修手植，古称"欧梅"。亭因人成千古传诵之佳地。醉翁亭布局严谨小巧，曲折幽深，富有诗情画意。

[徽商] 徽商起源于晋南北朝时期，兴盛于南宋时期，顶峰时期为明初，没落于民国时期。由于徽州盛产竹木和生漆等，南宋王朝建都临安大兴土木，徽州商人遂因此而富甲天下。

明初之际，徽州商人有皇家的支持开始经营盐业，徽商形成了以家族为单位的地方商业集团，并在全国产生了巨大的影响。清道光年间，徽商开始没落。到民国时期，徽商集团几乎完全退出了中国商业舞台。徽商的形成与其所在地理位置有一定的关系。由于当地山多地少，谷物自给不足，造成徽州人习惯外出经商谋生。徽商的出现有其时代特点。一是由于徽商具有强大的政治背景；二是徽商以儒家思想为正统，并不以从事商业为荣。绝大部分徽商以兴办教育、鼓励科举为己任，以儒家的"忠孝节义"道德理想为行为标准，因此徽商是历史上儒商的杰出代表。其坚持诚信、童叟无欺的经商理念也深深地影响着中国当代的商业文化。

［皖南古村落——宏村］ 在黟县有一种别具一格的村舍，那就是牛状村落——宏村。环绕全村的山溪清泉流进各家庭院，被称为这个村落的牛肠；而与此相连的一个半月形池塘，被看作是牛胃；一渠清水由牛胃注入南湖，好像进入宏大的牛肚。村民沿江河而聚居。这种引山泉之水入村舍、进庭院的精心设计，使湖光山色与人文景观融为一体，体现了古人改造自然、利用自然的博大胸怀。

［斗山古街］ 斗山古街位于黄山市歙县，是明清时徽商的聚居区。徽商的住宅建筑极富特色，古楼高峻，马头墙高耸，天井庭院承接雨水，当地称之为"四水归堂"，象征财源广进的含义。斗山古街徽商的住宅成群连片，屋宇高大，层层递进，特别是门窗石壁屋檐下，遍饰木、砖、石三雕，显示了徽派建筑的灵巧精致。这样完整的明清民居保存的如此完好在全国极为少见。

［屯溪老街］ 宋代商业长街屯溪老街位于黄山市西南隅，距今已有近千年历史，保存完整，规模宏大，为全国所罕见。沿街一般是前店后库，前通街，后通江。多为两层，间有三层，楼下开店，楼上为居室。街两侧有茶楼、酒店、书场、墨庄、商场等 260 多室，各类摊点 200 多个。门面多为单开门，宽 3～5

屯溪老街，两边是独具特色的安徽民居。

米不等。入内则深邃，连续多进，以华丽的天井相连接。整个建筑风格基本保持了宋代的特色。

［潜口古民宅］ 潜口古民宅位于徽州区紫霞峰下，有民宅、祠堂七幢，山门一套，石桥路亭各一座。山庄依山而建，在住宅之间砌筑了坪、巷街、石阶、石板路。民宅大多是三间两进结构，以砖木为基础建筑材料，其中司谏第是江南现存明代建筑中历史最久的一座。在曹门厅、方文泰宅、苏雪痕宅等宅院中，进入天井，就是四面两层的砖墙木梁楼宇，还有方观田宅三间楼房，小青瓦，马头墙，引拱挑檐，体现了徽派建筑浓厚的古文化沉淀。徽州旧时的深宅大院，至今仍然颇具威严。

［包拯］ 字希仁，庐州合肥人（今安徽合肥），宋代著名政治家。他于北宋天圣五年（1027）中进士，担任监察御史之职，向朝廷提出了练兵选将、充实边备的建议。曾经奉命出使契丹，后授龙图阁直学士、河北都转运使，开封府尹等职。包拯是我国历史上著名的"清官"之一，他每到一个地方，都以减轻

民间负担、改革弊政、发展生产为己任，因而深受百姓爱戴。他还以断狱英明刚直而著称于世，并敢于惩治权贵们的不法行为，并能够及时惩办无赖刁民。由于他刚正不阿的性格和果断英明的断案能力，后世把他当作清官的化身，千百年来一直到受民众敬仰。

[凤阳花鼓]"凤阳花鼓"分为曲艺"双条鼓"、戏曲"花鼓戏"、民间歌舞"花鼓灯"，流传于江浙一带和北京等地，曾被昆剧、京剧等吸收为短剧节目。凤阳歌谣说："说凤阳，道凤阳，凤阳本是好地方；自从出了朱皇帝，十年倒有九年荒。大户人家卖骡马，小户人家卖儿郎；奴家没有儿郎卖，身背花鼓走四方。"

花鼓灯——安徽著名的民间艺术，以凤阳花鼓最有名。

气候

安徽省气候南北迥异，四季分明，具有明显的南北气候过渡特征。淮河以北为暖温带半湿润季风气候。气温南高北低。年均气温14℃～16℃，1月均温−1℃～4℃，7月均温27℃～29℃，无霜期为200～250天。年降水量750～1700毫米，南多北少，山地多于平原。各地历年最大和最小降水量可相差1～3倍。

自然资源

安徽省拥有丰富的矿产资源，目前全省已发现金属和非金属矿产煤、铁等共100多种，石灰岩、岩盐居全国前十位，开采便利。安徽省处于江淮地区，境内的生物资源丰富、种类繁多，有扬子鳄、江豚等濒危动物59种。森林覆盖率达到30%。

[醉翁榆] 醉翁榆属榆科植物，因仅见于安徽滁州醉翁亭附近，故称醉翁榆，又名毛榆。醉翁榆是落叶乔木，高可达25米，胸径80厘米，小枝具厚木栓翅，叶缘常具单锯齿，被柔毛，种子位于中央。为我国特有树种。

[华东黄杉] 华东黄杉属松科，常绿大乔木，高达40米，胸径1米，叶长2～3厘米，下表面气孔带白色，有绿色边带。球果下垂，果形呈锥状卵圆形。树干通直，是优良的造林树种。

[短尾猴] 短尾猴因为尾巴特别短，也称为"断尾猴"，属猴科。其脸面为红色，又名红面猴。肤色幼小时微红，年龄越大越鲜红，到老时又褪掉，变为紫色或肉色。因此在南方又有黑猴或泥猴之称。毛色由深棕、深褐而至棕黑。短尾猴喜欢群居，主要生活在树上，每群10～70只，由成年雄猴率领，喜食小鸟。

[扬子鳄] 扬子鳄是鳄形目鳄科鼍属两栖动物，又称中华鳄、鼍。主要分布于长江中下游，是中国的特有动物，国家一级保护动物。成年扬子鳄雌性多于雄性，比例约为5∶1。扬子鳄的性别是由卵外围的孵化温度决定的：30℃以下为雌性，34℃以上为雄性。扬子鳄

将卵产于草丛中，并且在卵上覆盖杂草，母鳄还守在一旁。这些卵都靠自然温度孵化。扬子鳄栖息于河湖浅滩，白天常浮于水面曝晒于日光下，夜间出来觅食。现野外扬子鳄已经为数不多。国际野生动物保护协会确定扬子鳄为国际禁捕禁运物种，扬子鳄已成为被国际公约批准的第一种可进行商品化开发利用的动物。扬子鳄属古老孑遗爬行动物，与恐龙为近亲，又有"土龙"之称。

扬子鳄自然保护区位于安徽省长江以南的青弋江和水阳江流域，在湖北、江西、安徽等地都建设有自然保护区。在保护区中，野生鳄种群得到了有效保护。现在保护扬子鳄得到了世界各地环保爱好者的支持。扬子鳄自然保护区成为野生扬子鳄的种子科研基地。

[江豚] 江豚属鼠海豚科，又名江猪、海猪。主要生活于咸淡水交界水域。其体长一般 1.5～1.9 米，肚肥，头圆，额部隆起，吻短阔，无背鳍，鳍肢大，为三角形，鳍肢长约占体长的 1/6。体重一般达 220 千克。春季繁殖，食鱼、虾、乌贼等，10 月份产仔，每胎一仔。清明前后至立夏，在长江上可见江豚成群活动。

经济

安徽省是全国农业大省，是中国主要粮食产区之一，以水稻、小麦以主，农业兼具南、北方的生产特征。重工业以煤炭、机械、化工为主。是中国的煤炭和钢铁生产基地之一，形成了门类齐全的现代工业体系。安徽的古井贡酒、宣纸、徽墨、徽砚等闻名中外，是安徽省的经济支柱。

[农业] 安徽全省耕地面积占土地总面积的 30%；茶园、桑园、果园共占

徽州名茶

徽州出产黄山毛峰、太平猴魁和老竹大方三种茶，前两种为全国十大名茶之列。黄山毛峰茶主要产于云谷寺、慈光阁、松谷庵、吊桥庵和桃花峰等处，茶味香郁醇甜。太平猴魁产于猴坑、猴岗、颜家三个自然村，二叶包一芽茶种称为"两刀夹一枪"，主脉暗红，汤色清绿，味醇香鲜，有润喉、明目提神之效。"老竹大方"产于歙县老竹铺的老竹岭等地，以"顶谷大方"品质最佳，色泽深绿乌润似竹叶，汤色淡黄，香浓而纯。这三种茶为安徽经济创收的支柱。

1.7%；林业用地占 25.7%；宜农荒地占 0.7%；宜林荒地占 10.0%；淡水面积占 8.6%。土地资源的利用虽以耕地为主，水稻占有量达全省总量的二分之一，但粮食作物并不是当地的经济支柱，而是以经济作物如棉花、麻类、茶叶、烟草等为主。全省渔业发达，经济鱼类达 40 多种。

[工业] 中华人民共和国成立前，安徽工业基础薄弱。新中国成立以后，安徽省的优势得到充分发挥，成为中国煤炭、冶金工业的重要省份之一，工业得到较快发展。电力、机械、化工、纺织、食品、建材、家电制造、石油、造纸等构建了安徽工业的框架，占到了工业经济产值的 80%。合肥市是全省最大的工业中心。

[交通] 安徽省铁路里程 2387 千米，淮南线、皖赣线、宁铜线、合九线、京九线等穿过省境。在公路方面，有104 国道、105 国道、205 国道、206 国道、310 国道、311 国道等多条干线，总长约 3500 千米。内河航运十分发达，万吨海轮沿长江可达芜湖、5000 吨货轮可达安庆。骆岗机场航班通往北京、上海、武汉、深圳、香港等地。立体交通

布局已基本形成。

旅游

安徽省的旅游以名山秀水和人文景观相映衬为特点，有举世闻名的黄山、四大佛教名山之一的九华山、历史上曾被封为南岳的天柱山，马鞍山采石矶为"长江三矶"之一，屯溪的宋代古城镇风貌别具一格。亳州、寿县文物古迹不胜枚举，有安丰塘、明中都皇城、花戏楼、许国石坊、潜口古民居等处。旅游业成为当地的重要产业之一。

[莲花佛国——九华山] 九华山位于安徽省青阳县城西南 32 千米处，是中国佛教四大名山之一，面积为 100 余平方千米。山中奇峰怪石、潭谷洞府、古树泉瀑、绿竹鲜花，独具清静秀逸风光，是国家首批重点风景名胜区之一。

山上有 99 座山峰，其中天柱、十王、莲花等九座主峰远远望去似并肩站立的 9 个兄弟，因而又叫九子山。其中十王峰为最高峰，海拔达 1344.4 米。九华山怪石古洞、丛林佳木、古刹民居风景极佳。唐末九华山被辟为地藏王菩萨道场，香火盛甲天下，素有"莲花佛国"之誉。崇山峻岭中现有寺庙 78 座，其中 9 座为全国重点寺院。九华山的景色主要有五溪山色、九子泉声、天柱仙踪、天台晓日等十三景。唐代诗人刘禹锡在《九华山歌》序言中曾高度评价九华山，九峰竞秀，神彩异石。咏之为"奇峰一见惊魂魄，意想洪炉始开辟。疑是九龙天矫欲攀天，忽逢霹雳一声化为石"。九华山上"娃娃鱼""金钱树""叮当鸟"被誉为"九华三宝"；是全国著名游览避暑胜地。

[桐城文庙] 桐城文庙位于桐城市龙眠路西端，是古代祭祀文圣人孔子的场所，旧称圣庙、学宫。

文庙占地面积 3200 平方米，始建于元延祐初年，原址在东门外，元末毁于兵火，明洪武元年 (1368) 移建今址。明清两代曾经多达 19 次修葺，现存建筑为 1987 年仿明清图式重修。主要建筑有泮池、状元桥、大成殿、东西廊庑等，今仍保持旧观。大成殿是文庙的主体建筑，尤具当时风格，为重檐歇山顶，是一座以斗拱为梁柱结点的木构架抬梁大木殿式建筑，具有辽金风格。著名的桐城派散文作家多出于桐城，桐城派是徽州文化的集大成者。

[许国石坊] 歙县山城中，明代民居、牌坊、祠堂合称为歙县古建筑"三绝"。许国石坊是一座跨街矗立、奇异独特的古牌坊，为中国古代石牌坊建筑中的罕见实例。牌坊大多四脚，而许国石坊是八脚，也称"八脚牌楼"。石坊建

许国石坊

于明万历十二年 (1584)，平面呈"口"字形，三层四面八柱。主楼分为三层，最上层由斗拱承歇山顶屋檐，山面附楼各出两层挑檐。石坊通体为坚硬青石雕琢而成的仿木建筑。石坊四面雕为双龙盘边，镌刻着董其昌所书"恩荣""先学后臣""大学士""少保兼太子太保礼部尚书武英殿大学士许国"等题款。所刻飞龙走兽、彩凤飞禽，神态逼真。

[祇园寺] 祇园寺位于九华山东崖西麓，是九华山上规模最大、唯一的一座宫殿式建筑，与东岩、石年、甘露寺并称为九华山四大丛林。相传释迦牟尼在印度祇园弘扬佛法 20 余年，九华山祇园寺因此而得名。

祇园依山就势，始建于明代嘉靖年间。层层叠叠，飞檐翘角，画栋雕梁，琉璃覆顶。由大雄宝殿、万丈寮、衣钵寮、光明讲学堂等组成。清嘉庆年间，隆山禅师任主持，香火旺盛，至今不衰。

[棠樾村牌坊] 牌坊在中国古代用来彰显功成名就之士，或旌表贞烈妇女。棠樾村牌坊位于安徽歙县棠樾村村首，由 7 座石牌坊组成了棠樾牌坊群，是明代以来鲍氏家庭为旌表本族功成名就之士的建筑。

其中明代 2 座、清代 5 座，是徽派石雕建筑的代表作。牌坊群的兴建与历史上徽商发迹有关，是歙县古建筑"三绝"之一。

[黄山] 黄山位于安徽省南部、黄山市北部，古称黟山，因峰岩青黑，遥望苍黛而得名，面积约有 1200 平方千米。相传黄帝曾于此修身炼丹，故名。黄山素以"奇松、怪石、云海、温泉"四绝著称于世。明代地理学家、旅行家徐霞客曾有"五岳归来不看山，黄山归

黄山奇石飞来峰

来不看岳"之说。黄山胜景著名的有 36 大峰、36 小峰。莲花峰、光明顶、天都峰三大主峰，海拔均在 1800 米以上，另有千米以上高峰 77 座。黄山松破石而生，盘结于危崖峭壁之中，挺立于峰岩绝壁之上，百龄以上的古松，数以万计，著名的有迎客松、黑虎松、卧龙松等。黄山云海，浩瀚无际，瞬息万变，故黄山又有"黄海"之称。著名的景点有飞来石、猴子观海、仙人指路等 120 余处。黄山四季景色各异，日出、晚霞、华彩、佛光和雾景等时令景观各有奇趣，现已开辟为温尔、玉屏、北海、云谷和松谷五大景区。黄山特产以"黄山毛峰"和"灵芝"等久负盛名。

西海在黄山西部，因云雾似海故名。相传为仙人居住之所，是黄山风景的代表。这里峰奇水秀，景点诸多。著名的山峰有双笋、尖刀和石床诸峰，还有仙人晒靴、仙女绣花、武松打虎等奇观，悬崖峭壁间还建有排云亭，是欣赏云海、晚霞和奇峰幽谷的绝妙之处。

[中都皇陵] 中都皇陵位于滁州市西北凤阳县凤凰山。当初朱元璋在此营建父母兄嫂、侄儿的皇陵，中都分为三城，有土城、砖城、皇城。皇陵正殿为祭祀场所。内城北门内神道自南向北，东西对列，有文臣、武将、内侍、石羊、石狮等，华表、石像皆以整块石料精雕

而成。现存遗址仅为西华门、午门和一堵城墙，有石刻 72 件，艺术价值极高。中都皇陵中的武将石像，为石雕艺术的精品。

[龙泉洞] 龙泉洞位于宣城市宣州区永东镇，又称窑头洞。为石灰岩溶洞，洞厅总面积 1.2 万平方米，分 4 层 8 厅，内有一条地下河。现形成银河、龙宫、彩兽、瑶池、地下宫殿 5 个大厅，共约 150 余景，游程 2.5 千米。怪石林立，洞中有洞，石乳、石笋、石柱各具形态。银河厅以苍鹰、天龙布雨、锦上添花、桂林山水、平田奇观等尤为叫绝。彩兽厅内有金龟、彩狮、骏马、孔雀、松鼠等景，还有观音菩萨像，有击之能发声的异石等。有梅老臣、徐霞客、施润章等名人题诗词 20 余处，人文景观与天然景观融为一体。

[桃花潭] 桃花潭位于泾县城西南 40 千米处的桃花潭镇，原名玉境潭。因李白赋诗而改名。这里悬崖密林，怪石参差，有小家碧玉式的秀丽。据说泾县豪士汪伦想认识李白，但又无缘。就修书迎请李白，他知李白喜桃花，信中说这里桃花盛开，香飘十里。李白来后虽说没发现桃花，但为汪沦的真诚所感动，尽欢而散，李白临别时作《赠汪伦》："李白乘舟将欲行，忽闻岸上踏歌声。桃花潭水深千尺，不及汪伦送我情。"后人为纪念这段佳话，在岸上建踏歌岸阁、酌酒楼和文昌阁。

福建省

行政区划

福建省位于中国大陆东南沿海，面临东海，地处北纬 23°31′～28°22′、东经 115°50′～120°40′。东与台湾省隔海峡相望，与浙江省、江西省、广东省相邻。全省大陆海岸线长 3752 千米，沿海岛屿 1546 个，陆地面积 12 多万平方千米，近海渔场面积 14 万平方千米。从南宋起就以"涨潮声中万国商"驰名海内外。秦代置郡，唐代始称福建，辖 1 个副省级市厦门市及 8 个地级市、26 个市辖区、45 个县和 14 个县级市。取其境内福州、建瓯而得名，省会福州市。简称闽。

[省会——福州] 福州市位于福建省东部、闽江下游，东濒东海，别名"三山""左海""榕城"。面积 12154 平方千米。晋太康三年 (282) 置晋安郡，为郡治。唐开元十三年 (725) 始称福州。市内森林、水产、电力资源较为丰富。矿产资源有叶蜡石、石英砂、明矾石等，其中叶蜡石储量居全省首位，寿山田黄石举世闻名。农业主要生产稻谷、红薯、甘蔗等。福州市的海、河、陆运都相当便利。旅游资源以温泉"泉脉广、温度高、泉质优"著名。

[厦门] 厦门市位于福建省东南部沿海，面积 1638 平方千米。明清时期，厦门作为民族英雄郑成功收复台湾的基地而闻名于世。厦门原为小岛，建成铁路后遂与大陆连成一体，属亚热带湿润气候区。改革开放后，厦门作为特区，经济飞速发展。工业主要涉及电子、机

厦门鼓浪屿

鼓浪屿位于厦门市西部，是一个近似椭圆形的小岛，面积仅 1.84 平方千米。在岛西南海边，有一岩石，因长期被海水浸蚀，中间成一竖洞，每遇涨期，海浪敲击岩石，发出如雷鼓般巨响，故名鼓浪屿，素有"海上花园"和"音乐岛"的美誉。龙头上的日光岩为郑成功收复台湾时的练兵之地。

械、化学、仪器等行业。农业以生产稻谷、花生、甘蔗等为主，盛产龙眼。旅游名胜有鼓浪屿万石山国家重点风景名胜区、鳌园陈嘉庚墓等。

[泉州] 泉州市位于省境东南部，晋江下游北岸，别称鲤城、刺桐城。南临台湾海峡。面积 11245 平方千米，属亚热带湿润气候。境内国家重点文物保护单位较多，有郑成功墓、天后宫、开元寺、九日山、摩崖石刻等丰富的旅游资源。

人口、民族

福建全省人口 3689 万（2010），是全国人口密度较大的省份，平均密度为 298 人／千米²。少数民族有畲、满、回、苗、高山、蒙古等 31 个民族，约占总人口的 2%，其余为汉族。少数民族中，畲族人口最多。畲族也是最早进入当地的民族。有闽南语、福州话、客家话等多种方言。福建省是中国主要侨乡之一，旅居世界各地的华人有 1000 多万人，福建籍的约占海外华侨、华人总数的 1/3，主要以东南亚各国为主。

[畲族] 畲族自称"山哈"。"哈"畲语意为"客"，"山哈"即指居住在山里的客户，史称"畲民"。中华人民共和国成立后，统一称为"畲族"。畲族人口主要分布在福建、浙江两省，畲族无本民族文字。由于长期的民族融合，畲族使用客家方言，通用汉文。据史载，畲族人最早居于湖南，在 7 世纪初畲族就已居住在闽、粤、赣三省交界的山区。自宋代才陆续南迁，约于明、清时始定居于闽东、浙南等地，主要从事农业为生，以种植水稻、红薯、麦子、茶叶、油茶为主。畲族"三月三"歌会，每年约有 5 万名歌手角逐，

是其主要的娱乐节目。

[华侨] 中国华侨之多以广东省为最，福建次之。东南沿海在历史上就是人多地少的地区，不少农民为了谋生，背井离乡，远渡重洋。唐代以后福建省沿海居民就有人出洋经商。明朝郑和七次下西洋后，福建漂洋过海的人就逐渐多了起来。清朝后期出现过三次成批华工出国谋生的高潮：第一次是在 1840—1870 年，中国太平天国失败之后，福建一部分人因参加起义失败被迫出洋，还有一部分因清政府实行海禁、迁海而出洋；第二次是 1870—1910 年，殖民主义者在南洋进行掠夺，需要劳力，而中国国内正是 1894 年中日甲午战争失败后人民不堪负担，很多人被卖到南洋当奴隶；第三次是从 1911 年到抗日战争爆发，殖民主义者加紧对东南亚的掠夺，需要大批的劳动力，而中国国内军阀混战，民不聊生、生活艰难，这一段时间福建省每年外出谋生的数以万计。据记载，1900—1926 年，中国每年进入印尼的华侨约 3 万人，其中福建华侨占一半。此期间从厦门到菲律宾的华侨有万人以上。福建旅居海外的华侨，他们受雇于资本家、种植园艺或者从事小本经营，靠自己劳动谋生。福建的侨眷遍布全省 64 个县、市，尤以晋江、南安、泉州、福清、福州、厦门、莆田、仙游等县市最多。

福建以陈嘉庚先生为代表的爱国华侨，热爱祖国、支持家乡的建设事业，或者捐款，或者投资，创建学校，办厂经商，兴办公益事业。特别是从 1979 年起实行改革开放以来，回福建寻根祭祖、观光、探亲的外籍华人越来越多，成为当地经济发展、对外开放的重要促进者。

[神奇的民居——南靖土楼] 在福建南靖有成千上万民居像"地上长出的蘑菇"，似"天上掉下的飞碟"，这种古堡式建筑形成了独特的人文景观。联合国教科文组织顾问史蒂汶斯·安德烈考察后称赞说："这是世界上独一无二的神话般的山村建筑模式。"受到世界各地学者的青睐。

南靖土楼可以追溯到元代中期，年代最久远的已有600余年的历史，现存200年以上的土楼就有130多座，它们以方形"四角楼""圆寨"和靠背形"交椅楼"居多，还有伞形、扇形、曲尺形等三角形等，造型各异、变幻多端。土楼主要建筑材料是生土，掺上细红糖、竹片、木条，经反复揉、压及采用中国传统"大墙板"技术，夯筑成一两米厚的楼墙，是外土内木结构的建筑。土楼的造型格局，不管是圆是方，均是封闭式的，只有一个大门可以出入。土楼的大门古老而沉重，外观是城堡，里面是廊式，底层不开窗，作为厨房，二层为储仓，三层以上是卧室，楼内天井宽畅，设有可聚会的大厅、水井、米碓和"望台"。这种建筑主要是防御外敌入侵，全楼男丁只要守住大门，土楼就可以长时间坚守。其最大特点在于造型大，属于集体住宅区。大型住宅有两至三圈，环环相套。土楼有着一般民宅所没有的优点，因为土楼墙壁较厚，不易倒塌，既可防震、防潮、防盗，还能起到保温隔热作用，冬暖夏凉。

历史悠久的南靖土楼作为世界建筑瑰宝，它积淀了浓厚的地方文化色彩，无论建筑艺术学还是风土民情都值得专家学者深入研究。1986年，在美国洛杉矶举办的民居建筑模型博览会上，土楼模型轰动一时。最大的圆楼是永定县大竹乡高头村的"承启楼"，直径达73米，全楼三圈四层，共400个房间，住60余户，400余人。永定县的"如升楼"可能是圆楼中最小的了，共12层12间房，住6户人家。最古老的圆楼要数华安县沙建镇的"齐天楼"，有六百多年的历史，此楼大门朝南，曰"生门"，嫁娶由此进，西门曰"死门"，殡葬由此出，是一大奇特风俗。云霄县深土乡东平村，当地人称之为"八卦堡"，整个村子由五圈环构成，中心是完整的圆楼，外围四圈断断续续按八卦阵布局，环绕四周，体现了传统文化中向心力与凝聚力在客家人中潜移默化的影响。

历史文化

福建省俗称"八闽"，原是古越族的居住地。晋唐以后，由于征战不断，中原的汉族为避战乱，纷纷迁入福建。中原文化、荆楚文化，随着汉人的迁移而传入了福建，福建人又漂洋过海到达

"八闽"的由来

福建亦称"八闽"。关于"八闽"有两种说法。一是说，福建在秦、汉以前，遍地覆盖着茂密森林，仅在沿江河的平原散居着闽越族。秦代末年，闽越族首领无诸率领族人帮刘邦灭秦二世，击溃西楚霸王项羽有功，被封于闽中，成为闽越王，以东治（今福州）为都。汉武帝时，闽越人大批往往江淮之间的庐江郡。到了晋代，中原汉族大批入闽，闽越和汉族逐渐融合。据《福州府志》记载，永嘉二年（308），"中川板荡，衣冠始入闽者八族，林、黄、陈、郑、詹、邱、何、胡是也"，这就是历史上所称的"衣冠南渡、八姓入闽"。二是说，八闽最早是福建土著民族的称呼，后来也指福建。秦以前的福建，一般称"七闽"，因为有7个土著部落。到北宋时，福建有8个相当于府（郡）的行政单位，且历经元、明、清几个朝代基本以此为传，所以"八闽"之称一直沿用下来。

东南亚，这种杂合文化与福建古越族的文化相结合，慢慢地形成了福建特有的文化——闽文化。

[客家首府——长汀] 长汀最早的先民原本是古越族人。长汀置县始于东汉，东晋以后，中原人陆续南迁入闽，客居汀江一带，这些外来人口就成为早期的汀州客家先民。自宋末始，长汀客家先民就漂洋过海到台湾、南洋乃至世界各地谋生创业。1994 年初长汀被列为国家历史文化名城。众多的古迹和旧址至今保存完好，其中有新石器时代遗址13 处、商周遗址 119 处、秦汉遗址 9 处、国家重点文物保护单位 6 处。

由于长汀是当地人漂洋过海和归国省亲的必经之路，因此这里作为中转站自古不衰，奠定了其历史文化名城的深厚底蕴。

[妈祖文化] 妈祖相传是林默娘的神化。福建湄洲是她的故乡和升天之地，故为妈祖文化的起源地。她察看渔民病情，深通天文地理，预报天气变化。相传她多次在海上搭救遇难的船工，人们非常感激她，都把她当作神女、龙女来崇拜。相传她后来仙化而去。老百姓亲切称她为"妈祖"，历代皇帝也多次予以褒封，从夫人到妃、天妃、天后，直到天上圣母。在妈祖庙中，一般是"前殿妈祖，后殿观音"，可见妈祖在福建沿海人民心中的神圣地位。

[惠安女服饰] 在泉州，惠安女子的纯朴善良、贤惠勤劳是闻名于世的。她们除在家里负责全部家务外，还在农业生产劳动中担任主力军。素以吃苦、耐劳、俭朴、持家而著称，更以其奇异的服饰蜚声海内外。惠安女子虽属汉族，但其服饰却与汉族传统服饰截然

崇武海滨的惠安女

不同。惠安女们喜欢披花头巾、戴金色竹笠，上穿湖蓝色斜襟短衫，下着宽大黑裤。花头巾的花是小朵的蓝色花，衬以白底，显得活泼、亮丽；头巾紧捂双颊，只露眉眼和嘴鼻，衬出惠安女的含蓄和恬静；最奇特的是惠女的着装，湖蓝色的斜襟短衫短仅及肚，黑色裤则宽大飘逸，裤头只到脐下，肚皮外露，显示腰条的曲线，有称之"封建头，民主肚；节约衫，浪费裤"。惠安女服饰虽历千年略有衍化，但风格依旧，盛行不衰，伴随着她们勤劳健美的身影形成一道独特的风景。

[畲族凤凰装] 畲族妇女的"凤凰装"在少数民族的服饰中最具特色。凤凰装的服饰和围裙上刺绣着各种彩色花边，有大红、桃红夹着黄色的花纹，镶金丝银线，象征着凤凰的颈、腰和美丽的羽毛；红头绳扎的头髻，高高盘在头上，象征着凤髻；全身悬挂着叮当响的银器，象征着凤凰的鸣啭。畲族妇女服饰多用红、黄、蓝、绿、黑等颜色，有层次、有顺序地排列成条纹图案，在衣领上绣一些水红、黄色的花纹。其服饰面料多为棉布，这与畲族人崇拜图腾凤凰有极大的关系。

气候

福建省地处亚热带，东濒海洋，属亚热带海洋性季风气候。年均温度为

17℃～21℃，最低温度为 3℃～6℃。年降水量 1100～2000 毫米，降水分布内陆多于沿海，山地多于平原。降水季节分配不均，以春夏季最多，冬季较少，可达 160～240 毫米。风向的季节性明显，冬季多偏北风，夏季盛行偏南风。

自然资源

　　福建省森林资源、海洋资源、水资源、以非金属矿为代表的矿产资源十分丰富。其中叶蜡石、石英砂、建筑砂、高岭土、萤石、花岗石材等 6 种矿产资源保有储量居全国前列。福建因地处亚热带气候区，水分条件好，动植物资源十分丰富。

　　[福建柏] 福建柏是柏科植物，常绿乔木，高 17～30 米，胸径 1 米。树皮紫褐色，平滑。鳞叶，叶背具明显的白色凹陷气孔带，雌雄同株。球果近球形，隔年成熟，单种属植物。生于海拔 100～1800 米处的温湿山地林中。为国家二级保护稀有种。

　　[武夷山自然保护区] 武夷山自然保护区位于福建省西北部武夷山市光泽、建阳三县（市）交界之处。主岭和主谷多呈北北东向，支岭和支谷则多呈北西向。山谷高低悬殊，一般达 200 米左右，大可达 500 米以上。复杂的地貌和气候差异使武夷山形成了多种生态环境，给许多生物提供了栖息繁衍的场所。

　　区内有植物 1800 种，高等野生动物兽类近 100 种。山上春夏少雾多雨，

武夷山

气候湿润，素有"鸟的王国""蛇的世界"之称。

　　[梅花山自然保护区] 梅花山自然保护区位于闽西南地区武夷山脉南段与博平岭之间的玳瑁山，是闽江、九龙江和汀江等河流发源地，即三江流经之地。梅花山海拔 1777 米，其中最高峰石门山海拔 1823 米。

　　保护区以多珍稀动植物著称。地带性植被是常绿阔叶林，以壳斗科、樟科为主。保护区内的长苞铁杉、柳杉等针叶树生长高大，并与阔叶树混交，成为针阔叶混交林。保护区内珍稀树种有红豆杉、三尖杉、钟萼木等，还有野生动物红面猴、苏门羚、灵猫、豪猪、穿山甲等。

　　[凹叶厚朴] 凹叶厚朴是木兰科植

物，落叶乔木，高过 15 米，胸径 40 厘米。它是厚朴的亚种。树皮较薄，叶小而狭窄，尖端有明显凹缺。常见于海拔 300～1200 米处的阔叶林中。树皮可做药用。为国家三级保护濒危种。

[水松] 水松是世界孑遗植物，杉科，中国特有种、国家二级保护稀有种。在福建、广西等地多有分布。杉科本属的大部分种类在第四纪冰川期灭绝。水松高可达 25 米，胸径 0.6～1.2 米。树皮褐灰白色，浅裂成长条片脱落。小枝有两型：其中一型为多年生而少宿存，另一型为一年生而脱落。叶异形，有的线状而扁平，有的针状而稍弯，呈鳞片状。花单性同株，或雌雄花同生于一枝。球果直立、顶生，呈卵形或长椭圆形，种子椭圆形，稍扁，褐色，有翅。

[白鹮] 白鹮是鹮科鸟类，喜欢生活在开阔的浅水沼泽地区，通常在沼泽水域中觅食鱼、昆虫、蛙等。体羽洁白，头与上颈皮肤裸露，呈黑色。背及颈的下部有灰色饰羽。嘴和脚都很长，都为黑色，嘴长而下弯。以小鱼等水生动物为食。白鹮一般在东北的北部繁殖，到广东、福建一带过冬，是国家重点保护动物种类。

经济

福建省地处沿海，充分利用本地的资源发展经济，以轻工业、手工业、加工业、农业构成框架迅速发展，跃居中国前列。福建气候条件良好，利于木材和毛竹的生长，现已成为全国木材、毛竹的生产基地。发达的交通事业是其经济发展的重要原因。

[农业] 福建全省耕地有 133.31 万公顷，其中 80% 为水田。沿海平原地区水稻多为一年三熟或两年五熟，山区则以一年两熟为主。水稻产量占粮食总产量的 80% 以上。甘蔗、花生、油菜、黄红麻、烤烟、茶叶等经济作物面积约占作物播种面积的 8.5%。植茶历史悠久，所产的"武夷岩茶"、"乌龙茶""白琳工夫茶"和"茉莉花茶"等为国内外市场上的畅销珍品。省内沿海地区森林资源丰富，海产资源和沿海渔业较发达，手工业品也是农业的重要收入来源之一。

[工业] 福建重工业主要分布于内地县市，利用农渔林矿资源发展起来的轻工业，如制糖、制茶、罐头食品、造纸、塑料等工业，在全国领先。重工业经过 50 多年的发展，机械、电力、冶金、建材等已初具规模，机械、钢铁冶金工业产值居福建重工业之首。

[交通] 福建省内的交通运输从 20 世纪 50 年代后得到迅速改善。鹰厦铁路和来福铁路是福建省的运输大动脉，跨越全省 22 县市，并与浙赣铁路相连，沟通了福州、厦门省内与省际的联系。公路运输以福州为中心，厦门、漳州、泉州、南平、永安、龙岩为枢纽，已形成市、县、乡、村相连四通八达的公路运输网。全省航运能力较低，但沿海海上运输便利。航空运输已开辟福州、厦门二市机场及国际航班。"闽道更比蜀道难"的说法已成历史。

旅游

福建省自然风景以怪洞奇石而闻名世界。东山风动石以巨石临海、风吹人推摇摇欲坠，而又稳立海滨，被誉为"天下第一奇石"。福建还是中国文化发达的地区之一，素有"海滨邹鲁"之称。古港城堡、古塔长桥、寺庙观堂、古建民居、摩崖碑刻、名人祠陵等与海岛花木融为一体，加之台侨众多，旅游业成为当地重要的经济支柱之一。

[寿山石雕] 寿山石雕为福州"三宝"之一，有 1500 多年的历史。寿山石雕艺术技法主要有雕钮、薄意、园雕、浮雕、镂雕五大类，以山水风景、鸟兽、人物等为内容，产品有印章、文具、花瓶等。从隋末唐初即开始风行日本，手工艺品以远销海外为主。

[万石岩] 万石岩位于厦门市区东部的狮山北麓，由满山遍布的奇岩怪石而著称。由燕山早期黑云母花岗岩组成。主要的景点有"万石朝天""中岩玉笋""太平石笑""天界醉仙"、"紫云得路"和唐代古建筑万石禅寺等。山崖建有全国著名的厦门园林植物园，有亚热带植物 4000 余种。

[南普陀寺] 南普陀寺位于厦门市五老峰下，始建于唐代，因其在佛教四大名山之一的浙江普陀山之南，故称南普陀寺。五代时称泗洲寺，宋代改为普照寺，明初毁于大火中，由清康熙年间靖海将军施琅重建，改称南普陀寺。现存主要建筑有大雄宝殿、大悲殿、藏经阁等，内珍藏有缅甸玉佛、宋代古钟、香炉、明代铜铸八首二十四臂观音、清代瓷制济公活佛以及大量的佛典经书。南普陀寺的素筵在东南沿海竹林古刹中久负盛名。南普陀寺背山面水，景色秀丽，它在佛教界中享有盛誉，甚至在东南亚一带也有较大的影响。

[南山寺] 南山寺位于福建省漳州市区南郊的丹霞山下，初建于唐开元年间，原名"延福禅寺"，明代后改名南山寺。主要景致为"五绝""八胜"。"五绝"为大钟、血书《华严经》《大藏经》、

南山寺外景

南山寺为漳州八大名胜之一，是闻名海内外的有 1200 多年历史的佛教大寺院。唐开元年间所建，至明朝始称南山寺。

《贝叶经》和茶花树。"八胜"为大雄宝殿、玉佛殿、石佛阁、陈太傅祠、梅花、粟园、金花小姐的修真净室和埋葬金花骨灰的姑娘墓。其中，石佛阁内有一座唐代的花岗岩大石柱雕琢而成的大石佛。藏经殿又称玉佛殿，内奉有一尊白玉佛，高 2 米，重 2000 千克，是清末妙莲法师从缅甸带回来的，为中国仅有的三尊玉佛之一。南山寺为闽南著名古刹。

[太姥山] 太姥山位于福建省福鼎市城南 45 千米处，溪临东海，方圆 60 平方千米。太姥山高约 1000 米，最高峰东山顶位于柘荣东部，海拔 1479 米。其主体为摩霄峰，是观海上日出绝佳之处。有二佛谈经、仙人锯板、九鲤朝天、金猫扑鼠、和尚讲经等 240 多处景色。至今尚存唐人碑刻以及宋、元、明摩崖石刻。太姥山景观当数怪石，拟人似物，无石不奇，极尽妍态，又因三面环海，因此有"海上仙都"之誉。

[清源山] 清源山位于泉州北郊 3 千米处，又名北山、泉山、齐云山。面积 62 平方千米。清源山层峦叠嶂，壑深洞幽，有老君岩、千手岩、弥陀岩等

36处景致，从唐代即驰名。山上有奇岩怪石，涧水清泉，有历代所建寺宇宫观和名人摩崖题刻300余处，有"闽海蓬莱第一山"之誉。

[东山风动石] 东山风动石位于东山岛关帝庙风景区滨海的悬崖壁之上，被人誉为"天下第一奇石"，由两块大石组成。下石呈柱形，为一石盘，起了坚实的支撑作用；上石似鲜桃，底部略呈弧形，上尖下大，其底如斗，与石盘相接处仅有方寸之地。全石半坐半悬，似乎摇摇欲坠，飓风袭来，左右摇晃却稳立海湾。明末永历戊子年秋，黄道周先生在南京慷慨就义后，有人在风动石上题刻黄道周、陈宾、陈士奇三位明末忠臣的名字，故"东山风动石"也名"三忠石"。

[泉州风动石] 泉州风动石位于福建省泉州东部，它虽重达50吨，但阵风吹来或用力推它，会微微摇动，故名。据史料记载，泉州历史上曾有过两次7级以上的大地震，"风动石"却安之若素。现为泉州八景之一，有"玉球风动"的美誉。

[双帆石] 双帆石位于海坛岛西北距澳村西侧500多米的海面，旧称石碑洋，又称"半洋石帆"。整个礁石像一艘大船，两块巨石像两面鼓起的双帆，似乎正在乘风破浪前进。礁石底部是一组平坦完整的岩石。两个石柱均由粗粒灰白色的花岗岩组成。东侧的一个高达33米，长9米，宽8米；西侧的一个高17米，胸宽15米，8米。两个石柱的底部都是近似四方形，直立在礁石上。据地质学家考证，这是世界最大的花岗岩球状风化海蚀柱。明代旅行家陈第曾誉之为"天下奇观"。清朝女诗人林淑贞诗赞："共说前朝帝子舟，双帆偶趁此句留。料因浊世风波险，一泊于今缆不收。"建设部与中国科学院的专家称之为"垄断性的世界级旅游资源"。

[鼓山] 鼓山位于福州市东12千米外，闽江北崖。因山巅巨石形如鼓，风雨冲击，声似鼓鸣，故名。南北长6千米，东西长4千米，面积约24平方千米。一般海拔700～800米，最高峰海拔919.1米。山上有千年古刹涌泉寺，珍藏佛经3万册，明清经版万余件，人称"闽刹之冠"。

[开元寺] 开元寺位于泉州城内西街，占地约50亩，规模宏大，为全国"开元寺"之冠，为福建省最大的寺院。始建于686年，初名桑莲寺，后改为龙兴寺。唐开元年间玄宗诏改为开元寺。开元寺主要有大雄宝殿、天王殿、甘露戒台、藏红阁等。其中大雄宝殿是全寺的主体建筑，全殿立有又粗又高的石柱100根，都是完整的巨石，故又称百柱殿。殿内有24尊"飞天""乐仔"浮雕，是罕见的艺术珍品。寺前矗立两座石塔，称紫云双塔或东西塔，也被誉为"泉州双塔"。它是石构造建筑佳作之一。甘露戒台、北京戒台和杭州昭庆寺戒台并称全国三大戒台。

洛阳桥是我国现存最早的跨海梁式大石桥，同时也是世界桥梁筏型基础的开端。

[洛阳桥] 洛阳桥位于泉州市区北郊的洛阳江入海处，又名万安桥。始建于北宋皇祐五年 (1053)，原长 1200 米，宽 5 米，桥墩 46 座，桥栏柱 500 根，石狮 28 只，石亭 7 座，石塔 5 座，是我国第一座海港大石桥。施工时采用筏型桥墩及养殖大量牡蛎固基，经过历代修葺，现长为 834 米，宽 7 米，尚存船线桥墩 40 座。洛阳桥下江海交汇，水深浪高，足见当时修建的艰难。

[安平桥] 安平桥位于泉州城南晋江安海镇西畔，横跨晋江、南安二市界的海湾。桥长 2251 米，当地俗称"理桥"，至今仍发挥着重要的作用。始建于南宋绍兴八年 (1138)，于绍兴二十一年 (1151) 建成，历时 13 年。安平桥是当时世界上最长的一座花岗岩构筑的连梁式石板桥，桥有 336 座桥墩，古时曾有"天下无桥长此桥"之称。桥墩采用三种形式：一为长方形墩；二为一头尖一头平的半船形墩；三为两头尖的船形墩。桥头白塔、憩亭、桥亭、武士石雕仍保持历史原貌。

广东省

行政区划

广东省地处北纬 20°19′～25°31′，东经 109°45′～117°20′，北回归线横贯境内。广东省位于中国大陆南部，毗邻港澳，与福建省、江西省、湖南省、广西壮族自治区接壤，南临南海，西南端隔琼州海峡与海南省相望。全省海岛共有 759 个，海礁 1631 个。全省陆地部分东西长，南北窄，面积 17.98 万平方千米。因宋朝时其辖境属南东路而得名广东。辖广州、深圳 2 个副省级市及 19 个地级市，54 个市辖区、23 个县级市、41 个县、3 个自治县。简称粤。

[省会——广州] 广州市位于省境中部珠江三角洲腹地，简称穗，又称羊城，是广东省省会。濒临南海，北回归线从市境通过。东连惠州市，西邻佛山市，北靠韶关市、清远市，南临东莞市、中山市，隔海与香港、澳门相望。面积 7435 平方千米，据 2010 年末统计，全市人口 1270 万人。广州是国家历史文化名城，也是古代海上"丝绸之路"的发源地。现在是中国南方交通枢纽和对外开放的门户，以中国"南大门"著称。广州地势东北高西南低，东北部是山区，中部是丘陵、台地，南部是珠江三角洲冲积平原，珠江穿城而过。自然条件优越，物产丰富，是全国果树资源丰富的地区之一，有荔枝、香蕉、菠萝、柑橘等 400 多个品种。工业以轻纺工业为中心，门类齐全，设备技术先进，是华南地区工业中心。有汽车制造、医药、日用化工、家用电器、服装等行业。农业以种植水稻、蔬菜为主，养殖淡水鱼和家禽。广州有华南地区最大的国际贸易港，还有四通八达的高速公路网、铁路网连接全国各地。每年春秋两季都要举行中国出口商品交易会。

[深圳] 深圳市位于省境东南部，珠江口东侧，北与东莞市、惠州市接壤，南接香港新界，东临大亚湾，西临珠江口、零丁洋。海岸线曲折蜿蜒，总长 230 千米，面积 2050 平方千米，常住人口 1035 万。深圳为新兴的移民城市，是广东著名的侨乡，旅居海外侨胞约 12 万人。深圳原是一个边陲小镇，作为中国第一个经济特区，现已形成了蛇口、福

田、沙河、八卦岭、文锦渡等工业区。广九铁路纵贯市境，直抵九龙。市境地势东北高西南低，单向倾斜入海。河流短小浅窄，以深圳河为最大。海岸由泥质和沙质组成，利于垦殖。农产原以水稻、花生、甘蔗为主，现开始向商品生产和现代化农业转化，建立了蔬菜、水果、牛奶、家禽等农副产品生产基地，所产牡蛎、荔枝、金龟橘子、油鸭、龙岗鸡等畅销港澳。捕鱼以浅渔作业为主。海运和公路运输也较方便。市东南沙头角镇以商业为主，是直通香港新界的口岸。此外，还辟有文锦渡和皇岗两个通香港的口岸。风景秀丽的深圳水库、大小梅沙、西丽湖、笔架山、银湖等地是旅游和疗养的好地方。目前，深圳已建设成为一个以工业为主，工贸结合、旅游和农林牧渔并举的外向型综合性港口城市。

[珠海] 珠海市位于珠江三角洲西南角，珠江口西侧，东临伶仃洋，南端毗邻澳门，是珠海经济特区所在地，也是中国著名的现代海滨旅游城市。珠海市面积 7653 平方千米，其中陆地面积 1653 平方千米，海域面积 6000 平方千米，大小岛屿 146 个。现珠海人口为 156 万。人口中以汉族最多，另有壮、瑶、土家、回、满等 28 个少数民族。市府驻香洲区人民路。市境三面临海，港湾众多，大小岛屿散布在珠江口外广大海域中，有三灶岛、横琴岛、高栏岛及万山群岛、担杆列岛等。境内地形分散复杂，兼有低丘、孤山、平原、滩涂和红树林海岸。平原上河网渠道密布，灌溉方便，海岛多为海拔 400～500 米的山丘。珠海市多台风、雷雨。珠海是一个以渔业为主的小镇发展起来的以工业为

主，农、牧、渔、旅游、商业、外贸综合发展的对外开放城市。工业主要有电子、电力、机械、纺织、轻工、化学、塑料、玻陶、医药及医疗器械、建筑材料等门类。农产品有稻谷、蔬菜、鲜花以及甘蔗等，还有荔枝、菠萝、香蕉、大蕉、柑橘等水果。水产资源丰富，品种繁多，有著名的万山渔场。境内有珠海机场、珠海深水港，并有广珠公路、铁路等。

人口、民族

广东省常住人口排全国第一，户籍人口全国第四。至 2010 年，广东人口 10430 万。广东省有 55 个少数民族，少数民族人口占全省总数的 1.49%，主要有壮、瑶、畲、回、满族等。广东是著名侨乡，海外华侨、华人有 2200 万人，归侨、侨眷 2000 万人。全省侨乡集中于珠江三角洲的台山、新会、开平、恩平、中山、东莞、宝安等县（市、区），粤东北的梅、大埔、蕉岭、丰顺等县。

[客家] "客家"并不是一个少数民族，而是汉民族的一个支系。先秦以来，中原地区的汉人因逃避战乱、饥荒、迫害或因政府迁调而大量南迁。相对于迁入地区的原住民而言，他们是客，因而称为"客家人"。中国古代大致发生过六次大规模中原人南迁事件，促使"客家人"这一汉族支系的生成。第一次是秦始皇时期派兵 50 万驻扎南岭地区；第二次是东汉末年黄巾起义至三国两晋时期；第三次是唐朝中期至五代十国的动荡时期；第四次是南宋时期金兵南下、汉人南渡；第五次是清兵南下客家人抗清失败而迁移；第六次是清代雍正年间"移湖广、填四川"，大量客家人向广西、四川等地迁移。近一两个世纪，客家人开

始向海外迁移。在客家人的迁移历史中，广东梅州是最主要的集散中心。现代客家人还保留着许多古代中原汉族的传统习俗、宗教信仰，客家话也保留有许多古汉语的特点。在南迁和开发中国南方山区的过程中，客家人形成了刻苦勤俭、开拓进取、重教崇文、念祖思亲等客家精神。

历史文化

珠江流域自然条件优越，故早在10万年前，就有"曲江马坝人"在珠江流域活动生息。先秦时期广东为百越民族的居住地。秦始皇统一中国后，在今广东境内设置南海郡，治所在番禺即今广州。到了三国时代，广州始得名。出于外交和财政的需要，历代广东一直是中国通过海路进行对外文化、经济交流的重要地区，因此广东的文化中也有许多外来文化的色彩。比起中国其他地区来，广东文化具有更广泛的包容性。由于历史原因，广东开发较晚，但到了明代，广东后来居上，成为中国经济发达的地区之一。在清朝末年，广东更成为中国反帝国主义、反封建主义的革命主要策源地。近代史上许多重大历史事件都发生在这里，涌现出许多改变中国命运的历史人物，留下了无数可歌可泣的英雄事迹。

[六祖创南宗] 禅宗六祖慧能是岭南新州即今广东新兴人，听《金刚经》而有所感悟，辗转投入禅宗五祖弘忍门下。弘忍认为岭南人无佛性，只让慧能做一个舂米行者带发修行。弘忍想选一个徒弟继承他的衣钵，有一天便让大家各作一个偈，700多个徒弟中有一个叫神秀的地位最高，他做的偈是："身是菩提树，心如明镜台。时时勤拂拭，莫使惹尘埃。"大家看后都大加赞赏，争相传诵。慧能听到后，不以为然，因为不识字，就请人代笔在神秀的偈旁另写一个，内容是："菩提本无树，明镜亦非台。本来无一物，何处惹尘埃？"弘忍看后大为惊奇，于是给慧能秘密讲授了《金刚经》，并将祖传袈裟传授给他。由于慧能在寺中的地位卑下，得了祖传袈裟就会遭来不测，所以弘忍让他急速返回原籍。慧能离开三天后，弘忍才向大家宣布禅宗继承人已经到南方去了。慧能隐姓埋名，在山中隐藏了16年。后来他到广州法性寺（现在的光孝寺）听高僧印宗法师讲经。一次，几个僧人聚在一起辩论寺庙门前旗杆上的旗帜动的道理。一个和尚说是旗子自己在动，另一个僧人说旗子动是因为风在动。慧能听后大声说："不是旗子在动，也不是风在动，而是你们的心在动。"印宗法师听后十分惊异，经询问得知慧能竟是禅宗第六代传人，于是拜慧能为师。慧能就在法性寺正式剃度出家，开创了南派禅宗。他主张"顿悟"，与神秀创立的主张"渐悟"的北派禅宗对立。

[海上"丝绸之路"] 早在新石器晚期，岭南的百越民族与东南亚及太平洋岛国就有海上贸易往来。到了秦汉时期，广州已经成为中国海上"丝绸之路"的主要起始港口。此后2000多年中，无论是国内战乱，还是朝廷实行"海禁"，广州与世界的贸易往来始终没有中断过。贸易范围遍及东亚、南亚、西亚、非洲地区，甚至包括欧洲各国。直到现在，广州仍然是中国重要的对外贸易港口之一。与以长安（今西安）为起始点的陆上"丝绸之路"

相比，海上运输有运费低廉，方便快捷、不受地区变乱、封锁影响以及涉及面广的优势。随着中国造船工业的发达和航海技术的提高，从广州起始的丝绸之路不断向西方延伸。秦汉时期就可达印度半岛南端，南北朝时期能通往西亚，隋唐时期已经能够直达东非沿岸。中国的丝绸、陶瓷、茶叶等商品，火药、印刷术、指南针等发明，以及哲学思想等沿着海上"丝绸之路"传入西方，加快了世界文明的发展历程。同时，国外的水稻、玉米、番茄、菠萝、水仙、甘蔗、烟草等物种，印度、阿拉伯以及欧洲各国的宗教、自然科学、艺术等也源源不断地沿着海上"丝绸之路"输入到中国。

[舞狮] 舞狮也叫"耍狮子""狮子舞"，是中国传统的民间娱乐活动。舞狮的形式大致可分为北方舞狮和南方舞狮两种。南方舞狮又称"醒狮"，大约兴盛于明末清初，主要流行于广东。每逢节日或喜庆事，广东各地都有舞狮游行以示庆贺。南狮造型极度夸张，威武雄壮，形神兼备。狮头用彩纸扎成，狮身则由五彩布条制作。它额高而窄，眼大而能转动，口阔带笑，背宽、鼻塌、面颊饱满，牙齿能隐能露，分文狮、武狮和少狮三大类。文狮以刘备、关公为脸谱，武狮以张飞为脸谱。文狮表现温驯而和善，武狮表现勇猛而刚烈，少狮即幼狮，憨态可掬，一般跟随文、武狮同场表演。舞狮者穿各种灯笼裤，上穿密纽扣的唐装灯笼袖或背心，舞动时能够看到舞狮者全身，这与舞北狮者的穿戴大相径庭。舞南狮时，每头狮子由两个人合作表演，舞狮时一个举狮头在前，另一人操狮尾在后，前有大头佛逗引，随着象征狮吼和风雷之声的大鼓、厚锣、响钹等乐器的乐声起舞。在表演过程中，舞狮者还以各种招式来表现南派武功，非常富有阳刚之气。南狮舞注重写意，抽象传神，有酣睡、出洞、起势、过三山、上楼台、发狮威、迎宾舞、跳龙门、叠彩、瑞狮采青等形式。舞狮步法则有碎步、马步、弓步、虚步、行步、操步、插步、麒麟步、内外转身摆脚等。

[冼夫人] 冼夫人是南朝、隋初岭南地区少数民族首领，高凉（今广东阳江）人。她出身于岭南俚族首领世家，诚实守信，有勇有谋。南朝梁大宝元年(550)，冼夫人支持陈霸先平定了侯景之乱，使梁朝在海南岛俚人地区重新恢复了郡县制度，加强了中原地区与海南岛的联系。陈朝建立后，冼夫人又支持陈朝消灭了割据岭南地区的豪强势力。由于她协助破敌有功，陈朝册封她为中郎将、石龙（郡）太夫人，并给她刺史待遇。之后她还革除了俚族相互攻掠的恶习，岭南各部相继依附，人民过了上安居乐业的生活。隋开皇九年(589)，隋文帝进军岭南，遭到陈朝旧臣和部分少数民族的抵抗，冼夫人获悉后立即派她的孙子前往迎接隋军，并把自己所管辖的8个州归附于隋朝，使隋军能够顺利进至广州，最后完成岭南地区的统一。冼夫人也因此受封为谯国夫人。在她去世后，她的孙子受她影响，又主动归附唐朝，为唐朝统一岭南地区做出巨大贡献。冼夫人是岭南少数民族首领，但她在全国处于混乱分裂的时候，识大体、顾大局，抛开自家荣辱，为当地百姓着想，积极维护祖国的统一，成为支持南朝梁、陈两代和隋、唐初稳定珠江流域政治局面的主要支柱，为促进当地政治和社会经济的发展做出了重要贡献。后人为了纪

念她，在两广为她建造了很多庙宇。

[孙中山] 孙中山（1866—1925）广东香山（今广东中山）人，我国伟大的革命先行者。他原名孙文，字逸仙，因旅居日本时曾化名中山樵，大家常称之为孙中山。他出生于一个普通的农民家庭，12岁时到檀香山留学，17岁回国。先后在广州、香港学医。毕业后，在澳门、广州行医，并致力于救国的政治活动。1894年上书李鸿章，提出革新政治的主张，遭到拒绝。于是再次回到檀香山，创立了兴中会，提出"驱除鞑虏、恢复中华、建立民国、平均地权"的资产阶级革命政治纲领，并首次系统地提出了三民主义思想。1895—1911年，孙中山组织了多次反清武装起义，他被公认为是中国资产阶级革命运动中最伟大的旗手。1911年10月10日革命党人在武昌发动起义，得到各省响应。十七省代表联合推举孙中山为中华民国临时大总统，创立了中国历史上第一个共和政体。1912年4月孙中山以国家、民族和广大劳苦大众为重，将大总统职位让于袁世凯后，他一度致力于经济建设的宣传。后来袁世凯复辟帝制，孙中山于1913年发动"二次革命"反对袁世凯。1914年他在日本组织成立了中华革命党。1917年将中华革命党改组为中国国民党，担任总理。1921年就任非常大总统，再举护法旗帜。1923年，孙中山第三次在广州建立政权，成立陆海军大元帅大本营，复任大元帅。同年接受苏俄和中国共产党的建议，决定实行国共两党合作，以推进国民革命。1924年1月召开中国国民党史第一次全国代表大会，改组了国民党，提出"联俄、联共、扶助农工"的新三民主义。同年秋，冯玉祥发动"北京政变"，孙中山应邀北上共商国是，提出"召开国民会议"和"废除不平等条约"两大号召。1925年3月12日，因患肝癌，医治无效于北京逝世。

[潮州功夫茶] 潮州功夫茶不但历史久远，而且有其独特之处。潮州功夫茶对茶具、水质、茶叶、冲法、饮用礼节都十分讲究。茶具要小巧，茶壶直径只有7～10厘米，而且要用绯绛色陶土特制。茶杯小而晶莹，洁白透明。烧水的炉子须是小泥炉；烧水的锅得是陶制的"薄锅仔"；烧水的炭以乌榄核为上乘；水质是潮州西湖的"处女泉"为上品，湘子桥西第三墩附近的韩水为中品，义井水下品；茶叶以"蓬莱茗"为第一，其余依次是福建、武夷小种、栋焙、功夫等名茶。功夫茶的冲法更为讲究，分为十道工序：活火、虾须水、拣茶、装茶、烫盅、热罐（茶壶）、高冲、低筛、盖沫、淋顶等。潮汕人认为饮茶最好是三个人，有"茶三、酒四、游玩二"的说法。茶汤要浓，以示对客人的尊重。巡茶要请老人或贵客先喝，依次轮流。客人喝茶时，不能用盅脚刮茶池，而且要趁热一饮而尽，然后轻轻把盅放下并品咂茶味，赞赏一番，否则就算失礼。

[客家七样菜] 中国古人按照道家天地生万物的顺序，将正月初一说成是鸡日，初二狗日，初三猪日，初四羊日，初五牛日，初六马日，初七人日，初八谷日。初七是人类诞生之日，现在客家民间对此还非常讲究。在客家地区，每到正月初七这天清晨，都要依照习俗吃七样菜，将芹菜、青蒜、大葱、芥菜、韭菜、芫荽以及鱼肉等，一起下锅烹炒，然后全家一起食用，民间认为，在人日这天吃七样菜，借其谐音，希望家人勤

劳工作（芹菜）、会划善算（青蒜）、聪明敏捷（大葱）、计多谋深（芥菜）、幸福久远（韭菜）、广有人缘（芫菜）、富足有余（鱼肉）。

气候

广东省地处热带—亚热带地区，深受季风和海洋暖湿气流影响，气候温和，雨量充沛，日照时间长，是中国光、热、水资源特别丰富的地区。省境年太阳总辐射量达 422～563 千焦耳/厘米^2，日照时数长达 1700～2200 小时，但南北相差几近一倍。年均温除粤西北的连山外，均在 19℃ 以上。温度的纬向分布较明显，大致北低南高。广东是中国降水丰沛的地区之一。大部分地区年降水量 1500～2000 毫米，但分布不均，逐年差异也很大。南岭南侧、云浮山、莲花山东南坡等迎风面的山坡地带，年降水量都超过 2200 毫米。在背风面的谷地和内陆盆地，年降水量仅 1400 毫米。广东是中国受台风侵袭最频繁的省份，影响省境的台风年均约 10 次，其中以 7～9 月居多。

广州花市
广州花市上，人们熙来攘往，让你分不清哪个是买花人，哪个是卖花人。

[台风] 台风是发生在热带海洋上的强热带气旋，是影响广东的主要气象灾害。由于受地球自转偏向力的影响，北半球热带气旋做逆时针方向旋转，南半球的热带气旋做顺时针方向旋转。联合国世界气象组织为热带气旋制定了统一的国际分类标准，即：中心附近最大风力在 7 级以下（<17.1 米/秒）的热带气旋叫作热带低压；中心附近最大风力达 8～9 级（17.2～24.4 米/秒）的称作热带风暴；中心附近最大风力在 10 级以上（>24.5 米/秒）的称为台风或飓风。在台风中心平均直径约为 40 千米的面积内，通称为台风眼。由于台风眼外围的空气旋转得太厉害，在离心力的作用下，外面的空气不易进入到台风的中心区内，因此台风眼区的风很微弱。中国对每年在东经 180°赤道以北的西北太平洋和南海海面上出现的、中心附近最大风力 8 级以上的各种热带气旋都统称为"台风"。5—11 月是广东的台风季节，其中盛夏的 7、8、9 三个月是台风活动的盛期。强台风通常伴有狂风暴雨，掀起巨浪，会引发风暴潮。随着它的移动和登陆，会给所经洋面上的船只和陆地上的农田、房屋等造成极大的破坏。汕头至珠江口、雷州半岛东岸是台风登陆的主要地区。初夏，影响和侵袭广东的台风多数来自南海，盛夏季节多数来自太平洋。

自然资源

广东矿产资源已探明储量的有 85 种，其中以有色金属居多。金红石、磷钇矿、钽铌矿、锆英石、钛铁矿的矿藏量居全国之首。铅、锌、铜、钨、锡、铋、钼等有色金属和铁、锰、硫等矿藏在中国也占有重要地位。南海的石油和天然资源也很丰富。植物种群丰富，超过5000种，北部南岭地区植物种类总数超过中国中部和北部植物种类的总和，有"绿色宝库"之称。重要的野生植物资源有1000余种，其中古老植物有30余种，如被称为"活化石"的水杉、苏铁、树蕨等。树木种类繁多，主要有松、杉、樟、桉等。水果品种有270多种。珠江口沿海的滩涂还生长有成片的红树林。广东是中国动物繁盛的省份之一。野生陆生动物有700种，其中哺乳类百余种，鸟类500多种，两栖类80多种。珍稀动物则有苏门羚、华南虎等。南海约有鱼类860多种。其中有属于中国四大鱼类的黄鱼、带鱼、鲷鱼和墨鱼，并有大量金枪鱼、马鲛鱼、红鱼、石斑鱼、斑节对虾、梅花参、海龟、玳瑁、海贝和海藻等。全省淡水面积27.3万多公顷，主要淡水鱼类有鲩、鳙、鲢、鲮、鲤等。

[增城挂绿荔枝] 广东增城挂绿荔枝与一般荔枝的最明显不同是，它的每个荔枝果都有一条绿色的"丝带"缠绕。相传"八仙"之一的何仙姑是唐朝时广东增城人，她在荔枝树下绣花时，曾将翠绿绸带挂在荔枝树上。树沾仙气，枝荣叶茂，所结的果实就有一条绿丝缠绕其间，所以叫"挂绿"。增城挂绿荔枝的特点是肉厚汁多，营养丰富，果肉晶莹，清甜爽口。这种荔枝剥壳后放在吸水纸上，汁不外溢纸不湿。荔枝壳红中带绿，有"四分微绿六分红"的说法。增城荔枝镇挂绿园有一株挂绿荔枝树，是增城荔枝的"老祖宗"，树高5米多，树龄400多年。

[观光木] 观光木分布广东、云南、贵州、广西、湖南、福建和海南等热带、亚热带南部地区的海拔400～1000米处的常绿阔叶林中。属于常绿乔木，是国家二级保护植物。观光木高达30米，胸径2米。树皮灰褐色，具有深皱纹。叶互生，椭圆形，长7～17厘米，上面中脉凹，被有柔毛，下面被黄棕色糙毛。花单生叶腋，芳香，淡黄白色，具有红色斑点。花被9～10片，狭倒卵状椭圆形，外轮较大，长17～20毫米，向内较小。聚合果长椭圆形，长10～14厘米，直径8～9厘米，成熟时为暗紫色，具黄色皮孔。

[端砚] 端砚产于广东省肇庆市东郊、高要市东南的烂柯山（斧柯山）西麓端溪一带，所以得名端砚。它与歙砚、洮砚、鲁砚并称中国四大名砚。端溪的端石长年浸于水中，温润如玉，《端溪砚史》评价它是"体重而轻，质刚而柔，摩之寂寂无纤响，按之如小儿肌肤，温软嫩而不滑"。端石做成的砚台，具有发墨而不损笔毫的特点。端砚石不仅质地好，还具有各种天然的绮丽纹理。著名品种有鱼脑冻、蕉叶白、青花、石眼、冰纹、火捺等。端砚在唐朝的时候就很著名，唐太宗曾将褚遂良临摹《兰亭序》所用端砚赐予魏徵。武则天也曾把题为"日月合璧"的端砚赐给狄仁杰。传说当年包公从端州离任时，曾有士绅用黄布包着一方端砚要赠送给包公，包公拒不接受。那个士绅趁他不注意，悄悄把端砚放进船舱里。当船开到西江羚羊峡口时，风浪骤起，包公发现舱中有一方端砚，便命人投入江中，于是风平浪静。现在江中还有掷砚洲。

[金钱豹] 金钱豹属食肉目猫科，是国家一级保护动物。产于亚洲和非洲，在广东主要分布于山地森林地区。金钱

豹体型与虎相似，但较小。体长在2米左右，尾长超过体长的一半。头圆，耳短，四肢强健有力，爪锐利伸缩性强，体能极好，视觉和嗅觉灵敏异常，性情机警，既会游泳，又善于爬树。金钱豹全身颜色鲜亮，毛色棕黄，遍布黑色斑点和环纹，形成古钱状斑纹，因此得名"金钱豹"。金钱豹食性广泛，胆大凶猛，以中小型草食动物、啮齿动物为食。栖息环境多种多样。

[水鹿] 水鹿也称黑鹿，属偶蹄目鹿科。水鹿产于中南和西南地区，是国家二级保护动物。以广东、海南、台湾及印度、缅甸分布较多。一般栖息于海拔3000米以下热带、亚热带阔叶密林或针阔混交林，它是热带、亚热带地区体型最大的鹿类，身长140～260厘米，肩高120～140厘米，体重100～200千克。雄鹿长着粗长的三叉角，最长者可达1米。毛色呈浅棕色或黑褐色，雌鹿略带红色。从额至尾沿背脊有一条宽窄不等的深棕色背纹，臀周毛呈锈棕色，颈具深褐色鬃毛，体侧栗棕色，尾毛黑色。喜欢在水边觅食，也常到水中浸泡，善游泳，所以叫"水鹿"。水鹿有群居的习性，活动范围较大，没有固定的窝。它们昼伏夜出，白天隐蔽在浓密覆盖物中，黄昏开始活动，以青草、树皮、竹笋、嫩叶为主食。繁殖季节不固定，孕期约8个月，每胎1仔，幼仔身上有白斑。

经济

广东省是商性性农业发展较早、轻工业基础较好、商业繁荣的省份。工农业生产发展速度，高于全国平均水平。1979年以来，深圳、珠海、汕头设立了经济特区，广州、湛江和珠江被列为开放城市或地区，使广东的经济发展更加迅速。广东的工业主要有食品、家用电器、塑料制品、服装、卷烟、陶瓷、纺织、丝绸、机械、电子、电力、煤炭、石油、造船、汽车、化工、医药、建材、冶金等，已形成门类齐全的工业体系。电子工业的门类及产值居全国前列。农业向外向型发展，是全国的水稻、蔬菜和水果生产基地。茂名是最大的水果产地，湛江是最大的剑麻基地。珠江三角洲是粮食、水果和甘蔗生产基地，雷州半岛是热带作物生产基地。广东交通发达，已构成以广州为中心的陆海空交通运输网。有港口100多个，民航机场8个，有京九、京广、广梅汕、三茂等铁路干线，还有广深准高速客车直通九龙。公路四通八达，等级较高。

[农业] 广东的农业以种植业为主，粮食、经济作物和热带作物生产并重。大部分地区实行一年三熟耕作制，粮食生产以水稻为主，一年两熟，南部可三熟，水稻产量占粮食总产量的90%左右，是全国重要的双季稻种植区。水稻种植遍及全省，珠江三角洲、潮汕平原是主要高产稳产区，为全国重要的商品粮基地之一。漠阳江、鉴江及各河流沿岸平原和谷地也是水稻的重要产区，耕作多实行水稻连作和双季稻加冬薯的一年三熟制。经济作物以甘蔗、花生、蚕桑、黄红麻、水果为主。广东是中国最大的商品化甘蔗产区，也是中国以橡胶生产为主的热带作物重要生产基地之一，主要出产橡胶、剑麻、香茅和胡椒等。广东素有"水果王国"之称，全省热带和亚热带水果达400多种，经济栽培水果有40多种，四季不绝。柑橘、香蕉、菠萝、荔枝为四大名果。潮州蜜柑、新会及罗岗甜橙、新会大红柑、增城挂绿

基塘农业生态系统

珠江三角洲基塘农业的特色是合理高效利用自然资源，形成农、牧、副、渔相互结合、相互作用的良性循环人工生态系统。农民筑堤取土挖坑修鱼塘，池塘养鱼，塘泥培基肥地，基上种植作物，搞饲养业，畜、禽粪便喂鱼，循环往复，合理利用，以期达到最大效益。基塘历史悠久，始于14世纪中后期元末明初，早期以果基为主，17世纪盛行桑基，种桑养蚕。蚕沙做鱼饵，蚕茧缫丝。20世纪又称为蔗基，现部分改为菜基、花基，不断适应市场需求，成为纺织、制糖工业和外贸产品基地。基塘农业生态系统适应珠江三角洲热带季风气候光热、雨量资源丰富的特点。现该生态系统已被联合国粮农组织推广到北欧和南美的一些低涝地区。

荔枝、东莞和高州香蕉等驰名中外。经济林主要是竹，其次为油茶、油桐、板栗和紫胶。重要山林特产有松香、香菇、药材和笋干。畜牧业以养猪、鸡、鸭、鹅等家禽为主。禽肉产量居全国首位。广东渔业生产基础好，海洋捕捞和淡水养殖并重，海水养殖业发达。珠江三角洲为全国著名淡水渔业基地。

[工业] 广东省工业以轻工业为主，轻重工业协调，门类比较齐全。它的轻工业历史悠久，主要有制糖、造纸、制盐、罐头、自行车、钟表、服装和制茶等部门。甘蔗制糖业是广东最重要的轻工业部门，制糖生产居全国第二位。水果食品罐头是广东罐头工业的特色，广州、汕头、湛江、惠州、珠海是主要的罐头生产基地，产量在全国占绝对优势。纺织、造纸和制盐也是广东重要轻工业部门。广州拥有中国设备最好、规模最大的新闻纸厂。丝、棉纺织工业集中于广州、佛山、汕头等市。麻纺织工业集中于广州，有设备先进的大型麻袋厂和苎麻纺织厂。广东手工业历史悠久，"京广杂货"久负盛名。著名传统产品有佛山陶瓷、汕头抽纱、潮绣、新会葵扇、东莞烟花和爆竹、广州三雕（牙雕、玉雕、贝雕）和粤绣、肇庆端砚等。此外，广东金属矿藏和石油也很丰富，石油化工是广东的重要工业部门。茂名、广州是主要的石油化工和炼油中心，拥有大型石油企业，并带动尿素、成品油、合成纤维、塑料、橡胶、农药等多种产品生产。广东硫酸和水泥生产在中国也占有突出地位，分别居全国第三位和第一位。机械工业以造船、制糖机械、汽车制造、矿山机械和农业机械为主。广州、湛江为广东省造船工业中心。广州造船厂可生产万吨轮和中型内河轮船，是中国南方最大的造船中心。

[交通] 广东交通运输业中水运占主要地位，全省3/4的市镇可依赖内河航道与海洋沟通。内河通航里程达1.1万多千米，其中枯水航道水深1米以上，可通驳船的近5000千米。广东水运以珠江为主干，通过西江、北江、东江这一扇形水河网沟通了全省半数以上地区。珠江干流西江为联系广东、广西的交通动脉。广州、湛江、汕头是海运中心和对外贸易港口。黄埔、湛江、赤湾、蛇口、盐田、澳头、水东、新沙等港口均建有万吨级码头。沿海各市县物资交流主要靠海运完成。全省公路总通车里程居全国前列，每百平方千米有公路101千米市。全省以广州为中心的公路干线有广汕（头）、广湛（江）、广梅（州）、广怀（集）、广罗（定）、广海（安）线6条，共长8000多千米。105国道、107国道南北纵贯，沟通了省内各地和邻近的闽、桂、赣的联系。京广铁路纵贯，为南北交通大动脉。黎湛铁路是连

通粤桂和西南地区的要道，有利于进出口物资的运输。广九铁路是广州和香港间的重要交通线。航空运输以广州为中心，与北京、上海、南京等大中城市及省内的汕头、湛江、珠海等地均有航班通航。广州白云机场是中国三大机场之一，也是若干国际航线的中转站，开辟有通往新加坡、雅加达等国外城市的国际航线。

旅游

广东省以地貌形态复杂、亚热带风光、温泉瀑布以及众多的历史文化胜景为其旅游特点。丹霞山为典型的丹霞地貌，肇庆七星岩为喀斯特地貌，西樵山为熔岩地貌，汕头还有海蚀地貌，形态多样的地貌鬼斧神工。北回归线贯穿省境，亚热带迷人风光使人流连忘返。鼎湖山自然保护区更是回归线上世界唯一的亚热带植物宝库。广东还有众多的温泉、瀑布和川峡险滩。拥有历史文化名城广州、潮州、肇庆、梅州。古迹有南华寺、别传寺、元山寺和岭南四大名园等。广东还是近代革命摇篮，历次革命斗争中的名人故居、重要遗址等不胜枚举。

［丹霞山］ 丹霞山位于仁化县城南9千米处，面积2.5平方千米，主峰宝珠峰海拔408.7米，属于五岭余脉。山体由富含氧化铁的第三纪厚层红砂岩、砾岩组成。因为颜色丹红如同彩霞，所以得名为丹霞山。是目前中国已发现的350多处丹霞地貌中面积最大、发育最典型、类型最齐全、造型最丰富、风景最优美的典型代表。山中到处可见赤紫色的悬崖峭壁、岩洞、峰林、石柱等自然奇观。该山在2010年第34届世界遗产大会上被正式列入《世界遗产名录》。

［从化温泉］ 从化温泉位于广东从化市温泉镇，又名"流溪河温泉"。面积14.5平方千米。从化温泉发现较早，自古有"从化温汤好，岭南第一泉"的盛名。从化温泉的泉水附存于燕山期花岗岩裂隙中，沿流溪河河岸及谷底呈带状分布，集中出露于温泉镇的温泉疗养院、良口镇的料塘和街口镇的向阳等处，多呈上升出露。从化温泉现有泉眼十余处，水温最高为71℃，最低为30℃，泉水含钙、镁、钠、氡等多种元素，具有无色、无味的特点，对各种关节炎和皮肤、消化器官、神经系统等疾病有辅助疗效，还可以饮用。从化温泉及周边气候宜人，环境幽静，景观有"温泉锦绿""兰苑清幽""百丈飞瀑"等。

［斑石］ 斑石，土名岚冈山，坐落于封开县的杏花镇斑石村。整体石块由燕山第二期中粒花岗岩组成，相对高度为191.3米，长1350米，横断面宽600米，占地面积0.8平方千米，是亚洲最大的巨石，仅次于澳洲巨石，列世界第二位。斑石十分雄伟庞大，一石成山，神奇独特。它形成于2亿多万年前的中生代，经过亿万年日晒雨淋还是完整无缝。大自然的造化使石块西坡光秃陡峭，东坡及顶巅有土层覆盖，松木苍翠，芳草葱绿。暴雨之后，由石巅漂泻而下的无数条流水，使石面呈现斑斓五彩，景象更为壮观。斑石山上有歌仙台，据说是歌仙刘三妹（广西称刘三姐）为鼓励老百姓战胜旱魔而唱歌的地方。

［肇庆星湖］ 肇庆星湖坐落在广东省肇庆市北部。风景区包括七星岩、鼎湖山两大景区，两景区虽不远，但景色各

异，是国家重点风景名胜区。七星岩景区由散落在广阔湖区的七座陡峭的石灰岩组成，布列似北斗七星故名。由七岩、八洞、五湖、六岗组成，以山奇水秀、湖山相映、洞穴幽奇著称。它分南北两列，由东而西为阆风岩、玉屏岩、石室岩、天柱岩、仙掌岩、蟾蜍岩、阿坡岩。五湖为东湖、青莲、中心、红莲、波海等湖，总称星湖。石室岩早在几百年前就以风景幽奇而闻名全国，为七星岩景区名胜古迹较集中的地方。岩顶名嵩台，相传是天帝宴请百神的地方。岩下有一个特大的石室洞，洞口高仅2余米，洞内穹隆宽广，顶高达30米左右，石乳、石柱、石幔遍布其间。洞中有地下河，可泛舟游览。洞内摩崖石刻林立，共有270余处，上自唐宋，下至明清，多出自名家之手，有"千年诗廊"之称。湖区北部的阿坡岩东麓下有双源洞，长270多米，内有两源合一的地下河，曲折幽深，奇岩怪石，瑰丽奇特。鼎湖山景区包括鼎湖、三宝凤来、优虎等十多

鼎湖山飞瀑

座山峰，主峰鸡笼山海拔1004米，为岭南四大名山之一。因山顶有湖，故名顶湖山，相传黄帝在此铸鼎，又名鼎湖山。鼎湖山林壑幽深，泉溪淙淙，以天然森林、溪流飞瀑、深山古寺见长。山中有鸟类100多种，兽类30多种，爬行类20多种。海拔700米以下遍布典型的南亚热带季风性常绿阔叶林，具有一定原始风貌，有2000多种高等植物，其中不少是珍稀植物。西南坡西溪龙泉坑有水帘洞天、白鹅潭、葫芦潭等8处瀑布。山南麓有庆云寺，西南有白云寺，受大气环流下沉气流的影响，世界上其余回归线附近几乎全是沙漠或干旱草原，而纬度相当的鼎湖山景区，由于有东亚季风的作用，却分布有一片生机盎然的亚热带、热带雨林，是世界少有的特殊森林类型，1980年正式加入世界自然保护区网。

[虎门炮台] 虎门炮台位于广东珠江出海水道咽喉，又称虎门要塞。因珠江口有大小虎山，形似两只下山猛虎雄踞江面而得名。南通大海，北抵广州黄埔港，是广州的出海门户，为历代兵家固守之地。清代林则徐、关天培在此共布局修筑炮台11座，设置大炮300多门。第一重门户为大角、沙角等炮台。第二重门户为威远、镇远、靖远等炮台。威远炮台筑在南山炮台前的岩石中，与镇远、靖远两炮台呈品字形。第三重门户为大虎炮台。炮台间系有铁链、木桩、排链没于水中，组成坚固阵地，阻拦外来船只的入侵，被誉为"金锁铜关"。敌船来到这里，进则为排链所阻，退则为风向水流所碍，而诸炮台火力交织，控制洋面，使敌船成为瓮中之鳖。鸦片战争期间虎门炮台屡挫英军进犯。当年，

驻守虎门要塞的广东水师提督关天培就在此处率部抗击侵略者并壮烈殉国。位于虎门东南面的沙角炮台遗存有 3000 千克大炮一门，是道光十五年 (1835) 佛山铸造的。

[锦绣中华] 锦绣中华坐落在风光绮丽的深圳湾畔，是一座反映中国历史、文化、艺术、古代建筑和民族风情最丰富、最生动、最全面的实景微缩景区。锦绣中华占地 45 万平方米，部分景点比例接近实物，有些为 1：4，甚至还有 1：1 的，是世界上最大的微缩景区。锦绣中华中近百处景点大致按照中国区域版图分布建成。万里长城、秦陵兵马俑、赵州桥、故宫、圆明园、敦煌莫高窟、云南石林、安徽黄山、黄果树瀑布、乐山大佛、应县木塔、曲阜孔庙、长江三峡、桂林山水、杭州西湖、天山牧场、布达拉宫、成吉思汗陵、中山陵、明十三陵等全国各处景点无不应有尽有。

[宝晶宫] 宝晶宫位于广东清远城北燕子岩的东坡，是一个经历了 2 亿多年地壳运动而形成的大溶洞，有“岭南第一洞天”之称。宝晶洞冬暖夏凉，常年气温保持在 18℃～21℃。溶洞共四层，底层为冲积层，有地下河连通北江。上洞为构造性溶洞，长约 300 米，面积约 5000 平方米，石柱、石笋、石幔、边石坝等随处可见。尤其在凌霄殿中有一大灰华坡，长 60 米，宽 30 多米，倾角 20°，为国内罕见。因洞口在下方，洞体在上方，夏天暖空气由洞外进入，浮于洞内，到冬季天冷，气暖轻浮，不能从下口流出，所以冬天洞内仍保持夏天气温。中洞是过渡性的溶洞，位于上、下两洞之间，东、西端各有落水洞（竖井）与上、下洞相通。下洞是宝晶宫最为壮观的地方，总长 1200 米，面积达 9000 平方米，由三个大厅和一条长廊组成。洞内石笋、石柱林立，石花、石幔千姿百态，石钟乳绚丽多姿，有的像花鸟虫鱼，有的像飞禽走兽，有的像佛祖，有的像天池飞瀑。有“蓬莱仙境”“玉皇宝殿”“富士山”“宝宫琼蕾”等 1000 多个多姿多彩的石景，宛如一座富丽堂皇的地下宫殿。其中有 30 米高的大型石幔和石柱溶成的“龙骨塔”，是十分罕见的景观。

广西壮族自治区

行政区划

广西壮族自治区位于北纬 20°54′～26°23′、东经 104°29′～112°04′。陆界国境长 637 千米，海岸线东起粤桂交界处的英罗港，西至中越边境的北仑河口，长 1595 千米，岛岸线 605 千米。全自治区土地面积 23 万多平方千米，北部湾海域面积近 13 万平方千米。因宋时其辖境属广南西路，故得名广西。广西地处中国南疆，南与越南毗邻，北归线横贯中部，是中国四个北回归线贯穿的省份之一，属中国纬度较低省份。设有 14 个地级市、34 个市辖区、7 个县级市、56 个县、12 个民族自治县。简称桂。

[首府——南宁] 南宁市位于自治区境中南部，地跨邕江，简称邕。是广西壮族自治区首府驻地，广西政治、经济、文化、科技、信息中心。面积 22189 平方千米，以壮族为多，有壮、汉、瑶、回、满、苗、侗等 35 个民族。辖兴宁、青秀、西乡塘、良庆、江南、邕宁 6 区及武鸣、隆安、马山、上林、宾阳、横县 6 县。市境位于南宁盆地中心，湘桂铁路线横

跨邕江两岸。北部横亘着东北—西南走向的天然屏障高峰岭，其中大明山主峰龙头山为南宁市最高峰，海拔1760米。邕江南岸是海拔200多米的丘陵。东南为近郊风景区青秀山，西郊主要为海拔百余米的岗地，中部为平原。南宁盆地是构造盆地，外围为寒武系、泥盆系砂页岩山丘，岗地由第三系红色岩系组成，平原是第四纪冲积物。邕江横贯盆地南部，有10多条小支流汇入。矿藏有煤、铁、铜、钨、锰、石油和天然气等。南宁是一座以轻工业为主的新兴工业城市，主要工业有食品、制糖、机械、纺织、电力、冶金、建材等行业。农业主产稻谷、甘蔗、玉米、木薯、花生，盛产香蕉、菠萝、柑橙、荔枝、龙眼。南宁交通便利，湘桂、黔桂、黎湛、南防、南昆铁路纵横境内，210国道、322国道、324国道于境内交会，右江、左江和郁江通航，建有吴圩机场，为广西交通枢纽和西南出海大通道。南宁有各类学校上千所，广西大学、广西医科大学等高校设于境内。南宁是一座富有南国风光的城市，市区内种有大量果树和香花，而且有许多街心花园，被誉为"花果之城"。

[桂林] 桂林市位于广西壮族自治区境内的东北部，距首府南宁市431千米，面积27797平方千米。人口474万，以汉族为多，有壮、瑶、回、苗、侗、满、仫佬、土家等26个少数民族，是中国历史文化名城和世界著名的风景旅游城市。市境位于五岭之南，漓江西岸，地处亚热带，气候温和，雨量充沛，自然景观奇特，素以溶洞多、山峰奇、地下河发育、地上江流清澈、山水相依的喀斯特地貌景观著称于世，有"桂林山水甲天下"之称。工业有橡胶、医药、食品、电子、美术工艺品等门类，特产有三花酒、腐乳、辣椒酱、西瓜霜等，风味小吃有胡辣、素面和米粉等。农业主产稻谷、芝麻、薯类、花生、黄豆等，兼产荸荠、沙田柚、金橘、板栗、罗汉果、桐油、油茶、棕榈等。桂林交通便利，干线公路、高速公路纵横境内。民航班机通北京、上海、广州等20多个城市和港澳地区。两江国际机场，是桂林的国际航空港。

[北海] 北海市位于广西壮族自治区境内东南端，南临北部湾，有南流江、丹竹江、三合口江、乌家河过境。面积3337平方千米。人口153万，以汉族为多，有壮、瑶、京等9个少数民族。是中国第一批对外开放的14个沿海城市之一，也是广西对外海运的港口城市。市境地势低平，海拔多在50米以上，最高点为冠头岭，海拔120米。此外，涠洲岛和斜阳岛有玄武岩火山锥，附近分布有珊瑚礁。市区原为海湾泽国，后为泥沙淤积，形成西狭东宽的半岛。矿藏有石油、石英、陶土、钛铁等。工业有电力、机械、电机、化工、陶瓷、贝雕、烟花爆竹、造纸、建材等门类。农业主产稻谷、薯类、花生、豆类、甘蔗、玉米，兼产珍珠、鱿鱼、虾米等。北海是"海

南宁

上丝绸之路"的始发港之一。境内铁路、公路纵横，有飞机场、万吨级码头连通国内外。

名胜古迹和游览地有白龙珍珠城遗址、海角岛、斜阳岛、星岛湖、红树林。白虎头海滩是亚洲十大海滨浴场之一。

人口、民族

广西壮族自治区是中国以壮族聚居区为主的自治区，也是中国5个自治区中人口最多的一个。至2010年，全区人口约有4602万，以汉族人口居多，约占全区总人口的62%。人口分布以东部为多，中部次之，西部较少。壮族约占自治区总人口的33%，是中国少数民族中人口较多的一个民族。此外，还有瑶、苗、侗、仫佬、毛南、回、京、彝、水、仡佬等民族。全区人口平均密度由东南向西北递减。自治区东南的浔江、郁江、南流江流域人口稠密。桂西以及桂北的田林、西林、乐业、天峨等县地广人稀。

[瑶族] 瑶族是中国南方少数民族之一，也是中国历史上迁徙最频繁的少数民族。广西的瑶族大约从隋唐时代起从湖南、广东迁来，元明时大量南迁，明末清初向云贵迁移。广西有瑶族人口132万左右，占全国瑶族人口一半以上。全自治区80%的县市都有瑶族人口居住，主要聚居在都安、巴马、金秀、富川、大化、恭城等6个瑶族自治县。瑶族有本民族的语言，没有本民族的文字，瑶族语言属汉藏语系苗瑶语族瑶语支，由于地域差异，方言区别明显，各地瑶族一般以自己的语言作为交际工具，但都会说汉语。瑶山还保存着原始的瑶老制和石牌制，大瑶山的石牌制组织及其

瑶族妇女的服饰，制作精细，颇为讲究。

习惯法——石牌律，对于维护社会秩序、保证人民生命财产安全起了一定作用。瑶族风俗习惯很有民族特点，但因各支系的居住地区不同而有着服饰、饮食、居住的差别。瑶族主要从事农业，少数从事林业。瑶族是能歌善舞的民族，不论男女老幼，都喜欢唱歌，长鼓舞和铜鼓舞是瑶族的传统舞蹈。民间工艺美术有挑花、刺绣、织锦、蜡染等，工艺精巧，历史悠久，颇负盛名。瑶族民间文学十分丰富，《盘瓠传说》《密洛陀》等具有鲜明的民族特色和浓厚的生活气息。

[壮族] 壮族是中国少数民族中人口最多的民族，主要分布在广西、云南、广东、湖南和四川等省区。广西是壮族人口分布最多的省区。广西壮族主要分布在南宁、崇左、百色、河池、柳州、来宾等地区，还有一部分散居住于区内的66个县市，分布面积约占广西总面积的60%，人口占全区总人口的33%，仅次于汉族。壮族的居住形式独特，称屋为"干栏"，住房的主要形式有全栏式、半栏式和平房三种。全干栏房属全楼居式，上层住人，下层养牲畜和存放农具，是传统的住房形式。半栏房以一开间为楼房，楼上住人，楼下放牛羊、农具等，另一间为平房。平房多为三开间，是当今壮族住房的主要形式。壮族的传统服饰，男子下穿宽腿裤，上身着对襟无领短衣，头扎绣花巾。壮族的文化艺术形

式多样，内容丰富。壮族的文学丰富多彩，有神话故事、民间传说、山歌等。壮族的舞蹈具有鲜明的民族特点和浓厚的生活气息，有"春堂舞""绣球舞""扁担舞"等。戏剧有壮剧、师公戏等。壮族的重大节日有"三月三""中元节""牛魂节"。

历史文化

广西境内有着非常优越的地理环境，所以早在距今 20 万年以前，就有原始人类在这里生活。旧石器时代，这里生活有以"麒麟山人"为代表的古人类，发展了较为简单的石器文化，学会制造和使用简单的石器。桂林甑皮岩有新石器时代早期原始人类的文化遗址。秦始皇统一岭南时，命人开凿了灵渠，把长江与珠江两条水系连接起来，促进了地处边陲的广西与中国其他地区的经济、文化交流。广西人自古就以不屈不挠、英勇善战而著称。最著名的"金田起义"、"镇南关起义""百色起义""龙州起义"等都发生在这片土地上。广西的文化独具特色。春秋战国时期广西先民在左江沿岸创作的花山崖壁画，汉代前制造的大铜鼓以及古朴典雅、可避湿热、防蛇兽侵害的壮族干栏式建筑等，成为广西古代文化的杰出代表。广西还是著名的"歌乡"，有"歌海"之称，壮族人民的歌唱聚会独具一格，是广西民间文化的主旋律。

[史禄开凿灵渠] 秦始皇统一了中国北方六国之后，又雄心勃勃地对浙江、福建、广东、广西地区的百越，发动了大规模的军事征服，史称"秦戍五岭"。秦军在各地战场上节节胜利，唯独在两广苦战三年毫无建树，原来是五岭阻碍了交通，军需运输等供给问题极为不便，严重影响了秦军的进攻。为了解决运粮等供给问题，秦始皇命令史禄劈山凿渠开通水路运输。通过精确计算，史禄在兴安开凿了灵渠。灵渠从南陡口到大溶江，共长 34 千米，其中人工开凿的约 5 千米，其余由原来的小河道连接而成。灵渠奇迹般地把湘江和漓江沟通连接了起来，使援兵和补给物资源源不断地运往前线，从而迅速推进战局，将岭南广大地区正式划入了秦王朝的版图。灵渠的开凿沟通了长江水系和珠江水系，使南江北国连成一体，促进了汉民族与岭南各少数民族的经济、政治、文化交流。它的运输功能从秦到清末民初历时 2000 多年，直到湘桂铁路、桂黄公路通车才渐渐被取代，这在中国运输史上，以至世界航运史上都是罕见的。

[歌圩] 壮族人民喜爱唱歌，歌圩是壮族人民经常举行的传统歌唱聚会活动。歌圩以对山歌为主，但也加入传统的文体活动，如打扁担、舞龙、舞狮、舞春牛等。农历三月初三、四月初八和八月十五的歌圩规模最为盛大，对歌节兴趣最浓的是精力充沛的青年男女。他们在歌圩上，往往以选择配偶为主要目的，对歌中如果发现有情投意合者，女方便用绣球的带子绑上礼物向男方抛去。

[壮锦] 壮锦的工艺风格独特，富有浓郁的民族特色，是壮族杰出的工艺美术品。壮锦一般由棉纱与五色丝线织成，内容取材广泛，结构严谨，构图造型新颖别致，色彩艳丽。传统的花纹图案有水纹、云纹、菊花纹、蝴蝶朝花、凤穿牡丹、双龙抢珠、狮子滚球、鲤跃龙门等 20 余种，充分显示了壮族人民的心灵手巧，是壮族文

化的奇葩。壮锦生产历史悠久，唐宋时期的书籍中已经有所记载，明朝时更是流行于民间。明神宗万历年间（1573—1620），带有龙、凤图案的壮锦被列为朝廷贡品。清朝初年，壮锦的织造遍布广西各地，成为壮族妇女必修的"女红"。

[瓦氏夫人] 瓦氏夫人本姓岑，壮族，归顺直隶州（今广西靖西县旧府村）土官岑璋之女。因嫁与田州今广西田阳县土官岑猛为妻，改姓为"瓦氏"，是明朝嘉靖年间的抗倭英雄。她自幼聪慧好学、性情豪爽，懂兵法、有谋略。明嘉靖六年（1527）其夫死后，由她代理掌管州内一切政务，政绩卓著。嘉靖三十三年（1554），倭寇侵扰中国东南沿海，严重威胁沿海地区人民的生命财产安全，明朝征调"俍兵"（广西壮族土官兵）、"土兵"（湘西土家族土司兵）前往东南沿海抗倭。瓦氏夫人请命应征，被授予"女官参将总兵"的职务。她率领壮族士兵6800余人，于嘉靖三十四年（1555）3月13日到达前线金山卫。同年4月，倭寇出动3000余人突然侵犯金山卫，瓦氏夫人率部迎击，杀得倭寇四散逃命。4月20日，倭寇4000多人进犯嘉兴，瓦氏夫人一马当先，在友军的配合下，把倭寇包围在五江泾一带，一举歼灭倭寇3000余人，给予倭寇毁灭性的打击。6月，瓦氏夫人在陆泾坝战役中，又消灭倭寇300余人，烧毁倭寇船只30余艘。瓦氏夫人在抗倭战场上"十出九胜"，屡建奇功，凭借军功被册封为"二品夫人"，百姓则称她为"石柱将军"。瓦氏夫人病逝后，被追封为"淑人"，葬于州城东婆地即今田阳县田州乡那兰村。墓碑保存至今，上面刻有"明赐淑人岑门瓦氏之墓"的字样。

[金田起义] 清朝道光二十三年（1843）洪秀全创立了拜上帝会，并与冯云山一起开始在广西桂平紫荆山区的贫苦农民和烧炭工人中广泛发展会员。广大贫苦民众不堪饥寒困苦和贪官污吏的压榨，纷纷响应。经过5年的努力，以紫荆、金田为中心的拜上帝会势力已经扩展到10个州县。1850年，洪秀全发布团营令，要求各地会员变卖家产到金田集中，计2万人左右。他们携带的钱粮全部交给"圣库"，衣食全部由"圣库"供给。清政府曾两次出兵镇压，都被太平军击败。1851年1月11日，洪秀全、杨秀清、萧朝贵、冯云山、韦昌辉、石达开等带领拜上帝会会众，在韦氏大宗祠举行全体拜上帝仪式，宣布国号为太平天国，正式起义。1月13日，太平军从金田出大湟江口，开始了震撼中外的太平天国革命。金田起义是中国历史上规模最大、影响最深远的农民起义。现在金田还留有古营盘、韦昌辉故居、三界庙、演武场、拜旗石、犀牛潭等多处遗址。

[镇南关——谅山大捷] 1883年12月，法国挑起了中法战争。当时帮办广西关外军务的老将冯子材率部迎敌。他联络边民，团结友军，在镇南关（今广西友谊关）隘口抢筑了一条长墙，抵御外侮。3月23日，中法战争中的著名战

广西灵渠

役"镇南关战役"开始。法军2000余人从谅山出发，分三路向镇南关发起攻击，两路进攻东岭炮台，一路直扑关前隘长墙。老将冯子材率清军迎战来犯之敌，顽强抵抗一昼夜。24日，冯子材手持长矛，率先越出长墙，带领部下向法军发动反击，1000余名越南义勇军也奋勇投入激战。中越军民并肩作战，把法军杀得大败而逃，取得了震惊中外的镇南关大捷。3月26日，冯子材乘机追击法军，攻克文渊城。29日，又成功夺取了法国侵略军盘踞在越南北部的军事基地谅山，获得谅山大捷。镇南关——谅山大捷是鸦片战争以来中国所取得的一次重大胜利，也是法国发动侵越和侵华战争以来所遭受到的最大一次惨败。

气候

广西属亚热带季风湿润气候，夏季长而炎热，冬季温暖干燥，以气温较高、热量丰富、雨量充沛、夏湿冬干为特点。年均温由北往南从17℃递增到23℃，1月均温6℃~15℃，7月份均温25℃~29℃。10℃以上活动积温5000℃~8000℃。北部、中部无霜期10~11个月，南部基本无霜。自治区年降水量达1200~2000毫米，多集中在4~8月或5~9月。雨热同期，大部分地区可种植双季稻，而且利于热带、亚热带作物和经济林木的发展。但是较为常见的旱、涝、寒潮、霜冻、台风、冰雹等灾害对农业生产有一定的影响，尤以旱灾影响最大。

自然资源

广西矿产资源丰富，分布比较集中。已探明储量居国内前10位的有锡、锰、锑、银、铝土、钽、锌、钛、铅、汞、铌、膨润土、石灰石、滑石、重晶石、石英砂等54种。其中锡矿储量居全国第一，约占全国锡矿储量的1/3。锰矿是广西最重要的黑色金属，储量约占全国总储量的1/3。广西的生物资源种类繁多，动植物资源也很丰富，植物计有280多科、1670属、6000多种，乔木树种达千种以上，居全国第四位。桂西南是金花茶、蚬木、金丝李、擎天树、絮檀、蝴蝶果、广西青梅等多种热带、亚热带特有珍稀植物的分布中心。野生动物中有灵长类、兽类120多种、鸟类400多种。列为国家重点保护的珍稀动物达38种。桂西南的白头叶猴、大瑶山的鳄蜥为广西独有的世界级珍稀动物。此外，海洋生物资源种类也较丰富。

[金花茶] 金花茶属山茶科，为常绿灌木或小乔木，高2.5~5米，花径3.5~6厘米，花瓣金黄色，具蜡质光泽。国家一级保护稀有种，有"茶族皇后"的美称。金花茶11月开花，花期很长，可延续到次年3月。仅分布于广西南部，生于海拔50~500米处的山地或丘陵下部阴湿的沟谷及溪旁林下。

[瑶山鳄蜥] 瑶山鳄蜥又名雷蜥、大睡蛇、雷公蛇、落水狗，属爬行纲蜥蜴目鳄蜥科。产于中国广西瑶山，是广西特有的国家一级保护动物，为世界级珍稀动物。瑶山鳄蜥体形介于鳄鱼与蜥蜴之间，全长30~40厘米。头部粗短，颈不明显，吻及嘴短。背部棕黑色，有粒状鳞及棱鳞。体侧棕黄色，杂有黑纹。腹面橙红色，有黑斑。尾比体长，有黑褐色环纹，尾背有两排棱鳞。脚短，趾端有利爪。瑶山鳄蜥喜静不喜动，常栖

息于山涧溪旁，在常绿阔叶林中伏在树上假睡，一旦受惊便立即落水潜逃。一般以昆虫、蠕虫及青蛙小鱼等为食。卵胎生。

[黑叶猴] 黑叶猴别名乌猿，属于哺乳纲灵长目猴科。主要分布于广西、贵州的热带、亚热带丛林中，是珍贵稀有的灵长类动物之一，为国家一级保护动物。黑叶猴体形纤瘦，四肢细长，头小尾巴长，体长 50～60 厘米，尾长 79～86 厘米。头顶有黑色直立的毛冠。两颊至耳基部有白毛。成体全身乌黑色。体背毛长而厚密，有光泽。手、足具乌黑扁平指（趾）甲。尾尖端白色。刚出生的黑叶猴全身乳黄色，头部则为金黄色，尾为黑色，30 天左右全身变黑，但头部还是金黄色。黑叶猴群栖于树上，每群六七只，很少下地活动。黑叶猴跳跃能力很强，一次可跃出 10 多米，黑叶猴主食野果、花、嫩叶芽，多饮露水和叶子上的积水。

[白头叶猴] 白头叶猴又名白头乌猿，属哺乳纲灵长目疣猴科。它躯体纤瘦，四肢细长，尾长超过体长。头颈、上肩、四肢下部及后半段尾毛呈白色，头顶毛冠呈白色上竖，上体毛黑色、有光泽。体重 6～8 千克，雄性稍大于雌性。常以小家族形式在树上栖息，很少下到地面。白头叶猴性情机敏，善于攀缘。主要以野果为食，兼食花、树叶、嫩芽等。为国家一级保护动物。

经济

广西的主要工业有食品、电力、有色金属、建材、纺织、机械、冶金、造纸等门类。是中国主要制糖工业基地之一，现已初步形成了一批有一定规模，

具有广西特色的支柱产业。广西的农业开发较早，是中国水稻、甘蔗、麻类、水果、水产品、亚热带土特产品的生产基地。热带海洋资源达 149 种。各种鱼类 500 多种，持续资源藏量达 70 多万吨。广西交通发达，已形成以铁路为骨干，港口为门户，公路四通八达，民航和海上、内河航运相配套的综合交通网，是中国西南的出海大通道。

[农业] 广西农业的特点是山地丘陵多、平原少和人多耕地少。全区耕地约占土地总面积的 11%，广西农业以粮食生产为主，生产水稻、玉米、小麦和红薯，为中国重要水稻产区之一。东南以水田为主，西北则多旱地。除北部少数山区外，作物一般一年两熟或三熟。经济作物以甘蔗为主，是中国重要的甘蔗产区和蔗糖生产基地。郁江、右江、柳江流域是广西重要的蔗区。其他经济作物有花生、黄红麻、苎麻、烟叶、茶叶、木薯等。自治区南部及东南部部分地区有橡胶、剑麻等热带及亚热带经济作物，以及柑橘、橙、柚、香蕉、菠萝、芒果、荔枝、龙眼等热带和亚热带水果。自治区森林资源较丰富。盛产杉、松、竹等用材林木，以及油茶、油桐、八角、肉桂、栓皮栎等经济林木。畜牧业以养猪为主。渔业以海洋捕捞为主，北部湾为主要渔场，水产品主要有二长棘鲷、蓝园参、金线鱼、鱿鱼、对虾、海参等。北海、合浦一带所产的"南珠"驰名中外。

[工业] 广西轻工业是工业中最先发展的部门，轻工业中以蔗糖为主的食品工业占优势，罐头食品工业有一定规模，主要有南宁、玉林、北海、桂林等罐头厂，产品以菠萝，橘子、青刀豆、

蘑菇为大宗。南宁建有中国规模最大的南宁赖氨酸厂。纺织工业主要分布在南宁、柳州、桂林、宜州等地。造纸工业主要在柳州、南宁、贵港和浦北。其他还有自行车、手表、缝纫机、电视机、收录机、洗衣机、电扇生产等工业。重工业以机械工业为主，门类较齐全，主要有南宁机械厂及手扶拖拉机厂等。机械工业产值在广西工业总产值中居首位。其中，锡、锑、钨是广西传统的出口商品。冶金工业以柳州钢铁厂为最大。有色金属采冶则以锡、铝、铅为主。化学工业有化肥、农药、有机化工、橡胶加工等部门。柳州水泥厂是广西建成最早也是中国目前最大的水泥厂。广西电力工业发展迅速，其中水电占全区总发电量的一半以上。

[交通] 广西交通以铁路为主，公路、内河航运、海运、航空为辅，形成了较为完整的交通运输网络。铁路运输以柳州为枢纽，有湘桂、黔桂、黎湛、枝柳等干线，从南宁可直达北京、北海、广州、贵阳等地。南(宁)防(城)铁路是中国西南地区出口物资的重要通道。公路运输以南宁、柳州、桂林、梧州、钦州、玉林、河池、百色等为中心。全区96%的乡镇均有公路联系。内河航运主要有西江及其支流郁江、柳江、桂江、右江，年吞吐量100万吨以上的内河港口有梧州、贵港和南宁。梧州港是广西进出口商品的主要中转站和主要通道，每天有客轮直航广州、香港，上溯可达南宁、百色、柳州。海上运输主要有北海港、防城港。北海港有航线通湛江、海口、广州、汕头、香港、澳门，与60多个国家和地区的130多个港口有贸易往来。防城港是中国大西南最便捷的出海口岸。

航空运输以南宁、桂林为中心，有定期航班飞往广州、昆明、北京、上海、长沙、贵阳、西安、成都以及港澳地区。

旅游

广西以喀斯特地貌发育、亚热带自然风光、名山大川以及壮族为主体的民俗风情为特点，形成独特的旅游资源。广西的喀斯特地貌分布最广，这里的喀斯特风光也是中国乃至世界上最为秀丽的。"山青、水秀、洞奇、石美"的自然景观使人叹为观止。除了喀斯特风光外，广西的德天、通灵、爱布等瀑布，大瑶山、猫儿山、都峤山等山，红水河、资江等大川也很著名。龙胜花坪、弄岗、山口等自然保护区散落在广西境内，保护着这里独特的珍稀物种和瑰丽地貌。广西不但有迷人的自然风光，还有浓郁的民族风情、文物古迹等，如壮族的三月三歌圩、瑶族的达努节、苗族的踩花山，以及花山崖岩画、灵渠、真武阁、柳侯祠、程阳永济桥、马胖鼓楼、太平天国起义遗址等。

[花山崖壁画] 花山崖壁画位于广西宁明县明江两岸的花山、珠山、龙峡等地临江石灰岩峭壁上。

壁画以花山屯为代表，画面临江，长221.05米，高约40米，是战国至东汉时期绘制在天然崖壁上的图画。古人把赭红色的铁矿粉用动物脂肪稀释调匀，在天然崖壁上直接刷绘出这些神奇的壁画，只表现所画对象的外部轮廓，风格古朴，笔调粗犷，场面壮观。现存图像1800多个。图像包括人物、鸟兽和器物3类，以人物为主。人物只画出头、颈、躯体和四肢，不见五官和其他细部。鸟兽图像主要是狗，皆侧身，做向前小跑状。器物图像主要有刀、剑、铜鼓、羊角纽钟。这些图像在峭壁上交错并存，组合成一个个单元。其中典型的组合是以一个高大魁梧、身佩刀剑的正身人为中心，脚下有一狗，胯下或身旁置一面或数面铜鼓，四周或左右两侧有众多形体短小的侧身人。最大的人像高3米，最小的30厘米，规模之大，为国内少见。

[桂林山水] 桂林山水在广西东北部，北起兴安，南到阳朔，总长约100余千米，风光秀丽，景色独特。由于石灰岩广布，地下水和地表水潜蚀，形成桂林青山如平地拔起，形态万千，有独秀峰、象鼻山、南溪山、芦笛岩、七星岩等胜景。山多岩洞，洞内石钟乳、石笋、石柱、石幔、石花，形状奇异。漓江是桂林山水的重要组成部分，漓江流水清澈，游鱼可数，像玉带一样，围绕沿江群山。青山绿水，景色清幽，构成长达百里的美丽画卷。桂林山水是中国著名的风景游览区。自古就有"桂林山水甲天下"的美誉。

[阳朔风光] 阳朔位于广西桂林市南的漓江江畔，从汉代起置县，隋代开始用现在的名称，是一座历史悠久的古城。阳朔石灰岩地形发育，漓江自北向南流贯，风光秀丽独特。唐诗云："城廓并无二里大，人家都在万山中。"阳朔的山峰，以多、奇、秀取胜。

象鼻山

连绵数十里的山峰，如笋拔地，中间穿绕着一条蜿蜒而下的百里漓江，犹如"江作青罗带，山如碧玉簪"。阳朔的山峰千姿百态，石壁嶙峋峭拔，洞穴奇特，石钟乳千姿百态，江水清澈，可谓"阳川百里尽是画，碧莲峰里住人家"。有近看像古代书童的书童山，有远望如色彩缤纷壁画的画山、潇洒挺拔的西郎山，还有月亮山、冠岩、碧莲峰、榕荫古渡、屏风山等。北面的兴坪古镇可说是漓江山水的荟萃中心，有"三岩、五井、十三山"等美景。镇东北有莲花岩，古莲百余米蔚为奇观。

[芦笛岩] 桂林山水不仅以山清水秀著称，地下景观也令人叹为观止。芦笛岩是一个雄奇瑰丽的地下溶洞，深240米，萦回曲折，洞内由天然石钟乳组成各种景物，极富诗意，妙不可言。"狮岭朝霞"如一雄狮站在山前，领着一大群"小狮子"迎着朝阳在尽情嬉戏。"石乳罗帐"洁白如雪，细密晶亮。还有长满"青松""蘑菇""人参""灵芝"的"原始森林"，云铺深壑、絮卷危岩、彩霞飞动、关山千重的"帘外云山"，如梦如幻的"水晶宫"等，多彩多姿，玲珑剔透，壮丽神奇，充分显示了大自然的鬼斧神工。

[乐业天坑] 乐业天坑群位于广西乐业县，是一组喀斯特溶洞群，当地人叫作"大石围"。它形成于6500万年前，形状犹如一个个巨大漏斗，隐藏在群山峻岭之中。乐业天坑群是世界上最大的天坑群，它由23个天坑组成，最深的达600多米，浅的也有300多米。其中大石围天坑垂直高度为世界第二，底部分布的原始森林面积为世界第一。溶洞地下大厅，长300米，宽200米，最高处达260米，是中国最大的地下大厅，

也是世界第二大地下大厅，完全可以放得下北京工人体育场。地下大厅顶部距离外界地面只有 20 米，是一个正在发育的天坑。乐业天坑群几乎囊括了各种类型的天坑和溶洞景观，具有极高的科考、探险价值，称为"天坑博物馆"和"世界岩溶圣地"。

[经略台真武阁] 经略台真武阁位于广西容县城东文化公园内。始建于唐大历三年 (768)，为诗人元结任容管经略使时所建。台长约 39.5 米，宽 37.5 米，高 4 米左右，中间夯土，四周砌砖石，坚实稳固。原用于操练军士，朝会习仪和游观风景用。后来台废。明洪武十年 (1377)，台上建玄武宫，奉祀真武大帝为镇火神。万历元年 (1573) 进行扩建，主体建筑为三层木质方塔形楼阁，即真武阁。通高 13.2 米，面宽 13.8 米，进深 11.2 米。全阁近 3000 大小铁木构件以杠杆原理串联吻合，相互牵制，彼此支撑，组成一个统一的建筑。构造巧妙，造型优美。二层有四内柱，上承楼板、梁架、配柱、屋瓦、脊饰等荷载，柱脚悬空，离楼板 2～3 厘米，为全阁最奇特精巧的部分。真武阁以"杠杆结构"平衡建筑，不用一钉一铆，400 多年来，岿然不动，被誉为天然杰作，是中国建筑史上的奇迹。

[大士阁] 大士阁俗称四牌楼，位于广西合浦县城东南 80 千米北部湾畔永安古城遗址内。大士阁建于明万历四年 (1576)，历代都有修缮，因供奉观音大士而得名。大士阁为木质构造，由两座相连的重檐歇山顶、敞开式亭阁组成，以后座的三进四柱厅为中心，面阔三间，进深六间。立面分上、下层。上层设门窗，做阁楼式，楼面铺设木板；下层围护，四面敞开。其总体建筑特点是两亭相连，以四柱厅为中心，中门无天井相隔。大士阁建筑结构精密巧妙。阁内以穿斗式、抬梁式相结合的大木构架为骨架，榫卯连接，柱头斜上做三跳华拱，层层出挑，承托外檐，若凌飞状，檐角、柱梁雕游龙戏鸟、花卉草树等图饰。柱头有的分成棱形柱，柱础雕古朴宝相莲花，角柱侧脚升起，梁架留两瓣驼峰，有托脚与攀间，具有浓重的宋元建筑风格，是中国古代著名的佛教建筑。

[程阳永济桥] 程阳永济桥又名程阳风雨桥。位于广西三江侗族自治县县城北的林溪河上，为二楼三亭四廊的木结构风雨桥。1912 年，程阳八寨老人募资聚材，由侗族工匠设计施工兴修，1916 年建成。桥长 76 米，宽 3.7 米，高 10.6 米。桥墩为青石砌就，其五座，桥两端的楼为三檐歇山顶，高 6.5 米，上施青瓦，戗脊端做弯月状起翘，形似金凤展翅。桥中央的亭子为三檐八角攒尖顶，高 7.8 米，如宝塔凝重浑厚。侧亭二座，四角攒尖顶，高 7 米，似宫殿妍丽端庄。亭中设神龛。楼亭之间各以屋廊相连，廊内设长凳，供行人避风躲雨或途中休息之用。花桥的结构颇具匠心，整桥以大木凿榫接合，大小木条斜穿直套，纵横交错，毫厘不差。花桥不但结构精密，而且造型优美，新颖别致，雄伟壮观，楼阁廊檐尽绘精美图案，颇具民族特色，是侗族文化在建筑艺术上结晶。

海南省

行政区划

海南省地处北纬 3°51′~20°18′、东经 107°50′~119°10′，位于中国南端的南海海域。省境包括海南岛和西沙、南沙、中沙群岛礁及其海域。海南省北隔琼州海峡与广东雷州半岛相望，西临北部湾与越南为邻，东南为南海及西太平洋。陆地面积 3.4 万平方千米，海洋面积 200 万平方千米，辖海口、三亚等 2 个地级市和 4 个市辖区，五指山、琼海、万宁等 6 个县级市，临高、定安等 4 个县，昌江、乐东等 6 个自治县。简称琼。

[省会——海口] 海口市位于海南岛北岸的南渡江口。地处河流入海之口，故名。为热带风光的滨海港口城市。市境地势南高北低。北部地面低洼，平均海拔 4 米左右。南面系丘陵台地，市区最高点金牛岭海拔仅 36 米。郊区最高点海拔也仅有 69 米。海口市地处热带，属海洋性气候，常年无霜，夏长冬短，昼热夜凉，春夏多雷雨，夏秋两季常受台风袭击。海口市工业从 20 世纪 80 年代起发展迅速。工业有橡胶、纺织、电子、化工、制药、制鞋、制糖、食品、饮料、印刷、服装、制造、机械、工艺、建材、木材加工等行业。天然椰子汁和果汁系列饮料畅销岛内外。海口地理条件优越，农业生产稻谷，兼产蔬菜、甘薯、花生、芝麻、甘蔗等。渔业以近海捕捞为主，兼有淡水养殖。海口交通便利，有 223、224 和 225 国道及环岛高速公路自海口纵贯岛内市县直达三亚。海口市是重要的港口城市，也是对外贸易重要口岸。海口港与海口新港是对外开放港口，与大陆沿海和长江沿岸港口通航，并与日本、新加坡、马来西亚、香港等地的港口有贸易往来。

[三亚] 三亚市位于海南岛最南端，面积 1919 平方千米，是海南省新兴的热带滨海旅游港口城市，也是中国重要的育种基地。市境北倚高山，南临大海，地势自北向南倾斜。北部为五指山余脉，峰峦绵亘，占地广大。南部则为冲积平原，山地丘陵略多于平原台地。河流短浅，海岸曲折，多湾岬角，近海有海岛分布。工业有食品加工、轻纺、服装、建材、造船、化工、电子、机械、电力、制盐、饮料、印刷、饲料加工等门类，还有商贸、房地产、旅游、餐饮等行业。椰雕、珊瑚花、藤竹器编织的工艺品等是三亚著名的手工艺品。三亚国际大酒店、阳光假日酒店、麒麟大酒店、南中国大酒店、东方花园酒店世界知名。农业主产稻谷，盛产荔枝、龙眼、菠萝、菠萝蜜、芒果、腰果、香蕉、槟榔等热带水果。三亚有 223、224 和 225 国道和东线高速公路与海口相通。铁路可通八所、昌江。凤凰国际机场是海南两大航空港之一，已开通多条国际、国内航线。三亚港、榆林港均为天然良港，其中三亚港可停泊 8000 吨级远洋轮。

人口、民族

2010 年海南省总人口 867 万，人口超过 50 万人的城市有海口市、儋州市、三亚市、文昌市、万宁市，人口最少的是五指山市。此外，有 300 多万琼籍华侨、华人旅居海外，分布在 50 多个国家和地区，主要聚居在东南亚各国，尤以泰国为最多。海南省共有 37 个民族，其中汉、黎、苗、回族是世居民族。黎

三亚海滨度假胜地

族是海南岛上最早的居民。黎、苗、回族大多数聚居在中部、南部，汉族人口主要聚集在东北部、北部和沿海地区。海南省内人口疏密不均，北部人口集中，海口市人口密度高于北京、天津等大城市。

[黎族] 黎族是海南省人口最多的少数民族，现有人口有120多万，90%聚居在海南省的保亭、乐东、琼中、白沙、陵水、昌江等自治县和三亚、东方、五指山三市。黎族有本民族语言。1957年黎族使用拉丁字母创制了文字。唱民歌是黎族人民在劳动、恋爱、婚丧、祭祀、迎宾等各种场合表达思想感情的重要方式。民间乐器以鼻箫最有特色。黎族男子穿无领对襟上衣，妇女一般着对襟无扣上衣和筒裙。有的地方女子穿套头式上衣，在脑后束发，披绣花头巾、戴耳环、项圈和手镯。黎族传统的文化体育活动有"穿藤圈"等。黎族的节日有"春节""年仔节""三月三""端午节""军坡节""敬祖节"等，很多节日与汉族相同，在黎族的节日中，以"三月三"最负盛名。每年农历三月初三是黎族青年男女追求爱情和幸福的传统佳节，男女青年都穿上民族服装，到旷野上聚会，对歌传情。黎族的住房大多是以树干做支架的金字形茅屋，用泥糊竹料做墙。合亩地区以船形房为主。船形房是传统的竹木结构建筑，外形像船篷。黎族人民擅长植棉和纺织，具有较高的纺织技术。

历史文化

海南省历史悠久，远在新石器时代的早期，就有黎族先民跨海进入海南岛，开始了海南的文明历程。三亚市和陵水县遗址表明，至少在六千至一万年前海南省就有了人类的足迹。西汉、东汉两位伏波将军路博德、马援先后平定海南，在此设立了郡县，海南岛正式纳入中国版图。南朝和隋朝时期，岭南俚人首领冼夫人收服海南各峒，此举加速了海南文化的发展。在古代，海南是一个荒凉僻远的地方。历代王朝都把海南作为贬谪官吏的流放地。有唐宰相李德裕、宋词人苏轼、宋名将李纲等。这些被贬官吏带来了中原先进的文化，尤其是苏轼开办学校的举动对海南的教育产生了深远影响。中国历史上赫赫有名的清官海瑞就是海南人。

[海瑞] 海瑞（1514—1587），海南琼山人，回族。明嘉靖二十八年（1549），以《治黎策》中举人。嘉靖三十六年（1557）任浙江淳安县知县，在任期间著有《淳安政事》。嘉靖四十三年（1564）任户部云南司主事。当时的明世宗嘉靖皇帝迷恋道教，为寻求长生不老之术，长年不理朝政。海瑞于嘉靖四十五年（1566）年，在《直言天下第一事疏》中批评嘉靖是"家家皆净"，结果皇帝大怒，把他免去官职投入监狱。嘉靖死后，穆宗即位，恢复了海瑞官职，后又屡次升迁。万历十五年（1587）海瑞因病逝世于南京右金都御史任上。海

瑞不仅以"直言敢谏"著称于世，还是中国历史上著名的清官。当时人称"南包公""海青天"。据说，海瑞死后归葬原籍，送葬的队伍长达100多里。当把海瑞的灵柩运到琼山县滨涯村现址时，抬棺的绳子突然断裂，人们认为这是海瑞自己选定的墓地，遂下葬于此。

[军坡节]"军坡节"俗称"发军坡"，是海南民间为纪念洗夫人在每年农历二月初五至十九日举行的一种盛大的庙会活动。洗夫人，是今广东阳城人，岭南地区少数民族首领，是我国古代著名的女政治家、军事家。据说在隋朝初期，洗夫人从高原凉郡挥师南下海南岛，分兵三路剿匪平叛。在她领导下，海南人民很快就过上了安定生活。为了纪念她，每年农历二月初九至十二日（各地根据洗夫人当年的实际到达时间而定纪念日），各地纷纷祭祀。有的地方还模仿洗夫人当年壮观的出军程序和仪式，组织队伍举着刀枪举行阅兵仪式，谓之"装军""游军"，很是壮观，俗称"军坡节"。

[椰雕]海南岛椰林密布，椰雕就是用坚硬椰子壳雕刻的工艺品，造型别致多样，色调古朴雅致。椰雕具有悠久的历史。唐宋时就有人将椰子壳简单加工，制成酒杯、茶具和墨具等。明、清两代曾以之作为"天南贡品"，向朝廷进贡。现在的海南椰雕，在恰当保持传统工艺手法的基础上，不断有新创造新发展，或适当上漆，或贴金镶银，或嵌以贝壳之类，或配上锡胎、陶胎，既保持椰壳的天然趣韵，又充分体现艺术匠心。图案以人物、鸟兽、花卉、山水为主，集装饰性、艺术性和实用性为一体，工艺讲究。现有产品千余种，如茶具、酒具、花瓶、茶叶盒、牙签筒、糖果盒等。

[红色娘子军]1931年5月，100多位各族农家妇女为反抗封建压迫，争取男女平等，在海南岛的万泉河畔拿起枪杆组成了"中国工农红军第二独立师女子特务连"。这就是闻名中外的"红色娘子军"。"红色娘子军"成立后不久，当地反动政府聚集了200多人的民团部队进行围剿。在随后一年多时间里，红色娘子军与当地民团作战8次，取得了伏击沙帽岭、火烧文市炮楼、炮轰白石岭等战斗的胜利，威名远扬。其中，在沙帽岭1个小时的战斗中，红色娘子军共击毙敌人100多人，俘虏了70多人，还缴获一大批枪支弹药。但是当时海南红军处于敌强我弱的不利形势，这支娘子军部队转战琼岛。后来在国民党正规军的"围剿"下，喋血马鞍岭。战斗中，二班的8名姐妹留下断后，直至弹尽粮绝、全部牺牲。不久，海南红军主力作战失利，娘子军被迫解散。她们的故事被改编成电影、芭蕾舞等艺术形式，广为流传。琼海市还修建了"红色娘子军纪念园"来纪念她们的英雄事迹。

气候

海南岛及其南海诸岛四面环海，地处热带季风气候区，故其气候具有热带季风和热带海洋性气候特色。本地区日照时长，热量丰富。年日照时数2000～2750小时，年太阳总辐射量50万～60万焦耳／厘米^2。由于纬度低日照时数多，所以海南省全年气温高，积温多。年平均气温22.5℃～26℃，1～2月平均气温16℃～26℃，7～8

月平均气温 25℃～29℃。海南省雨量充沛，有干湿季之别。年平均降水量 1500～2600 毫米，雨量最多的五指山东南坡可达 5500 毫米以上，是世界同一纬度地区降雨量丰富的地方之一。但受季风和台风影响，夏秋多雨，冬春少雨。11 月至次年 4 月为干季，5～10 月为雨季，常有春旱或冬春连旱。海南省常年风大，台风频繁。除南沙群岛靠近赤道无风带外，其余各地都是大风区。

自然资源

海南省矿产资源已发现有 50 多种。西北部矿产主要有铁、铜、钴、铅、锌、钨、锡、水泥灰岩、重晶石等，东北部火山岩区有铝土矿、钴土矿、蓝刚玉、红锆石、沸石、膨石、膨润土、硅藻土等，东海岸有砂钛矿、锆英石、独居石、金红石等。其中富铁矿、钛、钴、水晶、宝石、锆英石、玻璃砂等储量最多，居全国首位。能源矿有石油、天然气、褐煤、油页岩等，石油、天然气储量丰富。海南岛为热带雨林、热带季雨林植被。植物种类繁多，资源极为丰富。全省拥有各种植物 4200 多种，其中特有种 630 多种，被列为国家重点保护的珍稀树木有 20 多种。海南省的野生动物有 561 种，兽类 70 多种，鸟类有 340 多种，被列为国家一级保护的野生动物有 13 种。海南坡鹿、黑冠长臂猿、云豹、白腹军舰鸟、白鹇、白肩雕、黄腹角雉、白颈长尾雉、孔雀等都是珍稀动物。

[见血封喉] 见血封喉也叫箭毒木，属于桑科，主要分布在海南岛、云南的西双版纳及广西南部和广东西部的热带森林中，是国家三级保护稀有种。见血封喉为常绿大乔木，高达 40 米，通常具有板根，花单性同株，果实为肉质，梨形，成熟时呈鲜红色或紫红色。见血封喉是本属四种中唯一在中国有分布的种，生于海拔 1000 米以下的山地或石灰岩谷地的季雨林中。树液剧毒，含有弩箭子甙、见血封喉甙、铃兰毒甙、铃兰毒醇甙、伊夫草甙、马来欧甙等多种有毒物质，会引起肌肉松弛、血液凝固、心脏跳动减缓，最后导致心跳停止。

[石斑鱼] 石斑鱼又名海鸡鱼，分布于海南、浙江、福建和广东等省的海域。常见品种有红点石斑鱼、青石斑鱼和凤纹石斑鱼等。生长于热带海区的个体较大，可达 4 千克，温带地区常见的多在 2 千克以下。石斑鱼是海洋底层定居鱼类，喜欢栖息在海岛礁洞中，出没于岩礁丛生的沙砾性水底，畏风浪，喜清水，能随水暖变化做深浅垂直移动。它是肉食性的凶猛鱼类，经常用突袭方式捕食。

[孔雀雉] 孔雀雉属于鸡形目雉科，别名孔雀鸡、金钱鸡。主要分布于海南岛和云南省南部，是国家一级保护动物。孔雀雉雄鸟全长 65 厘米左右，雌鸟约 50 厘米。雄鸟体羽为乌褐色，密布近白色细点和横斑。头顶有蓬松而延长的发状冠羽，颈后还披有翎领。背、两翅及尾均具有金属蓝带紫色在大型眼状斑。嘴黑色，脚黑褐色，脚具二短距。雌鸟羽色较暗，尾巴短，眼状斑不很明显。孔雀雉栖息于海拔 150～1500 米的常绿阔叶林及竹丛中，常单独或成对活动，晚上在树上过夜，白天到地下觅食。性情机警，如果受到干扰便立即离去，往往只闻其声不见其鸟。孔雀雉食性较杂，以昆虫、蠕虫、果实、种子为食，特别喜欢昆虫和蠕虫。多筑巢于密林的沟谷

地及山区耕地附近的次生林，巢在自然下凹的地面。每窝产卵 2～5 枚，偶见 6 枚，孵卵期 21 天。雏鸟为早成鸟。

[海南坡鹿] 海南坡鹿属于偶蹄目鹿科，别名泽鹿，仅分布于海南岛，是国家一级保护动物。海南坡鹿体型与梅花鹿相似而稍小，但颈、躯体和四肢更为细长。雄鹿有角，第一眉叉自基部向前侧平伸出，与主干几乎成弯弓形。毛被黄棕、红棕或棕褐色，背中线黑褐色。背脊两侧各有一列白色斑点，仔鹿的斑点尤为明显，成年鹿冬毛斑点不明显。海南坡鹿一般栖息在海拔 200 米以下的低丘、平原地区，喜欢群居，但长角雄鹿多单独行动。海南坡鹿喜欢集聚于小河谷活动，多在早晚觅食，雨过天晴时活动更为频繁。主要食物为青草和嫩枝叶，并喜欢舔食盐碱土。海南坡鹿善于疾走狂奔，几米宽的沟壑可以一跃而过。

[珊瑚] 珊瑚属腔肠动物门珊瑚纲，是一种热带海洋动物。玲珑剔透、色彩缤纷，海南当地的渔民称它们为"海石花"。珊瑚身体分内外两层，外层是骨骼，内层是软肉。成千上万的珊瑚聚集在一起，从海中猎取浮游动物、吸收营养、生长繁殖，并从身上分泌出一种石灰质，构成保护身体的骨骼。珊瑚死亡后它们的石灰质外骨骼却不会消失。这样，这些细小的珊瑚经过几百年、几千年的沉积便形成了美丽的珊瑚礁，珊瑚礁逐渐扩展，可形成大的岛屿。如中国的西沙群岛、南太平洋的斐济群岛等。

经济

海南省有着得天独厚的自然资源，是其经济发展的基础。目前，海南省以热带高效农业、海洋资源加工业、旅游业为基础的外向型经济正在形成。农作物以水稻为主，经济作物有甘蔗、花生、芝麻、茶叶等，以及各种热带和亚热带水果。海南岛南部为中国热带作物的育种繁殖基地。海南岛四面环海，近海大陆架渔场面积 65 万平方千米，海产品丰富。白马井是海南最大的渔港，莺歌海盐场为全国大型盐场之一。海南省工业有橡胶、纺织、电子、化工、制药、造船、汽车制造和装配、机械、建材、水产品加工、食品等部门。海南省交通运输的特点是岛内以公路为主，对外主要依靠海运。公路网纵横交错，有海口、八所、三亚、洋浦四大港口和海口、三亚两大国际机场。

[农业] 独特优越的气候条件使海南省的农业得到长足发展，热带高效农业模式正在形成。海南省是中国最大的热带作物生产基地，橡胶、椰子、腰果、胡椒、咖啡等热带作物产量丰富。橡胶种植已有近百年历史，胶园遍布各市县，其中以琼南胶区产量最高。椰子种植已有 2000 多年历史，主要分布于文昌到三亚的琼东沿海，尤以文昌市最多。热带水果种类繁多，有"百果园"之誉。水果种植以菠萝、香蕉、芒果最为主要。海南省是中国的糖蔗主要产区之一，粮食生产以水稻为主，畜牧业以养牛较多。兴隆牛是中国水牛良种之一。文昌猪、临高猪、万宁东山羊、琼山雍羊、文昌鸡、琼海加积鸭、定安四季鹅等优良畜禽在国内外享有盛誉。海南省是中国热带林区之一，森林主要分布于五指山、坝王岭、尖峰岭、吊罗山、黎母岭等地。热带珍贵树木有 200 余种，坡垒、花梨、野荔枝、母生、子京为五大特类材树种。海南省渔业资源丰富，水产以海洋捕捞

为主。环岛 200 米水深的大陆架渔场面积较广，盛产鱼、虾、贝、参、藻、蟹等。北部湾、昌化、清澜为海南三大渔场。

[工业] 海南省的工业近年来发展较快，制糖、罐头食品、铁矿石、木材、原盐、橡胶轮胎等产品在中国有优势。制糖业是海南省经济的主要支柱，全省糖厂主要分布于琼北。橡胶制品工业主要集中于海口市，少量分布在农垦系统。工矿业主要集中于海口和昌江黎族自治县。前者以橡胶、食品和电子工业为主，后者以铁矿采掘为主。海南省是中国最大的热带海盐生产基地，莺歌海为最著名的盐场。海南是亚洲八大铁矿石开采基地之一，石碌铁矿为大型机械化露天矿。海南省纺织工业发展较快，电子工业正在兴起。海南省的沿海大陆架蕴藏着丰富的石油、天然气资源，近年来已和多个国家合作开发了多处海洋天然气田、海洋油田。

[交通] 海南省交通受地理限制有其独特之处，对外运输主要依靠海运。海口为全省重要港口。海口秀英港是人工港口。八所港位于琼西，是石碌铁矿输出的专业港，有万吨级泊位。三亚港是琼南要港，有万吨级泊位 2 个。儋州洋浦港是深水良港。西沙群岛的永兴岛也有良好港口，为南海渔业活动的中心。省内还有海口和三亚两大国际机场，与国内和世界多个城市通航。岛内运输以公路为主。从海口至榆林有东、中、西 3 条干线公路相通，简称"三纵线"。从澄迈经屯昌至黄竹、那大经琼中至万宁、邦溪经五指山市至陵水、东方经乐东至天涯有东西向公路相连，简称"四横线"。环岛高速公路已全线通车。铁路运输也有相当大的规模，

西线铁路连通三亚、八所、石碌、儋州、海口。

旅游

海南省四面环海，又地处热带，旅游资源得天独厚。适宜的气候和优良的沙滩使漫长的海岸线上遍布理想的海滨浴场和避暑佳处，如鹿回头、大东海、天涯海角、秀英海滩、东郊椰林、高隆湾、亚龙湾、日月湾等。沿海还有世界上保存最完好的死火山口——马鞍岭火山口和中国面积最大的海涂林——东寨港红树林。尖峰岭、五指山、东山岭、南渡江、万泉河、南清河，百花岭瀑布、太平山瀑布构成海南旖旎的热带山水风光。如官塘、兴隆、蓝洋的温泉，陵水的猴岛。此外，海南省还有众多的人文景观，五公祠、琼台书院、东坡书院等都是海南的旅游胜地。

[五指山] 五指山位于海南岛中部偏东，包括母瑞山、白马岭、五指山、七指山、马咀岭。其中最高峰五指山海拔 1867 米，坐落在琼中县境内，为海南岛第一高峰。五指山脉呈东北—西南走向，上覆厚层花岗岩，东北段破碎低矮，西南段完整高耸。主峰在西南端，山峰起伏如锯齿，多悬崖峭壁。山间盆地、丘陵错落分布于山脊两侧，呈多级。五指山为万泉河、陵水河和昌化江等河流的分水岭。山脉东南麓位于迎风坡上，又为台风途经之地，年降水量 2866 毫米，是海南著名的暴雨中心，也是全岛雨量最多的地区。五指山森林成片，生长茂密，群落层次多而复杂，垂直地带性差异明显，有"绿色宝库"之称，森林里栖息着许多种珍贵的野生动物。五指山还是海南岛的革命根据地，曾为琼

崖纵队长期活动的地方。

[万泉河] 万泉河又名万全河，为海南省第三大河。万泉河上游分南北两条支流，北支流源出于鹦哥岭东麓，南支流源于五指山北麓。南支流向东流经万宁市境内与北支流会合，后经琼海市的博鳌港流入南海。主流全长163千米，总流域面积3693平方千米。万泉河上游两岸高峰耸立，河道滩多水急，水力资源丰富。下游地势平坦，河道宽阔，水中盛产鲤鱼。

[天涯海角] 天涯海角位于海南省三亚市境内，北靠下马岭，是一处自然景观和人文景观集于一体的旅游胜地。唐宋时代，朝廷一直把这里当成贬谪罪臣、充军发配的南荒极境。这里交通闭塞，人迹罕至，十分荒凉，所以人们慨叹此地为"天涯海角"。现在天涯海角已成为海内外游客游览海南的必到之地。这里海畔沙滩银白，上面奇石参差错落，或卧、或立、或踞、或蹲，形状各异。其中有一略呈圆柱状的巨石，周长60米，高约10米，上刻"天涯"二字，是清雍正十一年(1733)岩州知州程哲的手迹。它的西侧有一巨石镌刻着"海角"二字，是清宣统元年(1909)崖州知州范云梯题刻的。另有一圆锥形大石刻，有"南天一柱"四字，也为清代文人题刻。

[亚龙湾] 亚龙湾位于海南省三亚市东南面25千米处，面积141平方千米，其中陆地面积78平方千米，海域面积63平方千米。亚龙湾风景自然天成，三面青山相拥，南面呈月牙形向大海敞开。泳场沙滩长度为7千米，滩长、湾阔，湾内终年风平浪静，沙白如玉，细致柔软。浅海区水深50～60米，海水清澈分层，能见度8

米。年平均温度25.5℃，平均年日照时间2760小时。海水温度22℃～25℃，终年可游泳、潜水，是绝佳的海水浴场，被誉为"天下第一湾"，有"东方夏威夷"之称誉。海湾内有5个大小岛屿，以野猪岛为中心，南有东洲岛、西洲岛，西有东排岛、西排岛，可开展多种水上运动。海底生物资源丰富，有珊瑚礁、石

天涯海角

灰岩礁、花岗岩礁、热带鱼、野生贝类等，是海底观光胜地。这里因受海洋气候影响，夏凉冬暖，且空气清新，有利于身心健康。

[热带海底世界] 得天独厚的气候环境和丰富的浅海资源使海南省具有非常优越的潜水条件。海南岛沿海海湾和西沙群岛海水常年温度宜人，海水清流，透明度6～10米，被国际潜水专家认为是南太平洋最适宜潜水的游泳胜地。西沙群岛、亚龙湾、大东海等宁静的海面下四五米深处的礁石是各色纷呈的珊瑚，似鸡冠花、芙蓉、仙人掌、菊花，多姿多彩，鲜艳夺目。还有蝴蝶鱼、珊瑚鱼、闪电鱼、喇叭鱼、天使鱼、石头鱼、鸡泡鱼、小丑鱼、大水母、海葵、龙虾等海底动物。蝴蝶鱼、闪电鱼游动的时候，在水中闪现悦目的光彩，惹人注目。红色的小丑鱼悠闲地在珊瑚丛中游来游去，一旦遇到危险就躲在珊瑚枝丫中，依靠这个天然屏障保护自己。珊

瑚环礁中还生活着五光十色的贝类，如虎斑贝、鹦鹉螺、万宝螺、大法螺、唐冠螺等，潜游于珊瑚环礁。有时还会遇到有趣的龟，它挥动着四肢，笨拙地游着，有时左顾右盼，有时在珊瑚丛间转来转去。潜水者和各类鱼、虾、水母等动物共同潜游在美丽的珊瑚世界里，别有情趣。

[东郊椰林] 东郊椰林位于海南省文昌市东郊镇的建华山椰林湾，东与铜鼓岭毗邻，西依清澜港，南临太平洋，北靠八门湾，占地 26.5 平方千米，海岸线长 20.5 千米。东郊椰林以绿椰林、白沙滩、蓝海湾的独特景观构成自己迷人的热带自然风光。东郊椰林面积占文昌市椰林覆盖面积的 50% 以上，有红椰、青椰、黄椰，还有良种高椰、矮椰、水椰等不同品种，共 50 多万株。"椰子王"树的树顶头分三叉，结果累累。"椰子文化"最吸引人，大到桌、椅、门、窗，小到勺子、茶罐，无一不是椰木椰壳制成。这里的居民娶妻要栽"新娘椰"，生子要种"满月椰"，待客要吃"椰子饭"。有"文昌椰子半海南，东郊椰林最风光"之说。

[白石岭] 白石岭位于海南省琼海市加积镇万泉河畔。白石岭状如卧龙，巍巍挺拔，悬崖峭壁，险峻异常，每当云雾遮掩，山峰忽隐忽现、变化万千。山上树木郁秀，佳景云集，自古以来就享有盛名。白石岭诸峰中以东峰最为高峻，海拔 328 米，是自古以来登高的佳境，故又叫登高峰。在东峰上可以俯瞰岭下星罗棋布的水库，玉带般的万泉河从山下蜿蜒而过。白石岭有"崆峒筛风""花岗蔚彩""石柱擎天""翠屏拥月""金钟驾天""青狮眺目""苍牛喷雾""碧沼储云"八景。"崆峒筛风"是

由三块巨石组成的奇观，其中一块呈蛋形的巨石，一半夹在两块巨石之间，一半倒悬在半空中，看上去摇摇欲坠。从不同角度看这块巨石，其形状各异。从高处俯视，如蹒跚之龟，从岭下仰望，似奔腾之马，自然天成，栩栩如生。巨石旁边有一个石洞，疾风吹来，石洞里不时发出瑟瑟的声音，好似天籁。"石柱擎天"是八景中最佳景观，高耸入云，环境幽静。"翠屏拥月"在东峰顶端东侧，是两面高耸的石壁，中间衔着一块大石。大石头卡吊在空中，堪称险绝。此外岭上还有佛教临济宗的青云寺、仙女洞、观音庙、碧水崖、福寿山、笑佛、飞来石、天门洞、青云路等多处景点。

[南湾猴岛] 南湾猴岛位于陵水新村港对面的南湾半岛，面积 1000 公顷，四面环海，属热带亚热带气候，生长着茂密的长绿阔叶乔木和灌木丛林，为中国唯一的猕猴保护区。猕猴又叫"恒河猴"。保护区始建于 1965 年。保护区内有 12 个大小不一的山头，上面岩洞无数，是猕猴生长、繁衍的天堂。猕猴一般体长 55～60 厘米，尾长 25～32 厘米，体重 5 千克左右。毛色灰黄，臀部有红色臀疣。岛上有猴群 30 多个，各由"猴王"率领，常与游人嬉闹，索食。

台湾省
行政区划

台湾省位于中国东南沿海的大陆架上。位于北纬 20°45′～25°56′、东经 119°18′～124°34′。东濒太平洋，西隔台湾海峡与福建省相望，东北临近琉球群岛，南界巴士海峡，与菲律宾相隔 300 千米。全省总面积 3.6 万平方千

米，其中台湾岛的面积为 3.58 万平方千米。包括台湾岛及其周围的澎湖列岛、彭佳屿、钓鱼岛、棉花屿、花瓶屿、赤尾屿、绿岛、兰屿等岛屿。台湾古称夷洲，在明代和清代曾被荷兰与日本侵占。1945 年抗战胜利后，台湾重回祖国怀抱。1949 年国民党政府退守台湾。

台湾是中国大陆东南的海上屏障，也是与太平洋地区各国联系的交通枢纽。简称台。因其置省前为福建省台湾府而得名。

[台北] 台北市位于台湾省北部，台北盆地中央。面积 272 平方千米。是台湾省第一大城市，辖 12 区。明代以前是高山族人居地。清康熙二十二年(1683)后硫磺采矿业在此兴起，经济日趋繁荣。1895 年为日本占领。光绪元年(1875)开设台北府，台北之名始于此。台北多低山、丘陵环绕，淡水河将市区分为东西部，台北市的农业以水稻、蔬菜、瓜果、花卉等为主，耕地面积占市境总面积的 18%。工业以电机及电器制造为主，还有化工、印刷、纺织等工业。台北交通便利，是台湾大学等高等院校和科研机构集中区，以众多名胜古迹而著称。

[高雄] 高雄市位于台湾岛西南岸，是台湾省最大的海港城市。面积约有 153.6 平方千米。原名打狗或打鼓，为高山族西拉雅平埔人打狗社名音译。也称西港，1920 年以汉语"打狗"的日语音译作"高雄"。1924 年始设高雄市。是我国台湾省最大的电力中心和重工业中心，有以钢铁、造船、炼油、重化工和水泥等为主的综合工业基地。市内海洋渔业发达，高雄港曾是世界四大集装箱港之一，货物吞吐量居世界前列。高雄是台湾省南部重要的海军基地。市内海陆空交通皆成体系，十分便利。

人口、民族

台湾省人口 2300 多万，人口分布很不平衡。台湾本岛聚集了全省 99% 以上的人口，而离岛和山区却地广人稀，人口密度在 20 人／千米^{2}以下。台湾居民以汉族和高山族为主，其他少数民族占总人口的 2%，高山族主要包括阿美、平埔、泰雅、排湾、布农、卑南、邹族、赛夏和雅美等族群，他们的风俗和语言各不相同。

[高山族] 高山族的房屋多为茅草屋顶的木板房。饮食以大米、小米、芋头为主。喜食黏小米饼，嗜酒、烟，好嚼槟榔。男子一般穿披肩、背心、短褂，包头巾；妇女穿短上衣、围裙和自肩向腋下斜披的偏衫、裤子或裙子，喜欢在衣服上面刺绣。男女婚前社交自由。女子当婚，父母就让她另室独居，男青年夜间在居室的外边，用鼻萧或口琴吹奏乐曲以打动姑娘之心，如果姑娘用口琴与对方相和就表明同意结婚。高山族的节日有春节、丰收节。每年立秋之后，家家宰猪羊，开怀畅饮，载歌载舞，以欢度丰收和辞旧迎新。

历史文化

"台湾"之名始于明万历年间，最早对台湾的记载见之于《禹贡》，谓之"岛夷"。《汉书》称之为"东鳀"。隋以前称

高山族

"夷洲"。隋、唐以后至宋、元，以"流求"、"小流求"或"溜求"称台湾。明天启年间，荷兰和西班牙殖民者分别侵入台湾。清初郑成功(1662)驱逐侵略者，收复了台湾。康熙二十二年(1683)清政府统一台湾。台湾省作为一个移民省份，却一直保持着中华民族的传统习俗，历经数次殖民统治也没有改变，充分体现了中国传统文化的巨大凝聚力。

[郑成功收复台湾] 17世纪，荷兰侵略者霸占了台湾。明末清初，民族英雄郑成功(1624—1662)决定收复台湾。顺治十八年(1661)四月三十日郑成功大军抵达台湾海面，利用涨潮的有利时机，由鹿耳门顺利登陆。康熙元年(1662)一月，大军从海陆两方面向荷兰侵略者发动了猛烈攻击。在强大攻势下，被荷兰侵略者非法占据38年之久的台湾回归祖国，郑成功收复台湾，维护了中华民族的尊严。

[安平古堡] 安平古堡位于台南市安平区国胜路。原为明末崇祯年间荷兰人修建的用于贸易的据点，名为"红毛城"或"番仔城"。康熙元年(1662)，郑成功改名为"安平"，并将指挥部从赤嵌楼移至此城。因此该地又名"王城"。1662年6月，郑成功病逝于城内。同治年间该古城被英舰大炮所摧。古堡中，有一片红砖砌成的残壁城垒，就是300多年前古城仅存的遗迹。城堡脚下，树立着郑成功铜像。这里建有郑成功纪念馆，保存了荷兰侵略者占据时所建的热兰遮城的原始模型、郑成功的墨宝和有关史迹资料。它是台湾最早的一座古城。

[安平大炮台] 安平大炮台位于台南市安平区，建于清光绪元年(1875)。由时任两江总督的沈葆桢修建。炮台为方形，四角凸出，中部呈凹形。由法国一名技术人员设计。炮台内有大粮房、兵房、火药库等，设有大炮5尊、小炮台6尊，整个炮台可容纳1500人。为鼓动台湾人民抵抗入侵，沈葆桢亲笔题写了内额"万流砥柱"4字，外额"亿载金城"4字。光绪二十三年(1897)，清政府被迫将台湾无条件地割让给日本。在抗击日军的战火中炮台遭到严重破坏。现城门正前方的城垣上，耸立着沈葆桢的纪念铜像。安平大炮台是清后期同治中兴时的历史见证，因沈葆桢曾题名，故也称"亿载金城"。

[三义木雕] 三义木雕，是台湾省驰名海内外的手工艺品。三义木雕之所以声名远扬，一是选料精良。雕制小品时，一般选用高级的桧木，或木质坚硬、纹理细腻的檀香木和九骨木。较大型的作品则采用当地的樟木。木材选好后，要经过严格的干燥处理。二是雕琢精巧。雕刻师傅们使用几十种雕刻刀，以艺术的眼光和丰富的想象力，赋予一块块的木头以生命。如果是大型的作品，完成则一般要90多天。三是工艺复杂。刻完后喷上亮光漆，后用砂纸磨，磨完后再喷漆，重复多次，经特殊处理后方可参与交易。三义木雕有上百个品种，以人物、鸟兽、山水为主。

[美农油纸伞] 美农油纸伞做工十分细致。在台湾，以客家人制作油伞工艺为最好。在客家习俗里，嫁女儿和男子16岁成年时，父母都需备两把伞做嫁妆和赠礼。对女儿有"早生贵子"的含义，而且"伞"字是一个伞形撑着四个人，又可代表"多子多孙"之意。男子则表示已经成年了。美农油纸伞做工十分细致，伞骨是用台中的"孟宗竹"经浸水后削成，竹身硬而富有弹性，不会惹虫

遭蛀。将成扇形的棉纸，用棉籽油一片片粘在骨架上，曝晒之后，就可以涂上桐油。上过桐油的伞纸，不仅有防水的功能，也使棉纸变得亮丽透明。

气候

台湾省气候属热带与亚热带过渡型。年均温 20℃～25℃，为海岛型湿润气候。冬季大陆寒潮稍长，因地势高峻，气温垂直变化大。台湾是中国多雨地区之一。岛上年均降水可达 2400 多毫米，北部全年雨量和雨日较多，台湾山地高寒，且多雨雪。众多山脉以深冬积雪著名。台风对台湾的影响很大。

台风是产生于西太平洋上的强烈发展的热带气旋，除暴风外，也常带来大量暴雨。台湾位于台风路径的要冲，每年都要受到台风的侵袭，台风对经济和社会造成极大的负面影响，是台湾最严重的自然灾害。侵袭台湾的台风，最早开始于 4 月下旬，最晚则在 11 月下旬，以 5～11 月的频率最高。台风侵袭台湾时，各地出现的大风风力除与台风的强度有关外，还与当地的地形及台风的路径有很大关系。

自然资源

台湾省因矿藏极其丰富，有"宝岛"之称。矿产资源中以煤为最多，硫磺、金、铜、天然气、石灰石、大理石等储量也较高。台湾省生物资源种类繁多，达 4000 多种，被称为"绿色宝岛"。森林面积占全岛 1/2 以上，世界上很多濒危的物种如台湾杉、台湾猕猴等都有分布。是世界名贵树木红桧林分布地区之一，并有"蝴蝶王国"之称。

[千年古树——红桧] 红桧是台湾高山地区的名贵树木，树高可达 60 米，

是裸子植物，与大陆常见的侧柏同属于柏科。红桧树皮条片状纵裂，淡红褐色。鳞片状叶交互对生，排在同一平面上，鳞叶长 1～2 毫米。花单性，雌雄同株，雌球花生侧枝顶，有 5～7 对球果鳞片，是中国特有植物。红桧是制造船舰、高级家具的最佳原料。

[洋地黄] 洋地黄又名毛地黄，玄参科植物。分布在台湾阿里山海拔 2000～2800 米的山地，是阿里山的特有植物。原产欧洲西部而得名。洋地黄喜温暖、干燥和阳光充足环境。较耐寒，耐干旱、半阴，怕水涝，宜肥沃、疏松和排水良好的砂质壤土生长。洋地黄花茎挺拔，花冠别致，花大色艳，有毒。

[台湾杉] 台湾杉主要分布于台湾、云南、湖北等省，在 500～2300 米的山地密林中。为杉科植物常绿乔木，叶四棱状钻形。雌雄同株。果实为球果，形状为椭圆形，成熟时为褐色，而且种子的两侧有膜质翅。是中国的孑遗种，现存数量很少，是研究生物进化的重要物种。

[槟榔] 台湾省的少数民族嗜好嚼槟榔，他们认为嚼槟榔所染红的唾液，唾出去能驱除恶魔，保护身体，而且能祛病延年。槟榔主要产在台湾中南部，恒春是我国台湾最大的槟榔集散地，那里有一条"血迹斑斑"的槟榔街。槟榔的吃法，用带有胡椒香气的荖叶，再搅匀石灰，用小刀涂少许在叶上，将之卷起，然后切开槟榔，将已卷好的叶夹放在中间，反复咀嚼，香味奇特，可染红唾液。

[蓝鹇] 蓝鹇又称晓腹鹇、山鸡，属雉科，因胸部及身体两侧有蓝色辉光而得名，为我国台湾所独有。全长约 80

厘米。全身深蓝黑色，头与颈部黑色，头顶上长有白色羽冠，脸面部红色，额上有肉冠，脸部还有肉垂（耳垂），亦呈红色。蓝鹇的后颈、上背及一对中央尾羽白色。肩部羽毛红褐色。腰部、尾上覆羽及下体黑色。蓝鹇主要栖息于海拔200～2300米的山地原始阔叶林内。蓝鹇生殖能力较强，繁殖时间在3月份。

经济

对外贸易是我国台湾省经济的生命线，主要以加工业和制造业为主。1950年后，台湾经济在国外资本扶植下逐步发展，电力、交通运输、石油化工、钢铁、造船等支柱产业发展较快。20世纪80年代，台湾省成为"亚洲四小龙"之一。台湾省是海岛型经济区，主要工业产品中以化纤、制糖、电子、半成品加工等。台湾经济为进口—加工—出口型的经济。

[工业] 台湾工业以制造业、矿业、公用事业、房屋建筑为重要支柱。其中，制造业居核心地位。纺织品、电子、机械制品、塑料制品、胶合板及家具、食品制造业是我国台湾的六大外销工业，而钢铁、造船和石油化工等重工业以深加工为主。其电子产品50%外销，电子产业是台湾省的高利润产业之一。

[交通] 台湾省除高山地区外，铁路、海运、航空、公路等运输十分畅通，为经济发展创造了条件。铁路是台湾省交通运输网的骨干。环岛公路总长上千千米，成为台湾省贯穿南北的陆路交通大动脉。台湾山地主要以环岛公路和东西横贯公路为主。台湾省的海运较发达，港口多集中于台湾本岛。有高雄、基隆、花莲等港。民用航空运输较发达，可通往美国、日本，以及东南亚等国家和地区。

旅游

台湾省旅游资源以热带森林、温泉、文物而著称，四季如春的气候使台湾成为著名世界的旅游胜地。众多风景区景色绮丽，驰名世界的特产和小吃更令游人乐而忘返。

[台北"故宫博物院"] 台北"故宫博物院"位于台北市郊的土林游览区。建于1955年，占地面积达2.2万平方米。原名中山博物院。中间的博物院大厦是博物院的主体建筑，楼高四层，第一层为办公室、演讲厅和图书馆，二至四层为展览厅。大厦两旁是两座三层殿式建筑。院内珍藏有运自大陆明清故宫文物精品64万件，物品有商周的青铜器，晋唐以来的书法，唐宋以来的名画，宋元时期的瓷器、善本书籍，清代档案及雕刻、玉器、漆器等，品种繁多，号称世界四大博物馆之一，是研究中国文化历史物证最多的地方。台北"故宫博物院"以国宝多闻名，是中外人士到我国台湾旅游的重要参观景点。

西周宗周钟 现藏于台湾故宫博物院。高65.5厘米、宽35.2厘米、重34.04千克，为古乐器。此钟为合瓦形，下身略大于上身，口部为弧形，上部有一长圆柱状甬把，钟体有铭文17行122字。

[台南孔庙] 台南孔庙位于台南市区文庙路，始建于明永乐十九年(1421)，由郑成功之子郑经和部将陈永华倡建，于永乐二十年落成，时名"文庙明伦堂"。大成殿内供奉孔子及颜回、曾参等儒家十二哲。殿后有祭祀孔子五代祖先神位的崇圣祠，是我国台湾最古老的文庙。庙内庄严肃穆，是历代祭祀场所和学府。

[阳明山风景区] 阳明山风景区，位于台北市北16千米处，原名草山。海拔443米，群峰四合，翠谷如秀，山景如画，

台南孔庙

林泉岩瀑现已成为台湾北部地区规模最大、景色最美的郊野公园。阳明山有前山、后山之分。前山公园园内亭台花榭、小桥流水，在阳明湖的映衬下的景致，犹如风光秀美的江南。后山公园草地如茵，百花烂漫，著名的"阳明瀑"甚为壮观。每年 2～4 月山上樱花、杜鹃开放，是游人最多的季节。阳明山温泉为我国台湾四大温泉之一。温泉自七星山麓涌出，属乳白色与暗绿色两种单纯硫化氢泉。泉水流量大而溢成溪流，长年不绝。阳明山丰富的硫磺矿资源是温泉浴驱病健身的主要原因。

[阿里山] 阿里山位于嘉义县东北，有"森林宝库"之称。风景区中以大塔山断崖、塔山云海和祝山日出等最为有名。以云海壮丽、林涛神木、遍野樱花、祝山日出为四大胜景而驰誉全球。游览阿里山由嘉义乘坐的铁道长 72 千米，由海拔 30 米逐渐上升到 2450 米，是世界铁路建筑史上的奇迹。在乘火车上山，就可经春、夏、秋、冬四季的景色，是我国台湾最佳的避暑胜地。

祝山日出 阿里山上的祝山顶上，是观看日出的最佳处，专门建有观日楼。每当清晨太阳升起，天空亦随着太阳的高度变化而变化。时而墨蓝，时而淡青，时而灰白，时而殷红。太阳升起时始为椭圆形，沉下后再跃起，则为圆形，美不胜收。

阿里"神木" 阿里山天然森林区中有一株 3000 年历史的老红桧，高约 53 米，被称为"神木"。另有一棵红桧"眠月大神木"，高 48 米，有 4100 多年的树龄。最为罕见的"三代木"，树中有树，三代同堂。这三类历史不同的"神木"记载了阿里山的千年历史。

[日月潭] 日月潭位于台湾中部南投县渔池乡水社村，是台湾最大的天然湖泊。它是玉山和阿里山间的断裂盆地，面积 7.73 平方千米，平均水深 30 米。潭中有一小岛，原名"珠屿岛"，现名"光华岛"。以此岛为界，北半湖形日轮，南半湖细长，形似上弦之月，故称日潭、月潭。日月潭风景极为秀美，一年四季及晨暮景色各不相同，为台湾八景中的绝胜。

日月夕照 每当红日西沉或新月东升之际，日光月影映照潭中，水色潋滟，山色翠稳，"日月夕照"被誉为台湾第一美景。日月潭夏季凉爽，是优良的避暑胜地。潭北山腰有文武庙，从山脚到庙门，有笔陡石阶 365 级，俗称"登天路"，还有涵碧楼、文武庙、孔雀园、玄光寺、玄奘舍利等历史名胜。

[野柳怪石] 野柳位于台北县万里乡野柳村，其形似海龟，故又被称为野柳龟。野柳海滩上奇岩怪石密布，种类繁多，人物、巨兽、器物惟妙惟肖、逼真传神，最为人们称道和熟悉的是突起于斜缓石坡上高达 2 米的"女王头"。她髻发高耸，微微仰着，端庄优雅，是野柳怪石的代表作。还有仙女鞋、梅花石、卧牛石等各种形态，野柳怪石成为台湾十景之一。

女王头 台湾岛濒临海洋，长年累月

的风蚀、海蚀作用形成各种奇特的造型。女王头就是一个典型的海侵和风化砂岩地貌。

[鹿港龙山寺] 鹿港龙山寺位于台湾省台北市西南隅龙山区广州街，建于清乾隆四十年(1775)。龙山寺格局规模完全模仿泉州开元寺，其建筑之砖石、福杉都来自泉州，并以巨金聘请闽奥名匠修建。现存的大雄宝殿的戏台，结构精巧，飞檐如翼，造型雄浑。尤其是屋顶下的八角藻井，以16组斗拱层叠起，并绘团龙，嵌以明镜，体现了清朝建筑水平和特色。是台湾省440多座寺庙中最负盛名的大寺，与保安宫、祖师庙共称为台北三大古刹。

[太鲁阁峡] 太鲁阁峡位于台湾东部花莲县，是云雾溪峡谷的总称，是台湾东部山地最著名的风景区。"太鲁阁"是土著泰雅族语"山岭连续"之意。从太鲁阁到天祥之间有一条奇冠天下、长约20千米的大理石峡谷，被称为"天下绝景"。其中大断崖山南侧的新崖高达千米，绝壁千仞，怪石嶙峋。峡谷中仰视云天一线，峭壁入云，飞瀑似串，胜似三峡风光。

[宜兰风景区] 宜兰风景区位于台湾岛东北端。南北两侧都是高山，东临太平洋，形状是等边三角形，地面平坦，最适宜种水稻，是我国台湾东部的"粮仓"。这里风光秀美，山青水蓝，风景区内还建有宜兰公园，公园依地势而建，有叠山石、凉亭和荷花池等。园内树木苍郁，环境清幽，是一处消夏胜地。宜兰县北的礁溪温泉则是我国台湾著名的温泉之一。宜兰公园是宜兰风景区内风光最秀美的区域。

[东亚之光——鹅銮鼻] 鹅銮鼻位

台湾宜兰

于台湾岛的最南端，处于中央山脉尽头，是太平洋、巴士海峡和台湾海海峡的必经之处。因这里北接恒春丘陵，衔山环海，突出如鼻，故得名"鹅銮鼻"。鹅銮鼻岬角长5千米，宽1.5～2.5千米不等，最高点海拔122米，属珊瑚礁台地，旧称南岬。"鹅銮鼻"是当地土语的音译，原意为"帆"。附近的海域为珊瑚礁石灰岩地形，巨礁林立，怪石嶙峋，有好汉石、擎天石、猪石、草海洞、古洞等天然奇石怪洞，令人浮想联翩。这里四季如春，旖旎多彩，素有蕉风椰雨、碧海白浪的热带海滨情调，又称"台湾的夏威夷"。鹅銮鼻灯塔是清政府为避免外国人航海时，在台湾南部触礁引发事端而建的。灯塔之光可照亮20海里，是远东最大的海上灯塔，被誉为"东亚之光"。

[天后宫] 天后宫位于台湾省中部云林县北港镇。天后即妈祖，相传是宋时福建省莆田县湄洲地方的林姓女子，曾多次在海上救人，28岁化仙而去。人们认她为航海保护人，普遍立庙供奉。天后宫在清康熙三十三年(1694)，由一个姓傅的福建人创建。后几经修整，于

1908—1921 年建成现庙。庙中正殿中供奉妈祖像，前为毓麟宫，后为双公庙，左有聚奎阁，右有凌霄殿，庙西是文昌庙，东为三界公祠，是全省 300 多所妈祖庙中规模最大、香火最旺的妈祖庙，每年有近万香客前来朝圣。

[赤嵌楼] 位于台湾省台南市中区赤嵌街。始建于清顺治七年 (1650)，由当时占据台湾的荷兰人创建。1661 年，郑成功攻入台湾，以此楼为指挥部，收复台湾后，把这里作为承天府。赤嵌楼原楼毁于地震，现仅剩城堡大门和文昌阁旁的炮座遗迹。清代重建时曾包括文昌阁、五子祠、海神庙、蓬壶书院、大士殿五栋建物。

楼周长共 151 米，楼高 12 米，建筑特殊，坚固美观，极为宏伟。楼共分三层，雕栏凌空，轩豁四达。此外，原为蓬壶书院一部分的文昌阁，还奉祀着一尊魁星爷。城楼下有 9 座乾隆亲题的御碑。楼前广场中心还建有郑成功接受荷军献降书的雕塑群像，显示了中华民族的雄风。

现这里被辟为台南市历史馆。郑成功像和许多明代文物都被保存在内，是台湾省著名的古迹之一。

香港特别行政区

行政区划

香港特别行政区地处珠江三角洲南部，与澳门隔海相望，处于北纬 22°09′～22°37′、东经 113°52′～114°30′，距广州市大约 140 千米，面积 1140 平方千米。香港有近 6000 年的历史，春秋时为楚之属地，后来历代均对此地进行了管辖。包括香港岛、九龙、新界等大小岛屿 200 多个。

香港是世界著名的自由港，也是重要的贸易、金融、轻纺产品制造、航运、旅游和信息中心。简称港。

人口、民族

香港人口 700 万人左右，80% 的人口集中在香港岛和九龙半岛，人口密度最高的观塘区达 5.4 万人／平方千米。香港 98% 居民为中国血统，外籍人口中以英国为最多，此外菲律宾、美国等外国籍居民也很多。使用语言主要是汉语和英语，汉语以广东话、客家话、普通话为主。

历史文化

香港早在公元前 4000 年就有使用新石器和陶器的中国人居住，在春秋战

天坛大佛

天坛大佛是一座位于香港大屿山宝莲寺前木鱼峰上的佛像，坐落于海拔 520 米的佛坪。其基层分三层次第而上，其设计参考北京天坛的地基形貌，故名"天坛大佛"。大佛面相参照龙门石窟的毗卢遮那佛，而衣纹和头饰则参照敦煌石窟第 360 窟的释迦牟尼佛像，因此大佛兼备隋唐佛教全盛时期造像的特色。

国时属楚国领地，唐代曾驻军，宋明时迁入者居多。1842 年和 1860 年，英国先后强迫清政府签订《南京条约》和《北京条约》，强行割让香港岛和九龙。1898 年又强行租借了新界，租期 99 年。1997 年 7 月 1 日中国政府顺利恢复对香

港行使主权。

通俗文化是香港文化的代表。香港传媒业在中西文化的冲突中具有自己的特色。香港信息业发达。这里每年都举办香港艺术节，吸引了许多游客。

[英国侵占香港] 香港交通十分便利。鸦片战争后，1842年，英国殖民者强迫清政府签订了《南京条约》，侵占香港岛。1860年再次迫使清政府签订了《北京条约》，割去九龙半岛。1898年又迫使清政府签订《展拓香港界址专条》，"新界"（内九龙城管权仍属中国）租期99年。新中国成立后，中国政府曾多次阐明中国对香港问题的立场：香港是中国的领土，中国不承认帝国主义强加给中国的三个不平等条约。1984年，中英经过多次谈判，正式签署了关于香港问题联合声明。1997年7月1日香港回归祖国。

[省港大罢工] 省港大罢工历时2年零5个月，是世界工运史上坚持时间最长的一次罢工。

1925年5月，五卅惨案发生后，香港成立了全港工团联合会。6月19日，香港工人罢工开始。这期间全港有25万人参加，其中10万余人离天香港回到广州。为响应香港工人，广州的英、美、日商洋行和沙面的工人也宣布罢工。6月23日，香港罢工工人与广州各界群众10万人举行示威游行。后遭到英、法帝国主义军队的开枪射击，造成"沙基惨案"。惨案发生后，中国共产党积极领导这次罢工斗争，指导工人组织起来，选出代表800人，组成省港罢工工人代表大会，由大会选举13人为委员，成立省港罢工委员会，苏兆征、李启龙、邓中夏分别担任委员长、总干事和党团书记。

委员会组织了2000多人的工人纠察队，禁止英船英货进口，严密封锁香港，使香港的生产和运输都陷于瘫痪。省港大罢工给英帝国主义以沉重打击，有力地支持了广东革命政纠，促进了广东革命根据地的巩固和发展。

[香港回归] 中国政府在1997年7月1日对香港恢复行使主权，设立中华人民共和国香港特别行政区。1996年时任国务院总理李鹏签署国务院第207号令，任命董建华为中华人民共和国香港特别行政区第一任行政长官。英国政府在同日将香港交还中国。1997年7月1日上午10时香港特别行政区举行了盛大的成立庆典。会上时任中共中央总书记、中共中央军事委员会主席、国家主席江泽民同志向香港特区政府致送题词"香港明天更好"，并出席了交接仪式。

区　旗

香港特别行政区的区旗是以五星花蕊为主的紫荆花作为图案。底色红旗代表祖国，白色紫荆花代表香港，紫荆花红旗寓意香港是祖国不可分离的一部分，并将在祖国时怀抱中更加兴旺发达。花蕊上的五星是中国红五星的传统象征，表示香港同胞热爱祖国，旗、花分别采用红、白不同颜色，象征"一国两制"。

地貌

香港岛群原为大陆山脉的延伸部分，因山体沉降和海水入侵形成。香港岛东西长，南北短，多起伏山丘，平地窄小。地质上主要是由燕山期入侵的花岗岩，在香港岛北侧也可见喜马拉雅山期入侵的花岗岩体。周围的小岛在香港都被称作"离岛"，海拔最高为552米。

[大濠岛] 大濠岛位于港岛以西、"新界"西南，面积153平方千米，它

的面积比香港岛大近一倍，是香港第一大岛，又称大屿山岛，古称大奚山、大鱼山。岛上的地势西南高东北低，主峰凤凰山海拔935米，是香港第二高峰。该岛建有禅林、宝莲寺和天坛大佛，还有"香港威尼斯"的水乡大澳，东部有清代古城遗址，全岛风景秀丽，繁花似锦。以铜铸的如来佛像为镇岛之宝。

[九龙半岛] 九龙半岛位于珠江口东侧，隔海与香港岛相对。总面积约47平方千米。半岛上多丘陵。主要城镇九龙位于半岛南端，有铁路通往广州，港口可停泊远洋巨轮。西南平原已成为一个工商业中心，其中油麻地、尖沙咀、旺角等地店铺林立，十分热闹。

[香港岛] 香港岛位于维多利亚湾南面，是香港地区的行政和金融中心，但其面积则居全港第二位，面积约81平方千米。全岛由丘陵山地构成，呈东西走向，海岸线长达800千米。西北部的太平山海拔552米，为全岛最高点。沿维多利亚港岸线是由移山填海而建成的闹市区，包括两营盘、上环、中环、湾仔、北角和鱼涌等地。拥有香港仔湾、涤水湾、浅水湾、石澳等10多处海湾，建有万吨以上的码头20多个，占尽地利之势。

[青马大桥] 青马大桥横跨青衣岛

香港青马大桥

和马湾的海面上，是香港新机场的重要配套工程之一。大桥全程2.2千米，主桥跨度达1377米，两座吊桥，每座高206米，离海面62米，是全球最长的一条兼备行车道及铁路行车的两用吊桥。

气候

香港属亚热带海洋性季风气候，每年10月至次年4月多东北风，干燥寒冷；5～9月多西南风，炎热潮湿。年均温22℃。年均降水量2225毫米，多雨年份可超过3000毫米。常遭受台风侵袭，地震频繁。

经济

香港原为海滨渔村，因地理位置具备深水港条件，英国把其作为侵略中国的基地，强行割让后开埠为自由港。香港经济发展迅速，20世纪80年代被誉为亚洲"四小龙"之一。香港现以加工业为基础，以对外贸易为主导，多种经营为特点，成为国际金融中心（地位仅次于纽约和伦敦）。贸易、工业、航运、旅游和信息产业领先于世界，对外贸易、制造业、建筑业、旅游业为四大经济支柱。

[农业] 香港耕地不到全港的10%。由于土地严重缺少，加上淡水资源缺乏，香港的农业经济比例逐步缩小，目前主要在新界和大屿山等郊区还有农场经营。农作物品种也仅有蔬菜、水果和花卉。香港所消费的农产品多是从内地输送来的。这几年海洋捕捞业也有明显发展。

[工业] 制造业是香港的基础，工业产品90%依靠外销。从资源条件上来看，香港本区原材料匮乏，只能发展轻工业，形成了制衣、电子、纺织、钟表、塑料玩具等六大产业。香港轻工制造业以生

产价格低廉、质量较好的日用消费品而闻名于全世界。在世界轻工业产品中，香港有很多产品被列为出口"世界第一"，如玩具、手表等。香港同时也是经济流通中心，被誉为"万国商场"和"购物天堂"。

[发达的信息业] 香港的信息业以现代的科学技术和先进的设施遥遥领先，电脑技术被广泛应用在金融业、贸易业、制造业、运输业和旅游业等行业，在通信联络和财务会计、库存计算、生产管理及资料处理上以快速、准确、高效而闻名世界。卫星通信、光纤通信、电缆通信和微波通信等先进通信技术也全面推广。香港全球移动电话人均使用率最高，传真机的人均拥有率排名世界第二。信息产业是香港发展中的三大产业之一。

[交通] 香港的岛屿之间有海底隧道或渡轮连接，公路四通八达。香港已有京九铁路，从香港乘火车可直达北京。海运发达，可通往世界各国，是亚洲的一个重要航运枢纽。

旅游

购物、美食和无限的商机成为香港之旅的三大特色，人称"购物天堂""食在香港"。香港主要旅游景点有港督府、宋城、太空馆、海洋公园、太平山等处，体现了中西文化的交融。

[太平山] 太平山位于香港岛西部，是香港岛的标志。它海拔552米，是岛上最高的山峰。古称香炉峰，又称扯旗山、维多利亚峰。太平山顶是香港八景之一，登山远眺，香江秀色，尽收眼底。山顶上辟有公园，游览景点有凌霄阁、山顶广场。山顶广场景致迷人，集休闲、购物、娱乐于一体。从中环花园道乘坐山顶缆车，约10分钟便能登上太平山顶，是游览的重点。

[香港会议展览中心] 香港会议展览中心位于港岛湾仔海旁，建于1988年，是香港举行大型表演、展览、会议的最大场地，是亚洲第二大会议展览中心。会展中心面积达6.6万平方米。香港会议展览中心可租用面积达7万多平方米，拥有世界上最先进的会议设施。有同时容纳3800人、面积达3800平方米的大会堂，可供各类会议及大型宴会使用。还拥有可容纳900～1800人的大型会议厅。设有视频会议设备、卫星接收系统、演讲所需的录音及投影设备、八种语言的即时传译装置等，代表了香港自动化技术应用的较高水平。

[浅水湾] 浅水湾位于香港岛的南部海滨，是一个新月式海湾。在众多的香港海水浴场中，浅水湾是最美的海滨。这里滩平水清，沙白林翠，是香港自然景色最大的海滨游泳场，沙滩上建有中国古典色彩的镇海楼公园，有妈祖塑像、

国际金融中心

香港是在纽约、伦敦之后的世界第三大国际金融中心和黄金市场。由于香港特殊的地理位置和自由港的地位，世界各大资本集团、银行等为香港金融业发展提供了良好的条件。金融业为香港经济之首，香港联交所吸引了全世界的上市公司来港上市。香港回归后，恒生指数不断攀升，成功地抵御了世纪初的亚洲金融危机，继续保持国际金融中心的地位。香港金融业的特点有：第一，香港金融业的发展，与工业、贸易多元化经济发展相辅相成，有力地带动了整个香港经济的发展。第二，香港金融国际体系不断增强，在香港开业的国际银行和吸纳存款的公司达400多家。近20年来，香港采用了国际金融主要创新技术的八成以上，其中包括电子、光纤、电信设备等新技术，其应用范围扩大到国际金融交易的信息传递等方面。第三，国际金融创新方面的进展也很大，融资方式有外币与利率掉期、票据发行融资、银行贷款、远期利率合约等。这都为香港金融业注入了新的活力。

香港维多利亚港之夜

观音神像等胜景。这里也是香港高收入阶层的定居点。

[维多利亚港] 维多利亚港位于九龙半岛和香港岛之间，世界三大天然深水港之一。这个海港宽 1.6 ~ 9.6 千米，水域面积有 60 平方千米，可同时停泊 150 多艘万吨巨轮。这里有 74 个巨轮泊位，可供世界最大的 6 万吨集装箱船停泊，每年抵港的远洋轮船超过六七万航次。港内还有 3 个避风塘。维多利亚海港的优越条件和香港自内贸易政策使香港逐渐发展成了世界航运中心之一。它是世界上颇为繁忙、效率颇高的港口之一。

[太空馆] 太空馆位于九龙尖沙咀，占地约 8 万平方米，主体建筑呈新月形。馆内设有展览厅、太阳科学厅和天象馆，还附设有"天文书店"。展览厅与太阳科学厅展出了银河系各种恒星和太阳图表、资料与太空科学仪器、最新天象信息等。天象馆是太空馆的主体，设有全天候放映系统，内有三四百个软躺椅座位，可自由调节。圆拱形的铝质天幕直径达 23 米，下有一架重达 2.5 吨的天象投影仪，装有 20 多个鱼网式镜头，采用特殊胶片，以 360°向天幕投射太空奇景。太空馆内播放火山爆发前的模拟片十分逼真，是普及天文知识的有效手段。

[宋王台] 宋王台位于九龙城，为纪念南宋最后一位投海自尽的皇帝。原台高 43 余米，周长约 90 米。相传南宋末年，临安失守，当时宰相陆秀夫与张世杰携幼主南逃，曾来香港一带躲避。但元军随后追杀，陆秀夫和幼主丞最后投海自尽。后人为此筑台纪念。英国占领九龙后尚存，后被日军摧毁，现仅存有一块石碑，这块巨石上镌有"宋王台"三字。

[黄大仙祠] 黄大仙祠位于九龙竹园区，为道教祠院，供奉黄大仙。黄大仙祠始建于 1921 年，祠门内题额"第一洞天"。进入牌坊后，左转坡上有一石牌，刻有"清灵宝洞"字样。广场中央置有香炉。广场前的台阶上立有一石牌坊，题额"金华分迹"。这些体现了佛教、道教、儒家文化在香港的交融。

[中环] 中环是香港金融业的心脏，是香港的一大标志性地区。这里高耸入云的高档写字楼云集，中环路边荟萃着许多中高级名店。置地广场是拥有许多顶尖级名牌的商厦名店，室内装潢以休闲为主，十分优美。这里有名牌荟萃的两家豪华店面——The World Joyce 和名牌世界，是香港"购物天堂"的真实写照。

澳门特别行政区

行政区划

澳门特别行政区位于东经113°34′～113°35′、北纬22°06′～22°13′。别名濠江、濠镜、马交、濠镜澳、香山澳等。地处珠江口西南岸毗连珠海市，距香港56千米，南北长约4千米，东西最宽约2千米。全区总面积29.2平方千米。澳门秦时属番禺县，明时称为濠镜，1553年葡萄牙人贿赂地方官吏，以晒货为名取得暂时居住权，1840年鸦片战争后强行霸占，1987年中葡两国签订关于澳门问题的联合声明。1999年12月20日我国正式对澳门恢复行使主权。简称澳。

澳门炮台

人口、民族

澳门常住人口为55.2万人。在澳门居住的外籍人士主要为葡萄牙、英国、菲律宾、泰国及美国人。澳门的人口分布极不均匀。澳门半岛居住的人口占总人口的90%左右，中国居民占到了97%。

历史文化

澳门被葡萄牙占领了100多年，作为一个自由港和巨大的国际市场，当地的文化具有浓重的外埠色彩，兼容中西方的特色。澳门的宗教信仰，以佛教、天主教、基督教信徒居多。

[英军强驻澳门炮台] 嘉庆十三年(1808)八月二日，英国商船带300余人公然登岸，抢居澳门三巴寺、龙嵩庙、东西炮台。二十三日，英军又驾坐舢板艇驶进虎门，要求在澳门寓居，两广总督吴熊光令英军撤出澳门，英军迟迟不动，直到十月间才开始撤离。后驻地政府在此加高隔离墙，以防英军。

[强占澳门] 明朝时，葡萄牙就侵入澳门，并设官管辖外国商人和侨居澳门的外国人，但当时主权仍属中国。道光二十九年(1849)四月三日，澳门葡萄牙官员亚马勒以清两广总督拒绝其请裁澳门海关，在广州设立领事馆的要求为借口，驱逐清政府官员，封闭海关，劫掠华人财物，并停止交纳从16世纪葡萄牙向明政府"借居"澳门以来按年缴纳的地租。当时，澳门华人被激怒。七月五日，澳门发生亚马勒事件，英国兵舰以此为借口开到澳门，英、法、美三国驻华公使联合向清政府抗议，公开支持葡萄牙的侵略行径。迫于压力，清政府承认了既成事实。

[澳门回归] 鸦片战争后葡萄牙强行占领澳门100多年之久，中华人民共和国成立后，对于澳门问题确立了"长期打算，充分利用"的外交方针，等待条件成熟时予以解决。1979年中葡建交，葡萄牙承认澳门是中国领土。1986年6月30日至7月1日首轮谈判在北京举行。经过四轮谈判后，中葡政府在1987年4月13日签署了《中葡联合声明》，议定中华人民共和国于1999年12月20日恢复对澳门行使主权。1999年12月19日24时中国正式对澳门恢复行使主权，首

任行政长官为何厚铧。

[郑家大屋] 郑家大屋位于澳门半岛下街龙头左巷，原名荣禄第，是中国近代思想家、实业家郑观应(1824—1921)的住宅。建筑风格具有中国传统格局，亦受西方建筑影响。大屋现占地3997平方米，是澳门现存的清末最大型民居群落。这对研究清代建筑很有现实意义。郑观应曾在这里完成了对近代中国影响极大的著述《盛世危言》。

地貌

澳门地区地域窄小，丘陵起伏。其中澳门半岛与氹仔、路环两个离岛组成。澳门半岛9.3平方千米，氹氹仔、路环两岛则分别为6.5平方千米、8.07平方千米。通过澳氹桥、路氹氹连贯公路联系在一起，路环岛地势最高，全岛是一个花岗岩造成的山体，主峰塔石塘山海拔174米。氹氹仔岛上，大氹氹山(159米)和小氹氹山(111米)分立于东、西。澳门半岛地势最低，而地势最高的东望洋山(又名松山)，海拔也只有91米。

[澳门半岛] 澳门半岛位于广东省南海岸珠江口西南部，三面环海，南北长约4千米，东西宽1.8千米。半岛由花岗岩丘陵和小面积平原组成，平地所占面积大约为80%，其余为丘陵，很适宜城市开发。西部与湾仔之间为狭窄的澳门河口，建有渔业水运码头和港澳之间的轮渡码头。工业以玩具、丝绸花、电子、成衣为主。为澳门主要的人口居住地。

[凼仔岛] 凼仔岛位于澳门之南，是澳门的新发展地区。凼仔岛原为仔岛群，是因淤积和人工填海而形成的。岛上后陵基岩为花岗岩，地表植被覆盖良好。地表水和地下水均缺乏，仅有少数泉水源。建有赛马车场、仔游乐场、住宅区和酒楼等。旅游业是其支柱产业。

[路环岛] 路环岛位于仔岛之南，与横琴岛相对，面积约为8平方千米。全岛基本上由花岗岩丘陵构成，岛中部的塔石塘山为最高峰，海拔174米。岛上丘陵起伏，平地甚少，地势为全澳门最高。岛西北和东北有人工填海而成的平地、周围也有小片狭窄平地，沙堤和海滩。这里是澳门的工业区，建有澳门水泥厂、货柜码头、住宅工业综合发展区、旅游发展区等。岛上建有路连贯公路与仔岛连接。

[填海造陆] 澳门地区地域窄小，而且地形起伏，平地甚少，供城市发展的土地资源比较缺乏。20世纪20年代至30年代，澳门进行了大规模的填海拓地工程，先后造出了台山、筷子基、马场、黑沙环、新口岸、南湾等大片土地。但是由于外部及内部多种因素的影响，大片新造地得不到合理使用。20世纪60年代开始，随着澳门经济迅速发展，新造地逐步得到开发，大部分建起了屋宇。到1994年，填海所得的土地已超过原有陆地，占陆地总面积的56%左右。填海造地为澳门发展提供了重要的土地资源。

气候

澳门属亚热带海洋性季风气候，夏长冬短，炎热多雨，常受台风和暴雨危害。年平均气温22.3℃，最冷月1月份平均气温14.5℃，最热月7月份平均气温28.6℃，年平均雨量2031.4毫米。每年4～9月降水集中，其降水量占全年降水量的83%左右。6～9月份是这里的台风季节。

经济

澳门曾是中西方重要商港，后因泥沙淤积而日渐势微。20世纪70年代以来，澳门经济发展迅速，形成以工业、旅游博彩业、建筑业为三大支柱的经济结构。工业以外向型出口加工工业为主，主要有服装、纺织品、电子、玩具等产品，以博彩业带动的旅游收入在澳门的年总收入中占50%左右。

[工业] 澳门工业缺乏资源，全部依靠技术进行，进口原料加工，出口产品。其工业实际上多属贸易加工工业。澳门工业以制衣业和毛纺织业、玩具、电子产品为主，有较完整的工业体系，近十几年有很大的发展。

[交通] 澳门半岛北端关闸与珠海拱北相连，是澳门通往内地唯一的陆路通道。澳门国际机场与7个国家及地区通航，航班抵达的城市有18个。水运以短途转运为主。

旅游

澳门是个南欧风情的东方城市，被誉为南海之滨的"海上花园"，名胜古迹甚多，如东望洋山的灯塔、西望洋山的教堂、松山灯塔、妈祖阁、大三巴、白鸽巢花园以及螺丝山等，每年都吸引着世界各地的游客来此观光。澳门旅游业主要由酒店业、博彩业和娱乐业等行业组成。这里有亚洲最大的赛马场。博彩业长期以来成为澳门旅游业的龙头行业，促进了其他相关行业的发展，在澳门经济中占有举足轻重的地位，素有"博彩天堂"之称。澳门是一个东西文化荟萃之地。现代化的高楼大厦、富有东方色彩的寺院庙宇、文艺复兴时期建筑风格的天主教堂、欧洲中世纪古堡式的炮台，融东西方文明于一体，吸引了世界

澳门妈祖阁

各地游客前来观光。

[大炮台山] 位于澳门半岛中部，原名柿山。葡萄牙人于1617年在此修建炮台，成为军事禁区。1998年在此建成澳门博物馆。

[妈祖阁] 妈祖阁位于澳门半岛西南端。妈祖是澳门人最崇拜的海神，其阁始建于明弘治元年（1488），距今已有500多年历史。整个庙宇依山临海，古木婆娑，为澳门三大中国古刹中历史最为悠久的一座。在农历三月二十三日妈祖诞辰及每年除夕夜，人们有赶赴妈祖阁敬香祈福之俗，以保护出海人平安归来。

[大三巴牌坊] 大三巴牌坊位于大三巴街附近，为圣保禄教堂遗址，因发生火灾，现只留前壁遗存。教堂属巴洛克式建筑风格，由花岗岩砌成，为四层叠柱式。顶端立有一十字架，下嵌有一圣婴雕像，其旁则围以十字形石刻。第三层中央凹面供奉着圣母玛利亚的铜像，其旁有天使陪侍，并饰以百合花和东方菊花的浮雕。圣母的左方是雕塑，有小圣母像"生命之树"石刻。第四层

有 4 个壁龛，分别供奉耶稣 4 名圣徒的塑像，是天主教在澳门占主要地位的历史见证。

[澳督府] 澳督府位于澳门南湾，这座建于 19 世纪中叶的古老建筑，占地 4.6 万多平方米，属南欧风格，是前澳督日常办公所在地。过去这里是澳门政治权利的中心。现已辟为历史博物馆，每年 6 月份第一个星期天对游客开放。

[望厦] 望厦位于澳门半岛北部，又名旺厦。背靠望厦山而得名。望厦，故名意义为遥望厦门之意；旺厦，兴旺厦门之意，均与厦门有关。望厦村历史悠久，其开村年代，据考证为 1386 年。旧居有赵、何、沈、黄、许诸姓 500 余户，村内里巷 20 余条，属香山县管辖。望厦古迹较多，澳门三大古刹中的莲峰庙和普济禅院就坐落在这里，还有观音古庙、先峰庙，山上有古炮台。望厦山是昔日"濠镜十景"之一的"莲峰夕照"，这里较为完整地保存了历史原貌。

[东方拉斯维加斯] 澳门向来有"赌埠"之称，被誉为"东方拉斯维加斯"，又称东方"蒙特卡洛"（东方赌城）。现为世界三大赌城之一。

19 世纪 50 年代，澳门的经济陷入严重的困境，博彩业开始勃兴，与当时苦力贸易的繁荣分不开，那些人贩子、地痞、流氓嗜赌成癖，并把赌博作为诱惑，使华工入局，最后强迫他们卖身。博彩的方式有"殿宝""山票""铺票""字花""字胆""白鸽票"等多种，最为风行的是"番摊"。在贸易急剧衰落的形势下，澳葡当局在 19 世纪 60 年代公开招商开赌，向赌场征收"赌饷"。清同治十一年 (1872)，香港开始严厉禁赌，以后大批赌客从香港转至澳门，澳门的博彩业更加兴隆。20 世纪 30 年代以后，澳门实行专利经营，依约经营，收取博彩税。1937 年，泰兴娱乐公司开始实行赌博专营制度，从此澳门赌业发展初具规模。但泰兴公司经营不善，澳门政府于是在 20 世纪 50 年代重新订定赌业管理办法，并公开竞标赌业管理权。1961 年 2 月，葡萄牙海外部根据澳门当局的建议，批准在澳门正式开设博彩旅游业。1962 年，由香港河鸿、叶汉合组的何氏澳门旅游娱乐公司竞标成功，获得赌业管理权。此后，澳门的博彩业一直由何氏澳门旅游娱乐公司实行高度垄断经营。目前，澳门博彩业仍属专利经营性质，由政府开设。

[松山灯塔] 松山灯塔位于澳门半岛东部东望洋山山顶，又称东望洋山灯塔。灯塔始建于清同治三年 (1864)，1865 年 9 月 24 日晚建成启用。灯塔高 13 米，可向澳门四周海域循环照射达

澳门松山灯塔

25 海里，通宵不停。最初用火水灯发光，用木轮、绳、锤等物使灯光循环旋

转，由澳门土生葡人加路士·维森特·罗扎设计而成。1874 年的甲戌风灾将灯塔毁坏，使之停止运作 30 余年，后经长时间修理，改用新机器，配上法国反射镜，于清宣统二年 (1910) 6 月 29 日晚重新投入使用。松山灯塔与旁边的小教堂、炮台称为松山三古迹，是澳门著名的城市标志。松山与灯塔组成"灯塔松涛"，成为"澳门八景"之一，是过往船只的重要航标之一。

[黑沙湾海滨浴场] 黑沙湾海滨浴场位于路环岛南面，由于海湾呈半月形，这里古称"大环"。浴场坡度平缓，滩面广阔，沙滩细腻柔滑，是全澳门著名的天然浴场，也是进行日光浴的好地方。沙滩烧烤极富特色。

四川省

行政区划

四川省位于北纬 26°03′～34°19′、东经 92°02′～108°31′。地处中国西南部长江上游，与重庆、云南、贵州、西藏、甘肃、陕西、青海接壤，总面积 48.5 万平方千米。

四川省历史悠久，因地势雄险，自古即为兵家必争之地，从我国战国时期就开始以蜀为根据地称雄一方。在宋朝时，因境内川峡路简化而来。辖 1 个副省级市成都市及广元市等 17 个地级市和阿坝藏族羌族自治州、甘孜藏族自治州、凉山彝族自治州，以及 43 个市辖区、14 个县级市、120 个县、4 个自治县。简称蜀或川。

[省会——成都] 成都位于省境中部、成都平原东南部。是西南重要的交通、通信枢纽，是成渝、宝成铁路的交会点。面积 12132 平方千米，辖 9 区 6 县，代管 4 个县级市。古为蜀国地，公元前 500～前 400 年蜀王在此建都，具有 2300 多年的历史。从战国时期秦国置蜀郡起，成都一直是各朝代的州、郡、县治所。西汉公孙述、三国刘备、西晋李雄、五代前蜀王建、后蜀孟知祥先后建立封建王朝时，都以成都为都城，辖邛崃、崇州 4 个县。境内地势西北高东南低，以丘陵和山地为主，海拔最高 5364 米，最低 387 米。属亚热带湿润性季风气候，四季分明，年平均降水量 947 毫米，年均温 16.9℃。蜀锦自古就有名，因是"锦缎之乡"，故为锦城。因五代时沿城遍植芙蓉而又称蓉城。

[自贡] 以"恐龙之城""南国灯城"享誉中外的自贡市位于省境南部，面积 4372 平方千米。从东汉时即开始凿井熬盐，以盛产井盐闻名，素有"盐都"之称，这已有近 2000 年的历史，设有盐业历史博物馆。境内多低山丘陵和谷地，地势西北高东南低。气候温暖湿润，四季分明，属亚热带湿润性季风气候。矿藏资源主要有天然气、盐卤、煤等。竹丝扇、剪纸和扎染制品传统名特产品远销海内外。"龙都香茗"茶叶、"香辣酱"、春节灯会最负盛名。境内水陆交通便利。

[攀枝花] 攀枝花市位于省境西南部，原名渡口市，地处攀西裂谷中南部，距省会成都 512 千米，面积 7434 平方千米。境内山脉连绵，河谷深切。海拔最高 4195.5 米，最低 928 米。属南亚热带高原季风型立体气候，年均温 20.3℃，年均降水量 960 毫米，雨量集中，干雨季分明。年日照时数 2743 小时，无霜期长达 300 天。矿产资源、水利资源和森林资源十分丰富，钒钛磁铁矿储量 98.5 亿吨，钒和钛的储量居全国第一，

火把节

火把节盛行于彝族和白族。一般在每年农历六月二十四日举行。火把节内容很多，如节日前一天，各村寨首先要"打牛"。节日当天，人们身着盛装，举行摔跤、斗牛、射箭、赛马等比赛。夜晚人们燃起火把，彝族姑娘小伙子借此谈情说爱、定终身。他们吹起笛子，弹起月琴和大三弦，边弹边舞，表达了人们祈求幸福、丰收的美好心愿。

在世界名列前茅。境内生长的 2.7 亿年前遗留下来的"植物活化石"攀枝花苏铁，被誉为"巴蜀三宝"之一。攀枝花素有"聚宝盆"之称。

人口、民族

四川省是中国少数民族多、人口多、人口密度较大的省份之一。全省人口达 8041 万（2010），人口平均密度高于全国平均水平。人口分布极不平衡。西部高原山地面积超过全省的 1/2，人口却不足全省总人口的 10%，四川盆地的人口密度是山地的 25 倍以上。成都平原地区达 700～900 人／千米²。四川有汉、彝、藏、土家、苗、羌、回、蒙古、满、傈僳等 52 个少数民族。其中，彝族 87% 的人口集中在凉山彝族自治州，是全国最大的彝族自治区域，有中国唯一的羌族聚居区。多年来少数民族和睦相处，互通有无，民族大融合逐步加强。

[羌族] 羌族自称"尔玛"，意为"本地人"。主要分布在四川省阿坝州茂县及邻近县。羌人的祖先为古羌人，约在春秋、战国时迁居于四川，与当地居民融合形成。羌族语属汉藏语系藏缅语族羌语支，一说为藏语支。分南、北两个方言，每个方言又分 5 个土语。但无本民族文字。羌族主要经营农业，被称为"雪山大豆"的一种白豆和当

地优良品种"铜羊"颇有名气，为羌族地区的著名特产。羌族传统刺绣挑花是蜀绣的一部分，图案新颖，古朴大方。羌族妇女挑花不用草图信手即兴绘制而成。多为日常生活中使用，珍品一般在婚嫁中交换。

历史文化

四川省历史文化悠久，文物古迹众多。200 万年前的巫山人是最早的中国古人类。从传说中的蚕丛、鱼凫开创古蜀国算起，已有 4500 余年的灿烂文化。在唐代，浪漫主义诗人李白、现代主义诗人杜甫两颗灿烂的诗星光耀中华。丰都的"鬼文化"从另一个角度折射了蜀文化的奇异光泽。

[三星堆] 三星堆古文化的发现证实了民间传说中蚕丛是四川人的始祖的说法，后面的柏灌、鱼凫、杜宇、开明等都成为有据可查的真实姓名。在此之前蚕丛及鱼凫这段历时数千年的历史，一直被视为神话。唐代大诗人李白的"蚕丛及鱼凫，开国何茫然"就是对此的慨叹和思索。1929 年在四川省广汉县三星堆出土了大量的文物，除了 400 多件古玉器外，还有庞大的城墙遗址、房屋遗址以及精美的金器和数量惊人的青铜制品。出土的青铜制品具有独特的造型和风格，而且青铜铸造工艺也达到了很高的水平。这完全证实了鱼凫族的存在，将古蜀文化发展史至少向前再推 1000 年。

[都江堰] 都江堰主要工程由鱼嘴、飞沙堰和宝瓶口组成，为战国秦昭襄王时期蜀太守李冰及其子率众修建。战国时还没有发明火药，他用火烧石头的方法凿穿玉垒山引水。最后在玉垒山凿出了一个宽 20 米、高 40

米、长80米的山口，即"宝瓶口"。这样就使岷江能够向东流，避免了水害。他还用装满鹅卵石的竹笼在江心填筑了鱼嘴分水堤，把岷江分作两支，一支灌溉成都平原，一支流向下游。为了进一步控制流入宝瓶口的水量，在鱼嘴分水堤的尾部，又修建了分洪用的平水槽和"飞沙堰"溢洪道。都江堰建成后，成都平原的农业经济逐渐发达起来，造福农桑、哺育不畏旱涝的"天府之国"达2000余年，被誉为"中华民族勤劳智慧的结晶"。它设计科学，不仅是中国水利工程技术的伟大奇迹，也是世界水利工程的璀璨明珠。2000年11月被联合国教科文组织遗产委员会列入《世界遗产名录》。

气候

四川省气候冬暖、春早、夏长，年均温16℃~20℃，日温差大，极端最高温大于40℃。因受东南太平洋季风和西南印度洋季风影响，降水量大，年降水量600~1000毫米，以多夜雨为特色。

[大渡河] 大渡河又名铜河、沫水，发源于川、青交界的果洛山，自北向南汇入岷江。全长1062千米，流域面积9.2万平方千米。上源为多柯河、阿柯河、梭磨河等，可尔因汇合后称大金川，在丹巴接纳小金川后始称大渡河，于乐山城南注入岷江。大渡河的峡谷河段占全河70%以上，水流湍急。全河落差3600米。大渡河流域是四川重要林区和石棉、云母的最大产地，森林蓄积量约占全省的19%。大渡河是四川木材水运的主要河道。

自然资源

四川省境有五大自然地理区，气候跨热、温、寒三带，有极其丰富的资源蕴藏量。河川径流量及水力资源分别占全国的17%和22%，居全国首位。植物总数逾万种，居全国第二位。裸子植物总数则名列全国第一。资源植物超过4000种。2007年森林覆盖率达31.27%，森林蓄积量居全国第二。其中脊椎动物1100多种，占全国总数的40%左右。鸟类和兽类均占全国的一半，两栖类则占38%。四川矿种多，储量大，已发现的矿种有125种，其中已探明储量的有81种，名列全国前三位的有钛、钒、锶、硫铁矿、芒硝、天然气、碘、镉、水泥石灰岩、熔剂石灰岩、光学萤石、熔炼水晶及铁、铍、锂、云母、石棉等24种。但是四川省人口众多，人均资源占有量较少。

[皱皮杜鹃] 皱皮杜鹃属杜鹃花科，生长在四川西部海拔2200~3300米处的灌丛之中，是中国特有植物。为常绿灌木、高2~3米。叶厚革质，倒披针形，上面叶脉深陷，呈泡状粗皱，下面叶脉隆起且密，被淡棕色星状毛。花冠白色至红色，内侧有红色斑点。

[小熊猫] 小熊猫又名小猫熊、九节狼、金狗，属浣熊科，为国家二级保

杜鹃

传说在古代，"从天而降"的杜宇在蜀地称帝，号为望帝。当时的蜀国人烟稀少，土地荒芜，洪水经常泛滥。于是杜宇亲自带领人民进行耕种，但始终未能根治洪水，后来从楚国漂来一具死尸，到岷山下复活，自称为鳖灵。杜宇便请他治水。鳖灵果然成功地制服了洪水，杜宇封他为宰相。谁知鳖灵很有野心，他把杜宇赶到西山里去，自己夺取了王位。杜宇死后化为布谷鸟，每到春天来临便催促百姓及早进行耕种，以至于啼出血来。当代人怀念杜宇，便把布谷鸟叫作杜鹃鸟或直接叫作杜鹃，李商隐有诗"望帝春心托杜鹃"即由此而来。

护动物。主要分布于四川、陕西、青海、甘肃、云南以及西藏的部分地区。小熊猫一般体重5千克左右，体长40～65厘米。体背红棕色，嘴周围及胡须是白色的。蓬松而长长的尾巴有棕色与白色相间的九节环纹，故得名九节狼。喜欢栖息于海拔2000～3000米有竹子分布的森林，晨昏外出，白天则隐匿休息。有较固定的活动区域。小熊猫善于攀缘，喜食箭竹笋、嫩叶、竹叶及各种鲜果和苔藓，还捕食小鸟、鸟卵和昆虫等。

小熊猫

[大熊猫] 大熊猫又名竹熊、花熊，属于哺乳纲食肉目熊猫科，为国家一级保护动物。仅分布于四川、陕西、甘肃的局部地区。数量极为稀少，野生的大熊猫大概只有1000只左右，并在逐年减少。大熊猫体长120～180厘米，尾长10～20厘米，体重60～110千克。头圆颈短，前掌除了5个带爪的趾外，还有第六趾。躯干和尾巴为白色，两耳、眼周、四肢和肩胛部全是黑色，腹部为淡棕色或灰黑色。大熊猫主要栖息在海拔2000～3000米的落叶阔叶林、针阔混交林和亚高山针叶林带的山地竹林内。它没有固定巢穴，喜欢单独活动。视觉较差，行动缓慢，但能快速而灵活地爬上高大的树木，并能泅渡湍急的河流。主要以竹类的竹笋、竹叶为食，偶尔也捕食小动物。几十万年前是大熊猫的极盛时期。古代大熊猫以食肉为主，它曾广泛分布于中国东部，后来同期的动物相继灭绝，大熊猫却孑遗至今，并保持了原有的古老特征，因而有"活化石"之称。因受利益驱使，现代大熊猫仍是捕杀对象，这也是造成大熊猫数量减少的原因之一。

经济

四川省工业部门较齐全，其中钢铁、机械、电子、天然气、化工、森林、丝纺织、造纸、食品等部门在中国占据重要地位。四川农业比较发达，农副业产品丰富多样，居全国前列。四川交通现在已初步形成与全国交通网相连的铁路、公路、水运、航空综合发展的立体交通体系，成为中国西南地区经济发展水平较高的地区之一。

[农业] 四川省耕、林、草、水面积均居全国前列。耕地面积637.09万公顷，是中国主要农区之一。种植业是四川农业的主业，平均复种植数达197%。粮食作物以水稻、小麦、玉米、薯类为主。其中，水稻总产量居全国第二位，小麦居全国第五位。全省粮食总量居全国前列。经济作物以油、棉、蔗、麻、烟为主。四川盆地为中国最大的油菜籽生产基地，但油菜籽产量仅占全省农作物的12%。四川是我国甘蔗、苎麻、晒烟主要产区之一。园艺作物中，桑蚕、茶叶具有全国意义，素称"蚕茧之国"。

茶叶生产仅次于浙、湘两省，是当地农民的主要收入来源。四川是中国三大林区和主要木材生产基地之一。四川畜牧业发达，有广阔草场，全省大牲畜以牛为主，马、驴、骡很少。小牲畜以猪为主，羊为次。其中，猪的存栏数居全国首位，黄牛、水牛拥有量居全国第二位。生猪、猪鬃、皮张、肠衣、羊毛等则是四川传统的输出商品。四川还盛产电草、贝母、大黄等名贵药材。

[工业] 四川工业以成都市最为集中。冶金工业产量占全国的 8%。机械工业是省内发展最快、种类最多的工业部门，其中机械制造、军事机械、电子仪表、动力设备等部门在中国占有重要地位。化学工业以基本化工、化肥、化学药品为主体。炭黑占到了全国 1/4。此外还有棉纺工业、造纸工业、食品工业，以天然气为主的能源工业等。手工业以竹艺、皮革、刺绣等在全国很有名气。

[交通] 因为四川特殊的地理环境，交通一直是困扰四川发展的重大问题。目前铁路运输是四川省内外交通主干，达 3000 千米，已形成以成都为中心枢纽的铁路运输网，有成渝、成昆、宝成等铁路干线。宝成铁路全长 668 千米，北起陕西宝鸡，南至四川成都，是中国第一条电气化铁路。四川的内河航运主要有岷江、沱江、嘉陵江等航道，构成全程达 1.07 万千米的内河航运网。四川的公路全长 19 万千米，重要的交通干线有川藏、成阿、东巴、成万等 40 多条。航空运输发展很快，成都通往北京、上海、武汉、广州、西安、昆明、贵阳、拉萨、香港等地均有直达定期航班。地方航空线、管道运输也有较大发展，所谓“蜀道难，难于上青天”已成为历史。

旅游

四川省具有丰富的人文历史景观，尤以乐山大佛、九寨沟驰名，三星堆、王建墓、武侯祠、杜甫草堂、三苏祠、望江楼等名胜古迹众多。山峦之中多佛教、道教的寺观，摩崖石刻遍布，还有山佛合一的大佛。沟谷之中有九寨沟、黄龙等著名的风景区。凿壁攀岩的剑门蜀道把有“天府之国”美称的成都平原与外界沟通起来。憨厚可爱的卧龙熊猫、古老神奇的自贡恐龙化石为四川增添了几分神秘而迷人的色彩。

[九寨沟] 九寨沟位于四川省南坪县城 40 千米外，因周围有九个藏族村寨而得名，为全国重要风景名胜区和自然保护区。它地处岷山山脉，海拔 2000～4300 米，面积为 620 平方千米。景区内有 3 沟、108 个翠海（高山湖泊）和 5 滩 12 瀑 10 流，并有多处大面积钙华滩流。由日则沟、树正群海沟和则查洼沟三条沟组成。集翠海、叠瀑彩池、雪峰及高山为一体，因原始自然风光，被誉为“人间仙境”“童话世界”。1992年 12 月 14 日九寨沟被联合国教科文组织批准列入《世界遗产名录》。著名的景点有剑悬泉、天鹅湖、剑竹海、熊猫海、高瀑布、五花海、珍珠滩瀑布、诺日朗瀑布、犀牛海、树正瀑布、树正群海、卧龙海、火花海、芦苇海、留景滩、长海、五彩池等。主要植物种有红松、云杉、冷杉、赤桦等。在这里的原始森林中，有大熊猫、金丝猴、白唇鹿、苏门羚、毛冠鹿等动物在此栖息。

[峨眉山] 峨眉山距成都 150 千米，又称大光明山，是大峨山、二峨山、三峨山和四峨山的总称，现在的游览地即为大峨山。因四山逶迤连绵如长

诺日朗瀑布

诺日朗瀑布海拔2365米，瀑宽270米，落差20米，是中国大型钙华瀑布之一，也是中国众多瀑布中最宽阔的瀑布。

眉，故称峨眉山。万佛顶海拔最高，约为3079.3米，山势最雄伟。峨眉山平地而起，峰峦险峻，青山秀丽，自古有"峨眉天下秀"之称。峨眉山是中国四大佛教名山之一，是普贤菩萨的道场，以报国寺、万年寺、清音阁、洗象池、洪椿坪、金顶等最为著名。峨眉山金顶可观"日出""看云海""赏佛光"三大奇观。万年寺中有北京铸造的普贤菩萨骑六牙白象铜像，甚为珍贵。山中还有3000多种植物，包括世界上稀有的珙桐、冷杉、水青树和60多种杜鹃（为世界三大名花之一）等，有100多种动物，被誉为自然博物馆。

由于山地具有特殊温凉湿润的气候条件，如杉林可下降至海拔1900米左右而与常绿阔叶林相混交，成为峨眉山垂直带谱的特色。

佛光 据佛经中讲，佛光是佛祖释迦牟尼眉宇中放射出来的光芒。实际上是由于水滴折射及反射太阳光而形成的，当人背向阳光、面向云雾时，阳光不但会将人的影子投映到正前方，还在水滴的表面和内部产生折射及反射，使水滴有如棱镜将阳光分散成七彩光，又因各种色光的偏折角都不同，在人影周围形成呈同心环状排列的光环。且水

滴越大，光环越小。经科学家观察，最容易产生佛光的时间通常在日出之后到9点，以及下午3点到日落前1小时。佛光之说是古代人对自然现象的主观诠释。

[乐山大佛] 乐山大佛位于四川省乐山东1千米处，在岷江、大渡河青衣江、三江汇合处，依凌云山栖霞峰的临江峭壁凿造而成，因此又名凌云大佛，为中国最大的弥勒坐像，也是世界最高的大佛，有道是"佛是一座山，山是一尊佛"。佛像高71米，头高14.7米，头宽10米，肩宽24米，发髻1021个，眼长3.3米，鼻长5.33米，耳长7米，耳内可并立二人，手的中指长8.3米，脚背可坐百余人。乐山大佛的脚背宽为8.5米，一个脚背上就可以横放三辆卡车，单是一个大拇指的趾甲也有1.6米长。大佛的造型具有浓厚的中国色彩，是中原佛教艺术的扩展和发扬。其面部眉清目秀，温文尔雅，将男性的庄严与女性的祥和融为一体，呈现出慈悲为怀、普度众生的博大胸怀。唐玄宗开元初年，凌云寺的名僧海通为普度众生，想借助神力消除水患而开凿了乐山大佛。在善男信女和朝廷的资助下，历时90年乐山大佛才完工。乐山大佛头齐山峰之巅，

脚踏大江之滨，比例匀称，庄严雄伟，更为令人惊叹的是它具有一套设计巧妙、隐而不见的排水系统。在大佛头部18层发髻中，第4层、9层和第18层各有一条横向排水沟，分别用锤灰垒砌修饰而成，远望看不出来。衣领和衣纹褶皱处也有排水沟，水沟相连，左右相通。胸部背侧两端各有一洞，便于通风。这是乐山大佛抵抗侵蚀的关键所在。

[黄龙风景区] 黄龙位于四川省松潘县境东北35千米的黄龙乡，距成都390千米，在岷山山脉南段。享有"世界奇观""人间瑶池"之誉，被称为"中国一绝"。风景区面积700平方千米，外围保护地带面积为640平方千米。黄龙风景区的巨型地表钙华坡谷如一条金色巨龙蜿蜒于原始林海和石山冰峰之间，构成奇异、峻峭、雄伟、野朴的环境特色，这也是黄龙得名的原因。钙华边石坝彩池、钙华滩、钙华扇、钙华湖、钙华隐塌陷湖、钙华塌陷坑、钙华瀑布、钙华洞穴、钙华泉、钙华台、钙华盆景繁多齐全，是一座世所罕见的天然钙华博物馆。黄龙钙华段长达3600米，最长的钙华滩长1300米，最宽的为170米。黄龙还是中国最东部的现代冰川保存区。这里发育着雪宝顶（5588米）、雪栏山（5440米）和门洞峰（5058米）三条现代冰川。黄龙风景区内有大熊猫和扭角羚等珍奇动物，是中国重点风景名胜自然保护区。

彩色海子 彩色海子是由钙华埂反射光线所致。它由400多个形态、水色各异的彩池连缀组成。彩池中的水深不盈寸，大都来自高山的雪水和涌出地表的岩溶水。据科学研究论证，水中富含的碳酸钙沉积时，生成固体的钙华埂，使流水形成层叠相连的大片彩池群。碳酸钙沉积过程中，与各种物质发生化学反应，而形成各种质地的钙华体，钙华体在阳光和雪山冰川的辉映下，光彩四射，从而形成了"彩色海子"的天然景观。

千层碧水走黄龙 彩池、雪山、峡谷、森林是黄龙区的大自然景观，然而由钙华流形成的金色黄龙更令人叫绝。在彩色海子下方，有条长约750米，最宽处122米，最窄处40米，相对高差116米的大型钙华流。当流水顺山而下，经过这里的脊状坡地时形成钙华沉积，火山如黄金，状如巨龙，整个沟谷远看上去恰似一条巨龙身披金色鳞甲从雪山上飞腾而下，壮观异常，撼人心魄。阳光照射滩水浮光耀金，所以又称"金沙铺地"。曾有古人联句评价此景为"玉障参天，一径苍松迎白雪；金沙铺地，千层碧水走黄龙"，高度概括了这一天然胜景。

[青城山] 青城山位于都江堰市南东距成都66千米，以赵公山为主峰，海拔千余米。山上林木青翠，环绕诸峰，状若城廓，故称青城山。以幽深、幽雅、幽静而得名，故有"青城天下幽"之称。青城山是中国道教发祥地之一。青城山因东汉末年张陵（张天师）得道于此而名传天下。全山共36峰、8大洞、72小洞、108景，有建福宫、上清宫、天师洞、朝阳洞、祖师殿等38处。天师洞是青城山的主庙，建于隋代，是一组规模宏大、结构精美的建筑群。正殿内有唐雕三皇石像，历时1200多年。山中还有唐玄宗手诏碑、唐铸飞龙铁鼎和南宋岳飞手书诸葛亮的《出师表》等石刻较为知名。早晨观日出、白天看云海、入夜看圣灯是青城山的三大奇景。现已被列入《世界遗产目录》。

[武侯祠] 武侯祠位于成都市南门外。最早由西晋末年十六国成王（汉）

李雄为纪念三国蜀汉丞相、武乡侯诸葛亮所建。全祠占地面积 3.7 万平方米。明初，并入昭烈庙。现在的规模为清康熙十一年（1672）重建。主体建筑坐北朝南，排列在一条中轴线上。殿宇高大宽敞，布局严谨。刘备殿和诸葛亮殿，均是四合院式的殿宇建筑。诸葛亮殿内有蜀汉君臣塑像 47 尊，令人惊奇的是，这里有刘备的孙子刘谌陪祀，却没有后主刘禅。据说当时刘禅投降时，刘谌苦谏无效，于祖庙中举家自杀殉国，后人为此专门塑像祭祀。并且古今文人骚客多有题咏，驰名中外。武侯祠中碑有 300 余石，"三绝碑"最为著名，由唐朝裴度撰文，书法家柳云缚书写，名匠鲁建刻石而成，因文章、书法、石刻三技精湛，世称"三绝碑"。

[卧龙自然保护区] 位于四川省汶川县，主要保护西南高山林区自然生态系统及大熊猫等珍稀动物。保护区横跨卧龙、耿达两乡，东西长 52 千米、南北宽 62 千米，总面积 20 万公顷。这里生长着大量箭竹和华桔竹，是动物"活化石"大熊猫生存和繁衍后代的理想地区，已被列为联合国国际生物圈保护区，设有大熊猫研究中心和大熊猫野外生态观察站。保护区属邛崃山脉东麓、青藏高原向四川盆地过渡地带的高山峡谷区，其温暖潮湿的自然环境为众多的珍稀动物提供了良好的生存条件，是一处恬淡、幽静、秀美的自然风景游览地。核桃坪是观赏、了解大熊猫的好地方。此外，还有英雄沟、银厂沟等游览点，景色秀丽。除大熊猫外，这里还有金丝猴、雪豹、白唇鹿等珍稀动物。因此，卧龙自然保护区又被誉为"动植物基因宝库"。

贵州省
行政区划

贵州省位于中国西南部，云贵高原东部，处于东经 103°36′~109°35′、北纬 24°37′~29°13′。与湖南省、广西壮族自治区、云南省、四川省、重庆市接壤。总面积 17 万多平方千米。贵州在战国时为夜郎城，后为西汉所灭，设州县，"夜郎自大"之成语即产生于此。辖贵阳、遵义、六盘水、安顺 4 个地级市，黔南布依族苗族、黔东南苗族侗族、黔西南布依族苗族等 3 个自治州，铜仁、毕节 2 个地区，还有 10 个市辖区、9 个县级市、56 个县、11 个自治区。简称"黔"或"贵"，因境内有贵山而得名。

[省会——贵阳] 贵阳市位于贵州省中部，面积 8034 平方千米，人口 432 万，有汉、苗、布依、彝、侗、水、黎、回等 38 个民族。贵阳有 2000 多年的历史，因位于贵山之南而称为"贵阳"。地处黔中山原丘陵中部，是长江水系和珠江水系分水岭地带，地势西南高东北低。这里气候温和，山川秀丽，夏无酷暑，冬无严寒，被誉为"第二春城"。矿藏有煤、铅、磷等。贵阳是中国四大铝工业基地之一。农业以种植水稻、油菜、烟叶、蔬菜为主。淡水鱼养殖颇具规模。贵阳是西南地区最大的交通枢纽，渝黔、湘黔、黔桂、贵昆 4 条铁路交会于此。

[遵义] 中国革命历史名城遵义市位于贵州省北部，赤水河以东，乌江以北，西北与四川省和重庆市毗邻。面积 30763 平方千米，地处贵州高原北部，跨黔北山地和黔中山原丘陵，大娄山蜿蜒境内，以低山丘陵和宽谷盆地为主。主要河流有乌江、赤水河、湘江、偏岩

河、余床河、六池河、洪渡河、芙蓉江、桐梓河，乌江干流自西向东流经南缘。遵义是驰名世界的"酒乡"，生产国酒茅台。农产品有稻谷、小麦、油菜籽、烤烟、蚕桑、茶叶、林果等。

人口、民族

贵州是多民族杂居的省份。人口3474万(2010)，平均密度197人／千米^2。人口地区分布极不平衡，以黔南、黔东南山区人口密度最低。除汉族外，贵州的少数民族主要有苗、布依、侗、彝、水、回、仡佬、壮、瑶、满、白、土家等。少数民族人口约占全省总人口的39%。省内少数民族主要分布于乌江以南地区，居住分散，分布面广，多杂居或小聚居。苗族占少数民族人口的近33%，布依族占22%左右，侗族占13%左右。

苗族姑娘的节日盛装
心灵手巧的苗族姑娘衣服上缀满了银片、银雀、银铃、银泡等银饰品，银光闪闪，辉光夺人，令人眼花缭乱。论工艺，有粗件和细件之别：粗件主要是项圈、手镯，细件主要是银铃、银花、银雀、银蝴蝶、银针、银泡、银索、银链、耳坠等。

[苗族] 苗族共有900多万人，主要聚居贵州省的南部。其他聚居在云南和湖南、湖北等省。远古时代的"盘瓠"部落，或称"五溪蛮""武陵蛮"，就是苗族的先民。苗族的文字不完备，苗文苗语属汉藏语系苗瑶语族苗语支。古歌、诗歌、情歌在苗族十分流行。苗族人也善舞蹈，有丰富的民间口头文学，芦笙为著名民族乐器，男子多用布包头，身穿短衣裤，妇女的大襟上衣绣有花饰图案，下身穿百褶裙。苗族的传统节日是一年一度的花山节（农历正月初五举行，又名"踩花山"），这是苗族人民最盛大的节日。多神崇拜。

[侗族] 侗族共有300多万人，主要分布在贵州省，湖南、广西、湖北也有少量侗族人。侗族的祖先为僚，先祖可能是骆越。他们有自己的语言，但没有文字。中华人民共和国成立后确立了侗文，一般通用汉文。侗族还有自己独特的戏曲侗戏，有《珠郎娘美》等优秀剧目。侗家聘女有个"十八年杉"的习俗，每当女孩出生就种若干株杉木，到女儿出嫁时杉木也就成材了。侗族文化艺术丰富多彩，有"诗的家乡、歌的海洋"之称。

历史文化

贵州文化以发源早、起步慢、融合快为特点。在旧石器时期，贵州就有桐梓人、水城人、兴义人等古人类的踪迹。西汉建立了郡县制。唐代开始在贵州推行设经制州、羁縻州并行的制度。明朝水西的女土司奢香在明政府的支持下修筑贵州至云南、四川的驿道，促进了当地经济文化的发展。贵州的文化是汉民族和地方少数民族文化相互交融的结果。众多的文物古迹充分展现了民族大融合的气息。

[傩文化] 傩原是迎神驱鬼的仪式，后逐渐发展为娱乐性的文化方式，如"傩戏"。傩的发源地在贵州东部的乌江流域（包括石阡、思南、印江、德江、沿河等县），在这里聚居着27个民族，傩班子有400多个。内容包含有祛灾、避难、镇邪、占卜、治病、求子、求寿、祈财、纳吉等世俗生活的一切方面，学术界称之为"乌江傩"，也称"铜仁傩文化"。近几年专门出现了傩文化研究、傩事活动。傩事大多在秋收以后至次年春耕的农闲季节举行，长则七天七夜，短则三天三夜。分为"开坛"、"开洞"和"息坛"三个阶段。演出内容包括傩仪、傩戏、傩舞、傩技等。演员们头戴面具，用唱、白、跳、翻、滚、跃、打等表现手段演绎驱邪祈福的内容。由此派生的副产品铜仁傩戏面具也是驰名中外的工艺美术品。

[顺德夫人——奢香] 奢香，彝族人，洪武十四年(1381)明朝贵州宣慰使蔼翠去世，其夫人奢香继承了丈夫的职务。当时贵州都督马晔想扩大地盘，他故意制造事端，抓捕奢香并用鞭笞等刑侮辱折磨奢香，想以此激发少数民族叛乱。果然，奢香统辖的四十八部土司纷纷要求起兵去杀掉马晔。但是奢香聪明地制止了叛乱，摆脱险境。亲往京师拜见明太祖朱元璋，请求安抚，朱元璋把马晔关进牢房。奢香回到贵州集中全力开辟了一条从东到西横贯全省的交通要道，并设立了9个驿站，促进了贵州经济文化的发展。洪武二十九(1396)奢香去世，按传统风俗实行火葬，安葬在大方县雾笼坡。朱元璋特别赐"顺德夫人"的封号，奢香开辟了贵州历史的新纪元。

[王阳明龙场悟道] 王阳明，名守仁，字伯安，浙江余姚人。曾任明朝兵部主事，因得罪了当朝宠臣权贵，他被谪戍到贵州龙场（今贵州修文）。当驿丞的3年时间里，他创立了"心即理"和"知行合一"学说，于此创办了龙冈书院。阳明心学是中国儒学的最后一座高峰，而"龙场悟道"就是王阳明学说的起点。对此后世学者称之为"龙场悟道"。中外学者都认为龙场是"阳明圣地"。《古文观止》收录有他的三篇散文，其中两篇就是在贵州作的，一篇是《瘗旅文》，另一篇是《象祠记》。修文阳明洞的玩易窝、阳明小洞天、何陋轩、君子亭、龙冈书院等王阳明当年活动的胜迹保存至今，还有王文成公祠、阳明祠等。

[苗族蜡染] 天下蜡染数贵州，贵州蜡染数苗族。蜡染工艺始于秦汉，明清以后传入西南，成为贵州传统的民间工艺。制作蜡染时先用蜡刀从温热的碗里沾上蜡液，作画毕将蜡布放进蓝靛缸里浸染，待煮沸蜡脱和漂洗晾干后便形成了蓝底白花的各种图案。苗族蜡染位居首位，图案丰富，文化内涵更是极其蕴厚，从远古精灵到生活风情，极富魅力。常见的蜡染图案有鱼鸟纹、铜鼓纹、蝴蝶纹、龙纹、蜈蚣纹等，有不少传世珍品。

气候

贵州省冬无严寒，夏无酷暑，大部分地区年均温为14℃～16℃。年降水量一般在1100～1400毫米。热量较充足，10℃以上的活动积温达4000℃～5500℃，无霜期长达270天以上，而且雨热同季，利于植物生长。因地形和纬度等因素的影响，省内气候从东到西、从南到北、从低到高变化明显，形成了多种气候类型。但因雨日多达160天，相对湿度常达80%，日照仅1200～1500小时，日照率不足25%～30%，有"天无三日晴"之谚，这也是农业"立体式"布局的主要原因。

自然资源

贵州省矿产资源种类繁多，发现矿产110多种，其中已探明储量的74种矿产中，有38种储量居全国前十位，有磷、铝土、重晶石等21种列第一至三位。汞、锑、煤炭、锰、硫铁矿和水泥原料等矿产都具有优势。金矿储量居全国第12位，有中国黄金"金三角"之称。全省森林覆盖率39.93%，其中银杉、珙桐、秃杉、桫椤等被列为国家一级保护植物。还有杜仲、天麻等名贵药材和药用植物3700多种，占全国中草药品种的80%，是中国四大中药材产区之一。有野生动物1000余种，黔金丝猴、黑叶猴、黑颈鹤、华南虎等14种动物被列为国家一级保护动物。丰富的资源为全省工农业的发展奠定了基础。

[长苞铁杉] 长苞铁杉为常绿乔木，属于松科，高达30米，胸径120厘米。叶辐射排列，线形，叶背有明显的灰白色气孔带。雌球花苞鳞大于珠鳞。球果圆柱形，直立，苞鳞稍外露。分布于贵州、湖南、广东、广西、福建，生于海拔300～2300米处的山脊或向阳山坡。现已濒临灭绝，属国家三级保护濒危种，是研究松科植物起源的重要物种。

[黔金丝猴] 国家二级保护动物，黔金丝猴别名灰仰鼻猴、白肩仰鼻猴、牛尾猴等，为中国海拔1700米上贵州梵净山所独有。形状近似金丝猴，脸部灰白或浅蓝。头顶前部毛基金黄色，至后部逐渐变为灰白，毛尖黑色。耳缘白色，背部灰褐色。两肩之间有一白色块斑，毛长达16厘米。上、下肢外侧，由浅灰褐色逐渐变为黑色。黔金丝猴主要在树上活动，结群生活，以植物的叶、芽、花果及树皮为食。与金丝猴同源同属猴科。

[百里杜鹃] 全世界共有杜鹃花850种，贵州就有70多种，居中国第4位。百里杜鹃则是贵州杜鹃花区的代表。百里杜鹃位于大方、黔西两县交界处，面积约200多千米，是中国面积最大的原生杜鹃林，这里分布着马樱、鹅黄、百合、青莲、紫玉等4个亚属23个品种的杜鹃花，是一个品种齐全的天然花园。百里杜鹃不仅花色灿烂，最为珍贵的是"一树不同花"，可达7种之多，被誉为"杜鹃之王"。

[灰鹤] 灰鹤属于鹤科，繁殖于北方，越冬于南方，贵州的草海就是灰鹤迁徙时主要栖息地之一。灰鹤全长约110厘米，体羽为灰色。头顶裸皮为朱红色，长有稀疏的黑色短羽。两颊至颈侧为灰白色。喉及前、后颈呈灰黑色。初级、次级飞羽枝和羽端，分离成毛发状，内侧飞羽延长弯成弓状。嘴呈青灰色，前端呈乳黄色。脚为灰黑色。以水草、野草种子、昆虫及水生动物为食。繁殖期在每年的4～5月，每窝产卵只有2枚，为淡棕色或红褐色。雌雄亲鸟轮流孵卵，孵卵期为1个月。幼鸟长大后南迁过冬。每年都有成百上千的灰鹤被草海的银鱼细虾和丰茂的水生动物吸引，不远千里来此越冬。灰鹤繁殖能力不强，近几年种群明显减少。

[黑颈鹤] 国家一级保护动物，黑颈鹤全长约 120 厘米，属于鹤科，在青藏高原繁殖，在贵州高原越冬。体羽银灰色至近白色，羽缘淡棕色。头顶暗红色，生有黑色发状羽。头、颈约 2/3 为黑色，眼下有一白斑。飞羽黑褐色，三级飞羽黑色，延长而弯曲呈弓形，羽端分枝成丝状，尾羽灰黑色。嘴淡绿色，脚黑色。雌鸟上背有淡棕褐色的蓑羽。主要栖息在海拔 2500～5000 米的高原，是世界上唯一生长、繁殖在高原的鹤。以绿色植物的根、芽、昆虫、蛙类、鱼类等为食，繁殖方式与灰鹤相同。

经济

贵州省传统经济以农业为主，中华人民共和国成立以来，工业得到了飞速发展。全省耕地面积 448.74 万公顷。省境东南部为稻作区，西北部为旱作区，以玉米最多，中部为水旱兼作区。全省大部分地区实行一年两熟或两年三熟制。冶金工业以钢铁、铝、锌、锑、汞等采炼铝工业和磷化工生产在全国占有重要地位。轻工业以烟、酒、纺织为主。交通运输便利。

[农业] 贵州省农作物以水稻、玉米居多，冬小麦、甘薯、马铃薯次之。水稻、玉米种植面积占粮食播种面积的 1/3 以上。玉米主要分布在省境西部山区，多与豆类套种。经济作物中油菜、烟草最为重要。烤烟产地遍布全省，是中国四大烤烟产区之一。经济林种类多，以产生漆、杜仲、五倍子、桐油、乌桕油、棕片等林产品和药材著称，产量多居全国前列。此外，还盛产亚热带、温带水果，是贵州农业发展的支柱产业。这里还是中国柞蚕四大养殖基地之一。

茅台酒

茅台酒是我国的国酒，为典型的酱香型白酒，产于贵州仁怀市茅台镇，有 2000 多年的酿制历史。酿制茅台酒的用水主要是赤水河的水，赤水河的水质好，入口微甜，无溶解杂质。茅台酒的酿造方法独特，采高温大曲，并且用曲量很大，原料高粱，在酿造过程中，2 次投料，8 次高温堆集发酵，8 次下窖，7 次蒸馏取酒，由于每次取的酒质量不同，香味有别，最后要互相掺兑起来，调入陈酒，使之达到标准适口的要求。茅台酒在调配时，从不加一滴水，都是以酒勾酒。酒度低而不淡，一般为 53°，纯洁、微黄、晶莹，柔绵醇厚，酒味温醇，不上头，且有舒筋活血、益寿延年的功效。与法国白兰地酒、英国苏格兰威士忌并称为世界三大名酒。

[工业] 贵州的工业总产值占到了全省总产值的 70%，主要以煤炭、电力、有色冶金、化学、机械制造等为主。六盘水市是中国南方地区的煤炭基地。黔西南地区是中国黄金生产的"金三角"之一。铝土矿集中分布于遵义、贵阳一带，贵阳市郊白云镇建有大型炼铝工业。开阳、瓮安、福泉是中国磷矿石生产基地之一。机械工业发展以仪表为代表。轻工业以卷烟、酿酒、纺织、造纸为主，制糖、日用化工、小五金、皮革、塑料等工业也相应建立。酿酒工业分布普遍，茅台酒历史悠久，驰名中外。传统的手工艺品以玉屏的箫笛、大方的漆器、安顺的蜡染、威宁和安顺的地毯、贵阳的木刻极为著名，这也是少数民族人民重要的收入来源。

[交通] 贵州省交通以铁路为主，洱（今中和镇）西北约 1 千米处的苍山应乐峰下，始建于公元 5 世纪南诏国时期。又名前铁路渐成网络。公路运输辐射全省所有的县、区和 90% 以上的乡镇。航空运输以贵阳为中心，可飞往全国各

大城市。内河航运里程有 3425 千米。

旅游

喀斯特、高原峡谷景观造就贵州省诡秘、神奇的自然风光。石林风景、织金洞、白龙洞、安顺龙宫等鬼斧神工，妙手天成。号称中国第一瀑的黄果树瀑布声闻十里，壮观无比。阳河三峡、马岭河峡谷、思南乌江峡、花江大峡谷等曲径通幽，俨如世外桃源。名山与珍禽异兽齐名，融人文景观、风景胜地为一体，是天然的旅游区。

[文昌阁] 文昌阁位于贵阳东门城台上，是祭祀文昌、魁星、武安王的建筑。始建于明代万历二十四年(1596)，毁于战火，清康熙八年(1669) 重建。阁高约 20 米，九角三层宝塔形木楼，攒尖顶，各层出檐不起翘，底层正南插出两拱以承托檐桁，构造简洁，为中国较古老的斗拱形式。此种平面构图法和九角阁楼式样，国内极为罕见。另外，阁楼柱架用材都与"9"有关，如层顶9 角；梁 81 根，是 9 的 9 倍；柱 54 根，是 9 的 6 倍；楼楞木二三层各用 9 根等。这在古建筑中也较少见。古时以"9"为大吉，象征最高权力。

[织金洞] 织金洞位于织金县城东北 27 千米处，又名打鸡洞，是世界上发现的保留有最原始面貌、最完备景观的巨型石灰岩溶洞。长 12.1 千米，总面积 70 多万平方米，相对高差达 150多米，一般高宽均为 60 ~ 100 米。洞内堆积物平均高度 40 米左右，最高堆积物达 70 米，比"世界之最"的古巴马丁山溶洞石笋还高 7 米多。堆积物结晶形态类别多达 50 多种。有"溶洞之王""天下第一洞""岩溶博物馆""地下艺术宫殿"等美誉。现有迎宾厅、讲经堂、寿星宫、望山湖、广寒宫、灵霄殿、水晶宫、塔林洞、十万大山、漫谷长廊、水乡泽国、金鼠宫等 12 大景区共 47 个厅堂。其中以广寒宫景区最为壮观，总面积 5 万多平方米，有群山、平川、湖泊、石笋和形态逼真的神秘大佛、嫦娥奔月、霸王盔、杪椤树等钟乳石。"银雨树"，是一株极其罕见的塔树形开花状透明结晶体，高 17 米，底部直径 0.42 米，中部为 0.7 米，树上花朵盛开，一朵有 50多层花瓣，造型优美独特，玲珑剔透，晶莹玉润。此洞不仅是旅游胜地，还具有很高的科学价值。

[梵净山] 梵净山位于江口县、印江土家族苗族自治县、松桃苗族自治县三县交界处。东西宽约 21 千米，南北长约 27 千米，总面积 567 平方千米。主峰凤凰山，海拔 2572 米，是武陵山脉的最高峰。山体为穹隆状变质岩和火山岩地层。悬瀑飞泻，林海茫茫，名胜古迹有老金顶、金顶、九龙池、白云寺、护烟寺、坝海寺、梵净古迹、九皇洞、天仙桥和古茶殿，遗址素有"黔中第一山"之称。金顶以其在阳光下金光灿灿而得名，又因旭日夕阳将朝云暮霭染成红色，而有"红云金顶"之称。九皇洞、金顶和蘑菇岩一带可见"佛光"奇景，多出现于晨光暮色中。山中亚热带原始森林、动物等资源丰富，为金丝猴、珙桐等珍稀生物生存之地。现已被联合国教科文组织列入"国际人与生物圈保护区网"，对研究人类起源、生态发展有极其主要的意义。

[黔灵山] 黔灵山位于贵阳市西北郊，号称"黔南第一山"。由大罗岭、象王岭、白象岭、檀山、杖钵峰、狮子岩、关刀岩、宝塔峰和北峰等崇山峻岭组成。其中最高峰为大罗峰，海拔 1500 米。

黔灵山由山脚到山顶有一条蜿蜒的石板小路，有380多级石阶，称为"九曲径"，俗称"二十四道拐"。山中古木参天，绿草丛生，抬头看不到天，低头看不到泥。山上有"宏福寺"，寺后象王峰顶建有瞰筑亭，可览贵阳全景。另有"海窍亭"，口吹石壁孔穴可以发出和吹海螺一样的声音。山顶有"一泉亭"，亭上悬"洗钵池"横匾，亭后有洗钵池。黔灵山麓有黔灵湖，距湖500米左右的地方，有一泓"圣泉"。圣泉属潮泉，一般潮泉只有三潮或两潮，而圣泉却约9分钟涨缩一次，颇为奇特。张学良、杨虎城二将军曾被囚禁在洞旁的水月庵里。弘福寺坐西朝东，布局如同一个巨大的"甲"字。寺院分南、中、北三轴，又各分前、中、后三进。在中轴主建筑的左侧有"曲尺亭"、"月池"、画廊等建筑物，整个建筑群构图布局严谨，建筑工艺精巧，从明代起这里一直是贵州著名游览胜地。

[天下第一瀑——黄果树瀑布] 黄果树瀑布位于贵州省安顺市西南45千

黄果树瀑布

米，坐落于北盘江支流打帮河上源白水河上。瀑布原名白水河瀑布，因右侧有古榕一株，当地称为黄桷树，因谐音故名。明代地理学家徐霞客在1600多年前来此考察，并在书中作了认真细致的记录，使这里更加有名。这里的石灰岩地层长期受到白水河溶蚀，河床在此陡然下降，河流下切，几次跌落，从而形成九级瀑布，总落差达100余米。黄果树大瀑布主瀑落差67米，宽83.3米，流速17米^3／秒，最大流量为100米^3／秒，是中国最大的瀑布。黄果树大瀑布一泻千尺，声震十里。除了瀑布本身以外，黄果树瀑布还有两奇。第一是瀑上瀑和瀑上潭，主瀑之上有一高约4.5米的小瀑布，其下有一个深达11米的瀑上潭，造型十分优美。第二是主瀑之后的喀斯特洞穴，名为水帘洞。水帘洞由六洞窗、五洞厅、三股洞泉和六段通道组成，长达134米。在一洞口有摸瀑台，可以伸手触及瀑水。现已发现较大的地表瀑18个，地下瀑4个，以及一些具有很高观赏价值的奇特景观，著名的有大瀑布上游的布依族石头寨、陡坡塘瀑布、红岩碑、红岩古榕等。这里以瀑布，溶洞、石林为主体的黄果树风景区，奇峰异洞、怪石丽水构成撼人心魄的瑰丽景观。

[龙岩山多级瀑布] 龙岩山多级瀑布位于坝陵河上游，距黄果树瀑布以西1千米，距关岭城东约5千米，为黄果树瀑布群中落差最大的瀑布。它是坝陵河上的一条支流，在1千米的河道上逐级跌落而成的，共有7级，总落差达410米，是黄果树瀑布的6倍。其中以鸡窝田瀑布、冲坑瀑布、滴水滩瀑布最为著名。特别是冲坑瀑布，怒流狂跌，水势甚猛，落差达140米，为黄果树风

景区最长的瀑布。龙岩山瀑布宽63米，高达130米，是瀑布群内最高的瀑布。瀑水沿梯田状河床逐级喷洒而下，呈倒扇形，层层叠叠，在水雾之中恍如仙境，别有情趣。

[龙宫风景区] 龙宫风景区位于安顺市区西南27千米燊龙潭寨，面积60余平方千米，是一个暗湖溶洞。全长4000多米，穿越20多座山头，串联着90多个溶洞，分为5段，因此又称"五进龙宫"。一进龙宫由宫门到蚌壳岩，全长800余米，水深17～33米，有迎客厅、水晶宫、珊瑚宫等6个溶洞。二进龙宫由蚌壳岩到花鱼塘，三进龙宫由花鱼塘到青鱼洞，皆穹隆低垂，曲折深幽，水道纵横。四进龙宫由青鱼洞到枫树洞，由清水湖、双坑洞两个暗湖溶洞组成，高大宽敞，造物奇巧。五进龙宫由旋塘经观音洞到小菜花湖，景观最为壮丽，有高大陡峭的钟乳石峰、石笋矗立两侧，仿佛高山峡谷一般。有学者考证陶渊明《桃花源记》即受此启发。

云南省
行政区划

云南省位于中国西南边陲，地处北纬21°8′～29°15′，东经97°31′～106°11′。面积39.4万平方千米，全境东西最大横距864.9千米，南北最大纵距900千米，边界线总长4060千米。与缅甸、老挝、越南接壤，国内与广西壮族自治区、贵州省比邻，西北隔倚西藏自治区，北邻四川省。辖昆明等8个地级市、12个市辖区、9个县级市、79个县、29个自治县和8个自治州。

[省会——昆明] 昆明市位于云南省中部，是全省的交通枢纽，面积21688平方千米。历史悠久，为元、明、清三代云南省省府。大部分地区以起伏和缓的中山、丘陵和相对陷落的盆地（俗称坝子）为主，面积在1平方千米以上的坝子多达70个。昆明有西南第一湖——滇池，高原石灰岩广布，喀斯特地貌发育良好，以石林景区驰名世界，最具代表性。工业以冶金、煤炭等为主，优质磷矿高达200亿吨，居全国第一，故云南省有"磷都"之称。昆明因四季如春，有"春城""花城"之誉。

[大理] 大理市位于苍山之西麓，洱海之滨，面积1468平方千米。大理市有"文献之邦"之称。公元8～15世纪是唐时南诏国、宋时大理国的都城，有"东方瑞士"的美称。工业以纺织、造纸、卷烟、机械、食品等为重点。农业生产以稻谷、玉米、小麦、蚕豆、烤烟、蔬菜为主，还养殖猪、菜牛、禽、

大理三塔

蛋、淡水鱼等。特产以大理雪梨、苍山绿茶、下关沱茶为代表品牌。"上关花、下关风、苍山雪、洱（今中和镇）西北约1千米处的苍山应乐峰下，始建于公元5世纪南诏国时期。又名海月"，为大理市"四绝"美景。

人口、民族

云南省人口4596万人，全省人口密度分布极不均匀。云南省是中国世居少数民族最多的省份，包括汉族在内共有彝族、白族等26个世居民族，是全国民族自治地方最多的一个省。少数民族的居住形式是大分散、小聚居，以边疆和山区居多。少数民族所在地区经济发展很快，生活水平显著提高，特别是旅游景点的开发，使旅游业成为少数民族的重要经济来源。

[彝族] 彝族有502.8万人，是云南人口最多的少数民族，彝族还分布在云南省、四川省、贵州省各地，以楚雄彝族自治州、红河哈尼族彝族自治州，红河哈尼彝族自治州哀牢山区一带比较集中。彝族有自己的文字和语言，信仰多神教。彝族支系繁多，主要有诺苏泼、纳苏泼、聂苏泼、改苏泼、撒尼泼、阿细泼、濮拉泼等。彝族人民多流行"跳乐"，称"打歌""跳歌""打跳""叠脚"等。彝族最盛大的节日是每年农历六月二十四日举行的"火把"节。每年农历二月初八是彝族的插花节。他们的住房以石块压顶，故又称"石板屋"。

[白族] 白族人口有156.1万人，世代聚居在大理白族自治州。白族有自己的语言和文字，信仰佛教，属汉藏语系藏缅语族白语支，习汉文。白族人因偏爱白色而著称。他们的传统服装的色调是偏重白色。姑娘的名字大部分都带有花字。白族传统的节日"三月街"富有民族特色。

[哈尼族] 哈尼族有163多万人，分布在云南省南部红河与澜沧江的中间地带。其中哀牢山区是哈尼族人口最集中的地区。哈尼族有本民族语言，无本民族文字。解放后创建了哈尼文，信仰多神。哈尼族以农耕为主。哈尼族人民的住房有土木结构草顶楼房、干栏或竹木结构楼房等几种。哈尼族妇女喜戴有小银泡的圆帽，戴耳环、耳坠和大手镯，其先民称为"和夷"，可能是古羌人族。

[傣族] 傣族有122.2万人左右，主要分布于云南省的南部西双版纳和西部德宏傣族景颇族自治州。傣族先民为古百越中的一支，称为"滇越"或"鸠僚"。远在公元1世纪，汉文史籍已有关于傣族的记载。在傣语中"傣"意为"热爱和平、勤劳、勇敢的民族"，有水傣、旱傣和花腰傣之分。傣族人有自己的语言和拼音文字，有嚼槟榔的习惯。泼水节是傣族每年中最盛大的节日，他们信仰佛教。

[纳西族] 纳西族约有30万多人，主要聚居在云南丽江地区。纳西族历史悠久，可能是古羌人中的牦牛羌，公元3世纪起源于此。纳西族语言属汉藏语系藏缅语族彝语支，使用过东巴文，有大约千年的历史。纳西族能歌善舞，每逢喜庆节日，都要举行歌舞活动。纳西族妇女传统民族服饰为过膝的大褂，宽腰大袖，外加坎肩，腰系百褶围腰，下着长裤，披羊皮披肩。

历史文化

目前已发现距今约170万年的最早

的人类——元谋人就生活在云南，最早见于史载的是公元前3世纪，楚国将军庄跷统一了滇池地区，并自立为王。后来秦始皇统一了云南，诸葛亮平定南中，大大加强了云南与中原的联系。云南的文化主要有被誉为"活着的象形文字"的东巴文、世界最古老的音乐纳西古乐、世界最古老的铜万家坝铜鼓、丽江古城、大理古城等真实地记载了云南少数民族创造的灿烂文化。

[元谋人] 元谋人已经能够使用火，距今至少有170万年的历史。1965年5月，考古学者在云南元谋上那蚌村的地层中发现了早期猿人的两枚上中门齿，并在周围地区发现了少量石制品和大量炭屑，并先后出土了7件石制品，大约是新石器时代的文物。元谋人比北京猿人的历史早100多万年，证明了云南是人类起源和早期人类演化的重要地区之一，元谋人是中国发现的较早的原始人类之一。现云南元谋县设有元谋人陈列馆。

[南诏德化碑] 南诏德化碑位于昭通市区，记载了一段抗争不公的历史故事。唐天宝九年即公元750年，南诏王阁逻凤在谒见太守张虔陀时，其妻子遭到张虔陀的侮辱。阁逻凤由此接连上表进行控告，得不到朝廷重视，遂起兵杀了张虔陀，并夺取了姚州及附近州县。次年，剑南节度使鲜于仲通率兵马前来问罪。阁逻凤再三辩白，并表示愿意修复归还城府，释放俘虏，赔偿损失。但是鲜于仲通扬言要血洗南诏，并派兵绕过苍山，企图腹背夹击南诏。阁逻凤被逼无奈，向吐蕃国求援，双方合力在西洱河大败8万唐军。公元754年，李宓率领10余万人再次攻打南诏，结果全军覆灭。为表示对唐王朝的忠心，阁逻凤收殓唐军阵亡将士的遗体，同时在都城太和城（今大理太和）立下"南诏德化碑"，详细记录了战争的起因，表述自己不得已而叛唐的原因。

[中国国歌作者——聂耳] 聂耳，原名聂守信，云南玉溪人，生在昆明。他自幼喜爱音乐，擅长演奏多种乐器。聂耳的耳朵非常灵敏，而且能动，曾有人称他为"耳朵先生"，于是他便改名为"聂耳"（"聂"的繁体字"聶"）。他在明月歌剧社受中国左翼联盟的影响，积极从事音乐、戏剧、电影工作。1934年任上海百代唱片音乐部主任，与田汉等人一起录制了大批进步歌曲唱片，创作了《卖报歌》《大路歌》《开路先锋》《毕业歌》等30多首歌曲，以歌曲为武器号召全国人民起来抗日。他给电影《风云儿女》配的主题歌《义勇军进行曲》在当时引起轰动。《义勇军进行曲》这支歌带来的影响远远超过了《风云儿女》电影本身，歌曲极大地鼓舞了中国人民的抗日斗志。1949年9月27日，经中国人民政治协商会议决议，《义勇军进行曲》被定为代国歌。1982年12月4日，第五届全国人民代表大会第五次会议上又正式把《义勇军进行曲》定为中华人民共和国国歌。

气候

云南省属亚热带高原型季风气候，最热月均温19℃～22℃，最冷月5℃～7℃，年温差10℃～14℃。干湿季分明，年均降水量约1100毫米。省内8个纬距内呈现寒、温、热三带，境内自然景观多样，东部高原长夏无冬，西部"岭谷十里不同天"，有"动植物王国"之称。

自然资源

云南省位于泛北极植物区系和热带交会地带，动植物品种位居全国之冠，矿产资源丰富。高等植物有274科2076属1.8万种（包括蕨类植物），约占中国的一半。云南森林资源丰富，木材总蓄积量居全国前列。树种以思茅松、云杉、冷杉等针叶林为主。还有众多被称为"活化石"的第三纪古老树种。如木兰科的木莲，龙脑香科的东京龙脑香，属裸子植物的苏铁、倪藤、树蕨等。云南中药、花卉资源共达5050种，以茶花为最，素有"云南山茶甲天下"之说。动物种类多珍贵稀有种，列为国家保护的动物种类几乎占了半数。其中滇金丝猴、亚洲象、野牛、白颊长臂猿、白眉长臂猿、平顶猴、扭角羚、灰头鹦鹉、大绯胸鹦鹉等，在中国均仅见于云南。云南有矿种155种，其中有92种已探明储量。有50多个矿种的保有储量居全国前10名。铅、锌、锗为全国之冠，锡、铟、铂、锆、岩盐、钾盐居第二位，铜、镍、磷、芒硝、砷、蓝石棉居第三位。

[茈碧莲] 茈碧莲属睡莲科，为多年生水生植物，是新生代上新世保存至今的古老种。叶为心状卵形或卵状椭圆形。花瓣白色。萼片宿存。茈碧莲是国内仅有的野生原种。

[望天树] 望天树属龙脑香科，为国家一级保护稀有种。一般常绿大乔木，高40～80米，胸径1.5～3米。树干通直，光树枝下高度就有30多米。叶椭圆形，近平行侧脉14～19对，在叶背面凸起。花黄白色。坚果密被白色绢毛，具有等长或三长两短的由萼片增大而成的翅。喜欢在海拔350～1100

米处的热带季风区河谷地带生长。

[红河橙] 红河橙属芸香科，为常绿乔木，高10米。单身复叶，叶身卵状披针形，翼叶（具翅叶柄）比叶身长1～3倍，狭长圆形。总状花序，花白色。果椭圆形、圆球形或扁球形。分布于云南南部红河流域，生长于海拔800～1200米处的山坡。属国家一级濒危种。

[蜂猴] 国家一级保护动物，蜂猴别名懒猴，属灵长目原猴亚目灵懒猴科，蜂猴属种。分布于云南和广西南部。蜂猴体长32～35厘米，眼圆大而距窄，四肢短粗而等长，耳尾短而隐于毛丛中。体背棕灰色或橙黄色，正中有一棕褐色脊纹自顶部延伸至尾基部，腹面棕色，眼、耳均有黑褐色环斑。蜂猴极少下地，喜食鸟蛋，行动特别缓慢，一般冬季产仔，哺乳期4个月，每胎产1仔。

[绿孔雀] 绿孔雀属于雉科，生长在云南的西、南部。雄鸟全长约140厘米，雌鸟约100厘米，为中国野生鸡体形最大的一种。雄鸟体羽翠蓝绿色，下背闪紫铜色光泽。头顶有一簇直立的羽冠。尾上覆有铜紫、青蓝、金黄、红色羽，能展开如扇，俗称孔雀"开屏"。雌鸟无尾屏，羽色以褐色为主。生活方式为一雄伴数雌活动，以蕈类、浆果、谷物种子、草籽、昆虫、蛙类、蜥蜴等为食。在山脊和阴坡草丛灌木之间的低凹处筑巢，每窝产卵4～8枚，雌鸟孵卵，孵卵期为27～30天。出窝后一般结群生活。

[亚洲象] 亚洲象属于哺乳纲长鼻目象科，俗称野象、老象、大象，为国家濒危种，一级重点保护动物。雄象一般高达2.5米，体重3～4吨。喜群居，

常成群在水塘戏耍。以野芭蕉叶、竹叶、竹笋、董棕叶、马鹿草等嫩枝叶为食，一头成年象每天可食150公斤左右植物。一般7～8月发情交配，孕期18～22个月，每胎1仔，30岁以上性成熟，寿命可达100年。分布云南南部和西部的江城、西双版纳、沧源（南滚河地区）和盈江等边境地区。

[滇金丝猴] 滇金丝猴因鼻骨极度退化而形成上鼻孔，故又称黑仰鼻猴、翘鼻猴。为国家一级重点保护动物，属哺乳纲灵长目猴科疣猴亚科。体长50～80厘米，成年雄猴体重约20余千克，雌猴约10千克。毛被主要为黑色，臀部和后腿内侧有一显著的白色圆斑，耳部和会阴部也都为白色，头圆耳短。头顶具有一撮尖长黑色冠毛，体背披有浓密长毛，雄性的形若披风。每胎产1仔，孕期为3个月。栖息于海拔3300～4100米高山暗针叶林带。主食针叶树的嫩枝叶、花芽等。滇金丝猴是中国特有种，数量极少，仅分布在云南西北部和四川、湖北神农架等地。

经济

云南省全境为"九分山和原，一分坝和水"。农业生产以种植业占主要地位，兼有农区和林牧区的畜牧业特色。随着资源的不断开发，冶金、机械、煤炭、电力、化工等工业发展迅速，资源优势得到了进一步发挥，但旅游仍然为经济的龙头。全省交通以公路和铁路为主。

[农业] 云南种植业以水稻、玉米、小麦、豆类和薯类等粮食作物为主，其中水稻最多，集中于中、南部热带和亚热带坝区。经济作物主要有甘蔗、烤烟、茶叶等。甘蔗和蔗糖产量在中国均名列前茅。烤烟主要集中于滇中高原的曲靖、玉溪、昭通、楚雄等地，种植面积和产量，居中国第2位，是中国"云烟"的重要产区。省内有著名的宝珠梨、雪梨、象牙芒果、石榴等。林牧区分布海拔较高，畜牧业比重高于农区，以定居放牧为特点。牦牛和犏牛则为滇西北高寒山区所特有。省内根据地方特产形成七大作业区，复种面积达到了150%。

[工业] 云南省的卷烟、制糖、茶叶等在全国占有十分重要的地位，是工业的支柱产业。其中玉溪卷烟质量居全省之冠，有"云烟之乡"之称。云南的"滇红""普洱茶"等名茶，主要出口。蔗糖总产量居全国第4位。云南还是中国有色金属的重要生产基地。其中，个旧锡矿驰名世界，产量居全国第一位，享有"锡都"之称；东川铜矿所产的铜色泽如银，称"云铜"。手工业是云南悠久历史的传统工业部门，主要有大理石制品、建水陶器、永胜瓷器、腾冲玉雕等，现在煤炭、水电等都得到了较好开发。

[交通] 云南铁路运输与全国铁路网相通。省内的昆（明）河（口）、蒙（自）宝（秀）铁路及东川、个旧、盘西、羊场等自成体系。公路运输是云南主要的运输方式，公路干线以昆明、下关为中心，辐射到全省各地。民用航空运输以昆明为中心，可通北京、上海、广州、成都、重庆、西安、武汉、贵阳、南宁、桂林、香港和省内的芒市、景洪等地，并辟有昆明到仰光、曼谷、万象的国际航线，内河通航也较为通畅。

旅游

"香格里拉"的传说，为云南平添了几分梦幻般的浪漫色彩，世界文化遗产之一的丽江古城，北回归线上的绿宝石——西双版纳，悠久的历史与纯天然的景色是吸引国内外游客的重要因素。令人神往的路南石林、元谋土林、腾冲火山热海和诸多少数民族的歌舞习俗更增添了云南的绮丽与诡秘。

[大理三塔] 大理三塔位于大理古城（今中和镇）西北约1千米处的苍山应乐峰下，始建于公元5世纪南诏国时期。又名崇圣寺三塔。现寺庙已毁，仅有三塔，主塔又名千寻塔，高69.13米，16层密檐，平面呈方形。塔基为上下两台四方形双基座，用石垒砌四壁，四周装有带石勾栏的青石板栏杆。塔刹总高2.8米，由中心柱、仰莲、相轮、宝瓶、宝盖、宝珠等组成。塔顶檐部由13层砖叠砌而成，四角置有"迦楼罗"，俗称"金鸡"。塔下有明代黔国公沐世阶楷书的"山海大观"四个大字。南、北二小塔，建于五代时期，在主塔之后，相距97.5米，与主塔相距70米，呈鼎足之势，两塔均为八角形10级密檐式实心砖塔，各高42米。

[蝴蝶泉] 蝴蝶泉位于苍山北段云弄峰下，距大理古城20千米。蝴蝶泉面积50平方米左右，泉池周围有大理石围栏，上方三块大理石上有郭沫若手书的"蝴蝶泉"三字。泉旁有一棵古老的双香树，因为树叶形状也似蝴蝶，又称为蝴蝶树。每值夏天，这棵蝴蝶树开花，发出淡淡的清香，无数五彩缤纷的蝴蝶便齐集泉边，每年农历四月十五日，白族青年男女都要在泉边举行盛大的"蝴蝶会"。泉畔现建有蝴蝶馆，展出11科400余种4.5万余只单体蝴蝶，是

云南石林

专家学者研究蝴蝶习性的好去处。

[石林景区] 石林景区位于云南省石林彝族自治县境内，大约2.8亿年前才开始形成。在地理学上，这里石林属喀斯特地貌，素有"造型地貌天然博物馆"之称，是中国的四大自然景观之一。石林总面积达2.6万多公顷，是由岩石组成的"森林"。

大石林景区"林"密峰高，景观奇特，主要有石屏风、且住为佳、石林胜景、莲花峰、极狭通人、剑峰池、双鸟渡食、望峰亭、象踞石台、凤凰梳翅等景点。小石林景区与大石林景区紧密相连又自成一体。这里最令人神往的是阿诗玛石峰，另还有石簇擎天、咏梅石等景点。外石林景区在大、小石林之外，主要景点有望夫石、骆驼骑象、观音石、母子偕游等，是一座造型生动的天然雕塑博物馆。

民族风情堪称石林一绝。"阿诗玛"的美丽传说、古老神奇的"火把节"、绚丽多彩的萨尼刺绣、热烈欢快的萨尼歌舞是石林的自然景观与人文景观交相辉映，令人陶醉其间，难以忘怀。

[西双版纳] 西双版纳位于云南省南部，西双版纳傣族自治州境内。是中国保存的唯一一个原始热带森林

区。"西双版纳"是傣语，意为"十二行政区域"，是傣、汉、哈尼等多民族聚居地区。

在印度洋西南季风和太平洋东南季风的影响下，西双版纳的气候特点是高温多雨、终年无雪，全年平均气温在21℃左右，无四季之分，每年三四月间是旅游的黄金季节。这里蕴藏着丰富的森林资源和繁多的植物种类。原始森林中有高等植物5000多种，大约占全国的1/6。有高达80米的望天树、独木成林的高山榕树、"活化石"之称的树蕨、云南苏铁、野茶树等多种国家重点保护的珍稀植物。这里的动物种有亚洲象、蜂猴、鼷鹿、绿孔雀和太阳鸟等250多种珍稀动物。有"孔雀之乡""动物王国""植物王国""植物王冠上的绿宝石"等美誉。除众多少数民族的文物外，还有傣族"泼水节"、"赛龙舟"等少数民族的传统活动也颇为著名。

[苍山洱海] 苍山洱海位于云南省大理白族自治州中部。苍山南北长42千米，东西宽20千米，由19座海拔都在3500米以上的山峰组成。又名点苍山、鹫山，因山色苍翠而得名。云、雪、峰、溪为苍山四大奇观。苍山的云景中最神奇的是"望夫云"和"玉带云"。传说阿凤公主要吹干洱海，与被压在海底的情人见面，每当冬春时节，苍山顶出现一朵白云时，点苍山便狂风大作，洱海也随之波涛汹涌，所以人们称此云为"望夫云"。到了夏末秋初，雨后初晴，苍山十九峰半山腰间往往会出现绵延数十里的白云，因为形似玉带，所以称为"玉带云"。苍山顶上18条溪水缓缓东流，注入洱海。洱海古称叶榆泽，因湖形似人耳而得名。面积246平方千米。

湖岸曲折有沙洲，水中有岛，人称"三岛四洲五湖九曲"。云鱼为洱海特产，有"鱼魁"之称，现已濒临灭绝。湖水清澈碧绿，与"苍山雪"构成"银苍玉耳"的美景。

[丽江古城] 丽江古城位于丽江坝中央，始建于宋末元初，至今已有800多年的历史。古城青山环绕，形似一块碧玉大砚，故又称大研镇。面积约14平方千米，海拔2410米，居民多为纳西族。四方街为古城中心，四通八达，周围小巷通幽，据说是明代木氏土司按其印玺形状而建。从四方街四角延伸出四大主街，其他街巷以此为中心，出四大主街道用五彩石铺砌，平坦洁净，晴不扬尘，雨不积水。每条街道一侧都伴有潺潺流水，随街绕巷，穿墙过屋。丽江古城不筑城墙，据说因为古代丽江世袭的统治者均姓木，若筑城墙，则"木"字成了"困"字，因而古城不筑城墙。丽江古城布局之科学，巧如天成，清清的玉泉水，南流至古城双头石桥下，分成三条穿街过巷，入院过墙，淌进千家万户。

[曼飞龙塔] 位于景洪市大勐笼乡曼飞龙村后山上，于傣历五六五年

曼飞龙塔

— 326 —

(1204) 兴建。曼飞龙塔群由大小9座塔组成，塔身洁白，塔刹贴金箔，呈葫芦状。塔为砖石结构，是上座部佛教建筑。主塔高16.29米，八方小塔高约9米围绕，每塔设有佛龛，供养佛缘。具有傣族的民族风格。

［腾冲］腾冲地热火山风景名胜区位于腾冲县境内。由腾冲火山群和腾冲地热泉两大景观组成。分布在腾冲县城周围的腾冲火山群是我国保存完好的新生代死火山群之一。腾冲山川秀丽，自明代大旅行家徐霞客考察记述以来，逐渐被世人视为旅游胜地而声誉斐然，国内唯一的火山地热并存奇观就在这里，数十处的新生代火山和热泉珠溅玉，吸引了天下游人。

腾冲火山群中的打鹰山是一个多次喷发的复式火山，海拔2614米，与其相连的是青海、北海湖泊，这两个由火山口形成的湖泊构成了九耸山南麓；两排十多个呈南北向的新月形火山锥位于山之北麓。城西有马鞍山，西南还有陵岗和火山绳，城南的左所营又称为火濉蛇。

腾冲县境内分布着汽泉、热泉和温泉70余处。其中以硫磺塘大滚锅、黄瓜箐热气沟和澡塘河热泉最为有名。硫磺塘是一个热气、热泉遍地的地方，所以又被称为“一泓热海”。黄瓜箐的蒸气温度高达94℃，经人工降温后的蒸气是供人疗养的最佳选择，现这里建有黄瓜箐温泉疗养所。

［泸沽湖风景区］位于宁蒗彝族自治县城北69千米的落水村以东。包括泸沽湖自然保护区、狮子山和永宁坝三处景点。泸沽湖有“高原明珠”“滇西北的一片净土”“东方第一奇景”等美称。这里居住着云南纳西族的一个支系——摩梭人，至今仍保留着母系氏族社会的遗风。泸沽湖被摩梭人称作“谢纳米”，其意为“母海”。面积为48.45平方千米，海拔2685米。湖水清澈，青山环抱，具有丰富的自然资源，盛产鲤鱼、细鳞鱼等鱼类以及奇花异草（含有多种药材）。湖中有三岛，最大的为阿侯岛，其次为木侯岛、左所岛。狮子山位于泸沽湖北岸。永宁坝在狮子山的西隅，永宁坝非常平整，盛产水稻和苞谷，被称为“世界水稻屋脊”。

［世博园］昆明世界园艺博览园位于昆明市东北郊金殿风景区。1999年世界园艺博览会闭幕后，世博园这里被辟为永久性游览区，占地218公顷，植被覆盖占76.7%，水域面积占10%～15%。园内布局将山、水、林有机融合在了一体，突出了“人与自然”的主题。园内各个功能区相对集中，主要包括室内展馆、室外展场和公共服务设施三部分。

室内展馆主要有中国馆、国际馆、科技馆、人与自然馆和大温室，室外展场有国内展区、国外展区和企业展区，其室外展场中的国内展区又包括14个专业园区，如传统花木园区、蔬菜瓜果区、茶文化区、四季花卉区、药草区、竹园区、盆景园区、兰花园区等。公共服务设施集现代化设计和多种功能于一体。

世博园的主要形式为室内外庭院和植物花卉展坛、室内园艺品展示，同时也吸纳与园林艺术、自然环境有关的文化展示活动。

内蒙古自治区

行政区划

内蒙古自治区简称内蒙古，位于中国北部边疆，地处北纬 37°24′～53°23′、东经 97°12′～126°04′。内蒙古自治区北部与蒙古国接壤，东北部与俄罗斯交界，东、南、西分别和黑、吉、辽、冀、晋、陕、宁、甘 8 个省区为邻。国境线长 4200 多千米。自治区境南北最宽处 1700 多千米，东西长达 2400 多千米，面积 118.3 万平方千米，占全国总面积近 1/8，居第三位。内蒙古自治区辖 3 个盟、9 个地级市、11 个县级市、21 个辖区、17 个县、49 个旗、3 个自治旗。首府呼和浩特市。

[首府——呼和浩特] 呼和浩特市，简称呼市，为内蒙古自治区首府。"呼和浩特"是蒙古语，意为"青色城市"，位于自治区境中部，京包铁路线上，南以长城为界与山西省的大同市接壤，面积 17194 平方千米，人口 286 万，汉族占多数，有蒙古、回、满、藏、达斡尔等 33 个少数民族。是内蒙古自治区政治、经济、文化、交通中心。呼和浩特市辖新城区、土默特左旗、托克托县等 4 区 4 县 1 旗。工业以毛纺、食品、电子、化工、建材为支柱产业。呼和浩特是中

乌兰恰特博物馆
位于呼和浩特市东，2007 年建成，规模宏大，造型独特。是 2008 年北京奥运会火炬在呼和浩特传递的起点。

国重要毛纺织工业中心之一，毛纺织品、民族特需用品为传统的名特产品。农业主产小麦、玉米、高粱、谷子、莜麦、马铃薯。名胜古迹有五塔寺、白塔、昭君墓等。

[包头] 包头市为中国钢铁基地，是内蒙古自治区最大的工业城市。"包头"是蒙古语，意为"有鹿的地方"。包头市位于自治区中部，距呼和浩特市 180 千米，人口 265 万。市府驻昆都仑区，辖昆都仑、青山、东河等 7 区以及土默特右旗、达尔罕茂明安联合旗和固阳县。包头市矿藏品种繁多，储量丰富，有铁、稀土、铌、黄金、煤等。工业有钢铁、机械制造、制糖、纺织、电力、皮革加工，白云鄂博矿区以产铁著称，包钢是重要的钢铁生产基地。包头还是中国西北重要的农牧产品集散地。

[满洲里] 满洲里市位于内蒙古自治区境东北部，西、北与俄罗斯相邻。是呼伦贝尔市所辖的县级市，是中国重要的陆运口岸，素有欧亚大陆桥桥头堡之称。满洲里市辖 1 个矿区 7 个街道，市府驻满洲里。面积 696 平方千米，人口 15 万。"满洲里"蒙古语为布努金宝拉奇，意即"泉水旺盛之地"。海拉尔河、额尔古纳河、达兰鄂罗木河三河于此交汇，水草丰美，市境南面是中国第五大湖呼伦湖，水域有鱼 30 余种。市内有煤、石灰石、麦饭石、珍珠岩、膨润土等矿产资源，褐煤储量为 101 亿吨。满洲里工业以食品加工、机械、建材、化工、煤、电等行业为主。(哈尔)滨(满)洲(里)铁路和 301 国道横贯市境与俄罗斯相通，有国际列车经满洲里通往欧洲各个国家。

人口、民族

内蒙古自治区有蒙古、汉、满、达斡尔、朝鲜、鄂温克、鄂伦春等 49 个民族，人口 2470 万 (2010)。各地区人口密度与民族构成极不平衡。区内各民族除汉族外，以蒙古族最多，约占全区人口的 17.6%，其中 4/5 聚居东部，中部土默特农区的蒙古族多从事种植业，生活习俗近似山西，多讲汉语。回族占全区人口的 0.87%，多居住在呼包一带的城镇及工矿区，主要从事工商饮食服务业。达斡尔族占全区人口的 0.31%，绝大部分聚居在呼伦贝尔的莫力达瓦达斡尔族自治旗，其余分散在区内东部一些地区，多从事种植业和畜牧业，民俗与内蒙古族极为相近。

[蒙古族] 蒙古族主要聚居在内蒙古自治区和新疆、青海、甘肃等省区，别称"马背民族"。"蒙古"意为永恒之火，可见这一民族的古老和坚强。蒙古族起源于古代望建河（今额尔古纳河）流域的一个游牧部落，以后大举西迁，与蒙古高原突厥族后代融合。1206 年，蒙古部族首领铁木真统一蒙古各部落，建立蒙古汗国，从此蒙古地区各部族逐渐融合为一个新的民族共同体——蒙古族。蒙古族有自己的语言和文字，语言属阿尔泰语系蒙古语，文字则起源于 13 世纪，现已规范固定。在相当长的一个时期中，蒙古族人以游牧生活为主。在长期的历史发展过程中，蒙古族人不断总结生产生活中的各种实践经验，同时学习、吸收和借鉴国内外其他民族的优秀成果，经济由单一的牧业转入农牧业结合生产，改革开放以来，蒙古族人民的生活水平有了大幅度的提高。

[鄂伦春族] 鄂伦春族主要分布于

内蒙古自治区呼伦贝尔市鄂伦春自治旗、扎兰屯市、莫力达瓦达斡尔族自治旗，以及黑龙江省呼玛、逊克、黑河、嘉荫等县市。人口 8000 多人左右。"鄂伦春"一词有两种含义，一为"使用驯鹿的人"，一为"山岭上的人"。族名与其长期从事的生产活动有关。鄂伦春人明末清初时游猎于黑龙江以北地区。17 世纪中叶以后，因沙俄入侵，为躲避战乱，逐渐迁移到现在的分布地区。鄂伦春族有自己的语言，鄂伦春语属泰语系满通古斯语族通古斯语支，无本民族文字。鄂伦春族是一个能歌善舞的民族，民歌都是自编自唱的，节奏明快、曲调悠扬。鄂伦春族是以狩猎为主的民族。鄂伦春族妇女对兽皮加工有特殊的技能，他们崇拜祖先和各种自然物，相信万物有灵。每年正月初一、十五还分别举行朝拜太阳神和月亮神的祭祀活动。

历史文化

内蒙古自治区历史悠久，文化灿烂，是中华民族的一个重要组成部分。著名的"河套文化""大窑文化""红山文化"

等遗迹，证实了从旧石器时代起，内蒙古就出现了早期人类。内蒙古也是古代中国北方少数民族生息繁衍的地方，从公元前 8 世纪到 13 世纪，先后有匈奴、东胡、鲜卑、突厥、契丹、女真等 10 多个游牧部族在此建立政权。这些政权或雄踞北疆，或问鼎中原，或统一中国，与汉族文明长期不断地冲突、交流、融合，对汉族文明的影响很大。1206 年，铁木真统一了蒙古高原上的部落，建立了蒙古汗国。忽必烈在此基础上向南扩张，最终建立元朝，将草原文化和汉文化融为一体。

[河套文化] 黄河之水从宁夏到内蒙古后东折，然后在陕西和山西之间南下，形成一个大套，俗称"河套"。河套人及其创始的"萨拉乌苏文化"，分布在河套中部支流无定河流域，距今已有 5 万多年的历史。河套人化石发现于无定河支流的萨拉乌苏河岸边的嘀哨沟，有人类顶骨、门齿、股骨等 20 余件化石。石器多采集于大沟湾，偏于细小，制作技术进步，主要有尖状器、雕刻器。在大沟湾村还发现一处长宽近两米的灰烬遗迹，推测是当时人们架火烤肉的地点，说明此时的人类已学会用火。周围散落有晚更新世时期典型的动物遗骸。

[好来宝] 好来宝是蒙古族人民喜闻乐见的一种民间文艺形式，以说唱为主，四胡伴奏，千百年来在大草原广泛流行。好来宝是一种押头韵或兼押复尾韵的民间即兴诗，多以四行为节，节节联韵或交叉换韵，篇幅长短不拘，其风格轻松幽默、节奏明快、变幻奇巧，语言形象生动，韵律比较自由。好来宝是辩才和诗意的结合，富于知识性、娱乐性。说起来口若悬河、滔滔不绝，唱起来你来我往、推波助澜。它和音乐融为一体，根据不同的唱词配以相应的曲调，有的轻松舒缓如泉水叮咚；有的激烈急促似紧锣密鼓。

在节日仪式和"那达慕"大会上，带有竞赛性的好来宝对唱很能吸引观众，气氛极为热烈。

[成吉思汗] 成吉思汗（1162—1227）名铁木真，蒙古族人。成吉思汗1162 年生于蒙古贵族世家。铁木真英勇善战，1204 年，消灭了乃蛮太阳汗的斡耳朵，成为蒙古高原最大的统治者。1206 年，铁木真继蒙古国大汗位，号成吉思汗。蒙古汗国建立后，原来部落大批的人口被分编在不同千户中，许多部落的界线从而消失，开始形成统一的蒙古民族。蒙古族从此强大起来了。

气候

内蒙古地区地处亚洲东部季风气候与大陆性气候的过渡带，因季风仅影响东南部边缘的狭长地带，所以全区主要为温带大陆性气候。地貌为海拔 1000 米以上的高原，因而水文和温度条件比同纬度的东部地区差。这里是寒流进入中国最先影响之地，冬季严寒，夏季温暖，全年降水量 70% 集中在夏季，春天的干旱和冬天的暴风雪是影响农牧业生产的主要自然灾害。

自然资源

内蒙古自治区的草原牧场、森林以及稀土、铁、煤等资源均在国内占重要地位。煤炭已探明储量居全国第二位，铁矿及一些有色金属矿藏储量也很丰富。草原牧场面积 87 万平方千米，居全国各省区第一位。大兴安岭北部植被以兴安落叶松为主，是中国重要的林区，也是内蒙古森林面积最大，动植物资源最丰富的地区。典型草原主要分布在大兴安岭以西至集二线以东和鄂尔多斯东部高原地带；荒漠草原分布在鄂尔多斯东部及乌兰察布市、巴彦淖尔市高原地区。额济纳河两岸有大片天然胡杨林。

[胡杨林] 胡杨树是干旱荒漠地区唯一能生存的乔木树种。它耐高温又耐寒，可在 −39℃ ~ 39℃ 的气温条件下生存；耐干旱，可在 50 毫米以下缺水条件下生长；耐盐碱，抗风沙，可抵御每秒 26 米的大风。胡杨树具有极强的生命力，号称"沙漠三千岁"，既而千年不死，死而千年不倒，倒而千年不腐。为了适应恶劣的环境，胡杨树的枝干呈变形发育。胡杨林中伴生着梭梭、柽柳、骆驼刺等沙生植物，生存着为数不多的哺乳爬行动物和鸟类、节肢动物等，与这些野生动物共同组成一个特殊的生态系统。胡杨林带是保护沙区农业和畜牧业的天然屏障，是野生动物的主要栖息地，是维护这一地区生态平衡的主体。中国的胡杨林主要分布在内蒙古、新疆、青海、甘肃、宁夏等 5 个省区。

[驯鹿] 驯鹿属偶蹄目鹿科驯鹿属的唯一种，又名角鹿。体长 100 ~ 125 厘米，尾长 7 ~ 21 厘米，肩高 100 ~ 120 厘米，体重 91 ~ 272 千克。属国家一级保护动物。驯鹿是一种很美丽的动物，无论雌雄都长着一对像珊瑚一样的大角。驯鹿体背毛色一般为灰棕、栗棕色。驯鹿性格温和、机敏、胆小，一般远离居民区，主要栖息于寒带、亚寒带针叶林和冻土地带中。主要以苔藓、地衣等低等植物为食。冬天啃食桦、柳的细枝条，春、夏则吃各种草类和蘑菇。由于食物缺乏，常远距离迁徙。驯鹿的毛分内、外两层。内层是又密又厚的绒毛，保温性很强。外层是又粗又长的针毛，是一件理想的"风雨衣"。再加上它的皮下脂肪很厚，所以能生存在北风呼啸、大雪纷飞的恶劣环境中。现仅分布在大兴安岭西北坡，在内蒙古自治区根河市有少量饲养。

[大鸨] 大鸨属鹤形目鸨科，是大型鸟类，全长约 100 厘米，国家一级保护动物。雄鸟头、颈和前胸青灰色，喉部近白色，细长的纤羽在喉侧向外凸出如须。雌鸟喉部无须，上体大部淡棕色，满布黑色横斑和虫蠹状细斑，两翅大部灰白而飞翅黑褐色，羽端淡棕，羽干乳白，中央尾羽和尾上覆羽栗棕色，黑斑稀疏，羽端白，下体自胸部以下灰白色，嘴铅灰色，脚褐色。大鸨栖息于广阔的草原、半荒漠地带及农田草地，多在远离人家的河滩活动、觅食。大鸨不善飞行，遇人时常急速奔驰。大鸨主要以嫩绿的野草为食，兼食昆虫、鱼类等。春末夏初繁殖，筑巢于草原坡地或岗地，每窝产卵 2 ~ 3 枚，暗绿或暗褐色，具有不规则块斑。雌雄轮流孵卵，一鸟在巢内孵卵，另一鸟做警卫，以防敌害侵袭。孵卵期 28 ~ 31 天。孵出后 35 天左右的幼鸟具飞行能力，秋季结群南迁越冬。在内蒙古、吉林、黑龙江繁殖，黄河中下游越冬。

经济

内蒙古自治区的钢铁、机械等工业发展迅速，毛纺、乳制品及制糖业发达。区内草原面积广阔，天然草场 13.2 亿

牧草刈割

牧草刈割，是牧区生产的一个重要环节。牧民的天然割草地按其利用情况可分为三种。固定割草地，每年进行割草，刈割比较彻底，常采用大片"剃光头"的打草方法，这类草地自然及经济性比较优越，但由于连年打草及管理不当，或多或少会有些退化。不固定割草地，不连年割草，有的隔一年割一次，有的隔一年割两至三次，情况不一。这类草地由于有停割休闲年份，牧草有恢复机会，一般退化现象不明显。临时割草地，一般是非正式割草地，在降雨充足时可进行割草。这类草地不稳定，面积也不大。

亩，占全国的 1/4，畜牧业以牧养三河牛、三河马、内蒙古细毛羊、乌珠穆沁马、乌珠穆沁牛、乌珠穆沁肥羊、双峰骆驼为主。河套、土默川、西辽河和嫩江西岩平原及丘陵地区为粮食主产区。粮食主产小麦、玉米、马铃薯、大豆，部分地区种植莜麦、水稻。经济作物有甜菜、亚麻、向日葵、蓖麻、油采。其中河套为黄河自流灌区，土地肥沃，物产丰富。交通以铁路为骨干，已形成以呼和浩特市为中心的铁路、公路、航空综合交通运输网，14 个城市通火车，7 个盟市通飞机，100% 的旗县，90% 的乡镇通公路。

[农业] 内蒙古自治区耕地面积 1.07 亿亩。天然草场 13.2 亿亩，森林面积 3.11 亿亩，湖泊水面面积 1000 多万亩。农业资源十分丰富。根据各地自然条件不同，区内可分为农业区、牧业区、半农半牧业区三种类型。平原和滩川地区主要发展种植业，其他地区主要发展林业和畜牧业。农作物主要有小麦、玉米、水稻、大豆、马铃薯、谷子、高粱、莜麦、荞麦、甜菜、葵花、胡麻、蓖麻、瓜果、蔬菜等。牧业区分布在面积广大的草原，以绵羊、山羊、牛马等为

主。半农半牧区是农业区和牧业区的过渡地带，基本上以牧业为主，适当发展农业。

[工业] 内蒙古自治区矿产资源丰富，是中国钢铁、煤炭的重要生产基地。机械工业是全区第一的重工业部门。大型机械厂主要分布于呼和浩特、包头两市，主要是工业设备制造、农业机械制造以及交通设备制造。毛纺厂主要分布在呼和浩特、海拉尔、赤峰等地，呢绒、毛毯、地毯产量也较多。鄂尔多斯的山羊绒加工企业达到国际先进水平。乳制品厂主要分布在呼和浩特、海拉尔、赤峰、锡林浩特等地。糖厂主要集中于西部的呼包沿线及东部的赤峰、宁城一带，为中国北方重点产糖省（区）之一。集宁大型肉类联合加工厂生产的各种肉类罐头，畅销欧美及亚洲各地。此外，皮革、化纤、塑料、酿酒等均有较大发展。

[交通] 内蒙古自治区地势比较平坦，便于交通业的发展。交通以铁路为骨干，京包、京兰、滨洲、集通、京通、集二线等铁路干线联通全国各地及俄罗斯、蒙古等国。公路运输已形成以城市为依托，以国道、自治区干线公路为骨架的交通运输网，有高级、次高级路面 1.5 万多千米，100% 的旗县市和 90% 的乡镇通上了汽车。自治区内有多个民用机场，已开辟了 40 余条航空干线通往北京、沈阳、石家庄、南京、上海、武汉、广州等城市。沙漠地区有畜力车和骆驼等，还在发挥着重要作用。

旅游

草原风光和民族风情是内蒙古自治区的两大特色。内蒙古北部草原从大兴安岭西麓一直延续到阿拉善盟居延

海。夏秋季节绿草如海，牛羊如云，极为辽阔旷远，"天苍苍，野茫茫，风吹草低见牛羊"的情景正是牧区的真实写照。座座银色的蒙古包与树林、沙丘、草原以及辽远开阔的地平线组合在一起，将蒙古粗犷豪放的气概表现得淋漓尽致。蒙古、鄂伦春等少数民族的服饰、起居、饮食、歌舞、礼仪等都令人耳目一新，其盛情更使人难以忘怀。被称为"绿色宝库"的大兴安岭林海气势磅礴，是中国面积最大、保存较好的原始森林，也是野生动植物的王国，其中列入国家保护的珍稀品种达40多种。人文景观是内蒙古自治区的另一大特色。河套文化将本区人类活动的历史界定在距今5万年左右。昭君墓、美岱召、元上都遗址、席力图召、成吉思汗陵、辽上京遗址等，见证着内蒙古悠久的历史。

[成吉思汗陵园] 成吉思汗陵园位于鄂尔多斯市伊金霍洛旗甘德利草原上，距东胜区70千米。"伊金霍洛"为蒙古语，意思为"主人的陵园"。陵园长宽各1.5千米，建筑面积1500多平方米，周围是坦荡的牧场。主体建筑为3个蒙古包式的宫殿，分正殿、寝宫、东殿、西殿以及成吉思汗行宫等几个部分。正殿高26米，为八角形，蒙古包式穹窿顶，双层屋檐，蓝色琉璃瓦覆盖，

置金黄色琉璃太宝顶。向外远望，金碧辉煌，与广阔的草原、葱郁的丛林相辉映，光彩夺目。正厅有一尊成吉思汗塑像，高5米，披甲按剑，端坐在椅子上。东西殿高23米。寝宫内，排列着黄缎子覆盖的3个蒙古包，中间包内为成吉思汗和他的三个夫人的灵柩，两侧包内是成吉思汗两个胞弟的灵柩。东殿有成吉思汗的四子拖雷及夫人的灵柩。西殿则挂有象征成吉思汗9员大将的9个尖角旗帜，还有成吉思汗的战刀和马鞭。两侧殿内墙壁上绘有成吉思汗出生和统一各部建立丰功伟绩的壁画。成吉思汗灵柩曾于抗日战争期间移至甘肃和青海，解放后移回原处。在陵园的东南角，是成吉思汗行宫，于1986年兴建，由金顶大帐、侧殿、选汗高台、文物陈列馆、射猎场、赛马场、摔跤场等部分组成。

[昭君墓] 昭君墓在内蒙古呼和浩特市南9千米外的大黑河之滨。这一带地势平坦，古木参天，墓身巍然矗立，墓草青青，远望墓表，黛色蒙蒙"若泼浓墨"。又因每次秋后各地草黄，独昭君墓青草不衰，因而又有"青冢"一名。"青冢拥黛"为呼和浩特八景之一。墓地朝南，高约33米，全部由人工夯筑而成。顶部平坦，上建琉璃瓦凉亭。墓前有两层平台，第一层正中立有一通巨大的石碑，碑上用蒙古文、汉文铭刻着董必武游览昭君墓时的题词：昭君自有千秋在，胡汉和亲识见高，词客各抒胸臆愤，舞文弄墨总徒劳。墓的两侧建有历史文物陈列室，分别陈列着呼和浩特地区的历史文物和有关昭君的文物，以及各代碑刻和颂扬昭君的诗文。内蒙古西部传为昭君墓的地方尚有

成吉思汗陵外景

多处，反映了各民族间和平友好的共同意愿。

[呼伦贝尔草原] 呼伦贝尔草原位于内蒙古自治区东北部，北邻俄罗斯，西南与蒙古国接壤，东止于大兴安岭。东西长约350千米，南北宽约300千米，总面积约9.3万平方千米。呼伦贝尔草原海拔多在650～700米，大部分为第四纪风成沙及砾石层掩盖。呼伦贝尔草原自东向西为森林草原、干草原等地带性植被，还有草甸、沼泽、沙生、盐生植被。天然草场以干草原为主体，包括林缘草甸、草甸草原、河滩与沙地草场等多种类型。呼伦贝尔草原共有野生种子植物603种，其中饲用价值高、蓄积比重大者约120种，草质、草量地区分布不均，草量的年际与季节变化大。呼伦贝尔草原牧草丰茂，河流湖泊众多，地形和缓，是一个美丽而富饶的好地方。

[五塔寺] 五塔寺位于内蒙古呼和浩特市，本名慈灯寺，因寺内有五塔而得此名。五塔寺的塔身全部由琉璃砖砌成，下层为须弥座，砖雕的狮、象、法轮、金翅鸟和金刚杵等各式花纹图案镌刻于束腰部分。蒙、藏、梵三种文字所书的金刚经文按照下、中、上的顺序镶嵌在塔身下半部；塔身上半部为千佛龛，每龛中有一座佛像，共有1500余个小佛像，千佛龛两旁为宝瓶柱。塔身南面正中开券门，门旁为四大天王像，门上正中嵌蒙、藏、汉三种文字书写的"金刚宝座舍利塔"石刻匾额，门内有无梁殿。一幅石刻的圆形蒙古文天文图镶嵌在五塔寺内金刚舍利宝塔塔座的后墙上，刻有1500多颗星。组成270个星座，还有太阳运行的轨道和农历24个节气等，具有很高的科研价值。以高

大须弥座之上另建五座塔，此形制为"金刚宝座"，北京的五塔寺、黄山寺以及玉泉山均有此类型塔。

[辽上京遗址] 辽上京遗址位于内蒙古巴林左旗林东镇南。辽太祖神册三年（918）兴建，天显元年（926）扩建。辽上京初名皇都，天显十三年改称上京，为北方游牧民族在草原上兴建的第一座京城，标志着草原社会文明的新发展。上京分为南、北二城，由汉城、皇城、大内三部分组成。北为皇城，是契丹族的居住区。城垣南北长1600米，东西宽1720米，周长约6400米，垣高6～10米，黄土夯筑。东南一带有府邸、官署、寺院等建筑遗址，道路交错。现有石刻观音像一座。皇城正中岗丘上为大内遗址，即宫廷所在地，有低垣，南北600米，东西300米，有开皇、安德、五銮等宫殿遗址，气势恢宏。大内东部、东南部有官署、佛寺、作坊遗址。南城即汉城，为汉族、渤海族等民族的聚居地。除少数官署、庙宇外，多为民宅、作坊、店铺。

出土文物中有中原地区白定瓷器，还有辽三彩、牛腿瓶和篦纹陶器等。辽上京遗址对研究辽代城市建筑、文化特征具有重要价值。

[万部华严经塔] 万部华严经塔俗称白塔。位于呼市东郊白塔村西南方、丰州故城西北角。约建于辽圣宗时（983—1031）。该塔是我国现存辽塔中最精美的一座。塔为楼阁式，采用常见的砖木结构，高七层，每层分八角，通高55.6米。基座为束腰须弥座，上部砌有仰莲瓣。塔身外表第一、二层用许多砖雕来装饰。每个转角柱都配有缠龙。金刚、力士位于正门两侧，菩萨位

于侧门两旁，造型生动，衣纹流畅，体态丰满，是不可多得的古代雕塑艺术珍品。塔下还建有寺庙和城池，以为方便古时出使西方诸国的大使停留歇息之用。塔内遗留了历代游人用各国语言写下的题字，其中包括汉文、蒙古文、契丹文、女真文、古叙利亚文和古波斯文等等，具有重要的研究价值。"白塔耸光"为呼和浩特八景之一。

[元上都遗址] 元上都遗址位于内蒙古宁城县南30千米老哈河上游的北岸，为汉代古城遗址。古城遗址分内、外两城。外城东西长1800米，南北宽800米，大部分城墙轮廓尚清晰可见，当地人称为外罗城。城内有丰富的汉代遗物。城南部成排的柱石，是房舍的建筑遗迹。外城南中部有王莽时期制造钱币的作坊和窑址。在这里还出土了有纪年文字的"钟官"字样的"大泉五十"和"小泉直一"的陶范母。内城为长方形，东西长750米，南北宽500米，现存城墙残高8～9米。城墙四面各有一座城门，门外均设瓮城，当地人称之为黑城。内城西北部还有一夯筑小城，当地人称为花城。

[美岱召] 美岱召位于内蒙古土默特右旗美岱召乡的大青山南麓，呼和浩特至包头公路北侧，东距包头市504千米。美岱召始建于明万历年间，明隆庆年间，土默特蒙古部首领阿勒坦汗受封顺义王。万历三年(1575)与其妻三娘子主持修建城寺，明廷赐名福化城，清康熙年间改名寿灵寺。因正殿供奉美岱尔佛(即如来佛)，故传名美岱召。美岱召是兼具城堡、寺庙和邸宅功能的特殊召庙，围墙高5.3米，长约681米，内夯黄土，外包石块，四隅筑有墩台与角楼，主要建筑有四大天王殿、经堂、大雄宝殿、十八罗汉殿、观音殿、琉璃殿，以及顺义王家族世代居住的楼院等众多建筑。大雄宝殿供奉的美岱尔佛高约4米，用纯银铸成，举世罕见。纪念三娘子的"太后殿"在大院东侧广场上，殿内无塑像，唯有一座约高3米的檀香木塔，内储三娘子的骨灰。

美岱召是土默特部从草原游牧过渡到定点生活之后建筑的第一座城寺，在内蒙古地区仅此一处，具有很高的研究价值。

[席力图召] 席力图召位于呼和浩特市旧城石头巷内，庙主希休图噶精通蒙古、藏、汉三种文字及佛教经典，受到顺义王阿勒坦汗的推崇，召内香火日盛，规模也日渐扩大。明万历三十年(1602)，改庙名为席力图召。"席力图"是藏语"法座、首席"的意思。席力图召规模宏大，外观华丽。席力图召的主

席力图召覆钵式白塔

体建筑由前廊、大经堂、佛殿三部分组成，为藏式结构。前廊装饰华丽。大经堂高两层，面宽和进深都是9间，是藏传佛教僧侣集体诵经之地。大殿采用藏式结构，四壁用彩色琉璃砖包镶，殿顶有铜铸鎏金宝瓶、法轮、飞龙、祥鹿等饰物，大门涂以朱红重彩，是古建筑中不可多得的艺术杰作。前侧立有清康熙御制平噶尔丹纪功碑。东南建有白石雕砌的覆钵式藏传佛教塔，塔高约15米，上绘彩色图案并写佛教六字真言，庄严宏丽，精致完美，在内蒙古现存藏传佛教塔中堪称第一。席力图召内的壁画也是远近闻名。

[金刚座舍利宝塔] 金刚座舍利宝塔位于呼和浩特市旧城五塔寺街。因金刚座上的五座宝塔，亦称五塔。宝塔始建于清雍正五年（1727），建成于雍正十年。由塔基平台、金刚宝座和顶部五座方形玲珑宝塔组成，通高16.5米，为比较典型的金刚宝座式塔。金刚座平面高6.8米，南面有拱门，上嵌汉白玉塔名匾额，以汉、蒙古、藏文刻成。宝塔共7层，每层均有窄檐短出。塔身表面满刻佛、菩萨、菩提树、天王、经文和119尊鎏金小佛像，镂刻十分精美。须弥座又以彩色琉璃砖贴面，更显华丽。由拱门登阶梯可达金刚宝座顶部，座上筑有五座宝塔，中间一座7层，高8.7米，四角之塔各五级，略低，均为绿色琉璃挑檐的密檐式建筑，各塔的第一层嵌有佛像、菩萨及菩提树等砖雕，第二层以上设千佛龛。塔座后山墙上嵌有三幅圆形石刻：蒙古文天文图、须弥山分布图、六道轮回图。其中蒙古文天文图尤为珍贵，是研究元文学史的重要资料。

[五当召] 位于包头市东北五当沟。大约建于清康熙年间，今日的规模基本上是在乾隆十四年（1749）重修形成的。本名叫巴达嘎尔庙，最初为鄂尔多斯左翼前旗（今鄂尔多斯市格尔旗）王公所建造，乾隆皇帝赐"广觉寺"为其汉名。与西藏布达拉宫、青海塔尔寺齐名，为我国藏传佛教的三大名寺之一。

五当召呈藏传佛教格鲁派的建筑风格，以西藏的扎什伦布寺为蓝本，是典型的藏式建筑。全庙占地面积约20公顷，有2500多间屋宇，鼎盛时期藏传佛教僧侣达1200多人。庙内主体建筑群由八大经堂（现存六座）、三处活佛府、一幢塔陵、94栋藏传佛教僧侣住宿土楼组成。佛殿全呈梯形，白墙平顶，十分壮观。庙内最主要建筑应属苏古沁独宫，凡属全庙性的集会都在这里举行。五当召的其他主要建筑还有神学院、洞阔尔独宫（广觉寺）、当圪希独宫大殿、却伊林独宫等。庙内除存有大量的藏语经文和众多艺术珍品外，还有各种金、银、铜、木、泥等质料的壁画和佛像，是研究藏传佛教的珍贵实物。

甘肃省

行政区划

甘肃省位于中国西北地区，黄河上游。地处北纬32°31′～42°57′、东经92°13′～108°46′。与陕西、青海、四川、宁夏、新疆、内蒙古接壤，部分与蒙古国交界。辖12个地级市、17个市辖区、2个自治州、4个县级市、58个县、7个自治县。省境地域狭长，面积42.58万平方千米，居中国第七位。省境早属禹域雍、梁之地，春秋地属诸

兰州黄河大桥

戎和匈奴等国，秦代置郡，元代置省，是中国"丝绸之路"的必经之地。旧时取其境内的甘州、肃州两地的名字而得名。简称甘或陇。

[省会——兰州] 兰州市位于陇中黄土高原西北部，是甘肃省省会，是中国西北地区最大的重工业城市。也称"金城"，因其建在形如大龟的石岩上，故别称"龟城"。面积13604平方千米。自古为西北地区军事重镇，古代"丝绸之路"的要冲。清康熙五年(1666)兰州始为甘肃省会。1941年设兰州市。现建有刘家峡、盐锅峡及八盘峡三座水电站。兰州还是中国重要的新兴工业城市，重工业以石油、化工、机械制造、有色金属冶炼为主，轻工业以棉、毛纺织等工业为主。兰州小烟、枸杞等土特产驰名中外，是西北地区铁路、公路的交通枢纽，是中国科学文化中心之一。

[天水] 古称秦州，位于甘肃省东南部，"东抱陇坻，西倚天门，南控巴蜀，北指金城"，历代为兵家必争之地。"丝绸之路"开辟以后，天水又成为沿途要邑，驼铃叮当，商贾辐辏，极尽一时繁华。天水是中华民族的发祥地之一，传说上古时期的"人文始祖"伏羲、女娲都降生在这里，享有"羲皇故里"殊荣。天水保存有完整伏羲庙，成为海内外"龙的传人"寻根祭祖的圣地。天水文物古迹众多，有众多的新石器时代文化遗址，有闻名全国的麦积山石窟，有明代四合院如南宅子、北宅子等。此外还有六出祁山的祁山堡、千虑一失之街亭、木门道、天水关、姜维墓等。天水历代人文荟萃，西汉"飞将军"李广、蜀国大将姜维，均诞生于此；开创大唐王朝的李渊、李世民父子，祖籍也是天水。

[敦煌] 敦煌市位于党河和疏勒河下游最大的绿洲上，市域面积2万多平方千米。是河西走廊西端交通枢纽，进入新疆、西藏的门户。敦煌是一座历史悠久的名城，丰富的人文旅游资源和戈壁绿洲特色使敦煌有"塞外明珠"之称。城南有鸣沙山、月牙泉等名胜古迹。中国最著名的石窟——莫高窟就位于此，还有"西出阳关无故人"的阳关旧址等。

[嘉峪关] 嘉峪关市位于河西走廊酒泉城西25千米，因地处明长城终点嘉峪关下而得名。1971年设立嘉峪关市。市域面积2935平方千米，市内的主要工业产品为生铁、焦炭、硫铵等，是中国西北的钢铁生产基地。市西3千米处有明建嘉峪关城楼及近南北走向的几条长城墩台，是明长城最西端的关隘，建于明洪武五年(1372)。

人口、民族

甘肃省人口由于受环境和战争影响，是全国人口较少的省份之一。从20世纪40年代至中华人民共和国成立以后人口猛增，截至2010年底，全省常住人口为2557万人。甘肃省内多民族聚居，省内11个世居民族中，汉族占91%，回、藏、东乡、裕固、保安、蒙古、哈萨克、土、撒拉等少数民族占8.69%，其中以回族人口最多，占全省人口的7%。甘肃回族人口居全国各省之首，回族人有着独特的民族文化，生活方式以临夏为代表。

[保安族] 保安族主要分布在甘肃省积石山自治县内。保安族有自己的语言，保安语属阿尔泰语系蒙古语族，无本民族文字，通用汉字，信仰伊斯兰教。保安族的族源可能是13～15世纪居住于此的蒙古人。明万历时，朝廷在其地置"保安站"，招募士兵戍边，并筑"保安城"。保安族以农业生产为主。传统手工艺品"保安刀"制作工艺精湛，著名的"双刀"和"双垒刀"的刀把多用黄铜或红铜、牛角、牛骨垒叠而成，刻有各种美丽的图案，有"十样锦"之美称。

[东乡族] 东乡族主要分布在甘肃省临夏地区，少数散居在兰州市和新疆等地。东乡族有自己的语言，但大多会汉语，无本民族文字。东乡族因居住在河州（今临夏地区）东乡地区而得名。其族源已无从考证，约在14世纪由当地许多民族融合而成。现有人口50余万人。东乡族以农业生产为主，经济以养羊为主。东乡民歌"花儿"歌风淳朴、诚挚，是当地主要的娱乐方式。

历史文化

甘肃是中华民族发祥地与华夏文化摇篮之一，早在旧石器时代甘肃就有人类活动的踪迹，是新石器时代的见证。最早属禹域雍、河之地，春秋战国时为诸戎所据。汉武帝元狩二年（前121），于河西置武威、酒泉、张掖、敦煌四郡，河西成为当时经济发展的重点。隋唐以前，兰州曾是中国通向中亚、西亚的交通要地。历史上的"丝绸之路"促进了当地经济文化的发展。

[齐家文化] 齐家文化早期年代约为公元前2000年，属于新石器时代晚期至青铜时代早期文化，它集中地反映了父系氏族社会的特点。从挖掘出土的实物看，齐家文化的经济生活以原始农业为主，主要种植粟等农作物，畜牧业以饲养猪、羊、狗、牛、马等为主，手工业中制陶、纺织及冶铜业等取得了很大进步。陶器主要有泥制红陶和夹砂红褐陶，还有少量的灰陶和泥制彩陶。纺织品以麻织布料为主。冶铜业也很发达，晚期进入青铜器时代。当时出现了贫富分化、阶级和军事民主制，已初步形成奴隶制社会的雏形。

[李白] 李白（701—762）字太白，号青莲居士，中国唐代浪漫主义诗人，又号"谪仙"。祖籍甘肃，生于西域碎叶城，天宝年初入长安，任翰林供奉，他向往自由生活，蔑视封建权贵，同情人民的疾苦。他从民歌、神话中汲取营养和素材，不拘一格，打破各种诗律常规，形成朴素、自由的表现风格。他的诗作以气势雄浑、联想瑰奇而为当时所传颂，有"天子呼来不上船，自称臣是酒中仙"之誉。是盛唐时期诗歌的最杰出代表，被后人尊为"诗仙"，影响了中国后世的文学创作，在世界文化中享有一席之地。

[敦煌莫高窟] 莫高窟位于敦煌市东南25千米处，鸣沙山东南麓断崖上，南北长约1600多米，排列五层，经过十多个朝代的扩建而成。据传，前秦苻

坚建元二年 (366) 有沙门乐尊者行至此外，忽见鸣沙山上金光万道，似有千佛，于是开始组织人进行开凿。莫高窟至今仍保留有十六国、北魏、西魏、北周、隋、唐、五代、宋、西夏、元等十个朝代的洞窟 500 个，壁画 4.5 万平方米，彩塑像 2000 多尊，是名副其实的千佛洞。莫高窟的艺术成就在于古建筑、雕塑、壁画三者相结合的艺术宫殿，尤以丰富多彩的壁画著称于世。敦煌莫高窟壁画、古建筑、佛像雕塑，反映了不同朝代的审美情趣和风俗习惯，成为反映当时生产生活状况的重要依据。它是世界现存佛教艺术最伟大的宝库。1987 年 12 月，敦煌莫高窟被联合国教科文组织列为世界文化遗产，是中国著名的三大石窟之一。

敦煌菩萨 敦煌石窟中的佛像千姿百态，尤以菩萨的容貌姿态真实丰满。菩萨像糅合了东西方女性美的特点，她的塑像被称为"东方维纳斯"，她的画像被称为"东方圣母"。数以万计的各种菩萨彩塑和画像，真实地反映了各个石窟时期的审美追求。兼有南亚印度、东南亚，以及西域和我国中原菩萨的特征，形成了自身独特的艺术风格。因此，研究者们把敦煌菩萨塑像和画像称作"敦煌菩萨"。敦煌石窟中的说法图、经变图，都绘有各式各样的菩萨，是世界上保存菩萨画像最多的佛教石窟，比较完整地记载了佛教的发展历程。

[玉门关故址] 玉门关故址位于甘肃省敦煌市约 80 千米外的戈壁滩上。现存的城垣完整，呈方形，东西长 24 米，南北宽 26.4 米，高 9.7 米，全为黄胶土筑成，面积 633 平方米。它与酒泉的玉门关是两个地方。相传"和田玉"经此进入中原，因而得名。它是古代"丝绸之路"必经的关隘。西墙、北墙各开一门，城北坡下有东西大车道，也是当时中原和西域诸国的邮驿之路。

[酒泉] 酒泉位于敦煌市东郊酒泉公园。古酒泉本名叫金泉，相传西汉时汉武帝派遣骠骑大将军霍去病抗击匈奴，在此大获全胜。霍去病把皇上所赐酒倾入金泉与下属共享，后人为纪念霍去病大将军与士兵同甘共苦的精神，就把金泉改名酒泉。古酒泉泉眼均为巨石砌成的方形泉池，其水清列，碧澄如酒，冬天不结冰，夏天清凉可口。清宣统三年 (1911)，当地政府在泉旁立石碑一块，上面题刻有"西汉酒泉胜迹"。

卓尼洮砚与酒泉夜光杯 甘肃以洮砚和夜光杯而驰名。洮砚历史悠久，石质坚硬而细腻，莹润如玉，叩之无声，呵之出露。历寒不冰，贮水不耗，涩不留笔，滑不拒墨，具有发墨快、研墨细、不损毫等特点，是古代读书人求之难得的精品。其中尤以"黄标绿漪石"最为

甘肃敦煌石窟

名贵。洮砚的雕技经历代发展堪为一绝，因色构图，雕琢成各种精致文雅的图案，远销日本、东南亚等地。酒泉夜光杯有一段美好的传说。据传，穆王曾至瑶池会西王母，路过大月氏的昭武城（今甘肃临泽县板桥），西戎献夜光常满杯。"杯容三升，是白玉之精，光明照彻。夜以杯于庭中以向天，比旦而水汁满中，汁甘而香美，斯实灵器"。夜光杯主要产地在酒泉，用祁连山老山玉、新山玉等精工雕琢而成，杯壁薄如纸、光如镜。其中尤以"一触欲滴"（翠绿）、"鹅黄羽绒"、"藕满池塘"等最为珍贵。

[武威文庙] 武威文庙位于甘肃中部武威城区东南，始建于明正统二年（1437），后经重修扩建。古代武威是河西四郡之一，是"丝绸之路"的必经之地。文庙由东西两组建筑群构成。西以大成殿为中心，前有泮池、状元桥，后有尊经阁，中为棂星门、乾门，左右有名臣乡贤祠和东西二庑；东以文昌祠为中心，前有三门，后有崇圣祠，中为二门戏楼，左右有牛公祠、刘公祠和东西二庑。气势雄传，结构完整。大成殿是文庙的正殿，面宽3间，进深3间，重檐歇山顶，顶置9脊，鸱吻瞰兽俱全。脊皆以缠枝莲纹砖砌筑，正9脊中设桥形火球。屋面尽覆琉璃板瓦。棂格隔扇、腰华板、裙板等皆有简单雕饰。周围绕经回廊、高台基，体现了中国古代宫殿建设的文雅之风。庙堂外松柏参天，碑石林立，具有中国古代建筑庄严雄伟肃穆文雅之风韵，是目前甘肃省规模最大，保存完整的一处古建筑，文物共计3.3万多件，有"陇右学宫之冠"之美誉。

气候

甘肃省气候为明显的温带大陆性季风气候，显著特点是晴天多，日照时间长，大风多，年降水量很少。冬春干旱而酷寒，夏季多暴雨而冷暖变化大，年降水量从东南的805.6毫米到西北减为36.8毫米。除陇中南外，年日照时数达2400小时以上，河西大部分逾3200小时。但不同地区受灾害性天气影响不同。

自然资源

甘肃不仅水力资源丰富，而且矿产资源也有23个矿种分列全国第一至五位，但分布复杂，多在山地地带。是中国著名的有色金属、石油化工、电力机械、毛纺织和核工业基地之一。甘肃属半湿润半干旱区，植物多以耐旱、耐碱为主，如贺兰女蒿、瓣鳞花等。而动物多是植食性的并且能生存于干旱的草原，如黄羊，还有生活在绿洲的如大熊猫、金丝猴等。

[镍、钴矿] 甘肃省镍矿储量居全国第一，是中国的镍工业基地。累计探明镍金属储量554万吨，约占中国的70%。工业矿床集中产于龙首山地区，永昌白家嘴子有全省最大的钢镍矿。钴是甘肃省的优势有色金属，已知产地15处，保有储量14.77万吨。其中金川钴矿床储量约占全省总量的99%。现在，镍、钴经济已在全省经济收入中占到了10%左右。

[贺兰女蒿] 贺兰女蒿属菊科，半灌木，较耐旱、耐高温。枝高于25～50厘米。叶片灰绿色，花浅黄色。中国特有种，分布于宁夏、甘肃、内蒙古，生于海拔1900～2250米处的山坡或荒漠草原，是沙漠地带寿命较为长久的绿色植物。

[瓣鳞花] 瓣鳞花属瓣鳞花科，一年生矮小草本植物，高5～16厘米。叶小，常4枚轮生。花小，粉红色。分布于新疆、内蒙古、甘肃，多生于海拔1200～1450米处的盐化草甸中。

[藏原羚] 藏原羚属牛科，国家二级保护动物，别名原羚、西藏黄羊，小羚羊体长小于100厘米，尾长6～10厘米，体重不超过20千克。雄性羚角向后弯曲呈镰刀状。耳狭而尖短，臀斑甚大，四肢纤细，蹄狭窄。背为红棕色，臀斑和腹部为白色。藏原羚栖息在青藏高原附近地区，过群居生活，2～6只或10余只结成小群，冬季甚至出现百只以上的大群。藏原羚机警，听觉和视觉发达，食物以禾本科和莎草科植物为主。每年繁殖一次，孕期6个月左右，每胎1崽，有时产2崽。羚羊仔后3天就可以跟着羊群奔跑。近几年野生藏原羚因当地人的围猎数目明显下降。

[白唇鹿] 国家一级保护动物，白唇鹿只产于中国青藏高原、甘肃祁连山和四川西部等海拔较高处的开阔林地，现已濒临灭绝。因下唇和吻端两边呈纯白色，故名白唇鹿。身体长度超过2米，灰褐色，两角伸开，尾奇短。白唇鹿生活在海拔3500～5000米的高原山地上，以树叶、草等为食。脚蹄宽大，善于奔跑，群居，每群有2～8只。

经济

甘肃省在20世纪50年代以后，随着境内石油、煤、铁和多种金属的开采利用，甘肃的经济发展加快，交通条件也得到明显改善，甘肃一跃成为以石油化工和有色金属冶炼为主的新兴工业基地和中国西北工业较发达的省区，实现了以重工业为主的产业结构调整。兰州是西北地区铁路干线的枢纽。

[农业] 甘肃农业一直以种植业为主，干旱是农业生产的主要威胁，全省约有耕地462.47万公顷，占土地总面积的10.96%。耕地中约有四分之三为旱地，水浇地及水田约占25%。农作物以小麦、玉米、马铃薯为主。其中小麦分布最广，东南部以冬小麦为主，西北部则以春小麦居多。秦岭以北多为耐旱的糜子和谷子，陇南则以玉米和薯类为主，甘南高原多青稞。中南部河谷川塬、河西走廊、陇西高原北部、陇东高原等，为全省粮食重点产区。经济作物以胡麻和油菜籽为主。甘肃草原面积居中国第五位。全省约有草原面积1366万公顷，占土地总面积近1/3。农区还有宜牧的草山和草坡466.7万公顷。以牦牛、黄牛、马、羊等为主。草原是少数民族聚居地，或以牧为主，或半农半牧。

[工业] 甘肃省工业以重工业为主，有石油、化工、电力、有色金属和煤炭等工业。甘肃石油开采较早，玉门（老君庙）油田是中国最早的石油工业基地。炼油工业以兰州为主，主要生产多品种、高档的石油产品。其他石油派生的机械化产业发展也很快。钢铁工业主要有酒泉钢铁联合企业，生产钢铁、焦炭等产品。其中氯化稀土元素综合生产能力居世界第三位，形成了白银（铜、铅、锌、铝）、金川（镍、钴及铂族元素）、靖远（稀土）、西成（矿产品）四大有色金属生产基地。采煤工业发展很快。电力工业以水电为主。兰州西固热

电站与刘家峡、盐锅峡、八盘峡水电站组成了兰州电力网。食品工业中以粮油加工分布最为普遍。纺织工业有毛纺、棉和化学纤维纺织等，所产毛毯、地毯等产品远销国外。甘肃有的重工业比重已经明显超过了东北等地，在中国工业体系中占有重要地位。

[交通] 20 世纪 50 年代以来，甘肃的铁路、公路及航空运输发展迅速，逐步形成以兰州为中心的现代化陆空交通网。铁路运输主要有陇海、兰新、包兰、兰青等 4 条干线和甘（塘）武（威）线、宝（鸡）成（都）线，组成甘肃省交通运输网的骨干。兰州已成为中国西北地区铁路交通的枢纽。甘肃省已形成了遍布城乡的公路网，主要公路有西（安）兰（州）、甘（肃）新（疆）、兰（州）青（海）、华（家岭）双（石铺）等干线，分别与邻近全省区相连。航空运输以兰州为中心，可通往北京、成都、上海等全国各大城市。

旅游

悠久的历史和"丝绸之路"是甘肃省旅游的热门话题。随着"丝绸之路"的延伸，带来了中西文化的大交流，亚洲文化的大融合。武威雷台汉墓出土的富有浪漫主义色彩的艺术珍品马踏飞燕，被作为中国旅游的标志。甘肃又被称为"石窟艺术之乡"，敦煌莫高窟世界无可与其媲美。

[鸣沙山—月牙泉] 绝妙的鸣沙山与月牙泉位于敦煌县城 7 千米处。鸣沙山连绵起伏，古称神山。东西长约 40 千米。鸣沙山怀抱一泓月牙形的清泉。鸣沙山曾被称为"沙角山"。当天气晴朗时，沙砾鸣声如雷轰响，由此而得名。对于月牙泉在沙丘中经百年烈风但并不被沙掩盖的不解之谜，至今仍无科学的说法。月牙泉南北长 100 多米，东西宽约 25 米，水清见底，颇为神奇，有"沙漠第一泉"之称。

[麦积山] 麦积山位于天水市麦积区中南部，海拔 1400～2200 米，总面积 130 余平方千米。相传为秦人发迹地。麦积山是西秦岭山脉小陇山中的一座孤峰，高 142 米，形如农家麦垛而得名。举世闻名的麦积山石窟就开凿在这座奇峰的崖壁上，两崖绝壁上，分布着 194 个洞窟。始建于两晋十六国时代，现保存着十几个朝代 7200 余尊塑像和 1300 平方米壁画，反映了各个时代的历史风采和画风，有"东方雕塑之宫"之美誉。

牛儿堂是东崖最高洞窟，离地面有 60 多米，龛外天王脚踩一个牛犊儿；天堂洞是西崖最高洞窟，离地面约七八十米。散花楼高 16 米，深 11 米，宽 31 米，是麦积山最大洞窟。麦积山石窟是全国重点文物保护单位。

麦积山周围还有莲花山、僧帽山、香积山、罗汉崖、雕巢峪等奇山异景，恍如仙境。相传这里常有神仙出没，故名仙人崖。三国时期有名的六出祁山，失街亭斩马谡的故事就发生在这里。

鸣沙山—月牙泉

[崆峒山] 崆峒山位于平凉市城15千米处。崆峒山背负关山，面临泾河，面积1500余千米。最高峰翠屏山，海拔2123米。崆峒山是道家教名山，古代典籍早有记述。《史记》记载，黄帝曾"东至于海，登丸山及岱宗；西至于峒，登鸡头。"秦始皇曾巡视过崆峒山，汉武帝也曾登临过。据说此地为道宗广成子修炼得道之处。《庄子》记述："黄帝立为天子十九年，令行天下，闻广成子在崆峒山之上，故往见之。"崆峒山现存名胜古迹有120多处，主要有合天台、插香台、灵龟台等"八台"、凤凰岭、狮子岭、苍松岭与棋盘岭等"四岭"，还有秦汉时期修建的"五院""十二宫"等规模宏大的建筑群，甚为壮观。主要景区面积约8平方千米，享有"山川雄秀甲于关塞"之美誉。

[炳灵寺石窟] 炳灵寺石窟位于甘肃省永靖县黄河山岸的积石山峭壁上，由上、下寺组成。下寺建于北魏延昌二年(513)，上寺建于唐代。洞窟开凿于西秦建弘元年(420)，距今已有1500多年的历史。"炳灵"藏语即为千佛之意，为甘肃四大石窟之一。第169窟中有西秦建弘元墨书题记和精美的西秦造像与壁画，为中国石窟中最早的纪年。历代重修，现存窟龛183个，造像776尊，壁画约900多平方米，大型摩崖石刻4方，是古"丝绸之路"上著名的佛教圣地之一。

[明长城遗址] 明长城遗址位于甘肃境内，西起嘉峪关，经酒泉、高台、临泽、张掖等地，从山峡口进入宁夏，是甘肃境内存留最长、最完整、最宏伟的长城遗迹。全长约1000千米，城墙高10米，底厚5~6米，顶宽2米。五里一燧，十里一墩，三十里一堡，一百里一城，构成了长城的防御体系。遇隘口、山口、河口均在长城外筑有望台。明长城用黄土夯筑，有的地段夯土层间夹藏木桩、杂草或沙石夯实。由于沙漠广布，人烟稀少，明长城保存得较为完好。

嘉峪关关城 嘉峪关关城位于嘉峪关市区西南6千米处，处于嘉峪关最狭窄的山谷中部，是明长城最西端的关口，也是万里长城的西部终点。关城始建于明洪武五年(1372)，因其地势险要，建筑雄伟，故有"天下第一雄关""边陲锁钥"之称。它由内城、外城、城壕三道防线组成重叠并守之势。西侧罗城向南有"明墙"延伸至祁连山下，向北"暗壁"隐伏至黑山半山腰，有"一夫当关，万夫莫开"之势。内城有东、西两门。东为"光化门"，意为紫气东升，光华普照；西为"柔远门"，意为以怀柔而致远，安定西陲。嘉峪关内还建有箭楼、敌楼、角楼、阁楼、闸门楼共14座。现保存完整，公路绕关城而过。

[拉卜楞寺] 拉卜楞寺位于甘肃夏河县城西1千米处的大夏河畔，始建于清康熙四十八年(1709)，是中国藏传佛教格鲁派六大寺之一。寺中最高建筑为弥勒佛殿，另有释迦牟尼殿、护法殿等。为甘南藏传佛学中心。

宁夏回族自治区

行政区划

宁夏回族自治区位于西北地区东部、黄河上游，地理位置介于东经104°17′~107°39′、北纬35°14′~39°23′。与内蒙古自治区、甘肃省、陕西省毗邻。总面积6.6万多平方千米，是中国最小的自治区。宁夏古为雍州之地，西夏王李元昊在此建立了大夏国，因此而得名。宁夏有近千年的历史，早有"天下黄河富宁夏"的美誉。辖5个地级市、8个市辖区、2个县级市、11个县。简称宁，首府银川。

[首府——银川] 中国历史文化名城银川市位于自治区境北部，面积9560平方千米。在夏、商、西周时期，银川称"雍州"。1038年，李元昊在这里建立大夏国，史称"西夏"，改称兴庆府。1929年定名银川。银川坡地平缓，得贡河之利，素称"塞上江南"。工业有机械、化工等，农作物有小麦、水稻及蔬菜、瓜果等。宁夏有号称"红黄蓝白黑"的五宝土特产，即枸杞、甘草、贺兰石、滩羊裘、发菜，驰名中外。其国家级风景名胜区西夏王陵气势壮观、宏伟。

[石嘴山] 石嘴山市位于自治区最北端，市政府驻大武口区，与内蒙古自治区阿拉善左旗相邻。面积5209平方千米。工业以煤炭为主，有"塞上煤都"之称。这里是农耕区与牧区的过渡地带，属温带大陆性干旱气候。工业主要有电力、机械、陶瓷、化工等。农业生产以稻谷、小麦、玉米等为主，兼产油料作物、甜菜、红黑瓜子等。文物古迹以贺兰山岩画、古长城遗址等景观较为著名。

人口、民族

宁夏回族自治区是中国唯一的一个省级回族自治区。截至2010年底统计，全自治区人口约有630万人。人口地区分布极不平衡，平原灌区人口约占全自治区人口的60%以上；南部丘陵山区，人口主要分布在沿河谷地和山间盆地，其中清水河、葫芦河等谷地人口密度较大。民族以回、汉为主，分布遍及全区各地。回族人口占全区总人口的30%以上，占全国回族人口的近1/5。汉族占65%左右。此外，还有满、蒙古、东乡等20多个少数民族。

[回族] 回族散居于中国各地，尤其在宁夏、甘肃等省区人数较多。其先民以13世纪迁入的波斯人和阿拉伯人为主，长期与汉、蒙古、维吾尔等族融合逐渐形成。自元代始，宁夏即成为中国回族的主要聚居地区。泾源县回族人口占该县总人口的比例高达96.6%，同心、海原、吴忠、西吉等市县则均达50%以上。回族人以头脑灵活、善于经营著称，他们多经营珠宝玉石、运输业、牛羊屠宰和加工业。回族工匠在制香、制药、制革、制炮以及矿产的采冶上有独到之处。在文化上曾受阿拉伯、波斯等西亚传统文化的影响。回族通用汉语、汉文，习惯在住地修建"礼拜寺"，多围寺而居。根据各地的风俗习惯，节日庆祝形式不尽相同。回族男子喜戴白色小帽，穿白衬衫、黑坎肩，他们的生活方式极为统一，颇具民族特色。

历史文化

宁夏境内约在3万年前的旧石器时代就有了人类的踪迹。春秋战国时期，羌、戎和匈奴等少数民族在此繁衍生息。汉代，大批移民来此，带来了中原的科技、文化等知识，与少数民族一起大规模开发引黄灌区，使这里成为谷稼充实、民众富裕的绿洲。11世纪初，党项族李元昊在此建立大夏国（史称西夏），创造了灿烂的西夏文化。1227年西夏被蒙古所灭，西夏丰富的文化内涵从此逐渐融入了中华民族丰富、庞大的文化之中。19世纪出土了西夏文字与大量西夏文物。

[水洞沟遗址] 水洞沟位于宁夏灵武市境内东北35千米，水洞沟西南的崖壁上。水洞沟遗址是中国华北地区旧石器时代晚期文化遗址，它的发现，向人们展示了3万年前的"宁夏人"生存活动的历史画卷。考古学家在这里发掘出2万件打制石器和丰富的古生物化石。水洞沟的石器，是用坚硬的硅质灰岩锤击打制而成的。他们制造的石器以尖状器、端刮器和新月形削器最具特色。在水洞沟遗址中，还有稍加磨制穿孔的鸵鸟蛋皮饰物和骨锥等装饰品，体现了原始人类的审美意识。

[贺兰山岩画] 贺兰山岩画题材广泛，大到日月星辰宇宙现象，小至牛羊足蹄、人手口脚趾图形，最多的是类似人头像和虎、豹、狗、鹿、羊、骆驼等动物图像，画法粗犷、图像生动，具有浓厚的生活气息，保存完好的有300多幅。可能是用石头、骨、金属等工具在石头上或岩壁上磨、刻、凿而成的。从描绘的内容和刻画的笔法分析，

宁夏花儿曲调委婉曲折，令人荡气回肠，多是男女对唱，如果是集体对唱则更有意思，不但歌声风趣生动，动作也很特别。图为大型"花儿"活动上人们载歌载舞，一派欢乐气氛。

这些岩画大部分为春秋战国前游牧民族的艺术创作，但现在还没有确凿的证据。

[三关口明长城] 明代的长城，修筑规模很大，修筑技术也发展至顶峰。宁夏有许多构筑精美的长城遗址，三关口明长城就是其中之一。它距银川城区40余千米，是明嘉靖十年(1531)宁夏佥事齐之鸾修筑的，颇有一夫当关、万夫莫开之势。长达80余千米。明嘉靖十九年(1540)宁夏巡抚杨礼重新修葺，并增筑了三关口以北的长城。三关口是宁夏与内蒙古阿拉善左旗的交界地，自古以来就是银川城防的咽喉要道。古代时，三关口从外向里设头道卡、二道卡和三道卡，也称"三卡关"。山口北侧，长城沿山脊向北延伸，墙体用石块垒砌，现墙体和墩台已残损；而山口南侧，向东南延伸的黄土长城保存较为完好，墙顶两侧筑有女墙。在宁夏明长城中还有灵武市横城的河东墙用土夯筑，十分雄伟，保存完好。

[花儿] 花儿是西部地区流传久远的山歌。花儿一般结构分两段，前段比兴，后段是歌唱的主题内容，具有高亢嘹亮、激越动听的特色。早在200多年前，根据其结构、格调、唱法的不同，形成诸多分支流派，分为临夏"花儿"和洮岷"花儿"两大派，大多表述西部风情，多粗犷豪放，却不失婉约多情，是西部歌曲的代表，有浓郁的地方气息。

[西夏文化] 西夏文化凝聚着党项族人顽强的团结和战斗精神。从公元1038年党项拓跋氏首领李元昊称帝建国起，西夏文化随着党项族的势力不断发

展。畜牧业、农业、制盐业、建筑业、手工业和商业发展很快。其统治制度为蕃、汉分而治之，设有蕃官和汉官。国家还制定有成文法典。实行科举制度，并且建立了强大的骑兵和步兵。西夏于公元1037年仿汉字创制西夏文，并汇编字书12卷，定为"国书"。上至佛经诏令，下至民间书信，均用西夏文书写。为方便人们学习西夏文，还印行了字典。200年的时间形成了西夏文化。由于党项族人民笃信佛教，因此其佛教文化艺术颇著名。鄂托克旗的百眼窑石窟寺，是西夏壁画艺术的宝库和集大成者。在额济纳旗黑城、绿城子发现有西夏文佛经、释迦佛塔、彩塑菩萨等，成为多种文化相互交融的结晶。因此，中原的汉族文化、北方的草原文化以及西方的文化都影响了西夏文化，并能在其中找到相似的印迹。

佛教对西夏文化产生了重要影响。由于西夏王李元昊信佛，西夏将佛教尊为国教，先后百余次向宋朝求赐佛经，并筹资翻译和刊印浩繁的佛经经典供人们学习。为了弘扬佛法，李元昊还专门请回纥僧人演释经文。举世闻名的敦煌莫高窟和榆林窟中，其中经西夏重修、扩建的石窟便有近百座。佛教在各地有不同的教派和特色，广受各地影响的西夏佛教，极大地丰富了西夏文化。

[西夏文] 西夏文是西夏文化的重要标志。11世纪西夏主李元昊称帝，在大庆元年（1036）颁布西夏文，命野利仁荣加以演绎。西夏文字中有不少受到邻近文化影响的痕迹。在6000多西夏文字中，跟汉字有许多相似之处。两者基本笔画相同，但比汉字有更多撇、捺；

宁夏西夏王陵

也有草、篆、隶和楷体；文字构造多采用汉字"六书"中的会意字和形声字；文字结构和汉字一样，由偏旁部首组成。当时李元昊命人将其整理为十二卷，称为"国书"，还发行了字典。当蒙古人灭掉西夏后，西夏文继续使用，元代称河西字，随着党项族逐渐融合于其他民族，西夏文以后失传。

[西夏王陵] 西夏王陵有9座帝王陵和253座陪葬墓，每座王陵都是独立完整的建筑群体。它们坐北朝南，呈长方形，庄严肃穆、高大雄伟，每座陵占地面积约10万平方米以上，筑有角台、角楼、神墙等，被外国游客誉为"东方的金字塔"。

气候

宁夏属温带大陆性半湿润半干旱气候，大多干旱少雨，风大沙多，夏热而短，冬寒且长，日照充足，昼夜温差很大。年均温6℃～10℃，气温年较差24℃～33℃，日较差7℃～18℃，无霜期130～162天，年降水量180～680毫米。气温与降水由南向北递减。山地降水显著。降水多集中于6～9月。

自然资源

宁夏能源矿产和非金属矿产成矿

条件得天独厚。区内煤炭资源丰富，无烟煤质量为全国最好。石油、天然气也已得到初步开发。在自然资源方面，境内有多种珍贵生物并且设立了四个国家级自然保护区，以保护青海云杉、蓝马鸡、金钱豹、天鹅等，并设有干旱区、高原温带、干旱沙漠植被等生态系统保护区。

[骆驼刺] 骆驼刺，豆科，半灌木植物，一般高30～60厘米。总状花序腋生，花红色或紫红色。花期4～8月，花内可分泌刺糖，有一定的保健作用。生长于海拔150～1500米的沙荒地、盐渍化低湿地和覆沙戈壁上，主要分布在宁夏、新疆、甘肃。

[蓝马鸡] 蓝马鸡因羽翅似马尾、体羽多蓝灰色而得名，头侧绯红色，耳羽镶白色，灰蓝、红、白三色相映，色彩斑斓、鲜艳夺目，在阳光下，颜色多变。中央尾羽特长而且翘起，羽支大都披散下垂如马尾，它的外侧尾羽基部白色闪光，飞翔时十分美观。蓝马鸡主要分布于中国宁夏、青海和四川等高山地区的云杉林、橡树林或桧柏林中。以植物性食物和昆虫为食。4～6月间繁殖，此期间成对生活。将卵产于荫蔽树丛下，每窝产卵6～12枚。孵卵期26～27天，为国家珍稀保护动物，民间俗称角鸡、松鸡。

[岩羊] 岩羊又叫崖羊、石羊，因体色与裸露的岩石极其相似而得名，兼有绵羊和山羊的特征。喜群居，主要分布在宁夏、青海、甘肃等地。栖息在高山裸岩地带，以青草和灌木枝等植物为食，善奔跑、跳跃，是高原环境中的重要动物。

经济

在中国古代，宁夏区内灌溉农业就较发达，是中国西部的粮田之一。解放以来，由于交通迅速发展，先后建成了煤炭、电力、冶金、机械、医药、化工、建材、纺织、化纤、塑料、日用硅酸盐、制糖、电子、仪表、皮革、造纸、卷烟、食品等行业体系，目前已成为以能源为主的经济体系。

[农业] 宁夏农业是种植业、养殖业并存，全区耕地面积达140万公顷，约占宁夏回族自治区土地总面积的21%。草地面积284万公顷，占自治区土地总面积的42.8%。种植业以北部为主，不到20%的土地却占了全区70%的粮食产量。可利用土地资源丰富、光照时间充足的优势和得天独厚的引黄系统，使农业生产条件集约化程度居中国前列。粮食作物占作物总播种面积的80%。畜牧业以养羊业居重要地位，盛产裘皮，尤以滩羊皮与中卫山羊皮享有盛誉。自治区现已有三分之一水面用于渔业生产。境内有鲤鱼、鸽子鱼等天然鱼类27种，引入鱼类10余种。许多农牧民兼营手工业和商业服务业，生活水平在西部中比较富裕。

[工业] 宁夏能源工业以煤炭、电力、石油为主，传统手工业以制革、地毯等为主。目前已经形成银川、石嘴山、青铜峡等工业中心。其中能源工业是宁夏重要的工业部门，贺兰山矿区是宁夏最大的煤炭基地，其中石炭井矿区成为西北地区已开发的冶金用焦煤基地，也是其创收的主要行业，同时经加工的"宁夏五宝"等远销国外，并形成了产业链。

旅游

宁夏文物大多保存较好，从战国、隋、明长城与宋代壕堑。加之西夏地区辽阔荒凉，为宁夏平原添了几分神秘。贺兰山远望形若骏马，小滚钟口天然避暑胜地，六盘山苍茫逶迤……这里有古老的水车、雪白的羊群，可以乘羊皮筏漂流黄河、骑骆驼跋涉沙漠，这些都为这块神秘的土地增色添彩。

[须弥山石窟] 须弥山位于宁夏固原市区西北 50 千米处，海拔 1700 多米。"须弥"是梵文音译，意为"宝山"。石窟始凿于北魏时期，现存多为隋、唐以至宋、明各代时的文物。石窟现保存完整的有 22 个，分布在大佛楼、小孙宫、圆光寺、相国寺、桃花洞 5 处，蜿蜒 2 千米。第二窟中的释迦坐像最为高大，建于唐代大中三年(849)，高达 26 米。石窟中宋、西夏、金、明等各个时代的多处题记、碑刻，也是中国石窟艺术的珍贵文化遗存，对考证历史、弘扬书法艺术有极高的价值。

[拜寺口双塔] 拜寺口双塔位于贺兰山东麓的金山乡（已并入洪广镇），始建于西夏后期，西塔早于东塔。两塔东

西相对，相距近百米。双塔为正八角形建筑，东塔塔基每边长 2.5 米，共 13 层，通高 45 米。塔身高度随层次递增而逐步缩小距离，层层加密。底座是一座莲花瓣向上仰起莲花形，塔刹由几层相轮组成。每层塔檐下刻有各种兽头的浮雕，栩栩如生。塔室呈圆形，内设木楼梯，可以直登塔顶，登高望远。

[海宝塔] 海宝塔俗称北塔，因大夏王赫连勃勃重修，位于银川市北郊宝塔寺内，又名黑宝塔、赫宝塔、赫连塔。宝塔建造年代无法考证。相传公元 5 世纪初，大夏国王赫连勃勃曾斥巨资进行重修。全塔为砖砌楼阁式结构，塔楼九层，每层 12 龛，共 108 龛，各层四角系有铁铎，遇风作响，悠扬悦耳。塔身通高 54 米。塔基呈方形，正面有台阶可上。塔座立于台基中央，正中辟券门，内设暗道，可登塔顶。登塔远望可见贺兰山，一睹黄河塞上风光，是银川市的标志。

[高庙] 高庙位于宁夏中卫市区北面，始建于明代正统年间，经历代增建重修，至清代已成为规模较大、风格独特的古代建筑群，是一座佛、道、儒三教合一的寺庙。高庙主要建筑由保安寺、高庙、南天门、中楼五岳组成。在面积不大的高台上，建有近百间九脊歇山、四角攒尖、十字歇山、将军盔顶等各种类型的庙宇。在主体建筑和辅助建筑之间，多用飞桥相连接，布局紧凑。庙内还有"鹤翔凤鸣""麟吐玉书"等许多精美的墙壁砖雕。高庙尤以"地狱宫"给人印象最深，逼真的图案令人不寒而栗，是劝人行善积德的地方。

[小滚钟口] 小滚钟口位于银川市

宁夏银川海宝塔

区西北 25 千米处，在贺兰山山口有一座孤耸的小山峰，像一口中间悬挂钟锤的古钟而得名。这里岩峻石峭，奇峰林立，怪石奇特多样，形似笔架山峰，高耸于景区南侧，自古即为有名的避暑胜地，山上文物古迹甚多，除自然景观外，较为著名的有"贺兰佛光""贺兰晴雪"。"贺兰晴雪"是"宁夏八景"之首。在 6 月，这里的山峰依然白雪盖顶，晴空下，白雪蓝天，一派塞外风光。

[一百零八塔] 一百零八塔位于青铜峡市区西南，黄河西岸峡口的削山陡坡上，距银川 80 千米。因塔数总计为一百零八座故名。它始建于西夏，具体时间不详。塔的单个造型与元代的北京妙应塔极为相似。一百零八塔坐西朝东，背山面水，随山势凿石分阶而建，由上而下，错落有序，塔群林立，呈一、三、五、七、九……奇数排列，构成一个等边三角形的大型塔群。它是佛教的纪念塔，因为佛教认为人有 108 种烦恼，遂以塔的形式作为引记，这是我国造型最为独特的大型古塔群。

青海省

行政区划

青海位于中国西北，青藏高原东部。地处东经 89°35′～103°04′、北纬 31°19′～39°19′，是长江、黄河的发源地。与甘肃、新疆、西藏、四川相毗邻，面积 72 万平方千米，居全国第四位。少数民族有汉、藏、回、土、撒拉等 38 个民族。辖 1 个地级市、1 个地区、6 个民族自治州、4 个市辖区、30 个县、2 个县级市和 7 个自治县。因有全国最大的咸水湖青海湖，故简称"青"。

[省会——西宁] 西宁市位于青海省境东部，面积 7472 平方千米。汉、回族为人数最多的民族。这里物产丰富，有煤、石英石、石灰石、石膏等。

青海大型的工业有钢厂、铝厂、毛纺厂和电厂等。农牧业发达，以小麦、蚕豆、马铃薯等为主，牧业以放牧牛羊为主。西宁毛是当地一大品牌。西宁有铁路过境、航班开通，交通十分便利。市区古迹众多。始建于明代的东关清真大寺，是中国四大清真寺之一。还有马家窑卡约文化等古遗址多处。

[格尔木] 格尔木市位于青海省海西蒙古族自治州，"格尔木"原称"噶尔穆"，蒙古语是"河流众多"之意。面积约为 12.3 万平方千米，由于铁路公路在此纵横交会，故格尔木成为南至西藏、北达河西走廊、西接新疆、东至西宁的交通枢纽。路基路石均为盐土，稀世罕见的"万丈盐桥"现已成为城市的象征。

人口、民族

青海省虽为多民族聚居地，但地广人稀，分布极不平衡。截至 2010 年底统计，人口为 562 万。西宁市和东部农业区人口数较为密集。牧区为全国第四大牧区。

牧区面积虽占全省的 90% 以上，但平均人口密度仅有 2.6 人／千米^2。主要的少数民族有藏族、回族、土族、撒拉族、满族等。

[土族] 土族有多种自称，1949 年中华人民共和国成立后，依本民族意愿，统称为土族。土族主要聚居在青海省互助土族自治县和民和、大通、同仁等地。其族源至今尚未定论，主要的说法有鲜卑人后裔、沙陀突厥后裔和蒙古族后裔。其有语言无文字，语言属阿尔

泰语系蒙古语族。土族人精于养牛，也种植小麦、土豆等作物，擅长歌舞，以安昭舞和婚礼舞为主。

历史文化

青海高原虽多为不毛之地，但在远古时代，就有了人类的足迹。根据考古发掘，在旧石器时代晚期到新时代晚期，这里就出现了辉煌灿烂的彩陶文化。大通县上孙家寨和乐都县高庙发掘的氏族公墓群，出土了大量绘制生动、图案丰富的彩陶器。这充分证明了世代居住在青海的各族人民相互交融，形成了浓郁的民族特色、独特的地域风情。

[柳湾彩陶] 柳湾彩陶的出土是青海高原文化研究的突破点。在青海乐都县东17千米的柳湾，考古专家发现了新石器时代的彩陶和墓地。彩陶的花纹多种多样，最有代表性的花纹是左右连作的大圆圈纹和不同姿态的简笔蛙纹。出土文物有马家窑文化的半山类型、马厂类型，也有齐家文化和辛店文化的类型，其中以马厂类型的数量居多。在挖掘的彩陶中，"阴阳合体壶"为研究人类文化中的性别崇拜提供了佐证。

[石刻艺术——玛尼石城] 玛尼石城位于青海南部玉树结古镇的新寨村，全是玛尼石堆，从"门巷"走进"城"中，除几条人行道外，石堆垒得非常整齐，经文佛像一律朝人行道。石头上刻的字迹杂多，显然出自千千万万不同信徒的手。刻的大多是"唵、嘛、呢、叭、咪、吽"六字真言。佛教徒们用刀刻在石上，送到玛尼堆，算是完成了一件功德。无数玛尼石摆在一起，就成了一堵石经长城。面积足有三个足球场大，大约共有

25亿块石经，凿刻垒叠成这座城前后用了200年时间。这是一座算得上创世界纪录的玛尼石城。藏族群众络绎不绝地来这里焚香膜拜，玛尼石上到处是他们敬涂的酥油，张挂经布彩绸至今仍是当地民众敬奉神灵的形式之一。

[高原竞技——牦牛大赛] 牦牛赛历时千年，是青藏高原特有的传统体育竞赛活动，每年一次。参赛时，牦牛角裹绫绸，背背褥子，尾扎布花，并套上了精致的笼头，骑手身着氆氇褐衫或水獭皮镶边的皮袄，头戴狐皮帽，脚蹬高腰靴，胸前佩宝刀，手提短鞭，袒露右臂。比赛分组进行，由两名指挥调度比赛。前三名会被献予哈达、长红。获胜者将哈达横挂牛角上，长红搭在牛背上，成为部族中的勇士和高明的骑手。

气候

青海高原和祁连山地海拔高，气温低，不宜农耕，但降水多，草原面积大，为国内第五大牧区。青海省由于深居内陆，气候寒冷而干燥。全省温差较小，日较温差大，积温低。年均温为－5.0℃～8.6℃，适合农业发展的东部黄河和湟水谷地年均温3℃～9℃，生长期140～230天，年均降水量250～550毫米，主要集中于6～9月。以柴达木盆地为代表，是全省主要农业和商品粮基地。柴达木盆地年均温2℃～5℃，生长期长150～200天，日照长达3000小时。盆地北部和南部边缘为新垦区和小麦高产区，是青海省的"肥沃之乡"。

自然资源

由于地形、气候、土壤等自然条件的差异造成了青海省独有的资源。

除盐类、有色金属、石油等矿产资源和水力资源均相当丰富外，在柴达木盆地诸盐湖中，富集着巨量的钠、钾、镁、硼、溴、磺等盐类，其储量居全国前列。全国储量最大的长纤维石棉矿茫崖石棉矿即位于此。森林植被较少，青海植被类型中，以高寒灌丛、高寒草甸及高寒草原为主，其次为荒漠和山地草原。珍稀动物有数百种，如野骆驼、野牦牛、野驴、藏羚羊、鬣羚、雪豹、白唇鹿、黑颈鹤、斑头雁、天鹅、血雉、雪鸡等。

青海省已探明的矿产资源近 130 种，其中锂、钾、湖盐、镁盐、云母等 11 种储量居中国第一位。盐类蕴藏量十分丰富，柴达木盆地地表盐化学沉积面积达 1.6 万平方千米。全省工业发展迅速，形成了以水电、电气和煤炭开采为主的能源工业，以湖盐为主的盐化工业，以有色金属和石棉为主的采掘业和原材料工业，以农牧产品为主的加工业和机械工业五大支柱产业。但由于青海交通运输发展缓慢，制约了资源的开发利用。

[龙头水电站] 龙头水电站就建在龙羊峡中，是黄河上游第一个梯级电站，也称"龙羊峡"电站，是中国大型坝式水电站，于 1989 年全部投产发电。龙头水电站仅次于长江葛洲坝水电站，但就它的库容量、单机容量、大坝的高度，在中国都堪称为"三最"电站。电站所在地龙羊峡是黄河上游的峡谷之一，在青海省东部共和、贵南两县间。峡谷长 38.6 千米，上下口落差 235 米，下口距河源 1724.3 千米。在龙羊峡至寺沟峡之间修建 7 座梯级水电站。龙羊峡的混凝重力拱坝高 178 米，相当于

60 层楼房高水电站单机容量为 32 万千瓦，4 台机组总装机容量为 128 万千瓦，可以给西北地区提供能源。水电站的水库总量库容 276 亿立方米，是中国目前建成的大水库之一，其泄洪设施有右岸溢洪道以及坝身表孔、中孔、深孔和底孔，是中国水电站建设史上的典范。

[盐湖之王——察尔汗盐湖] 察尔汗盐湖位于青海柴达木盆地南部格尔木市与都兰县境内，是中国最大盐湖，号称"盐湖之王"。察尔汗盐湖由东达布逊湖与南北霍鲁逊湖组成，面积约 5800 平方千米，盐层最厚可达 60 米，储量 30 亿吨。晶间卤水属氯化物型，有丰富的钾镁光卤石伴生，也是中国最大的钾镁盐液体矿床。1958 年曾在察尔汗建有小型钾肥厂。新建的青海钾肥厂，一期工程年产 20 万吨钾肥，最终年产氯化钾将达 100 万吨。伴随盐湖的许多产业正在进一步开发，这里是我国最大的钾盐生产基地。

[紫罗兰报春] 紫罗兰报春是报春花科植物，多年生草本。叶呈披针形、长圆状披针形或倒披针形，叶柄具阔翅。花葶高 8～20 厘米，伞形花序 1 轮，花 8～18 朵，花冠蓝紫色至近白色，具粗短的根状茎和肉质长根。主要分布于青海、甘肃、四川，一般生长于海拔 3300～4100 米处，生长条件极为恶劣。

[羚牛] 羚牛喜欢群居于高山之上，别名牛羚、野牛、扭角羚。西藏和云南西部的羚牛毛色深褐；青海、四川的羚牛体毛大部呈橙色，脸部和身体后部黑灰色；秦岭的羚牛则呈淡棕黄色，略带金色光泽，有"金毛羚牛之称"。兽群由雌兽、幼兽和未成年兽组成。平时成年

雄兽喜欢过孤独生活，故有"独牛"之称。羚牛没有什么天敌，它凭借强壮的躯体和强大力气，可随时赶走前来争食的毛冠鹿、麝、鬣羚和其他动物。生活在海拔 2000～4000 米高山森林或草甸上。分布在中国青海、西藏、四川、云南、陕西、甘肃等地。

[雪豹] 雪豹属猫科动物，是高原地区的一种岩栖动物。体形似金钱豹，个头略小于金钱豹，浑身灰白或乳白色，全身布满不规则斑点和环纹，颇像植物叶子，故又有"艾叶豹"之称。雪豹常栖居在海拔 2500～5000 米处，它耐寒性极强，夜晚出外觅食，生活在峭壁断岩之间，一般在晨昏时活动。雪豹生性凶猛，敏捷机警，善于跳跃。时借助于隐蔽物在岩石后、小路旁等待猎物走过，当猎物离埋伏处只有数十米时，它便突然跃起，扑向猎物。主要分布在中国青海、西藏、新疆、甘肃、四川等地的高山上，是高原肉食动物的"兽中霸王"。属国家一级保护动物。

[白鹈鹕] 白鹈鹕属于鹈鹕科鹈鹕属。体形粗短肥胖，颈部细长。体长140～175 厘米，色彩艳丽，生存力极强，主要栖息于湖泊、江河、沿海和沼泽地带。常成群生活，善于飞行，也善于游泳。嘴长而粗直，呈铅蓝色，嘴下生有橙黄色的皮囊。脚为肉红色。尾羽为 24 枚。体羽白色，偶有一些橙色。头的后部生有长而狭的悬垂式冠羽。胸部有一束淡黄色的羽毛。翼下的飞羽为黑色。以鱼类为食，营巢于芦苇丛中或树上。繁殖期为 4～6 月，每窝产卵 2～3 枚。但近年来野外数量已经十分稀少，属国家二级保护动物。生长在中国青海湖、新疆西部、河南、福建，以及欧洲南部、非洲、亚洲中部和南部等沿海地区。

经济

[农业] 从青海出土的古文化遗址中，可见青海省畜牧业历史悠久，主要分布于青南高原、祁连山地和柴达木盆地。95% 以上的地区是畜牧区，天然草场面积约占全省土地总面积的 46%。在广袤的天然草场上，牛羊成群。青海现有耕地 54.22 万公顷，主要分布在省境东部。青海土地垦殖利用程度低，耕地分布不均，一年仅一熟，复种指数不高。所有农作物中均以耐寒生长期短为特点。青海省的经济作物以油菜居多，油料播种面积占经济作物的 99% 以上。

[工业] 青海境内自然资源、矿产资源和水力资源极其丰富。近几年青海工业发展很快，在西部大开发中众多资源为投资者看好，青海现已建立起具有自己特色的现代工业，农牧业经济共同发展。工业项目主要有皮革、造纸、盐化工、电力、机械、冶金、煤炭、石油、建材、森林采伐和加工等。

[交通] 青海交通运输以陆运为主，主要有青藏、甘青、敦格、茶茫、青新、青川等公路干线，青藏公路横贯全省，是内地通往西藏的要道。铁路有兰青、青藏两条干线。水运现有龙羊峡至沙沟、曲沟、拉干 3 条内流航线。民航从西宁至北京、西安、太原、兰州的航线已运行多年。

旅游

浓郁的民族特色和民俗风情使青海省充满了神秘感。雪山和冰川景色壮丽，青海湖鸟岛天下罕见，盐碱世界白茫茫

青海塔尔寺

一片，高原牧场绿草如茵，阿尼玛卿峰冰封雪锁规模宏伟，这些驰名中外的名胜古迹是观赏旅游、探险考察的好地方，是高原风情的典型代表。

[塔尔寺] 塔尔寺位于青海省西宁市28千米处的湟中县鲁沙尔镇莲华山山坳，相传是中国藏传佛教格鲁派六大寺院之一，全称"衮本绛巴林"，意为十万金身慈氏州。该寺建于明嘉靖三十九年(1560)，占地面积6000余亩，寺内有大金瓦寺、小金瓦寺、小花寺、大经堂、九间殿、大拉浪、如意塔、太平塔、菩提塔、过门塔等大小建筑，共1000多个院落，4500多间殿宇。收藏有云冈的法物、圣器。尤以堆绣、壁画和酥油花著名，被称为塔尔寺"三绝"。是藏族宗教文化艺术的宝库，每年正月、四月、六月、九月各举行一次大型法会，信徒众多。

塔尔寺堆秀 堆秀艺术是蒙古族的传统手工艺技术之一。其中"堆秀"是塔尔寺艺术三绝之一。其制法是将各色绸缎制成许多形状，再用羊毛、棉花等物充实，最后绣于布幔之上。"堆秀"与其他刺绣的区别是由"剪堆"和"刺绣"而成的，用针的地方极少。

小金瓦寺 小金瓦寺因供奉有许多护法神像，故又称护法神殿。建于明崇祯四年(1631)。琉璃瓦顶，清嘉庆七年(1802)改成鎏金铜瓦。殿内供有一匹白马标本，传说九世班禅曾骑此马从西藏出发，一日内即赶至塔尔寺。青海白马寺山崖下现有一尊石雕佛像，藏语称"弥勒望河"，雕佛古朴浑厚，左手托钵，右手做推移状，这一佛像寄托古代劳动人民消除水患的愿望，也成为记载当地人民与水患斗争的历史见证。

[小故宫——瞿昙寺] 瞿昙寺位于青海省乐都县城南20千米处，是保存最完整的明代建筑群，距今已有600多年的历史。瞿昙寺的殿堂建筑是仿照故宫修建的，所以又有"小故宫"之称。瞿昙寺依偎在雪岭翠山之中，以其辉煌的建筑、精美的壁画和珍贵的文物而成为青海省第二大名胜古迹。瞿昙寺价值较高的还有壁画，场面宏大，形象生动，线条流畅，极其珍贵。周围群山围绕，林木葱郁。

[青海湖] 青海湖位于青海省腹地，距西宁150千米，面积4500平方千米，海拔3200米。湖水冰冷且盐分很高，青海湖蒙语叫"库库诺尔"，藏语叫"错温布"，即"青色的湖"之意。青海湖是我国最大的咸水湖，是青藏高原不断隆起后幸存下来的。

[鸟岛] 鸟岛位于布哈河口北4千米处，在青海湖的西北部居西宁市100多千米。岛形好似蝌蚪，面积仅0.8平方千米。每年4～7月是观光鸟儿王国的最好时期。有来自东南亚等地的斑雁、棕头鸥、鱼鸥、赤麻鸭、棕头鸥、鸬鹚

青海日月山风光

和黑颈鹤等 10 多种候鸟，春天后成群结队返回这里，营巢产卵，孵幼育雏，最多可达 20 万只以上。岛上遍地都是各式各样的鸟巢和五颜六色的鸟蛋，几乎没有游人插足之地，因此又称为"蛋岛"。湖内的岛屿，都是鸟类的天堂，万鸟齐飞，遮天蔽日。

[西海屏风——日月山] 日月山位于青海湖 20 千米处，景色壮观，是青藏高原上的一道牧区风景线。民谚中有"过了日月山，两眼汗不干"和"过了日月山，又是一重天"之说，这是日月山特殊的地理位置造成的，因为它是青海湖和湟水的分水岭，气候地势划一为二，故史称"草原门户"。日月山口，海拔约 3470 米，是内地赴西藏的咽喉大道，青藏公路即通过这里，也是古今兵家必争之地。现今山口上书"日月山"三个大字的石碑，山顶上日亭和月亭古香古色，倚肩并立。立于山顶，万里江山尽收眼底，让人浮想联翩。

[青海奇景——倒淌河] 倒淌河位于青海湖 20 千米处，在日月山西边脚下。因文成公主进藏而得名。因为天下水往东流，偏此河的流向却相反，所以人们称此河为"倒淌河"。民间传说文成公主前往吐蕃与松赞干布成婚，在赴西藏途中，到达日月山时，回首不见长安，悲叹自己命运，泪流不止，据说公主的泪汇成了这条倒淌的河，代表着她的思乡之情。而据科学研究证明，这是由于地壳运动，高原隆起，青海湖完全闭塞而造成的。

[扎陵湖] 扎陵湖位于青海省果洛藏族自治州和玉树藏族自治州曲麻莱境内，藏语意为白色长湖。居鄂陵湖西侧。这里纳卡日曲与玛曲汇成黄河，湖心偏南为黄河主流线。黄河携带大量泥沙入湖，风浪泛起时湖面呈灰白色，故有"白色长湖"之称。湖中，盛产裸鲤，俗称湟鱼，是黄河一大特产。湖滨多为牧场。鄂陵湖和扎陵湖海拔 4200 米，比青海湖高出 1000 多米，是黄河源头美丽的姐妹湖。

[神山——阿尼玛卿山] 阿尼玛卿山属昆仑山脉东段，在藏语中"阿尼"是先祖的意思，兼有美丽幸福、广阔博大之意。"玛卿"意为黄河源头最大的山。坡度多在 35°～50°，最大可达 75°以上。山势最高部分位于青海玛沁县西部，有海拔超过 5000 米以上的高峰 18 座，现代冰川 30 条。其主峰玛卿岗日山海拔 6282 米，终年积雪不化。原始森林中生活着雪豹、雪鸡、白唇鹿、猞猁、熊、鹿、狐狸等动物，盛产冬虫夏草、贝母、党参等名贵药材。

西藏自治区
行政区划

西藏位于中国西南部，地处北纬 26°52′～36°32′、东经 78°24′～99°06′之间。东北与四川、云南、青海、新疆等省区接壤，西接克什米尔地区，南与印度、尼泊尔、不丹、缅甸毗邻，国境线长 3842 千米。面积 120 多万平方千米，占国土面积八分之一，居全国第 2 位。西藏历史悠久，远在公元 7 世纪初期，松赞干布就统一了西藏，建立了吐蕃王国，并与唐朝通婚结盟。1965 年成立了自治区。辖拉萨市、1 个市辖区和日喀则、山南、昌都、林芝、那曲、阿里 6 个地区，以及 1 个县级市、71 个县。首府拉萨市。简称藏。

[首府——拉萨] 拉萨市位于西藏自治区东南部、雅鲁藏布江支流拉萨河的北岸，海拔 3650 米。年日照时数 3000 小时以上，素有"日光城"之称。拉萨市城区面积约 59 平方千米。辖区面积 29518 平方千米，藏族占 87%。拉萨市从吐蕃建国时即为西藏的政治、经济、文化中心，是藏传佛教的"圣地"，是西藏文化的集中代表地。悠久的历史产生了丰富的文化旅游资源，布达拉宫、大昭寺、小昭寺等构成"拉萨八景"，民族文化源远流长。拉萨无大气污染，空气清新，夏无酷夏，冬无严寒；国内外游客来此观光旅游的

西藏拉萨街景

逐年增多。自然资源有羚羊、盘羊、鹿、獐等，产虫草、麝香、贝母等中药材。拉萨也是自治区内农业比较发达的地区，雅鲁藏布江和拉萨河宽谷地是自治区的商品粮基地。畜牧业较为发达，拉萨市区公路四通八达，形成西藏的交通枢纽。

[日喀则] 日喀则市位于西藏自治区南部，拉萨西南 250 多千米处。年楚河和雅鲁藏布江汇合于此，海拔 3800 米，面积 3700 平方千米，是西藏第二大城市，至今已有 500 多年的历史。日喀则市曾是历代班禅的驻锡地，是噶玛王朝的政治、经济、文化的"首城"。最早称"年麦曲"，后改为"溪卡桑主牧"。古老的日喀则历史悠久、文化发达，这里有著名的江孜白居寺、萨迦寺、平措林寺、觉囊寺和展佛节、跳神节、夏鲁寺的西姆钦波节独具一格。南部为产粮区，北面是牧区，也是当地主要的交易地。

人口、民族

西藏自治区人口 300 万 (2010)，是中国人口最少的地区，人口主要集中在南部和东部。其中拉萨平原、年楚河中下游平原、泽当平原等为 50 人／千米^2。在拉孜、萨迦平原、林芝附近的尼洋河河谷、昌都附近的澜沧江河谷，居民也较多。藏族是西藏的主要民族，此外还有汉族、回族、门巴族、珞巴族、怒族、纳西族等。

[藏族] 藏族主要聚居在西藏自治区及青海省的海北、黄南、海南、果洛、玉树，甘肃的甘南等藏族自治州等地。藏族的先民在公元前就居住在雅鲁藏布江流域中游地区，自称为"博巴族"。公

元7世纪初期，松赞干布统辖整个西藏地区，建立起自称为"博"的奴隶制王朝。元朝把西藏地区置于中央王朝的统治之下，并在中央设宣政院，管理藏区事务。

藏族人从事农牧业，有自己的语言文字。藏语属于汉藏语系藏缅语族藏语支，分为卫藏、康、安多三种主要方言。藏文是参照梵文于公元7世纪前创制的，为自左至右横写的拼音文字。藏族有悠久灿烂的文化，著名的文学巨著《格萨尔王传》是世界上最长的一部英雄史诗。藏族的绘画、医药等具有很高的成就。藏族人民在中华人民共和国成立之初尚处于封建农奴制社会，自治区成立后废除了农奴制，迈入了社会主义康庄大道。

[珞巴族] 珞巴族主要分布在西藏东南部的洛渝地区及察隅、墨脱等县。"珞巴"一词为藏语，意为南方人。他们自古就在西藏的塔布、工布和喜马拉雅山南坡的广大地域生息。珞巴族有自己的语言。珞巴语属汉藏语系藏缅语族，无本民族文字，部分人使用藏文。珞巴人主要从事农业生产，以种植青稞、小麦为主。珞巴族猎手喜欢身背长弓，腰系箭囊，头戴藤编盔帽，帽后系一块兽皮搭肩背。

历史文化

西藏的文化发展史是藏文化与汉文化和其他少数民族文化融合的发展史。西藏人民多姿多彩的社会生活和风俗习惯，使西藏传统文化和艺术带有明丽的雪域色彩和浓厚的乡土特质。西藏人文景观独具一格，有巍巍的布达拉宫、金碧辉煌的大昭寺等，有风景如画的罗布卡林、佛教经典、雕塑壁画、戏曲说唱等，都达到相当的水准。

[唐蕃和亲] 7世纪初，松赞干布统一吐蕃后，就与唐建立了良好关系。唐与吐蕃的和亲是在吐蕃建国之初开始的。公元634年，松赞干布遣使入贡并请婚。唐太宗婉言拒绝，派冯德遐前往抚慰。松赞干布为引起唐政府的重视，发兵直指松州（今四川松潘），但为唐军所败。退兵后马上"遣使谢罪，因复请婚"。公元640年，唐太宗许婚宗女文成公主。公元641年初，文成公主在唐送亲使江夏王李道宗和吐蕃迎亲专使禄东赞伴随下，出长安前往吐蕃。

文成公主在吐蕃生活了近40年，她爱护藏民，亲自教藏民纺织、耕种等技术，一直备受礼遇并深得吐蕃人民的爱戴，公元680年病故，成为中原文化与西藏文化交流史上的重要人物。

[唐蕃会盟] 松赞干布死后，唐朝因"安史之乱"，边疆大片土地被吐蕃占领，以后国势日渐衰微。长庆元年(821)，吐蕃派专使要求会盟，表示和好的诚意，穆宗于是派大臣与吐蕃使者在长安西郊王会寺前会盟，约定双方各守现有边界，不相侵犯。会盟以后，穆宗派大理卿刘元鼎和论纳罗一同前往吐蕃。第二年(822)四月，唐朝使者刘元鼎到达吐蕃逻些城（今拉萨），五月六日与吐蕃宰相笨阐布等大臣在逻些东哲堆园会盟。唐蕃会盟以后，边疆稳定320余年。为了纪念这一活动，表达双方和平的决心，长庆三年(823)，吐蕃在拉萨刻成《唐蕃会盟碑》，成为唐与吐蕃和好团结的象征。

[藏传佛教] 从发展阶段看可分为前弘期和后弘期以及僧侣制度。前弘期

在 7 世纪初，松赞干布先后与尼泊尔尺尊公主、唐朝文成公主联姻。尺尊公主和文成公主所带佛像，供在拉萨著名的大、小昭寺，随同前来的佛教僧人使佛教开始从尼泊尔和汉地传入西藏。在几百年的形成过程中，崇佛与灭佛在历代王中反复不定，后终于与当地风俗融为一体，成为中国藏族人民广泛信仰的宗教。后弘期为前弘期遭到禁佛百年后，从外地重新传入的时期。后来确立了佛教的僧侣制度，并形成政教统一的传统。到 11 世纪中叶以后，相继出现了宁玛派、噶当派、萨迦派、噶举派等较大的教派。格鲁派是藏传佛教各大教派中最后兴起的一个，于公元 14 世纪末兴起，之后迅速取代了其他各教派的地位，成为藏传佛教最有势力的一大宗派，在西藏历史上，它具有任何教派都无法达到的地位。1793 年清朝颁布《钦定藏内善后章程二十九条》时，创建金瓶掣签制度，并特制两个掣签金瓶，一个用于达赖、班禅转世灵童的认定，现存放于拉萨布达拉宫；另一个用于确认蒙藏大活佛、呼图克图的转世灵童，现存放于北京雍和宫。

[哈达] 在西藏，婚丧节庆、迎来送往、拜会尊长、觐见佛像、送别远行等，都有献"哈达"的习惯。"哈达"一般织有莲花、宝瓶、伞盖、海螺等表示吉祥如意的各种隐花图案。藏族认为白色象征纯洁、吉利，所以，哈达一般是白色的。此外，还有颜色为蓝、白、黄、绿、红的哈达。五彩哈达，蓝色表示蓝天，白色是白云，绿色是江河水，红色是空间护法神，黄色象征大地。五彩哈达是献给菩萨和近亲时做彩箭用的，是最珍贵的礼物。佛教教义解释五彩哈达是菩萨的服装。所以，五彩哈达只在特定的情况下用。献"哈达"的动作因人而异，一般来说，要用双手捧哈达，高举与肩平，然后再平伸向前，弯腰给对方，这时，哈达正与头顶平，这表示对对方的尊敬和最大的祝福——吉祥如意。对方以恭敬的姿态用双手平接。对尊者、长辈献哈达时要双手举过头，身体略向前倾，将哈达捧到座前或足下。对平辈上属，则可以系在他们的颈上。这一仪式后来也为其他民族所使用。

[唐卡] 唐卡是藏族绘画的一种特殊形式。唐卡的画形象逼真，色彩绝丽，常用于宣传宗教教义和装饰寺庙佛堂，多悬挂于寺庙或经堂内。唐卡的题材多为佛像画、高僧与大师的传记画，也有少数反映民间生活的风俗画。其中佛像唐卡是最为著名的。每逢晒佛节，各寺院都会将珍藏的巨幅唐卡抬出来展示于众，以弘扬佛教。

气候

西藏气候特点是气温低，空气稀薄，大气干燥洁净，含氧量少，太阳辐射强，日照时间长。年平均气温南部高、北部低。全区谷地气温日较差大、年较差小。由于西藏高原海拔高，气温比同纬度的长江流域地区低得多，且日较差大，一般每年 10 月至次年 4 月为干季，5 ~ 9 月为雨季。由于地势西北高东南低，海拔由 5000米左右下降到几百米，气候类型自东向西北依次有热带、亚热带、高原温带、高原亚寒带、高原寒带等。此外随着地势逐渐升高，气温逐渐下降，可谓"一山有四季，十里不同天"。

太阳能

西藏高原太阳能资源丰富，日照长，是中国太阳辐射最多的地方，太阳能资源居世界第二位。这是由于高原海拔高、纬度较低造成的。西藏太阳年总辐射较少的昌都地区，年总辐射量也大于同纬度地区，与内蒙古中部地区相等。太阳总辐射量随季节的变化同其他地区一样，以夏天最大，春秋次之，冬季最小。青藏高原是中国日照时数的高值中心之一。太阳能成为西藏的重要资源之一，现已得到了充分开发。全年平均日照时数为1500～3400小时。

自然资源

西藏自然资源十分丰富。在目前已探明储量的矿产中，铬矿、刚玉、工艺水晶居中国首位。其余的铜矿、锂矿、硼矿、硫、芒硝等也居中国前列。西藏的地热和日光资源尤其丰富。西藏森林资源居全国第二，木材蓄积量达14.3亿立方米。动植物种类繁多，而独特的如牦牛、藏羚羊、雪莲花则为世界稀有。

[铬铁矿] 西藏铬铁矿保有储量居全国第一。西藏铬铁矿多在超基性岩中，有两条岩带：雅鲁藏布江岩带长约1600千米，中国三分之一的铬矿集中在这里，现仅有少数得以开发；班公湖—怒江岩带长达1800千米，已发现东七、依拉山、切里湖、江措、丁青等工业矿床（体），并探明两个小型矿床。铬铁矿石类型以致密块状为主，主要矿物成分为铬尖晶石。

[羊八井"地热博物馆"] 羊八井位于拉萨当雄县，海拔4200米。这里蕴藏着丰富的地热资源，被誉为"地热博物馆"。在羊八井地热区，有星罗棋布的温泉、热泉以及水温超过当地沸点的沸泉。湖面面积为7350平方米。热水塘、热水湖的面积从数百平方米到数千平方米不等，此外，还有水热爆炸穴、热水上冲几米高至十几米高的间歇喷气井和盐泉、硫质气孔。该地现为重点的水力发电区域，发电量占到了拉萨电网的40%。

[黄花杓兰] 黄花杓兰属兰科植物，高30～50厘米。花常单生，黄色花瓣上具有紫色条纹和斑点。花期5～7月。黄花杓兰产于西藏、云南、四川、湖北、甘肃、宁夏和青海。生于海拔1800～3450米的流石、滩石缝中。花期短。

[墨脱自然保护区] 墨脱自然保护区位于西藏林芝地区，地处喜马拉雅山南麓的墨脱县，是中国面积最大、原始状况保持最好的天然林区。这里冬无霜冻，夏无酷暑，雨水充沛，是中国雨量较多的地区之一。森林覆盖率达到90%以上，除高山雪线外全部天然绿化。保护区内现有高等植物3000多种，其中特有的珍稀植物17种。墨脱自然保护区被植物学家誉为"天然的自然博物馆"和"自然的绿色基因库"，这里被称为"西藏江南"。

[苞叶雪莲] 苞叶雪莲属菊科植物，多年生草木，高20～35厘米。根状茎粗，颈部被纤维状残叶柄。花冠紫色。花期7～8月。苞叶雪莲分布在西藏、云南西北部、四川和青海，生于海拔4300～5100米的高山草地，是珍贵的中药材。

[高原之舟——牦牛] 牦牛特别适合在高原生存。牦牛的毛很有特点，夏天，牛毛竖起，呈放射状，容易散热；冬天，粗毛间长出绒毛，腹部、臀部等

骑着牦牛在星宿海上行走的藏族牧民

部位也长出大量粗毛，把臀部、胸部、腹部及前肢裹得严严实实，这样可以保证身体的热量。在20世纪50年代前，西藏家养牦牛不仅是常用的运输工具，还是农民的耕地、踩场的主力。野牦牛是高原动物中的"巨人"。公野牦牛喜欢独居，不喜合群；母野牦牛为了保护牛犊，则爱合群，有时遇到恶狼攻击，母野牦牛一律头朝外围成圆圈来保护圈内的一群小牦牛。野牦牛性情凶猛，很难驯养。混入野牦牛群中的家牦牛躯体虽小得多，但由于对人类敏感，常被野牦牛群拥戴为头牛。当地人为提高家养牦牛的能力，常使家养牦牛与野生牦牛交配的方式繁殖牦牛。

[羚羊] 羚羊是青藏高原草原主要的羊类。羚羊一年有两次大的往返迁徙，每年藏历四月间是羚羊产羔的季节，母羚羊从草原四面八方奔赴遥远的产羔地。在整个产羔育幼期间，公羚在草场四周高度警戒，保护母羚和幼崽。每年藏历九月底至十月初，是羚羊的交配季节。这期间羚羊们都会聚到"足措塘"，即羚羊集聚地。公羚们来到这里之后，首先会有一场竞争角逐，胜利的那只公羚领着数十头母羚浩浩荡荡而去，担任起繁衍种群的重任。

[藏獒] 藏獒，俗称"藏狗"，是

西藏高原特有的巨型猛犬。藏獒头大口阔，形体壮实，遍体黄褐色毛，听觉敏锐，视觉锐利，前肢五趾尖利，后肢四趾钩状。牙齿锋利无比，耳小且下垂，四肢健壮。藏獒力大，可打败一只金钱豹或三只恶狼，有"神犬"美誉。藏獒是藏族家庭中的主要成员，在渺无人烟的高原上，常有藏獒救助牧主的故事发生。

经济

交通直接制约着西藏的发展。20世纪70年代前，当地经济基础薄弱，生产水平低，长期以牧为主，农牧并重，而且农业具有高寒农业特色，畜牧业是自治区的主体经济。20世纪80年代后，"一江两河"的综合开发使西藏经济发生了明显变化。现已建立了电力、纺织、皮革、化工等工业。西藏的民族手工业历史悠久，如纺织地毯、围裙，制作首饰等。川藏、青藏、新藏三条公路大干线和部分通往国外的公路开通后，旅游业成为当地第一产业。拉萨是全区国际航空枢纽，开辟了多条航线。2006年青藏铁路通车，结束了西藏没有铁路的历史。

[农业] 西藏农业生产主要集中于水、热、土条件较好的河谷地区和局部高原湖盆，有"河谷农业"和"高寒农业"之称。农作物以青稞、豆豉、元根和油菜等为主，占农作物总播种面积的92%以上。畜牧业是西藏农业经济的主体，生产历史悠久，发展潜力大。全区的天然牧场是中国五大牧区之一。牲畜以牦牛、藏绵羊、藏山羊、黄牛为主，又以藏绵羊、牦牛数量最多。畜牧业是当地农民的支柱产业。

[工业] 西藏过去没有现代工业。中华人民共和国成立后，西藏的工业得到迅速发展，现已建立了动力、机械、纺织、皮革等部分小型工业，主要分布在拉萨、林芝、日喀则、江孜、昌都等地区。较著名的有羊八井电站、拉萨啤酒股份有限公司、拉萨皮革厂、拉萨水泥厂等。西藏毛纺织工业发展很快，主要产品有呢绒、毛线、氆氇、毛毯等，远销其他省区和国外。农业加工业也初具规模。自治区手工业历史悠久，主要产品有卡垫（地毯）、围裙、氆氇、藏鞋、藏帽、藏被、木碗、藏刀、金银首饰等。其中江孜地毯以织法独特、色泽鲜艳、图案多样享誉国内外，是当地居民的重要经济来源之一。

[交通] 1951 年以前西藏没有公路，主要依靠牦牛作为运输工具。1951 年开始在西藏陆续修建了青藏、川藏、新藏 3 条干线公路，后又修建了中尼、滇藏、黑阿、川藏南线等主要公路，现在全区公路里程达近 5 万千米，形成了以拉萨为中心的公路运输网。青藏公路县城，承担了大部分进藏物资的运输任务，有"世界屋脊"上的"苏伊士运河"之称。除墨脱县外其他县城均通上了公路。2006 年青藏铁路通车，结束了西藏无铁路的历史。1956 年中国民航突破"云中禁区"，现在民用航空运输已开辟有拉萨到成都、西安、北京等地航线。1987 年又开辟了拉萨至尼泊尔加德满都的国际航线。贡嘎机场可起降大型客机，有长 4000 米、宽 60 米的跑道，为中国目前最长的飞机跑道。

旅游

西藏人文旅游资源异常丰富，历史文物、文化遗迹与自然（风光）旅游资源融为一体，使西藏成为国内外的旅游胜地。西藏的城镇是综合性的旅游基地，对国内外游人开放，主要有自治区首府拉萨、西藏第二大城市日喀则、泽当以及藏南中尼通商口岸的樟木等。但交通上的相对不便，对西藏旅游有一定的制约。

[布达拉宫] 布达拉宫位于拉萨市区的韶布日山上（即红山），始建于 7 世纪中叶，为松赞干布为迎娶文成公主而修建的。布达拉宫是拉萨的标志性建筑，"布达拉"梵文意为"佛教圣地"。布达拉宫依山而建，由山上的宫殿群、山前的方城和山后的龙王潭花园三部分组成，占地约 41 公顷。主要殿堂有达赖灵塔殿、东大殿、西大殿、日光殿、坛城殿、极乐宫等数十座，融合了藏式古建筑艺术与汉式造型的技巧，是汉藏文化融合的结晶和象征。

拉萨布达拉宫

[大昭寺] 大昭寺位于拉萨市最繁华的商业街——八廓街的中心，建于公元7世纪中叶松赞干布时代，相传由文成公主择址，尼泊尔尺尊公主主持修建的，距今已有1300多年的历史。大昭寺经历代修建，建筑面积为2.5万平方米。主殿4层，上覆金顶，辉煌壮观，是唐代建筑风格与尼泊尔、印度建筑风格的结合，形成了独特的建筑风貌。大殿内正中供奉着文成公主由长安带来的唐太宗所赠的释迦牟尼佛像，工艺精致，造型生动，两侧配殿供奉着松赞干布和文成公主、尼泊尔尺尊公主等人的塑像。四周走廊和殿堂绘满藏式壁画，有历史人物事迹和神话故事，长近千米。寺内还保存有自7世纪以来西藏的各种经典、档案等珍贵文物。寺前立有公元823年的唐蕃会盟碑，建筑装饰上由唐式斗拱结合尼泊尔和印度的风格特点，有伏兽和狮身人面木雕，保持了历史原貌。

[甘丹寺] 甘丹寺位于拉萨以东70千米的拉萨河南岸。与哲蚌寺、色拉寺合称拉萨三大寺。相传是藏传佛教格鲁派的创始人宗喀巴在阐化王的支持下，于1409年创建的。并且由宗喀巴担任第一任池巴（寺主）。殿中供奉着铸造精美高大壮观的弥勒佛、宗喀巴铜像，文物甚多。

[哲蚌寺] 哲蚌寺位于拉萨西北5千米处，是拉萨三大寺之一。它是西藏地区规模最大、僧侣最多的寺院，占地达25公顷。此寺曾是达赖二世和五世的居住之地，格鲁派视之为母寺。哲蚌寺建于明永乐十四年（1416），从外观上看，其整体布局就像米堆一样，藏语中

"哲蚌"就是指"米堆"，因此命名为哲蚌寺，即积米的意思。哲蚌寺寺内最大的建筑为措钦大殿，大经堂的面积十分庞大，可同容纳9000多名僧侣诵经礼佛，是藏传佛教寺院中最大的大经堂。

[扎什伦布寺] 扎什伦布寺位于西藏日喀则城西，"扎什伦布"藏文意思是吉祥须弥山，即吉祥汇聚之意。扎什伦布寺始建时名字是"雪域兴佛"，1448年主庙落成后方改为今名。是全藏有名的四大寺庙之一，建于明正统十二年（1447），另有历世班禅灵塔殿，藏舍利肉身。占地4万余平方米，有殿堂56座。措钦大殿位于扎寺正中央，为全寺僧侣诵经礼佛的集会场所。

[色拉寺] 色拉寺位于拉萨市北郊，是拉萨三大寺之一。色拉就是酸枣林的藏语意。色拉寺依山而建，整个建筑皆为木石结构，平屋顶覆以阿嘎土，外部墙上砌有褐红色的饰带。寺内有结巴、麦巴、阿巴三扎仓（经院）。色拉寺内金刚像万余尊，还有许多从印度带来的铜佛像，因为绛钦却杰曾被明朝封为"大法王"，所以寺内的许多佛像文物都是明朝时期的。明代时期织成的大慈法王身像十分精美。

[八廓街] 八廓街位于拉萨市中心，为西藏最为繁华的商业街，又称"八角街"。它集宗教、文化、民俗、观光、购物为一体，街道两侧店铺林立。八廓街的两旁是两三层的藏式居民楼，上层为住宅，下层为店铺。八廓街的旅游商品，有很多是特产，如木碗、银碗、竹碗、"嘎乌"、编织精细的"氆氇""那布""帮典"（均系藏族的手工传统编织品）以及各种用途的法器（鼓、钹、碰铃、锣）等。

也有许多东西是尼泊尔、印度、不丹等国商人加工的仿制品，如各种骨雕动物、仿真珠宝首饰、经过仿旧处理的各色"古董"等。这里不仅是当地人生活中的重要场所，更是来此旅游者必到的市井之一。

[藏王墓] 藏王墓位于西藏自治区琼结县丕惹山上，是7～9世纪历代吐蕃赞普的墓葬群，又称吐蕃历代赞普墓。现有墓9座，方圆3千米，尚未发掘。大多墓主已无从考证。墓的形制大多相似，均为方形平顶。大小不一，排列也很整齐。松赞干布和文成公主合葬于此。

[古格王国遗址] 古格王国遗址位于西藏西部阿里地区。10世纪中叶至17世纪初，古格王国雄踞西藏西部。在1630年向古格同宗的西部临族拉达克人发动了入侵战争，古格王国就此灭亡。令人不解的是后来古格文明突然消失。现存的遗址中有一座白色的佛殿，藏语称其为"拉康嘎波"，意即"白殿"，殿堂内布满了精美的壁画和彩塑。在第13号塑像背后，绘有一排排吐蕃和古格赞普的画像。古格赞普身穿艳丽的长袍，头缠头巾，神色庄重。从中依稀可见古格文明当日的辉煌，是研究西藏吐蕃王朝的重要史料。

新疆维吾尔自治区

行政区划

新疆维吾尔自治区位于中国西北边陲，地处东经73°40′～96°18′、北纬34°25′～48°10′。与甘肃省、青海省、西藏自治区相毗邻，与蒙古、俄罗斯、哈萨克斯坦、吉尔吉斯斯坦、塔吉克斯坦、阿富汗、巴基斯坦、印度等国接壤。面积160多万平方千米，约占中国土地面积的六分之一，国界线长5000多千米，约占全国陆地国界线总长的四分之一。新疆是古代"西域"的一部分，在公元7世纪秦穆公曾任命西方戎族的由余辅政。汉宣帝时设西域都护府，从此，新疆正式列入中国版图。辖2个地级市、7个地区、5个自治州、11个市辖区、19个县级市、62个县、6个自治县。简称新。

[首府——乌鲁木齐] 乌鲁木齐位于新疆中部天山中段北麓，准噶尔盆地南缘。西、北与昌吉回族自治州相邻，东南与吐鲁番地区毗连，是世界上离海洋最远的城市。面积约14217平方千米，辖7区1县。主要山脉有博格达峰、天格尔峰等，主要河流有乌鲁木齐河、头屯河等。乌鲁木齐历史悠久，古迹众多。新石器时代这里就有人类的足迹。公元1世纪，开辟了"丝绸之路"新北道，历史上即为天山南北交通要道和重镇。唐贞观二十一年(647)乌拉泊修筑轮台城，清中期时发展成市，当时乾隆皇帝赐名为"迪化"。乌鲁木齐自然环境十分独特，市郊30千米处为亚洲大陆地理中心地带。乌鲁木齐水土肥沃，矿藏丰富。主要矿藏有石膏、煤、油页岩盐等，煤炭储量有20万亿吨。主要农作物有小麦、水稻、玉米、油菜、大蒜等，同时有雪莲、枸杞、贝母等300多种野生植物。还是哈密瓜、啤酒花和新疆细羊毛的重要产地。

[克拉玛依] 克拉玛依市位于自治区西北部，准噶尔盆地西北缘，面积约9500平方千米。地貌大部分为戈壁滩。是我国重要的石油生产基地。境

神奇的最低与最热

"吐鲁番"维吾尔语是"最低地"的意思，但这里是中国气温最高的地方，历史上就有"火洲"之称。《西游记》中关于火焰山的描述即多取材于这里，这里的最甜是指瓜果的含糖量高，"最热"就是指气温了。据测，这里的最高气温达到49.6℃，地表温度曾达到89.2℃。吐鲁番日最高气温高于35℃的炎热日年均100天以上，高于40℃的酷热日年均35～40天。这里气温虽然高，但相对湿度却很低，高温低湿，虽热而不闷。另外昼夜温差很大，常可达20℃，有"早穿棉衣午穿纱，围着火炉吃西瓜"之说。火焰山位于吐鲁番盆地北缘，火焰山脉呈东西走向，东起鄯善县兰干流沙河古书称赤石山，维吾尔语称克孜勒塔格，意即红山。海拔500米的赭红赤壁重山秃岭，寸草不生。每当盛夏，烈日当空，气温高达82℃。

内最高山峰独山子山海拔1283米，市内的主要矿藏有石油、煤、天然沥青、芒硝、水晶等。工业以石油开采、石油加工最为著名。主要农作物有棉花、玉米、小麦。

[火洲——吐鲁番] 位于天山东端，吐鲁番盆地中心。吐鲁番是古代新疆地区的政治、经济、文化中心，突厥语的意思是"富庶丰饶之地"。面积13690平方千米，吐鲁番历史上曾为西域政治中心和交通枢纽。在2200年前，这里建有"姑师"或"车师"国。东晋时置高昌郡，唐设西州，宋为吐蕃地，元、明称吐鲁番。吐鲁番日照长，气温高，降水量少，蒸发量大，这里宜种植无核白葡萄、甜瓜等作物。是全国气温最高的地方。全市葡萄种植面积现达8万亩，种植的葡萄量大质量高，这里成为驰名中外的"葡萄城"。这里还举行一年一度的"葡萄节"。吐鲁番的文物古迹众多，有伊斯兰建筑风格的苏公塔、阿斯塔那古墓群、保存完好的高昌古城遗址、交河古城遗址及始凿于南北朝时期

的柏孜克里克千佛洞等。这里寂静的沙漠与茂密的森林共存，火焰山同天山同在，古城、烽燧、石窟寺群、远古岩画、神秘墓葬遍布，丝绸古道、恐龙石山、硅化木群、木乃伊把游览者的思想带回遥远的上古时代。最令人流连忘返的是这里的葡萄美酒夜光杯和载歌载舞的少数民族风情，集古代与现代于一身。吐鲁番市尤以"最热、最低、最早、最甜"而著称，现为中外著名的游览胜地。

[石河子] 石河子市位于自治区西北部，准噶尔盆地南缘。面积约460平方千米。新中国成立前，石河子是只有几户人家的小村庄，村里有一条布满鹅卵石的干河沟，石河子之名即由此而来。如今，石河子已成为国家级经济技术开发区，被誉为"戈壁明珠"。石河子市为大陆性干旱气候，光热资源充足，是以农业为依托、以轻纺工业为主体的新型城市，是自治区轻纺工业基地。石河子市曾有"花园城""生态城"之称。境内还建有周恩来总理纪念碑、艾青诗歌纪念馆。

人口、民族

新疆地广人稀，少数民族共有47个，多民族杂居。2010年人口2181万。新疆是中国人口密度较低的省（区）之一。随着自然环境、资源分布和经济发展状况的变化，人口分布也由南疆居多变为北疆增多的趋势。在乌鲁木齐等城镇主要有土、哈萨克、回、蒙古、柯尔克孜、锡伯、塔吉克等民族，还有塔塔尔、达斡尔、满、乌孜别克、藏、俄罗斯等其他民族。全区人口分布极不均匀。

[维吾尔族] 维吾尔族大部分聚居在天山以南。维吾尔族语言属阿尔泰语

系突厥语族，文字是以阿拉伯字母为基础的拼音字母。"维吾尔"意为团结""联合"。其先民丁零于公元前3世纪游牧于贝加尔湖以南。维吾尔族人不畏外侮，先后与清朝一起抗击沙俄等侵略者，取得了显著的战绩。维吾尔族主要从事农业生产，擅长植棉、园艺。未婚少女以长发多辫为美，能歌善舞。

[哈萨克族] 哈萨克族在中国主要分布于新疆伊犁哈萨克自治州、木垒哈萨克自治县、巴里坤哈萨克自治县和甘肃阿克塞哈萨克自治县。哈萨克族语言属阿尔泰语系突厥语族，文字是以阿拉伯字母为基础的拼音文字。"哈萨克"意为"避难者"或"脱离者"。其先民乌孙于公元前居住在伊犁河谷。5世纪迁至葱岭以北。15世纪，建立了萨克汗国，形成了萨克族。18世纪迁至阿尔泰山以南。1842年，哈萨克斯坦被沙俄兼并。鸦片战争后，沙俄通过签订一系列不平等条约，割占了中国大片土地，一部分哈萨克族人便分布于俄国领土上。哈萨克族大部分从事畜牧业，过着逐水草而居的游牧生活。

[柯尔克孜族] 柯尔克孜族主要分布在新疆维吾尔自治区的克孜勒苏柯

尔克孜自治州及其他各县。柯尔克孜族语方言属阿尔泰语系突厥语族，文字是以阿拉伯字母为基础的拼音文字。柯尔克孜先民"坚昆"，公元前游牧于吐尼塞河上游。魏晋时称"纥骨""契骨"，隋唐时称"黠戛斯"，元明时称"乞儿吉思""吉利吉思"，清时称"布鲁特"。7世纪中，正式纳入唐朝版图。公元840年，击溃回鹘汗国，建黠戛斯汗国。10～18世纪，迁于天山地区，先后处于喀喇汗国（黑汗王朝）、辽、西辽、察合台汗国及其后王统治下。清初，协助清朝平定准噶尔、大小和卓之乱。习俗以骑马叼羊为乐。其民间乐器相当丰富，其中三弦琴是他们特有的弹拨乐器。

历史文化

新疆古称西域，意为西部疆域。从汉朝起历朝历代都行使着对西域的有效管理。明朝时称为"别失八里"。清统一新疆地区后，改称新疆，意思是"故土新归"。新疆由于多为游牧民族居住，多民族杂居在此留下了丰富的地域文化，民俗风情历代相传，自成一体，独具风格。

[高昌古城] 高昌古城位于吐鲁番市城东46千米处。始建于公元前1世纪，汉代是屯垦堤士兵居住之地，后为高昌国王城。现在的高昌古城总面积约2平方千米，分为外城、内城和宫城三个部分。街道、市井、寺庙神龛保存得相当完整。布局依隋唐时期长安城风貌。

[交河古城] 交河古城位于吐鲁番市西北面13千米的亚尔乃孜沟中，又称雅尔湖古城。始建于公元2世纪前。

新疆柯尔克孜族的一家人
柯尔克孜族的家庭一般由祖孙三代直系亲属组成。已婚的儿子多不分居，但较富裕的、有能力分立毡房的多子女家庭，也有实行分居的，分居后父母和最小的儿子生活在一起。

公元 6 世纪时，高昌在这里建立交河郡城。现在的遗迹，主要是唐代及其后的建筑。大部分建筑物，包括宽大的街道，都是从原生土中掏挖出来的。交河古城的房屋都用泥土建造，只有少数的木料。城中大街两旁尽是高厚的围墙，临街不见一个门窗，纵横连接的街巷将其分割为若干小区，其建筑形式颇似唐代内地城市的坊、曲。到元代明初时逐步荒废。这里地扼天山南北，为古"丝绸之路"北道必经之地。可能是由于风沙湮没而造成衰落。

[楼兰遗址] 楼兰遗址位于新疆若羌县境内罗布泊。1900 年，当地维吾尔族青年为瑞典探险家做向导时，在此发现了高大佛塔和密集的废墟。因发现文字中有读音"kroram"而确定为楼兰。楼兰在东西文化交流中起过重要作用，后被沙漠湮没，有"沙漠中的庞贝"之称，是中国通往波斯、印度、叙利亚和罗马帝国的中转贸易站。约公元 4 世纪前后，由于塔里木河改道南流而沦为荒漠。据发掘材料分析，这里开始是楼兰都城，后来成为魏晋时西域长史驻地。

气候

新疆高山环绕，气候以干冷为特色，降水稀少，蒸发量强，年温差、日温差极大，是典型的大陆性气候，降水和气温的地区差异和垂直差异显著。冬寒夏热，7 月均温在 22℃～26℃，但海拔低、地形封闭的吐鲁番盆地气温偏高，7 月均温可达 32.8℃。全自治区的气温分布一般随纬度增加和海拔上升而降低。天山以北属中温带，天山以南则属暖温带。植物生长期短，生长期内阳光

充足。

[坎儿井] 有一种特殊的井——坎儿井，是利用盆地倾斜地形引水的特殊灌溉系统。它由竖井、地下暗渠和灌坎三部分组成。坎儿井已有 2000 多年的悠久历史。新疆大约有坎儿井 1600 多条，其中以吐鲁番盆地最多，共有 158 条，总长超 3000 千米。坎儿井由地下暗渠输水，减少水蒸发，水温水量稳定，是吐鲁番盆地重要的灌溉工程，也是古代著名的水利工程。

自然资源

新疆矿产资源种类齐全，蕴藏量大，现已探明矿种 138 种，已探明储量的矿产有 117 种，其中储量占全国首位的有 8 种，特别是石油预测储量达 200 多亿吨，天然气预测储量 13 万亿立方米。煤炭、有色金属、水力资源都有待于开发。新疆气候条件特殊，有许多珍贵的动植物，以高山雪莲、胡杨、兔狲等为代表。

[雪莲] 雪莲也称雪莲花，是菊科多年生草本植物。茎直立，下部有宿存的褐色残叶。叶多数，密集，长圆状倒卵形，具锯齿，基部渐狭成柄。头状花序多数密生茎端，花蓝紫色，外围有多数白色半透明膜质苞叶。有紫红色的花蕊和白中带黄的花瓣。在中国多分布于新疆、甘肃、青海等地。用晒干的雪莲浸酒服用，对腰酸背痛、风湿和关节炎有一定的疗效。雪莲已被列为国家三级保护植物。高山雪莲有许多美丽传说，愈增添了它的神奇色彩。

[胡杨] 胡杨是沙漠、盐碱地中的主要树种，在天山以北的准噶尔盆地也分布有大面积的胡杨林。胡杨树

有"三个一千年"之说，它能在荒漠上生活一千年不死，死后立在荒漠上一千年不倒，倒后在荒漠上一千年不腐，生命力极其顽强。

[兔狲] 兔狲属猫科动物，耳短毛长，尾毛蓬松。栖息于中国新疆、内蒙古、青海、西藏及四川西北的荒漠草原地带。别名羊猞狲。兔狲是鼠类的天敌，以鼠为食，早春发情，夏初产崽，一般每胎产崽四只，具有夜行性，喜独行。

经济

新疆经济古代以农牧业为主。由于这里资源丰富，吸引了众多投资商，这几年工业总产值占到了全区总产值的 60%，特别是交通运输和城市基础建设。

[农业] 近几十年来，新疆以开发水利建设为主带动了农业发展。全区有耕地 6100 多万亩，80% 为水浇地。以小麦、玉米为主，小麦分布广泛，玉米大部分在南疆，还有稻米、高粱。经济作物有瓜果、棉花、油菜、胡麻、芝麻、甜菜等。棉田主要在南疆和吐鲁番、玛纳斯河流域。是中国长绒棉生产基地。蚕业自古闻名。新疆有"南疆的瓜果，北疆的马羊"之说。南疆作为粮棉基地，还盛产多种瓜果。吐鲁番、鄯善的无核葡萄和哈密瓜、库尔勒香梨，都是全国出名的特产。北疆自古为名马产地。全区有许多优良品种，如伊犁马、巴里坤马、塔城牛、福海大尾羊、三北羔皮羊、新疆细毛羊等。

[工业] 新疆矿产资源达百余种，1949 年以前工业生产很落后，但随着油田的开采、矿产的挖掘，已经建立起钢铁、煤炭、石油、电力、有色冶金、机械、化工、皮革、纺织、制糖等十几种现代工业，形成乌鲁木齐、克拉玛依、石河子、喀什等新兴工业城市。传统的民族工业品如维吾尔族铜器、铜雕、伊宁皮革、喀什小花帽和民族乐器、和田地毯和丝绸等也都得到了很快的发展。

[交通] 新疆已建成公路 14 万多千米，交通十分便利。公路以乌鲁木齐为中心，联系全区各市县，沟通各绿洲。甘新、青新、新藏等省际公路通过全区。铁路运输以兰新线为主干，与包兰、陇海线相接，省内外联系十分紧密。航空以乌鲁木齐为中心，通达兰州、西安、北京、上海等大城市，国际航线可达俄罗斯、巴基斯坦等国。新疆是全国航空线最长、航站最多的省区。

旅游

奇特的自然景观、横跨上亿年的文物古迹和独特的民族风情，优美的历史传统，使新疆成为国内外游客心中的"圣地"。高昌古城、交河古城、楼兰、尼雅等遗址是沧海桑田的实证，"丝绸之路"将它们串联了起来。境内多高山，有乔戈里峰等 8 座海拔在 7500 米以上山峰。天山天池为著名的高山湖泊，艾丁湖是中国海拔最低的湖泊，火焰山与将军崖的雅丹地貌等绝世奇观记载了地质构造的巨大变化。因此，旅游业成为新疆地区的支柱产业。

[尼雅遗址] 尼雅遗址位于和田地区民丰县城东北 130 余千米处的大漠深处，东西长约 10 千米，南北宽约 4 千米。在 20 世纪初由瑞典人斯文·赫定首先发现。遗址中数百间房屋中有寺

院、官署、冶作坊和墓地等。还有一座东汉时期的夫妻合葬墓，尸体保存完好。由于沙漠侵袭，西域许多文明古国神秘失踪。

[天山] 天山山脉为东西走向，古称雪山、白山，全长约2500千米。西段伸入中亚境内，中、东段在新疆境内，长约1700千米。宽250～350千米，面积41万平方千米，海拔多在4000米以上。托木尔山峰是天山山脉的最高峰，海拔7443米。天山山脉可分为北天山、中天山和南天山三列。天山山脉主要由喀拉铁克山、汗腾格里、托木尔山结、哈尔克山、霍拉山、库鲁克塔格组成。天山山脉有中国最大的现代冰川区，雪峰连绵，共有冰川6896条，面积达9548平方千米，是开都河、孔雀湖、玛纳斯河和乌鲁木齐河的发源地，形成了无数冰井、冰洞、冰下河、冰塔林、冰蘑菇等奇特景观。天山山地气候湿润，水源充足，山地中森林面积约占新疆全区的50%。草地面积约占47%，是我国天然牧区之一。

[天山天池] 天山天池位于昌吉回族自治区阜康市境内，天池就是相传

天山天池

为西王母宴请西周时周穆王的昆仑仙境——"瑶池"。它是王母娘娘梳妆的镜子。天池位于博格达峰上的雪海之中，海拔1980米，面积4.9平方千米。湖面呈半月形，长3400米，最宽处约1500米，湖深数米到上百米不等。池水清澈，碧绿如玉。因四周高山上的冰雪融化后注入天池，因而即使是盛夏，天池的池水仍很寒冷。西北山后有铁瓦寺、南天门寺寺院，东山有王母娘娘庙及山洞。动植物有党参、黄芪、雪莲、贝母等药材和鱼群、水鸟等。天池雪峰林立，湖水碧如翡翠，苍松参天，风景如画，享有"天山明珠"之称。

千百年来，一提到天池，人们就会与西王母联系在一起。不少文人墨客以此神话为题材，赋诗作文，这一美丽的神话故事流传至今，也为天池增添了神话色彩。

[奇台石树林] 奇台石树林位于新疆奇台县，在一片溶蚀洼地，地表上散布着几百根大树化石——硅化木，这就是"奇台石树林"。这些化石树，远看与活树无异。远在1亿年以前，这里气候温暖，植被茂密，后来由于地壳变迁，森林被埋入地下，在密封和高温条件下，经含硅的地下水长期的硅化形成化石。

[火焰山] 位于新疆维吾尔自治区吐鲁番市的吐鲁番盆地中部。山上寸草不生，在日光照射下，颜色如火，酷似火焰喷燃，故名火焰山。明人吴承恩在著名神话小说《西游记》中写道："西方路上有个斯哈哩国……这里有座火焰山，无春无秋，四季皆热。火焰山，有八百里火焰，四周围寸草

不生……"

火焰山原名叫克孜勒格塔山，意即"火山"，或"红色的山"。山地处盆地中，前后蔓延百余里。这里是我国最炎热的特殊自然地区，最高气温可达47℃。若是受到太阳直射，则地面温度可达70℃，甚至可将鸡蛋烤熟。

山东面自古就是北魏、隋唐以来的佛教圣地。凿在山崖上的千佛洞驰名中外，显赫一时的交河故城遗址则位于山的西面，山南是环抱在绿洲中心极为壮观的高昌古城，山北则是享有盛名的种棉基地。葡萄沟横贯火焰山的林荫峡谷，是一条花果长廊，以其特产无核葡萄干誉满中外。

〔克孜尔千佛洞〕坐落在新疆拜城县东约50千米克孜尔镇东南7千米处的戈壁悬崖上。约在东汉末期，这里便开始开凿窟群，成为著名的石窟。至唐末，这些石窟被废弃。克孜尔千佛洞是我国早期的大型千佛洞之一，也是古代龟兹国的一处石窟寺群。克孜尔千佛洞又叫赫色尔石窟。迄今只有236个洞窟、约1万平方米的壁画被保存下来。这些壁画的题材多样，故事离奇。

第38窟左右两壁上，有20个乐师。洞附近有一块岩石长年滴水，称千泪泉或千滴泉。第17号窟由被誉为"故事画之冠"，窟顶绘有本生故事画38种之多。这是一个"支提窟"，色彩鲜艳的壁画遍布于四壁之上。特别是窟顶上的一个个菱形格内，绘有许多佛教故事。这些故事以各种不同动作的人物、动物为主，衬以山水树石花鸟，绘制得生动逼真。

〔古城遗址石头城〕石头城位于塔什库尔干塔吉克县城北侧，城堡建在一处高丘上，城外石头沟建有多层石头城垣，隔墙之间石丘重叠，结构奇特，造型古朴，是著名的旅游胜地。相传汉代时，这里建有西域三十六国之一的蒲犁国王城。唐朝统一西域后，这里设有葱岭守护城。元朝初期进行了城廓扩建。光绪二十八年（1902），清政府在此设蒲犁厅，对旧城堡进行了维修和增补。这里是古"丝绸之路"上的一处要塞。